Hintergründe und Infos

Oberkärntner Bergwelt

Spittal
Millstätter See
Nockberge

Villach
Faaker See
Gailtal
Ossiacher See

Klagenfurt
Wörthersee

Zollfeld
Gurktal

Rosental
Jauntal

Lavanttal
Saualpe

Kleiner Wanderführer

UNTERWEGS MIT SABINE BECHT UND SVEN TALARON

Am schönsten ist es am Morgen, wenn die Sonne langsam über die verschneiten Bergrücken steigt. Dann ist man nahezu allein auf dem Eis. Nur der Eismeister hat schon seine Runden gedreht, ist mit einem Kleinwagen, an dem eine riesige Bürste montiert ist, über das Eis gefegt, um die kilometerlangen Bahnen zu polieren. Nun ist es wieder still. Die Sonne spiegelt sich im dunklen Eis. Die Kälte kneift einem in die Wangen. Dann beginnen die Kufen über das Eis zu scharren. Geschwindigkeit aufnehmen, Position finden, die Bewegung gleichförmig halten, schließlich gleitet die zauberhafte Winterlandschaft des Weißensees vorüber.

Doch das Wintersportidyll hat auch seine tückischen Seiten. Wer das Eislaufen nur aus der heimischen Halle kennt, der sei daran erinnert, dass der See keine Bande hat. Dafür aber fällt man weich, wenn man erst einmal in den Tiefschnee gefahren ist. Härter kann der Aufschlag sein, wenn man in einer Scharte hängen bleibt. Natureis arbeitet, es knirscht und ächzt unter Spannung, Risse durchziehen das Eis und verursachen heimtückische Rillen auf der Oberfläche. Bleibt man in einer hängen, folgt unweigerlich eine mehr oder weniger elegante Bauchlandung. Hin und wieder tut sich auch eine Pfütze auf, in die man besser nicht fallen sollte. Behält man aber die Tücken im Blick, ist das Eislaufen auf dem Weißensee – der größten Eislaufarena der Welt, Kilometer um Kilometer durch eine Märchenlandschaft, tief verschneit und still – ein einzigartiges Erlebnis, das wir all unseren Lesern unbedingt auch empfehlen wollen!

Text und Recherche: Sabine Becht, Sven Talaron **Lektorat:** Silke Möller, Peter Ritter, Ute Fuchs, Christine Beil, Anja Elser **Redaktion und Layout:** Annette Melber, Sven Talaron, Steffen Fietze (Klimatabellen) **Karten:** Judit Ladik, Gábor Sztrecska, Hana Gundel, Benedikt Neuwirth, Joachim Bode, Janina Baumbauer **Fotonachweis:** S. 429 **GIS-Consulting:** Rolf Kastner **Grafik S. 10/11:** Johannes Blendinger **Covergestaltung:** Karl Serwotka **Covermotive:** Auf dem Weißensee (oben); das Egger Marterl am Faaker See (unten); in den Nockbergen (gegenüberliegende Seite)

Unser besonderer Dank gilt Lisa Kügel für ihre engagierte und wertvolle Mitarbeit bei dieser Auflage.

2. AUFLAGE 2016

KÄRNTEN

SABINE BECHT | SVEN TALARON

Kärnten – Die Vorschau 12

Kärnten – Hintergründe & Infos 16

Landschaft und Geografie 18
- Natur und Umweltschutz 21
- Geologie 21

Flora und Fauna 22

Klima und Reisezeit 29

Essen und Trinken 31
- Suppen 32
- Hauptgerichte mit Fleisch und Fisch 33
- Nudeln und mehr 33
- Die kalte Jause 34
- Desserts und Süßes 35
- Bier, Wein, Most und Hochprozentiges 38

Feste und Veranstaltungen 39

Brauchtum 43

Kunst 44

Architektur 46

Literatur 47

Geschichte Kärntens 50

Vorgeschichte 50
Antike: das Noricum – Keltenreich und römische Provinz 51
Karantanien: das Frühmittelalter 53
Kärnten im Hochmittelalter 56
Spätmittelalter: Habsburger und Katastrophen 58
Das 16. Jh.: Bauernunruhen, Landstände und die Reformation 61
Im 17. und 18. Jh.: Gegenreformation und Absolutismus 63
Revolution und Reaktion: das lange 19. Jahrhundert 64
Gebirgskrieg, Abwehrkampf und Volksabstimmung: 1915–1920 66
Demokratie und NS-Diktatur: 1920–1945 68
Kärnten nach 1945 69
Kärnten im 21. Jahrhundert 71
Wirtschaft und Tourismus 74

Reisepraktisches von A bis Z 76

Anreise 76
Ärztliche Versorgung 78
Baden 79
Barrierefrei 80
Dokumente 80
Einkaufen/Souvenirs 80
Ermäßigungen 81
Feiertage 82
Geld 82
Gesundheit 82
Hunde 83
Informationen 84
Informationen im Internet 85
Internet/WLAN 85
Kartenmaterial 85
Kinder 86
Kuren/Thermen 87
Museen 87
Notruf 87
Öffnungszeiten 87
Post 88
Rauchen 88
Sport 88
- Sommersport 88
- Wintersport 91

Sprache 92
Telefonieren/Telefonnummern 93
Übernachten 93
Unterwegs in Kärnten 96
Zoll 99

Kärnten – Reiseziele 100

Oberkärntner Bergwelt 102

Der Großglockner und das Mölltal 102
Großglockner Hochalpenstraße 103
Kaiser-Franz-Josefs-Höhe 110
Heiligenblut 113
Kleines Fleißtal, Großes Fleißtal und die Fleißalm 118
Apriach 120
Großkirchheim/Döllach 120
Winklern 121
Flattach und die Raggaschlucht 121
Obervellach 123
Mallnitz 125
Das Mölltal zwischen Obervellach und Möllbrücke 126
Gmünd und das Maltatal 127
Gmünd in Kärnten 127
Maltatal 133
Liesertal und Pöllatal 137
Oberdrautal 138
Weißensee 142

Spittal, Millstätter See und die Nockberge 150

Spittal an der Drau 150
Goldeck 155
Umgebung von Spittal: Lurnfeld und Unterdrautal 155
Millstätter See 158
Seeboden 159
Millstatt 162
Obermillstatt und Umgebung 166
Pesenthein 167
Dellach 168
Döbriach 168
Millstätter See – Südufer 171
Radenthein 171
In den Nockbergen 173
Bad Kleinkirchheim 175
Falkertsee 178
Über die Nockalmstraße 178
Turracher Höhe 183
Im Gegendtal 184

Villach, Faaker See, Gailtal und Ossiacher See 188

Villach 188
Umgebung von Villach 197
Auf den Dobratsch (Villacher Alpe) 197
Bad Bleiberg 199
Warmbad Villach 200
Maria Gail 201
Burgruine Landskron 202
Kloster Wernberg 202
Faaker See 203
Finkenstein 208
Durch das Gailtal und ins Lesachtal 210
Wurzenpass 210
Arnoldstein 211
Nötsch 213
St. Stefan 214
Pressegger See 214
Hermagor 215
Nassfeld 217
Durch das Obere Gailtal 219
Kötschach-Mauthen 221
Plöckenpass 224
Laas 225

Lesachtal 226
Um den Ossiacher See 228
Ossiach, das Stift und die Südseite des Sees 229
Steindorf am Ossiacher See und Bodensdorf 233
Im Westen des Ossiacher Sees 236
Gerlitzen 236
Feldkirchen 238
Nordwestlich von Feldkirchen: Himmelberg und Gnesau 241

Klagenfurt und der Wörthersee 242

Klagenfurt 242
Rund um den Wörthersee 269
Krumpendorf 271
Pörtschach 274
Moosburg 278
Forstsee 280
Velden 281
Am Südufer des Wörthersees 286
Maria Wörth 287
Reifnitz 288
Im Osten des Wörthersees: Sekirn und Maiernigg 288
Viktring 289
Keutschacher See 290
Pyramidenkogel 293

Zollfeld und Gurktal 294

Karnburg 294
Maria Saal 295
Herzogstuhl 301
Tanzenberg 301
Magdalensberg 302
Burg Hochosterwitz 304
St. Georgen am Längsee 307
St. Veit an der Glan 309
Hörzendorfer See 313
Althofen 314
Guttaring 317
Gurktal und Metnitztal 318
Straßburg 318
Gurk 319
Weitensfeld 322
Die Seitentäler im hinteren Gurktal 322
Metnitz und das Metnitztal 323
Friesach 325

Rosental und Jauntal 332

Rosegg 333
Das Rosental von Rosegg bis Feistritz 336
Feistritz im Rosental 337
Bärental 338
Zwischen Feistritz und Ferlach 339
Nördlich der Drau: Hollenburg und die Sattnitz 340
Ferlach 341
Südlich von Ferlach: Loibltal, Bodental und Zell-Pfarre 343
Von Ferlach ins Jauntal 348
Bad Eisenkappel (Železna Kapla) 349
Klopeiner See 352
Völkermarkt 357
Eberndorf (Dobrla vas) 359
Hemmaberg 360
Globasnitz (Globasnica) 361
Feistritz ob Bleiburg (Bistrica pri Pliberku) und die Petzen 362
Bleiburg (Pliberk) 362
Im Jauntal Richtung Lavamünd 366
Lavamünd 367

Lavanttal und Saualpe 368

St. Paul im Lavanttal 368
St. Andrä 373
Wolfsberg 374
Ins obere Lavanttal 378
Bad St. Leonhard 378
Reichenfels 378
Rund um die Saualpe 379
Griffen 380
Diex 383
Im unteren Görtschitztal 383
Hüttenberg 384

Kleiner Wanderführer für Kärnten 388

Wanderung 1	Am Großglockner – von der Kaiser-Franz-Josefs-Höhe nach Heiligenblut (erster Abschnitt des Alpe-Adria-Trails)	394
Wanderung 2	Am Nordufer des Weißensees	397
Wanderung 3	In den Nockbergen – Aufstieg auf den Königstuhl	399
Wanderung 4	Familienwanderung auf der Turracher Höhe	401
Wanderung 5	Zwei-Seen-Wanderung bei Feld am See	403
Wanderung 6	Rundwanderung auf der Gerlitzen	406
Wanderung 7	Von Hochosterwitz auf den Magdalensberg	408
Wanderung 8	Aufstieg aus dem Bärental zur Klagenfurter Hütte	411
Wanderung 9	Zwischen Märchenwiese und Meerauge – kleine Rundwanderung im Bodental	413
Wanderung 10	Auf den Hochobir	416
Wanderung 11	Mostwanderung bei St. Paul	417
Wanderung 12	Auf der Saualpe – Rundwanderung über den Ladinger Spitz	419

Mittels GPS kartierte Wanderung. Waypoint-Dateien zum Downloaden unter: www.michael-mueller-verlag.de/gps

Register 423

Mit dem grünen Blatt haben unsere Autoren Betriebe hervorgehoben, die sich bemühen, regionalen und nachhaltig erzeugten Produkten den Vorzug zu geben.

Kartenverzeichnis

Burg Hochosterwitz	305	Klagenfurt Übersicht	248/249
Gmünd in Kärnten	129	Spittal an der Drau	153
Friesach	328	St. Veit an der Glan	311
Kärnten	herausnehmbare Karte	Villach	192
Kärnten Übersicht	Umschlag hinten	Wolfsberg	375
Klagenfurt Altstadt	252/253	Übersicht der Wanderungen	390/391

Zeichenerklärung für Karten und Pläne

- Flugplatz
- Bushaltestelle
- Taxistandplatz
- Parkplatz
- Information
- Ärztliche Versorgung
- Museum
- Stadttor
- Kirche
- Burg/Schloss
- Burgruine
- Campingplatz
- Strandbad
- Schutzhütte/Ruine/Gebäude

- bis 400 m
- 400 bis 800 m
- 800 bis 1200 m
- 1200 bis 1600 m
- 1600 bis 2000 m
- 2000 bis 2400 m
- 2400 bis 2800 m
- 2800 bis 3200 m
- über 3200 m
- Höhenlinie
- Berggipfel
- Wasserfall/Quelle

- Wegpunkt
- Tourverlauf
- Tourverlauf
- Autobahn
- Fernstraße
- Hauptstraße
- Nebenstraße
- Piste
- Tunnel
- Eisenbahn
- Seilbahn/Skilift
- Fußweg
- Landesgrenze
- Nationalpark/Naturschutzgebiet

Was haben Sie entdeckt? Haben Sie einen freundlichen Buschenschank, eine urige Hütte, ein empfehlenswertes Restaurant, ein gemütliches Hotel oder eine schöne Wanderung entdeckt? Wenn Sie Ergänzungen oder neue Tipps zum Buch haben, lassen Sie es uns bitte wissen!

Schreiben Sie an: Sabine Becht, Sven Talaron, Stichwort „Kärnten"
c/o Michael Müller Verlag GmbH | Gerberei 19, D – 91054 Erlangen
becht.talaron@michael-mueller-verlag.de

In eigener Sache: Die Recherchen zu diesem Buch entstanden ohne jegliche finanzielle Unterstützung oder sonstige materielle Zuwendung von staatlichen oder privaten Stellen. Alle Informationen wurden von uns unabhängig gesammelt und überprüft.

Alles im Kasten

Daten und Fakten 20

Die Rückkehr ausgerotteter Jäger: Wolf, Bär und Luchs 24

Das Murmeltier 26/27

Rückzug eines Gletschers: die Pasterze 30

Die Wirtschaft auf dem Weg: Buschenschank, Jausenstation und Berghütte 36

Carantanum – Carinthia – Kärnten 53

Ein Kaiser aus Kärnten: Arnulf, der (vor-)letzte Karolinger 54

Kärntens Heilige: Hemma von Gurk 56

Tauerngold (und anderes Gestein) 60

Eine mächtige Kärntner Familie: Die Khevenhüllers 62

Der Ortstafelstreit 70

Berühmte Kärntner 73

Der Nationalpark Hohe Tauern 104

Die Pallavicinirinne hinauf Großglocknerbesteigungen 109

Mit Essen spielt man nicht – die Pasterzensage 111

Briccius mit dem Heiligen Blut 114

Der Bartgeier 119

Die Raggaschlucht 122

Der Dienst-Carrera 132

Meisterwerke in der Waldkapelle – die Georgskirche in Gerlamoos 139

Ein Wintermärchen auf Kufen: Eislaufen auf dem Weißensee 142/143

Eines der größten Natureislaufevents weltweit: die Elfstedentocht 145

Der Biosphärenpark Nockberge 174

Der Echte Speik 179

Die Legende vom Mirnockriesen 184

Philippus Theophrastus Aureolus Bombastus von Hohenheim 190

Das Egger Marterl: der berühmteste Bildstock Kärntens 204

Meisterwerke in der Feldkirche – St. Andreas in Thörl-Maglern 212

Die Garnitzenklamm 215

Der stumme Büßer von Ossiach 230

Domenigs Steinhaus – ein architektonisches Gesamtkunstwerk 234

TDDL – die Tage der deutschsprachigen Literatur in Klagenfurt 245

Vom Wörthersee-Mandl, dem Steinernen Fischer und natürlich vom Lindwurm 259

Klassik am Wörthersee – Brahms, Mahler und Berg 270

Brahms in Pörtschach 274

Der Tonhof 296

Dem Teufel entkommen … 298

„Wer ist der, der also hochfertig daherprangt?" – Wie man in Kärnten Herzog wird 301

Mehr Licht! – Carl Auer von Welsbach 315

Friesacher Pfennig 326

Nu zogt ûz, ritter edelgout – Der Friesacher Fürstentag 327

Eine Burg entsteht 330/331

Kärntner Bären 338

Ein Naturspektakel aus Wasser und Fels: die Tscheppaschlucht 344/345

Der Peršmanhof 350

Ein Schloss wird gebaut – Schloss Elberstein 361

„Great, great, great, great, great …" 363

Zeugnisse des einfachen Lebens – Werner Bergs Unterkärnten 365

Christine Lavant (1915 – 1973) 374

Das Leben ein großes Abenteuer – Heinrich Harrer (1912–2006) 386

Wohin in Kärnten?

1 Oberkärntner Bergwelt → S. 102

Ganz im Westen Kärntens erhebt sich der höchste Berg Österreichs, der 3798 Meter hohe Großglockner, dem man bei der Fahrt auf der gleichnamigen Hochalpenstraße eindrucksvoll nahe kommen kann. Außerdem im Westen: der einmalige, wunderschöne Weißensee, das sportive Oberdrautal und die Künstlerstadt Gmünd am Eingang zum Maltatal. An dessen Talschluss: die Kölnbreinsperre, der größte Stausee Kärntens.

2 Spittal, Millstätter See und die Nockberge → S. 150

Das kleine Städtchen Spittal am Fuß des über 2000 Meter hohen Goldecks besitzt mit Schloss Porcia eines der kulturellen Zentren im Westen Kärntens. Tiefster und zweitgrößter Badesee des Landes ist der Millstätter See mit hübschen Badeorten und fast unverbautem Südufer. Schließlich die Nockberge: sanfte, grüne Kuppen (Nock'n) und herrliche Bergeinsamkeit, so weit das Auge reicht.

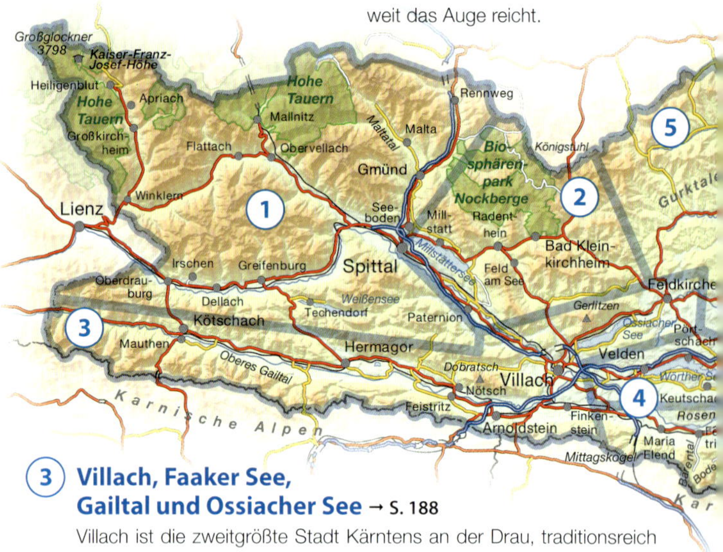

3 Villach, Faaker See, Gailtal und Ossiacher See → S. 188

Villach ist die zweitgrößte Stadt Kärntens an der Drau, traditionsreich und berühmt für seinen Fasching und den Kirchtag. Badewanne Villachs ist der türkis schimmernde Faaker See vor der eindrucksvollen Kulisse des Mittagskogels, Bergparadies mit herrlichen Panoramen das lang gezogene Gailtal im Südwesten. Das altehrwürdige Stift Ossiach am gleichnamigen See ist das kulturelle Highlight der Gegend.

4 Klagenfurt und der Wörthersee → S. 242

Kärntens Hauptstadt in Bestlage mit Badesee vor der Tür. Klagenfurt ist die Literaturkapitale des Landes und begeistert mit seiner beschaulichen Altstadt und vielen historischen Bauten, deren berühmtester das Landhaus ist. Nur ein Katzensprung ist es von hier zum Wörthersee, dem einst so mondänen Ziel der Reichen und Schönen. Velden und Pörtschach zählen nach wie vor zu den schicksten Orten im ganzen Land, ruhiger ist es am Südufer des Sees.

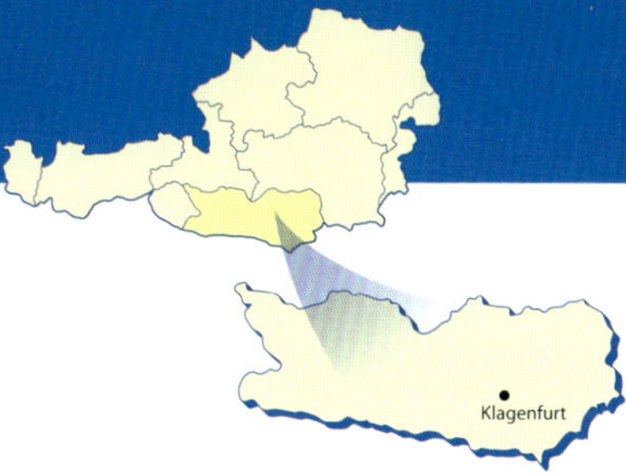

5 Zollfeld und Gurktal → S. 294

Das Zollfeld ist Kärntens historisches Herz. Hier befinden sich die römischen Siedlungen am Magdalensberg und der mittelalterliche Herzogstuhl, die beeindruckende Kirche von Maria Saal, die Burg Hochosterwitz und mit St. Veit die erste Hauptstadt des Landes. Wichtigster Sakralbau Kärntens ist der Dom zu Gurk im Gurktal. Friesach begeistert mit mittelalterlichem Flair.

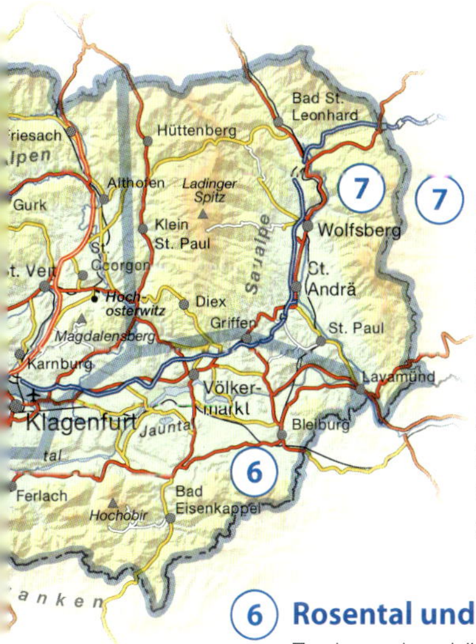

7 Lavanttal und Saualpe → S. 368

Das Lavanttal ist Kärntens Obst- und Gemüsegarten, bekannt für hervorragende Apfel- und Birnenerzeugnisse, z. B. den berühmten Most. Und auch der Lavanttaler Spargel hat es zu Berühmtheit gebracht. Größte Stadt ist Wolfsberg, bevorzugtes Wandergebiet der mächtige Buckel der Saualpe, die nach Westen hin ins Görtschitztal mit dem bekannten Bergarbeiterdorf Hüttenberg abfällt.

6 Rosental und Jauntal → S. 332

Zwei wunderschöne, ineinander übergehende Täler ganz im Süden Kärntens an der Grenze zu Slowenien. Das eindrucksvolle Gebirgsmassiv der Karawanken steigt im Süden steil auf, und die Drau, der längste Fluss Kärntens, fließt hier besonders gemächlich durch die anmutige Landschaft. Kulturelles Highlight ist Bleiburg im Jauntal mit dem unbedingt sehenswerten Werner-Berg-Museum.

Kärnten: Die Vorschau

Ein Urlaubsparadies …

Die höchsten Berge Österreichs und tief eingeschnittene Täler vor grandioser Gebirgskulisse, dazu – und das ist vielleicht das Wichtigste – die über 200 meist glasklaren Seen mit bester Bade- und sogar Trinkwasserqualität machen Kärnten zu einem großartigen Urlaubsparadies. Familien mit Kindern kommen hier genauso auf ihre Kosten wie ambitionierte Sportler, an einem der unzähligen, angenehm warmen Badeseen zu relaxen steht hier genauso hoch im Kurs wie die Besteigung eines Dreitausenders. Mit 9536 km² zählt Österreichs südlichstes Bundesland flächenmäßig zwar zu den kleineren, touristisch mit seinem vielfältigen Angebot aber zu den „Großen" (gleich hinter den Bundesländern Tirol und Salzburg). Man will seinen Gästen etwas bieten, nicht nur in sportlicher, sondern auch in kultureller Hinsicht, mit vielen historischen Sehenswürdigkeiten und schön hergerichteten Museen. Wofür man sich dabei auch entscheidet, langweilig wird es jedenfalls nie in Kärnten.

… auf der Alpensüdseite

Das Wort sagt doch schon alles: Alpensüdseite. Immer ein wenig wärmer als auf der Alpennordseite und „klimatisch begünstigt", was sich südlich des Alpenhauptkamms in den höheren Durchschnittstemperaturen im Sommer, aber auch in alpinen Wintern niederschlägt. Doch Alpensüdseite bedeutet hier auch „Dolce Vita" – im Straßencafé die Zeit verstreichen lassen oder in sonnig-mediterraner Atmosphäre am See die Seele baumeln lassen, nicht alles preußisch streng nehmen und einfach mal lockerlassen. Plätze dafür gibt es in Kärnten genug, sei es in der einsamen, kleinen Seenbucht

oder auf dem ebenso einsamen Berggipfel mit grandiosem Rundblick über das Land.

Alpe Adria durch und durch

Die ganz besondere Lage Kärntens im Spannungsfeld zwischen österreichischer, slowenischer und italienischer Kultur schlägt sich hier überall nieder. Zu den beiden südlichen Nachbarn – die Grenzlinie zu Slowenien ist 170 km lang, die zu Italien 109 km – ist es deutlich näher als nach Wien. Das Bewusstsein dafür inspiriert seit jeher Künstler und Köche, schlägt sich in Namen und Bezeichnungen wie der Klagenfurter „Alpe-Adria-Universität“ nieder und fußt auf engen wirtschaftlichen Beziehungen mit den südlichen europäischen Nachbarn.

Kulinarische Highlights

Allein des Essens wegen lohnt die Reise nach Kärnten. Die traditionelle Küche hier ist alpenländisch-deftig, gehaltvoll und bedient sich dessen, was Boden, Wald, Fluss oder See hergeben. Die grenzüberschreitenden Einflüsse der Nachbarn werden auf den Tellern des Landes besonders deutlich und bringen es unter dem Namen „Alpe-Adria-Küche“ nicht selten auch zu höchsten Weihen in der Gourmetszene. Zahlreiche Landhotels bieten heute Kochkunst auf erstklassigem Niveau. Dass das alles hier nicht ganz so teuer ist wie in manch anderem Bundesland, erfreut auch den Geldbeutel. Klassiker der Kärntner Küche ist und bleibt aber die üppige Brettljause, die jede noch so kleine Berghütte im Angebot hat und auf der die vielfältigen traditionellen „Schmankerln“ Kärntens zum Einsatz kommen: der berühmte Gurktaler Luftgeselchte Speck, Gailtaler Speck und Almkäse oder die herzhafte Jauntaler Salami – um nur einige zu nennen.

Kärnten: Die Vorschau

Kunst …

In der herrlichen Kirche von Maria Saal beispielsweise bekommt man einen hervorragenden und umfassenden Eindruck vom Reichtum der (alten) Kärntner Kunstlandschaft: ein prächtiger Bau, ein herrlicher gotischer Altar, feingliedrige Deckenbemalungen und in die Außenwand integriert uralte, kunstvolle Römersteine – und das alles inmitten der sanften Landschaft des Zollfelds, der Wiege Kärntens.

Kunstwerke jüngeren Datums sind in Kärnten natürlich auch zu finden, und das in beachtlicher Anzahl. Über das Land verstreut lebt eine faszinierend vielfältige Kunstszene: von der Künstlerstadt Gmünd ganz im Westen bis nach Unterkärnten mit Bleiburg weit im Südosten des Landes, der Wahlheimat Werner Bergs und Geburtsort von Kiki Kogelnik. Auch trifft man an denkbar abgeschiedenen Orten auf hochkarätige Museen wie das Liaunig-Museum im Jauntal. Als „Schatzhaus Kärntens" gilt das Stiftsmuseum von St. Paul im Lavanttal mit seinen enormen Kostbarkeiten aus vielen Jahrhunderten Kirchenkunst. Doch ist ganz Kärnten eine Schatzkammer: von der Kunst der Kelten bis in die Postmoderne.

… und Kultur

„Du bist die Rose, die Rose vom Wörthersee" aus scheppernden Lautsprechern auf einem in die Jahre gekommenen Schunkeldampfer? Ah geh. Kärnten ist zu kunstsinnig, um in Vorurteilen und Klischees zu verharren. Und die Rose vom Wörthersee, ohne ihr zu nahe treten zu wollen, hat man hinter sich gelassen.

Kärnten hat große Literaten hervorgebracht wie z. B. Ingeborg Bachmann und Peter Handke, Klagenfurt gilt als Literaturhauptstadt, über das Land verteilt finden zahlreiche, teils hochkarätig besetzte Musik- und

Theaterveranstaltungen statt wie z. B. der Carinthische Sommer am Ossiacher See oder die Komödienspiele Porcia in Spittal. Doch bei aller Hochkultur kommt natürlich auch die Pflege des Brauchtums nicht zu kurz: Am Kirchtag trägt man ganz selbstverständlich die heimische Tracht und das berühmte Kärntnerlied ist aus dem musikalischen Repertoire und bei Feierlichkeiten aller Art einfach nicht wegzudenken.

Immer in Bewegung…

Sport spielt in Österreichs südlichstem Bundesland eine wichtige Rolle und die Kärntner lieben besonders ihre Berge. Die mehr oder minder anspruchsvolle Besteigung eines Karawankengipfels wie auch die mehrtägige Hochalpintour gehört hier von Kindesbeinen an dazu. Nicht ganz so traditionell, aber ebenfalls sehr beliebt ist das Mountainbike als Aufstiegshilfe, und überhaupt präsentiert sich Kärnten vielerorts auch als moderne Funsportarena – Gleitschirmfliegen und Wakeboard, Hochseilgärten mit „Flying Fox“ sowie selektive Klettersteige und -wände, Canyoning und Rafting – Freunde des besonderen Nervenkitzels können aus dem Vollen schöpfen. Doch natürlich wird hier auch ganz klassisch geschwommen und gesurft, getaucht, geritten und geradelt.

… auch im Winter

Sportive Abwechslung gibt es auch im Winter. Bei Schnee und Eis findet man sich keineswegs in den Fitnessraum verbannt, man wechselt lediglich das Sportgerät. Ski und Snowboard sind Standard, doch wie wäre es mit einer Runde Eislaufen auf dem Weißensee? Oder Eisstockschießen, Eishockey und Eistauchen? Die Möglichkeiten, sich in Bewegung zu setzen, sind nahezu unbegrenzt.

Wanderer in den Nockbergen

Hintergründe & Infos

Landschaft und Geografie → S. 18
Natur und Umweltschutz → S. 21
Geologie → S. 21
Flora und Fauna → S. 22
Klima und Reisezeit → S. 29
Essen und Trinken → S. 31
Feste und Veranstaltungen → S. 39
Brauchtum → S. 43
Kunst → S. 44
Architektur → S. 46
Literatur → S. 47
Geschichte Kärntens → S. 50
Wirtschaft und Tourismus → S. 74
Reisepraktisches von A bis Z → S. 76

Kärnten: Berge, Almwiesen und Seen, hier am Weißensee

Landschaft und Geografie

Die Berge von plattentektonischer Kraft aufgefaltet, die Täler und Becken von eiszeitlichen Gletschern geformt: so lässt sich (grob verkürzt) die landschaftliche Entstehung der Alpen und damit auch der Kärntner Bergregion zusammenfassen.

Kärnten erstreckt sich an der sonnigen Südseite der Ostalpen. Im Zentrum liegt das Klagenfurter Becken, das ringsum von mächtigen **Gebirgszügen** umgeben ist. Geografisch wird das österreichische Bundesland grob in zwei Teile unterteilt: Ober- und Unterkärnten. *Oberkärnten* umfasst das Hochgebirge im Westteil des Landes. Hier erheben sich die Hohen Tauern mit der Ankogel- und der Glocknergruppe – höchster Gipfel Kärntens und ganz Österreichs ist mit 3798 m der Großglockner –, die Gailtaler und Karnischen Alpen im Südwesten sowie die zentralen Gurktaler Alpen mit den berühmten Nockbergen. *Unterkärnten* wird der östliche, niedere Teil Kärntens genannt, also das Klagenfurter Becken, die mächtigen Erhebungen von Sau- und Koralpe sowie das Lavanttal dazwischen. Im Süden bildet der Gebirgszug der Karawanken die Grenze zu Slowenien. Geografisch weniger trennscharf wurde für touristische Zwecke noch der Begriff *Mittelkärnten* eingeführt, der in etwa das Gebiet des Klagenfurter Beckens abdeckt. Mit einer Größe von 1750 km^2 ist das Klagenfurter Becken das größte Becken der Ostalpen. Die fruchtbare, sanfte Hügellandschaft erstreckt sich von der Villacher Alpe im Westen bis zur Saualpe im Osten sowie von den Gurktaler Alpen im Norden über Krappfeld, Zollfeld und Jauntal bis hinab zu den Karawanken.

Lebensader sind wie überall im Alpenraum die Täler und ihre **Flüsse**. Kärntens wichtigster Fluss ist die *Drau*: Sie entspringt als „Drava“ in Italien, fließt dann als „Drau“ durch Osttirol und durchquert von West nach Ost ganz Kärnten, bevor sie – nun wieder als „Drava“ – durch Slowenien und Kroatien der Donau zuströmt. Auf ihrem Weg durch Kärnten nimmt die Drau alle anderen Flüsse in sich auf: die *Möll* aus dem Mölltal, die *Lieser* von Norden her, bei Villach die *Gail* aus dem Lesach- und Gailtal, zwischen Klagenfurt und Völkermarkt die *Gurk* und schließlich bei Lavamünd die *Lavant*. Das „Drautal“ wechselt dabei mehrmals seinen Namen: Bis Spittal fließt die Drau durch das *Oberdrautal*, danach etwa bis Villach durch das *Unterdrautal*, am Fuß der Karawanken schlängelt sich die Drau zunächst durch das bezaubernde *Rosental* und schließlich durch das nicht minder idyllische *Jauntal*.

Die abwechslungsreiche Landschaft Kärntens wurde von der letzten **Eiszeit** geprägt, die im Alpenraum Würm-Eiszeit oder Würm-Glazial heißt (110.000 bis 10.000 Jahre vor heutiger Zeit). Die Alpen waren bedeckt von gigantischen Eisfeldern, aus denen nur die höchsten Gipfel als Nunataks herausragten. Immense Ströme aus Eis schoben sich durch Täler, gruben sie aus und transportierten riesige Mengen Geröll. Vieles ist vom Vermächtnis der Eiszeit noch sichtbar: Da sind zunächst natürlich die verbliebenen Gletscher. Über 30 Eisfelder trotzen auf Kärntens Gipfeln noch der Sommersonne. Die Pasterze am Großglockner ist der größte Gletscher Kärntens und Österreichs (→ S. 30 und 394), auch wenn man ihm mittlerweile beim Schmelzen zuschauen kann. Für den alpinen Skisport (sommers wie winters) erschlossen ist der Mölltaler Gletscher (→ S. 121). Das schönste Erbe der Eiszeit aber sind sicherlich **Kärntens Seen**. Die großen Kärntner Seen wie Wörthersee, Millstätter oder Ossiacher See wurden von der Bewegung der Gletscher tief in die Täler eingeschürft. Daneben gibt es auch Seen – recht kleine, meist eher runde – die Toteislöcher sind, also aus gigantischen Eisblöcken hervorgingen, die beim Rückzug der Gletscher zurückblieben (damit zu „totem Eis“ wurden) und sich beim Abschmelzen zu Seen „eindrückten“. Ein kleines, sehr malerisches Toteisloch ist das Meerauge im Bodental (→ S. 346).

Durch die Gletscher bzw. deren Abwesenheit erklärt sich auch die Seenarmut im Osten: Saualpe und Lavanttal waren während der Würm-Eiszeit eisfrei. Die maximale Ausdehnung der Vergletscherung reichte nämlich ostwärts nicht über das Klagenfurter Becken hinaus, da kein Gletscher zurückwich, konnten auch keine Seen hinterlassen werden.

Für ein Alpenland ist Kärnten mit besonders vielen Seen gesegnet. Dabei entfallen von den insgesamt 60 km² Seen-Wasserfläche bereits 50 km² auf die vier Großseen: Mit Abstand größter See ist der berühmte *Wörthersee*, gefolgt vom *Millstätter See*, der mit 141 m der tiefste ist, und dem *Ossiacher See*. In den Gailtaler Alpen erstreckt sich der lange *Weißensee*, der als höchstgelegener Badesee Kärntens gilt. Weitere wichtige (Bade-)Seen sind der *Faaker See*, der *Keutschacher See*, der *Klopeiner See*, in dem das Wasser am wärmsten ist, und der *Feldsee*. Generell zeichnen sich die Kärntner Seen, neben der landschaftlichen Vielfalt an ihren Ufern, dadurch aus, dass ihr Wasser im Sommer sehr angenehm badetaugliche Temperaturen erreicht. Das hängt mit dem relativ geringen Wasseraustausch durch Zu- und Abflüsse zusammen. Dennoch ist die Wasserqualität der meisten Kärntner Seen so außergewöhnlich gut, dass in einigen Fällen Trinkwasserqualität erreicht wird. Und das Wasser, das frisch aus dem Berg sprudelt, ist ohnehin nicht nur meist trinkbar, sondern auch erfrischend und köstlich.

Daten und Fakten

Geografische Zahlen: Kärnten ist Österreichs südlichstes Bundesland und mit einer Größe von 9536 km^2 das fünftgrößte (nach Niederösterreich, der Steiermark, Tirol und Oberösterreich). Im Norden grenzt es an das Bundesland Salzburg, im Westen an Osttirol, im Osten an die Steiermark und im Süden an Slowenien (170 km) sowie an Italien (109 km). Der Großglockner ist mit 3798 m nicht nur der höchste Berg Kärntens, sondern ganz Österreichs. An seiner Flanke liegt die Pasterze, Österreichs größter Gletscher. Umgeben ist er von 92 weiteren Dreitausendern. Insgesamt gibt es etwa 1270 Seen in Kärnten, größter See ist der Wörthersee (19,39 km^2). Gut die Hälfte der Landesfläche Kärntens ist bewaldet.

Kärntens Relief in Villach

Hauptstadt: Klagenfurt ist mit knapp 98.000 Einwohnern die mit Abstand größte Stadt Kärntens (und die sechstgrößte Stadt Österreichs – nach Wien, Graz, Linz, Salzburg und Innsbruck). Es folgt Villach mit etwa 60.500 Einwohnern und Wolfsberg mit etwa 25.000 Einwohnern, Spittal an der Drau hat ca. 15.500 Einwohner.

Bezirke: Das Land ist in acht Bezirke unterteilt: Hermagor, Spittal an der Drau, Villach Land, Feldkirchen, St. Veit an der Glan, Wolfsberg, Völkermarkt und Klagenfurt Land, hinzu kommen Klagenfurt Stadt und Villach Stadt. Insgesamt zählt man in Kärnten 132 Gemeinden.

Landeshauptmann: Aus den Wahlen vom 3. März 2013 ging die SPÖ als klare Siegerin hervor, Landeshauptmann ist Peter Kaiser (SPÖ).

Bevölkerung: Etwa 557.000 Einwohner, die Bevölkerungsdichte liegt bei ca. 58 Einwohnern je km^2. Seit Jahren schon schrumpft die Kärntner Bevölkerung, jährlich um etwa 2 %, während der Rest Österreichs (allen voran Wien) wächst.

Wirtschaftsdaten: Die Abwanderung bzw. das fehlende Bevölkerungswachstum in Kärnten schlägt sich auch auf die Wirtschaftsleistung nieder, für die Zukunft geht man von einem deutlichen Fachkräftemangel aus. Mit einem Bruttoregionalprodukt (BRP) von 27.400 € je Einwohner gehört Kärnten zu den ärmsten Ländern Österreichs (noch ärmer sind Niederösterreich und das Burgenland). Im Jahr 2015 hatte Kärnten eine Arbeitslosenquote von 9,4 %, das ist nach Wien (mit 12,5 %) die zweithöchste in Österreich (Ø ca. 8 %).

Religion und Konfession: Etwa 70 % der Kärntner sind römisch-katholisch, ca. 8 % evangelisch und ca. 3 % muslimisch, der Rest konfessionslos.

Sprache: Amtssprache ist natürlich Deutsch, geschätzte 12.500 Kärntner Slowenen in Südkärnten – vornehmlich in und am Rand der Karawanken – sprechen Slowenisch als Umgangssprache (Näheres hierzu auch beim sog. „Ortstafelstreit" → S. 70).

Natur und Umweltschutz

Der Schutz der Berge wird in Kärnten besonders groß geschrieben. Zwei **Nationalparks** gibt es in Kärnten: den *Nationalpark Hohe Tauern* (→ S. 104) und den *Nationalpark Nockberge* (der streng genommen ein *Biosphärenpark* ist, → S. 174). Außerdem zwei Naturparks: den *Weißensee* und den *Dobratsch*. Dazu sind zahlreiche Naturschutzgebiete ausgewiesen, wie z. B. das schöne *Bodental* mit der *Vertatscha* oder das *Sablatnigmoor* beim Klopeiner See (→ S. 354).

Der Energiebedarf Kärntens wird zu über 40 % aus erneuerbaren Energien gedeckt, ein im europäischen Vergleich beneidenswerter Anteil. Fast die Hälfte davon wird aus Wasserkraft gewonnen, z. B. in den Wasserkraftwerken der Drau oder der Kölnbreinsperre im Maltatal.

Auch Umweltschutz und Tourismus schließen sich in Kärnten nicht aus, vielmehr wird verstärkt auf umweltverträglichen Tourismus gesetzt. Immer mehr Anbieter von der Schutzhütte bis zum Nobelhotel setzen auf Öko und Nachhaltigkeit. Beispielsweise stammen, was beim Urlaub auf dem Bauernhof schon immer selbstverständlich war, die Lebensmittel von überdurchschnittlich vielen Gastronomiebetrieben aus regionaler, ökologischer Landwirtschaft. Auch haben manche Gegenden (per lokaler Abstimmung) auf den großen Wintersport verzichtet, also auf zahlungskräftige Kundschaft, vielleicht Besuchermassen, mithin auf Einnahmen und Arbeitsplätze: Das Lesachtal beispielsweise und der Nationalpark Nockberge sind weitgehend skiliftfrei und gerade darum für Urlauber attraktiv – als Wandergebiet mit intaktem Naturraum.

Geologie

Beherrscht man die Grundbegriffe der Steinkunde, kann man an so manchem Felsabbruch wie in einem aufgeschlagenen Buch das ein oder andere Kapitel Erdgeschichte studieren. Um das Gailtal gibt es den 830 km² großen **GeoPark Karnische Alpen**, der die Gailtaler Alpen, die Lienzer Dolomiten und die Karnischen Alpen im Süden umfasst. Hier wurden diverse Geotrails eingerichtet, auf denen man nicht nur durch Ober- und Unterkarbon wandern kann, sondern auch noch zahlreiche geologische Phänomene passiert. Das Besucherzentrum befindet sich in Dellach im Gailtal (→ S. 220). Fossiliensammler seien darauf hingewiesen, dass Fossilien dem Naturschutz unterliegen, heißt: Sammeln ist, wenn nicht anders angezeigt, erlaubt, ausschlagen mit Hilfsmitteln (selbst mit dem einfachen Hämmerchen) ist verboten.

Historisch ist Eisenerz der bedeutendste Rohstoff, schon die Römer kämpften sich mit Kurzschwertern aus *norischem Eisen* den Weg bis nach Britannien und Ägypten frei. Noch heute erinnern nicht nur alte Stollen und Hochöfen an die lange **Bergbautradition**, sondern auch Ortsnamen wie Hüttenberg im Görtschitztal oder Eisentratten am Rand der Nockberge. Bleiberg am Dobratsch und Bleiburg am Rand der Karawanken weisen auf einen weiteren wichtigen Rohstoff hin: Blei. Die glanzvollsten Metalle aber sind zweifelsohne Gold und Silber. Im Mittelalter waren die Hohen Tauern eines der wichtigsten Goldabbaugebiete Europas. Das *Tauerngold* wurde beispielsweise im Fleißtal aus dem Berg geschlagen oder aus den Gebirgsbächen gewaschen, Silber wurde im Mölltal gewonnen (zur Geschichte des Kärntner Bergbaus und zum Tauerngold im Besondern → S. 60).

Glückliche Kuh im Lavanttal

Flora und Fauna

Von der Unterwasserwelt der Seen bis in die hochalpine Gebirgslandschaft reichen die Vegetationsstufen und Lebensräume Kärntens. Berühmt sind Steinbock und Steinadler, Enzian und Edelweiß werden besungen. Die heimlichen Stars aber heißen Seeforelle, Speik und Murmeltier.

Nicht nur die Landschaft, sondern auch Flora und Fauna wurden von der letzten Eiszeit geprägt. Mit dem Zurückweichen des Eises zog sich nach und nach auch die Tundra und mit ihr deren Bewohner in höhere Lagen zurück. Alpenschneehuhn, Schneehase und Murmeltier sind solche arktischen Erben und nun hochalpine Anrainer. Sträucher und Wälder rückten nach, die Mulden füllten sich mit Wasser und wurden zu Seen. Auch der Mensch wanderte in die Alpen ein und schuf sich durch Rodung seinen eigenen Lebensraum: die Kulturlandschaft. Bis heute aber ist Kärnten eine der waldreichsten Regionen Europas geblieben.

Grob lassen sich in Kärnten die Vegetationssysteme und damit der Lebensraum für Mensch und Tier in zwei Stufen einteilen: in eine niedere, montane und in eine alpine Zone. Diese lassen sich dann noch weiter aufgliedern:

Die **Tallagen und Ebenen** (die *submontane* oder *colline Stufe*) sind weitgehend Kulturland, das landwirtschaftlich genutzt wird oder von Laubwäldern (Eichen und Buchen) und Mischwäldern bestanden ist. Der Südosten Kärntens beispielsweise ist berühmt für seine Streuobstwiesen, über das Zollfeld erstrecken sich weite Ackerflächen und überall weidet Vieh auf satten Wiesen. Zwei Nutztiere verdienen besondere Erwähnung: die Kärntner Biene und das Mittelkärntner Blondvieh. Die auch Krainer Biene oder schlicht *Carnica* genannte *Kärntner Biene* (mit vollem Titel *Apis mellifera carnica*) gehört zu den Europäischen Honigbienen. Sie ist in Kärnten und hier vor allem im Rosental weit verbreitet und bei Imkern beliebt – dank der vorzüglichen Kombination positiver Charaktereigenschaften: Sanftmut und Fleiß. Das *Mittelkärntner Blondvieh* ist eine alte Kuh: Bis ins 17. Jh. lässt sich die Rinderrasse mit dem namensgebenden weißen bis gelben Fell zurückverfolgen, im 20. Jh. war sie fast ausgestorben. Heute wird das Blondvieh wieder gehegt und gepflegt.

In den Niederungen und Tälern befinden sich auch die großen **Seen**, die in Kärnten zumeist nährstoffarm und damit sehr klar sind. In den seichteren Becken schwimmen beispielsweise Hecht, Karpfen und Zander, in tieferen Bereichen Reinanken, der kälteresistente Seesaibling und die Seeforelle, die als „Alpenlachs" berühmt und als „Kärntner Låxn" auf den Speiseplänen präsent ist. In den kalten, sauerstoffreichen, gut fließenden Gewässern tummeln sich Bachforelle und Bachsaibling. Einen weiteren Lebensraum, den die Eiszeit hinterlassen hat, bilden die Moore und Feuchtgebiete, meist verlandete Seen, die als Feuchtbiotope Rückzugsraum für zahlreiche Insekten, Frösche, Eidechsen und Vögel sind. Die Vegetation besteht neben diversen Schilfen, Wasserpflanzen und (Schwarzerlen-)Bruchwäldern auch aus seltenen Pflanzen wie Orchideen oder dem Sonnentau.

Trockene, lichte Laubwälder und sonnige, steinige Wiesen bevorzugen die *Schlangen* Kärntens. Ungiftig ist die braun-grüne *Äskulapnatter*, die über zwei Meter lang werden kann und recht selten ist. Die giftigste Schlange ist die in den Karawanken vorkommende *Hornotter* (auch *Sandviper* oder *Hornviper* genannt), die zwar nicht aggressiv ist, deren Gift aber unter Umständen tödlich sein kann. Am weitesten verbreitet ist die *Kreuzotter* mit dem charakteristischen Zickzackband auf dem Rücken. Schlängelt sich vor einem eine schwarze Schlange durchs Gras, ist man ebenfalls auf eine Kreuzotter gestoßen, schwarze Kreuzottern werden aber auch *Höllenotter* oder *Bergviper* genannt. Ihr Biss kann für Kinder und geschwächte Personen ebenfalls lebensbedrohlich sein. Sie kommen in ganz Kärnten und auch in Höhenlagen bis 2000 m vor.

Die **Bergstufe**, die *montane Stufe*, ist eine abwechslungsreiche Alpenlandschaft, über die sich dichte Wälder und eine malerische Kulturlandschaft aus Viehweiden, Almwiesen und Bergmähder (Wiesen am steilen Hang) ziehen. Der untere Bereich wird noch von Mischwäldern aus Buchen und Tannen, Bergahorn und Fichten geprägt (so der Wald nicht rein forstwirtschaftlich genutzt wird, dann sind es nur Fichten). Ab etwa 1000 m geht der Wald dann in ein reines Nadelgehölz über, vornehmlich Fichten. Die gesamte Wald- und Kulturlandzone ist der Lebensraum für die typische mitteleuropäische Fauna: Rehe und Rotwild, Füchse, Wiesel, Iltis und Marder (und vereinzelt sogar der Fischotter), der mittlerweile seltene Feldhase, Wildschweine, die auch durch die Strauchvegetation der subalpinen Zone wandern, zahlreiche Singvögel, Spechte und die üblichen Greifvögel sowie vor allem im höheren Nadelwald das Auerhuhn.

In der **subalpinen Stufe** ab etwa 1600–1700 m wachsen zunehmend lichte Wälder aus Zirben, Latschenkiefern und Lärchen. Es beginnt der Übergang vom Nadelwald zur *Strauchvegetation* aus beispielsweise Alpenrosen, Heidelbeeren und anderen Heidekrautgewächsen. Sie stehen anfangs bereits als Unterholz im lichten Wald und werden oberhalb der Waldgrenze bei etwa 2000 m zur typischen alpinen *Heidelandschaft*, die nur noch vereinzelte Zirben und Latschengebüsche überragen. Wenn der Zwergstrauchgürtel dünner wird und in alpinen Rasen und Grasheide übergeht, ist die **alpine Stufe** erreicht.

Die Artenvielfalt nimmt in der Höhe rapide ab, dafür sind die tierischen Alpinisten umso faszinierender. In dieser kargen, offenen Hochalpenlandschaft leben das

Alpenschneehuhn, der Alpenschneehase sowie natürlich das Murmeltier (→ S. 26/27), und auch der Hermelin wagt sich in solche Höhen. Den niederen Luftraum befliegen die schlichte Alpenbraunelle, der Mauerläufer mit seinem schönen rot-schwarz-weißen Gefieder, die Alpendohle mit dem charakteristischen knallgelben Schnabel und der hartgesottene Schneefink. Am Himmel kreist majestätisch der *Steinadler*. Seine Flügelspannweite beträgt etwa zwei Meter. Das Brutgebiet des Greifes liegt in der Regel unter 2000 Meter, gejagt wird aber über der offenen alpinen Landschaft. Einstmals fast ausgerottet, hat sich der Bestand in den Alpen allgemein und in den Tauern im Besonderen wieder gefestigt.

Fast im gesamten Alpenraum ausgerottet war auch der *Steinbock*. Nur am Gran Paradiso in den italienischen Westalpen hatte sich bis ins 20. Jh. ein Restbestand gehalten. Von diesen Tieren stammt die Population ab, die heute in den Ostalpen und auch in Kärnten zu finden ist. Die majestätischen Alpensteinböcke können bis zu 100 Kilo schwer werden, imposant und charakteristisch ist das Gehörn der männlichen Tiere. Steinböcke sind abenteuerliche Kletterer, die steilsten Hänge und schmalsten Felskanten können sie nicht abhalten. Die größten Chancen, einen Steinbock zu Gesicht zu bekommen, hat man auf der Kaiser-Franz-Josefs-Höhe am Großglockner (→ S. 110). Ein begnadeter Kletterer ist auch die Alpengams. *Gämsen* fühlen sich vor allem in der felsigen, alpinen Heidelandschaft wohl

Die Rückkehr ausgerotteter Jäger: Wolf, Bär und Luchs

Wenn die Wölfe kommen, muss einer vom Schlitten, sagt ein russisches Sprichwort. Heute freuen sich Naturschützer und -freunde, wenn der Wolf zurückkommt. Auf der anderen Seite wird vor Gefahren gewarnt. Bekannt ist, dass von einem gesunden Wolf, der nicht durch Aufzucht an Menschen gewöhnt ist, keinerlei Gefahr ausgeht, da er die Nähe zum Mensch meidet.

Vielleicht kehrt der scheue **Wolf** nach Kärnten zurück. In den letzten Jahren gab es vereinzelt Sichtungen, 2012 streifte ein kleines Rudel durch die östlichen Karawanken, ein mit Peilsender ausgestattetes Tier durchquerte mindestens zwei Mal das Land. Der **Bär** wanderte aus Slowenien zu. Ein kleiner Bestand lebt auf der slowenischen Seite der Karawanken und taucht hin und wieder in den Medien auf, wenn Bienenstöcke ausgeräumt wurden, wie zuletzt im Frühjahr 2014 im Bodental und bei Finkenstein geschehen. Zuvor gab es auch Sichtungen im Gailtal und sogar im Nationalpark Hohe Tauern. Auch der **Luchs** wurde in Kärnten wieder nachgewiesen, nicht anhand von Sichtungen, denn die elegante Großkatze ist viel zu scheu, sondern anhand von Spuren und Rissen. Ob es aber eine ständige Population in Kärnten gibt oder der Luchs die Berge nur durchwandert, ist ungewiss.

Auch wenn immer wieder Rufe nach Abschuss laut und von Politikern medienwirksam aufgegriffen werden, so hysterisch wie ihre bayerischen Nachbarn gehen die Österreicher nicht mit dem Thema Wiedereinsiedlung großer Beutegreifer um. In Kärnten gibt es beispielsweise einen Bärenanwalt, der als Ansprechpartner für die Menschen dient und Hinweisen auf Bären nachgeht. Mit Aufklärungsarbeit und länderübergreifenden Projekten bemühen sich auch *Naturschutzbund Österreich*, *Respect to Wildlife* und *WWF* darum, dass Luchs, Bär und Wolf in den Ostalpen vielleicht wieder heimisch werden.

und stoßen bei ihren Streifzügen ab und zu in den höchstgelegenen Lebensraum der Alpen vor.

Ab etwa 3000 m beginnt die **hochalpine Landschaft**, die *nivale Stufe*: in Kärnten sind das die Gipfel der Hohen Tauern. Hier wird es immer unwirtlicher, nur spärlich wachsen Polsterpflanzen und Flechten. An die 3500 m steigen Steinbock und Gams hoch, aber nur vereinzelt, und auch Steinadler, Geier und Alpendohle unternehmen lediglich Ausflüge in diese Höhen. Dauerhaft halten es in dieser lebensfeindlichen Umgebung nur die härtesten Hunde der Alpen aus: *Schneefink* und *Schneemaus*. Allerdings verstehen sie es durchaus, sich an den Menschen anzupassen: Beide lieben es, in Berghütten zu campieren.

Bemerkenswert farbenprächtig, vielfältig und auch widerstandsfähig sind die zahlreichen **Alpenblumen**, die der Wanderer von den Almwiesen bis hinauf in die karge alpine Landschaft findet. Auf den Wiesen und Heiden blühen Enziane (allerdings nicht alle blau), das bildhübsche Edelweiß, Alpen- und Schneerose, Primeln und Veilchen, der ansehnliche, aber hochgiftige Eisenhut, der elegante Türkenbund und zahllose andere Blumen. Eine Besonderheit, da als *Valeria celtica subspecies norica* eine endemische Art, ist der *Echte Speik*. Die Wurzeln der Baldrianpflanze liefern ein ätherisches Öl, das einst ein Exportschlager war. Heute steht der Echte Speik unter Schutz, die Ernte der Wurzeln ist streng reglementiert. Eine Nase voll Speik-Duft kann man am ehesten in den Nockbergen nehmen. Auch unter den Blumen gibt es harte Hunde: Der Kärntner Kuhtritt, auch Kärntner Wulfenie, mit der bläulich violetten Blüte trägt seinen Namen, weil er es sogar übersteht, vom Kärntner Blondvieh niedergetrampelt zu werden. Und der Gletscherhahnenfuß ziert die hochalpine Landschaft sogar noch oberhalb von 3500 m.

Alpenblumen in voller Pracht

Das Murmeltier

Das Murmeltier ist der heimliche Star der Bergwelt. Es ist zwar nicht stolz wie der Adler, der einsam und erhaben seine Kreise zieht, und es ist auch kein spektakulärer Kletterkünstler wie Gams oder Steinbock. Das Murmeltier ist vielmehr ein Familientier, gesellig und fürsorgend, mit der Tendenz zur saisonalen Moppeligkeit und bei schlechtem Wetter eher der Couchtyp.

Die entfernte Verwandtschaft unseres Murmeltiers bevölkert die Landschaften der Nordhalbkugel und findet sich von der Westküste Amerikas bis nach Alaska und von Sibirien bis in den Himalaya. Insgesamt gibt es 14 Arten der Gattung *Marmota*. Das hiesige Nagetier, das Alpenmurmeltier, *Marmota marmota*, wird etwa 40 bis 50 cm groß (ohne Schwanz), wiegt jahreszeitabhängig zwischen drei und acht Kilogramm und kann bis zu 15 Jahre alt werden. Das *Mankei* (alpenländisch für Murmeltier) oder *Muamale* oder *Murmele*, wie es in Kärnten auch genannt wird, ernährt sich vorwiegend vegetarisch mit einer Vorliebe für frische Triebe, Blüten und würzige Kräuter. In Europa siedelt das Alpenmurmeltier außer in der namensgebenden alpinen Umgebung auch in der Hohen Tatra, den Karpaten und sogar in den Pyrenäen. Als Lebensraum bevorzugt es sonnige Gebirgshänge, selten unter 1400/1500 m oder unterhalb der Baumgrenze. Die Mankeien verfügen über eine relativ geringe Hitzetoleranz. Zwar lieben sie es, ein Sonnenbad zu nehmen, und verpassen, wenn der Hunger es zulässt, kaum eine Möglichkeit dazu. Dennoch bevorzugen die Murmeltiere, da sie weder hecheln noch schwitzen können, hochgelegene Wohnlagen, um die große Sommerhitze zu vermeiden.

Den Winter dagegen verschläft das Murmeltier – sprichwörtlich. Der Winterschlaf beginnt mit dem ersten Schnee Ende September/Anfang Oktober und dauert sechs bis sieben Monate, also bis in den April hinein. Die notwendigen Fettreserven werden den Sommer über angefressen. Fast die Hälfte ihres Körpergewichts können sie während eines Winters verlieren – bzw. das Doppelte an Körpergewicht im Sommer wieder anfuttern: ein Jojo-Effekt zum Überleben.

Murmeltiere sind ausgesprochen gesellige Tiere. Sie leben in Familiengruppen, deren Kern ein Pärchen bildet. Die Jungtiere – ein Weibchen wirft einmal im Jahr im Frühsommer nach einer Tragzeit von etwas mehr als einem Monat im Schnitt drei bis vier Junge – bleiben mindestens bis zur Geschlechtsreife nach zwei Wintern, manchmal auch deutlich länger im Familienverband, der so bis zu 20 Nager groß sein kann. Begegnen sich Familienmitglieder, berühren sie sich mit den Nasen, gegenseitige Fellpflege und spielerische Raufereien nehmen einen wichtigen Stellenwert im Sozialverhalten ein.

Verschiedene Murmeltier-Familien leben in Reviernachbarschaft, aber grundsätzlich deutlich getrennt voneinander. Nur Jungtiere dürfen ungestraft bei anderen Familien vorbeischauen. Wollen sie aber das alte Paar, also Alpha-Männchen (oder -Weibchen!) ablösen, ist Schluss mit niedlich. Bei Revierkämpfen werden die Nagezähne zu gefährlichen Waffen, die schlimmstenfalls sogar tödliche Verletzungen zufügen können. Meist ist es für paarungswillige Jungmurmeltiere, die den eigenen Familienverband verlassen müssen, einfacher, in einem neuen Revier eine neue Familie zu gründen.

Die Mankei-Familie bewohnt ganzjährig ein komfortables Souterrain-Appartement. Das komplexe Höhlensystem, das über Generationen ausgebaut und erweitert werden kann, verfügt sicherheitshalber über mehrere Eingänge, diverse Abzweigungen und Kammern, damit sich die Nager im Bau aus dem Weg gehen können, und eine tiefliegende, gut gepolsterte Schlafkammer für die ganze Familie. Da Murmeltiere sehr reinliche Tiere sind, gibt es sogar separate Abtritte, sog. Kotröhren. Daneben verfügen die wachsamen Tiere über kleinere Höhlen (Fluchtbau) in der Nähe des Hauptbaus, die bei Gefahr Schutz bieten.

Marmota marmota

Apropos Gefahr: Die meisten Wanderer in den Alpen hören die Murmeltiere, bevor sie sie sehen. Mit den charakteristischen Pfiffen – streng genommen handelt es sich dabei um Schreie – warnen die Nager ihre Artgenossen vor Gefahren. Die Murmeltiere kommunizieren dabei durchaus differenziert: Wenn Sie beim Wandern einen einzelnen schrillen Pfiff hören, sind nicht Sie gemeint. Ein Einzelpfiff nämlich bedeutet: Gefahr aus der Luft! Adler und Uhu sind die gefährlichsten Fressfeinde. Warnt ein einzelner Pfiff die Gemeinde, fliehen die Murmeltiere sofort in den Bau! Eine Folge von Pfiffen dagegen bedeutet: Gefahr am Boden! Auch der Wanderer kann dann gemeint sein oder sein Hund oder eben ein weiterer Fressfeind: der Fuchs (der auf das Warnsignal hin allerdings oft von selbst abdreht, wohl wissend, dass, derart verpfiffen, der Jagderfolg nun ausbleiben wird). Da Murmeltiere die Gefahr am Boden recht gut abschätzen können, fliehen sie nicht automatisch, wenn eine Pfifffolge ertönt, sondern erhöhen die Wachsamkeit und springen nur bei Bedarf in den Bau. Sollten Sie Murmeltiere beobachten, die scheinbar unbeeindruckt von Pfeifkonzerten weiter ihrer Tätigkeit nachgehen, wird es sich bei den Schreihälsen wahrscheinlich um Jungtiere handeln, die überschwänglich üben. Erfahrene Murmeltiere hören die feinen Unterschiede heraus und lassen sich vom adoleszierenden Nachwuchs nicht aus der Ruhe bringen.

Ein guter Ort, um Murmeltiere aus der Nähe zu beobachten, ist die **Kaiser-Franz-Josefs-Höhe** am Großglockner. Die Chancen, die Tiere beispielsweise vom Gamsgrubenweg aus zu beobachten, sind relativ hoch (→ S. 111). In der **Pfandlhütte** an der Nockalmstraße befindet sich eine kleine, aber interessante Ausstellung über das Murmeltier (→ S. 182). Eine weitere gute Ausstellung, die auch das Murmeltier zum Thema hat, ist im **Haus Alpine Naturschau** (→ S. 108) unterhalb des Fuscher Törls an der Großglockner Hochalpenstraße zu sehen. Und wenige Kilometer weiter leben ein paar zahme Murmeltiere beim **Mankei-Wirt** bei der Fuscher Lake (→ S. 106).

Was tun, wenn es im **Winter** bitterkalt wird und man nicht zufällig ein Wechselblüter ist und die Betriebstemperatur herunterregeln kann? Drei Strategien hat sich das Tierreich zurechtgelegt, um den Winter zu überstehen: Fliehen, schlafen, aushalten. Die bekanntesten Winterschläfer sind im Kulturland der Igel, im Wald der Siebenschläfer und die Haselmaus und im Hochgebirge das Murmeltier. Die Winterflucht treten nicht nur die Zugvögel an, sondern auch Teilzieher in den Alpen: Vögel und Säugetiere, die im Winter ein paar Höhenmeter hinabsteigen. Nur ein Teilbestand der Alpenbraunelle beispielsweise zieht an den Alpensüdrand, der Rest, wahrscheinlich die Männchen, weicht nur ein wenig in die Tallagen aus. Wer (wach) bleibt, legt sich ein dickes Fell zu und tarnt sich gegebenenfalls zusätzlich, indem ein weißes Federkleid bzw. ein weißer Pelz angelegt wird (z. B. Schneehase und Schneehuhn). Außerdem bewegen sie sich so wenig wie möglich, um Ressourcen zu schonen. Die Ausharrenden gehen sogar noch einen Schritt weiter: Gämsen und Steinböcke, Schneehasen und Schneehühner steigen im Winter noch weiter hinauf auf den Berg. An den Kanten und Felsrücken nämlich fegt der Wind den Schnee weg, sodass die Tiere leichter an Nahrung gelangen können. Am leichtesten macht es sich die Schneemaus, die sich unter der Schneedecke Höhlen gräbt.

	Weißensee (941 m)		**Klagenfurt (447 m)**		**St. Andrä (468 m)**	
	Ø Lufttemperatur (Min./Max. in °C)		Ø Lufttemperatur (Min./Max. in °C)		Ø Lufttemperatur (Min./Max. in °C)	
Jan.	-8,9	1,0	-7,2	0,3	-6,5	0,4
Febr.	-8,2	3,8	-5,4	4,4	-4,8	4,6
März	-3,9	7,8	-1,3	10,3	-0,9	10,3
April	0,7	11,5	2,8	14,9	2,6	15,0
Mai	5,8	16,6	7,8	20,2	7,3	20,4
Juni	9,2	20,1	11,1	23,4	10,6	23,2
Juli	11,4	22,7	12,9	25,5	12,3	25,3
Aug.	11,4	22,4	12,7	25,1	12,2	25,0
Sept.	8,3	18,7	9,0	20,6	8,5	20,4
Okt.	3,8	13,2	4,3	14,2	4,0	14,3
Nov.	-1,6	6,2	-1,0	5,8	-1,0	5,9
Dez.	-6,2	1,8	-5,2	0,8	-4,7	0,9
Jahr	**1,8**	**12,2**	**3,4**	**13,8**	**3,3**	**13,8**

Daten: ZAMG, Wien; Periode 1971 bis 2000

Klima und Reisezeit

Alpensüdseite – mit diesem einen Wort ist bereits alles angedeutet, was das Klima Kärntens ausmacht: alpine, schneesichere Winter und sonnig-mediterranes Klima im Sommer in den Niederungen. Die Südlage am Alpenhauptkamm erhöht den Temperaturschnitt im Vergleich zum Rest Österreichs, will heißen: die Kärntner Sommer sind schön warm. Den meisten Niederschlag gibt es, wie in Mitteleuropa üblich, im Sommer, dabei regnet es im Osten weniger als im Westen. Durch die Lage auf der Alpensüdseite können sich im Frühjahr und im Herbst Genua- bzw. Adriatief mit erhöhtem Niederschlag (meist in Form von Starkregen) bemerkbar machen. Schneesicher ist es in den Niederungen etwa drei Monate, in den Höhenlagen bis zu fünf Monate im Jahr.

Zuweilen hört man in Kärnten: Es gebe gar keinen richtigen Frühling mehr, der August sei zunehmend verregnet, die sichere sommerliche Trockenphase verschiebe sich in den September ... Und vielleicht haben Sie diese oder andere Erfahrungen mit dem Wetter auch selbst schon gemacht. Ob sie sich belegen lassen (oder widerlegen) und ob es einen Zusammenhang mit dem **Klimawandel** gibt, mag jeder für sich entscheiden. Untrügliche Anzeichen für eine Veränderung des Klimas lassen sich jedoch an Kärntens Gletschern ablesen, am berühmten Großglockner-Gletscher beispielsweise kann man sie mit bloßem Auge erkennen.

Eigentlich kann man das ganze Jahr über nach Kärnten reisen. Im Frühjahr zum Wandern, im Sommer zum Baden, im Herbst zum Wellnessen, im Winter zum Skifahren und Rodeln. Hauptsaison ist natürlich der Sommer. Die Seen sind ange-

	Weißensee (941 m)		Klagenfurt (447 m)		St. Andrä (468 m)	
	Ø Nieder-schlag (in mm)	Ø Sonnen-schein (in Std./Tag)	Ø Nieder-schlag (in mm)	Ø Sonnen-schein (in Std./Tag)	Ø Nieder-schlag (in mm)	Ø Sonnen-schein (in Std./Tag)
Jan.	48	3,7	31	2,5	25	2,5
Febr.	43	5,2	35	4,4	30	4,9
März	71	5,3	50	5,1	38	5,2
April	99	5,1	64	5,8	50	5,4
Mai	113	5,3	78	6,9	76	7,1
Juni	138	5,6	114	7,2	107	7,2
Juli	140	6,7	118	7,8	113	7,5
Aug.	118	6,3	99	7,5	110	7,3
Sept.	123	5,7	90	6,0	82	5,5
Okt.	125	4,8	83	4,1	68	3,8
Nov.	109	3,7	79	2,2	58	2,1
Dez.	65	3,0	49	1,9	36	1,7
Jahr	**1192**	**5,0**	**889**	**5,1**	**795**	**5,0**

Daten: ZAMG, Wien; Periode 1971 bis 2000

nehm warm und die Wahrscheinlichkeit für schönes Wetter am höchsten. Zur österreichischen Ferienzeit, also im Juli/August, sind die Unterkunftspreise an den Seen am höchsten und zahlreiche Campingplätze und Hotels ausgebucht. Wie überall gilt die Faustregel: Mit den Temperaturen steigen und fallen die Preise. Eine Ausnahme ist natürlich, alpentypisch, der Winter. Etwa von Weihnachten bis Februar kommen die Wintersportler und damit eine weitere Hauptsaison, die Preise sind dann in den Wintersportgebieten teils höher als im Sommer. Mit dem (späten) Frühling beginnt die Wandersaison, die bis in den Herbst reicht. Der Herbst ist touristisch die ruhigste Jahreszeit, zahlreiche Anbieter setzen auf Wellness-Angebote, um die trüben Wochen entspannt zu überstehen. Den November/Dezember nutzen viele Betriebe für den eigenen Urlaub. In den Wintersportgebieten werden mit Ende der schneesicheren Saison (bzw. nach Ostern) die Pforten geschlossen und oft erst um Pfingsten herum wieder geöffnet.

Die Seen erreichen im Juni badetaugliche Temperaturen und frieren im Januar teilweise oder komplett zu. Wichtig für Wanderer: Die Berghütten sind, wenn sie nicht in einem Skigebiet liegen, (wetterabhängig) von Mai bis September geöffnet. Ähnliches gilt für die Bergbahnen, die in der Nebensaison nicht oder nur eingeschränkt fahren. Die Wintersaison beginnt meist Anfang Dezember, je nach Höhenlage kann man auch Ende Oktober schon die Skier anschnallen.

Rückzug eines Gletschers: die Pasterze

Die Pasterze ist der größte Gletscher Österreichs. Das Eisfeld liegt im Herzen des Nationalparks Hohe Tauern an der Nordflanke des Großglockners und schiebt sich kontinuierlich vom Johannisberg hinab in Richtung Mölltal. Bei einer maximalen Tiefe von 270 m und einer maximalen Länge von knapp 8 km bedeckt das Gletschereis, das bis zu 1000 Jahre alt ist, 17 km^2 Hochgebirge – heute. Denn die Pasterze schmilzt deutlich sichtbar. Die Gletscherbahn an der Kaiser-Franz-Josefs-Höhe reichte bei ihrer Einweihung 1963 bis an den Gletscherrand, heute muss man zum Gletscherrand noch 30 Min. in das Tal hinabsteigen (und passiert nach einem Drittel des Wegs den Gletscherstand von 1980). Einst war auch die Oberfläche der Gletscherzunge aus Eis, heute bedeckt sie eine Geröllschicht. Es gibt historische Fotos aus dem 19. Jh., die sogar das Großglockner-Haus über dem Eis der Pasterze zeigen, heute ist der Eisabbruch Kilometer entfernt. Der Kleine Burgstall war bis ins Jahr 2008 ein Nunatak, der aus dem Pasterzeneis ragte, heute steht der niedrige Gipfel neben dem Gletscher. Die Auswirkungen der globalen Klimaerwärmung lassen sich auch mit Zahlen belegen: Seit dem letzten Gletscherhochstand Mitte des 19. Jh. hat sich die Länge des Gletschers um über 3 km und die Fläche von über 26 km^2 auf 17 km^2 reduziert, während sich das Eisvolumen von 3,5 km^3 auf 1,7 km^3 mehr als halbiert hat.

Gletscherschwund – auch eiszeitunabhängig – ist nichts Ungewöhnliches. Die Pasterze, wie jeder andere Alpengletscher, war in den letzten 11.000 Jahren starken Schwankungen unterworfen und wahrscheinlich auch schon mehrmals so klein wie heute. Doch der gravierende Rückgang des Eises in den letzten Jahrzehnten, also in einer vergleichsweise kurzen Zeitperiode, ist beispiellos.

Eine zünftige Brettljause gehört in Kärnten einfach dazu

Essen und Trinken

Ein Holzbrett voller Köstlichkeiten: Schinken, Hartwurst und Braten, sonntags vielleicht mit einem Töpfchen Bratenfond oder Gänseschmalz, Käse und frisch geriebener Kren, dazu hausgebackenes, frisches Brot und ein Glas Most – wie könnte eine Bergwanderung besser enden (oder beginnen) als mit einer zünftigen Brettljause?

Während die Brettljause auch in Berghütten und Buschenschanken angeboten wird, die nicht an Kärntner Bergen und Hängen stehen, mithin im gesamten deutschsprachigen alpinen Raum serviert wird, handelt es sich bei den Kärntner Kasnudeln um eine genuin Kärntner Spezialität – es gibt wohl im ganzen Bundesland kein Lokal, in dem die Kasnudeln *nicht* auf der Speisekarte stehen. Ihr süßes Pendant sind übrigens die Kletzennudeln.

Die traditionelle Kärntner Küche ist alpenländisch-deftig, sättigend und sehr gehaltvoll, eine Arme-Bauern-Küche, die nutzt, was Boden, Wald, Fluss oder See hergeben. Mit dabei sind oft die grenzübergreifenden Einflüsse der südlichen Nachbarn Slowenien und Italien: An riesige Ravioli erinnern beispielsweise die Kärntner Kasnudeln, auch Polenta kommt hier ziemlich häufig auf den Tisch, und das Schmalz „Sasaka" (Zaseka) wie auch der Reindling-ähnliche Kuchen „Potitze" (Potica) können ihre slowenische Herkunft allein schon vom Namen her nicht verleugnen. Heute heißt dieser Dreiklang aus kärntnerischen, slowenischen und friaulisch-italienischen Einflüssen „Alpe-Adria-Küche". Und was in Kärnten an den Küchenherden kreiert wird, hat nicht selten Gourmetqualität: Der Feinschmecker hat die Qual der Wahl aus über 50 haubengekrönten Restaurants (davon zweimal 17 und elfmal 16 Punkte des Gault Millau). Dabei fällt auf, dass sich auch in der gehobenen Gastronomie das Preisniveau überwiegend im Rahmen hält. Und in den bodenständigeren Gasthäusern, die es praktisch in jedem Ort gibt, isst man ohnehin fast überall hervorragend, reichhaltig und günstig.

Die Vielfalt der Kärntner Küche kommt aber nicht nur von außerhalb, sondern schöpft auch aus den regionalen Besonderheiten. Ganz im Osten ist das Lavanttal für seinen Spargel und den Apfelmost berühmt, das Jauntal im Südosten macht durch seinen Hadn (Buchweizen) und die Jauntaler Salami von sich reden. Generell sind es eher die Fleischprodukte, für die Kärnten bekannt ist – Lamm aus dem Mölltal, Almochsen aus den Nockbergen, Wild aus dem Metnitztal, verarbeitet dann der berühmte Gurktaler Luftgeselchte Speck oder der Gailtaler Speck (nicht zu vergessen der nicht weniger schmackhafte Gailtaler Almkäse). Auch die Milch aus dem Görtschitztal zählt zu den erwähnenswerten heimischen Produkten, und das „Mittelkärntner Blondvieh", das den Vorbeifahrenden vom Plakat anschaut, ist kein Witz, sondern eine alte Rinderrasse aus der Gegend um St. Veit a. d. Glan und Friesach, die für einen besonders zarten Tafelspitz bürgen soll. Aus den Seen im Westen des Bundeslandes fischt man den berühmten „Kärntna Låxn" (Seeforelle), und schließlich sorgt der berühmte Rosentaler Carnica-Honig für die Süße in allerlei Desserts. All diese Produkte sind u. a. unter dem Label „Genuss Region Österreich" zusammengefasst, das als Gütesiegel für den Erhalt kulinarischer Tradition, die regionale Stärkung der Landwirtschaft und Nachhaltigkeit steht.

Die Essenszeiten im Gasthaus und Restaurant sind mittags von ca. 12 bis 14 Uhr, abends wird von 18 bis 21/21.30 Uhr gegessen. Bei Ausflugslokalen kriegt man fast überall ganztägig zumindest eine kalte Jause, auf Berghütten wird in der Regel sogar ganztägig warme Küche serviert (die aber, sofern nicht mit Übernachtungsbetrieb, schon früh am Abend schließt). Für den kleinen Hunger am Mittag bieten viele Restaurants/Gasthäuser ein Buffet zum kleinen Preis an, v. a. an den Seen ist das gängig – man spart sich das große, gehaltvolle Mittagessen.

Suppen

Häufig zu finden sind auf der Speisekarte Fritattensuppe (mit einer Einlage aus geschnittenen Palatschinken), Backerbsensuppe und Leberknödelsuppe, die es im

Prinzip überall im alpenländischen Raum gibt. Zu den regionalen Besonderheiten zählt die Rindssuppe mit Schlickkrapflan (das sind Teigtaschen mit einer Füllung aus gehackten Innereien) und die „Gelbe Suppe" aus dem Lavanttal: eine Fleischbrühe mit Zwiebeln, Lauch, Möhre, Sellerie, Petersilienwurzel und Fenchel, dazu u. a. saure Sahne und Safran, oder aber die Lavanttaler Mostsuppe. Bei der Kirchtagssuppe sollte man unbedingt zuschlagen, wenn sie im Angebot ist: Am bekanntesten ist hier vielleicht die Villacher Kirchtagssuppe mit Kalb, Schwein, Huhn und verschiedenen Gemüsen sowie Sauerrahm. Eher einem Eintopf gleich kommt der deftige Kärntner Ritschert mit Rollgerste (Graupen), Bohnen, diversen Gemüsen und Geselchtem, der angeblich erst dann wirklich gelungen ist, wenn der Löffel darin stehen bleibt. Regionale Spezialität ist außerdem die Drautaler Knoblauchrahmsuppe.

Hauptgerichte mit Fleisch und Fisch

Standards der österreichischen Küche wie Backhendl, Wiener Schnitzel, Grillteller und Tafelspitz findet man natürlich auch in Kärnten flächendeckend. Frigga ist ein traditionelles kärntnerisch-friaulisches Holzfällergericht aus geschmolzenem Hartkäse, Eiern und Speck, das mit Polenta oder Brot gegessen wird – einfach, aber mehr als gehaltvoll. Unter den Fleischgerichten ist besonders der köstliche Lavanttaler Mostbraten (Schweinebraten in Apfelmost gegart) hervorzuheben, eher gewöhnungsbedürftig dagegen das Maischerl, eine Mischung aus gehacktem Kopffleisch, Lunge und Herz vom Schwein mit Rollgerste und Gewürzen im Schweinenetz. Lamm wird oft als Gulasch oder Braten serviert. Gselchtes ist gekochtes Selchfleisch, das meist mit Knödeln und Sauerkraut angeboten wird. Bei den Fischgerichten dominieren die heimischen Arten: der bereits erwähnte Låxn (Seeforelle), Reinanke und Saibling (oder dessen Rogen, der „Saiblings-Kaviar"), nur noch selten gibt es die mitunter riesigen Drau-Huchen.

Nudeln und mehr

Ein nicht zu unterschätzender Posten in Kärntens Küche. Absoluter Star sind die Kärntner Kasnudeln, auch kein wirklich kalorienarmes Gericht, dafür aber vegetarisch: Die riesige Nudeltasche wird mit einer Mischung aus Topfen und Kräutern

(meist Minze und Kerbel), manchmal auch mehlig gekochter Kartoffelmasse gefüllt; „Krendeln" heißt die kunstfertige Art, die rohe Nudel dann per Hand gleichmäßig gerillt und dekorativ so zu verschließen, dass sie beim Kochen hält. Diverse Variationen gibt es bei der Nudelfüllung: mit Hirse (die hier Brein heißt) und Topfen, mit einer Mohn-Topfen-Honig-Füllung, mit gehacktem Selchfleisch und Gewürzen als Fleischnudel, außerdem mit Kartoffeln, Polenta oder Spinat, z. T. auch mit Tomaten-Mozzarella. Ein gemischter Kärntner Nudelteller enthält fünf bis sechs der sättigenden Nudeln mit verschiedenen Füllungen.

Schwammerln (Pilze) werden oft in einer Sauce aus Sahne und Ei serviert, dazu gibt es Knödel und Salat. Der Hadnsterz schließlich ist ein Gericht aus Unterkärnten (Jauntal), wie es einfacher nicht sein könnte: grobes Buchweizenmehl mit Butter, Wasser und Salz gekocht. Nicht originär kärntnerisch, aber weit verbreitet sind auch die Spinatknödel.

Kärntner Kasnudeln

Aus 500 g Mehl, zwei Eidottern, 3 EL Öl, Salz und etwas Wasser einen Nudelteig formen und etwas ruhen lassen. 500 g Topfen (Bröseltopfen bzw. Bauerntopfen) mit 400 g mehlig gekochten und durchgepressten Kartoffeln, Salz, Minze und Kerbel zu einer Masse verrühren. Den Teig dünn ausrollen, Kreise von ca. 10 cm Durchmesser ausstechen und portionsweise Füllung auflegen, dann zu einem Halbmond zuschlagen und „krendeln" (→ oben). In Salzwasser ca. 5 Min. kochen. Die Kasnudeln werden in zerlassener Butter serviert, dazu gehört ein grüner Salat oder Krautsalat.

Die kalte Jause

Sie gibt es in aller Regel ganztägig, und nach langer Wanderung auf der Almhütte geht kaum etwas über eine gute „Brettljause". Wie der Name schon sagt, wird die Jause auf dem Brett serviert und besteht meist aus je einer dicken Scheibe Speck, Schinken und Hartkäse, Salami und Schweinebraten sind aufgeschnitten, dazu eine harte Wurst (Hauswürstel), mit Kräutern angemachter Topfen sowie Sasaka (Schmalz), daneben ist aber auch Leichteres wie frisch geriebener Kren, Tomatenecken, Paprikastücke, Gurke etc. zu finden. Außerdem gehören Bauernbrot und Butter zur Brettljause. Das Ganze reicht oft für zwei, dazu passen Bier oder Most. Die Jause gibt es auch in Einzelteilen, z. B. als Speckbrot, Gselchtes-Brot oder Schweinebraten-Brot, wobei „Brot" angesichts der mächtigen Portionen deutlich untertrieben ist. Wer des Fleisches überdrüssig ist, kann zur gemischten Käseplatte oder zum Käsebrot greifen. *Achtung*: Wer ein Glundnerkäsebrot bestellt, bekommt eine Art sehr aromatischen Handkäse.

Desserts und Süßes

Auch hier kennt man natürlich die Klassiker wie Palatschinken mit verschiedenen Füllungen (meist Marille), Kaiserschmarren, diverse Strudel, Germknödel oder Äpfelnudeln. Typisch kärntnerische Süßspeisen sind die Kletzennudeln: Die süße Variante der Kasnudel wird mit getrockneten Birnen und Topfen gefüllt und mit Zimt gewürzt. Hadntorte ist eine Torte mit Buchweizenmehl, gehackten Haselnüssen und in der Mitte einer Schicht Preiselbeermarmelade.

Aprikosenknödel als Gesamtkunstwerk

Zu Fasching gibt es auch in Kärnten Faschingskrapfen (hier allerdings mit Marillenmarmelade gefüllt), um die Weihnachtszeit isst man Kletzenbrot, gefüllt mit Trockenbirnen und -feigen sowie Nüssen, das Ganze weihnachtlich gewürzt mit Anis, Nelken und Zimt.

Die beliebteste Süßspeise Kärntens ist und bleibt aber der Reindling – ein traditioneller Hefekuchen mit einer Füllung aus Zucker, Zimt und Rosinen, der zu jeder Tageszeit gegessen wird: Der Reindling wird sowohl zum Frühstück angeboten als auch in Kaffeehäusern und Jausenstationen zum nachmittäglichen (Milch-)Kaffee, benannt ist er nach der „Rein" bzw. „Reindl" – der Form, in der er gebacken wird. Ursprünglich aus Slowenien kommt die dem Reindling nicht unähnliche Potitze (slow. Potica), die entweder mit Walnüssen oder mit Mohn gefüllt ist.

Kärntner Reindling

Aus 500 g Mehl, 20 g Hefe (Germ), 50 g Zucker, 1 Päckchen Vanillezucker, ¼ l Milch, 2 Eiern und einer Prise Salz einen Hefeteig herstellen. Diesen auf mehlbestäubter Fläche ca. 2 cm dick ausrollen und mit 50 g zerlassener Butter bestreichen, dann mit einer Mischung aus 100 g Zucker, 1–2 Esslöffel Zimt und 100 g Rosinen bestreuen. Nun fest zusammenrollen und die Teigrolle in eine eingefettete Gugelhupfform (oder in die Reindl) geben. Im vorgeheizten Backofen bei 180 ° ca. 60 Min. backen.

Kleines Speise-Glossar Kärnten und Österreich

Backhendl = paniertes und gebackenes Hähnchen, **Beiried** = Roastbeef, **Beuscherl** = Lunge und Herz vom Kalb, **Blunzen** = Blutwurst, **Brein** = Hirse, **Buchteln** = gefüllte Dampfnudeln, **Eierschwammerln** = Pfifferlinge, **Erdäpfel** = Kartoffeln, **Faschiertes** = Hackfleisch, **Fisolen** = grüne Bohnen (auch: Strankalan), **Fleckerl** = kleine viereckige Nudeln, **Frankfurter** = Wiener Würstchen, **Germ** = Hefe, **Grammeln** = ausgelassene Speckwürfel, **Gselchtes** = geräuchertes Fleisch, **Holler** = Holunder, **Karfiol** = Blumenkohl, **Kletzen** = gedörrte Birnen, **Kohlsprossen** = Rosenkohl, **Kren** = Meerrettich, **Kukuruz** = Mais, **Marille** = Aprikose, **Paradeiser** = Tomate, **Powidl** = Pflaumenmus, **resch** = knusprig, **Ribisl** = Johannisbeeren, **Schlagobers** bzw. **Obers** = Schlagsahne, **Schwammerln** = Pilze, **selchen** = räuchern, **Sterz** = der Polenta ähnlich (meist aber mit Buchweizen oder Roggenmehl), **Topfen** = (trockener) Quark, **Verhackertes** = gewürzter und durch den Fleischwolf gedrehter Selchspeck, **Vogerlsalat** = Feldsalat, **Weichsel** = Sauerkirsche.

Die Wirtschaft auf dem Weg: Buschenschank, Jausenstation und Berghütte

Besitzer von in Kärnten gelegenen Wein- und Obstgärten sind nach Maßgabe der Bestimmungen dieses Gesetzes berechtigt, den aus der eigenen Fechsung stammenden Wein und Obstwein, Trauben- und Obstmost, Glühwein und Glühmost, Trauben- und Obstsaft sowie selbstgebrannte geistige Getränke im Erzeugungsort oder im Standort ihrer landwirtschaftlichen Hauptbetriebsstätte entgeltlich auszuschenken.

Da haben wir's amtlich, nämlich im K-BuG, dem Kärntner Buschenschankgesetz, Paragraf 1, Absatz 1 – und das geht zurück auf ein Gesetz aus dem Jahr 1784, das Kaiser Josef II. höchstselbst unterzeichnete.

Der Buschenschank oder auch die Buschenschenke, in anderen Teilen Österreichs auch Heuriger, entspricht der deutschen Straußenwirtschaft, in Franken Heckenwirtschaft. Erzeuger von Most und Saft dürfen selbige ausschenken und dazu Jausen reichen. Buschenschanken dürfen nur 12 Wochen geöffnet sein, dann nach einer Pause von mindestens 10 Tagen noch einmal bis zu 12 Wochen, maximal aber nur 200 Tage im Jahr. Öffnet also ein Buschenschank im April/Mai, macht er in der Regel im Juni/Juli zwei Wochen Pause.

Die Versorgung in höheren Lagen stellen die bewirtschafteten Berghütten sicher. Auf den Hütten gibt es zwar oft keinen Most, aber ansonsten Rundum-Versorgung: meist ausgezeichnete Brettljausen, dazu warme (Tages-)Gerichte, Übernachtungsmöglichkeit und manchmal, je nach Lage und Art der Berghütte, auch eigene Produkte beispielsweise aus der eigenen Sennerei. Die Berghütten sind, je nach Lage, meist von Mai bis Oktober geöffnet.

Und wer weder in der Bergregion beheimatet noch ein Nahrungsmittelerzeuger ist und dennoch einen kleinen Betrieb irgendwo am (Rad-)Wanderweg unterhalten will, nennt ihn einfach Jausenstation.

Das Wort „Jause“ übrigens stammt vom Mittelhochdeutschen *jûs*, „Zwischenmahlzeit“, und ist dem Slowenischen *južina* entlehnt, das Mittagessen oder als *mala južina* (kleines Mittagessen, Zwischenmahlzeit) bedeutet.

Hütten, Almen, Buschenschenken – im Uhrzeigersinn: Klagenfurter Hütte im Bärental (Karwanken), Karlbad in den Nockbergen, Eisenkappler Hütte am Hochobir,

Tschatscheleria am Weißensee, die Lammersdorfer Hütte auf der Millstätter Alpe und der Bodenbauer im Bodental

Bier, Wein, Most und Hochprozentiges

Kärnten ist zwar nicht die Bierregion par excellence, doch können es die drei bekannten Kärntner Biere – Schleppe (Klagenfurt), Hirter, Villacher – locker mit den landesweiten aufnehmen. Neben den gängigen Biersorten sei hier erwähnt, dass es sich bei „Märzen" in Österreich um ein untergäriges, helles Vollbier handelt. Darüber hinaus kann sich der Bierliebhaber an diversen Spezialitäten wie Zwickl, Sommerzwickl, Festbock etc. erfreuen, und natürlich ist in den Brauereishops auch das dazugehörige Merchandising zu finden. In den angeschlossenen Gaststätten der drei genannten Brauereien kann man zu einem frisch gezapften Bier vom Fass auch gut und günstig essen (Näheres → unter den jeweiligen Orten). Ein Highlight ist die noch junge Privatbrauerei in Kötschach-Mauthen (→ S. 222). In der „Biermanufaktur" *Loncium* wird das Hantieren am Gärbottich zum künstlerischen Akt. Bierkenner sollten diese Gailtaler Köstlichkeiten keinesfalls verpassen.

Mit dem Kärntner Wein ist es (noch) nicht allzu weit her. Zwar wird seit Anfang der 1970er-Jahre vor allem im Lavanttal wieder Wein angebaut (zwischenzeitlich war der Weinbau in Vergessenheit geraten), doch soll es laut ziemlich einhelliger Expertenmeinung noch ein wenig dauern, bis die Kärntner Weine wirklich konkurrenzfähig sind mit denen anderer Anbaugebiete Österreichs. Bis dahin trinkt man den hervorragenden Welschriesling oder Weißburgunder aus der benachbarten Steiermark oder den berühmten Grünen Veltliner aus Wachau und Weinviertel, bei den Rotweinen wird häufig Zweigelt ausgeschenkt.

Das hier schon mehrfach als Obstgarten Kärntens erwähnte Lavanttal ist die Hochburg der Mostproduktion. Dank des geringen Alkoholgehaltes von nur 4–8 % Vol. kann man den Most – oft als „Gspritzter" – auch hervorragend gegen den Durst trinken (der in Deutschland unter dem Namen „Most" geläufige Apfelsaft ohne Alkohol heißt hier Süßmost). Das Lavanttal bringt aber auch hervorragende Apfelsäfte, Birnensäfte und Obstbrände hervor, den besten Überblick (mit Verkostung und Verkauf) gibt es bei der „Mostbarkeiten"-Galerie am Zogglhof bei St. Paul im Lavanttal (→ S. 372). An Hochprozentigem bietet Kärnten vor allem erwähnte Obstbrände: Birne, Marille, Zwetschge sind die gängigen Sorten. Einer der bekanntesten Anbieter ist die Brennerei Pfau am nördlichen Stadtrand von Klagenfurt (→ S. 250).

Feste und Veranstaltungen

Gefeiert wird gerne in Kärnten, und die Anlässe und Veranstaltungen sind so zahlreich wie unterschiedlich: Der Villacher Kirchtag mit riesigem Trachtenumzug kommt noch recht traditionell daher, aber wie wäre es mit dem World-Bodypainting-Festival in Pörtschach oder dem GTI-Treffen in Reifnitz, Letzteres mit alljährlich über 150.000 Besuchern ...?

Viele der Kärntner Feste sind nach wie vor religiöse Traditionen. Nach groß gefeiertem Faschingsfest wird es in der Fastenzeit naturgemäß ruhiger (und in vielen Kirchen verhängt ein kunstvolles Fastentuch den Altarraum). Zu den Höhepunkten der Osterfeierlichkeiten zählen die Fleischweihe am Karsamstag und das Entzünden der Osterfeuer auf den Hügeln am Abend. Vor allem in der Zeit um Ostern und Pfingsten finden viele traditionelle Feste statt, z. B. der Vierbergelauf zwei Wochen nach Karfreitag (Dreinagelfreitag), eine 50-km-Wallfahrt in der Gegend um St. Veit a. d. Glan. Palmsonntag, Christi Himmelfahrt und Fronleichnam werden vielerorts mit Prozessionen begangen. Feuerwehrfeste (gibt es in vielen Orten) und Kirchtage durchziehen die Wochen(-enden) im Sommer. Im September finden dann die Almabtriebe und die großen Wiesenmärkte von Bleiburg und St. Veit a. d. Glan statt. Erntedank wird auch in Kärnten groß gefeiert. Der Advent wird mit zahlreichen Bräuchen begangen, z. B. den Krampus-Umzügen am Abend des 5. Dezember.

Über das Land verteilt haben sich aber auch einige künstlerische Schwerpunkte entwickelt: Die Künstlerstadt Gmünd widmet sich der bildenden Kunst, in Spittal findet mit den Komödienspielen Porcia das komische Theater seine Bühne, Millstatt feiert seine Musikwochen und Ossiach (mit Villach) musikalisch den Carinthischen Sommer. Klagenfurt schließlich ist die unbestrittene Literaturkapitale Kärntens.

Die wichtigsten Feste und Veranstaltungen im Überblick

Januar/Februar

5./6. Januar: **Sternsinger** zu Dreikönig.

Ende Januar: **Alternative 11-Städte-Tour** am Weißensee – seit 1998 tragen bis zu 3000 Holländer aus Ermangelung an beständig zugefrorenen Kanälen (in der niederländischen Provinz Friesland) hier ihren 50, 100 und 200 km langen Eislaufmarathon aus. Großes Volksfest, nach eigenen Angaben die „größte Eissportveranstaltung der Welt"!

Erster Sonntag im Februar: **Striezelwerfen** in Stein im Jauntal, geht auf Hildegard von Stein aus dem 10./11. Jh. zurück: Sie verfügte, dass an ihrem Todestag (5. Februar) eine große Armenspeisung stattzufinden habe. Heute wirft man daher die geweihten Striezel vom Balkon des Turms neben der Kirche in die Menge. Wer einen fängt, soll Glück und Gesundheit für das ganze Jahr haben.

Mitte Februar: **Internationales Eisgolfturnier** auf dem Weißensee. Infos: www.weissensee.com.

Fasching: Wird besonders in Villach groß gefeiert. Der **Villacher Fasching** zählt zu den größten Veranstaltungen dieser Art in Österreich, Umzug und Sitzungen werden alljährlich im ORF übertragen (mit hervorragenden Einschaltquoten). Was am Rhein Helau und Alaaf, heißt beim Villacher Fasching übrigens „Lei Lei". Weiteres unter www.villacher-fasching.at.

März/April

Palmsonntag: Am Sonntag vor Ostern (**Palmsonntag**) werden die Palmwedel geweiht, an vielen Orten begleitet von Prozessionen.

Ostern: Wird hier größer gefeiert als nördlich der Alpen, u. a. mit Fleischweihe und Osterfeuern am **Ostersamstag**.

Zweiter Freitag nach Karfreitag (Dreinagelfreitag): Der **Vierbergelauf** ist eine zunehmend beliebte, aber überaus mühsame Wallfahrt von 50 km Länge, bei der die Pilger Ulrichsberg, Veitsberg und Lorenziberg besteigen müssen – Ausgangsort ist der Magdalensberg, Ziel der Lorenziberg, die Wallfahrt dauert von Mitternacht bis Sonnenuntergang. Infos: www.vierberge lauf.at.

Marterl im Jauntal

Mai/Juni

1. Mai: Begleitet von kleineren Volksfesten wird vielerorts der **Maibaum** aufgestellt.

Pfingstmontag: **Kufenstechen** im Gailtal (z. B. in Feistritz), bei wildem Ritt auf dem ungesattelten Pferd muss versucht werden, ein Holzfass zu zerschlagen, großes Volksfest. Am gleichen Tag findet in Weitensfeld im Gurktal das **Kranzlreiten** statt: Pferderennen und Wettlauf, deren Sieger einen Kuss der steinernen Jungfrau bekommt.

Sonntag nach Pfingsten (Dreifaltigkeitssonntag): Nur alle drei Jahre (2016, 2019) findet in dem alten Bergwerksort Hüttenberg im Görtschitztal der **Hüttenberger Reiftanz** statt. Diese Tradition geht bis mindestens ins frühe 17. Jh. zurück und hat ihren Ursprung im Bergbau.

Mai: **GTI-Treffen** in Reifnitz am Wörthersee, seit 35 Jahren treffen sich hier Tausende GTI-Fans mit ihren getunten Boliden, große Party, eher junges Volk. Infos: www.woertherseetreffen.at.

Christi Himmelfahrt und Fronleichnam: Vielerorts finden **Prozessionen** statt.

Letzte Juni- bzw. erste Juliwoche: **Tage der deutschsprachigen Literatur (TDDL)** in Klagenfurt, zu deren Höhepunkt der mit 25.000 € dotierte Ingeborg-Bachmann-Preis vergeben wird. Gibt es hier seit 1977. Infos und Programm: http://bachmannpreis.orf.at.

Juli/August

Anfang/Mitte Juli bis Ende August: **Komödienspiele Porcia** im Schloss Porcia in Spittal, im stimmungsvollen Ambiente des Arkadenhofes kommen moderne und auch ältere Stücke auf die Bühne. Kartenvorverkauf jeweils ab 1. April. Programm und Tickets: www.ensemble-porcia.at.

Ende Juni bis Mitte August: **Friesacher Burghofspiele** auf der Burghofbühne am Petersberg. Infos und Tickets unter ✆ 04268-25151 sowie unter www.burghof spiele.com.

Erster Sonntag im Juli: **Kärnten Ironman Austria**, Länge und Härte sind bekannt, geschwommen wird im Wörthersee, Rad gefahren in den Hügeln südlich und westlich davon bis zum Faaker See, gelaufen

zwischen Klagenfurt Strandbad, Krumpendorf, Klagenfurt Zentrum und wieder zum Strandbad. Achtung: Der Ironman findet teilweise auch Ende Juni oder an einem späteren Sonntag im Juli statt. Genaue Termine und Anmeldung (möglichst frühzeitig!): www.ironmanklagenfurt.com.

Anfang Juli: **World Bodypainting Festival** in Pörtschach, weltweit größtes Event dieser Art, mit großem Rahmenprogramm (v. a. abends), Vorträgen und Workshops. Infos: www.bodypainting-festival.com.

Mitte Juli bis Ende August: **Carinthischer Sommer** in Ossiach und Villach. Die oft hochkarätig besetzten Konzerte finden hauptsächlich in der Stiftskirche Ossiach und einige auch im Congress Center Villach sowie vereinzelt in kleineren Kirchen statt. Programme und Tickets: www.carinthischersommer.at.

Mitte/Ende Juli: **Beachvolleyball Grand Slam** in Klagenfurt (Europapark). Der Grand Slam findet hier seit 1996 jährlich statt, Infos und Tickets: www.beachvolleyball.at.

Mitte/Ende Juli: Am dritten Sonntag im Juli findet alljährlich der **Großglockner Berglauf** statt: Von Heiligenblut zur Franz-Josefs-Höhe sind über 1500 Höhenmeter zu erklimmen, eine „selektive" Strecke sagt man dazu heute, die die Besten in etwa 75 Min. schaffen. Infos und Strecke: www.grossglocknerberglauf.at.

Ende Juli: **Spectaculum zu Friesach**, Mittelalterfest in Friesach am letzten Samstag im Juli (im Dominikanerhof), in der Woche davor Mittelalter-Woche im historischen Zentrum der Stadt. Weitere Infos: www.friesach.at.

Anfang August: **Villacher Kirchtag**, feiert 2018 seinen 75. Geburtstag. In der Woche vor dem ersten Augustsamstag findet die Brauchtumswoche mit über 250 Ständen und zahlreichen Veranstaltungen statt, Höhepunkt ist der Trachtenfestzug am Samstag um 17 Uhr mit bis zu 4000 Teilnehmern und zehnmal so vielen Zuschauern. Wer sich schöne Kärntner Trachten anschauen will, ist hier genau richtig. Infos: www.villacherkirchtag.at.

August: **Gegendtaler Passionsspiele**, finden an neun Aufführungstagen im August vor der beeindruckenden Kulisse des Krastaler Marmorsteinbruches statt (das Krastal ist ein westliches Seitental des Gegendtals). Das nächste Mal im August 2017, Infos und Termine unter www.kaernten.at.

Drittes Wochenende im August: **Wörthersee Halbmarathon**, gibt es nicht nur in der 21,0975-km-Variante, sondern auch als Viertelmarathon, Familienlauf, Frauen- und Juniorlauf, Bambinisprint etc. Selbstverständlich mit entsprechendem Rahmenprogramm. Näheres: www.woerthersee.com.

Ende August: **Pink Lake Festival**, Gay und lesbisches Festival am vorletzten oder letzten Wochenende im August in Velden am Wörthersee mit großem Sport- und Aktivprogramm und Konzerten, Partys etc., www.pinklake.at.

September/Oktober

Ende August/Anfang September: Der traditionsreiche **Bleiburger Wiesenmarkt** geht bis ins 14. Jh. zurück und ist heute eines der größten und beliebtesten Volksfeste Unterkärntens. Infos: www.bleiburger wiesenmarkt.at.

Anfang September: **European Bike Week**, besser bekannt als **Harley-Davidson-Treffen** am Faaker See, beim Corso vom Faaker See zum Ossiacher See sollen an die 25.000 Harleys dabei sein! Infos: www.hogeurope gallery.com.

Erste beiden Septemberwochen: Die **Trigonale – das Festival der alten Musik** findet innerhalb der ersten beiden Septemberwochen u. a. in den Kirchen von Maria Saal, dem Stift St. Georgen und der Magdalensberger Kirche statt. Programm: www. trigonale.com.

September: Der **Almabtrieb** in der Zeit um den 8.–15. September wird in einigen Orten groß gefeiert, die geschmückten Tiere werden von der Alm auf den Dorfplatz gebracht, dazu gibt es Musik und Kulinarisches.

Letzter Samstag im September bis Anfang Oktober: Der **St. Veiter Wiesenmarkt** ist noch älter und größer als der Bleiburger, mit über 200 Marktständen und vielen Fahrgeschäften, dauert 10 Tage. Infos: www. wiesenmarkt.at.

November/Dezember

Oktober–Dezember: Schon Ende Oktober und bis in den Dezember hinein werden in den Skigebieten die **Ski-Openings** mit Partys gefeiert.

Ende November bis Ende Dezember: **Advents- und Weihnachtsmärkte** in vielen Orten und Städten, u. a. der Klagenfurter und der Villacher Christkindlmarkt, der Veldener Adventsmarkt mit seinem schwimmenden Adventskranz, der Christkindlmarkt von Schloss Porcia in Spittal, um nur einige der größeren zu nennen. Der höchstgelegene Adventsmarkt Kärntens findet an den Samstagen im Dezember auf der Petzen auf 1700 m Höhe statt (Auffahrt mit der Gondel).

5. Dezember: Am Vorabend von Nikolaus kommen der **Krampus** oder die Percht bzw. der Bartl und sollen mit Lärm und Krawall das Böse vertreiben. Größere Umzüge dieser Gestalten mit ihren furchteinflößenden Masken gibt es u. a. in Klagenfurt und Villach.

Weihnachten: Am 26. Dezember findet in einigen Orten der **Stefaniritt** mit geschmückten Pferden und Segnung dieser statt, u. a. in St. Stefan im Lavanttal.

Blick vom Tabor auf den Faaker See und den Dobratsch

Brauchtum

Kirchtag, Kranzlreiten und Kufenstechen, das getragene Kärntnerlied, die vielgestaltige Kärntner Tracht – Brauchtum wird in Kärnten gepflegt und gelebt.

Die eine **Kärntner Tracht** gibt es nicht. Jedes Tal webt eine eigene Kombination aus Farben, Mustern und Schnitten in die Dirndl und Anzüge ein. Aus der einstigen Arbeitskleidung der Magd wurde im 19. Jh. ein Festtagsgewand für Frauen – das Dirndl: die Röcke vielfaltig, die bunten Schürzen gestreift, kariert oder geblümt, das Dekolleté quadratisch, mehr oder minder tief ausgeschnitten, meist mit weißer, bestickter Bluse und Seidentuch getragen. Der braune Kärntner Anzug übrigens ist eine Erfindung des frühen 20. Jh. Das festliche Gewand für Herren ist über den ledernen Kniebundhosen aber im Gegensatz zu den farbenfrohen Dirndln eher sachlich und in dunklem Ton gehalten.

Dirndl, Lederhosen und Trachtenjanker haben es längst in die internationale Modewelt und in die Kleiderschränke der alpinen Partygemeinde geschafft, trachtig daherkommen ist schick! In Kärntens Tälern sind sie auch abseits aller Happening- und Eventgeschäftigkeit an Sonn- und Feiertagen und zu besonderen Anlässen kleidsam präsent.

Diandl hörst du dein Buam sei Standle nit? Moch doch's Fenster auf, moch doch's Fenster auf ... (Mädchen, hörst du nicht das Ständchen deines Jungen? Mach doch das Fenster auf ...). Ein wenig melancholisch und immer voller Sehnsucht (*Valossn, valossn ...*), schwermütig und hoffnungsfroh erklingt das **Kärntnerlied.** Es ist eine eigene Art der Volksmusik, die in Kärnten gepflegt wird. Das Kärntnerlied wird heute meist als unbegleiteter, mehrstimmiger Chorgesang vorgetragen. Prägend war der 1845 in Viktring geborene Komponist *Thomas Koschat*, der die volkstümlichen Weisen in Chormusik umformte. Weit über die Kärntner Berge hinaus ist sein *Schneewalzer* bis heute berühmt und viel beschunkelt. Unzählige Chöre pflegen in Kärnten das mehrstimmige Volksgut. Aber natürlich kann das Kärntnerlied auch nach ganz alter Art häuslich musiziert werden.

Kärntner Tracht und Kärntner Lied sind selbstverständlich unverzichtbar bei den festlichen Höhepunkten des Jahres: den **Volksfesten**. Ausgelassene Festtagsstimmung herrscht beim *Villacher Kirchtag*, dem größten Volksfest Österreichs: Trachten aus allen Kärntner Tälern sind zu sehen, Blasmusik und Kärntnerlieder sind zu hören – und natürlich schmecken die Villacher Kirchtagssuppe und das Villacher Bier.

Von den Volksfesten, die jede Gemeinde feiert, stechen zwei heraus: Das Kranzlreiten und das Kufenstechen. Beide finden zu Pfingsten statt, beide drehen sich im Kern um uralte Bräuche, die sich bis heute erhalten haben: Beim Feistritzer Kufenstechen (im Gailtal) müssen Reiter ein Fass zerschlagen, beim Gurktaler Kranzlreiten wird um einen Kuss wettgeritten. Näheres zu den Veranstaltungen in den Ortskapiteln und ab S. 39.

Kunst

Die Kunstgeschichte Kärntens beginnt mit den Kelten. Sensationelle Kirchenkunst hat sich aus dem Mittelalter erhalten. Vor allem aber ist es die über das Land verteilte zeitgenössische Kunstlandschaft, die sich nicht verstecken muss.

Aus der Hallstattzeit stammen die ältesten erhaltenen Kunstwerke. Im Gräberfeld von Frög wurden unter anderem eine verzierte Tonvase, zahlreiche Schmuckstücke wie Fibeln oder Ketten und kleine Figuren aus Blei gefunden, darunter der berühmte Prunkwagen von Frög (→ S. 334). Die Fundstücke aus dem 8./7. Jh. v. Chr. sind im Landesmuseum Kärnten in Klagenfurt ausgestellt (→ S. 260). Natürlich sind auch in der Römerzeit Kunstwerke entstanden, allen voran der elegante *Jüngling vom Magdalensberg*. Das Original ist verschollen, eine Kopie kann man im Archäologischen Park Magdalensberg bestaunen (→ S. 303).

Aus dem Mittelalter ist es vor allem die sakrale Kunst, die Zeugnis von einem gar nicht so dunklen Zeitalter vermittelt. Kärnten ist mit mittelalterlichen Kunstwerken ungemein reich gesegnet. Einzigartige Fresken und kostbare Altare zieren die kleinen Kirchen am Dorfrand genauso wie die bedeutenden Dome und Stifte des Landes. Beispiele: Den *Dom zu Gurk*, die bedeutendste Kirche des Landes, schmücken u. a. ein grandioser romanischer Freskenzyklus im Westportal und ein riesiger barocker Hauptaltar (→ S. 320). Selbst in den abgelegensten Kirchen können sich kunsthistorische Kostbarkeiten verbergen, wie beispielsweise in der Kirche *St. Leonhard* in Zwickenberg oberhalb des Oberdrautals (→ S. 141). Von den herrlichen Marienkirchen wie Maria Wörth und Maria Gail ganz zu schweigen. Kärnten brachte im 15. Jh. eine eigene Kunstschule hervor, aus der *Thomas von Villach*, der „Meister von Gerlamoos“, hervorging. Seine grandiosen Freskenzyklen schmücken die *Andreaskirche* (um 1475) in seinem Geburtsort Thörl-Maglern (→ S. 212), in der auch einer der schönsten gotischen Altare steht, sowie in Gerlamoos (→ S. 139)

Prachtvolle Fresken im Gurker Dom

und im Stift St. Paul im Lavanttal (→ S. 369). Die wuchtigste Skulptur übrigens stammt aus dem Jahr 1593: der *Lindwurm*, das 124 Zentner schwere Wahrzeichen Klagenfurts.

Faszinierend ist die Vielfalt der Kunstlandschaft Kärntens im 20. Jh. und bis heute. Zahlreiche bedeutende Maler und bildende Künstler stammen aus Kärnten oder haben es zu ihrer Wahlheimat erkoren: Herbert Boeckl, Werner Berg, Maria Lassnig, Hans Bischoffshausen, Kiki Kogelnik und viele mehr. Über ganz Kärnten verteilt finden sich teils in unscheinbar ländlicher Umgebung hochklassige Ateliers und Museen, in denen man die Werke dieser Künstler kennenlernen kann. Dem Wahlkärntner *Werner Berg* widmet Bleiburg das großartige *Werner-Berg-Museum* (→ S. 364). Eine Künstlerschule, an die heute eine sehenswerte Galerie erinnert, etablierte sich am Fuße des Dobratsch: der *Nötscher Kreis* (→ S. 214). Im *Schloss Ebenau* im Rosental zeigt die Galerie Walker (→ S. 339) u. a. Werke von Hans Staudacher und Bruno Gironcoli, des kompromisslosen Hans Bischoffshausen und der faszinierenden Kiki Kogelnik. Ein fantastisches Museum abstrakter Kunst ist mitten im Jauntal beheimatet: das *Museum Liaunig* (→ S. 366). Am Eingang zum Maltatal hat sich eine ganze, an sich schon malerische Stadt in den Dienst der Kunst gestellt: die *Künstlerstadt Gmünd* (→ S. 127). Eine gute Adresse für zeitgenössische Kunst ist auch das MMKK, das *Museum Moderner Kunst Klagenfurt* (→ S. 260). Darüber hinaus verbinden bemerkenswerte Projekte die zeitgenössische mit der mittelalterlich-sakralen Kunst: die *Apokalypse-Kapelle* in der Klagenfurter Kirche St. Egid von Ernst Fuchs (→ S. 261), der von vielen Künstlern gestaltete *Kreuzweg* in Stein im Jauntal (→ S. 353) und schließlich die großformatigen Fresken samt Hochaltar in der *Schlosskirche Tanzenberg* von Valentin Oman (→ S. 301).

Ein Jahrtausend Kunst (v.o.n.u.): romanische Skulptur im Gurker Dom, Giselbert Hoke (Klagenfurter Bahnhof), Thomas von Villach (Gerlamoos) und Larissa Tomassetti (Gmünd)

Architektur

Bilderbuchburgen und mächtige Klöster, ein Dom im abgeschiedenen Tal, romantische Bauernhäuser und alte Wassermühlen.

Natürlich hat jedes Dorf seine Kirche, die schönsten **Kärntner Kirchen** stammen aus der Spätgotik, wie beispielsweise die schlanke Kirche in *Heiligenblut* (→ S. 113) oder die prächtige *Marienkirche in Maria Saal* (→ S. 297). Zahlreiche Kleinode verbergen sich in den Tälern. Ein Erbe einstiger Bedrohung sind die trutzigen Wehrkirchen, die als Reaktion auf die Türkeneinfälle im 15. Jh. entstanden. Malerisch wehrhaftes Beispiel ist die *Kirche von Diex* (→ S. 383) am Südhang der Saualpe. Auch die Klosterkultur hat in Kärnten bauliche Spuren hinterlassen, der wuchtigste architektonische Fußabdruck ist mit dem *Benediktinerstift St. Paul* (→ S. 369) im Lavanttal erhalten und unbedingt besuchenswert. Ebenfalls einen Besuch wert sind die Stifte *Millstatt* (→ S. 164) und *Ossiach* (→ S. 229) an den gleichnamigen Seen und *St. Georgen* am Längsee (→ S. 307). Das prachtvolle Haupt der Kärntner Kirchen aber erhebt sich mit dem romanischen *Dom zu Gurk* (→ S. 319) mitten im abgelegenen Gurktal.

Besonders malerisch fallen in Kärnten die **Marterln** aus. Für Leser aus dem Norden sei erwähnt, dass es sich bei einem Marterl um einen Bildstock handelt: kleine, im Alpenraum meist überdachte bildliche Darstellungen, auf denen Kruzifixe oder Marien- und Heiligenbilder abgebildet sind – also eine Art sakrale Minimalarchitektur am Wegesrand. Weithin berühmt, da ungemein fotogen vor einem Panorama aus Faaker See und Mittagskogel gelegen, ist das *Egger Marterl* (→ S. 204).

Vor allem an den Hängen abgeschiedener Täler findet man noch die alte ländliche Architektur, die der romantischen Vorstellung vom alpenländischen Bauernhaus mit tiefem Dach, viel dunklem Holz und blumengeschmückten Balkonen entspricht. Die bäuerlich-architektonische Wirklichkeit (samt düsterer Stube) kann man im sehr hübschen *Freilichtmuseum Maria Saal* erleben (→ S. 299). Sehenswert sind auch die alten *Wassermühlen von Apriach* (→ S. 120).

Jedem Dorf seine Kirche, jedem Fürst sein Burg. Auch die Kärntner Fürsten und Fürstbischöfe haben sich zahlreiche Burgen errichtet, um sich vor den Launen der Geschichte zu schützen, und in späteren Zeiten dann Schlösser, um zu repräsentie-

ren. Eine der faszinierendsten Burgen Europas – und der Superlativ ist durchaus mit Bedacht gewählt – erhebt sich über dem Zollfeld: die *Burg Hochosterwitz*, ein Wehrbau wie aus dem Mittelalterroman (→ S. 304). Eindrucksvoll und panoramareich sind auch die Ruine der Höhenburg über *Griffen* (→ S. 381) und die *Burg Landskron* bei Villach (→ S. 202). Als die Burgen Schlössern wichen und die Herrschaft es vorzog, in der Stadt zu wohnen, statt auf dem Hügel zu thronen, entstanden prachtvolle Zeugnisse städtischer Architektur. Schmuckstücke aus der Renaissance sind das *Landhaus in Klagenfurt* mit dem einzigartigen Wappensaal (→ S. 256) und mitten in Spittal das *Schloss Porcia* (→ S. 154).

In Friesach wird eine architektonische Zeitreise unternommen: Eine Burg wird gebaut – und das weitgehend unter historischen, also mittelalterlichen Baubedingungen! Näheres zu diesem faszinierenden Projekt der experimentellen Architektur → S. 330.

Ein architektonischer Ausnahmezustand ist das *Steinhaus*. Das futuristische Meisterwerk des Architekten Günther Domenig, das wohl über keinen rechten Winkel verfügt, glitzert am Ossiacher See in der Sonne (→ S. 234) und dient als sehenswertes Museum seiner selbst.

Literatur

Will man über Literatur aus Kärnten sprechen, zieht man natürlich zuerst Bachmann und Handke aus dem Buchregal. Doch damit ist der literarische Kanon Kärntens bei Weitem noch nicht erschöpft. Auffällig ist, dass sich die Literatur aus Kärnten häufig um zwei Themenkomplexe dreht: die Kindheit auf dem Land und die slowenische Identität.

Der literarische Ruhm **Ingeborg Bachmanns** gründete sich anfangs auf ihre Lyrik, während ihre Prosatexte vornehmlich als ihr „Spätwerk" Beachtung fanden. Der 1926 in Klagenfurt geborenen Autorin, die durch die Folgen eines Wohnungsbrandes in Rom 1973 ums Leben kam, hat ihre Geburtsstadt ein Denkmal in Form eines Preises gesetzt. Der Ingeborg-Bachmann-Preis, der alljährlich während der *Tage der deutschsprachigen Literatur* verliehen wird, ist eine der renommiertesten literarischen Auszeichnungen im deutschsprachigen Raum (→ S. 245). Eine frühe Erzählung Bachmanns, *Das Honditschkreuz* (1944), spielt übrigens im Gailtal.

Lavant, Bachmann und Musil – das Klagenfurter Literaturmuseum

Immer wieder kehrt der Schriftsteller und Übersetzer **Peter Handke**, dessen Bedeutung für die zeitgenössische Literatur kaum zu überschätzen ist, nach Kärnten zurück. Als Sohn einer Kärntner Slowenin 1942 in Griffen geboren, erzählt er eindrucksvoll von slowenischer Identität und Sprache: in frühen Werken (*Wunschloses Unglück* von 1974) und in aktuellen Texten (*Immer noch Sturm*, 2010) – beide übrigens vorbehaltlos lesenswert! Eine Literaturdokumentation zu Handke befindet sich beim Stift Griffen (→ S. 382).

Seine Kindheit auf dem Kärntner Dorf verarbeitet **Josef Winkler** (geb. 1953 bei Paternion) mit traumatischer Opulenz in der Trilogie *Das wilde Kärnten* (aus der Enge entkommen, schreibt Winkler mittlerweile aus allen Ecken der Welt). Auch **Maja Haderlap** (geb. 1961 in Bad Eisenkappel), Bachmann-Preisträgerin des Jahres 2011, erzählt in *Engel des Vergessens* eindringlich und exakt von einer Kindheit in Kärnten im Besonderen und den Kärntner Slowenen im Allgemeinen. **Florjan Lipuš** (geb. 1937 in Bad Eisenkappel) ist vielleicht der bedeutendste Kärntner Schriftsteller, der auf Slowenisch schreibt. Sein Roman *Der Zögling Tjaž* wurde von Peter Handke übersetzt. Der im Lavanttal geborene und in Maria Saal aufgewachsene **Peter Turrini** (geb. 1944 in Sankt Margarethen) ist der wichtigste Dramatiker, der aus Kärnten stammt. Sein Theaterstück *Bei Einbruch der Dunkelheit* von 2006 thematisiert die eigene Jugend (und das Leben) am berühmten „Tonhof" (→ S. 296) in Maria Saal.

Eine Ausnahmeposition nimmt **Christine Lavant** (1915–1973) ein. Die kränkliche Bergmannstochter mit dem scheuen Blick, die fast ihr ganzes Leben in St. Stefan im Lavanttal verbrachte, avancierte in der Nachkriegszeit zur weithin geachteten Lyrikerin. Das *Robert-Musil-Literatur-Museum* in Klagenfurt widmet Christine Lavant und Ingeborg Bachmann interessante Ausstellungen (→ S. 262). Die dritte Sektion des Museums beschäftigt sich mit **Robert Musil**, der zu Klagenfurt lediglich den Bezug hat, hier, nämlich im Haus des Museums, geboren worden zu sein.

Nahezu in Vergessenheit geraten ist heute Gertrude Schmirger (1900–1975 in Wolfsberg), die unter dem Pseudonym **Gerhart Ellert** zahlreiche historische Romane verfasste.

Mit großem Eifer wird in Kärnten auch gemordet, ermittelt und vertuscht: Zahlreiche **Kriminalromane** aus Kärnten liefern die entspannend spannungsreiche Urlaubslektüre. Auffällig dabei: Immer wieder stochern die Ermittler in zwielichtigen Politikerkreisen und flexibel gehandhabter Vergangenheitsbewältigung.

Abschließend noch eine kurze Anmerkung zur Kärntner Verlagswelt: Der **Drava Verlag/Založba Drava**, der den slowenischen Namen der Drau trägt, sowie der Verlag **Mohorjva/Hermagoras** und der **Wieser Verlag** haben sich um die slowenisch-kärntnerischen Literaturbeziehungen verdient gemacht: Kärntner Slowenen werden ebenso publiziert wie die slowenische Literatur für das deutschsprachige Publikum zugänglich gemacht und deutschsprachige Werke ins Slowenische übersetzt. Kunst und Kultur Kärntens stehen im **Verlag Johannes Heyn** im Programm: u. a. Liedgut und Mundartlyrik, Geschichte und Landeskundliches sowie schöne Kunstbücher. Alle Verlage sind (oder waren) in Klagenfurt ansässig.

Die nachfolgenden Titel genannter Autoren sind als Auswahl von Werken zu verstehen, die einen (mehr oder weniger direkten) Bezug zu Kärnten haben.

Literaturtipps

Belletristik Ingeborg Bachmann *Das Honditschkreuz*. Die Novelle, ein Frühwerk Bachmanns, das die französische Besetzung des Gailtals (1813) zum Hintergrund hat, ist noch antiquarisch erhältlich.

Peter Handke *Die Hornissen*. Frankfurt/M. 1966 (Suhrkamp). Der vielbeachtete Erstling.

Wunschloses Unglück. Frankfurt/M. 1974 (Suhrkamp, in der *Basis-Bibliothek* 2003 mit Kommentar erschienen). Eindringlich schreibt Peter Handke vom Leben und Sterben seiner Mutter.

Immer noch Sturm. Berlin 2010 (Suhrkamp). Die Zerrissenheit einer einfachen slowenischen Familie in Kärnten zur Zeit des Zweiten Weltkriegs. Grandios.

Maja Haderlap *Engel des Vergessens*. Berlin 2013 (btb). Unbedingt lesenswert.

Christine Lavant *Gedichte*. Berlin 1987 (Suhrkamp). Gedichtsammlung. Die Einzeltitel sind im Otto Müller Verlag, Salzburg erschienen.

Josef Winkler *Menschenkind* (1979), *Der Ackermann aus Kärnten* (1980) und *Muttersprache* (1982), zusammen als Trilogie: *Das wilde Kärnten*. Frankfurt/M. 1995 (Suhrkamp).

Erinnerungen Anton Haderlap *Graparji. So haben wir gelebt: Erinnerungen eines Kärntner Slowenen an Frieden und Krieg*. Klagenfurt 2011 (Drava).

Carina Harrer *Gelebte Träume. Mein Leben mit Heinrich Harrer*. München 2012 (nymphenburger). Die Erinnerungen der Frau Heinrich Harrers vermitteln persönliche Einblicke in ihr gemeinsames Leben.

Heinrich Harrer *Sieben Jahre in Tibet. Mein Leben am Hofe des Dalai Lama*. Berlin 1952 (Ullstein, Taschenbuchausgabe 2011). Großes Kino, im wahrsten Sinne des Wortes, aber auch ein beeindruckendes Leseerlebnis.

Mein Leben. Berlin 2002. Die Lebenserinnerungen des großen Alpinisten und Abenteurers.

Geschichte Beatrix und Günther Schönert *Eine kurze Geschichte Kärntens*. Wien 2005 (Ueberreuther). Ideal für den Einstieg.

Kärnten. Geschichte und Kultur in Bildern und Dokumenten. Hrsg., kommentiert und eingeleitet von Herbert Stejskal. Klagenfurt 1985 (Carinthia)

Krimi Dem allgemeinen Trend zur Lust am lokalkolorierten Verbrechen folgend bevölkern zahllose **Regionalkrimis** mit Schauplatz Kärnten die Regale der Buchhandlungen. Man hat die Qual der Wahl ..., zuviel jedenfalls, um es hier adäquat darzustellen.

Kulinarisches *Kärntner Spezialitäten*. Innsbruck 2012 (Kompass). Schmales Bändchen mit Rezepten, Schritt für Schritt erklärt.

Kärnten. Die besten Hausrezepte der Region. Wien 2010 (Krenn). Schön gemachter Band mit kochbaren Rezepten aus der Reihe *Traditionelle Küche*.

Kunst Harald Scheicher *Werner Berg. Wirklichkeit im Bildhaften*. München 2012 (Hirmer). Nicht nur ein hervorragend bebildertes Kunstbuch, sondern auch eine Biografie und Einführung in das Werk Werner Bergs. Großformatig und großartig.

Handwerk in der Keltenwelt (Frög)

Geschichte Kärntens

In Kärnten begegnen sich seit jeher die drei großen Sprach- und Kulturkreise Europas: der germanische aus dem Norden, der romanische über Oberitalien und der slawische am Rand der Karawanken.

Was heute Künstler und Köche inspiriert und unter dem Begriff Alpe-Adria-Raum firmiert, war in der Vergangenheit nicht immer unproblematisch, aber immer präsent und prägend. Von den vorgeschichtlichen Kulturzentren über das antike Noricum, das mächtige Karantanien und die Zugehörigkeit zum Haus Habsburg bis in die Gegenwart – vom eisenzeitlichen Gräberfeld Frög bis zum Euro-Grab *Hypo Alpe Adria* sozusagen – werden die Jahrtausende der Menschheitsgeschichte überall in Kärnten greifbar und anschaulich.

Vorgeschichte

Die ältesten Besiedlungsspuren reichen bis weit in die Altsteinzeit zurück, als der prähistorische Mensch noch Wollnashorn und Mammut jagte und die heimische Höhle gegen Säbelzahntiger und Höhlenbär verteidigen musste: 30.000 bis 40.000 Jahre alt sind die in der *Griffener Höhle* gefundenen Feuerstellen und Werkzeuge. Auch für die folgenden prähistorischen Etappen ist die Gegenwart des Menschen in Kärnten nachweisbar. An den Rändern der zurückweichenden eiszeitlichen Gletscher wurden aus Jägern und Sammlern Siedler und Bauern. Siedlungszentren waren u. a. der Kanzianiberg bei Finkenstein und Maria Saal, aus dem Keutschacher See erhob sich eine Pfahlbausiedlung, deren Überreste mit 110 weiteren archäologischen Fundstätten in den Alpenanrainern 2011 zum UNESCO-Welterbe erklärt wurden. Funde aus der Bronzezeit belegen nicht nur die Anfänge des Bergbaus in Kärnten, sondern auch rege Handelsbeziehungen. Zuletzt wurde ein etwa 3500 Jahre alter Einbaum aus dem Längssee geborgen.

Eine erste Blüte erlebte Kärnten in der Eisenzeit. In der Drauschleife bei Rosegg weist ein riesiges Gräberfeld, die Hügelgräber von Frög, auf ein bedeutendes Herrschaftszentrum der *Hallstattkultur* hin. Zu den bemerkenswerten Fundstücken zählen der berühmte bleierne Festwagen und weitere ausdrucksstarke Bleifiguren. An den Funden wird deutlich, dass sich die Gesellschaft der Hallstattkultur zunehmend hierarchisch strukturierte. Es bildete sich eine Oberschicht heraus, deren Reichtum zum einen auf dem Handel z. B. mit Hallstatter Salz, zum anderen zunehmend auf dem Abbau von Eisen (beim heutigen Hüttenberg) und Blei (möglicherweise aus dem Kanzianiberg und vom Dobratsch) beruhte. Politisches Zentrum, und in gewisser Weise Kärntens erste Hauptstadt, war im 8.–6. Jh. v. Chr. die Höhensiedlung Rosegg, nach 530 v. Chr. verlagerte sich das Herrschaftszentrum mit der wachsenden Bedeutung des Eisenabbaus bei Hüttenberg an den Lamprechtskogel (beim heutigen Völkermarkt). Das Gräberfeld von Frög ist neben Hallstatt selbst, das der Epoche den Namen verliehen hat, eine der bedeutendsten archäologischen Stätten der älteren Eisenzeit.

Sehenswertes aus der Kärntner Vorgeschichte

Tropfsteinhöhle Griffen → S. 381
Hügelgräber von Frög → S. 334

Antike: das Noricum – Keltenreich und römische Provinz

Um 400 v. Chr. begannen keltische Stammesverbände in den Ostalpenraum einzudringen. Sie siedelten auch in Kärnten und brachten die La-Tène-Kultur mit sich. Um 200 v. Chr. vereinigten sich die dreizehn Stämme unter den Norikern zum mächtigen keltischen Königreich *Noricum*. Zentrum des Keltenreiches war Kärntens Mitte. Hier lag *Noreia*, die heute verschollene Hauptstadt – man vermutet ihre Lage südlich des Klopeiner Sees –, und hier lag auch die wirtschaftliche Macht des Noricums: *ferrum noricum*, norisches Eisen. In Hüttenberg gewonnen und verhüttet und später am Magdalensberg weiterverarbeitet. Norischer Stahl – in der Antike weithin berühmt für seine Reinheit, Härte und gute Schmiedbarkeit – wurde vornehmlich zu den Kurzschwertern und Speerspitzen geschmiedet, mit denen Rom ein Weltreich eroberte.

Während sich die Verwandtschaft in Gallien und die germanischen Nachbarn im Norden mit unterschiedlichem Erfolg gegen die römischen Annäherungsversuche wehrten, setzte man im Noricum auf Kooperation. Statt bei Alesia zu verlieren oder sich die Bilanzen durch Zollkontrollen am Limes zu versauen, wurde im keltischen Kärnten gehandelt. Ein Freundschaftsvertrag kam im 2. Jh. v. Chr. zustande. Bereits im 1. Jh. v. Chr. ließen sich in der Stadt am Magdalensberg italische Händler nieder, die über den Umschlagplatz Aquileia (Adriaküste) norische Schmiedeprodukte schwunghaft in die antike Welt verteilten. Und eine norische Reitereinheit begleitete Julius Caesar sogar bei seinem Ritt über den Rubikon.

15. v. Chr. übernahmen die Römer die Kontrolle über das keltische Reich, dass nun im römischen aufging. Unter *Kaiser Claudius* wurde das Noricum 45 n. Chr. zur römischen Provinz. Die Stadt auf dem Magdalensberg wurde aufgegeben und die keltoromanische Bevölkerung zog in das planmäßig angelegte Virunum im Zollfeld

Römische Postkutsche? Eher das Gefährt für die allerletzte Reise: Der römische Seelenwagen bringt die Seelen ins Jenseits – Römerstein am Dom Maria Saal

zu Füßen des Magdalensbergs. Das *Municipium Claudium Virunum* wurde Verwaltungszentrum und Hauptstadt der Provinz *Noricum*, die in etwa das Gebiet des heutigen Österreichs sowie Teile Bayerns und Sloweniens umfasste. Ein zweites Zentrum entstand auf dem Lurnfeld (beim heutigen Spittal), *Teurnia*. Hier teilte sich die *Via Julia Augusta*, die von Aquileia über Plöckenpass und Gailtalsattel kommend nach Norden über den Alpenhauptkamm und Richtung Südosten über *Santicum* (Villach) nach Virunum führte. Weitere bedeutende Orte waren *Gurina* im Gailtal und *Juenna* (Globasnitz) am Hemmaberg. Als die Provinz im 3. Jh. unter Diokletian geteilt wurde, blieb Virunum die Hauptstadt – nun der Provinz *Noricum mediterraneum,* des Binnennoricums. Früh wurde das Noricum christianisiert. Als unter Konstantin das Christentum im Römischen Reich an Einfluss zu gewinnen begann, wurden beide Städte, Virunum und Teurnia, zu Bischofssitzen. Eines der wichtigsten frühchristlichen Zeugnisse sind die Kirchenüberreste und Funde auf dem Hemmaberg. Die Siedlung, die wahrscheinlich auch ein Wallfahrtsort war, gewann an Bedeutung, nachdem unter dem Druck der Völkerwanderung die Zeiten bedrohlich unruhig geworden waren. Die Menschen flohen vor den Goteneinfällen aus den Ebenen und verschanzten sich in sicheren Höhenlagen. In diesem Zusammenhang verlor Virunum an Bedeutung und wurde schließlich aufgegeben. Neue Provinzmetropole wurde Teurnia.

Schließlich kollabierte die römische Herrschaft auch in Kärnten. Mit dem Vorstoß der Langobarden nach Italien war das Binnennoricum vom Reich abgeschnitten und musste sich im 6. Jh. slawischen Stämmen, die ihrerseits vor den Awaren zurückweichend nach Kärnten wanderten, unterordnen.

Sehenswertes aus der Kärntner Antike

Archäologischer Park Magdalensberg → S. 302

Teurnia → S. 155

Hemmaberg und Globasnitz → S. 360

Karantanien: das Frühmittelalter

Die folgenden Jahrhunderte liegen im Dunkeln. Nicht so sehr, weil die Zeiten düster waren, sondern weil die Quellen wenig Erhellendes über Kärnten im Frühmittelalter hergeben. So viel gilt als gesichert: Die Herrschaft übernahmen die Slawen, waren aber den Langobarden Oberitaliens tributpflichtig. Die zaghafte Blüte des spätantiken Christentums ging wieder ein. Die großen römischen Städte zerfielen zu Steinbrüchen. Die beiden Volksgruppen, die Keltoromanen und die Slawen, vermischten sich mit der Zeit zu einer neuen: den *Karantanen*. Das Zentrum des Fürstentums bildete seit dem frühen 7. Jh. Karnburg im Zollfeld.

Als die Bedrohung durch die Awaren auch im 8. Jh. nicht abnahm, bat der slawische Fürst *Boruth* den benachbarten Baiernherzog *Odilo* um Unterstützung. Die Baiern halfen – und blieben. Die slawischen Fürsten blieben zwar die Herrscher, standen aber nach einer über 100-jährigen Phase der Unabhängigkeit unter bairischer Oberhoheit. Unter den Baiern erfolgte von Salzburg aus die zweite Christianisierung Kärntens. Bischof *Modestus* weihte 767 eine Kirche in Maria Saal (nicht mehr erhalten), die das Zentrum der Missionierung werden sollte. Doch die Karantanen wollten von ihrem alten Glauben nicht ablassen und es bedurfte des Einsatzes von Gewalt, um sie von den Vorzügen des Christentums zu überzeugen.

Carantanum – Carinthia – Kärnten

Die Herkunft des Namens Kärnten ist nicht zweifelsfrei geklärt. Er könnte vom keltischen *carant*, „Freund", stammen – Charanta hieß das Zollfeld bereits in keltischer Zeit – oder mit der Wortwurzel *car* zusammenhängen, die auch in Karawanken steckt und „Fels", „Stein" bedeutet. Kärnten wäre demnach das befreundete oder das felsige Land. Erstmals erwähnt werden die *carontani* um 700 n. Chr. Um 800 wird Kärnten im Zusammenhang mit der fränkischen Oberhoheit unter Karl dem Großen erstmals *Carantanum* genannt. Um 1000 wird der Name Kärnten in seiner latinisierten Form Carinthia geläufig.

Aber *Tassilo III.*, Baiernherzog, der Kärntens Missionierung mit rabiater Konsequenz durchgesetzt hatte, war selbst in Ungnade gefallen und wurde 788 von *Karl*, später der Große, abgesetzt. *Carantanum*, wie es jetzt genannt wurde, fiel unter fränkische Oberhoheit. Die anfängliche Selbstbestimmung der slawischen Oberschicht endete 820, nachdem ein Aufstand niedergeschlagen worden war. Von nun an herrschten Markgrafen, nicht mehr Stammesfürsten über Karantanien. Die slawische Oberschicht wurde nicht nur entmachtet, sondern auch ihrer Ländereien entledigt, die zu Königsland wurden, kurzum: Kärnten wurde auch administrativ ein Teil des Karolingerreiches. Nach dessen Teilung 843 blieb die Mark Karantanien an der Seite des Ostfränkischen Reiches *Ludwigs des Deutschen*, aus dem später das Heilige Römische Reich Deutscher Nation entstehen sollte. Ludwig übertrug 856 seinem Sohn *Karlmann* die Herrschaft über Baiern und Karantanien. Nachdem Karlmann 876 seinen Vater als König der Baiern (und später als König von Italien) beerbte hatte, übertrug er seinem illegitimen Sohn Arnulf die Verwaltung der Karantanischen Mark. Die Karriere *Arnulfs von Kärnten* kannte nur eine Richtung – nach oben: Markgraf von Karantanien, König des Ostfränkischen Reiches, König von Italien, römischer Kaiser.

Ein Kaiser aus Kärnten: Arnulf, der (vor-)letzte Karolinger

In Moosburg soll er um 850 geboren worden sein: *Arnulf*, unehelicher Sohn des Karolingers Karlmann, König des Ostfränkischen Reiches, und seiner Geliebten Liutswind. Als sicher gilt, dass er in Moosburg aufwuchs. 876 machte ihn Karlmann zum Markgrafen von Karantanien. Arnulf erwies sich als fähiger Herrscher und bewies mehrfach politischen Instinkt – vor allem als er 887 im richtigen Moment gegen seinen Onkel vorging.

Die komplizierte Lage am Ende des 9. Jh. stellte sich vereinfacht so dar: Krankheitsbedingt hatte *Karlmann* 879 die italienische Krone an seinen Bruder *Karl III.*, genannt *der Dicke*, abgetreten. Karl erbte nach dem Tod *Karlmanns* 880 auch die ostfränkische Königswürde, wurde 881 römischer Kaiser und erlangte 885 sogar die Macht über das Westfrankenreich, aber die Herrlichkeit währte nicht lange. Denn Kaiser Karl der Dicke war schwerkrank und während seiner letzten Jahre nahezu regierungsunfähig. Als die Mächtigen murrten, schlug die Stunde Arnulfs. Mit einem Heer aus Baiern und Karantanen marschierte er 887 gegen seinen Onkel und die ostfränkischen Granden verweigerten dem Kaiser prompt die Gefolgschaft. Karl der Dicke war quasi abgesetzt worden und starb wenige Wochen später. Überraschend einhellig einigten sich die ostfränkischen Fürsten auf einen Nachfolger: *Arnulf von Kärnten*. Noch 887 wurde er im fränkischen Forchheim gewählt und zum König gekrönt. Die heimatliche Karnburg baute er zur kaiserlichen Pfalz aus und weilte, wenngleich er Regensburg zu seiner Residenz gemacht hatte, oft in seiner karantanischen Heimat.

Aus dem Machtvakuum heraus, das sich nach Karls Tod einstellte, boten westfränkische Adlige Arnulf auch die Krone des Westfrankenreichs an und damit nichts weniger als die Möglichkeit, das Reich *Karls des Großen* wiederzubeleben. Doch überraschenderweise lehnte Arnulf ab. Statt sich im von Wikinger-Überfällen geplagten Westfrankenreich zu verzetteln, verbündete er sich mit *Odo von Paris*, dem er die westfränkische Krone zuspielte, und wandte sich Italien zu. Ein erster Italienzug 888 war zwar erfolgreich, hatte aber nicht die erhoffte nachhaltige Ruhe und politische Entwirrung erwirken können. 891 besiegte Arnulf die Normannen im heutigen Belgien und wandte sich in den folgenden Jahren seiner Kernkompetenz zu: der Sicherung der Grenzlande im Osten. Der Tod seines Dauerrivalen 894, des mährischen Fürsten *Svatopluk* (oder *Sventopluk/Zwentibold*), der übrigens auch der Patenonkel von Arnulfs illegitimen Sohn *Zwentibold* war, erlaubte es dem Kärntner Karolinger, sich gänzlich der italienischen Aufgabe zu widmen. 894 folgte ein weiterer militärisch erfolgreicher Italienzug, der ihm den Weg zur italienischen Königswürde ebnete. 896 stand Arnulf mit seinem Heer vor Rom und wurde von Papst *Formosus* zum römischen Kaiser gekrönt. Doch bei dem Versuch, seine Macht zu festigen, erkrankte Arnulf schwer, wahrscheinlich erlitt er einen Schlaganfall, von dem er sich nie wieder erholte. Er zog zurück in seine baierisch-karantanischen Stammlande und starb am 8. Dezember 899 in Regensburg.

Mit Arnulf aber war der Niedergang der ostfränkischen Karolinger eingeläutet. Sein Sohn *Ludwig das Kind* musste im zarten Alter von 6 Jahren das Erbe antreten, wurde im fränkischen Forchheim zum König des Ostfränkischen Reiches erhoben und starb so früh, dass er keine Gelegenheit hatte, seinen Beinamen zu korrigieren. Mit dem Tod Ludwigs war die ostfränkische Linie der Karolinger erloschen.

Der nächste Kärntner, der in Rom für Furore sorgte, war *Bruno von Kärnten*. 24-jährig wurde der Herzogssohn 996 zum Papst gewählt, einer der jüngsten Päpste in der Geschichte der Kurie und der erste deutschsprachige Papst. Treibende Kraft hinter der Wahl war der Salier *Otto III.*, selbst erst 16 Jahre alt. Den Erhalt der Tiara vergalt Bruno, der sich nun *Gregor V.* nannte, mit der Kaiserwürde, die er Otto verlieh. Die salisch-kärntnerische Boygroup spielte auf dem römischen Parkett eine zwiespältige Rolle. Einerseits musste Gregor vor einem Gegenpapst fliehen, der nur mit Ottos Hilfe besiegt (und dabei grausam verstümmelt) wurde. Andererseits zeigte sich Gregor in seiner Rolle als Stellvertreter Petri gewissensgebunden und charakterfest und spielte Otto kirchenpolitisch keineswegs willfährig in die Karten, wie dieser das gerne gehabt hätte. Doch starb Gregor V. bereits 999, es heißt, an Malaria.

Sieht nicht gerade bequem aus: der Herzogstuhl auf dem Zollfeld

Eine Generation zuvor hatten sich in Kärnten selbst nachhaltige Veränderungen ergeben. Verantwortlich dafür war Ottos Vater: *Otto II.* trennte Karantanien von der engen Verbundenheit mit Baiern, um den renitenten Baiernherzog *Heinrich den Zänker* zu schwächen. Es entstand 976 das *Herzogtum Kärnten*, das sechste im Deutschen Reich und das erste auf heute österreichischem Boden. Zur Ausstattung gehörten auch die angrenzenden Marken: die Karantanische Mark (heute Teile der Steiermark), die oberitalienischen Marken Verona und Friaul sowie Istrien und Krain. Um eine Kärntner Opposition gar nicht erst entstehen zu lassen, wurde den Kärntner Herzögen wenig Land zugeteilt und konnten sie vom Kaiser bei Bedarf flugs ausgewechselt werden. Zur Einsetzung der Kärntner Herzöge wurde auf dem Zollfeld der Herzogstuhl errichtet (→ S. 301). Die Kirche dagegen wurde großzügig mit Besitz beschenkt. Zu dieser Zeit begann auch die enge Verbindung Kärntens mit dem Bistum Bamberg. Das 1007 von *Heinrich II.* und seiner Gattin Kunigunde gegründete Bistum erhielt Villach und das Gailtal, Wolfsberg mit dem oberen Lavanttal, möglicherweise St. Veit, sicher Feldkirchen. Bamberg wurde damit zum zweitwichtigsten Bistum in Kärnten nach Salzburg, das mit der damaligen Boomtown Friesach bedacht wurde.

Sehenswertes aus Karantanien

Maria Saal	→ S. 295
Herzogstuhl	→ S. 301
Hemmaberg	→ S. 360
Moosburg	→ S. 278

Kärnten im Hochmittelalter

Das 11. Jh. ist geprägt von einer beachtlichen Zahl an Klostergründungen: Als Erstes entstand das Benediktinerinnenstift *St. Georg am Längssee* kurz nach der Jahrtausendwende. Es folgten um 1028 als erstes Männerkloster das Seestift *Ossiach*, ab 1043 das Nonnenstift in *Gurk*, das *Hemma von Gurk* gegründet hatte, 1070 das Seestift *Millstatt*, 1091 das *Stift St. Paul* und 1106 das Benediktinerkloster bei *Arnoldstein* (1142 schließlich Stift Viktring). Die Klöster entwickelten sich schnell zu Zentren des religiösen und kulturellen Lebens in Kärnten und bildeten nicht zu unterschätzende wirtschaftliche Faktoren.

Die Herzöge dagegen blieben blass. Eine erste nennenswerte Kärntner Linie, die Eppensteiner, erlosch 1122. Danach etablierte sich die bedeutendere Herrscherdynastie der aus dem Rheinhessischen stammenden Spanheimer, die St. Veit zu ih-

Kärntens Heilige: Hemma von Gurk

Um die Jahrtausendwende geboren, entstammt *Hemma* einer hochadeligen Familie, verwandt mit keinem Geringeren als *Heinrich II.*, an dessen Hof in Bamberg sie auch einen Teil ihrer privilegierten Erziehung genoss. Nächster Schritt im Karriereplan war die standesgemäße Heirat mit dem begüterten Wilhelm, Graf von Friesach und Markgraf an der Sann. Und sie erfüllte gänzlich die ihr zugedachte Rolle: Mutter zweier Söhne, Wilhelm und Hartwig, Vorstand der großen Hofhaltung, Charity-Lady.

Doch dann änderten zwei Schicksalsschläge das Leben der Gräfin Hemma: Die beiden Söhne, eingesetzt als Verwalter der Silber- und Eisenbergwerke bei Knappenberg und Hüttenberg, wurden bei einem Bergarbeiter-Aufstand erschlagen. Es heißt, Hemmas Gatte hätte aus Rache unter den Aufständischen ein Blutbad anrichten lassen, „daraus ein solches Würgen und Morden entstanden, indem fast alle Bergknappen todt geblieben". Kurz darauf starb auch Wilhelm von Friesach: der Legende nach bei einer Pilgerfahrt, auf die er von Hemma zur Buße geschickt worden war, tatsächlich aber im Zusammenhang mit der Absetzung des Kärntner Herzogs Adalbero von Eppenstein, der den kaisertreuen Wilhelm 1036 aus Rache eigenhändig umbrachte.

Wie dem auch sei: Gräfin Hemma war Witwe – und eine der reichsten Frauen ihrer Zeit. Sie hätte sich, obwohl mit Mitte dreißig schon recht betagt, wieder verheiraten und an prächtigen Höfen leben können – die mittelalterliche Jet-Set-Variante eben. Doch Hemma wählte den entgegengesetzten Weg: Sie stiftete. Sie ließ in Gurk eine Kirche bauen und gründete ebenda das Frauenkloster mit Marienkirche, in das sie selbst eintrat. Ein weiteres Dutzend Kirchen soll sie gestiftet und den Rest ihres Vermögens der Kirche vermacht haben.

Hemma starb um 1045 in Gurk. Ihr Grab befindet sich seit 1174 in der Krypta des Gurker Doms. Bereits 1287 wurde ihre Verehrung von Rom anerkannt und 1466 die Heiligsprechung eingeleitet, die aber erst 1938 erfolgte. Dargestellt wird Hemma meist mit einem Modell des Gurker Doms, als Schutzpatronin ist sie zuständig für Entbindung und Krankheiten, insbesondere Kopfschmerzen und Augenleiden. Im Gurker Dom erzählen die sechs erhaltenen Hemma-Reliefs (um 1515) die Geschichte der in Kärnten sehr verehrten Heiligen.

Blick auf Friesach

rer Residenzstadt erkoren. Die nachhaltigste Tat der Familie war wohl die Gründung einer Siedlung bei einer Furt an der Glan, das *Forum Chlagenvurt*. Die geografische Lage des neu gegründeten Marktes war nicht nur günstig gewählt an einer wichtigen Kreuzung großer Handelswege, sondern spiegelt auch das für die Epoche typische politische Spannungsfeld zwischen Kaiser und Papst, kirchlicher und weltlicher Macht wider, in dem sich auch die Kärntner Herzöge positionierten: Klagenfurt als Machtfaktor kaisertreuer Herzöge lag genau zwischen dem aufstrebenden Villach, das zum Bamberger Bistum gehörte, und dem Salzburger Bistumsbesitz Friesach. Klagenfurt sollte ein Gegengewicht werden zu den von den Kirchenfürsten beherrschten Orten. Nichtsdestotrotz war das wichtigste wirtschaftliche und kulturelle Zentrum Kärntens im 13. Jh. Friesach (Stadtrecht 1215) – aufgrund seiner Lage an der Handelsstraße Wien–Venedig, des heimischen Bergbaus und des *Friesacher Pfennigs* (→ S. 326), einer in ganz Europa begehrten Währung. Glanzvoller Ausdruck der Macht war der *Friesacher Fürstentag* von 1224: höfisches Ritterfest, politische Konferenz und gesellschaftliches Großereignis gleichermaßen, Lanzenreiten, Minnesang und Friedensgipfel (→ S. 327).

Einer der Hauptakteure des Friesacher Fürstentags war *Herzog Bernhard*, die bedeutendste Persönlichkeit aus der Spanheimer Sippschaft. Er regierte von 1202 bis zu seinem Tod 1256, förderte die Entwicklung der Städte wie auch die Infrastruktur, und das höfische Leben in Kärnten erblühte. Der kaisertreue Bernhard war es auch, der Klagenfurt 1250 strategisch günstig dorthin verlegte, wo sich heute die Altstadt befindet. Doch Bernhard gelang es nicht, die Macht der Bamberger und Salzburger Bischöfe zu brechen.

Sehenswertes aus dem Kärntner Hochmittelalter

Stift St. Georg am Längssee	→ S. 307
Stift Ossiach	→ S. 229
Gurk	→ S. 319
Stift Millstatt	→ S. 164
Stift St. Paul	→ S. 369
Klosterruine Arnoldstein	→ S. 211
Friesach	→ S. 325

Spätmittelalter: Habsburger und Katastrophen

Das 14. Jh. war kein gutes Jahrhundert. Dabei ließ es sich anfangs sogar ganz gut an: Nach dem Erlöschen der Spanheimer Dynastie und einem Intermezzo unter dem Haus der Meinhardiner, den Grafen von Tirol (Heinrich von Kärnten war kurzzeitig auch König von Böhmen), übertrug *Ludwig der Bayer* Kärnten an die aufstrebende Dynastie der Habsburger. 1335 setzte sich *Otto der Fröhliche* auf den Herzogstuhl. 1338 bestätigte er den Kärntner Ständen in der *Landhandfeste* ihre Rechte wie auch die Stadtrechte von St. Veit und Klagenfurt. Nach seinem Tod 1339 übernahm sein Bruder *Albrecht II.*, der Weise, das Herzogtum. Von nun an sollte Kärnten gemeinsam mit der Steiermark und der Krain zur österreichischen Hausmacht der Habsburger gehören.

Zeitgleich begann ein furchtbares Jahrzehnt, währenddessen das Land von Naturkatastrophen und Epidemien biblischen Ausmaßes heimgesucht wurde: 1338 und 1339 fielen Heuschreckenschwärme über Kärnten her, vernichteten die Ernte und verwüsteten ganze Landstriche. Im Frühjahr 1340 wollte der Winter kein Ende nehmen. Mehrere Sommer (so 1342 und 1347) erstarrten in Kälteperioden oder ersoffen in anhaltenden Regenfällen. Am 25. Januar 1348 erschütterte ein schweres Erdbeben den Alpen-Adria-Raum und richtete vor allem in und um Villach immense Schäden an. Die Erdstöße lösten zudem nicht nur schwere Brände in Villach aus, sondern auch einen gigantischen Bergsturz am Dobratsch. Die talwärts gerutschte Südflanke des Bergs staute daraufhin die Gail, wodurch immense Überschwemmungen verursacht wurden. Kurze Zeit später kam die Pest nach Kärnten. Nun wurde die Nähe zu Italien zum Verhängnis: Das „große Sterben“ der Jahre 1348 und 1349 erreichte Kärnten früh und wütete schwer. Ganze Landstriche ließ die Pandemie entvölkert zurück. Und als wäre alles noch nicht schlimm genug, zogen Flagellanten in Scharen durchs Land – all das Unglück konnte sich nur als Strafe Gottes und nahendes Weltenende deuten lassen – und heizten die ohnehin schon gespannte Stimmung weiter an. Gravierender aber waren die Angriffe auf die jüdischen Gemeinden Kärntens. Aufgehetzt durch Anschuldigungen, die Pest sei auf-

Beim schweren Erdbeben 1348 stürzte die gesamte Südflanke ab: der Dobratsch

grund von Brunnenvergiftungen ausgebrochen, kam es auch in Kärnten zu schweren Pestpogromen.

Doch Kärnten erholte sich von den Nackenschlägen des 14. Jh. Unter Führung der Habsburger und als Teil *Innerösterreichs* gestalteten sich die nächsten hundert Jahre für Kärnten erfreulich ereignisarm. Kulturelles Zentrum war Villach und insbesondere die als *Villacher Schule* bekannte Werkstatt (→ S. 189). Erst Ende des 15. Jh. ritten die nächsten Katastrophen in Gestalt der Türken und Ungarn durchs Land.

Die Wehrkirche in Diex

Im September 1473 überquerten erstmals türkische Reiter den Seebergsattel und fielen ins Jauntal ein. Sie plünderten die Dörfer und brannten sie nieder, erschlugen die Bauern, vergewaltigten die Frauen und verschleppten sie als Sklaven. Durch Unterkärnten und über das Zollfeld drangen die „Renner und Brenner" bis ins Glantal vor, hinterließen qualmende Ruinen und verbreiteten Angst und Schrecken. 1476 kamen sie wieder, verwüsteten diesmal u. a. Arnoldstein und die Gegend um Villach. Die Türken stießen auf keinen nennenswerten Widerstand, der Landadel wie auch das Reich – der Habsburger *Friedrich III.* war seit 1452 Kaiser – versagten kläglich. Statt selbst eine effektive Verteidigung zu stellen, erdreistete sich der Adel, die Türkensteuer anzuheben, um ein Söldnerheer anzuwerben. Daraufhin nahmen die Bauern ihr Schicksal selbst in die Hand und erhoben sich unter der Führung von *Peter Wunderlich*. Der bei Spittal gegründete *Kärntner Bauernbund* stellte sich gegen die Steuerforderungen des Adels und gegen die Türken – und musste scheitern. Schon im Sommer kam das nächste Türkenheer. Die kriegsuntüchtigen Bauern flohen voller Angst vor dem übermächtigen Gegner, die 600 Bauern und Bergknappen, die dem Feind die Stirn boten, wurden niedergemetzelt. Nun gab es nichts und niemanden mehr, der sich den Türken entgegenstellte. Die Bürger schlossen die Stadttore, der Landadel verschanzte sich auf seinen Burgen. Von ihrem Stützpunkt bei Villach aus zogen die türkischen Reiter plündernd, brandschatzend und mordend über das Land: durchs Gailtal bis Hermagor und das Drautal hinauf bis nach Gmünd. Bis 1483 kam es zu insgesamt fünf Raubzügen in Kärnten.

Zu allem Überfluss wurde Kärnten 1482 auch noch in reichspolitische Querelen verwickelt. Friedrich III. vermochte es nicht, seine Streitigkeiten mit *Matthias Corvinus*, dem ungarischen König, auszuräumen, der mehrere Jahre weite Teile des Habsburgerreiches, darunter auch Wien und eben einige Landschaften Kärntens, besetzt hielt. Erst mit seinem Tod 1490 endete die ungarische Episode.

Tauerngold (und anderes Gestein)

Der Name sagt schon alles: Goldberg. Oder besser noch: Goldberggruppe. Das klingt vielversprechend und tatsächlich sollen in den „Goldbergen“ der Hohen Tauern noch heute geschätzte 120–200 t Gold liegen, 50 t (ebenfalls eine Schätzung) sollen im Lauf der Jahrtausende abgetragen worden sein.

Gold und andere Edelmetalle wurden in den Hohen Tauern schon etwa 500 v. Chr. durch die Kelten geschürft. Auch die Römer machten in Gold (und gossen sogar Goldbarren in ihrer Gießerei am Magdalensberg, → S. 302). Nachdem der Abbau zwischenzeitlich wahrscheinlich zum Erliegen kam, geht man ab etwa 1200 von einer erneuten Gewinnung des edlen Metalls aus. Zentren in der Goldberggruppe waren im späten Mittelalter das Rauriser Tal auf der Nordseite des Bergmassivs (Salzburger Land), das Fleißtal und das Zirknitztal sowie das zugehörige Verwaltungszentrum Großkirchheim (→ S. 120) auf der Kärntner Seite. Seine Blütezeit erlebte der Goldbergbau zwischen 1550 und 1580, damals sollen es 800 Kilo bis zu einer Tonne pro Jahr gewesen sein: Das Gold der Hohen Tauern wurde zu einem der bedeutendsten Wirtschaftsfaktoren Kärntens.

Jugend im Goldrausch – bis heute wird im Fleißtal fleißig geschürft

Dabei war die Goldsuche im hochalpinen Gelände alles andere als einfach. Auf bis zu 2800 m Höhe wurden seinerzeit die Stollen mit der Spitzhacke in den Berg getrieben. Was dann an Gesteinsblöcken aus den Minen geschafft wurde, musste ins Tal transportiert werden, möglich war das oftmals nur im Winter über Schnee und Eis steil bergab auf sog. Sackzügen: bis zu 20 hintereinander gebundene Säcke voll Gestein und auf dem vordersten ein Lenker. Unfälle waren vorprogrammiert. Zu den Gefahren kam für die Bergmänner auch noch die Abhängigkeit von ihren Arbeitgebern hinzu, auf deren Lebensmittellieferungen auf den Berg sie angewiesen waren. 1526 kam es zum *Knappenaufstand*, der von den Landständen brutal niedergeschlagen wurde. Vorbei war es mit der goldenen Pracht der Hohen Tauern um etwa 1600, als durch die „Kleine Eiszeit“ die Temperaturen sanken und die hoch gelegenen Minen vergletscherten. Ohnehin waren viele davon schon ausgebeutet oder in so schlechtem Zustand, dass kaum noch Bergbau möglich war. Und: Amerika war entdeckt, die *Conquistadores* brachten große Mengen an Gold aus Südamerika, der europäische Goldpreis sank ins Bodenlose.

Die Hohen Tauern waren im Lauf der Jahrhunderte zwar das größte und gewinnbringendste, jedoch nicht das einzige Bergbauzentrum Kärntens: Auch um St. Leonhard im Lavanttal wurden Gold und Silber (14.–16. Jh.) und später Eisenerz zutage gebracht. In Hüttenberg im benachbarten Görtschitztal wurde Eisenerz – das berühmte *ferrum noricum* der Römer – bis in die 1970er-Jahre hinein abgebaut, in Bleiberg am Dobratsch bei Villach wurden Blei und Zink gewonnen – erst in den 1990er-Jahren wurden dort die letzten Stollen geschlossen. Über die Jahrhunderte war der Bergbau einer der wichtigsten Wirtschaftszweige Kärntens.

Das 16. Jh.: Bauernunruhen, Landstände und die Reformation

Am Anfang des 16. Jh. war die Not unter der Kärntner Landbevölkerung groß – nach brandschatzenden Türken, kriegerischen Ungarn und heimischen Steuereintreibern kamen 1490 auch noch die Heuschrecken. Die Türkengefahr blieb latent vorhanden und der *Türkenpfennig*, das Wehrgeld, das die Stände von der Bevölkerung erhoben, stieg. Der Unmut entlud sich in Kärnten erneut, als 1515 der *Windische Bauernaufstand* aus der Krain und der Steiermark nach Unterkärnten übergriff und 1525 der *Deutsche Bauernkrieg* auf Oberkärnten. Während der Kärntner Bauernbund von den Türken niedergeritten worden war – der Anführer Peter Wunderlich überlebte zwar das Gemetzel, wurde aber keineswegs als Held verehrt, sondern als Aufrührer gevierteilt –, wurde der Windische Bundschuh von den Ständen militärisch niedergerungen, die entscheidende Schlacht in Kärnten focht man um Althofen. Der Kärntner Ableger des Deutschen Bauernkriegs, bei dem sich die Bündner des Mölltals und der Stadt Gmünd bemächtigt hatten, wurde am Verhandlungstisch beendet.

Gegner bzw. Verhandlungspartner der aufständischen Bauern waren die *Kärntner Landstände*, nicht der Habsburger Maximilian, der als Kaiser gerade damit beschäftigt war, ein Weltreich zu errichten. Über die Jahrhunderte waren die Landstände Kärntens vergleichsweise stark geworden: vor den Habsburgern mangels einer hausmächtigen Herrscherdynastie, seit den Habsburgern dank deren anhaltender Absenz. Die *Stände*, die *Ehrbare Landschaft*, organisierten sich im Landtag, bestehend aus den Prälaten, also dem Land besitzenden, hohen Klerus, den Herren und Rittern, das sind der höhere und der niedere Adel, also die weltliche Macht, sowie den Vertretern der Städte und Märkte. Sie waren zwar der kaiserlichen Macht unterstellt, dennoch die eigentlich Mächtigen des Landes. 1518 schenkte *Kaiser Maximilian I.* den Kärntner Landschaften sogar eine Stadt: Klagenfurt, das sie zu einer blühenden Haupt- und Festungsstadt ausbauten (→ S. 242). Diese zog Handwerker und Baumeister, Mediziner und Gelehrte, Kaufleute und Unternehmer, kurzum: hochqualifizierte Spezialisten aller Arbeitsbereiche vor allem aus den deutschen Ländern an und verstärkte damit das europäische Phänomen, welches das 16. Jh. nachhaltig prägen sollte: die Verbreitung des *Protestantismus*.

Die Lehren Luthers fielen in Kärnten auf fruchtbaren Boden. Bereits 1526 wurde St. Jakob, die Pfarre Villachs, protestantisch – als erste Kirche in Österreich – und Villach in der Folge das Zentrum des Kärntner Protestantismus. 1528 hingen nahezu der gesamte Kärntner Adel wie auch die Städte dem lutherischen Glauben an, und in Klagenfurt gab es ab der Mitte des Jahrhunderts keine Katholiken mehr, nur bei den Kärntner Slowenen fand der neue Glaube keinen Anklang. Das gefiel den Bamberger und Salzburger Bischöfen, die nach wie vor mächtige Landesherren waren, natürlich überhaupt nicht, aber ändern konnten sie an der Situation genauso wenig wie der Kaiser. Im Gegenteil, 1535 setzten die Landstände durch, dass der Einfluss der Bistümer Bamberg und Salzburg zurückgedrängt und de facto die Landeshoheit erlangt wurde (im *Rezess von Wien* und dem *Bamberger Rezess*). Und auch die Habsburger, namentlich *Kaiser Ferdinand I.* und der Erzherzog von Innerösterreich Karl II., mussten (oder wollten) zu Zugeständnissen bereit sein. *Cuius regio, eius religio* – „Wessen Land, dessen Religion", wie es der Augsburger Religionsfriede von 1555 vorsah? Mitnichten! In den Religionspazifikationen von 1572 (Graz) und 1578 (*Brucker Libell*) hatte Karl II. die Religionsfreiheit gewährt, um die Unterstützung und die Steuern der Stände für die Türkenabwehr zu sichern. „Der Türk ist der Lutheraner Glück", hieß es damals. In der zweiten Hälfte des 16. Jh. war nahezu ganz Kärnten protestantisch.

Eine mächtige Kärntner Familie: Die Khevenhüllers

Die Khevenhüllers stammen möglicherweise aus Franken. Der hauseigenen Chronik zufolge kamen sie als Verwalter Bamberger Besitzes nach Kärnten, genauer gesagt nach Villach, eventuell im Zusammenhang mit dem Wiederaufbau der Stadt nach dem schweren Erdbeben 1348. Die Karriere von der Villacher Bürgerfamilie zur mächtigsten Familie im Land begann im frühen 15. Jh., als *Hans I.* und sein Sohn (*Hans II.*) aufgrund ihrer Verdienste in den niederen Adel befördert wurden. Der zum Protestantismus konvertierte *Christoph Khevenhüller*, der lukrativ verheiratet zum einflussreichen Grundbesitzer wurde, wurde 1541 sogar zum Landeshauptmann ernannt. Der älteste seiner Söhne machte eine beeindruckende diplomatische Karriere: *Hans Khevenhüller*, 1538 in Spittal geboren, wurde kaiserlicher Gesandter, später Botschafter am spanischen Hof *Philipps II.* Sein Bruder *Bartlmä (Bartholomäus) Khevenhüller* konzentrierte seinen Ehrgeiz auf Kärnten. Er baute die Festung Landskron aus, wurde 1581 als Burggraf Repräsentant der Stände, mithin auch erster Protestant des Landes, und errichtete sich zwischen seinem Arbeitsplatz in Klagenfurt und der Stammburg das prächtige Renaissance-Schloss Velden am Ufer des Wörthersees. Ein Neffe Christophs, *Georg Khevenhüller*, machte, wenngleich wie sein Onkel und sein Cousin Protestant, eine glänzende Karriere am kaiserlichen Hof und wurde 1556 mit nur 31 Jahren Landeshauptmann in Kärnten. Hier initiierte er zahlreiche Bauvorhaben, darunter den Ausbau der Burg Hochosterwitz. Während der Gegenreformation verhielt sich die Familie geradezu idealtypisch für den Kärntner Adel: Zahlreiche Familienmitglieder emigrierten, andere konvertierten: Bartlmäs Sohn *Franz Christoph Khevenhüller* legte die Beichte ab und wurde wie sein Onkel kaiserlicher Gesandter in Spanien, sein Bruder *Hanns* ging ins Exil. Gleiches bei der Hochosterwitzer Linie: *Sigismund VI.*, Enkel Georgs, verließ die mächtige Burg, die seine Brüder *Bartholomäus* und *Franz* als Lohn für die Rückkehr in den Schoß Roms erhielten. Hochosterwitz befindet sich noch heute in Besitz der Familie Khevenhüller.

Zahlreiche prachtvolle, ganz unterschiedlich geartete (Renaissance-)Bauwerke zeugen von der Blütezeit unter der Ägide der vornehmlich protestantischen Stände. In Klagenfurt entstanden das repräsentative Landhaus, glanzvoller Ausdruck eines erstarkten ständischen Selbstbewusstseins, der Dom, größter evangelischer Kirchenbau in Österreich, und der Brunnen mit dem schwergewichtigen Lindwurm. Zu den fleißigsten Bauherrn gehörte natürlich auch die mächtigste Kärntner Adelsfamilie des 16. Jh.: Die Khevenhüller bauten u. a. ihren Hauptsitz, die *Burg Landskron*, aus und machten in Rekordzeit die Bilderbuchburg *Hochosterwitz* zu einer der faszinierendsten Wehrarchitekturen Europas. Darüber hinaus entstanden mehrere Schlösser unter dem Einfluss

Sehenswertes aus Spätmittelalter und Früher Neuzeit

Wehrkirche Diex → S. 383
Klagenfurt (Dom, Landhaus, Lindwurm, mithin die ganze Stadt) → S. 242
Burg Hochosterwitz → S. 304
Burg Landskron → S. 202
Schloss Porcia → S. 154

der italienischen Renaissance: das Schloss in Spittal, das später Schloss Porcia genannt wurde, das Schloss in Velden am Wörthersee und das Schloss Tanzenberg über dem Zollfeld.

Im 17. und 18 Jh.: Gegenreformation und Absolutismus

Bereits Ende des 16. Jh. hatte unter *Rudolf II.* die Gegenreformation eingesetzt und nahm unter dem erzkatholischen Erzherzog von Innerösterreich und späteren Kaiser *Ferdinand II.* an Fahrt auf. Während die Bevölkerung mit Gewalt rekatholisiert wurde, blieb der Kärntner Adel anfangs noch verschont, wodurch ernsthafter Widerstand tatsächlich vermieden wurde. In abgelegenen Kärntner Tälern oder im Verborgenen aber hielt sich der Protestantismus. Die Gemeinde Weißensee beispielsweise ist bis heute zu drei Vierteln evangelisch, in ganz Kärnten sind es über 10 %. Wie ausgeprägt der Krypto- oder Geheimprotestantismus war, zeigte sich, als *Joseph II.* 1781 im Toleranzedikt Konfessionsfreiheit gewährte: 14.000 Kärntner bekannten sich daraufhin zum evangelischen Glauben. 1628 wurde auch dem Adel nahegelegt zu konvertieren, zahlreiche Adelige wählten jedoch die Emigration.

Zu dem Aderlass des Führungspersonals gesellte sich noch der Verlust der wirtschaftlichen Machtbasis: Die Edelmetallquellen versiegten, 1621 wurde den Ständen das Privileg zur Münzprägung genommen, die Schlachten des Dreißigjährigen Krieges wurden zwar nördlich der Alpen gefochten, doch mussten die Stände Kriegskontributionen leisten, und die mit dem Krieg zusammenhängende Münzentwertung vernichtete auch Kärntner Vermögen. Kurzum: Die Stände verloren ihre Macht, der *Absolutismus* hielt Einzug in Kärnten, das Land wurde innerhalb des Habsburgerreiches marginalisiert und verarmte.

Das unterste von 14 Toren auf dem Weg hinauf zur Burg Hochosterwitz

Diese Entwicklungslinien erklären auch, warum nach einer baulich reichen Phase in Zeiten von Renaissance und Reformation die Zeugnisse barocker Architektur in Kärnten eher überschaubar ausfallen. Bemerkenswert sind lediglich der mächtige Hochaltar des Gurker Doms, als einzig nennenswerter Neubau die Heiligkreuzkirche in Klagenfurt, diverse barockisierende Kirchenrenovierungen und die Arbeiten des in Oberdrauburg geborenen Malers *Josef Ferdinand Fromiller*, der die Fresken im Wappensaal des Klagenfurter Landhauses schuf.

Abgeschlossen wurde der Prozess der Abschaffung des Ständewesens zugunsten eines zentralistischen absolutistischen Staates letztlich mit der Verwaltungsreform unter Kaiserin *Maria*

Theresia, mit der Kärnten der Wiener „Zentralregierung" unterstellt wurde. Maria Theresia beendete auch das Bamberger Kapitel in Kärnten, indem sie 1759 die Besitztümer des Bistums kaufte – für eine Million Silbergulden. *Joseph II.* setzte das Reformprojekt im Sinne eines zeitgemäßen aufgeklärten Absolutismus fort. Im Zuge der kirchlichen Reformen erließ er 1781 das Toleranzedit – schuf damit Konfessionsfreiheit – und löste zahlreiche Klöster in Kärnten auf, darunter St. Paul, St. Georg und Stift Ossiach. Außerdem wurde Kärnten mit der Steiermark und der Krain zu einer Verwaltungseinheit zusammengefasst.

Sehenswertes aus dem 17. und 18. Jh.

Wappensaal des Klagenfurter Landhauses → S. 256

Hochaltar des Gurker Doms → S. 320

Revolution und Reaktion: das lange 19. Jahrhundert

Früh ritt der „Weltgeist zu Pferde" (Hegel) in Kärnten ein. Ende März 1792 kam ein junger General der französischen Revolutionsarmee nach Klagenfurt, der mit dem siegreichen Italienfeldzug (Erster Koalitionskrieg) gerade einen ersten Höhepunkt seiner im Folgenden beispiellosen militärischen Karriere durchlebte: *Napoleon Bonaparte*. Das Eintreffen des Generals bedeutete für Klagenfurt, dass es von Plünderungen und ruinösen Zwangsabgaben verschont blieb (der in der Stadt verbliebene höhere Kärntner Beamte *Graf Enzenberg* fand in Napoleon einen vernünftigen Verhandlungspartner). Für die europäische Politik bedeutete es, dass die Österreicher, ruhmverwöhnt und traditionsstarr, sich zum Frieden genötigt sahen mit dem juvenilen, ungehörigen Frankreich. Mit dem Einmarsch in Kärnten rückte die Revolutionsarmee nach den Erfolgen in Oberitalien bedrohlich nahe an Wien heran. Dieser Frieden sollte als *Friede von Campo Formio* in die Geschichte eingehen und beendete den Ersten Koalitionskrieg. Während Kärnten im Zweiten Koalitionskrieg lediglich unter den Durchmärschen seiner Verbündeten, vor allem der Russen, litt, wurde das Land im Dritten Koalitionskrieg – nach der siegreichen Schlacht von Austerlitz stattete Napoleon, mittlerweile französischer Kaiser, Wien tatsächlich einen Besuch ab – 1805 wieder von französischen Truppen besetzt. 1806 legte der Habsburger Kaiser seine Krone nieder (um sich von jetzt an *Kaiser von Österreich* zu nennen), das Heilige Römische Reich Deutscher Nation hörte auf zu existieren, Europa hatte sich verändert.

In Kärnten litt man zu dieser Zeit schwere Not. Zwei Missernten, dann die Besetzung durch kriegsführende Truppen trafen die Bevölkerung des ohnehin armen Landes hart. Es formierte sich Widerstand, der „Kärntner Landsturm", der aber wirkungslos blieb – auch als der Krieg 1809 wieder ins Land kam. Nachfolgend ließen die Franzosen die Festungsanlagen Klagenfurts (auf Wunsch Napoleons) schleifen und Kärnten wurde geteilt. Villach und Oberkärnten wurden der neuen „Illyrischen Provinz" zugeschlagen. Villach war französisch geworden. Und es war nicht zu seinem Nachteil: konfessionelle und politische Freiheit, Entmachtung des Adels, Gewerbefreiheit, das ärmliche Oberkärnten erblühte – für kurze Zeit, denn bei der „Befreiung" Oberkärntens brannte Villach nieder und die Reaktion kehrte mit Wucht zurück.

Der Weltgeist zu Pferde war mittlerweile abgestiegen und verbrachte den Rest seiner Tage auf mehr oder weniger fernen Inseln. Oberkärnten verblieb mit Kroatien und der Krain in der Verwaltungseinheit, die nun *Königreich Illyrien* hieß. Der lange Arm der Restauration, die Staatspolizei, bespitzelte, zensierte und schikanierte all die „unzuverlässigen Elemente“, die sich des „Jakobinertums“ und „neuphilosophischer Gesinnung“ auch nur verdächtig machten. Das Bürgertum hüllte sich in Biedermeier. Die Landbevölkerung litt unter der Armut. In Kärnten wurde es wieder rückständig und trist.

Die Revolution von 1848/49 fand in Kärnten so gut wie nicht statt. Selbst die Nachricht von den Unruhen in Wien brauchte ein paar Tage, bis sie in Kärnten eintraf. Doch von der Flucht *Metternichs* und den Konzessionen des führungsschwachen Kaisers *Ferdinand I.* – auf Metternichs Bericht, die Wiener machten Revolution, soll er geantwortet haben: „Ja, dürfen's denn des?“ – profitierte auch Kärnten. „Einheit und Freiheit“ stand auf den Fahnen der Revolutionäre, die drängenden Fragen dieser Zeit waren: Wie halten wir es mit dem Nationalstaat (gerade für den Vielvölkerstaat Österreich ein problematisches Feld)? Und: Wie soll dieser Staat verfasst sein? Als erste Maßnahmen wurden die Pressefreiheit eingeführt und die Bauern mit Bürgerrechten ausgestattet. Die nationalstaatlichen Gedankenspiele der Zeit trafen Kärnten dagegen ins Mark, rückten sie doch eine Frage ins Blickfeld, die bis heute von Belang ist: Wie können die Interessen der Kärntner Slowenen mit der Einheit Kärntens in Einklang gebracht werden? Ein erster, provisorischer Landtag forderte zwar mit den slowenischen Stimmen die Wiederherstellung der Kärntner Einheit, verhinderte aber slowenische Emanzipationsbestrebungen.

Majestät bei miesem Wetter

Bekanntlich scheiterte die 48er-Revolution, Kärnten aber bekam im März 1849 seine Einheit zurück, nun als österreichisches Kronland, seit 1850 mit Klagenfurt als Hauptstadt und schließlich sogar mit konstitutioneller Verfassung. 1861 erließ *Franz Joseph I.* das Februarpatent und schuf damit eine neue Reichsverfassung, auf deren Basis sich am 6. April ein neuer Kärntner Landtag konstituierte. Franz Joseph I., der nach dem Rücktritt Ferdinands Ende 1848 Kaiser geworden war, bereiste 1856 mit seiner Kaiserin Elisabeth – Sisi – Klagenfurt und Heiligenblut (→ S. 110).

Die Euphorie der *Gründerzeit* streifte auch Kärnten, allerdings vor allem das Bürgertum. Die Kärntner Industrie, die vom Stollen bis zur Holzkohle auf der Eisenerzeugung beruhte, steckte in der Krise. Als relativ spät die Eisenbahn Klagenfurt an den modernen Rest der Welt anschloss (1863), begann sich en passant ein neuer Wirtschaftszweig zu entwickeln: der Tourismus.

Eine gravierende Veränderung wurde 1866 von außen an Kärnten herangetragen: Im Windschatten des Deutschen Krieges, der den Weg zur deutschen Einheit unter Ausschluss Österreichs ebnete – die *kleindeutsche Lösung* führte zur Gründung des Deutschen Reiches unter preußischer Führung auf der einen und der k. u. k. Doppelmonarchie Österreich-Ungarn auf der anderen Seite –, wurde auch die italienische Nationalstaatsbildung vorangetrieben. Österreich musste Venetien abtreten und Kärnten, das seit Jahrhunderten mitten im Habsburgerreich gelegen hatte, wurde zu einem Grenzland. Und es sollte nicht lange dauern, bis das zum Tragen kam. Das lange Jahrhundert, das in Kärnten 1792 mit Napoleons Erscheinen begann, mündete 1915 in die Katastrophe des Gebirgskrieges.

Gebirgskrieg, Abwehrkampf und Volksabstimmung: 1915–1920

Der *Erste Weltkrieg* kam mit dem Kriegseintritt Italiens nach Kärnten. Nach den Schüssen in Sarajewo erklärte Österreich den Bündnisfall und in Europa gingen die Lichter aus. Da Italien im europäischen Bündnissystem eigentlich ein Teil der Mittelachse war und anfangs einen Neutralitätskurs fuhr, sandte Österreich seine Truppen an die Ostfront. Gelockt von Gebietsversprechungen aber schlug sich Italien auf die Seite der Entente und erklärte am 23. Mai 1915 Österreich-Ungarn den Krieg. Die Grenzverteidigung in den Karnischen Alpen mussten zunächst Freiwilligenverbände übernehmen, bis die Truppen aus dem Osten die Pässe wieder besetzen konnten. Entlang der österreichisch-italienischen Grenze entwickelte sich ein brutaler, opferreicher Stellungskrieg. Zu den zermürbenden Schrecken des Stellungskrieges zwischen Artilleriefeuer, Minenwerfern und Sprengstollen gesellten sich die Entbehrungen und Gefahren des Winters im Gebirge. Entlang der 100 km langen Gebirgsfront starben Hunderttausende Soldaten.

Als der Krieg verloren war, löste sich das Habsburgerreich auf. Doch der Krieg war für Kärnten noch nicht vorbei. Das Land orientierte sich an den übrigen deutschsprachigen Gebieten des ehemaligen Vielvölkerstaats. Im Oktober 1918 formierte sich eine provisorische Landesversammlung, ab dem 31. Oktober unter der Führung von *Arthur Lemisch*. Sie erklärte Kärnten für unteilbar und beschloss, sich der Republik Österreich anzuschließen. Parallel dazu bildete sich aus der Konkursmasse des Habsburgerreiches das *Königreich SHS*, bestehend aus Serbien, Kroatien

Gespenstisch: Noch immer hat die Schießscharte den Pass im Visier

und Slowenien, das umgehend territoriale Ansprüche auf die mehrheitlich von Slowenen bewohnten Gebiete Unterkärntens anmeldete. Die endgültige Festlegung der Grenze zwischen den beiden just entstehenden Staaten hätte eigentlich im Zuge der Pariser Friedensverhandlungen erfolgen sollen, die den Nachlass des Habsburgerreiches zu verwalten hatten. Doch Laibach/Ljubljana wollte Fakten schaffen: Slawische Truppen marschierten in Kärnten ein und besetzten im Laufe des Novembers das Jauntal und das Rosental sowie – die vereinbarte Demarkationslinie Gail–Drau missachtend – schließlich auch Völkermarkt, Griffen und das untere Lavanttal. Am 5. Dezember rief die Kärntner Landesregierung zum bewaffneten Widerstand auf und es sollte nicht lange dauern, bis die Kampfhandlungen zwischen Freiwilligenverbänden und SHS-Truppen begannen. Anfang Januar erkämpfte die Kärntner Seite das Rosental zurück; es folgte ein Waffenstillstand Mitte Januar, der im April von den SHS-Truppen mit einer Offensive gegen Klagenfurt gebrochen wurde; eine Gegenoffensive nahm Völkermarkt ein und rückte sogar über die Demarkationslinie bis an die Karawanken vor; der massive Gegenstoß der slawischen Armee führte schließlich zur Besetzung von Klagenfurt im Juni 1919. Der *Kärntner Abwehrkampf* schien verloren.

Kärntens Volksabstimmung

Indes war die Zukunft Kärntens längst auch Gegenstand der Vorort-Verhandlungen von Paris. Dem Selbstbestimmungsrecht der Völker entsprechend sollte eine *Volksabstimmung* in den strittigen Gebieten über deren Verbleib bei Kärnten entscheiden. Das Abstimmungsgebiet wurde geteilt. Zone A, das mehrheitlich von Slowenen bewohnte Gebiet südlich der Drau, Jauntal und Rosental, stimmte zuerst ab. Im Falle eines Votums für die Zugehörigkeit zum SHS-Königreich sollte eine zweite Abstimmung in Zone B folgen, in etwa: Klagenfurter Becken und Zollfeld (bis St. Veit). Die Volksabstimmung in der Zone A fand am 20. Oktober 1920 statt, ihr voraus ging eine beispiellose Propaganda-Schlacht – Hunger, Verzweiflung, Unterdrückung standen einer paradiesischen Zukunft gegenüber, die Seiten waren beliebig auswechselbar –, und das Ergebnis war verblüffend: 59,01 % sprachen sich für einen Verbleib bei Kärnten aus. Angesichts der slowenischstämmigen Mehrheit im Abstimmungsgebiet muss etwa jeder zweite Kärntner Slowene für Österreich gestimmt haben. Für das Ergebnis gab es mehrere Gründe: vornehmlich die zur Wahl stehende Alternative zwischen einem demokratischen Staat und einem konservativen, militärisch dominierten Königreich, die historische und wirtschaftliche Verbun-

Sehenswertes aus dem 20. Jh.

Freilichtmuseum Plöckenpass → S. 224
Volksabstimmungsmuseum in Völkermarkt → S. 358

denheit mit Kärnten sowie die in Wien angestoßenen Sozialgesetze und der Einfluss der Sozialdemokratie in Unterkärnten. Im Frieden von Saint-Germain schließlich wurden u. a. die Karawanken als Grenze Kärntens festgelegt und die Rechte der Kärntner Slowenen garantiert. In der Folge aber wurden die Kärntner Slowenen, die sich für ein Ausscheiden starkgemacht hatten, diskriminiert, die „jugoslawisch Orientierten", die „Nationalslowenen" wurden zu Verrätern. Daraufhin halbierte sich in kurzer Zeit die Zahl derer, die im Zuge einer Volkszählung Slowenisch als ihre Muttersprache angaben.

Demokratie und NS-Diktatur: 1920–1945

Der Erfolg bei der Volksabstimmung konnte die Probleme des jungen Staates nicht überdecken, die denen der Weimarer Republik glichen: anfangs die Folgen der Kriegswirtschaft und bitterer Versorgungsnotstand, dann ein zaghafter Aufstieg, schließlich die Weltwirtschaftskrise mit Massenarbeitslosigkeit und Inflation, begleitet von der Radikalisierung des politischen Feldes.

Unter dem wirtschaftlichen und politischen Druck brach die junge Demokratie zusammen. Im März 1933 etablierte Bundeskanzler *Engelbert Dollfuss* die *austrofaschistische Diktatur*. Zunächst wurde die NSDAP verboten, dann die Sozialdemokratie und alle übrigen Parteien, die „Vaterländische Front" wurde Staatspartei eines autoritären Ständestaates. Bei einem nationalsozialistischen Putschversuch 1934 wurde Dollfuss ermordet, sein Nachfolger wurde Kurt Schuschnigg. Kärnten zeigte sich in dieser Zeit zwiespältig, vor dem Parteienverbot war die Sozialdemokratie stärkste politische Kraft, danach war es Zentrum der verbotenen Nationalsozialisten. Und nach dem Anschluss Österreichs am 13. März 1938 dauerte es nicht lange, bis sich das Bundesland als ein Reichsgau gleichschaltete.

Im Deutschen Reich wurde Kärnten die Rolle als „Ostmark" zugeschrieben, die NS-Propaganda schöpfte aus der frischen Erinnerung an Abwehrkampf und Volksabstimmung: der „Grenzlandgau" wurde als „Bollwerk" und „Vorposten" des „Deutschtums" gefeiert. Der Krieg kam mit dem Balkanfeldzug (1941) zurück nach Kärnten. Damit einher gingen brutale Vertreibungen. Zunächst wurden die Slowenen aus den besetzten Gebieten der Oberkrain „ausgesiedelt". Für die Kärntner Slowenen hatten bereits mit dem Anschluss Repressionen eingesetzt, die auf eine „Germanisierung Kärntens" abzielten, anfangs noch zurückhaltend, mit Kriegsbeginn drastischer: Die Maßnahmen reichten von der Einstellung des slowenischsprachigen Schulunterrichts und der Einführung „germanischer" Kindergärten über Vereinsverbote und Enteignungen bis hin zu Verhaftungen und Folter. Am 14. April 1942 wurden etwa 1000 Kärntner Slowenen enteignet und als Zwangsarbeiter ins Deutsche Reich „umgesiedelt". Danach wurden die Deportationen zwar weitergeführt, allerdings nicht im großen Stil. Die Gründe dafür sind außer in den Protesten von Deutsch-Kärntnern vor allem in der Truppenmoral zu suchen – standen doch zahlreiche Söhne Kärntner Slowenen an der Ostfront. Repressionen und Deportationen führten auch dazu, dass sich zahlreiche Kärntner Slowenen den Partisanen anschlossen. Der bewaffnete Widerstand begann im Sommer 1942 und konnte trotz brutaler Gegenmaßnahmen der Nationalsozialisten nicht niedergeschlagen werden. Im Gegenteil: Der Partisanenkampf intensivierte sich 1943 und gilt als der einzige andauernde bewaffnete Kampf gegen die Nationalsozialisten auf österreichischem Boden. 1943 wurden am Loiblpass zwei Außenstellen des KZ Mauthausen eingerichtet, deren Insassen, v. a. Kriegsgefangene, beim Bau des

Loibltunnels Zwangsarbeit zu leisten hatten. 1944 begannen die alliierten Luftangriffe auf Villach und Klagenfurt. Mit dem Einmarsch der britischen Armee im Mai 1945 hatte die dunkle Zeit endlich ein Ende.

Die Zweite Republik, das gilt auch für Kärnten, tat sich sehr schwer, mit der österreichischen Rolle im Nationalsozialismus umzugehen. Österreich sei das „erste Opfer Hitlers" gewesen, Österreich habe sich gegen die Deutschen nicht wehren können, der Anschluss sei in Wahrheit ein Überfall gewesen. Erich Kästner spottete und ließ die arme Austria singen: „Ich habe mich zwar hingegeben, doch nur weil ich gemußt / Geschrien hab ich nur aus Angst und nicht aus Liebe oder Lust / Und daß der Hitler Nazi war – das hab ich nicht gewußt!" Bis heute ist die Opferthese ein beliebtes Thema österreichischer Kabarettisten (den rechten Arm haben die Wiener schließlich nur gehoben, um dem „deitschn" Hitler zu sagen: „Naa, schleich dich wieder!"). Der Hintergrund der bis heute virulenten Opferthese ist natürlich ein sehr ernster. Denn Österreichs Rolle bei der Entrechtung, Vertreibung und Ermordung österreichischer Juden und im Holocaust im Allgemeinen wurde in den Nachkriegsjahren nur sehr schleppend aufgearbeitet.

Kärnten nach 1945

In den letzten Tagen des Krieges im Mai 1945 vollzog sich in Klagenfurt ein erstaunlich ruhiger Übergang von der NS-Gauleitung unter Friedrich Rainer (später zum Tode verurteilt) an eine provisorische Übergangsregierung unter sozialdemokratischer Leitung, die bald darauf in einer britischen Militärregierung aufging. Gleichzeitig bedrohten Titos Truppen Kärnten und marschierten kurz nach den Briten ebenfalls in Klagenfurt ein, konnten aber zurückgedrängt werden. Das Land selbst war ab Frühling 1945 von Zehntausenden Flüchtlingen überzogen, die erst allmählich in ihre Heimatländer zurückkehren konnten. Vertriebene Kärntner Slowenen konnten im Sommer 1945 zurückkehren. Das Land, in dem kurz zuvor noch chaotische Zustände geherrscht hatten, schaffte es zwar relativ schnell, Verwaltung und Infrastruktur wieder aufzubauen, doch litt die Bevölkerung unter Lebensmittelknappheit und fehlenden Unterkünften, Landflucht bei gleichzeitigem Arbeitskräftemangel. Zudem verlangte Titos Jugoslawien noch bis 1948 die Südkärntner Gebiete (wenn auch erfolglos). Ein umfänglicher Wirtschaftsaufbau erfolgte dann ab etwa 1950.

Mit dem *Österreichischen Staatsvertrag* von 1955 und der damit verbundenen Wiedererlangung der österreichischen Souveränität wurden auch die Rechte der Kärntner Slowenen festgeschrieben: Artikel 7 garantiert den slowenischen (Kärnten) und kroatischen (Burgenland) Minderheiten in Österreich die Muttersprache als zweite Amtssprache, außerdem den zweisprachigen Schulunterricht, das Recht auf eigene (politische und sonstige) Organisationen und Presseorgane in der eigenen Sprache sowie zweisprachige „topographische Aufschriften" – also zweisprachige Ortstafeln und Wegweiser. Doch schon bei der Vorgabe des zweisprachigen Schulunterrichtes zeigten sich die tiefen Gräben zwischen deutsch- und slowenischsprachigen Kärntnern (die allerdings durch das sog. Minderheitenschulgesetz und – daraus resultierend –mit der Gründung des Slowenischen Bundesrealgymnasiums in Klagenfurt im Jahr 1957 zumindest für die höheren Schulen abgemildert werden konnten); noch deutlich schwerer tat sich Kärnten mit der Aufstellung zweisprachiger Ortstafeln.

Der Ortstafelstreit

Bei diesem Konflikt ging es um mehr als die Aufstellung einiger Schilder im südöstlichen Kärnten an der Grenze zu Slowenien bzw. dem damaligen Jugoslawien. Es steckten erbittert geführte Auseinandersetzungen dahinter, die bis ins Jahr 2011 anhielten. Im Kern ging es darum, welche Rechte man der slowenischen Minderheit im Süden Kärntens zugestehen wollte und wie groß diese Minderheit hierfür zu sein hatte. Auslöser war im Prinzip 1970 die 50-Jahr-Feier der Kärntner Volksabstimmung vom 10. Oktober 1920 (→ S. 66), in deren Vorfeld einige bis dahin noch deutsche Ortsschilder über Nacht plötzlich und handschriftlich zweisprachig wurden – ein Hinweis an die Politik, ihre Hausaufgaben gemäß Artikel 7 des Österreichischen Staatsvertrages von 1955 endlich zu machen. Die Antwort kam prompt und in Form antislowenischer und nationaler Parolen bei den Feierlichkeiten selbst.

Ihren Höhepunkt erlebten die Auseinandersetzungen beim sog. *Ortstafelsturm* im Herbst 1972, als die neu aufgestellten zweisprachigen Ortstafeln von aufgebrachten deutschsprachigen Kärntnern – auch im Beisein tatenloser Gendarmen – wieder abmontiert und vor dem Klagenfurter Landhaus abgeladen wurden. Erst 1977 nach diversen Vermittlungsaktionen zwischen Politik (sogar in Wien) und Bevölkerung konnten zweisprachige Ortstafeln – wenn auch deutlich weniger als ursprünglich vorgesehen – aufgestellt werden und auch unversehrt stehen bleiben. Bei dem Streit spielte es eine entscheidende Rolle, wie hoch der Anteil der slowenischsprachigen Bevölkerung tatsächlich war und wie man diesen feststellen konnte. Durch Volkszählung (1961) und eine „Geheime Erhebung der Muttersprache" (1976) sollte der Anteil der muttersprachlich slowenischen Kärntner ermittelt werden – zu Letzterer riefen die Kärntner Slowenen jedoch zum Boykott auf, das Ergebnis wurde verzerrt. Während man zuvor noch von mindestens 20 % slowenischsprachiger Bevölkerung für die verpflichtende Aufstellung einer zweisprachigen Ortstafel ausging, wurde die Zahl 1977 auf 25 % erhöht.

Nach einer längeren Phase der Ruhe und Akzeptanz befand der Verfassungsgerichtshof in Wien 2001 die Regelung von 1976 (Volksgruppengesetz) für unzulässig und legte die Grenze bei 10 % fest. Nicht zuletzt durch Kärntens bekanntlich zur Polemik neigenden Landeshauptmann *Jörg Haider* ging der Ortstafelstreit in die nächste Runde. Das jahrelange Ringen um einen Konsens wie auch die vorherigen Annäherungen zwischen den Kärntner Heimatverbänden und den Slowenenverbänden wurden von Haider mehrfach und besonders gerne im Wahlkampf instrumentalisiert – die Gräben rissen wieder auf. Erst im Sommer 2011 gelang zwischen Landeshauptmann *Gerhard Dörfler* (Haider-Nachfolger nach dessen Tod 2008) und den Slowenenverbänden der Konsens: 164 zweisprachige Ortstafeln in 24 Gemeinden wurden aufgestellt, ein neues, den Lebenswirklichkeiten angepasstes „Volksgruppengesetz" wurde im Nationalrat mit großer Mehrheit verabschiedet und so ein über 50 Jahre lang schwelender Konflikt beendet.

Von 1945 bis 1989 regierte in Kärnten mit mehr oder minder großer Mehrheit die SPÖ (allerdings waren bis in jüngste Zeit die Parteien, die über 10 % der Stimmen erreichten, anteilig in der Regierung vertreten – erst 2015 hat sich das Land per Verfassungsreform vom Proporz getrennt). Die englischen Besatzer zogen 1955 ab, die Wirtschaft und vor allem der Tourismus florierten in den folgenden Jahren. Nachdem die Vermittlungsversuche des Landeshauptmanns *Hans Sima* im Ortstafelstreit 1974 aufgrund der aufgeheizten Atmosphäre scheiterten und er von der eigenen Partei zum Rückzug gezwungen wurde, erlebte die SPÖ unter seinem Nachfolger *Leopold Wagner* – bekennender „höhergradiger Hitlerjunge", aber da war er ja nicht der einzige in Nachkriegskärnten – zunächst eine stabile Hochphase, mehrmals auch mit absoluter Mehrheit bei den Landtagswahlen. Durch seinen autoritären Führungsstil geriet Wagner aber immer mehr in die Kritik. 1987 wurde er Opfer eines Attentats, das er zwar schwer verletzt überlebte und von dem er sich auch wieder erholte, dennoch zog er sich im folgenden Jahr aus der Politik zurück. Sein Nachfolger und Übergangs-Landeshauptmann *Peter Ambrozy* und die SPÖ wurden bei der Landtagswahl 1989 mit einem Minus von fast 6 % bedacht (die immer im Schatten der SPÖ stehende ÖVP verlor noch mehr) und die Bühne war frei für den Mann, der die Kärntner (und österreichische) Politik in den nächsten zwei Jahrzehnten maßgeblich prägen sollte: *Jörg Haider* von der FPÖ.

Durch die Unterstützung der ÖVP wurde Haider im Mai 1989 zum Kärntner Landeshauptmann gewählt, war sein Amt aber schon 1991 wieder los, nachdem er die „ordentliche Beschäftigungspolitik" im Dritten Reich gelobt hatte – ÖVP und SPÖ wählten ihn daraufhin per Misstrauensantrag ab. 1991 bis 1999 stellte mit *Christof Zernatto* erstmals (und bisher auch nicht wieder) die ÖVP den Landeshauptmann. Beim Volksentscheid 1994 stimmten 68 % der Kärntner für den Beitritt zur EU, damit lag das südlichste Bundesland sogar etwas über dem österreichischen Durchschnitt von 66,5 %. Und auch in Richtung Slowenien tat sich Neues: Bereits 1978 wurde die Arbeitsgemeinschaft Alpen-Adria gegründet, deren erklärtes Ziel schon damals das wirtschaftliche und kulturelle Zusammenrücken seiner Mitglieder und die Pflege einer guten Nachbarschaft war. Ausdruck dieser Bestrebungen war auch die gemeinsame Olympia-Bewerbung von Kärnten, Slowenien und Friaul-Julisch Venetien unter dem Motto „Senza confini – ohne Grenzen – Brez meja", den Zuschlag für die XX. Olympischen Winterspiele 2006 erhielt jedoch bekanntlich Turin.

Kärnten im 21. Jahrhundert

Bei der Landtagswahl 1999 erreichte die FPÖ erstmals die meisten Stimmen – 42 % gegenüber 32 % bzw. 20 % für SPÖ und ÖVP. Jörg Haider kam als Landeshauptmann zurück, gestützt wurde seine FPÖ von der ÖVP. Haider selbst wie auch seine Politik prägten Kärnten in den ersten Jahren des 21. Jh. auf ganz eigene Weise, er pflegte Freundschaft zu einem der Söhne Gaddafis und reiste auf „Staatsbesuch" in den Irak zu Saddam Hussein. Zuhause in seinem Bundesland soll er tatsächlich jedem Kärntner mindestens einmal die Hand geschüttelt haben, kurz: Haider war immer und überall, half unbürokratisch und verteilte großzügig Geschenke an „seine" Kärntner (kostenloser Kindergarten, Schul- und Jugendstartgeld, hohe Mindestsicherung für Familien usw.). Woher das zunehmend verschuldete Kärnten das Geld dafür nahm, blieb oftmals unklar. Ebenso verwoben waren auch die Koalitionen, die die FPÖ mal mit der ÖVP, mal mit Duldung bzw. Unterstützung der SPÖ einging, einzige Fundamentalopposition waren die Grünen.

Von der Zustimmung der Bevölkerung wurde Haider oft, aber nicht immer getragen: Den EU-Beitritt Sloweniens zum 1. Januar 2004 – und somit den Wegfall der EU-Außengrenze – begrüßten die Kärntner mehrheitlich, die FPÖ sprach sich dagegen aus. Dennoch wurde Haider im Frühjahr 2004 ohne jeglichen Stimmenverlust wiedergewählt (42 %), die SPÖ (38 %) machte Boden gut, die ÖVP (11 %) verlor deutlich. Innerparteiliche Querelen bewogen Haider dann 2005 zur Abspaltung von der FPÖ und der Gründung einer neuen Partei, dem BZÖ (Bündnis Zukunft Österreich). Bei der österreichischen Nationalratswahl im September 2008 erzielte das BZÖ fast 11 % der Stimmen.

Haiders tödlicher Autounfall in der Nacht zum 11. Oktober 2008 – nach dem Besuch einer Klagenfurter Bar mit deutlich überhöhter Geschwindigkeit und 1,8 ‰ Blutalkohol – ließ viele Kärntner schockiert zurück und gab sofort Stoff für zahlreiche Verschwörungstheorien. Von Mord war die Rede, die Gruppe der „Verdächtigen" reichte von der Deutschen Bank bis zum Mossad.

Haiders Nachfolger wurde *Gerhard Dörfler*. Wohl auch in Verklärung des verstorbenen Landesvaters wählten die Kärntner im März 2009 dessen BZÖ mit einem Rekordergebnis von 44,9 % der Stimmen. Die FPÖ kam bei dieser Wahl übrigens mit nicht mal 4 % der Stimmen nicht in den Landtag. Ende 2009 spaltete sich dann die Kärntner BZÖ von der Bundes-BZÖ ab und firmierte nunmehr unter dem Namen FPK (Die Freiheitlichen in Kärnten), nun wieder in enger Kooperation mit der FPÖ.

Die politischen Gepflogenheiten dieser Zeit – das „System Haider" – offenbarten sich aber im Prinzip erst nach und nach. Zur Parteien- und sonstigen Finanzierung sollen immer wieder Gelder durch verschlungene, undurchsichtige Kanäle geflossen sein. Vermarkter, Berater und sonstige Teilhaber sollen engagiert und mit hohen Honoraren ausgestattet worden sein, die zum Großteil durch den Sumpf wieder zurück an den Auftraggeber (also die Partei bzw. dessen Vorsitzenden) flossen.

Bis heute umstritten (die Person, nicht die Brücke)

Auch an dem Verkauf der angeschlagenen Klagenfurter Bank *Hypo Group Alpe Adria* (HGAA) im Jahr 2007 an die Bayerische Landesbank (BayernLB) für schlappe 1,7 Milliarden Euro verdiente so mancher österreichische Politiker nicht schlecht, z. B. indem er vor dem Verkauf Anteile erwarb und diese kurz danach mit hohem Gewinn gleich wieder veräußerte – der Verdacht diverser Insidergeschäfte lag nahe. Die marode Bank wurde nach drohender Insolvenz Ende 2009 für einen symbolischen Euro (!) an Österreich zurückverkauft und notverstaatlicht. Seither verschlingt sie Milliarden an Steuergeldern – bayerische und österreichische – und die Sache ist noch lange nicht ausgestanden.

Berühmte Kärntner

Ingeborg Bachmann (* 25. Juni 1926, Klagenfurt, † 17. Okt. 1973, Rom), Schriftstellerin

Herbert Boeckl (* 3. Juni 1894, Klagenfurt, † 20. Jan. 1966, Wien), Maler

Günther Domenig (* 6. Juli 1934, Klagenfurt, † 15. Juni 2012, Graz), Architekt

Peter Handke (* 6. Dez. 1942, Griffen), Schriftsteller und Übersetzer

Heinrich Harrer (* 6. Juli 1912, Hüttenberg, † 7. Jan. 2007, Friesach), Bergsteiger und Abenteurer

Sissy Höfferer (* 23. April 1955, Klagenfurt), Schauspielerin

Giselbert Hoke (* 12. Sept. 1927, Warnsdorf/Böhmen, † 18. April 2015, Klagenfurt), Maler

Gert Jonke (* 8. Febr. 1946, Klagenfurt, † 4. Jan. 2009, Wien), Lyriker und Autor

Udo Jürgens (* 30. Sept. 1934, Klagenfurt, † 21. Dez. 2014 Münsterlingen/Schweiz), Sänger und Entertainer

Franz Klammer (* 3. Dez. 1953, Fresach), Skifahrer-Legende

Dagmar Koller (* 26. Aug. 1939, Klagenfurt), Moderatorin und Sängerin

Thomas Koschat (* 8. Aug. 1845, Viktring, † 19. Mai 1914, Wien), Komponist

Maria Lassnig (* 8. Sept. 1919, Kappel am Krappfeld, † 6. Mai 2014, Wien), Malerin

Christine Lavant (* 4. Juli 1915, bei St. Stefan im Lavanttal, † 7. Juni 1973, Wolfsberg), Schriftstellerin

Matthias Mayer (* 9. Juni 1990, St. Veit an der Glan), Skirennläufer und Olympiasieger 2014 (Abfahrt)

Thomas Morgenstern (* 30. Okt. 1986, Spittal an der Drau), ehem. Skispringer

Robert Musil (* 6. Nov. 1880, Klagenfurt, † 15. April 1942, Genf), Schriftsteller

Wolfgang Puck (* 8. Juli 1949, St. Veit an der Glan), Koch und Gastronom

Antonia Rados (* 15. Juni 1953, Klagenfurt), Fernsehjournalistin

Libgart Schwarz (* 25. Jan. 1941, St. Veit an der Glan), Schauspielerin

Robert Stadlober (* 3. Aug. 1982, Friesach), Schauspieler

Peter Turrini (* 26. Sept. 1944, St. Margarethen/Lavanttal), Schriftsteller

Paul Watzlawick (* 25. Juli 1921, Villach, † 31. März 2007, Palo Alto), Kommunikationswissenschaftler, Psychotherapeut, Philosoph

Heidelinde Weis (* 17. Sept. 1940, Villach), Schauspielerin

Besonders pikant: Der Steuerberater *Dietrich Birnbacher* erhielt ein Sechs-Millionen-Euro-Honorar für sein Gutachten zum Hypo-Alpe-Adria-Verkauf, vereinbart war – wie er im Sommer 2012 vor dem Klagenfurter Landesgericht einräumte –, dass ein Teil des Geldes an die ÖVP bzw. deren Vorsitzenden *Josef Martinz* und ein weiterer Teil an Jörg Haiders Partei BZÖ weitergegeben werden sollte. Haider ist

Milliardengrab?

tot, Martinz wurde wegen illegaler Parteienfinanzierung im März 2014 zu einer Haftstrafe verurteilt, und auch gegen Birnbacher (bzw. dessen Kinder, denen Birnbacher schnellstens seine Besitzungen übertrug) klagt die Kärntner Landesholding in einem Zivilprozess. Zuletzt reichte die Landesholding auch Schadensersatzklage gegen die Haider-Erben (Witwe und Töchter) ein.

Vielleicht war es der Wunsch nach ein wenig Normalität und ruhigerem Fahrwasser nach den vielen Skandalen, der Korruption, Untreue und Vorteilsnahme aller Art, dem beleidigenden Umgangston in der Politik oder einfach nur das Gefühl, endgültig die Nase voll zu haben, das der rechtspopulistischen FPK bei den vorgezogenen Landtagswahlen am 3. März 2013 – fast die Hälfte der bisherigen Regierungsmitglieder saß ja zwischenzeitlich wegen oben Genanntem auf der Anklagebank – eine Wahlschlappe bescherte, die dem Bergsturz des Dobratsch gleichkam: der freie Fall von 44,9 auf 17,1 % der Stimmen. Wahlgewinner in ihrem ehemaligen Stammland war die SPÖ mit 37,1 %, die nun mit ihrem Parteiobmann *Peter Kaiser* auch den Landeshauptmann in einer Koalition mit der ÖVP (mit nur 14,2 % der Stimmen eigentlich auch eher ein Wahlverlierer) und den Grünen (11,8 % mit einem Plus von 6,7 Prozentpunkten) stellen. Die nächsten Landtagswahlen sollen im März 2018 stattfinden.

Wirtschaft und Tourismus

Jahrhundertelang war der Bergbau der wichtigste Wirtschaftszweig in Kärnten, außerdem traditionell, aber im Kleinen, die Holzwirtschaft und natürlich die Landwirtschaft. Nachdem sich die Kärntner Industrie nach dem Zweiten Weltkrieg gut erholt hatte und auch expandierte, stellte sich erstmals in den 1960er, deutlicher aber ab Mitte der 1970er-Jahre Stagnation ein, dann folgte wieder ein Hoch und seit den 1990er-Jahren bewegt sich die Kärntner Konjunktur eigentlich nur noch in eine Richtung: nach unten. Großen Anteil daran hatte die Schließung der meisten Gruben Ende der 1970er-Jahre. Dramatisch war auch der Rückgang der Beschäftigten in der Land- und Forstwirtschaft: von 37 % im Jahr 1951 auf nur noch rund 7 % 1991. Den Wandel zur Dienstleistungsgesellschaft hat Kärnten zwar vollzogen – zwei Drittel der Beschäftigten arbeiten heute in diesem Sektor –, der Preis waren jedoch hohe Arbeitslosenzahlen und die mittlerweile schon festgenagelte Position als Schlusslicht Österreichs in Sachen Wirtschaftsleistung, Bevölkerungswachstum und Pro-Kopf-Einkommen, dafür aber der höchsten Pro-Kopf-Verschuldung. Fragwürdige Investitionen wie beispielsweise das 70

Kärntner Wasserkraft (an der Kölnbreinsperre im Maltatal)

Millionen teure Wörtherseestadion, das eigens (und vielleicht auch einzig) für drei Spiele der EM 2008 gebaut wurde, und besonders die immer mehr (auch bayerische) Millionen verschlingende *Hypo Alpe Adria* rissen weitere tiefe Löcher ins Landesbudget.

Lichtblick und Vorzeigeressort der Kärntner Wirtschaft ist indes die Stromerzeugung mit Wasserkraft. Es entstanden moderne Anlagen mit enormen Kapazitäten, der Speicher Kölnbrein (Maltatal) von 1978 ist noch heute der größte Österreichs. Auch die Drau erwies sich mit mehreren Laufkraftwerken (ohne Speicherkapazität) als ergiebiger Energielieferant. Die Öffnung Richtung Slowenien und die Wandlung der Universität Klagenfurt zur internationalen *Alpen-Adria-Universität* sowie der benachbarte *Lakeside Science & Technology Park* sollen neue Impulse im dritten Jahrtausend geben.

Der Tourismus spielte bereits im 19. Jh. eine Rolle, kam aber erst mit dem Bau der Tauernbahn (1901–1909) Anfang des 20. Jh. richtig in Fahrt, einen ersten Höhepunkt erlebte er 1937 mit etwa 1,5 Millionen Übernachtungen. Nach dem Zweiten Weltkrieg ging es mit dem Kärntner Fremdenverkehr stetig nach oben, die meisten ausländischen Urlauber kamen aus Deutschland – woran sich bis heute nichts geändert hat, zuletzt waren etwa 40 % der ausländischen Kärnten-Touristen Deutsche. Mitte der 1970er-Jahre stagnierte der Tourismus, um dann 1980 den absoluten Höhepunkt mit fast 17 Millionen Übernachtungen zu erreichen (zum Vergleich: 1995 waren es 13,8 Millionen, 2011 knapp 9 Millionen). Relativ jung ist in Kärnten der Wintertourismus mit etwa 3,4 Millionen Übernachtungen. Auch hier kommen die meisten Gäste aus Deutschland. Trotz sinkender Gästezahlen (und Verweildauer) behauptet sich Kärnten im österreichweiten Vergleich in Sachen Tourismus weiterhin auf Platz drei hinter den Bundesländern Tirol und Salzburg, Spitzenreiter bei den Städten ist natürlich unangefochten Wien.

Auf der letzten Etappe: Autobahn mit Karawankenblick (hier der Mittagskogel)

Reisepraktisches von A bis Z

Anreise

Mit dem Auto/Motorrad: Am schnellsten und bequemsten erreicht man Kärnten über die *Tauernautobahn A 10* auf der Route München–Salzburg–Spittal–Villach–Klagenfurt. Wer ganz aus dem Südosten Bayerns anreist und den Nordosten und Osten Kärntens zum Ziel hat, für den könnte die *Pyhrnautobahn A 9* nach Graz/Spielfeld–Maribor eine Alternative sein, sie ist auf dem Weg nach Südosteuropa wochentags allerdings stark von Lkws befahren. Wer aus der Schweiz und aus der Bodenseegegend kommt, fährt am besten über München nach Kärnten. Die österreichischen Autobahnen und Schnellstraßen sind vignettenpflichtig, größere Tunnels und Panoramastraßen kosten zusätzlich Maut.

Entfernungen und Routen Auf der A 10 (Tauernautobahn) sind es **ab Bad Reichenhall**/Grenze 180 km bis Villach und 215 km bis Klagenfurt (ab Knoten Villach auf der A 2 Richtung Wien/Klagenfurt). Alternative (aber kaum kürzer) ist die **Autoschleuse Tauernbahn**: Bei Bischofshofen von der A 10 abfahren und rund 50 km auf Landstraßen (B 311, dann B 167) über Bad Hofgastein nach Böckstein, hier Autoverladung (Fahrten von 06.20–23.20 Uhr stündl., ab Mallnitz 05.50–22.50 Uhr), Beförderung im Personenzug, Verladebeginn 15 Min. vor Abfahrt, Preis pro Pkw/Motorrad inkl. Fahrer und Insassen bzw. Sozius 17 €, Fahrrad 5 €. Fahrtdauer 11 Min. im Tunnel unter den Hohen Tauern hindurch, Zielort ist Mallnitz. Mit der Tauernschleuse spart man sich die Maut für Tauern- und Katschbergtunnel (zusammen 11 €).

Die **Route durch Oberösterreich** und die Steiermark führt ab Passau auf der A 3 über die Grenze und ab hier auf der A 8 (Innkreisautobahn) bis Knoten Voralpenkreuz, dann auf der A 9 (Pyhrnautobahn) Richtung Graz über die Tunnelkette Klaus (Achtung: soll 2013–2019 ausgebaut werden, mit Staus muss man rechnen) und den Bosrucktunnel via Liezen und Judenburg z. B. nach Wolfsberg im Lavanttal (von Passau nach Wolfsberg sind es 320 km).

Von Bregenz/Lindau führt der schnellste Weg nach Villach tatsächlich über München und Salzburg (Bregenz–Villach 490 km). Mehrere Varianten führen durch die Alpen: u. a. von Bregenz über den Arlbergtunnel nach Innsbruck, dann über den Brenner (A 22) ins italienische Brixen/Bressanone und von dort auf der italienischen Staatsstraße SS 49 nach Toblach/ Dobbiaco im Hochpustertal nach Österreich/Osttirol und nun auf der B 100 durch das obere Drautal nach Kärnten. Die Strecke bis Villach ist mit 470 km zwar etwas kürzer als die Autobahnroute über München und mit Sicherheit auch landschaftlich reizvoller, aber man braucht 1:30 bis 2 Std. länger.

Anreise über die **Großglockner Hochalpenstraße** → S. 103.

Die panoramareiche und rund 36 km lange **Felbertauernstraße** (mit dem 5,3 km langen Felbertauerntunnel) führt von Mittersill (südlich von Kitzbühel) nach Matrei in Osttirol und auf der B 108 weiter nach Lienz, von hier ins Mölltal oder Drautal ganz im Westen Kärntens. Mautpflichtig: Pkw/Motorrad und Wohnmobil je 10 € pro Strecke.

Vignetten 2015 gelten für Pkw und Wohnmobile folgende Preise: Jahresvignette 84,40 €, 2-Monats-Vignette 25,30 €, 10-Tages-Vignette 8,70 €. Motorräder: Jahresvignette 33,60 €, 2-Monats-Vignette 12,70 €, 10-Tages-Vignette 5 €. Für Anhänger (also auch Wohnwagen) muss keine eigene Vignette angebracht werden. Verkauf an allen Tankstellen. Informationen unter ✆ 0800-40012400 sowie www.asfinag.at.

Besondere Mautstrecken Auf der Tauernautobahn A 10 werden für den Tauern- und den Katschbergtunnel insgesamt 11 € Extramaut fällig, für den Bosrucktunnel (A 9) sind es 5 €, die Durchfahrt des Arlbergtunnels kostet 9,50 € (Achtung: der Arlbergtunnel soll in den Sommermonaten 2017 wegen Bauarbeiten komplett gesperrt sein!).

Notrufnummern In ganz Österreich ist die Polizei unter ✆ 133 zu erreichen, es gilt außerdem die europaweite Notruf-Nr. ✆ 112, Rettungswagen ✆ 144, Feuerwehr ✆ 122.

Besondere Verkehrsbestimmungen in Österreich

Die Höchstgeschwindigkeit auf Autobahnen beträgt 130 km/h, von 22 bis 5 Uhr nachts auf der Tauernautobahn (A 10), der Inntalautobahn (A 12) und der Rheintalautobahn (A 14) 110 km/h Höchstgeschwindigkeit; eine griffbereite *Warnweste* (pro Fahrzeuginsasse!) muss mitgeführt werden. Von 1. Nov. bis 15. April sind für das Fahren bei winterlichen Straßenverhältnissen (Schnee, Schneematsch, Eis) *Winterreifen* Pflicht. Für viele Berg- und Passstraßen gilt im Winter auch *Schneekettenpflicht*. Für Fahranfänger gilt während der Probezeit in den ersten 24 Monaten des Führerscheinbesitzes eine Promillegrenze von 0,1 (ansonsten 0,5 ‰).

Mit der Bahn: Der Zug von Deutschland nach Kärnten führt fast immer über München: viermal täglich besteht eine Direktverbindung mit dem EC nach Villach sowie mit drei Stopps am Wörthersee weiter nach Klagenfurt (Fahrtzeit knapp unter 5 Std., nach Villach 4 Std. 30 Min.). Darüber hinaus gibt es drei weitere Verbindungen mit Umsteigen in Salzburg (dauert dann insgesamt 35–45 Min. länger). Wer ganz aus dem Südwesten Deutschlands bzw. der Bodenseeregion und der Schweiz kommt, fährt über Salzburg, aus der Schweiz teilweise auch über Ulm.

Die Nachtzugverbindung nach Kärnten erweist sich als kaum empfehlenswert: Der Euronachtzug *EN 499* startet tägl. um 23.40 Uhr in München, erreicht Villach aber schon zu nachtschlafender Zeit um 03.51 Uhr (fährt weiter nach Zagreb).

Preise **Normaltarif** 2. Klasse München–Villach direkt mit dem EC 69,20 €, mit Umsteigen in Salzburg 69,20–73,20 €, nach Klagenfurt 74,60 € bzw. 78,60 €.

Spartarife Zwar gibt es auch für Österreich die Europa-Spezial-Tarife der Deutschen Bahn, dies aber nur auf den Strecken nach Wien oder Innsbruck. Hilfreicher ist das **Europa-Spezial-Ticket Slowenien**, es fährt der EC nach Ljubljana mit Halt an den Kärntner Bahnhöfen Mallnitz, Spittal und Villach. Das Europa-Spezial-Ticket für Slowenien kostet im Idealfall 39 € (2. Klasse), das Angebot ist kontingentiert, buchen Sie also möglichst frühzeitig! Infos unter www.bahn.de. Teilweise noch günstiger ist das Angebot der ÖBB mit der **Sparschiene Europa** bzw. **Sparschiene Deutschland**:

Klagenfurt–München ab 29 €, von Klagenfurt nach Frankfurt/M., Köln und Düsseldorf ab 49 €. Wer aus der Schweiz anreist, findet als günstiges Angebot den Sondertarif Zürich–Innsbruck ab 47 CHF, ansonsten für 111 CHF von Zürich nach Salzburg und von dort weiter Richtung Kärnten (Infos: www.sbb.ch). Schweizer fahren ab Österreich mit der **Sparschiene Schweiz** ab 39 € von Villach nach Zürich (Nachtzug). Infos: ✆ 0043-(0)5-1717 oder www.oebb.at. Zusätzlich hilft die deutsche Bahncard zu sparen, deren Pendant die österreichische Vorteilscard ist: 50 % Ersparnis auf allen Strecken, 25 % im Ausland, die Karte kostet 99 €, für alle unter 26 J. kostet sie 19 €, für Senioren über 60 J. 29 €. Gültigkeit: 1 Jahr.

Über den Wolken – mit der ÖBB

Fahrradmitnahme Ist in allen ECs und Regional- sowie Nachtzügen möglich, im deutschen ICE allerdings nach wie vor nicht. Für den Transport braucht man eine *Internationale Fahrradkarte*: in Deutschland 10 € (in Nachtzügen 15 €), in Österreich 12 €, in der Schweiz 20 CHF, die Reservierung ist inkl., in der Schweiz ist außerdem ein Veloversand nach Österreich für 33 CHF pro Strecke möglich (nur in Kombination mit einem Zugticket). Das Fahrrad kann auch in einer speziellen Fahrradtasche (110 x 80 x 40 cm) transportiert werden.

Mit dem Flugzeug: Einziger internationaler Flughafen Kärntens ist Klagenfurt, außerdem kommt eventuell noch Graz (Steiermark) in Frage, gerade mal gut 50 km von der nordöstlichen Grenze zu Kärnten entfernt oder aber Ljubljana in Slowenien, das mehrmals täglich von Frankfurt, München oder Zürich angeflogen wird (hier im Falle aber unbedingt klären, ob ein evtl. angemieteter Mietwagen das Land verlassen darf). Klagenfurt wird ab Köln/Bonn, Berlin und Hamburg angeflogen, Graz von zahlreichen deutschen Flughäfen und Zürich. Teilweise muss man auch einen Stopover in Wien einkalkulieren.

Flughafeninfos Klagenfurt Der kleine Airport (KLU) liegt nur wenige Kilometer nördlich der Innenstadt bei Annabichl und an der Autobahn A 2 (Ausfahrt Klagenfurt). **Stadtbusse** der Linie 42 fahren Mo–Sa 6–19 Uhr stündl. ins Zentrum zum Heiligengeistplatz und weiter zum Hauptbahnhof (So nur alle 2 Std.), Fahrtdauer 15 Min. zum Heiligengeistplatz, einfache Fahrt 2,10 €, Kinder 1,30 €. **Taxistand** an der Ankunftshalle, die Fahrt in die Innenstadt kostet ca. 12 €. Weitere Infos: www.klagenfurt-airport.at, ✆ 0463-415000. Darüber hinaus gibt es zwischen dem Grazer und dem Klagenfurter Flughafen einen **Airport-Shuttle** (einfach 39 €/Pers., die Fahrten sind auf den Flugplan abgestimmt), Näheres unter www.kaernten-transfer.at.

Autovermieter Diverse Anbieter zwischen Abflug- und Ankunftsbereich am Flughafen Klagenfurt. Unter www.autoeurope.de werden die günstigsten Angebote für Klagenfurt aufgelistet und sind auch gleich online buchbar. Einen Kleinwagen gibt es ab ca. 200 € pro Woche. Wer in Österreich ein Auto mieten will, muss mind. 19 Jahre alt sein, „Jungfahrer" zwischen 19–24 Jahren müssen i. d. R. einen Aufpreis zahlen.

Ärztliche Versorgung

Mit der **Europäischen Krankenversicherungskarte EHIC** (befindet sich auf der Rückseite der nationalen Versicherungskarte) kann man auch in Österreich zum Arzt mit Kassenvertrag gehen, ohne dafür etwas bezahlen zu müssen. Privatversicherte müssen die Kosten i. d. R. vorstrecken und sie sich von ihrer Versicherung zuhause erstatten lassen. Eine private Auslandskrankenversicherung (gibt es meist schon sehr günstig) deckt im Notfall auch den Rücktransport nach Hause ab. Generell unterscheidet sich die ärztliche Versorgung in Österreich nicht von der in Deutschland oder der Schweiz. Krankenhäuser gibt es in Klagenfurt und Villach, aber auch in Spittal, St. Veit an der Glan und Wolfsberg, dazu noch einige Spezial- und Rehakliniken.

Apotheken gibt es in Orten ab mittlerer Größe, in größeren Städten sind die meisten Mo–Fr 8–18 Uhr geöffnet, in kleineren Orten zumeist Mo–Fr 8–12.30 und 14.30–18 Uhr, Sa einheitlich 8–12 Uhr, So geschlossen. Notdienste sind per Aushang im Schaufenster angegeben.

Baden

Kärnten ist ein Badeparadies! Mit etwa 200 Badeseen in Trinkwasserqualität – über 40 davon werden regelmäßig kontrolliert – ist das sicherlich keine übertriebene Behauptung. Hinzu kommt, dass es so mancher Kärntner See auf wohlig warme 28 °C Wassertemperatur bringt – was will man da noch mehr? Dabei reicht die Bandbreite vom Null-Service-Teich mit eigener kleiner Bucht (wenn man denn am Morgen früh genug da ist) bis zum – das ist die Regel – optimal ausgestatteten Strandbad mit exponiertem Badesteg (welcher nicht selten etwas von einem Catwalk hat). Geboten ist für jeden Geschmack und Geldbeutel etwas, der Strandbadbesuch kostet im Durchschnitt 4–5 € pro Tag, Kinder zahlen weniger. Das (fast) einsame Badeplätzchen ohne gebührenpflichtiges Strandbad findet man aber erfahrungsgemäß nicht ganz so leicht.

Badeparadies Kärnten

Wer Abgeschiedenheit sucht, wird u. a. am Egelsee (→ S. 156) unweit des Millstätter Sees, am Forstsee (→ S. 280) in der Nähe von Velden/Wörthersee oder bei den Moosburger Badeteichen (→ S. 280) ebenfalls nahe Wörthersee fündig, nahe St. Veit an der Glan außerdem am Hörzendorfer See (→ S. 313), auch noch einigermaßen ruhig ist es am Maltschacher See (→ S. 240) bei Feldkirchen, ganz im Südosten Kärntens sind es der Turnersee (→ S. 354) und der Gösselsdorfer See (→ S. 359). Von den „großen" Seen zählen der Feldsee (→ S. 184) und der Afritzer See (→ S. 184) zu den ruhigsten, Letzterer mit einigen schönen Badestellen am Westufer.

Wärmster Badesee Kärntens ist übrigens der Klopeiner See (→ S. 352) mit bis zu 29 °C im Hochsommer, gefolgt vom kleinen Pressegger See (→ S. 214) und dem Turnersee (→ S. 354). Größter See Kärntens ist mit einer Fläche von fast 20 km² der Wörthersee (→ S. 269), tiefster der Millstätter See (→ S. 158), in dem es 141 m bis zum Grund sind. Kärntens türkisester See mit der vielleicht spektakulärsten Aussicht (nämlich auf den Mittagskogel) ist der Faaker See (→ S. 203), und schließlich noch ein persönliches Urteil: Der schönste ist der Weißensee (→ S. 142).

FKK-Freunde zieht es besonders an den Forstsee (→ S. 280), ein großes FKK-Areal mit Camping gibt es am Südufer des Keutschacher Sees (→ S. 292).

Barrierefrei

Barrierefreie Hotels und Ferienwohnungen/-häuser gibt es mittlerweile genug, nur finden muss man sie: am besten in der jährlich aktualisierten PDF-Broschüre „Barrierefrei in Kärnten", die unter www.kaernten.at und dann unter dem Suchbegriff „Barrierefrei" als Download aufzuspüren ist. Hier sind sowohl Unterkünfte als auch Rollstuhlverleiher aufgelistet, Fahrdienste und ausgewiesen barrierefreie Restaurants, ebenso Museen, Ausflugsmöglichkeiten und rollstuhlgerechte Verkehrsmittel. Wer mit der österreichischen Bahn ÖBB unterwegs sein wird, kann sich unter der Nummer ✆ 0043-5-1717-5 informieren und gegebenenfalls eine Ein- bzw. Ausstiegshilfe bestellen (innerösterreichisch 24 Std. im Voraus, bei internationalen Verbindungen 48 Std.). Viele Fernverkehrszüge und die meisten der neuen Nahverkehrszüge sind aber ohnehin mit rollstuhlgerechten Rampen bzw. „Niederflur"-Einstiegen ausgestattet.

Dokumente

Für die Einreise nach Österreich genügt ein gültiger Personalausweis bzw. eine Identitätskarte, Fahrer von Fahrzeugen benötigen außerdem den entsprechenden Führerschein. Kinder bis zwölf Jahre brauchen einen eigenen Kinderreisepass.

Einkaufen/Souvenirs

Für Selbstversorger in Ferienhaus/-wohnung oder Appartement gibt es fast überall in Reichweite einen größeren Supermarkt (meist *Spar* oder *Adeg*), die Öffnungszeiten sind überaus besucherfreundlich, in den Sommermonaten kann man hier sogar sonntags frische Milch und Brötchen holen (Näheres → S. 87, „Öffnungszeiten").

Auf der Suche nach dem geeigneten Mitbringsel lohnt eventuell ein Stopp bei den zahlreichen Hütten der beiden Panoramastraßen Großglockner Hochalpenstraße (→ S. 103) und Nockalmstraße (→ S. 178): Hier werden diverse Alpenkosmetika angeboten, darunter Speik- und Arnikasalben, aber auch Schnäpse, Almkäse, Speck usw.

Kulinarische Souvenirs gibt es in Kärnten zuhauf, gut haltbar sind z. B. die *Jauntaler Salami*, der *Gailtaler Speck* und der *Gurktaler Luftgeselchte Speck*, die man eingeschweißt gut einige Tage transportieren kann, ebenso den *Gailtaler Almkäse*. Kein Problem mit der Lagerung bietet auch der hervorragende *Kärntner Bienenhonig* aus dem Rosental (Näheres hierzu → S. 340). Wer ganz im Osten Kärntens unterwegs ist, kommt an den „Mostbarkeiten" nicht vorbei: Gemeint sind die hochwertigen Obstsäfte, -weine und -destillate, meist aus Äpfeln oder Birnen, für die die ganze Gegend bekannt ist (Näheres → S. 372). Bekannt für gute Obstschnäpse ist u. a. die *Brennerei Pfau* in Klagenfurt (→ S. 250). Wer sich in Kärnten mit einer Tracht einkleiden will, kann sein Glück im Kärntner „Heimatwerk" (gibt es in Klagenfurt, Villach, Spittal und Wolfsberg, → jeweils dort unter „Einkaufen") versuchen: Günstig ist es hier zwar nicht, aber die Auswahl ist enorm und die Qualität hoch. Darüber hinaus finden sich hier noch zahlreiche andere Kärnten-Souvenirs.

Eine von vielen Mitbringselmöglichkeiten: Kräuter aus Irschen

Ermäßigungen

Kinder unter 14 Jahren erhalten in Museen, bei Bergbahnen und anderen Sehenswürdigkeiten Ermäßigung, teilweise auch Rentner über 65 Jahre. Für alle, die viel besichtigen bzw. unternehmen wollen und besonders für Familien lohnt die Anschaffung der **Kärnten Card**: Mit ihr hat man in 100 Museen und anderen Sehenswürdigkeiten, in Zoos, bei Bergbahnen und der Seeschifffahrt kostenlosen Zugang bzw. erhält Ermäßigungen, darunter das Kärntner Landesmuseum in Klagenfurt, das Heinrich-Harrer-Museum in Hüttenberg und das Werner-Berg-Museum in Bleiburg, die Nockalmstraße, die Obir-Tropfsteinhöhle bei Bad Eisenkappel und die Tscheppaschlucht bei Ferlach; auf andere Sehenswürdigkeiten/Aktivitäten gibt es bis zu 50 % Rabatt, ebenso für Fahrten mit Bus und Bahn. Die Karte gibt es zwischen Mitte April und Ende Oktober, der Preis liegt für eine Woche bei 37 € für Erwachsene und 17 € für Kinder (6–14 Jahre), für zwei Wochen bei 48 € bzw. 24 €, für fünf Wochen bei 64 € bzw. 32 €. Kinder unter 6 Jahre und das dritte Kind sind jeweils frei. Erhältlich ist die Kärnten Card bei den Tourismusbüros vor Ort, aber auch bei einigen Museen, größeren Hotels, Campingplätzen etc. Weitere Infos: www.kaerntencard.at.

Eine Erweiterung der Kärnten Card ist die **Wörthersee Card**, die zusätzlich zu obiger Karte für den jeweiligen Gültigkeitszeitraum freien Eintritt in acht Strandbäder am Wörthersee und Keutschacher See sowie Ermäßigung bei der Wörthersee-/Velden-Schifffahrt bietet. Für Erwachsene 45–50 € (je nach Saisonzeit), Kinder 25 €, zwei Wochen 56–61 € bzw. 32 €. Weitere Infos: www.woerthersee.com.

Wer mindestens zwei Nächte im Nationalpark Hohe Tauern bleibt (z. B. in Heiligenblut, Obervellach, Mallnitz) erhält von Anfang Mai bis Ende Oktober in zahlreichen Unterkünften eine kostenlose **Nationalpark Kärnten Card** für die Dauer des Aufenthaltes. Darin enthalten ist auch die kostenlose Benutzung der ansonsten sehr teuren Großglockner Hochalpenstraße; wer auf dieser anreisen möchte, bekommt von der gebuchten Unterkunft einen Voucher zugeschickt, der bei den Kassenhäuschen zur Straße vorgelegt wird und die kostenlose Durchfahrt erlaubt. Weitere Infos: www.np-kaerntencard.at.

Ebenfalls kostenlos ist für Übernachtungsgäste am Millstätter See in vielen Unterkünften die MIC – **Millstätter See Inklusive Card**. Sie beinhaltet den kostenlosen Zutritt zu den meisten Strandbädern am Millstätter See, das Schifffahrtsangebot auf dem See (inkl. Fahrradfähre) sowie die kostenlose Benutzung der Mautstraßen um den Millstätter See und freien Eintritt in einige Museen. Die Liste der angeschlossenen Unterkünfte finden Sie unter: www.millstaettersee.com.

Feiertage

13 Feiertage zählt man in Österreich. Das sind Neujahr, Hl. Drei Könige (6. Januar), Ostermontag, der Tag der Arbeit am 1. Mai, Christi Himmelfahrt, Pfingstmontag, Fronleichnam, Mariä Himmelfahrt am 15. August, der Nationalfeiertag am 26. Oktober (Beschluss der österreichischen Neutralität vom 26. Oktober 1955), Allerheiligen am 1. November, Mariä Empfängnis am 8. Dezember, der 24. Dezember (Heiligabend) erst ab 12 Uhr am Mittag, Weihnachten am 25./26. Dezember, der 31. Dezember ebenfalls ab 12 Uhr mittags.

In Kärnten kommt als regionaler Feiertag der 10. Oktober hinzu (Tag der Volksabstimmung am 10. Oktober 1920 → S. 67 und S. 358).

Geld

Dank einheitlicher europäischer Währung im Prinzip wie in Deutschland, Schweizer müssen nach wie vor wechseln und das am besten in der Bank. Am Geldautomat bekommt man mit EC- bzw. Maestro-Karte Bargeld bis 400 € pro Abhebung und der Gebühr von ca. 5 € (oder 1 % des Betrages). Der Höchstbetrag pro Tag wird von Bank zu Bank unterschiedlich festgelegt, 400 € sind aber meistens möglich. Achtung: Manche Banken belegen ihre EC-Karten mit einer **Barabhebungsbeschränkung für das Ausland** (teilweise nur 300 €/Woche), die man vor Antritt der Reise zumindest zeitweise aufheben lassen kann.

Die üblichen Kreditkarten werden in größeren Geschäften in den Städten, in Einkaufszentren und auch bei vielen touristischen Einrichtungen akzeptiert. Auf der Berghütte oder im Buschenschank, am Kiosk des abgelegenen Badesees oder auch beim Tretbootverleih sollte man dagegen Bares dabeihaben.

Sperrung bei Kartenverlust Bei Verlust der EC-/Kreditkarte kann man sich an folgende einheitliche Notrufnummern (in Deutschland) wenden: ✆ 0049/116116 oder 0049/30/40504050; man wird dann an die jeweilige Bank weitergeleitet. Österreichische EC-/Maestro-Karten können unter ✆ 0800/2048800 gesperrt werden. Schweizer UBS-Karten sperrt man unter ✆ 0041/44/8283135, Credit-Suisse-Karten unter ✆ 0041/800800488.

Wer sich übrigens fragt, wer die Damen und Herren und Sonstiges auf den **österreichischen Euromünzen** sind: die 2-Euro-Münze ziert die Pazifistin Bertha von Suttner (die als erste Frau 1905 den Friedensnobelpreis bekam), die 1-Euro-Münze W. A. Mozart, die mittleren Münzwerte sind der Hauptstadt vorbehalten (50 Cent: Wiener Secession, 20 Cent: Schloss Belvedere, 10 Cent: Stephansdom), die Kupfermünzen der Alpenbotanik – 5 Cent: Alpenschlüsselblume, 2 Cent: Edelweiß, 1 Cent: Enzian.

Gesundheit

Die Gesundheitsrisiken unterscheiden sich eigentlich nicht von jenen in Deutschland oder der Schweiz, allerdings besteht in Kärnten eine höhere Gefahr als nördlich der Alpen, sich durch einen **Zeckenbiss** mit Borreliose oder der Frühsommer-

Meningoenzephalitis FSME zu infizieren. Gegen Letztere sind die meisten Österreicher (über 85 %) geimpft, was die Erkrankungsraten deutlich gesenkt hat. Zecken kommen besonders in Flussauen und in Wäldern vor, ab einer Höhe von etwa 1500 m nicht mehr. Bei Wald- und Wiesenspaziergängen wird zu langer und heller Kleidung geraten (darauf sieht man die Zecken besser), zudem sollte man bald darauf den Körper nach ihnen absuchen. Die gesetzlichen deutschen Krankenversicherungen zahlen die Impfung nur teilweise, sicher aber für alle, die in einem Risikogebiet (BW und Südosten Bayerns) wohnen.

Hunde

„Mei, is der liab!" – wer mit freundlichem und wohlerzogenem Hund anreist, wird genau das wahrscheinlich öfter hören. Sich mit Hund im Hotel oder Appartement ebenso wie am Campingplatz einzuquartieren, ist in den meisten Fällen kein Problem, vorausgesetzt natürlich, dass man das Haustier mit anmeldet. Auch der Restaurantbesuch mit Vierbeiner ist fast überall möglich, zumal in Gaststätten mit Terrasse (von denen es in Kärnten ja mehr als genug gibt). Schwierig wird es beim Baden: In den öffentlichen Strandbädern sind Hunde fast ausnahmslos verboten, und nur in einigen Hotels darf man den Hund mit zum hauseigenen Badestrand bringen. Ansonsten muss man sich einen freien Seezugang suchen, was nicht überall so einfach ist. Einen kleinen Hundebadestrand gibt es am Wörthersee unweit des Lendkanals, hervorragend mit Hund baden kann man auch am Forstsee nördlich von Velden/Wörthersee (→ S. 280). Ansonsten sind die zahlreichen Forst- und Wanderwege inmitten herrlicher Natur natürlich wie geschaffen für ausgedehnte Hundespaziergänge.

Bei Bergwanderungen können **Kühe** ein ernsthaftes Problem sein! Schilder warnen Wanderer und Hund beim Betreten von Sommerweiden vor dem Schutzinstinkt der Mutterkuh für ihr frisch geborenes Kalb, und in der Tat: Aus eigener Erfahrung können wir berichten, dass sich Kühe beim Auftauchen eines Hundes – und mag er

An der Wasserstelle ...

... und als Hüttenwacht

auch noch so angeleint und friedlich daherkommen – ziemlich offensiv in den Weg stellen können. Nicht gerade angenehm, meist reicht es aber, einen größeren Bogen um die Herde zu machen oder im Notfall mit dem Wanderstock herumzufuchteln. Vorsicht ist bei Wanderungen mit Hund auch vor **Schlangen** geboten, deren Biss für Menschen oft glimpflich ausgeht, für einen Hund aber tödlich sein kann (Näheres zu Schlangen in Kärnten → S. 23).

Wer mit Hund nach Österreich reist, benötigt für die Einreise einen **EU-Heimtierausweis** und eine Identitätskennung mit Mikrochip. Dazu braucht der Hund ein Tollwut-Impfzeugnis, das mind. 30 Tage und max. zwölf Monate vor Einreise ausgestellt sein muss. Maulkorb und Leine sind immer mitzuführen.

Informationen

Informationen zu Kärnten gibt es in Massen: für Sommer-, Winter- und sonstige Sportler, zum Urlaub auf dem Bauernhof ebenso wie zu Campingplätzen, zum Fahrradfahren und Wandern, Baden und Kultur, alles sehr ausführlich und in den Tourismus-Büros vor Ort großzügig ausgelegt. Hinzu kommen noch die unzähligen Prospekte und Flyer privater Anbieter, die in den Infobüros ebenfalls ihren Platz finden. Erste allgemeine Informationen erhält man bei der Kärnten Werbung GmbH in Velden/Wörthersee (→ unten). Darüber hinaus ist Kärnten in 14 Tourismusregionen unterteilt. Neben deren Hauptbüros (mit meist ganzjährigen Öffnungszeiten) gibt es noch unzählige kleine Touristen-Info-Stellen (fast in jedem Dorf), die aber oft nur in den Sommermonaten geöffnet sind: üblicherweise Mo–Fr 9–18 Uhr oder Mo–Fr 9–12 und 14/15–17.30/18 Uhr, Sa nur vormittags 9–12 Uhr, So geschlossen. An den Seen gelten im Hochsommer teilweise längere Öffnungszeiten.

Eine **Telefon-Infoline** (mit kostenlosem Rückruf-Service) ist Mo–Fr 8–18 Uhr unter ✆ 0043-463-3000 zu erreichen, in Österreich: ✆ 0463-3000.

Ganz Kärnten Kärnten Werbung GmbH, Völkermarkter Ring 21–23, 9020 Klagenfurt, ✆ 0463-3000, www.kaernten.at.

Die einzelnen Tourismusregionen **Hohe Tauern – Nationalparkverwaltung Kärnten**: Döllach 14, 9843 Großkirchheim, ✆ 04825-61610, www.hohetauern.at.

Katschberg/Rennweg: Tourismusbüro Katschberg, Katschberghöhe 30, 9863 Rennweg am Katschberg, ✆ 04734-630, www.katschberg.at.

Lieser-/Maltatal: Lieser-/Maltatal, Hauptplatz 20, 9853 Gmünd, ✆ 04732-2222, www.familiental.com.

Oberdrautal: Outdoorpark Oberdrautal, Hof 4, 9844 Heiligenblut am Großglockner, ✆ 04824-2700, www.outdoorpark.info.

Nassfeld-Hermagor/Weißensee/Lesachtal: NLW Tourismus Marketing GmbH, Wulfeniaplatz 1, 9620 Hermagor, ✆ 04282-3131, www.nlw.at.

Millstätter See: Infocenter Millstätter See, Thomas-Morgenstern-Platz 1, 9871 Seeboden, ✆ 04766-370011, www.millstaettersee.com.

Villach-Warmbad/Faaker See/Ossiacher See: Region Villach Tourismus GmbH, Töbringer Str. 1, 9523 Villach-Landskron, ✆ 04242-42000, www.region-villach.at.

Bad Kleinkirchheim und Nockberge: Tourismusregion Nockberge, 9565 Ebene Reichenau, ✆ 04275-665, www.nockberge.at.

Wörthersee: Wörthersee Tourismus, Villacher Str. 19, 9220 Velden, ✆ 04274-38288, www.woerthersee.com.

Klagenfurt: Tourismusregion Klagenfurt am Wörthersee GmbH, Neuer Platz 1, Rathaus, 9020 Klagenfurt am Wörthersee, ✆ 0463-5372223, www.visitklagenfurt.at.

Mittelkärnten: Tourismusregion Mittelkärnten, Hauptplatz 23, 9300 St. Veit an der Glan, ✆ 04212-45608, www.kaernten-mitte.at.

Rosental: Carnica-Region Rosental, Freibacher Str. 1, 9170 Ferlach, ✆ 04227-5119, www.carnica-rosental.at.

Klopeiner See/Südkärnten: Tourismusregion Klopeiner See – Südkärnten GmbH, Schulstr. 10, 9122 St. Kanzian am Klopeiner See, ✆ 04239-2222, www.klopeinersee.at.

Lavanttal: Regionalmanagement Lavanttal GmbH, Minoritenplatz 1, 9400 Wolfsberg, ✆ 04352-2878, www.rmlav.at.

Informationen im Internet

Auch hier ist die Fülle an Informationen immens, man kann sich im Internet stundenlang und immer tiefer in alle möglichen Kärnten-Seiten graben. Auch die meisten Hotels und andere Unterkünfte haben ausführliche und aktuell gehaltene Websites, meist mit einer beachtlichen Linksammlung ausgestattet. Wer sich schon für ein Gebiet entschieden hat, findet auch hierzu eine Webpräsenz mit ausführlichen Informationen zu den verschiedensten Themen. Eine Auswahl:

www.kaernten.at: Offizielles Tourismusportal der Kärnten-Werbung mit allen erdenklichen Informationen, sortiert nach Jahreszeiten und den dazugehörigen Aktivitäten, man kann Unterkünfte buchen, außerdem Veranstaltungskalender, Prospektbestellung etc. Ein guter Einstieg.

www.kulturchannel.at: Wird von der Kärntner Landesregierung betrieben, aktuelle Kulturnachrichten und -veranstaltungen.

www.bergfex.at: Alles für Sportler – im Sommer rund ums Wandern und Bergsteigen, außerdem Infos zu den Seen; im Winter alles zu den österreichischen und natürlich auch Kärntner Skigebieten.

www.cusoon.at: Unzählige Tipps zur Freizeitgestaltung in Kärnten, sehr detaillierte Infos zu den Seen und Strandbädern, Unterkünfte und Gastronomie, alles auch mit Preisangaben.

www.wetter.orf.at: Die wahrscheinlich zuverlässigste Vorhersage zum Kärntenwetter.

www.asfinag.at: Alles rund um Österreichs Straßenverkehr, Baustellen- und Staumelder, Straßenwetter, Webcams und Verkehrsinfo-App für Unterwegs in Echtzeit.

Internet/WLAN

In Hotels, Appartement-Häusern und auf Campingplätzen wird WLAN angeboten, fast schon flächendeckend in gehobeneren Unterkunften (ab etwa 3 Sterne) und in den „touristischeren“ Gebieten an den Seen und in Städten, kaum in den Berghütten ab vom Schuss. WLAN gibt es in den Hotels immer öfter kostenlos oder gegen eine einmalige Gebühr. Manche Hotels haben nur einen (in der Regel kostenlosen) Internet-Point an der Rezeption.

Kartenmaterial

Straßenkarten gibt es zuhauf, ob von freytag & berndt, Falk, ADAC oder MairDumont, jeweils im Maßstab 1:150.000 bis 200.000, Kostenpunkt 8–10 €.

Die besten **Wander- und Radwanderkarten** für Kärnten liefern die beiden österreichischen Verlage *Kompass* und *freytag & berndt*. Beide bieten exaktes und übersichtlich gestaltetes Kartenmaterial. Wanderer sollten allerdings auf den Maßstab achten. Zahlreiche Karten sind im Maßstab 1:50.000 gehalten, der nicht immer ausreicht. Hilfreicher sind oft die Maßstäbe 1:25.000 oder 1:35.000, die aber nicht für alle Regionen vorliegen. Die Karten kosten in der Regel 8–10 €.

Radwanderer dagegen werden auch mit einem Maßstab 1:100.000 gut zurande kommen. Radwanderkarten gibt es u. a. bei *freytag & berndt*, z. B. das *Kärntner Seenland* (1:125.000). Ein weiterer österreichischer Radwanderspezialist ist der

Verlag *Esterbauer* mit seiner *bikeline*-Reihe: Für Kärnten relevant sind der *Alpe Adria Radweg*, der *Drau-Radweg* und der *Radatlas Kärnten* (dieser zuletzt nicht lieferbar).

Kinder

Der Urlaub in Kärnten ist wie geschaffen für Familien mit Kindern, und schon bei der Wahl der Unterkunft kann man aus dem Vollen schöpfen: zum Beispiel beim Urlaub auf dem Bauernhof, auf dem Campingplatz am See oder aber in einem der vielen Hotels, die mit ihrem Angebot ganz besonders auf Kinder ausgerichtet sind. Dazu gehören z. B. Kinderspielplatz und Kinderplanschbecken, immer mehr Betriebe bieten außerdem Kinderbetreuung und je nach Alter der Kinder auch Ermäßigung bzw. ein kostenloses Kinderbett im Doppelzimmer an, aber auch bei der Halbpension werden für Kinder deutliche Ermäßigungen gewährt.

Auch die diversen Strandbäder an den Seen sind in aller Regel kindgerecht ausgestattet, mit Planschbecken, Rutsche und Spielplatz, Tretboot- und Elektrobootverleih etc. Daneben gibt es in Kärnten sehr viele Wanderrouten, die auch mit Kindern gut begangen werden können (davon fast alle auch in unserem kleinen Wanderführer am Ende dieses Reisehandbuchs → ab S. 390). Höhepunkte für Wanderungen mit nicht mehr ganz kleinen Kindern sind die Durchquerung der Tscheppaschlucht (→ S. 344) und der Raggaschlucht (→ S. 122). Bei den Outdoor-Aktivitäten stehen außerdem die diversen Kletter- und Hochseilgärten hoch im Kurs, auch hier sollten die Kinder allerdings schon etwas größer (meist mindestens 110 cm Körperlänge) sein. Fahrradfahrer finden in Kärnten eine riesige Auswahl an (Rund-)Strecken, die auch mit Kindern gut zu bewältigen sind. Sommerrodelbahnen gibt es für Liebhaber der schnellen Fahrt eine Handvoll, darüber hinaus kann man natürlich mit Sessellift bzw. Seilbahn den Berg hinaufgondeln (im Prinzip bei allen Bergbahnen Kinderrabatt), dazu Reiten, Klettern, Rafting, Jollensegeln – das Sommerangebot ist fast endlos. Im Winter werden auf den Kärntner Skipisten bzw. Liften für Kinder zum Teil erhebliche Ermäßigungen gewährt.

Wen nicht so sehr der sportliche Ehrgeiz, sondern die Entdeckerlust antreibt, ist vielleicht beim Goldschürfen im Goldgräberdorf oberhalb von Heiligenblut richtig (→ S. 119), hinzu kommen im Gebirge noch einige nette kleine Bergbauernmuseen oder aber, kompakt und ziemlich anschaulich, das Freilichtmuseum in Maria Saal (→ S. 299). Fast ein Muss mit Kindern ist der Besuch in Minimundus in Klagenfurt (→ S. 265), und wer schon mal da ist und sich nicht graust, kann auch gleich nebenan in den Reptilienzoo Happ gehen (→ S. 265). Den besten Blick auf den Wörthersee genießen Kinder wie auch Erwachsene übrigens vom neuen Aussichtsturm Pyramidenkogel, der mit spektakulärem Design und mit einer Höhe von 100 m der neue Superlativ in Kärnten ist. Ein weiteres Highlight für Familien ist der Tierpark Rosegg mit Labyrinth nebenan (→ S. 335) sowie die Burgruine Landskron mit Greifvogel-Flugschauen und dem Affenberg (→ S. 202). Last but not least: Ohne die Besichtigung der Burg Hochosterwitz (→ S. 304), dem Inbegriff der Ritterburg schlechthin, bleibt ein Kärnten-Urlaub unvollständig.

Bei schlechtem Wetter warten gleich mehrere Tropfsteinhöhlen auf Erkundung (z. B. bei Bad Eisenkappel → S. 352 und in Griffen → S. 381), darüber hinaus das Schaubergwerk in Knappenberg bei Hüttenberg (→ S. 387) und die Terra Mystica in den alten Stollen des Bergwerks von Bad Bleiberg (→ S. 199). Wem an einem Regentag nach einem Sprung ins warme Nass ist, wird in den Thermen von Bad Kleinkirchheim (→ S. 175) und Warmbad Villach (→ S. 200) fündig.

Kuren/Thermen

Zahlreiche heilsame Quellen machen Kärnten auch zum Ziel für Kurgäste, zu den bekanntesten zählen die beiden Thermalbäder in Bad Kleinkirchheim (→ S. 177), das Thermenresort Warmbad Villach (→ S. 200) und die Therme von Bad Bleiberg (→ S. 200). In den Heilklimastollen u. a. von Bad Bleiberg und Dellach im Drautal werden Erkrankungen der Atemwege gelindert (*Speläotherapie*). Die Thermalbäder bieten natürlich auch das komplette Wellness-Programm mit Saunen, Massagen, Bädern und den verschiedensten kosmetischen Anwendungen.

Eine ganz besondere Art des Kurbades kann man im legendären **Karlbad** im *Biosphärenpark Nockberge* erleben, Näheres hierzu → S. 181.

Museen

Es gibt zahlreiche wirklich sehenswerte Museen im Bundesland Kärnten, beginnend mit dem winzigen Bergbauernmuseum vor herrlichem Alpenpanorama bis hin zur puristisch inszenierten Privatsammlung zeitgenössischer Kunst. Die staatlichen/städtischen Museen größerer Städte sind in der Regel ganzjährig geöffnet, Di–So 10–18 Uhr, am Do abends teilweise bis 20 Uhr, Mo geschlossen. Freilichtmuseen und alles in touristischen Gebieten – also um die Seen, am Berg usw. – sind meist nur von Mai bis Anfang Oktober geöffnet, dann aber ohne Ruhetag und in der Regel 9–18 Uhr. Ermäßigungen gibt es in vielen Museen für Inhaber der Kärnten Card (→ S. 81) und ähnlicher Vergünstigungskarten, außerdem für Kinder und Jugendliche unter 14 Jahren.

Im Freilichtmuseum Maria Saal

Notruf

Europaweite Notrufnummer ist die ✆ 112 (man wird zur Polizei weitergeleitet), die Polizei ist unter ✆ 133, die Feuerwehr unter ✆ 122 zu erreichen, einen Rettungswagen ruft man unter ✆ 144, die Bergrettung unter ✆ 140. Einen Vergiftungs-Notruf erreicht man unter ✆ 01-4064343.

Öffnungszeiten

Die Öffnungszeiten für Geschäfte werden einigermaßen einheitlich gehandhabt. Auf dem Land ist im Prinzip Mo–Fr 9–18 Uhr – oftmals mit einer Mittagspause von 12/12.30 bis 14/14.30 Uhr – geöffnet, Sa 9–18 Uhr, teilweise auch nur bis 12 Uhr. Große Spar-Märkte haben auch auf dem Land und vor allem in touristischen Gebieten um die Seen Mo–Fr 7.15–19/19.30 Uhr geöffnet, Sa 7.15–18 Uhr.

Vom 1. Mai bis ca. 10. September öffnen viele Supermärkte hier auch sonntags 8–12 und 15–18 Uhr, manche auch nur den Sonntagvormittag. In den Städten gelten fast die gleichen Öffnungszeiten, nur oftmals durchgehend, also ohne Mittagspause. In kleinen (Innen-)Städten und Orten ist fast überall einheitlich um 18 Uhr Ladenschluss, was für die Gewerbegebiete außerhalb nicht gilt: hier wird abends erst um 19 oder 19.30 Uhr geschlossen.

Zu den Öffnungszeiten von **Apotheken** → S. 79, **Museen** → S. 87, der **Post** → unten.

Post

Postämter gibt es nur in größeren Orten und Städten, auf dem Land hat meist der örtliche Lebensmittelladen einen „Post Partner" (also einen Post-Tresen innerhalb des Ladens, an dem man seine Postgeschäfte erledigen kann). Das Porto für eine Postkarte oder einen Standardbrief innerhalb der EU und in die Schweiz kostet 0,80 €. Innerhalb Österreichs kostet das Standard-Porto 0,68 €.

Geöffnet sind die österreichischen Postfilialen in Städten Mo–Fr 8–18 Uhr, Sa 8–12 Uhr, in den kleinen „Post Partner"-Geschäften Mo–Fr 8–12 und 14–17.30/18 Uhr, Sa 8–12 Uhr.

Rauchen

Das Rauchen in der Öffentlichkeit ist in Österreich bislang noch nicht ganz so verboten wie in seinen Nachbarländern, in öffentlichen Gebäuden und Verkehrsmitteln allerdings schon. Geraucht werden darf in gastronomischen Betrieben in eigenen Raucherbereichen sowie in kleinen Lokalen bis 80 m^2 Fläche – hier entscheidet der Wirt, ob geraucht werden darf – sowie bei Zeltfesten. Mit all dem ist am 1. Mai 2018 Schluss, dann tritt nämlich ein verschärftes Rauchverbot in Kraft, das ausnahmslos für alle gastronomischen Betriebe gilt. Österreich hat die europaweit höchste Raucherquote unter Jugendlichen von fast 40 %.

Sport

Kärnten ist die Sportregion schlechthin, sowohl im Sommer als auch im Winter. Badewannenwarme Seen locken die Aktivgäste in den Sommermonaten, schneesichere Skigebiete und zugefrorene Seen sind es im Winter.

Sommersport

Beach-Volleyball: Einige der größeren Strandbäder haben auch Beachvolleyball-Felder, teilweise auch die Campingplätze an den Seen.

Bungee Jumping: Von der 96 m hohen Jauntal-Eisenbahnbrücke über der Drau, → S. 366.

Canyoning: Das Abseilen in die Schlucht wird im Mölltal bei Flattach/Fragantbach (www.cam.at) und bei Stall/Wöllaschlucht (www.canyoning-austria.at) angeboten, ebenso beim Camp Pristavec in Obervellach (www.sporterlebnis.at). Weitere Hotspots sind die verschiedenen Schluchten bzw. Seitentäler des Gail- und Lesachtals (www.fitundfun-outdoor.com) sowie in Kötschach-Mauthen (www.go-vertical.at). Im Dreiländereck Kärnten–Slowenien–Italien organisiert die Klagenfurter Canyoningschule Cascata Ganztagestouren (www.cascata.at). Im Oberdrautal wird Canyoning in Greifenburg (www.drautal-canyoning.at) angeboten. Vom Faaker See aus werden Ganztagestouren zum Fragrantbach (Mölltal), in die Wunzenschlucht bei Obervellach und in die Tscheppaschlucht veranstaltet (www.kajak-faak.com). Alle Touren sind nur in den Sommermonaten möglich.

Fischen: Ist u. a. in der Drau, der Gail, im Faaker See, Ossiacher See und Afritzer See möglich. Voraussetzung ist eine gültige Fischergastkarte und/oder eine Erlaubniskarte des jeweiligen Fischereivereins bzw. der Gemeinde; Mindestmaße und Schonzeiten für die jeweiligen Gewässer werden beim Erwerb dieser mitgeteilt. Infos und Karten bei den Tourismus- oder Gemeindebüros vor Ort.

Radfahren/Radwandern: → S. 98.

Golf: In Kärnten gibt es zehn Golfplätze, viele davon in wirklich traumhafter Lage. Eine gewisse Konzentration ist um den Wörthersee mit allein vier Anlagen zu verzeichnen, weitere Plätze befinden sich im Gailtal, am Millstätter See, in Bad Kleinkirchheim, bei Finkenstein, am Längssee bei St. Veit a. d. Glan und beim Klopeiner See. Alle weiteren Infos unter: www.kaernten.at/golflust.

Hochseilgärten etc.: Gibt es zahlreich und alle mit diversen Parcours in verschiedenen Schwierigkeitsgraden, dabei aber speziell auf Familien und Kinder (meist ab 8 J. bzw. einer Größe von mind. 110 cm) ausgerichtet: u. a. beim Waldseilpark Tscheppaschlucht (www.waldseilpark-tscheppaschlucht.at) mit 300 m langem und 42 m hohem „Flying Fox" über die Schlucht, dem Krappfelder Hochseilgarten unweit von St. Georgen am Längssee (www.krappfelderhochseilgarten.at), dem Kletterpark am Badesee von Greifenburg im Oberen Drautal (www.kletterpark-greifenburg.at) mit „Flying Fox" über den See, dem Adventurepark Katschberg (www.adventurepark-katschberg.at) und dem „Hochhinauf" Waldseilpark Taborhöhe am Faaker See (www.hochhinauf.at). Eine Mischung aus Waldseilpark und Klettergarten (und Bogensportparcours) findet man auf der Tressdorfer Alm am Nassfeld bei Hermagor (www.felsenlabyrinth.at).

Kajak/Kanu: Wird hauptsächlich auf der Möll und der Drau gefahren, die meisten Canyoning-Anbieter (→ oben) bieten auch mehrstündige bzw. ganztägige Kajak-/Kanutouren an. Kurse können auf dem Faaker See gemacht werden, Sitz der Schule ist Egg (www.kajak-faak.com).

Klettern/Klettersteig: Ausgewiesene Kletterfelsen mit verschiedenen Routen befinden sich u. a. am Kanzianiberg bei Finkenstein, bei Döbriach am Millstätter See (mit dem „Jungfernsprung" und der „Breitwand" gleich zwei Felsen), im Maltatal mit dem „Klettergarten Kreuzwand" und dem

Sommersport in Kärnten

„Klettersteig Fallbach" sowie bei der Burgruine Rabenstein bei St. Paul im Lavanttal. Wer vorher noch ein wenig in der Halle üben will, kann das im Indoor-Kletterpark „The Rock" in Mühldorf im unteren Mölltal, die Halle befindet sich direkt an der Bundesstraße B 106 (www.therock.co.at).

Mountainbiken: Ganz Kärnten bietet optimale Bedingungen und ein dichtes, bestens markiertes Wegenetz für Mountainbiker – beispielsweise im Nationalpark Hohe Tauern oder in den Nockbergen, im Lesachtal, Rosental, um den Klopeiner See oder aber ganz im Osten im Lavanttal. Viele Tourismusbüros geben regionale Broschüren mit Tourentipps inkl. oft kostenloser Karten heraus. Der Kartenspezialist bikeline (www.esterbauer.com) hat außerdem einen eigenen *MountainBikeGuide* zum Nationalpark Hohe Tauern im Programm.

Nordic Walking: In fast allen touristischen Regionen gibt es mehrere Nordic-Walking-Routen verschiedener Längen und Schwierigkeitsgrade, ausnahmslos sind sie bestens ausgeschildert. Broschüren, Kartenmaterial und Infos bei den Tourist-Informationsbüros.

Paragliding/Gleitschirmfliegen: Am besten ist die Thermik auf der Gerlitzen, entsprechend viele bunte Punkte sieht man hier bei guten Bedingungen am Himmel schweben. Für einen Tandemsprung von der Gerlitzen nach Annenheim am Ossiacher See braucht man keine Vorkenntnisse (außer vielleicht etwas Mut), weitere Infos bei www.tandemfliegen.at oder www.tandemair.at. Wer es ernster meint mit dem Traum vom Fliegen, kann bei den Kärntner Flugschulen in Annenheim/Ossiacher See einen Kurs machen: Infos unter www.kaerntnerflugschulen.at. Ausgezeichnete Thermik findet man auch im Oberdrautal (→ S. 138).

Rafting: Der wilde Ritt im stabilen Schlauchboot wird hauptsächlich auf der Möll im oberen Mölltal, auf der Drau und auf der Gail unternommen, dabei gibt es verschiedene Schwierigkeitsstufen von familientauglich bis sehr sportlich. Besonders turbulent ist es auf besagten Flüssen in den Monaten Mai/Juni, wenn die Schneeschmelze für Wassermassen und entsprechende Geschwindigkeit sorgt. Die Halbtagestour inkl. fachkundiger Leitung, Ausrüstung und Transfer ist ab ca. 45 € zu haben. Wird von den gleichen Veranstaltern wie das Canyoning und Kanu/Kajak (→ jeweils oben) angeboten.

Reiten: Etwa 40 Kärntner Betriebe bieten Urlaub zu Pferde im weitesten Sinne an – da reicht das Spektrum von Reiterferien für Kinder und Jugendliche auf dem Isländerhof bis hin zu alpinen Wanderritten in den Hohen Tauern. Insgesamt 1500 km ausgewiesene Reitwege gibt es in Kärnten. Zusammengeschlossen sind die Anbieter zur Organisation „Reit-Eldorado Kärnten" mit Sitz in 9300 St. Veit a. d. Glan (Hauptplatz 23/2. Stock, ✆ 04212-45077 oder ✆ 0664-2831564). Auf der Website www.reit-eldorado.at sind alle Anbieter aufgelistet.

Segeln/Surfen/SUP: Segeln und Surfen kann man bei entsprechenden Winden am Wörthersee und Keutschacher See, Millstätter See, Ossiacher See, Faaker See, Weißensee, Feldsee und Pressegger See. Segel- und Surfschulen mindestens eine pro See, auch Verleih. Stand Up Paddling (SUP) ist nicht nur bei den Segel- und Surfschulen möglich, auch bei Kajak- und Bootsverleihern, u. a. in mehreren Orten am Wörthersee, am Ossiacher See, am Klopeiner See und am Faaker See.

Sommerski: Fährt man in Kärnten am 100 % schneesicheren Mölltaler Gletscher am 3123 m hohen Schareck, hier mehrere blaue, rote und auch eine schwarze Piste (weitere Infos: www.gletscher.co.at).

Tauchen: Getaucht wird u. a. im Wörthersee, Millstätter See, Ossiacher See, Weißensee und Klopeiner See, fast überall gibt es gleich mehrere Tauchschulen vor Ort. Tauchausflüge mit Ausrüstungsverleih und Flaschenfüllung gibt es an jedem See, ebenso werden fast überall auch Anfängerkurse mit Zertifikat (Open Water Diver) angeboten. Eine Übersicht der Tauchschulen gibt es unter www.kaernten.at, Suchbegriff „Tauchen".

Tennis: Einige Hotels (meist erst ab dem 4-Sterne-Bereich) haben einen eigenen Tennisplatz für ihre Gäste, in vielen Orten an den Seen gibt es auch öffentliche Tennisplätze, die stundenweise gemietet werden können. Infos zum nächstgelegenen Tennisplatz erteilen auch die Tourismusbüros vor Ort.

Wandern: → ab S. 390

Die Sportangebote werden bei den einzelnen Orten ausführlich beschrieben.

Wintersport

Eisklettern: Hauptsächlich im Maltatal, → S. 136.

Eislaufen: Das Eislaufparadies schlechthin ist der Weißensee (alle Infos hierzu → S. 142), aber auch auf vielen anderen Kärntner Seen kann man bei entsprechend langanhaltend frostigen Temperaturen Eislaufen, z. B. auf dem Feldsee und dem Afritzer See im Gegendtal, auf dem Pressegger See bei Hermagor, auf dem Längssee bei St. Veit a. d. Glan und auf einigen anderen kleineren und höher gelegenen Seen. Absolutes Highlight ist es natürlich, wenn der Wörthersee zufriert und zum Eislaufen freigegeben wird, was allerdings nicht allzu oft passiert. Alle Seen werden erst vom Eismeister freigegeben (und täglich neu präpariert), vorheriges Betreten kann lebensgefährlich sein! Bei den offiziell freigegebenen Seen gibt es dann auch Schlittschuhverleih und Kioske/Imbissbuden, teilweise muss man für das Eislaufvergnügen auch einen kleinen Obolus entrichten (Kinder frei).

Eisstockschießen: Auf den zugefrorenen Seen werden extra Flächen präpariert, das Equipment kann man sich im Hotel ausleihen, Infos erteilen auch die Tourist-Informationen. Auch für **Eishockeyspieler** werden auf den zugefrorenen Seen eigene Felder präpariert.

Eistauchen: Versierte Taucher können am Weißensee unters Eis, → S. 149.

Langlauf: Gespurte und gut präparierte Loipen gibt es in den meisten Skigebieten und darüber hinaus auch in einigen Hochtälern ohne ausgewiesenes Skigebiet. Die meisten Loipen findet man am Nassfeld und am Weißensee mit elf bzw. neun präparierten Loipen, das südkärntnerische Bodental bei Ferlach und Mallnitz (Ankogel) bringen es je auf fünf.

Rodeln: In vielen Skigebieten gibt es ausgewiesene Rodelstrecken und fast überall kann man sich auch einen Schlitten ausleihen (soweit das Hotel/die Unterkunft nicht über eine Rodel-Flotte für die Gäste verfügt). Für die Schlittenfahrt muss man auch keinen Skipass kaufen, die einfache Bergfahrt genügt. Oder man steigt kostenlos zu Fuß auf.

Skifahren alpin: Kärnten gilt als relativ schneesicher und hat einige traumhafte

Auf und unter dem Eis: Wintersport am Weißensee

Skigebiete zu bieten, darunter sehr große und bestens organisierte wie das Nassfeld bei Hermagor (105 Pistenkilometer) und Bad Kleinkirchheim (ebenfalls über 100 km Pisten). Der Katschberg bringt es auf immerhin 70 km, schneesicher sind der Mölltaler Gletscher (→ auch „Sommerski") und Heiligenblut mit jeweils über 50 km Piste. Die Liftanlagen sind überwiegend neu, in den großen Skigebieten gibt es auch Beschneiungsanlagen, das Preisniveau für den Tagespass liegt im österreichischen Mittel (Tagesskipass Nassfeld: 45 €/Erw.). Neben den großen und bekannten gibt es aber auch noch eine ganze Menge kleinere Skigebiete, mit vielleicht nur wenigen Pisten und nicht mal einer Handvoll Lifte, aber mit ausgesprochen gemütlichem Flair. Es kommen also sowohl Sportfreaks als auch Genussfahrer auf ihre Kosten (über Schneehöhen und die Anzahl der geöffneten Lifte kann man sich auf den Websites der jeweiligen Skigebiete oder zentral unter www.kaernten.at, Suchbegriff „Schneebericht", informieren). Großer Beliebtheit erfreut sich auch das **Skitourengehen**, das in fast allen Skigebieten möglich ist, aber beste Kondition und gute Skifahrerqualitäten voraussetzt. Das Equipment (Tourenski und Bindungen, Schuhe, Steigfelle) kann bei Ski-Verleihern und/oder Sportgeschäften ausgeliehen werden. Für größere und anspruchsvolle Skitouren ist es sinnvoll, sich in die kundige Obhut eines Skitourenführers zu begeben. Infos bei den Tourist-Informationen vor Ort oder vorab unter www.kaernten.at unter dem Suchbegriff „Skitouren".

Winterwandern: Ein Traum bei schönem Wetter, aussichtsreich, meist auch auf geräumten bzw. präparierten Wegen und mit bewirtschafteten Almen als Zwischenetappe – eine schöne, angenehm ruhige Alternative zum täglichen Skizirkus. Steigerung des Winterwanderns ist das **Schneeschuhwandern**, oft deutlich anspruchsvollere Touren in herrlicher Natur und Einsamkeit. Wer noch nie auf Schneeschuhen gewandert ist (werden bei den Ski-Verleihern und/oder Sportgeschäften verliehen), sollte sich einer geführten Tour anschließen, das Gleiche ist für Touren in die Hohen Tauern und die Höhen der Nockberge anzuraten. Infos erteilen die Touristenbüros vor Ort.

Lawinenwarndienst im Internet unter www.lawine.at, eine aktuelle Tonbandansage des Lawinenwarndienstes ist unter ✆ 050-5361588 abzuhören, der Warndienst ist aber auch direkt unter ✆ 0664-6202229 zu erreichen.

Sprache

Kärntnerisch verstehen ist so schwer nicht, sieht man einmal von den diversen Sonderbegriffen wie „Paradeiser" für Tomate oder „Ribisl" für Johannisbeere ab – um hier nur mal zwei von vielen zu nennen. Wer im Café ein freundliches „Ba Ba" zugeworfen bekommt, wird mit der schönen österreichischen Form des „Bye bye" verabschiedet, dazu kommen noch zahlreiche Redensarten und Ausdrücke, deren Bedeutung sich dem Nicht-Kärntner meist nur aus dem Kontext erschließt. Phonetisch auffällig sind vielleicht die vielen verschiedenen Sorten des „a": als langes dunkles „å" oder auch als kürzeres „a", das sowohl „ein" als auch „auch" bedeuten kann.

Kärntnerisch ist ein Teil des „Bairisch-Österreichischen" bzw. „Südbairischen" Dialekts (im Gegensatz zum „Alemannischen" in Vorarlberg und Teilen Tirols). Unterteilt wird er wiederum in Ober-, Mittel- und Unterkärntnerisch. Oberkärntnerisch spricht man im Westen des Landes u. a. im Mölltal und Gailtal sowie am Weißensee. Mittelkärntnerisch ist der am meisten gesprochene Dialekt, den man in der gesamten Gegend um Spittal, Villach, Klagenfurt, Feldkirchen, St. Veit/Glan, im Gurk- und Metnitztal sowie im Rosen- und Jauntal spricht. Nur im Lavanttal und in Teilen des Görtschitztal wird Unterkärntnerisch gesprochen. Was man im Süden Kärntens hin und wieder hören kann ist Slowenisch, lange Zeit die zweite Sprache des Landes, die noch im 19. Jh. von etwa einem Drittel der Bevölkerung als Umgangssprache gesprochen wurde, heute aber laut Volkszählung nur noch von etwa 3 %. Wie schwierig das Verhältnis mancher rein deutschsprachigen Kärntner zu den Kärntner Slowenen und damit auch zum Slowenischen war und vielleicht noch ist, zeigte sich u. a. durch den erst kürzlich endgültig beigelegten „Ortstafelstreit" (→ S. 70). Das vielleicht bekannteste der slowenischen Lehnwörter im Kärntnerischen ist die „Jause". Damit Sie wissen, was auf den Tisch kommt, haben wir im Kapitel „Essen und Trinken" ein kleines Kärntner Speiseglossar angefügt (→ S. 36).

Telefonieren/Telefonnummern

Fast jeder hat ein Handy bzw. Smartphone und dank der schrittweisen Senkung der Roaming-Gebühren (ab 30. April 2016: abgehender Anruf 0,05 €/Min., 0,02 € pro SMS und 0,05 € pro Megabyte Datenvolumen) bzw. der Abschaffung derselben mit dem 15. Juni 2017 ist der Anruf nach Hause auch keine finanzielle Unwägbarkeit mehr. Österreichische Mobilfunknummern beginnen mit 06, also z. B. *0664*, *0669* oder *0676*. Funklöcher gibt es noch immer einige in den Bergen und Schluchten bzw. tief eingeschnittenen Tälern.

Wichtige Notrufnummern → S. 87.

Wer von der Telefonzelle telefonieren will, tut dies am günstigsten zum Abendtarif (18–8 Uhr) und am Wochenende. Telefonzellen funktionieren fast überall mit Telefonwertkarten, die man bei der Post oder beim Trafik bekommt. Nur die wenigsten Telefonzellen sind noch mit Münztelefonen ausgestattet.

Telefonieren nach Österreich: Ländervorwahl 0043, die „0" der Ortsvorwahl fällt dann weg. Wie auch in Deutschland entfällt bei innerörtlichen Gesprächen die Ortsvorwahl.

Telefonieren ab Österreich: nach Deutschland Ländervorwahl 0049, in die Schweiz 0041, bei beiden die Ortsvorwahl dann ohne „0" (z. B. München: ✆ 0049-89-Rufnummer).

Übernachten

Das Angebot reicht vom einfachen Wald-und-Wiesen-Camping bis zum exklusiven Schlosshotel am Wörthersee, dazwischen sehr viele Ferienwohnungen, familiär geführte Frühstückspensionen und auch Hotels in mittlerer Preislage. Generell ist das Preisniveau in Kärnten nicht allzu hoch, allerdings muss man vor allem für die beiden Haupturlaubsmonate Juli und August und um Weihnachten/Silvester frühzeitig buchen. Viele Unterkünfte sind ganzjährig geöffnet, manche schließen im Oktober, um erst wieder kurz vor Weihnachten zu öffnen, manchmal liegen die Betriebsferien auch im Frühjahr zwischen Ende der Winter- und Beginn der Sommersaison – also Anfang/Mitte April bis etwa Mitte Mai. In den Städten ist in der Regel ganzjährig geöffnet. Dagegen sind die Öffnungszeiten der Almhütten meist ziemlich beschränkt: Juni bis Ende September, bei schönem Wetter auch länger.

Die im Reiseteil genannten **Preise** gelten für den Zeitraum Juli/Aug. und jeweils **pro Einheit** – also EZ, DZ oder Appartement/Ferienhaus. Wenn das Frühstück nicht im Übernachtungspreis inklusive ist, wird der Extrapreis mit aufgelistet. In aller Regel sind in der Grundausstattung auch in den unteren Kategorien Bad, TV, Telefon und Heizung enthalten.

Unterkunftsverzeichnisse Gibt es zu jeder Ferienregion in umfänglicher Katalogform, mit Ausstattung und Preisen, außerdem unter www.kaernten.at.

Buchung Üblicherweise per E-Mail oder über die Buchungsmaschine der jeweiligen Unterkunftswebsite. Wer in der Vor-/Nachsaison reist, kann auch einfach ein paar Tage vor Ankunft telefonisch reservieren. In der Hochsaison ist etwas mehr Verbindlichkeit gefragt. Eine Unterkunftssuchmaschine mit Buchungsmöglichkeit bietet auch das Tourismusportal www.kaernten.at.

Stornogebühren Bis 3 Monate vor gebuchtem Termin kann kostenlos storniert werden, 3–1 Monat vorher werden 40 % des Buchungspreises fällig, 1 Monat bis 1 Woche vorher sind 70 % des Preises zu bezahlen, bei Stornierung 7–0 Tage vor Anreise sind es 90 %. Es werden zunehmend aber auch Tarife angeboten, die eine kurzfristigere Stornierung ohne Gebühren erlauben.

Ortstaxe In vielen (touristischen) Orten wird eine Ortstaxe von ca. 1,50–2 € pro Person und Tag erhoben, der Betrag richtet sich auch nach der Kategorie der Unterkunft. Kinder und Jugendliche unter 16 Jahren sind frei. Das Geld wird von den Vermietern vor Ort eingezogen.

Kinderermäßigung Wird von Unterkunft zu Unterkunft verschieden gehandhabt, Kinder unter 3 Jahren sind oft frei, bis 6 Jahre wird bis zu ca. 80 % Rabatt gewährt, unter 14 Jahre bis zu 40–50 %, teilweise gibt es auch noch Abstufungen dazwischen.

Hotels, Gasthöfe und Pensionen: Die Kategorisierung der **Hotels** geht von fünf bis ein Stern, mit einer erhöhten Konzentration von ****- und *****-Sterne-Herbergen am Wörthersee, in Bad Kleinkirchheim und in Klagenfurt sowie Villach/Warmbad. Neben allem erdenklichen Komfort bieten diese Unterkünfte nicht selten auch ein Restaurant im Hauben- bzw. Sternebereich. Ansonsten gibt es eine große Auswahl an ***-Sterne-Unterkünften mit solider bis moderner Ausstattung, fast alle auch mit Restaurant und mehr oder minder großem Sauna- bzw. Wellnessbereich im Haus. Wie sich die Preise eines Hauses gestalten, hängt natürlich maßgeblich von der Lage ab: Direkt am See mit Liegewiese und eigenem Badestrand ist es naturgemäß teurer als am Ortsrand mit Waldblick. Auch ohne See teuer sind die teilweise sehr einladenden, geschmackvoll renovierten und sorgfältig hergerichteten Herbergen am Berg, oft mit Pool, fast ausnahmslos aber mit herrlichem Panoramablick und garantierter Ruhe. **Gasthöfe** sind in der Tat hauptsächlich traditionsreiche, alteingesessene Restaurants (von Wirtshaus-Ambiente bis Feinschmecker-Tempel ist alles geboten), die im Obergeschoss oder Anbau einige Zimmer vermieten: meist gut ausgestattet und oft auch renoviert und dabei gar nicht mal so teuer. Praktisch ist es natürlich, in einem dieser gehobenen „Gasthöfe“ das – für Hausgäste oft vergünstigte – Halbpensionsmenü zu nehmen und danach sofort ins Bett fallen zu können. Bei den **Pensionen** handelt es sich dagegen in aller Regel um Unterkünfte ohne Restaurant, in denen aber meist ein üppiges Frühstücksbuffet angeboten wird. Preislich liegen sie etwas unter den Gasthöfen.

Appartements und Ferienhäuser: Werden in Kärnten in großer Zahl und mit unterschiedlicher Attraktivität angeboten, die Schönsten sind oftmals schon weit im Voraus ausgebucht. Zur Ausstattung gehört eine Küchenzeile mit Kaffeemaschine, Herd und Kühlschrank, manchmal auch Wasserkocher und Mikrowelle. WLAN ist meist möglich, aber teilweise gebührenpflichtig. Bettwäsche und Handtücher werden immer gestellt (sofern nicht ausdrücklich auf das Gegenteil hingewiesen wird). In der Regel erhöht sich der (Wochen-)Preis noch um die Endreinigung von ca. 30–40 €. Wenn ein Hund erlaubt ist und mitgebracht wurde, kann das den Endreinigungspreis nochmals erhöhen. Appartements und Ferienwohnungen werden oft auch auf Bauernhöfen oder in Pensionen angeboten.

Privatzimmer: Fast immer preiswerter als das Hotel, sie sind allerdings nicht so häufig zu finden – meist handelt es sich um eine familiär betriebene Pension mit nur etwa fünf bis zehn Zimmern, das üppige Frühstück wird in der Stube oder auf der kleinen Terrasse vor dem Haus eingenommen, die Atmosphäre ist herzlich und persönlich, man kann Ihnen beste Wander- und Ausflugstipps geben. Häufig mit

Garten, die Zimmer sind mindestens mit Bad und TV ausgestattet und kosten je nach Lage ca. 55–85 € pro Tag, Ausreißer nach unten (sehr abseitige Lage, lange nicht renoviert) und oben (Bestlage und frisch renoviert) sind möglich.

Urlaub auf Bauernhof und Berghütte: Urlaub auf dem Bauernhof ist für Familien mit Kindern sicherlich die schönste Art des Kärnten-Urlaubs. Fast 200 Betriebe bieten diese Unterkunft an, die meisten davon um Bad Kleinkirchheim, Millstätter See und im Gail- und Lesachtal, eher dünn ist das Angebot dagegen in Mölltal und Rosental. Mindestens genauso ursprünglich, meist aber deutlich abgelegener und einsamer ist der Aufenthalt auf einer der fast 200 Berghütten, die man in aller Regel im Ganzen mietet. Die Abgeschiedenheit führt nicht selten so weit, dass die Zufahrtsstraße gesperrt ist oder man das letzte Stück nur zu Fuß zur Hütte kommt (das Gepäck wird dann vom Hüttenwirt transportiert). Die meisten sind mit 4–6 Betten ausgestattet, manche aber auch für 12–16 Gäste ausgerichtet. *Achtung*: Zur Hüttenromantik gehört manchmal auch ein Plumpsklo. Die meisten Hütten sind von Mai bis Oktober geöffnet, in sehr hohen Lagen manchmal auch nur Juni bis September. Für die Übernachtung muss man pro Person mit etwa 15–30 € rechnen. Der Kärnten Tourismus gibt einen Katalog mit allen Urlaubs-Bauernhöfen und Berghütten heraus (heißt: „Echter Urlaub“), das Ganze ist auch unter www.urlaubambauernhof.com zu finden.

Meistens im Rahmen einer mehrtägigen Bergwanderung kann man natürlich auch in einer der vielen **bewirtschafteten Almhütten** übernachten. Geboten wird meist Matratzen- oder Bettenlager, das Ambiente ist einfach und urig, Panorama und Bergluft fantastisch. Der Preis liegt bei etwa 20–28 € pro Person mit Frühstück, mit Halbpension muss man nochmal etwa 7–10 € draufschlagen. Auch hier beschränkt sich die Saison auf etwa Mitte/Ende Juni bis ca. Mitte September und die schönsten Hütten sind oft frühzeitig ausgebucht (ein Notlager geht allerdings immer).

Traditionshotel in Friesach

Jugendherbergen: Gibt es in Kärnten nur vier – in Klagenfurt und Villach, Velden am Wörthersee und in Heiligenblut am Großglockner. Die Übernachtung mit Frühstück kostet im Mehrbettzimmer um 21,50–27 €, die Unterbringung in Doppel- oder Einzelzimmer ist gegen Aufschlag (4 € bzw. 8 €) möglich, ebenso Halb- bzw. Vollpension und/oder Lunchpaket. Näheres unter den jeweiligen Orten und unter www.hiyou.at. Wer kein Mitglied im Österreichischen Jugendherbergsverband ÖJHV ist, zahlt einen Aufpreis von

3,50 € pro Nacht. Die Mitgliedschaft im ÖJHV kostet jährlich 25 €, Kinder unter 16 Jahre sind frei, Jugendliche 16–26 Jahre zahlen 15 €, Familien 25 €. Auf der Website können alle mit Wohnsitz Österreich online Mitglied werden.

ÖJHV Kärnten, Neckheimgasse 6, 9020 Klagenfurt, ✆ 0463-230019, oejhv-kaernten@oejhv.or.at, www.hiyou.at.

Camping: Etwa 100 Campingplätze zählt man in Kärnten, und viele von ihnen in wirklich herrlicher Lage an einem See mit eigenem Badestrand. Die meisten Plätze sind von Mai bis September geöffnet, 13 Plätze sind auch winterfest (davon allein vier im Gebiet Nassfeld-Hermagor). Für einen Stellplatz mit zwei Personen, Auto/Zelt bzw. Wohnmobil muss man zwischen 30–45 € pro Tag rechnen, Kinder unter 14 Jahre erhalten etwa 30 % Rabatt, unter 3–4 Jahre sind sie kostenlos dabei. Darüber hinaus werden auch günstige Familienpauschalen angeboten. Für Stellplätze in erster Reihe am Wasser muss in den Seecampings meist ein Aufschlag gezahlt werden. In Kärnten gibt es auch sieben FKK-Campingplätze: drei davon am Keutschacher See, ein weiterer in Eberndorf nahe Klopeiner See, am Millstätter See, bei Moosburg und am Völkermarkter Stausee. Wild Campen ist in ganz Österreich verboten. Weitere Infos zu Campingplätzen finden Sie unter den jeweiligen Orten im Reiseteil dieses Buches sowie unter www.camping.at.

Unterwegs in Kärnten

Wer sich ausschließlich in Klagenfurt und am Wörthersee aufhält, braucht kein Auto. Generell sind die größeren Orte/Städte per S-Bahn oder Bus mit den benachbarten Seen bestens verbunden. Schwieriger wird es bei Touren in die entlegene Bergwelt Kärntens: Es fährt zwar ein Bus (Postbus), dies aber auf vielen für Urlauber interessanten Strecken nur im Hochsommer.

Mit dem Auto: Das Straßennetz ist gut ausgebaut, durch Kärnten führt außerdem von West nach Ost die Autobahn **A 10** (Tauernautobahn): von Katschberg durch das Liesertal, vorbei an Spittal und Villach oberhalb des Wörthersees entlang nach Klagenfurt, ab hier als **A 2** vorbei an Völkermarkt und durch das Lavanttal über den Packsattel in die Steiermark nach Graz und weiter nach Wien. Alle Autobahnen in Österreich sind vignettenpflichtig (→ S. 76).

Besondere Mautstraßen Neben den Autobahnen gibt es in Kärnten noch eine ganze Reihe von Berg- und Panoramastraßen, für die eine besondere Maut erhoben wird, u. a. sind dies: Großglocknerstraße Pkw 34,50 €, Motorrad 24,50 €; Nockalmstraße 17 €/10 €; Goldeckstraße 13,50 €/7,50 €; Malta Hochalmstraße 18,50 €/10 €; Villacher Alpenstraße/Dobratsch 16 €/9,50 €; Gerlitzengipfelstraße Pkw/Motorrad 8 €; Millstätter Alpenstraße 5 €, Alpenstraße Hochobir (zur Eisenkappler Hütte) 6 €. *Achtung*: die Maut kann teilweise nur am Automaten gezahlt werden, daher immer genügend Münzgeld mitnehmen. Die mautpflichtigen Bergstraßen sind in der Regel nur von Mai bis Okt. geöffnet. Bei Bergfahrten auf schmalen Straßen hat der Bergauffahrende Vorfahrt.

Mietwagen Werden am Flughafen Klagenfurt (→ S. 78), in Klagenfurt und in Villach angeboten. Ein Kleinwagen kostet ab ca. 220 € pro Woche, im Preis ist meist eine Vollkaskoversicherung (oft aber mit Selbstbeteiligung um 300–500 €) inklusive. Die Kaution muss per Kreditkarte hinterlegt werden. Der Fahrer muss über 19, teilweise über 21 Jahre alt sein, für manche Fahrzeuge auch über 25 Jahre. Neben den üblichen Anbietern wie Europcar, Hertz, Sixt und Avis gibt es auch noch den Autovermieter Buchbinder (www.buchbinder-rent-a-car.at) mit Verleihstationen in Villach, Klagenfurt und Klagenfurt Flughafen. Preisvergleiche im Internet unter www.autoeurope.de.

Parken In den Städten fast überall gebührenpflichtig, zwischen 0,80–1,50 €/Std., das gleiche gilt für die Orte an den Seen, hier

Auf der Großglockner Hochalpenstraße

entweder mit Parkschein oder mit Parkscheibe. Bei längerer Parkdauer wird es meist billiger. Umsonst parkt man in der Regel noch in kleineren Orten ohne besondere touristische Anziehungspunkte.

Bahnübergänge Auf dem Land sind sie teilweise mit einem Pfeifsignal ausgestattet. Achten Sie darauf, wenn Sie sich einem unbeschrankten Bahnübergang nähern!

Mit der Bahn: Rund um Klagenfurt gibt es drei S-Bahn-Linien: Die **S 1** fährt tagsüber stündlich auf der Strecke Spittal–Villach–Wörthersee–Klagenfurt–St. Veit a. d. Glan–Friesach, die Kernstrecke zwischen Villach und St. Veit wird sogar halbstündlich befahren. Die **S 2** verkehrt stündlich auf der Strecke St. Veit a. d. Glan–Feldkirchen–Ossiacher See/Nordufer–Villach–Finkenstein–Faak am See–Rosenbach (Anschluss nach Jesenice/Slowenien) und die **S 3** ebenfalls stündlich auf der Route Weizelsdorf/Rosental–Klagenfurt. Darüber hinaus gibt es von den beiden Bahnverkehrsknotenpunkten Klagenfurt und Villach folgende Verbindungen: Ab Klagenfurt mehrmals täglich über Villach und Spittal nach Mallnitz/Obervellach und weiter nach Salzburg sowie über Völkermarkt und Bleiburg durch das Lavanttal nach Wolfsberg und Bad St. Leonhard. Von Villach fahren regelmäßig **Regionalzüge (R)** über Arnoldstein und Nötsch nach Hermagor und weiter nach Kötschach-Mauthen; außerdem von Spittal durch das Drautal nach Lienz/Osttirol.

Wichtigstes und teuerstes Bahnprojekt (wahrscheinlich über zehn Milliarden Euro) des neuen Jahrtausends ist für Kärnten die **Koralmbahn**, eine Hochgeschwindigkeitstrasse auf der 130 km langen Strecke Klagenfurt–Graz mit rund 33 km langem Tunnel durch die Koralpe. Gebaut wird im unteren Lavanttal schon deutlich sichtbar, im Jahr 2023 soll die Strecke dann in Betrieb genommen werden. Damit soll sich die Fahrtzeit von Klagenfurt nach Graz von heute fast 3:30 Std. mit Umsteigen auf 45 Min. ohne Umsteigen reduzieren.

Bahnpreise **Preisbeispiel**: Die einfache Fahrt 2. Klasse von Klagenfurt nach Villach kostet 6,70 €, von Spittal nach Friesach (knapp 130 km) 26,20 €. Für Familien oder kleine Gruppen (2–6 Pers.) gibt es das **Einfach-Raus-Ticket** (Tagesticket) für 36 €: gültig Mo–Fr 9 Uhr bis 3 Uhr nachts, Sa/So jeweils ganztägig bis 3 Uhr in der darauffolgenden Nacht für alle Regionalverkehrszüge der ÖBB (auch S-Bahn).

Ticketkauf Am Fahrkartenautomaten oder am Schalter (oder auch im Internet), Nachlösen ist in Nahverkehrszügen nicht möglich, ohne gültiges Ticket gilt man hier als Schwarzfahrer und wird mit mind. 65 € zur Kasse gebeten!

Fahrradtransport Ist in allen Nahverkehrszügen (also R, REX und S-Bahn) möglich, das Ticket für das Fahrrad kostet 10 % des Normalpreises (2. Klasse), mind. aber 2 €, das **Einfach-Raus-Radticket** (Einfach-Raus-Ticket inkl. Fahrradtransport für alle Mitfahrer) kommt auf 45 €.

Infos Unter www.oebb.at oder beim ÖBB-Callcenter unter ✆ 05-1717.

Mit dem Bus: In Österreich und natürlich auch in Kärnten fährt man auf den meisten Strecken mit den beigefarbenen Postbussen der ÖBB, darüber hinaus gibt es noch einige andere Anbieter (→ unten). Das Streckennetz ist dicht und zumindest unter der Woche viel befahren, am Wochenende und an Feiertagen wird der Fahrplan deutlich dünner. Zu den üblichen Strecken kommen in den Sommermonaten (ca. Juni/Juli bis September) zahlreiche Wander- und Ausflugsbusse hinzu, z. B. von Heiligenblut zur Franz-Josefs-Höhe, von Spittal durchs Maltatal zur Kölnbreinsperre, von Spittal via Bad Kleinkirchheim durch den Nationalpark Nockberge, von Lavamünd zur Koralpe bzw. von Wolfsberg zur Saualpe usw.

Den kompletten Fahrplan der Postbusse gibt es unter www.postbus.at/kaernten; darüber hinaus gibt es den Kundenservice unter ✆ 0810-222333. Einen Überblick über die Strecken und auch über die anderen Busgesellschaften findet man unter www.kaerntner-linien.at.

Detaillierte Infos zu den **Bahn- und Busverbindungen** finden Sie bei den jeweiligen Orten!

Mit dem Fahrrad: Highlight für Radwanderer ist der 366 km lange *Drauradweg R 1* von Toblach (Italien) bis nach Maribor (Slowenien). In Kärnten führt er bestens beschildert fast durchgehend am Ufer der Drau entlang, an die 40 Drauradweg-Wirte laden hier zu Rast und Unterkunft ein (www.drauradweg.com). Darüber hinaus gibt es den einfachen, aber 90 km langen *Karnischen Radweg R 3* (auch: *R 3 Gailtalradweg*) durch das Gailtal, den *Glockner-Radweg R 8*, auf dem es in 80 km von Heiligenblut ins Drautal geht, den *Lieserradweg R 9* im Maltatal (nur 32 km lang) und schließlich den 54 km langen *Lavantradweg R 10* (leicht). 56 km lang ist der ebenfalls leichte *Kulturradweg R 7* zwischen Klagenfurt und Friesach/Dürnstein. Darüber hinaus gibt es noch eine Vielzahl an kürzeren Rundwegen, z. B. den *Wörthersee-Radweg R 4* (39 km), den *Millstätter-See-Radweg R 2B* (28 km) oder aber den *Ossiachersee-Radweg R 2* (26 km), um nur einige zu nennen.

Beliebte Mountainbike-Gebiete sind die Nockberge (www.nockbike.com) und das Rosental (mit Seitentälern) sowie die Gegend um den Klopeiner See und Bleiburg, außerdem das Lavanttal. Fahrradverleiher sind unter den jeweiligen Orten aufgeführt.

Eine eigene Broschüre des Kärnten Tourismus verzeichnet 20 Touren für Rennradfahrer, einige davon sehr anspruchsvoll und mit enormen Steigungen bzw. Abfahrten. Die Broschüre gibt es in gut sortierten Tourist-Informationsbüros, die Touren zum Downloaden unter www.touren.kaernten.at, Suchbegriff „Rennrad“.

Zum Fahrradtransport mit der Bahn → oben

Mit der Bergbahn: Die großen Bergbahnen sind im Sommer und im Winter für Wander- bzw. Wintersportgäste geöffnet, dazwischen aber im Frühjahr und Herbst oftmals über mehrere Wochen (u. a. wegen Wartung) geschlossen. Im April/Mai und Oktober/November haben Wanderer, die sich ein Stück Aufstieg sparen wollen, erfahrungsgemäß eher schlechte Karten. Üblich ist es auch, dass die Bergbahnen im Sommer einen oder auch mehrere Ruhetage pro Woche haben, die Tourist-Informationen vor Ort können hierzu aktuell Auskunft geben.

Zu den spektakulärsten Bergbahnen Kärntens zählt die Reißeck-Standseilbahn, die auf ihrer ersten Etappe eine Steigung von bis zu 82 % überwindet. Längste Bergbahn Österreichs ist der Millenium-Express mit 6 km Länge, der von Tröpolach im Gailtal bis aufs Nassfeld fährt. Skifahren kann man am Mölltaler Gletscher auch im Sommer, dank des im Fels verlaufenden Mölltaler Gletscherexpress (die Lifte führen bis hinauf aufs Schareck auf 3123 m Höhe). Die Bergbahnen mit Öffnungszeiten und Preisen sind bei den jeweiligen Orten aufgeführt.

Obacht! Murmeltier

Schifffahrt: Fahrgastschiffe verkehren von April/Mai bis Ende September/Anfang Oktober auf dem Wörthersee, Weißensee, Ossiacher See und Millstätter See (hier auch eine zusätzliche Fahrradfähre), außerdem auf der Drau bei Villach und am Völkermarkter Stausee. Fahrräder können auf allen Schiffen gegen einen geringen Preis mitgenommen werden. Bei Sturm und Gewitter keine Fahrten!

Fahrpläne/Preise Die Betriebszeiten und Preise der Schiffe sind unter den jeweiligen Orten aufgeführt. Für die Fahrt von einem Ort zum anderen muss man mit etwa 3–5 € pro Pers. rechnen, die gesamte Seerundfahrt kommt auf ca. 12–13,50 €, Kinder 6–14 J. erhalten bis zu 50 % Ermäßigung, Senioren etwa 10 %, es gibt auch Familientickets. Infos unter www.kaerntnerschifffahrt.at, www.schifffahrt-velden.at (Wörthersee) sowie www.schifffahrt-mueller.at (Weißensee).

Bootsverleih In allen größeren Orten an den Seen werden auch Boote vermietet: Elektroboote, Tret- und Ruderboote. Letztere ca. 7–9 €/Std., Elektroboote 12–15 €.

Ermäßigungen mit den öffentlichen Verkehrsmitteln → S. 81.

Zoll

Im privaten Reiseverkehr innerhalb der EU dürfen Waren zum eigenen Verbrauch unbegrenzt mitgeführt werden. Um diese vage Formulierung zu präzisieren, gelten folgende Richtmengen pro Person:

800 Zigaretten, 400 Zigarillos, 200 Zigarren, 1 kg Tabak, 10 l Spirituosen, 20 l Alkoholika bis 22 % Vol., 90 l Wein (davon max. 60 l Schaumwein) und 110 l Bier.

Für Reisende aus der Schweiz gelten folgende Freimengen:

2 l Wein, 1 l Spirituosen über 15 % Vol., 200 Zigaretten, 50 Zigarren, 250 g Tabak. Der Gesamtwert der Waren darf 300 CHF nicht überschreiten.

Im Kärntner Freilichtmuseum Maria Saal

Kärnten

Oberkärntner Bergwelt → S. 102

Spittal, Millstätter See und die Nockberge → S. 150

Villach, Gailtal, Faaker See und Ossiacher See → S. 188

Klagenfurt und der Wörthersee → S. 242

Zollfeld und Gurktal → S. 294

Rosental und Jauntal → S. 332

Lavanttal und Saualpe → S. 368

Der Weißensee

Oberkärntner Bergwelt

Eine Region der Superlative: Der höchste Berg Österreichs gilt vielen als der schönste Berg der Ostalpen und der höchstgelegene Badesee Kärntens ist für manche der schönste See überhaupt. Hier schiebt sich der größte Gletscher der Ostalpen hinab und fließt Kärntens längster Fluss, hier stürzt Kärntens höchster Wasserfall hinunter und staut Österreichs höchste Staumauer den tiefsten See Kärntens. Bei allen Superlativen ist die Oberkärntner Bergwelt um Möll, Malta und Obere Drau aber vor allem spektakulär schön und ungemein abwechslungsreich.

Von Norden nach Süden: Über den Nordwesten Kärntens erstreckt sich der Nationalpark Hohe Tauern, durch den die fantastische Großglockner Hochalpenstraße führt. Herz und höchster Gipfel des Nationalparks ist der Großglockner. Von dem bekannten Wallfahrts- und Skiort Heiligenblut führt das Mölltal hinunter zur Drau. Weitere Zugänge in die herrliche Bergwelt des Nationalparks sind die Seitentäler um Mallnitz und im Osten das Maltatal, an dessen Mündung die malerische Künstlerstadt Gmünd liegt. Südlich des Mölltals erstreckt sich das Oberdrautal. Von Greifenburg aus gelangt man hinauf zum traumhaften Weißensee.

Der Großglockner und das Mölltal

Österreichs höchster Berg erhebt sich majestätisch im Dreiländereck Osttirol, Salzburg und Kärnten. Zur Kärntner Seite hin schmilzt die Pasterze, Österreichs größter Gletscher, langsam ab. Hier nimmt die Möll ihren Ausgang und fließt durch ein idyllisches Tal hinunter zur Drau.

Der 3798 m hohe **Großglockner** (auch schlicht *Glockner* genannt) ist ein beeindruckender Berg: Mit eisbedeckter, markanter Doppelspitze, schartigem Rücken und steiler Wand gilt er als schönster Berg der Ostalpen. Zwischen der Gipfelpyramide des Großglockners und dem 3770 m hohen Kleinglockner erstreckt sich die nur 0,5 m breite und knapp 10 m lange Obere Glocknerscharte. Inmitten der Glocknergruppe liegt die **Pasterze**, mit etwa 8 km Länge und einer Ausdehnung von gut

Heiligenblut

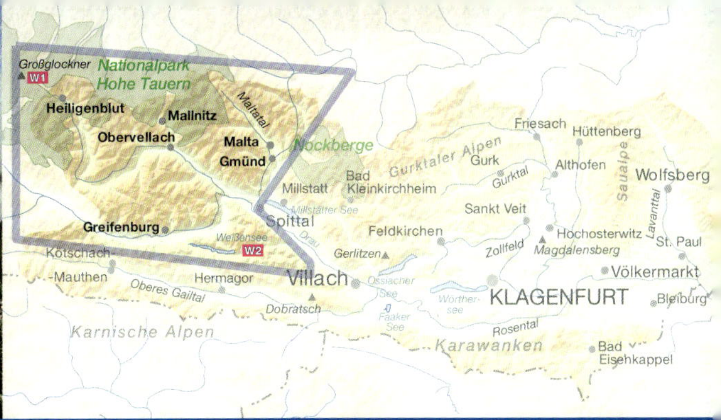

17 km² der größte Gletscher der Ostalpen (zur Pasterze → S. 30). Über der Gletscherzunge erhebt sich die **Kaiser-Franz-Josefs-Höhe**, ein beliebtes Besucherzentrum mit herrlichem Blick auf das Großglocknermassiv.

Auch heute ist die Besteigung des Großglockners eine ernstzunehmende alpine Unternehmung, der sich nur erfahrene Bergsteiger mit angemessener Ausrüstung (Steigeisen, Eispickel, Bergseil etc.) stellen sollten. Der Berg wird notorisch unterschätzt, immer wieder ereignen sich schwere Unfälle! Am besten steigt man mit ausgebildeten Bergführern auf den Gipfel. Der Normalweg, der auch die Route der Erstbesteiger war, führt von der Salmhütte über die Hohenwartscharte hinauf zur Erzherzog-Johann-Hütte auf der Adlersruhe (3454 m) und von dort auf den Gipfel. Zur Salmhütte gelangt man von Heiligenblut aus durch das Leitertal oder von Kals am Großglockner (Tiroler Seite) über das Lucknerhaus.

Bergrettung Notruf ✆ 140 oder ✆ 112, **Ortsstelle Heiligenblut** ✆ 0676-83141709.

Bergführer **Bergführerverein Heiligenblut**, Hof 4, 9844 Heiligenblut, ✆ 04824-2700, www.großglockner-bergfuehrer.at. *Preisbeispiele*: Normalweg ab Salmhütte, 1,5 Tage 400 € bei 1 Pers., 195 €/Pers. bei 3 Pers.; Aufstieg über die Pallavicinirinne 680 €/1 Pers., Gletscherwanderung über die Pasterze (4 Std.) 94 €/Pers.

Hütten **Glocknerhaus**, an der Großglockner Hochalpenstraße, ✆ 04824-24666, www.dasglocknerhaus.at, → S. 106.

Erzherzog-Johann-Hütte, auf der Adlersruhe, 3454 m, die höchst gelegene Schutzhütte der Ostalpen, Ende Juni bis Ende Sept., ✆ 04876-8500, www.erzherzog-johann-huette.at.

Salmhütte, auf 2644 m, Mitte Juni bis Ende Sept., ✆ 04824-2089, www.salmhuette.at.

Karten **DAV Alpenvereinskarte**, Blatt 40: Glocknergruppe, 1:25000, 9,80 €.

Allgemeine Informationen im Internet www.grossglockner.at, www.nationalpark-hohetauern.at und www.hohetauern.at

Großglockner Hochalpenstraße

Die Großglockner Hochalpenstraße ist mehr als nur ein Verkehrsweg. Die vielleicht berühmteste Panoramastraße der Alpen ist eine Attraktion – dank der grandiosen, hochalpinen Landschaft des Nationalparks Hohe Tauern, durch die sie sich schlängelt.

Jahr für Jahr lockt die Hochalpenstraße zahllose Autofahrer, Biker und Radler, aber auch Ausflügler und Wanderer und führt ihre Besucher bequem in die eindrucksvolle Gebirgswelt des Nationalparks. Auf dem Weg finden sich neben diversen Ein-

Der Nationalpark Hohe Tauern

Die Grundlage für ein Schutzgebiet rund um den Großglockner wurde bereits 1918 gelegt. *Albert Wirth*, dessen Familie ein Vermögen mit Mölltaler Holz gemacht hatte, schenkte dem Österreichischen Alpenverein das auf Kärntner Seite gelegene Gebiet des Großglockners, insgesamt über 40 km² Berg und Gletscher! Inspiriert von der Gründung der Nationalparks Yellowstone und Yosemite in den USA machte er dem Alpenverein zur Auflage, dass „das gesamte Glocknergebiet als Naturschutzpark der Zukunft erhalten bleibt".

Es sollte aber noch eine Weile dauern, bis Wirths Vision Gestalt annahm. 1971 wurde mit der *Heiligenbluter Erklärung* beschlossen, einen länderübergreifenden Nationalpark zu gründen – und es sollte noch einmal zehn Jahre brauchen, bis das Bundesland Kärnten 195 km² um Glockner- und Schobergruppe zum Nationalpark erklärte. Peu à peu folgten die Länder Salzburg und Osttirol. Bis 1992 hatte der Nationalpark mit einer Fläche von 1834 km² (davon 1212 km² Kernzone) seine heutige Ausdehnung schließlich erreicht und ist damit der größte Nationalpark des Alpenraums.

Grob umrissen umfasst der Nationalpark Hohe Tauern neben Glockner- und Schobergruppe die Venedigergruppe mit dem fünfthöchsten Berg Österreichs, dem Großvenediger (3674 m), sowie ein weites Gebiet um den Ankogel (3252 m). Landschaftlich hat der Nationalpark zwei Gesichter: Während die hochalpine Bergwelt weitgehend zur Kernzone des Nationalparks zählt, sind die angrenzenden Almen und Wälder als Außenzone ausgewiesen. Während der Mensch in den Naturraum der Kernzone nicht eingreifen darf, wird die Kulturlandschaft der Außenzone naturnah bewirtschaftet. Zu den Besonderheiten des Nationalparks zählen die Gletscher: 140 km² Eis erstrecken sich in der Kernzone, davon die (noch) über 18 km² der Pasterze, des größten Gletschers der Ostalpen. Ein wichtiges Thema im Nationalpark ist die Wiederansiedlung des Bartgeiers (Näheres zum seltenen Greifvogel → S. 119).

Von Kärntner Seite öffnen sich drei „Zugänge" zum Nationalpark Hohe Tauern: zunächst natürlich über Heiligenblut und die Großglockner Hochalpenstraße, dann via Mallnitz zum Ankogel und schließlich von Osten her über das Maltatal.

Die **Nationalparkverwaltung Kärnten** befindet sich in Döllach 14, 9843 Großkirchheim, ✆ 04825-61610, www.hohetauern.at. Informationen gibt es v. a. im sehenswerten **Nationalparkzentrum in Mallnitz**, ✆ 04784-701, www.bios-hohetauern.at, → S. 126.

kehrmöglichkeiten, Infostellen und Lehrwegen auch mehrere sehenswerte Ausstellungen, allen voran das *Haus Alpine Naturschau*, und Aussichtspunkte, prominentester ist natürlich der Blick auf Großglockner und Pasterze vom Besucherzentrum *Kaiser-Franz-Josefs-Höhe.*

Geschichte: Der Weg, der das Kärntner Mölltal ab Heiligenblut (auf 1291 m) mit dem Fuschertal im Land Salzburg verbindet, ist weit älter als genannte Länder. Funde belegen, dass bereits die Kelten über den Pass am Hochtor wanderten. Die kleine Ausstellung *Passheiligtum Hochtor* widmet sich heute keltischen und römischen Fundstücken am Pass (Höhe 2506 m, etwa 14,5 km nach Heiligenblut).

Die Straße wurde in den Jahren 1930 bis 1935 erbaut. Die erste Sprengung erfolgte am 29. August 1930, eröffnet wurde die Passstraße am 3. August 1935 – eine erstaunliche Leistung angesichts der anhaltenden Auswirkungen der Weltwirtschaftskrise; im Eröffnungsjahr zog die Straße übrigens schon 130.000 Besucher an. Der technische Vater der Hochalpenstraße war der Ingenieur *Franz Wallack*, der politische Pate der Salzburger Landeshauptmann *Franz Rehrl*. Beide sind nicht nur verantwortlich für ein bis heute bemerkenswertes verkehrstechnisches Bauwerk. Ihnen gelang auch ein Kunststück, das gerade mit Blick auf zeitgenössische Großprojekte umso bemerkenswerter ist: Der Bau der Straße kostete deutlich weniger als geplant! Wallack baute mit dem gesparten Geld die Stichstraße zum Aussichtspunkt *Edelweißspitze*, mit 2572 m der höchste Punkt der Passstraße.

Zeitweise über 4000 Arbeiter, im Volksmund *Glocknerbaraber* genannt, schufteten beim Bau der Straße. Die Arbeit war hart, aber in Zeiten wirtschaftlicher Not sehr beliebt. Schließlich verdienten die Arbeiter (mit Zulagen) recht ordentlich und hatten in der Bergeinsamkeit keine Möglichkeit, ihre hart verdienten Schillinge auszugeben. Über die Arbeitsbedingungen beim Bau der Glocknerstraße sowie über die Geschichte ihrer Entstehung informiert die hochinteressante Ausstellung *Bau der Straße* im ehemaligen Straßenwärterhäuschen an der Fuscher Lacke, dem silbergrau glitzernden See zwischen Fuscher Törl und Mittertörl.

Kaum eröffnet musste die Großglocknerstraße auch gleich als Autorennstrecke herhalten. Einen Tag nach der Eröffnung fand das *Erste Internationale Glocknerrennen* statt. Zwei weitere Rennen folgten bis 1939, dann rollten Panzer über die Hochalpenstraße. 2012 wurde ein Revival-Bergrennen, der *Großglockner Grand Prix*, veranstaltet, der in den kommenden Jahren etabliert werden soll. Eine feste (sportliche) Größe ist bereits der *Glocknerkönig*, ein alljährlich stattfindendes Radrennen von Bruck bzw. Fusch hinauf zum Fuscher Törl (über 1500 m Höhenunterschied), das sich an Hobbypedalisten ebenso richtet wie an Radprofis. Zwar hat die Großglockner Hochalpenstraße durch Tauernschleuse und Tauernautobahn als Transitstrecke an Bedeutung

Oldtimerralley am Großglockner

verloren, sie ist aber bis heute ein attraktives Ausflugsziel. Sie bietet eine bequeme Möglichkeit, einen ebenso entspannten wie abwechslungsreichen Tag in der Bergwelt des Nationalparks Hohe Tauern zu verbringen. Dementsprechend gehört die Glocknerstraße mit jährlich etwa 900.000 Besuchern zu den beliebtesten Sehenswürdigkeiten Österreichs (mehr Besucher zählt nur Schloss Schönbrunn bei Wien).

Die Straße: Von Bruck bis nach Heiligenblut sind es insgesamt 47,8 km. Allerdings führen die ersten etwa 8 km gen Süden durch das idyllische Fuscher Tal, die Passstraße beginnt erst richtig weitere 4 km später nach der Mautstation Ferleiten. Über 26 Kehren schlängeln sich nun hinauf bis auf 2504 m am *Hochtor* (Fusch liegt auf etwa 805 m, Heiligenblut auf knapp 1300 m). Zwei Pässe überwindet die Straße: zuerst den *Fuscher Törl* auf 2428 m und dann genanntes *Hochtor*, hier führt die Straße durch einen Tunnel. Zwischen beiden Pässen, in deren Mitte am *Mittertörl* ein weiterer Tunnel durch den Fels geschlagen ist, liegen die vielleicht schönsten 7 km der Strecke. Hinzu kommen gut 1,5 km hinauf auf die Edelweißspitze, mit 2571 m höchster Punkt der Hochalpenstraße (Abzweig am Fuscher Törl), sowie gut 8 km Gletscherstraße zur Kaiser-Franz-Josefs-Höhe (Abzweig etwa 8 km vor Heiligenblut).

Maut/Sperrzeiten Die **Großglockner Hochalpenstraße** ist von Anfang Mai bis Anfang Nov. geöffnet (Mai–15. Juni 6–20 Uhr, 16. Juni–15. Sept. 5–21.30 Uhr, 16. Sept.–Anfang Nov. 6–19.30 Uhr, letzte Einfahrt 45 Min. vor Nachtsperre). Witterungsbedingte Sperrungen sind jederzeit möglich! **Maut**: Pkw 34,50 €/Tag (2. Tag plus 11 €), 53 €/30 Tage, Motorrad 24,50 €/Tag (2. Tag plus 11 €), 42 €/30 Tage. Im Preis enthalten sind alle Ausstellungen, Parkplätze etc. Für Fahrradfahrer ist das Bezwingen der Straße kostenlos!

Infos auch unter www.grossglockner.at.

Zahlreiche Hotels und Pensionen nehmen an der **Nationalpark-Kärnten-Card** teil. Wer in einer dieser Unterkünfte im Nationalpark Hohe Tauern mindestens zwei Nächte übernachtet, bekommt die *Nationalpark-Kärnten-Card* gratis. In dieser ist auch die Maut für die Hochalpenstraße enthalten. Infos unter www.np-kaernten card.at. Bei Anreise über die Hochalpenstraße kann man sich vorab von seiner Unterkunft einen Voucher zuschicken lassen, mit dem man bei Vorlage an der Mautstelle kostenlose Durchfahrt gewährt bekommt (Details zur *NP-Kärnten-Card* → S. 81).

Übernachten/Essen Die Öffnungszeiten der Hotels und Berghütten orientieren sich an den Öffnungszeiten der Hochalpenstraße, geöffnet ist also in der Regel Anfang Mai bis Ende Okt.

Das Glocknerhaus, traditionsreiches Haus in herrlicher Lage über dem Margaritzen-Stausee, an der Straße zur Kaiser-Franz-Josefs-Höhe gelegen. Jüngst renoviert ist alles recht hell und freundlich, die Einrichtung ist schlicht, aber gemütlich. Vom (barrierefreien) Restaurant mit den Panoramafenstern sowie von den Zimmern hat man einen herrlichen Blick auf die umliegenden Berge. Betrieben werden Herberge und Restaurant von einer jungen, freundlichen Mannschaft (einschließlich Hüttenhund Nana). In der Küche werden ausschließlich regionale Produkte verwendet, das Angebot reicht von der zünftigen Jausen bis zur feinen Kärntner Küche, dabei gar nicht mal teuer, Gaststube tägl. 11.30–20.30 Uhr geöffnet (Juli/Aug. besser reservieren). Zum Übernachten stehen Doppelzimmer zur Verfügung, 94 € (mit Bad) bzw. 84 € (Etagendusche) sowie 37 €/Pers. im Bettenlager, jeweils inkl. Frühstücksbuffet. Hunde willkommen. Großglockner Hochalpenstraße, 9844 Heiligenblut, ✆ 04824-24666, www.dasglockner haus.at. ■

Gasthof Fuscher Lacke, „beim Mankeiwirt", der Gasthof mit den Murmeltieren liegt direkt neben dem flachen, silbergrau glitzernden See, der Fuscher Lacke. Beliebter Gasthof, einfache Stube, schöne Terrasse, freundlicher Service. Angeboten werden diverse Brotzeiten (Brettljause 9,90 €), aber auch warme Mahlzeiten (Salzburger Küche). Zur Hüttenmannschaft gehören auch drei Murmeltiere und die sind natürlich die Stars im Alpengasthof. Einmal tägl. (zuletzt zwischen 15 und 16 Uhr) bringt der Mankei-Wirt eines der Murmeltiere mit

Traumstrecke Hochalpenstraße

in die Gaststube – besonders Familien mit Kindern kommen extra zu diesem Event. Auch Übernachtungsmöglichkeit (EZ 38 €, DZ 70 €, einschl. Frühstück). Fusch/Großglocknerstraße, ✆ 06545-6779 oder 0664-5250366, www.fuscherlacke.at.

Berggasthof Edelweißhütte, ein Panorama sondergleichen: über 30 Dreitausender sind von der Edelweißspitze aus zu sehen. Im Ausflugslokal mit Übernachtungsmöglichkeit, entweder im einfachen DZ mit Etagenbad 78 €, im DZ mit Bad 112 €, in der kleinen, etwas unterhalb der Edelweißhütte gelegenen Blockhütte 104 € (für 2 Pers.; Stockbetten) oder im hübschen neuen Chalet (136 € für 2 Pers.), jeweils einschl. Frühstück. Geöffnet Anfang Mai bis Ende Okt. 5672 Fusch/Großglocknerstraße, ✆ 06545-7425, www.edelweißspitze.at.

Knapp Kasa, die *Glockner Sennerei* liegt etwas unterhalb der Großglocknerstraße zur Kaiser-Franz-Josefs-Höhe. In der ungemein urigen Almhütte sitzt man bei schlechtem Wetter innen in der gemütlichen kleinen Gaststube oder bei Sonnenschein draußen auf der traumhaft schönen Terrasse mit herrlichem Weitblick. Was bei der Jause aufs Brett kommt, kann im Bauernladen auch den eigenen Proviant ergänzen: es gibt alles, was die Bauern des Tals produzieren, natürlich v. a. aber Almkäse, Butter und Milch aus der eigenen Sennerei. Sehr freundlich, Mitte Juni bis Sept. tägl. 11–17 Uhr geöffnet. ✆ 0664-2741173. Zur Glockner Sennerei gehört auch die Briccius Sennerei auf der Sattelalm (→ S. 117). ■

Veranstaltungen „Gentlemen, start your engines!" 2012 erstmals durchgeführt soll der **Großglockner Grand Prix** als Oldtimerrennen in den kommenden Jahren etabliert werden, ein Revival der legendären Rennen in den 1930ern. Wenn Sie also Ihren Silberpfeil mal wieder ausfahren möchten – oder auch nur mal wieder hören wollen, wie ein Vierzylinder Boxermotor in einem Porsche 550 Spyder klingt, das historische Bergrennen findet im Sept. statt, Infos unter www.grosser-bergpreis.com.

Glocknerkönig kann sich nennen, wer das gleichnamige Radrennen, das alljährlich im Juni stattfindet (meist am ersten Sonntag im Juni), gewinnt. Von Bruck aus (bzw. in der „light"-Version ab Fusch) geht es über knapp 28 km (bzw. knapp 20 km) in 14 Kehren und mehr als 1500 Höhenmeter hinauf zum Fuscher Törl. Teilnehmen können Hobbyradler genauso wie professionelle Radrennfahrer. Infos bei der Tourist-Information Großglockner-Zellersee, Raiffeisenstr. 2, 5671 Bruck/Fusch, ✆ 06545-7295 oder im Internet unter www.glocknerkoenig.com.

Sehenswertes entlang der Hochalpenstraße

Haus Alpine Naturschau: : Die hoch informative wie auch kindgerechte Ausstellung führt in die verschiedenen Klimazonen des Lebensraums Hochgebirge ein. So erfährt man z. B. etwas über ein wanderndes Gras, die Krumm-Segge (*Carex curvula*), das sich mit knapp einem Millimeter pro Jahr durch den Boden wächst und dabei uralt wird, oder über die Kletterleistung der Gämse. Anschaulich wird dargestellt, wie es der alpinen Flora und Fauna gelingt, Winter für Winter ein halbes Jahr in einem extremen, da „arktischen" Lebensraum zu überleben. Eine interessante Installation zeigt die Temperatur-Unterschiede sowohl zwischen Winter und Sommer als auch zwischen Tag und Nacht sowie ober- und unterhalb der Erde. Zu sehen gibt es zudem einen Film (12 Min.) über Flora und Fauna im hochalpinen Gebiet und im Erdgeschoss eine kleine Ausstellung mit Kristallen aus den Hohen Tauern.

Tägl. 9–17 Uhr geöffnet, freier Eintritt. Angeschlossen sind ein nettes, helles Café und ein Nationalpark-Shop.

Bau der Straße: Die interessante Ausstellung zum Bau der Hochalpenstraße ist in einem ehemaligen Straßenwärterhäuschen über der Fuscher Lacke untergebracht (bei Kilometer 29). Sie informiert beispielsweise über die Arbeitsbedingungen der „Glocknerbaraber" – und zeigt, was ein einfacher Arbeiter sich für einen Tageslohn 1935 leisten konnte. Auch technische Daten und politische Hintergründe des Bauwerks werden eingehend beleuchtet, darunter der Variantenstreit zwischen dem Ingenieur *Franz Wallack* und dem Salzburger Landeshauptmann *Franz Rehrl*. Alte Presseberichte sowie ein zeitgenössischer Film dokumentieren die Bauphasen. Am interessantesten sind die historischen Fotografien, die man bei einem Rundgang zu sehen bekommt.

Tägl. 9–17 Uhr geöffnet, freier Eintritt.

Passheiligtum Hochtor: Die hübsche, kleine Ausstellung beim Hochtor dokumentiert, wie alt der Weg über den Alpenpass ist: Waffen aus der Bronzezeit, ein goldener keltischer Armreif und andere Grabbeigaben sowie römische und keltische Münzen. Manche der Exponate sollen als Opfergaben gedient haben, die hier an der höchsten Stelle der Passstraße hinterlassen worden sein sollen. Daneben sind u. a. Kristalle und das Skelett eines Ende des 18. Jh. in einer Gletscherspalte ums Leben gekommenen Goldgräbers zu sehen.

Tägl. 10–17 Uhr geöffnet, freier Eintritt, mit kleinem Café und Souvenirshop.

Wunderwelt Glocknerwiesen: An der Straße zur Kaiser-Franz-Josefs-Höhe erstreckt sich hinter dem Gasthaus *Schöneck* ein kleiner Naturlehrpfad über eine Bergwiese mit üppiger Blumenpracht. Die Vielfalt ist bemerkenswert: Edelweiß und Bergwurz, Alpenveilchen und Alpenrose, Enzian und Türkenbund sowie zahlreiche andere geschützte

Alpenblumen wird man hier in vielfarbiger Blüte finden. Kleine Infotafeln ermöglichen die Bestimmung der Arten, in einem kleinen Häuschen ein Stück oberhalb befindet sich eine kindgerechte Ausstellung.

Tägl. 9–17 Uhr geöffnet bzw. zugänglich, freier Eintritt, beim Gasthaus (mit Souvenirshop) gibt es auch einen Spielplatz.

Die Pallavicinirinne hinauf – Großglocknerbesteigungen

Selbst die Bewohner der Hochgebirge Kärntens und Salzburgs vermochten es bis jez noch nicht, ihren sonst des Kletterns gewohnten Fuß auf die Spitze dieser mächtigen Felspyramide zu sezen. Muth und Kräfte waren immer schon erschöpft, als man kaum noch die Hälfte dieses furchtbaren Berges hinangeklimmt war; daher hielt man auch seine Besteigung zu allen Zeiten für schlechterdings unmöglich.

Der Fürstbischof von Gurk, mit dem opulenten Namen *Franz II. Xaver Altgraf von Salm-Reifferscheidt-Krautheim*, war ein ausgewiesener Natur- und Bergfreund. Angespornt durch die Erstbesteigung des Mont Blanc 1786 initiierte er eine Expedition, die den Großglockner bezwingen sollte. Die erste Unternehmung, aus der obiges Zitat stammt, fand 1799 statt und scheiterte. Starker Schneefall verhinderte den Aufstieg auf den Großglockner, lediglich der Kleinglockner wurde erklettert. Die Erstbesteigung erfolgte dann im Jahr 1800. Fürstbischof Salm sollte den Gipfel selbst zwar nicht erreichen, aber immerhin eine Handvoll Bergsteiger seiner insgesamt 62 Mann starken Expedition. Die meisten Teilnehmer erreichten am 29. Juli die Adlersruhe. Am folgenden Tag brach eine kleine Gruppe um den *Domvikar Hohenwart*, der den Glockner wahrscheinlich zwei Jahre später bezwang, zum Kleinglockner auf. Von dort erklommen die Brüder *Martin* und *Sepp Klotz*, der Zimmermann *Martin Reicher*, ein weiterer namentlich nicht bekannter Zimmermann und *Pfarrer Matthias Hautzendorfer* den Gipfel des Großglockners. Die Bauern und Zimmermannsleute aus Heiligenblut bezwangen den Gipfel als Erstes, sicherten zunächst den Weg und halfen dann dem angesichts der Abgründe zu Tode erschrockenen Pfarrer hinauf.

Weitere Besteigungen, auch über neue Routen erfolgten im Laufe des 19. Jh. Anfang der 1850er-Jahre gelang *Stephan Steinberger*, der später zum Kapuziner-Pater geweiht *Pater Corbinian* heißen sollte und ein legendärer Alpinist war, der erste Alleingang von Heiligenblut auf den Großglockner – und das sogar hin und retour an einem einzigen Tag. Über die Pasterze zum Glocknergipfel hinauf stieg der Münchner *Karl Hofmann* 1869 als Erster auf dem direkten Weg, der als Hofmannsweg heute seinen Namen trägt. Die spektakulärste Route wählte *Alfred von Pallavicini*. Der Wiener kletterte mit drei Heiligenbluter Bergführern 1876 durch eine 600 m hohe, steile Eisrinne oberhalb der Pasterze. 2500 Tritte schlug der Bergführer *Hans Tribusser* für das Fortkommen ins Eis, eine gigantische Leistung. Die Lorbeeren aber bekam Pallavicini, dessen Name die gefährliche Eisrinne seither trägt.

Zehn Jahre später wurde Pallavicini der Berg zum Verhängnis. Beim Versuch, über die Glocknerwand den Berg zu besteigen, stürzte seine Seilschaft knapp unterhalb des Gipfels ab. Nur Pallavicini überlebte. Er muss schwer verletzt noch eine Zeitlang über den Gletscher geirrt sein. Eine Woche später fand man ihn tot in einer Pasterzenspalte.

Kaiser-Franz-Josefs-Höhe

Am 7. September wurde die schöne gotische Kirche besucht und dann die Pasterzenfahrt angetreten. Der Kaiser ging zu Fuß, die Kaiserin ritt auf einem Saumpferd die Höhe hinan. ... Auf dem „Brettboden" verblieb die Kaiserin, Franz Joseph eilte noch auf den „Hohen Sattel", von wo man den Gletschersturz mit den zwei Glocknerspitzen und im Hintergrund den mit Eis übergossenen Johannisberg erblickt. Edmund Aelchker

Die Reise, von der der Hofchronist berichtet, unternahmen der „Franz" mit seiner „Sisi" im Jahre 1856. Der Hohe Sattel trägt heute, dem kaiserlichen Besuch zu Ehren, den Namen Kaiser-Franz-Josefs-Höhe. Auch eine Statue wurde am Panaromaweg Kaiserstein errichtet, allerdings wirkt dieses kaiserliche Abbild etwas älter, als Franz-Joseph zur Zeit des Besuchs tatsächlich war, nämlich juvenile 26.

Heutzutage mag die Ankunft auf der Kaiser-Franz-Josefs-Höhe zunächst ernüchtern: ein großer Platz, gerahmt von Parkplätzen und Parkhaus, kurzum: viel Beton. Und auch der erste Blick hinab auf den Gletscher ist frustrierend. Weit, sehr weit hat sich die Pasterze seit Kaiser Franzens Besuch zurückgezogen (ausführlicher zum Thema Klimaerwärmung und Gletscherschwund → S. 30). Nichtsdestotrotz ist die Franz-Josefs-Höhe unbedingt einen Besuch wert.

Besucherzentrum: In dem fünfstöckigen Gebäude neben dem Parkhaus sind gleich mehrere Ausstellungen rund um den Großglockner zu sehen. Gleich zu Anfang findet man eine ausführliche Darstellung mit dem Titel „Faszination Eis & Gletscher". Mehr auf Anschaulichkeit und Effekte setzt der ziemlich laute „Erlebnispfad Fels & Eis", auf dem es u. a. in eine nachgebaute Gletscherspalte geht und der Blick vom Gipfelkreuz des Großglockners mit Rundum-Panorama simuliert wird. Die Erstbesteigung, der Besuch von Sisi & Franz, der Bau der Glocknerstraße sowie mehrere kurze Filme gehören zur Dauerausstellung, außerdem gibt es die höchstgelegene Automobilausstellung der Welt. Im Treppenhaus breiten Gänsegeier und Steinadler ihre mächtigen Schwingen über dem Besucher aus.

Tägl. 10–17 Uhr geöffnet, freier Eintritt.

Rückzugsgebiet: Das Schild markiert den Gletscherstand von 1980

Gamsgrubenweg: Links vom Besucherzentrum beginnt der Gamsgrubenweg, der zunächst durch sechs aufeinanderfolgende Tunnel (zwischen 46 und 224 m lang, keine nennenswerte Steigung) geht, bevor er zum Panoramaweg durch das Sonderschutzgebiet *Gamsgrube* wird. Der Gamsgrubenweg startet im Schacht *Glück auf*, der an einen Bergwerksstollen erinnert. Der Weg ist als Naturlehrpfad angelegt, aber in den Stollen auch mit (Klang-)Installationen ausgestattet: Hier geht es um den Lebensraum Hochgebirge, dort tropft Wasser effektvoll auf Glocken, man erfährt sowohl etwas über Gletscher als auch über die Pasterzensage. Das Schönste aber ist der Blick, der sich zwischen und nach den Stollen immer wieder hinunter auf die Gletscherzunge, über die einzigartige Gamsgrube und hinauf auf die Gipfel öffnet. Entlang des Weges lässt es sich kaum vermeiden, Murmeltiere zu Gesicht zu bekommen. Und mit etwas Glück sieht man auch einen Steinbock.

Anfang Juli bis Anfang Sept. werden kostenlose **Führungen mit Nationalpark-Ranger** auf dem Gramsgrubenweg angeboten. Start 11 Uhr beim Info-Point des Besucherzentrums, Dauer etwa 2:30 Std.

Mit Essen spielt man nicht – die Pasterzensage

Jahrmarkt am Großglockner. Von Nah und Fern kommen Bauern und Senner, Knappen und fahrende Händler zusammen, feilschen, kaufen und verkaufen – und feiern. An einem Sonntag – manche sagen, es war an einem Johannistag – wird ein wenig zu zügellos gefeiert. Einige reiche Bauern wollen deshalb nicht in die Kirche gehen und der Predigt des Pfarrers Johannes lauschen. Stattdessen nehmen sie Butterkugeln, um damit nach Kegeln aus Topfen zu kegeln, musikalisch vielleicht begleitet von einem Spielmann. Ein armes, altes Weib kommt hinzu und bittet, den Frevel zu unterlassen und ihr stattdessen eine Butterkugel zu geben. Doch die Kegelgesellschaft verhöhnt das alte Weib, das daraufhin die Männer verflucht.

Der Zorn Gottes ließ nicht lange auf sich warten. Ein Sturm zieht sich über dem Großglockner zusammen, wie ihn noch kein Mensch erlebt hat. Die Bauern fliehen vom Jahrmarkt. Regenmassen stürzen vom Himmel und werden an den Felswänden der Berge zu einer vernichtenden Flut. Dann aber schickt Gott einen schrecklichen Frost und die Wassermassen erstarren. Das Tal war gerettet und die Pasterze entstanden. Die Frevler aber kamen bei der Flucht um. Wo der Bauer Burgstaller zum Beispiel und seine beiden Söhnen starben – manchmal heißt es: zu Stein erstarrten –, erheben sich heute die Gipfel *Großer, Mittlerer und Kleiner Burgstall*, der Pfandlbauer erstarrte auf der *Pfandlscharte* und der Musikant auf dem *Spielmann*, auch der Herr Pfarrer, der seine Gemeinde nicht um sich scharte, musste dran glauben: auf dem Gipfel, der heute *Johannisberg* heißt. Und sogar das alte Weib bekam auf der *Racherin* ihr Fett ab. So kamen die Gipfel um die Pasterze zu ihrem Namen.

Wilhelm-Swarovski-Beobachtungswarte: Das markante Holz-Glas-Gebilde wurde 1998 in Form eines Bergkristalls errichtet. Vor allem im Frühsommer und im Herbst besteht eine gewisse Chance, von hier aus Steinböcke zu beobachten. Im obersten Stockwerk sind leistungsstarke Ferngläser aufgestellt (auf keinen Fall in die Sonne schauen!). Im Hochsommer ziehen sich die Tiere in höhere Lagen zurück. Aber auch der Besucher kommt im obersten Stock des Glasturms bei Sonnenschein ordentlich ins Schwitzen.

Tägl. 10–17 Uhr geöffnet, kostenloser Eintritt. Nebenan Café/Restaurant (→ unten).

Gletscherblauer Eisbruch

Historische Gletscherbahn und Gletscherweg Pasterze: Als die *Gletscherbahn* 1963 erbaut wurde, reichte sie tatsächlich noch bis an den Rand der Pasterze. Heute schimmert die Abbruchkante des Gletschers in weiter Ferne eisig-blau. Einen Fußmarsch von mindestens einer halben Stunde auf dem *Pasterzenweg* hinunter muss man auf sich nehmen, um an den Rand der Gletscherzunge zu gelangen. Der Gletscherschwund führt eindringlich die Folgen der Klimaerwärmung vor Augen. Die Fahrt mit den roten Kabinen der historischen Standseilbahn verkürzt den Weg hinunter zum Gletscher etwa um die Hälfte.

Gletscherbahn: Anfang/Mitte Juni bis Mitte Sept. tägl. 10–16 Uhr (es kann zu wetterbedingten Einschränkungen kommen). Erw. 6 € einfach, 10 € hin und retour, Kinder 3,40 € bzw. 5 €, es gibt auch Familientickets, ✆ 04824-2502.

Information Eine **Info-Stelle des Nationalparks** befindet sich im Besucherzentrum, im Sommer tägl. 10–17 Uhr geöffnet.

Anfahrt Von Heiligenblut über die mautpflichtige Großglockner Hochalpenstraße, Kosten und Öffnungszeiten → S. 106.

Essen & Trinken **Kaiser-Franz-Josef-Haus**, unweit der Swarovski-Warte gelegenes Gasthaus mit großer Sonnenterrasse, das früher als Schutzhütte diente. In dem Gasthaus gibt es neben Kasnudeln, Kaffee und Kaiserschmarrn (angesichts der Lage und der Aussicht gar nicht mal teuer) auch eine kleine *Ausstellung* zum Besuch des Kaisers Franz mit seiner Sisi im Jahr 1856. Neben diversen Gemälden und Infotafeln sind auch interessante alte Fotos ausgestellt. Und wer sich ins Gästebuch eintragen will, wird vom Kaiser höchstpersönlich ermahnt, auch schön zu schreiben. ✆ 04824-2512.

Verbindungen **Wanderbus** ab Heiligenblut: Ende Juni bis Mitte Sept. So–Fr (nicht Sa!) 3x tägl. (9.19, 10,25 und 13,55 Uhr), Sa nur 1x tägl. (9.19 Uhr), Dauer 30 Min.

Wanderung 1: Am Großglockner – von der Kaiser-Franz-Josefs-Höhe nach Heiligenblut → S. 394

Herrliche Bergwanderung durch die hochalpine Landschaft und hinab auf die Almen des Oberen Mölltals (ca. 12,5 km; gut 4:30–5 Std., mittelschwer).

Heiligenblut

ca. 1050 Einwohner

Ungemein elegant erhebt sich die schlanke Kirche von Heiligenblut über das idyllische Tal. Im Hintergrund ragt zwischen den steilen Hängen des oberen Mölltals das prächtige Panorama des Großglockners empor. Malerischer kann ein Alpendorf kaum liegen.

Getrübt wird die Idylle ein wenig vom stetigen Durchgangsverkehr hinauf zur Glocknerstraße (die Mautstation befindet sich wenige Kilometer oberhalb des Ortes), wobei das eigentliche, winzige Zentrum des Luftkurortes auf 1291 m erfreulich verkehrsarm ist. Hier befindet sich der Hauptplatz mit kleiner Bühne für die sommerlichen Platzkonzerte, und zur Talstation der Rossbach-Bergbahn (hinauf auf das 2604 m hohe Schareck) sind es nur wenige Schritte. Ein schmales Sträßchen führt vom Zentrum hinunter in den Talgrund der hier noch jungen Möll und in den Ortsteil Winkl, eine kleine Siedlung mit malerischen Holzhäusern auf der Wiese am Fluss. Heiligenblut erfreut sich als Sommer- wie auch als Winterreiseziel großer Beliebtheit.

Archäologische Funde im Zuge des Baus der Großglocknerstraße bezeugen, dass bereits die Kelten und die Römer den Übergang von der Fuscher Ache ins Mölltal nutzten. Eine Ansiedlung am Ort des heutigen Heiligenblut ist im 12. Jh. dokumentiert, seinen Namen erhielt der Ort dann in der Zeit um 1430 (vorher hieß er einfach: Hof). Dieser geht auf die Briccius-Legende (→ unten) zurück. Die Bewohner des Ortes lebten über lange Zeit vom Gold- und Silberabbau, bis dieser Erwerbszweig im 16. Jh. wegen zunehmender Vereisung des Gebietes aufgegeben werden musste. Im Jahr 1864 verzeichnen die Dorfchroniken einen schweren Brand, der Heiligenblut fast vollkommen zerstörte. Beständig aufwärts ging es dann mit dem Bau der Großglocknerstraße, heute lebt der Ort überwiegend vom Tourismus.

Bedeutendste Sehenswürdigkeit des Ortes ist sicherlich die gotische **Kirche von Heiligenblut**. Bereits ihre elegante Gestalt, der schlanke Chor, der hohe Turm, der sehr spitze Helm, ist bemerkenswert und passt sich malerisch in das Glocknerpanorama ein. Die elegante Wirkung wird dadurch erreicht, dass die Krypta unter dem Chor durch die Hanglage der Kirche freisteht und den Chor höher und damit schlanker erscheinen lässt, als er im Innern eigentlich ist. Nichtsdestotrotz kann sich auch die Innenraumwirkung sehen lassen. Dank der hohen Fenster im Chor ist das dreischiffige Langhaus freundlich und hell, sandsteinfarbene Pfeiler tragen das verzierte Netzrippengewölbe, und auch die Ausstattung ist überaus sehenswert. In den Blick fällt besonders der prächtige Hochaltar im Chorraum. Der ausdrucksstarke, filigrane Flügelaltar, 1520 fertiggestellt, wird von einem feingliedrigen Baldachin überragt. Der Altar enthält eine Anspielung auf den im Mölltal sehr verehrten Briccius: Unter der zentralen Gruppe um die Madonna liegt Jesse, Vater Davids, dem aus dem Herzen der Stammbaum Christi wächst. Dies spielt auf die Ähren an, die dem verschütteten Briccius aus der Brust wuchsen, wie wohl auch der nackte Fuß der Figur an Briccius' „Versteck des Heiligen Blutes" erinnert (→ unten). Das Grab des Briccius befindet sich übrigens unter dem Chor in der Krypta, die wertvolle Reliquie dagegen wird in einem Sakramentshaus aufbewahrt, das sich – dem Chor angemessen – schlank und hoch neben dem Hochalter erhebt. Ein weiterer sehenswerter gotischer

Altar steht an der Nordwand des Langhauses. Er stammt aus dem späten 15. Jh. und ist der Heiligen Veronica mit dem Schweißtuch gewidmet. Die Pfarrkirche, die übrigens dem Hl. Vincent geweiht ist, ist von einem Friedhof mit Blick auf das Großglocknermassiv umgeben. Auf dem Friedhof ruhen nicht nur Einwohner von Heiligenblut, sondern auch zahlreiche Bergsteiger, die am nahen Berg verunglückt sind.

Die Kirche ist tägl. ab 9 Uhr ganztägig geöffnet.

Briccius mit dem Heiligen Blut

Ein Heiliger ist er nicht, selig gesprochen wurde er auch nicht. Zu unsicher sind der Kirche die Zeugnisse über den Wanderer. Ein dänischer Prinz soll er gewesen sein oder ein Salzburger Student oder auch ein bayerischer Kurfürst namens Fritz. Der Legende nach starb er im 10. Jh. hier in der Gegend auf der Durchreise. Aus Konstantinopel soll Briccius eine wertvolle Reliquie – ein Geschenk des oströmischen Kaisers – mit sich geführt haben: ein Fläschchen mit Heiligem Blut.

Ein Ungläubiger nämlich soll der Legende nach in der Hagia Sophia auf ein Kruzifix eingestochen haben, um zu erfahren, ob der Gemarterte tatsächlich ein Gott sei. Zu seinem Entsetzen quoll Blut aus dem Kreuz, das in einem Fläschchen aufgefangen wurde. Diese Reliquie, das Fläschchen mit dem Heiligen Blut, wollte Briccius als Geschenk mit in seine Heimat nehmen und verbarg sie vor gierigen Blicken in seinem eigenen Fleisch. Eine Wunde soll er sich in die Wade geschnitten und das Fläschchen darin verborgen haben. Doch bei der Überquerung der Tauern wurde Briccius von einer Lawine erfasst, verschüttet und getötet.

Bauern wurden auf den Verunglückten aufmerksam, weil sie drei grüne Ähren aus dem Schnee wachsen sahen. Sie fanden den Toten mit der verwundeten Wade und das Fläschchen mit Blut darin sowie Briccius' Aufzeichnungen zur Herkunft der Reliquie. Die Bauern machten sich daran, den Toten ins Mölltal hinab zum nächsten kirchlichen Würdenträger zu schaffen. Auf einmal aber weigerten sich die Ochsen standhaft, den Karren mit dem Leichnam Briccius‘ weiterzuziehen. So beerdigten die Bauern ihn an Ort und Stelle, und bald sollte eben dort eine Kirche errichtet werden: die Kirche von Heiligenblut, in der sich bis heute die Grabstätte des Briccius' wie auch die Reliquie des Heiligen Blutes befindet.

Auch wenn die offizielle Anerkennung als Heiliger fehlt, ist Briccius bei der Bevölkerung ungemein beliebt. Helfer soll er sein für Soldaten und Reisende, bei Dürre oder gegen Gicht. Im oberen Mölltal ist seine Verehrung recht präsent.

Basis-Infos

Information Tourismusbüro Heiligenblut, am Dorfplatz im Zentrum unter den Arkaden, im Sommer Mo–Fr 9–18 Uhr, Sa/So 14–18 Uhr geöffnet, im Winter Mo–Fr 9–12.30 und 14–17 Uhr, Sa 14–17 Uhr. Hof 4, 9844 Heiligenblut, ✆ 04824-2700, www.heiligenblut.at.

Bergführer Bergführerverein Heiligenblut, u. a. geführte Besteigungen des Großglockners und Führungen über die Pasterze, Hof 4, 9844 Heiligenblut, ✆ 04824-2700, www.grossglockner-bergfuehrer.at (Preisbeispiele → S. 103).

Geführte Wanderungen Im Sommer immer dienstags am Vormittag Gletschertour auf der Pasterze; Mi ganztägig Gipfeltour auf den Mittleren Bärenkopf; Do vormittags „Geotrail Tauernfenster" in die Gesteinswelten der Hohen Tauern und Klettersteig durch die Möllschlucht; Fr morgens Steinbockbeobachtung ab Kaiser-Franz-Josefs-Höhe. Anmeldung im Tourismusbüro oder unter ✆ 04824-2700 (jeweils am Vortag bis 16 Uhr). Weitere geführte Touren im Wochenprogramm, das beim Tourismusbüro ausliegt.

Baden Etwas unterhalb vom Zentrum bei Parkhaus und Jugendherberge, das **Hallenbad** mit Sauna (vor einigen Jahren renoviert): So–Fr 14–19 Uhr (✆ 04824-200124). Eintritt 6 €, Sauna 10 €, Kombi Hallenbad + Sauna 12 €.

Feste & Veranstaltungen Für Gläubige: **Pinzgauer Wallfahrt** am 28./29. Juni ab Rauriser Tauernhaus (Salzburger Land) mit bis zu 5000 Pilgern, am 29. Juni dann Kirchtag in Heiligenblut. Für Sportliche: am dritten Sonntag im Juli der **Großglockner Berglauf** (→ S. 41). Für Esser: am dritten Wochenende im Sept. findet das **Glocknerlammfest** statt. Und bei der **Kräuterweihe** der Heiligenbluter Trachtenfrauen am 15. Aug. sieht man die schönsten Trachten des Mölltals. Außerdem finden im Juli und Aug. immer freitags um 20 Uhr kostenlose **Platzkonzerte** statt (am Dorfplatz).

Parken Im Zentrum gebührenpflichtig, 30 Min. kosten 0,50 €, man darf max. 90 Min. parken, im Parkhaus an der Durchgangsstraße kosten die ersten 2 Std. 3 €, ab der 3. Stunde 1 €/Std., Tagesgebühr: 8 €.

Sport Im **Winter** lockt natürlich das schneesichere Skigebiet Heiligenblut–Großglockner an den Hängen des Scharecks und am Hochfleiß (Tunnelbahn zur Fleißalm), die Bergbahn startet ganz komfortabel mitten im Ort. Darüber hinaus gibt es einige Schlepplifte beim Ort und eine Langlaufloipe im Talgrund, außerdem eine Eisbahn. Im **Sommer** wird gewandert und Mountainbike gefahren. MTBs wie auch Ski werden beim *Intersport* am Hauptplatz verliehen.

Verbindungen Der **Postbus/Wanderbus** kommt 8x tägl. (Sa/So 3–4x) aus Spittal (Bahnhof) via Obervellach und Winklern.

Wanderbus Zur *Kaiser-Franz-Josefs-Höhe*: Ende Juni bis Mitte Sept. So–Fr 3x tägl. (9.25, 10.30 und 14 Uhr), Sa nur 9.25 Uhr, Abfahrt Hotel Heiligenblut, Dauer 30 Min.; nach Apriach 2x tägl. und ins Kleine Fleißtal (Goldgräberdorf) 4x tägl., außerdem 4x tägl. nach Winkl mit Halt am Parkplatz Retschitzbrücke (→ Ausgangspunkt „Spaziergang zu Gößnitzfall und Kachlmoor", S. 118), zum Kachlmoor und Gößnitzfall.

Bergbahnen fahren in der Wintersaison tägl. 8–16 Uhr, im Sommer oft nur an einigen Tagen in der Woche, im Frühjahr und Herbst teilweise gar nicht.

Oberkärntner Bergwelt

Freien Eintritt und zahlreiche Ermäßigungen erhält man mit der **Nationalpark-Kärnten-Card**. Im Hohe-Tauern-Gebiet spart man sich dadurch z. B. die Maut der Hochalpenstraße oder fährt umsonst mit den Bergbahnen! Infos und Preise im Kapitel A bis Z (→ S. 81) oder www.np-kaerntencard.at.

Übernachten/Essen & Trinken/Abends

Übernachten Die Hotels sind im Sommer und Winter geöffnet, teilweise wird im Herbst (Ende Okt. bis zu Beginn der Skisaison Anfang Dez.) geschlossen, teilweise auch von Anfang April bis Mitte Mai. Die Preise liegen im Winter etwas höher als bei den hier angegebenen Sommerpreisen. Mit Ausnahme von Jugendherberge und Campingplatz ist bei unten genannten Unterkünften die Nationalpark-Kärnten-Card inklusive.

**** **Glocknerhof**, im Zentrum nahe Kirche und Dorfplatz, erstes Haus am Platz, modernes und einladendes Ambiente, Bio-zertifizierter Betrieb, Restaurant mit „Grüner Haube" und entsprechend regionaler Bioküche, auch Lounge, Spa, Hallenbad, Sauna. Kleines DZ mit Dusche/WC 178–202 €, das große DZ mit Bad und Balkon kostet 190–234 €, jeweils inkl. Halbpension, im Winter allgemein ca. 15–20 % teurer. Hof 6, 9844 Heiligenblut, ✆ 04824-2244, www.hotel-glocknerhof.at.

Die berühmte Kirche von Heiligenblut, im Hintergrund der Großglockner

**** **Kärntnerhof**, unten im Tal in Winkl, uriges, alpenländisch-rustikales Ambiente mit viel Holz, gemütliche Stube, Terrasse und Garten, auch hier Hallenbad und Sauna, Dampfbad, man kann auch in der eiskalten Möll kneippen. EZ 86 €, DZ 162–166 €, jeweils inkl. Halbpension, auch Studios/Appartements. Winkl 3, 9844 Heiligenblut, ✆ 04824-20040, www.hotel-kaerntnerhof.com.

**** **Chalet Hotel Senger**, oberhalb von Heiligenblut und auch noch ein Stück oberhalb der Glocknerstraße. Freundliche Leitung, ein echtes Chalet mit Holzfassade, Terrasse und Garten, innen behaglich und gepflegt – Kamin und rustikale Stube, feines Restaurant (für Hausgäste) und Sauna. Zum Haus gehört ein Hund, der eigene kann aber mitgebracht werden (10 €/Tag). Nur 33 Betten, EZ um 70 €, DZ 160–180 € inkl. Halbpension. Auch Suiten und Wohnungen. Hof 23, 9844 Heiligenblut, ✆ 04824-2215, www.romantic.at.

Gästehaus Schober, im Zentrum gegenüber der Kirche, 16 angenehme Zimmer z. T. mit Balkon und schönem Blick, rustikaler Frühstücksraum, Sauna und Garage. Gepflegt-rustikale Zimmer, EZ um 50 €, DZ ca. 80–100 €, Maisonette für 4 Pers. um 160 €, jeweils inkl. Frühstück (auch für Langschläfer!). Es wird auch eine Ferienwohnung (max. 4 Pers.) angeboten. Hof 8, 9844 Heiligenblut, ✆ 04824-2038.

Pension Trojerhof, eine überaus sympathische Pension mit Balkonblick auf das Tal, die schlanke Kirche und *den* Berg (also den Großglockner, wenn er sich denn mal zeigt), freundlicher und hilfsbereiter Besitzer, nicht mehr ganz neu, gepflegte Zimmer mit Bad und Balkon. DZ mit Frühstück 76–80 €, EZ 41–43 €, bei Kurzaufenthalt +2 € pro Nacht und Person; im Winter auch Halbpension. Darüber hinaus stehen zwei Ferienwohnungen (4–6 Pers.) zur Verfügung. Hunde erlaubt (5 €/Tag). An der Straße aus dem Mölltal kommend am südlichen Ortsrand gelegen, links hinunter. Hof 52, 9844 Heiligenblut, ✆ 04824-2241, www.trojerhof.at.

Ferienwohnungen **Familienparadies Wolfgangbauer**, in Winkl, ruhige Lage, Bauernhaus, Bushaltestelle davor, idealer Ausgangspunkt für Wanderer, sehr kinderfreundlich. Mit Garten, Fahrradverleih, WLAN, Reitmöglichkeiten. Ferienwohnung für 2–4 Pers. um 80–90 €/Tag, für 4–5 Pers. um 100–120 €, 6–7 Pers. um 125 €, Hunde erlaubt. Von Heiligenblut Zentrum hinunter zum Hotel Kärntnerhof, hier abbiegen und noch 1,1 km. Winkl 13, 9844 Heiligenblut, ✆ 04824-2402, www.wolfgangbauer.info.

Jugendherbergen Das Jugendgästehaus Heiligenblut befindet sich nur ein wenig unterhalb des Zentrums bei Parkhaus und Hallenbad. 100 Betten in zweckmäßigen Zimmern, Bettwäsche ist inklusive, Handtücher kann man gegen Gebühr leihen. Achtung: Hausschuhpflicht! Übernachtung mit Frühstück 22 € im Mehrbettzimmer, im EZ 30 €, das DZ kostet 52 € inkl. Frühstück. Mittag-/Abendessen je 7,20 €, Lunchpaket 4,70 €. Wer hier übernachten will, muss Mitglied im Österreichischen Jugendherbergsverband sein oder einen Aufpreis von 3,50 € pro Nacht zahlen. Hof 36, 9844 Heiligenblut, ✆ 04824-2259, www.hiyou.at oder www.oejhv.or.at.

Camping **Nationalpark Camping Großglockner**, im Talgrund der Möll gelegenes Wiesengelände, im Sommer und Winter geöffnet (direkt an der Langlaufloipe), Bus ins Zentrum, zu Fuß sind es ca. 10 Min. bergauf. Mit gutem Restaurant (→ unten). Camping pro Pers. 8 €, Kinder 3–13 J. 3,50 €, Auto/Wohnwagen je 3 €, Wohnmobil 5 €, Motorrad und Hund je 3 €, Strom 4 €. Ab Zentrum beschildert (Straße hinunter nach Winkl). Hadergasse 11, 9844 Heiligenblut, ✆ 04824-2048, www.nationalpark-camping.at.

Essen & Trinken Im Zentrum kann man im **Dorfstüberl** gut und nicht teuer essen, Kärntner Standards, Braten, Schnitzel, Salate und auch Pizza. Nette Bedienung. Mittags und abends geöffnet. Hof 4 (neben der Tourist-Information), ✆ 04824-2019.

Alm Casino, mehr als nur die Kneipe mit großem Biergarten auf dem Campingplatz (→ oben), hier kann man richtig gut und zu günstigen bis mittleren Preisen essen, wir probierten ein leckeres Zanderfilet und Cordon Bleu – bestens. Ganztägig geöffnet, hier kann man auch frühstücken, abends oft voll, daher dauert alles meist etwas länger.

Sattelalm, freundliche Almhütte beim Skywalk über dem oberen Mölltal, zwei nette Tirolerinnen hat es hierher verschlagen, sie führen den Hüttenbetrieb so sympathisch, dass es schwer fällt, die Wanderung fortzusetzen. Vom OT Winkl (Heiligenblut) führt ab dem Parkplatz Kräuterwand ein Feldweg hinauf zur Sattelalm. Geöffnet Mitte Juni bis Okt., Mi geschl., die Sennerei gehört zur Knapp Kasa (→ S. 107).

Gasthaus/Jausenstation Hohe Wand, von der Terrasse toller Blick aufs Tal, bodenständige, gute Kärntner Küche (durchgehend 11.30–21 Uhr), Mo Ruhetag. Es werden auch zwei Ferienwohnungen vermietet (für 2 Pers. 50 €/Tag, Halbpension 47 €/Pers.). Bei der Talstation der Bergbahn im Zentrum rechts das schmale Sträßchen hoch, gut 2 km am Berg in Serpentinen steil hinauf. Untertauern 21, 9844 Heiligenblut, ✆ 04824-2284, www.gasthaus-hohewand.at.

Abends Allgemeiner Treffpunkt in Heiligenblut ist für den Abend das **Laterndl** am Hauptplatz, hier kann man auch essen (Pizza, Flammkuchen, Toast), aber vielmehr natürlich trinken, geöffnet von morgens um 9 bis nachts um 4 Uhr. Hof 5, ✆ 0650-5031287.

Wandern/Gößnitztal

Das besonders schöne Hochtal erreicht man von Winkl aus auf dem Wanderweg *Nr. 915*, durch das Tal geht es in einer etwa fünf- bis sechsstündigen Wanderung (ab Heiligenblut) zur **Elberfelder Hütte** auf 2346 m Höhe – zu überwinden sind auf fast 12 km Länge über 1100 Höhenmeter. Für eine Stärkung zwischendurch bietet sich nach ca. 2 Std. Gehzeit die Wirtsbaueralm auf 1745 m an (geöffnet Mitte Juni bis ca. 25. September, ✆ 0676-3693485). Der Rückweg von der Elberfelder Hütte führt üblicherweise über den etwas längeren Wanderweg *Nr. 920* und die Langtalseen, meist nach Zwischenübernachtung auf der Elberfelder Hütte, da die Strecke hin und zurück nur schwer an einem Tag zu bewältigen ist.

Die **Elberfelder Hütte** bietet in Betten- und Matratzenlagern Platz für knapp 60 Gäste, von hier aus werden auch Touren im Nationalpark Hohe Tauern und in der Schobergruppe gegangen. Die Hütte ist Anfang Juli bis Mitte Sept. geöffnet. Die Übernachtung im Zimmerlager kostet 26 €, im Matratzenlager 20 €, Mitglieder eines Alpenvereins zahlen jeweils die Hälfte. Selbstverständlich kann man hier auch nur essen. ✆ 04824-2545, www.dav-wuppertal.de.

Spaziergang zu Gößnitzfall und Kachlmoor

Ein kaum anstrengender, netter Rundweg, der in gut einer Stunde zu gehen ist. Ausgangspunkt ist der Parkplatz Retschitzbrücke (auch Haltestelle des Wanderbusses), hier der Beschilderung Gößnitzfall/Kachlmoor folgen. Zunächst geht es auf schmalem Waldwanderpfad teilweise über Holz und Wurzeln (festes Schuhwerk anziehen!), bei zwei unbeschilderten Weggabelungen hält man sich halblinks, danach gut beschildert. Nach rund 20 Min. ab Parkplatz kommt man zum Kachlmoor mit einigen Enten auf dem Wasser, ab hier sind es noch ca. 10 Min. bis zur Abzweigung links hinauf zum Wasserfall, nach weiteren 10 Min. auf steinig-verwurzeltem Pfad (durch das Sprühwasser zunehmend auch feucht) gelangt man zur – *Achtung*: glitschigen! – Aussichtskanzel mit Blick auf den Wasserfall. Trockener ist es bei den Holzbänken auf der hinteren Seite der Plattform, nur fehlt hier leider die Aussicht.

Zurück an der Abzweigung kann man nun die Kurzwanderung etwas verlängern, indem man nach links abbiegt und ein Stück am romantisch-reißenden Gößnitzbach entlanggeht, diesen dann über die leicht mitwippende Holzbrücke überquert und nach rechts ab auf der anderen Seite des Gebirgsbaches entlanggeht. Kurz darauf geht es über eine größere Holzbrücke zurück über den Bach, dann zu einer Infotafel (hier auch Haltestelle des Wanderbusses) und nach dieser unbeschildert halbrechts abbiegen, dann ist man nach wenigen Minuten wieder am Moor und geht das letzte Stück wie auf dem Hinweg zurück zum Ausgangspunkt. Ein Teil des Weges gehört zum Erlebnisweg „Natura Mystica" mit diversen Infotafeln.

Kleines Fleißtal, Großes Fleißtal und die Fleißalm

Das romantische Goldgräbertal bei Heiligenblut ist ein beliebtes Ausflugsziel für Familien. Geschürft wird im eisig kalten Kleinfleißbach des sehr schönen **Kleinen Fleißtals**, das hier spektakulär vor einer Felswand endet. Die Gipfel um den Hohen Sonnenblick (3106 m) heißen Goldzechkopf (3042 m) und Goldbergspitze (3073 m). Noch heute wäscht das Wasser Gold aus dem Berg und manchmal auch in die Siebe der Goldgräber.

Das weiter oberhalb gelegene **Große Fleißtal** ist im Winter ein beliebtes Skigebiet (die Fleißalm-Tunnelbahn führt von der Mittelstation der Rossbach-Bergbahn hierher), im Sommer dagegen ist das Tal ein Idyll in purer Einsamkeit (und ohne Lifte!). Bewirtschaftet ist die Fleißalm jedoch nur im Winter als Skihütte (Sepp's Fleißkuchl, ✆ 0664-3522690).

Im Großen Fleißtal wurden im Frühsommer 2012 zwei weibliche **Bartgeier** ausgewildert (im Rahmen eines Wiederansiedlungsprojektes im Nationalpark Hohe Tauern). Letzte Sichtungen – bzw. GPS-Aufzeichnungen – weisen darauf hin, dass *Glocknerlady* und *Inge* sich zwar noch immer in den Hohen Tauern aufhalten (im Mölltal und auf der Salzburger Seite), aber auch weiter westlich im Lechtal und in Tirol. Dafür wurde 2015 der im Vorjahr in Osttirol ausgewilderte *Felix* über Monate im Großen Fleißtal gesichtet. Wer hier also wandern geht, hat eventuell Chancen, einen der mächtigen Bartgeier (mit einer Flügelspannweite von 2,90 m größer als der Steinadler) zu sehen. Wanderer und Bergsteiger werden gebeten, Beobachtungen unter bartgeier@hohetauern.at oder ✆ 0664-1417429 zu melden. Alles weitere über die Bartgeier-Population in den österreichischen Alpen unter www.hohetauern.at („Online Services").

Der Bartgeier

Anfang des 20. Jh. waren Bartgeier in den österreichischen Alpen ausgerottet, das Projekt der „Wiedereinbürgerung“ brachte die mächtigen Tiere zurück. Mit einer Spannweite von bis zu 2,90 m und bis 7 kg Gewicht sind sie die größten Greifvögel Europas. Erst mit etwa vier bis fünf Jahren geht der Bartgeier auf Partnersuche und wird dann sesshaft, das Territorium pro Paar ist bis zu 750 km^2 groß. Der Horst selbst befindet sich meist in einer kleinen Höhle oder Felsnische im Hochgebirge. Die ersten Brutversuche erfolgen im Alter von sieben Jahren, bleiben aber anfangs oft erfolglos. Mitten im tiefsten Winter werden zwei Eier gelegt und etwa 55 Tage bebrütet. Schlüpfen die beiden Küken, herrscht im Nest dann brutaler „Kainismus“: Das stärkere Küken verdrängt sofort das schwächere, das auch von den Eltern keine weitere Beachtung erfährt und kurz darauf verhungert. Seinen ersten Flug macht der junge Bartgeier im zarten Alter von etwa vier Monaten, die Lebenserwartung in Freiheit liegt bei 21 bis 28 Jahren. Während die Jungvögel noch einen dunklen Kopf haben, zeigen sich ältere Bartgeier mit einem durch eisenoxidhaltige Schlammbäder rötlich gefärbten Federkleid; warum sie das tun, ist bis heute unklar.

Mehr Gewissheit besteht in Sachen Ernährung, diese besteht zu etwa 90 % aus Kadavern und Knochen verendeter oder geschossener Tiere. Dabei können auch größere Knochen verschlungen und dank eines besonders säurehaltigen Magen-pH-Wertes von 1 vollkommen zersetzt und verwertet werden. Gerne nimmt er aber auch mit dem vorlieb, was die Futterkonkurrenz oder der Jäger von einem erlegten Tier übrig lassen. Was allerdings auch zum Verhängnis werden kann: Das mitverdaute Geschoss hat nicht nur bei Bartgeiern, sondern auch schon bei Steinadlern zu schweren Bleivergiftungen geführt, die nicht selten tödlich enden. Im Jahr 2014 sind die österreichischen Landesjagdverbände auf bleifreie Munition umgestiegen.

Bleibt die Frage nach dem Namen: Ja, der Geier trägt Bart, auch Damenbart, und zwar sowohl über als auch unter dem Schnabel.

Anfahrt Von Heiligenblut zunächst Richtung Franz-Josefs-Höhe, in der Fleißkehre (Kehre vor der Mautkasse) zweigt die schmale Straße rechts ab, gleich darauf dann links den Berg hinauf (rechts geht es nach Apriach) und zur „Goldwasch-Anlage“, weiter auf dem schmalen Sträßchen sind es noch ca. 1,5 km zum unteren Parkplatz des „Goldgräberdorfes“, ab hier nochmal 1,5 km auf Schotter zum „Alten Pocher“ (zuletzt geschlossen). Noch vor dem ersten Parkplatz geht es links steil hinauf zuerst auf Asphalt, dann auf schmalem Forststräßchen ins Große Fleißtal.

Goldschürfen 120 bis 200 t Gold sollen noch in den Hohen Tauern liegen, und am ehesten findet man welches im Kleinfleißbach. Selbst schürfen kann man in der **Goldwasch-Anlage** bei Raimund: Juni–Sept. (wetterabhängig) tägl. 10–17 Uhr, So 11–17 Uhr, Eintritt 6 €, ab 4 Pers. 4 €/Pers., bleiben kann man, solange die Geduld reicht, wie uns Raimund augenzwinkernd versicherte. Für Geduldige gibt es hier auch Grillwürstel, Kaffee und sogar ein Klohäuschen.

Im **Goldgräberdorf** weiter oben im Tal kann man ebenfalls selbst schürfen, pro Pers. 8 € (Kinder bis 6 J. frei), Gummistiefel können geliehen werden, auch hier Kiosk mit Souvenirs, Snacks, Eis. Juni–Sept. tägl. 10–17 Uhr. Das **Schaubergwerk** (Freilichtmuseum) oberhalb des Goldgräberdorfes (tägl. 10–17 Uhr, Eintritt frei) zeigt die verschiedenen Phasen der Goldgewinnung im Mittelalter – ein mühsames Geschäft, zumal

Blick auf die Apriacher Stockmühlen

das Gold ja von weit oben in den Bergen heruntertransportiert werden musste. Eine **Wanderung** führt in etwa 2:30 Std. vom Alten Pocher hinauf zum Zirmsee (einst auch „Goldsee" genannt) auf 2529 m: oberhalb davon führten die Goldstollen in den Berg.

Apriach

Apriach, am steilen Hang gelegen, ist ein idyllisches Dörfchen. Das Mölltal liegt tief unterhalb, und auf der gegenüberliegenden Seite hat man einen hervorragenden Blick auf den „Jungfernsprung": ein imposanter Wasserfall, der hier – in Etappen – über 130 m in die Tiefe stürzt (hier gibt es auch einen Rundwanderweg). Sehenswürdigkeit des Ortes sind die historischen **Stockmühlen** am Hang oberhalb: Acht gut erhaltene und noch funktionstüchtige Mühlen aus dem 18. Jh. staffeln sich am Apriacher Bach den steilen Hang hinauf, ein Fußweg führt hinauf (Turnschuhe genügen, Sandalen nicht).

Von außen kann man die Stockmühlen jederzeit besichtigen, Parkplatz 100 m weiter an der Volksschule. 2x tägl. Busse ab Heiligenblut. Führungen auf Anfrage unter ✆ 04824-2354.

Großkirchheim/Döllach

ca. 1400 Einwohner

Die Gemeinde Großkirchheim mit ihren vielen kleinen Weilern liegt südlich von Heiligenblut im Tal der Möll. Im 15./16. Jh. befand sich hier das Zentrum des Gold- und Silberabbaus der Hohen Tauern. In den „Goldbergen" um das hier einmündende, besonders schöne Zirknitztal und das kaum weniger schöne Fleißtal (→ S. 118) wurde das Gold gewonnen. Zentrum Großkirchheims ist **Döllach** an der Bundesstraße (hier kommt auch die Straße von Apriach herunter) mit seinem Schloss und daneben dem kleineren „Schlösschen" unweit der Durchgangsstraße (nördlicher Ortsrand). Die Familie Putz, seinerzeit beherrschend im Bergbau der Hohen Tauern, ließ beide errichten: das Schlösschen um 1550 als Wohnhaus, das Schloss wahrscheinlich im Jahr 1576 als Firmensitz und Berggericht (beide heute nicht mehr zugänglich).

Übernachten/Essen **Schlosswirt**, in Döllach an der Bundesstraße, dahinter befindet sich das kleine Freibad des Ortes. Ein schönes und einladendes Hotel in altem Gemäuer, einladend auch das Restaurant und besonders die urgemütliche Bar, nette Terrasse vor dem Haus. Sauna im Haus, Tennis und Freibad gratis, im Winter mit Skibus-Haltestelle. EZ 59 €, DZ 78–90 €, Familienzimmer für 2 Erw. und 2 Kinder 140–160 €, jeweils inkl. Frühstück, Halbpension +20 € pro Pers. und Tag. Ferienwohnung 140–150 €. Hund 10 €/Tag. Wohnmobil-Stellplatz (8 €/Tag). Döllach 100, 9843 Großkirchheim, ✆ 04825-26761, www.schlosswirt.net.

Verbindungen Mit dem **Postbus** 9x tägl. nach Heiligenblut und nach Winklern, am Wochenende nur 4x tägl.

Tauerngold-Ausstellung im Putzenhof: Von Döllach auf der Bundesstraße in südliche Richtung fahrend wird man den Hof linker Hand kaum übersehen können. Das Gebäude wurde ebenfalls von der Familie Putz gebaut, wenn auch etwas später als die Schlösser, nämlich um ca. 1580. Heute beherbergt der Putzenhof ein Restaurant und im UG eine sehenswerte Ausstellung zum „Mythos Gold“: Schautafeln und Texte dokumentieren die Geschichte des Goldbergbaus in den Hohen Tauern, zu sehen sind alte Werkzeuge und Goldwasch-Utensilien sowie Kleidungsreste der Bergarbeiter aus dem 16. Jh., alte Gemälde, römische Goldbarren, Goldschmuck, Münzen usw. Eine Karte zeigt, wo die Bergbauminen um das Mölltal liegen.

Die Ausstellung ist Mitte Mai bis Mitte Okt. tägl. 10–18 Uhr geöffnet, Eintritt 6 €, Kinder 3 € (im Restaurant Bescheid sagen). Das **Restaurant Putzenhof** (mittlere Preislage, nette Grasterrasse oberhalb der Straße) ist ganztägig geöffnet, Mi abends geschl., im Winter nur Do–So ab 17 Uhr. ✆ 04825-26736.

Näheres zum Goldabbau in den Hohen Tauern → Geschichte Kärntens, S. 60.

Winklern

ca. 700 Einwohner

Bei Winklern endet der romantische Teil des oberen Mölltals, südlich davon wird es unspektakulärer. Der verkehrsreiche Ort wird optisch von seinem **Mautturm** beherrscht. Erbaut wurde er um 1300 und diente lange Zeit als Wachturm und Zollstation an den beiden Handelsstraßen nach Lienz und ins Mölltal. Das oberste Stockwerk wurde übrigens erst Ende des 19. Jh. aufgesetzt, damals diente der Turm als Getreidespeicher. Heute ist in dem weithin sichtbaren Gebäude eine umfangreiche Bergkristall-Ausstellung untergebracht. In Winklern zweigt die Bundesstraße 107 ins nur 16 km entfernte Lienz im Oberen Drautal ab. Bei der Fahrt über den Iselsbergpass (1209 m) eröffnet sich ein eindrucksvoller Ausblick auf die Lienzer Dolomiten.

Bergkristall-Ausstellung: Mitte Mai bis Okt. tägl. 10–16 Uhr, Juli/Aug. 9.30–17 Uhr, Eintritt 5,50 €, Kinder 3 €. Winklern 9, ✆ 04822-22716.

Flattach und die Raggaschlucht

Flattach ist ein kleiner, unspektakulärer 450-Einwohner-Ort ein Stück abseits der B 106 und der Möll mit kleinem Freibad auf grüner Wiese. Auf dem Weg in die Tauern würde man hier vielleicht achtlos vorbeifahren, doch bietet Flattach den Einstieg zum Skigebiet **Mölltaler Gletscher** an den Hängen des Schareck (3123 m), einer sowohl winters wie auch sommers schneesicheren und attraktiven Anlaufstation für Skisportler, und außerdem ein schönes Wandergebiet. Von Flattach/Kleindorf sind es aber nochmal 18 km durch das idyllische Tal am Fragantbach entlang zur hochmodernen Talstation der Tunnelbahn Mölltaler Gletscherexpress: Nur 8 Min. durch den Stollen und knapp 1000 Höhenmeter später ist man mitten in der hochalpinen Oberkärntner Bergwelt.

Im Sommer wird ein Besuch in der Raggaschlucht, die mit ihren spektakulären Stiegen und Stegen nur mit der Tscheppaschlucht in den Karawanken (→ S. 344) vergleichbar ist, zu einem unvergesslichen Erlebnis.

Übernachten/Essen *** **Alpenhotel Badmeister**, ca. 1 km vor der Talstation des Gletscherexpress im Fraganttal auf der linken Seite, ein schönes und freundliches Hotel allein auf weiter Flur, mit Restaurant, Terrasse und Garten, Sauna im Haus. Idealer Standort für Wanderer und Wintersportler. EZ 55–63 €, DZ 110–126 €, jeweils inkl. Halbpension, im Winter generell teurer. Es gibt auch Familien-Appartements für bis zu 6 Pers. Innerfragant 18, 9831 Flattach, ✆ 04785-8105, www.badmeister.at.

Sport **Sommerskibetrieb** mit dem Gletscherexpress (Mitte Mai bis Mitte Juni geschl.) von 8–16 Uhr, in der **Wintersaison** (ab

Die Raggaschlucht

Die Klamm ist nicht allzu lang, aber an landschaftlicher Dramatik kaum zu überbieten: Steil ragen die Felswände in die Höhe und rücken bedrohlich eng zusammen. Tief unten tost der Wildbach, windet sich durch den glattgeschliffenen Fels und stürzt über spektakuläre Fälle hinab. Eine atemberaubende Steigkonstruktion mit Brücken, Stiegen und Stegen folgt den Windungen, die der Raggabach in tausenden von Jahren tief in den Fels gegraben hat.

Über eindrucksvolle 800 m ist das Naturdenkmal Raggaschlucht durch den Holzweg begehbar, 200 Höhenmeter werden überwunden. Begleitet wird der Weg durch Informationstafeln eines geologischen Naturlehrpfads. Zurück geht es auf einem (überraschend steilen) Waldweg hinunter zum Ausgangspunkt. Insgesamt sollte man eine gute Stunde für den Besuch der Raggaschlucht einrechnen. *Achtung*: die Planken können von der Gischt nass und glitschig sein. Für Kleinkinder, die laufen wollen, und Hunde, die nicht getragen werden wollen, ist der Weg nicht geeignet.

Anfang Mai bis Mitte Okt. tägl. 10–16 Uhr geöffnet, Mitte Juni bis Anfang Sept. 9–17 Uhr, 6 €/Pers., Kinder 3 €, vom Parkplatz (beschildert) sind es noch etwa 300 m bis zum Kassenhäuschen am Eingang der Klamm, ✆ 0485-333 oder 615, www.flattach.de. Bei Flattach von der B 106 abbiegen, ausgeschildert.

Anfang Okt.) voller Liftbetrieb von 8–16.30 Uhr. Berg- und Talfahrt Schareck und retour zwischen 23 € und 44 €, je nach Zeitpunkt der Auffahrt, Kinder die Hälfte. Infos: www.gletscher.co.at.

Rafting, **Canyoning**, **Kajak** etc. auf der Möll bietet der *Club Aktiv Mölltal (CAM)* mit seiner Outdoor Basis in Flattach an: Rafting-Tour 32–55 € (Kinder 19–45 €), Canyoning je nach Dauer und Schwierigkeit 58–129 € (Kinder-Canyoning 39 €), eintägiger Kajakkurs 89 €. Auch MTB-Verleih (19 €/Tag) und geführte Touren. 9831 Flattach 25, ✆ 04785-410, www.cam.at.

Verbindungen Mit dem **Postbus** 9x tägl. nach Heiligenblut, ebenso oft nach Obervellach und weiter nach Spittal.

Obervellach

ca. 1000 Einwohner

Obervellach war einst das verwaltungstechnische Zentrum des Bergbaus, denn hier residierte das Oberstbergmeisteramt, die höchste Instanz des innerösterreichischen Montanwesens. Von diesem Glanz vergangener Tage ist auf dem hübschen, alten Marktplatz durchaus noch etwas zu spüren, nicht zuletzt durch die schönen Bürgerhäuser, von denen eben jenes Oberstbergmeisteramt mit seinem Arkadenhof noch heraussticht. Besondere Sehenswürdigkeit ist außerdem die Pfarrkirche St. Martin unweit des Marktplatzes mit ihrem prachtvollen Triptychon des Niederländers *Jan von Scorel* aus der Zeit um 1520, der Blütezeit Obervellachs als Bergbauzentrum. Ein Stück oberhalb, am Ortsrand, stößt man auf das Schloss Trabuschgen aus dem 14. Jh., später im Renaissancestil und nochmals im Barock umgebaut, das heute – nachdem es zeitweise Hotel war – nicht mehr zugänglich ist. Insgesamt gibt sich der Ort eher unspektakulär, wenngleich er auch heute das Zentrum des Tals ist, geografisch wie wirtschaftlich. In Obervellach zweigt auch die Straße nach Mallnitz am Fuß der Ankogelgruppe ab. Umgeben ist der Ort gleich von drei Burgen: nordwestlich vom Ort die *Burg Groppenstein* aus dem 13.–15. Jh. (Privatbesitz, nicht zu besichtigen), hier beginnt auch die Wanderung durch die gleichnamige Schlucht; südöstlich des Ortes thront eindrucksvoll am Hang die märchenhafte *Burg Falkenstein* (auch: Niederfalkenstein) mit einer mächtigen Brücke der Tauernbahn im Hintergrund. Die Burg stammt ursprünglich aus dem Jahr 1164 und wurde Anfang des 20. Jh. im historisierenden Romantikstil restauriert – ein echter Blickfang und den Österreichern in den 70er Jahren sogar ein Briefmarkenmotiv wert. Oberhalb befindet sich noch die Ruine der *Burg Oberfalkenstein* aus dem 12. Jh., die schon im 16. Jh. aufgegeben wurde.

Urkundlich bezeugt ist die Existenz eines Ortes hier im Mölltal im 10. Jh., damals unter dem Namen *Velah*, man geht aber davon aus, dass bereits die Römer hier waren. Im 12. und 13. Jh. entstanden die Wehrbauten zur Sicherung des Mölltales durch die jeweiligen Fürsten. Seine wirtschaftliche Blüte erlebte Obervellach im 16. Jh. zur Zeit des großen Goldrausches in den Hohen Tauern – über 3000 Menschen arbeiteten damals in den Stollen und brachten jährlich bis zu einer Tonne Gold und Silber zu Tage. Als es damit im 17. Jh. vorbei war, erlebte der Ort durch die 1689 entdeckten Kupfervorkommen in der Umgebung noch einmal einen unerwarteten Aufschwung, der bis ins 19. Jh. andauerte.

Information Tourismusbüro Obervellach, im Oberstbergmeisteramt am Marktplatz, umfängliches Informationsmaterial und freundliche Mitarbeiter, geöffnet Mo–Fr 8–12.30 und 14–17.30 Uhr, Sa 9–12 Uhr, So geschl. (im Winterhalbjahr eingeschränkt). Hauptplatz 58, 9821 Obervellach, ✆ 04824-2700-30, www.obervellach.at.

Markt Im Juli und Aug. immer Donnerstagabend ab 18 Uhr am Marktplatz mit Schmankerln der Region.

Übernachten/Essen Café und Appartements Oberstbergmeisteramt, „modern wohnen in alten Gemäuern" lautet der Werbespruch des Appartementhauses, und das kann man mal so stehen lassen: Das Gemäuer ist 500 Jahre alt, die elf Appartements hochmodern und überaus komfortabel, jeweils mit kleiner Einbauküche. Für 2–4 Pers. 110–130 €/Tag, für 4–6 Pers. 220 €, Einzelnutzung 60 €, Frühstück im Café im Erdgeschoss ca. 5,30–8,20 € pro Pers. (wird gegen Aufpreis auch im Appartement serviert). Das Café bietet Kaffee, Kuchen, Eis, Pralinen und auch Snacks, geöffnet tägl. 7–19 Uhr, So ab 9 Uhr, Di geschl. Hauptplatz 58, 9821 Obervellach, ✆ 04782-32140 oder 0676-844777401, www.oberstbergmeisteramt.com.

Essen & Trinken außerhalb »» Unser Tipp: **Zur guten Quelle**, diese Quelle ist gut, kein Zweifel, dabei aber alles andere als still: der reißende Bach direkt unterhalb der Terrasse sorgt für Geräuschkulisse, dennoch oder gerade deshalb ein sehr idyllischer, romantischer Ort. Zum alten Bauernhaus – drinnen mit gemütlicher Gaststube – gehört auch ein hübscher Garten samt Gartenhäuschen, in dem heute kleinere Feiern abgehalten werden können (auch kl. Bühne für Veranstaltungen). Auf der Karte stehen nur wenige Gerichte, dazu kommt eine wechselnde Tageskarte, feine Kärntner Küche zu erfreulichen Preisen: Hauptgerichte 9,50–18,50 €, absolut überzeugend fanden wir das Quellenpfandl (14,50 €), besondere Spezialität ist der Alpenlachs aus heimischen Gewässern. Sehr freundlicher Service. *Tipp*: Die gute Quelle liegt am Wanderweg zur Groppensteinschlucht, man kann sich also vor Begehung dieser oder auch danach hier stärken. Mo–Fr 11–21 Uhr, Sa/So 10–22 Uhr, Küche 11.30–20.30 Uhr, Di Ruhetag. Es wird auch ein **Appartement** für 2 Pers. vermietet: 90 €, mit ausführlichem Frühstück 115 €. Nov. bis Ende April geschl. *Anfahrt*: von Obervellach Richtung Mallnitz bergauf, nach wenigen Kilometern links ab, beschildert, dann noch ca. 400 m. Lassach 7, 9821 Obervellach, ✆ 04782-29992, www.zurgutenquelle.at. ««

Verbindungen Der Name des **Bahnhofs** Mallnitz – Obervellach trügt, denn er befindet sich im 8 km oberhalb gelegenen Mallnitz. Ab hier stündl. Züge nach Spittal und Villach, in Gegenrichtung stündl. nach Salzburg. In Mallnitz befindet sich auch der Zielbahnhof der Tauernschleuse (→ S. 76). **Busse** zwischen Mallnitz und Obervellach fahren nur 5x tägl. direkt (Fahrtdauer um 10 Min.), ansonsten etwas umständlich mit Umsteigen in den Nachbarorten Rabisch oder Kolbnitz, dann dauert die Fahrt über eine Stunde.

Groppensteinschlucht: Der wildromantische Schluchtenweg beginnt nordwestlich von Obervellach in Raufen. Auf dem Weg durch die spektakuläre Schlucht passiert man den pittoresken Raufenfall, den mächtigen Groppensteinfall und schließlich den Zechnerfall sowie diverse Aussichtsplätze und auf halber Strecke zwischen den Schluchten den empfehlenswerten *Gasthof Zur Guten Quelle* (→ oben). Der Weg führt streckenweise hoch über dem tosenden Wildbach auf einer Steganlage an der steilen Felswand entlang. Im Anschluss kann man noch durch die *Rabischschlucht* bis hinauf nach Mallnitz wandern.

Groppensteinschlucht: Geöffnet Mitte Mai bis Anfang Sept. tägl. 9–17 Uhr, Erw. 6 €, Kinder 3 €, Sept. bis Mitte Okt. 9–16 Uhr, festes Schuhwerk erforderlich, bei Regen ist die Schlucht gesperrt, Infos unter ✆ 04782-32122, www.obervellach.at/groppensteinschlucht. *Anfahrt*: Am westlichen Ortseingang von Obervellach nach rechts abbiegen, dann sind es nur noch wenige 100 m zum Parkplatz und Kassenhaus am Fuß der Burg Groppenstein.

Wandertipp! Die Schluchten können natürlich einzeln erkundet werden oder als zusammenhängende Wanderung. Nur durch die Groppensteinschlucht sind es knapp 1,5 km, knapp 3 km bis zur *Guten Quelle* (einfach), 230 m Höhenunterschied. Von Obervellach nach Mallnitz sind es gut 9 km, Höhenunterschied 640 m. Der Weg ist leicht bis mittelschwer, festes Schuhwerk sowie ein Mindestmaß an Trittsicherheit, Kondition und Schwindelfreiheit ist erforderlich. Die Schluchten sind nur im Sommerhalbjahr zugänglich, bei schlechtem Wetter geschlossen. *Achtung*: Bei Nässe können die Stegpassagen rutschig sein. Einkehr auf halbem Weg in der *Guten Quelle* (→ oben).

Mallnitz

ca. 800 Einwohner

Acht steile Straßenkilometer oberhalb von Obervellach liegt dieses Wanderparadies im Herzen des Nationalparks Hohe Tauern, mit herrlichen Ausblicken auf die hochalpine Landschaft. Besonders das Seebachtal (von der Talstation der Ankogelbahn in nordöstliche Richtung) ist atemberaubend schön – ein ebener, bewaldeter Talboden des Hochgebirgstals, durch den sich ein stahlblauer Gebirgsfluss schlängelt, umgeben von steil aufragenden, baumbestandenen Hängen und steilen Felswänden und über allem thronen schroffe Gipfel. Man könnte meinen, in die Rocky Mountains verschlagen worden zu sein. Hier wurden – wie auch im Fleißtal bei Heiligenblut – in den letzten Jahren junge Bartgeier in die Freiheit entlassen und können mit etwas Glück auch gesichtet werden.

Der Ort selbst gibt nicht allzu viel her. Verkehrstechnisch bedeutend ist Mallnitz als Kärntner Bahnhof der Tauernschleuse (→ S. 76), hier hält auch der IC zwischen München und Villach. Wichtigste Sehenswürdigkeit von Mallnitz ist das BIOS Nationalparkzentrum (→ unten).

Der Ort Mallnitz wurde erstmals im 13. Jh. erwähnt, als gesichert gilt aber, dass bereits Kelten und Römer den Weg hier durch die Hohen Tauern gingen und ein Passheiligtum errichteten. Im 15. und 16. Jh. wurde auch in den Bergen um Mallnitz Gold abgebaut.

Information Im Gemeindeamt, von Obervellach kommend am Ortseingang gelegen, geöffnet Mo–Fr 9–13 und 14.30–16.30 Uhr, Sa/So geschl. Mallnitz 11, 9822 Mallnitz, ✆ 04824-270040, www.mallnitz.at.

Sport Gleich drei herrliche Hochtäler laden zum **Wandern** ein, allen voran natürlich das bereits erwähnte Seebachtal: Eine einfache Wanderung führt in etwas mehr als 1 Std. vorbei am Stappitzersee und mehreren Wasserfällen zur *Schwussnerhütte* (→ unten), hin und zurück insgesamt 8 km. Im westlich des Ortes verlaufenden Mallnitzer Tauerntal bieten sich ab *Jamnigalm* (Mitte Juni bis Ende Sept. geöffnet) zahlreiche Wandermöglichkeiten, sowohl für kleinere als auch für anspruchsvollere Touren. Und schließlich das östlich von Mallnitz gelegene Dösental mit der *Wolligerhütte* (Ende Juni bis Mitte Sept. geöffnet): hier ist in anspruchsvoller 11-Stunden-Tour die Überquerung der Mallnitzer Scharte (2673 m) zur Gießener Hütte (Maltatal) oder aber – einfacher – nur zum *Arthur-von-Schmid-Haus* (Mitte Juni bis Anfang Okt. geöffnet) am Dösener See auf 2282 m Höhe möglich. Wanderbusse und Parkplätze in allen drei Tälern. Die **Ankogelbahn** fährt auch im Sommer (allerdings je nach Saisonzeit Mo + Di nicht), auch ab Mittel- und Bergstation sind hier schöne Bergwanderungen möglich. Geübte Wanderer können mit einem Bergführer auch den 3252 m hohen Ankogel besteigen (ca. 80 €/Pers., Infos im Gemeindeamt oder unter ✆ 04824-2700).

Skifahren ab Bergstation der Ankogelbahn etwa 30 Pistenkilometer, *Alpengasthof Hochalmblick* an der Mittelstation (hier kann man auch übernachten, 33 € pro Pers. mit Frühstück, mit Halbpension 43 €, ✆ 0664-2219535). An der Talstation befinden sich außerdem zwei Schlepplifte für Anfänger, immerhin auch auf 1300 m. Tagesskipass 44 €, Kinder 22 €, alles Weitere: www.ankogel-ski.at. In den Tälern gibt es außerdem 25 km gespurte Langlaufloipen.

Das **Tauernbad Mallnitz** (schräg gegenüber vom BIOS-Nationalparkzentrum) bietet ein kleines Hallenbad sowie mehrere Saunen und Dampfbad. Geöffnet während der Saison tägl. 14–21 Uhr, Eintritt 8 €, Kinder bis 6 J. frei, 6–15 J. 4,50 €. Mallnitz 155.

Übernachten/Essen **Pension Jägerhof**, freundliche, familiär geführte Pension in Mallnitz, 13 Zimmer, alle mit Balkon und ohne waidmännisches Ambiente (das beschränkt sich auf den Flur), gutes Frühstück. EZ 36 €, DZ 68 €. Direkt nach dem Ortszentrum Richtung Seebachtal in der Kurve geradeaus (beschildert). Stappitz 120, 9822 Mallnitz, ✆ 04784-370, www.peak.at/jaegerhof.

Restaurant Almstuben, das zum gegenüberliegenden Hotel Alber gehörende Restaurant zeigt sich innen in urigem Hüttenambiente, mit offenem Kaminfeuer und jede

Der Stappitzer See im Seebachtal

Menge Gebälk, kleiner Gastgarten an der Durchgangsstraße bzw. neben dem zentralen Platz. Kärntner Küche zu angemessenen Preisen. Tägl. abends geöffnet. ✆ 04784-527.

Schwussnerhütte, ob als Höhepunkt einer gemütlichen Talrunde oder als Zwischenstation einer Bergtour, unter den steil aufragenden Felswänden im Talschluss des traumhaft schönen Seebachtals lässt es sich in der urigen Schwussnerhütte hervorragend einkehren, knapp 4 km vom Parkplatz an der Ankogelbahn entfernt. Anfang Juni bis Ende Sept. tägl. geöffnet. Seebachtal, 9822 Mallnitz, ✆ 0664-2219535.

Verbindungen **Bahn**: 4x tägl. IC nach Spittal und Villach, in Gegenrichtung ebenso oft nach Salzburg und München. 5x tägl. **Postbusse** nach Obervellach. Der **Wanderbus** fährt im Sommer ab Zentrum Mallnitz 6x tägl. zur Talstation Ankogelbahn (Eingang Seebachtal), 5x tägl. zur Jamnigalm (Tauerntal) und 5x tägl. ins Dösental. Im Winter fährt der **Schibus** vom Zentrum zur Talstation der Ankogelbahn.

BIOS Nationalparkzentrum: Etwas abseits des Ortszentrums von Mallnitz (ab hier beschildert) gelegen und durchaus sehenswert – hier beobachteten wir z. B. einen Ameisenhaufen durch die Lupe, einen lebenden Wasserfloh unterm Mikroskop, Bachsaiblinge im Aquarium und eine trinkende Kuh aus der Froschperspektive. Außerdem werden Filme zu Steinbock, Gams und Murmeltier gezeigt, das Ganze kindgerecht aufbereitet und nett gemacht. Wechselnde Ausstellungen runden das Angebot ab, ein Teil der Dauerausstellung ist dem Geologen und Gründungsmitglied des Österreichischen Alpenvereins *Edmund Mojsisovics* (1840–1907) gewidmet, der sich hier um 1900 eine herrschaftliche Villa als Altersruhesitz baute.

Mitte April bis Anfang Okt. tägl. 10–18 Uhr geöffnet. Eintritt 8,70 €, Kinder unter 6 J. frei, 6–15 J. 4,70 €, Familienkarte 19,60 €; Sonderausstellung 2,50 €, Kinder 1,50 €. Führungen tägl. 10.30, 13 und 16.30 Uhr, Kinderführungen (für Kinder unter 6 J.) um 15 Uhr. Café und Shop beim Eingang. Mallnitz 36, ✆ 04784-701, www.bios-hohetauern.at.

Das Mölltal zwischen Obervellach und Möllbrücke

Weitgehend unspektakulär gibt sich das untere Mölltal bis zum Ort Möllbrücke. Etwas südlich von Penk erhebt sich kegelförmig und dicht bewaldet kaum zu übersehen der 960 m hohe *Danielsberg*, auf dem sowohl Kelten als auch Römer Kultstätten errichtet hatten, die Spuren der Besiedlung hier oben reichen aber zurück bis in die Steinzeit. Heute befinden sich hier eine Kirche und eine Ausflugsgaststätte. Absoluter Blickfang des unteren Tales ist allerdings die bei Kolbnitz fast senkrecht den Berg hinaufsteigende Reißeckbahn, bei deren Anblick einem allein schon schwindelig wird. Daneben verlaufen die mächtigen Rohre der Wasserkraftanlage Reißeck-Kreuzeck, in Kolbnitz befindet sich das Kraftwerk. Kurz hinter Möllbrücke ist der Talausgang dann erreicht, hier mündet die Möll in die Drau.

Reißeckbahn 82 % Steigung überwindet die Bahn, die in 3 Etappen (mit Umsteigen) in rund 25 Min. über 1500 Höhenmeter überwindet, die Bergstation Schoberboden liegt auf 2236 m Höhe (hier Bergrestaurant). Die Bahn fährt von ca. Mitte Mai bis ca. Mitte Okt. 8.30–17 Uhr etwa alle 20 Min. Berg- und Talfahrt zuletzt 20 €/Erw., Kinder 6–15 J. 11 €, unter 6 J. frei. ✆ 04783-2410. **Hinweis**: Wegen baulicher Maßnahmen ist die Bergbahn 2016 außer Betrieb!

Kreuzeckbahn Sie führt auf den Berg auf der gegenüberliegenden Seite des Tals bei Kolbnitz, 11 Min. sind es mit der Standseilbahn hinauf zur Roßwiese, ab hier beste Wandermöglichkeiten und Jausenstation. Mitte Juni bis Mitte Sept. Mo–Sa 9–17 Uhr, Fahrten zur vollen Stunde. Berg- und Talfahrt 11 €/Erw. (einfach 8 €), Kinder zahlen 8 € bzw. 6 €, unter 6 J. frei. So Ruhetag. ✆ 0664-9046681 oder 04783-2050.

Gmünd und das Maltatal

Kunstgalerien und Wasserfälle: Bei Gmünd, der kleinen, altehrwürdigen, bunten Künstlerstadt, mündet das „Tal der stürzenden Wasser“ in das Liesertal. Wasserfälle gibt es viele im wasserreichen Kärnten, im Maltatal aber fallen besonders viele Fälle besonders malerisch hinab. Das wunderhübsche Tal reicht von Südosten her in den Nationalpark Hohe Tauern hinein. Der höchste Gipfel ist die vergletscherte Hochalmspitze (3360 m), die Tauernkönigin. Das obere Talende wird von der gigantischen Staumauer des Kölnbreinspeichers verschlossen, am Eingang des Maltatals liegt das anmutige Städtchen Gmünd.

Gmünd in Kärnten

ca. 1500 Einwohner

Eine malerische Stadt, im doppelten Sinne: Die bildhübsche Altstadt am Zusammenfluss von Lieser und Malta ist nicht nur ein beliebtes Motiv für Maler und Fotografen, Gmünd hat sich auch als Stadt der Künstler und Kunstgalerien einen Namen gemacht.

Die Künstlerstadt Gmünd ist bunt: Bunt sind die Fassaden des historischen Stadtbilds und bunt ist auch das kulturelle Leben. Gmünd zieht die Kreativen an: die Maler und bildenden Künstler, aber auch die Schriftsteller, Musiker, Theaterleute sowie natürlich Galeristen und Sammler – und: uns, das geneigte Publikum, die Neugierigen und Kunstinteressierten.

Zahlreiche Galerien und Künstler-Ateliers, Ausstellungs- und Veranstaltungsorte haben sich in den idyllischen Gassen des kompakten historischen Zentrums angesiedelt. Die etablierten Kunstschaffenden stellen in Gmünd genauso gerne aus wie die junge Gegenwartskunst. Es gibt städtische sowie private Galerien mit verschiedenen Schwerpunkten und wechselnden Ausstellungen, zudem Ateliers hiesiger Künstler, die ihre Werke ebenfalls für ein öffentliches Publikum zugänglich machen, und Gastateliers für Künstler aus Österreich und aller Welt. Jahr für Jahr umrahmt ein abwechslungsreiches Kulturprogramm die Ausstellungen und Vernissagen. Der alljährliche Kulturkalender der Kleinstadt ist außergewöhnlich!

Geschichte: Durch das Liesertal sind schon die Römer zum Katschberg hinaufmarschiert. Am Zusammenfluss von Malta und Lieser ließ der Salzburger Erzbischof Anfang des 13. Jh. einen Handelsposten und Marktflecken gründen. Bereits 1346 erhielt Gmünd das Stadtrecht. Von Anfang an wurde die junge Stadt wehrhaft gestaltet: mit erhöht liegender, trutziger Burg, robuster Stadtmauer und (verschließbaren) Toren. So wurde Gmünd während der Türkeneinfälle nie besetzt und geplündert. 1504 zerstörte ein Brand weite Teile der Stadt. Im Laufe der Jahrhunderte kamen und gingen die Herren, Gmünd wurde protestantisch und mit Gewalt wieder katholisiert. 1639 fiel Gmünd (nun sehr lange, nämlich fast 300 Jahre) an die Grafen von Lodron. 1690 erschütterte ein schweres Erdbeben die Gegend, das auch schwere Schäden in Gmünd anrichtete. Die Erdbebensäule auf dem Hauptplatz erinnert an die Naturkatastrophe. Gmünd ging schließlich noch in die Automobilgeschichte ein: Ferdinand Porsche hatte 1944–1950 sein Konstruktionsbüro hierher verlegt und entwickelte im Werk Gmünd seinen ersten *Porsche* (→ unten).

In der Altstadt von Gmünd ist heute neben den zahlreichen Sehenswürdigkeiten vor allem auch die Geschlossenheit des historischen Stadtbilds bemerkenswert. Einen **Rundgang** durch dieses malerische historische Ensemble beginnt man am besten an der Brücke über die Malta. Rechter Hand findet sich noch diesseits des kleinen Flusses bereits die erste Ausstellungsstätte, die sehenswerte *Fotogalerie Gmünd*. Über die Brücke gelangt man an das erste der vier Stadttore, die durch die fast geschlossene Stadtmauer in die Altstadt führen. Über das schmucke, von einem kleinen Türmchen gekrönte *Untere Stadttor*, auch *Stadtturm* genannt, in dem die *Stadtturmgalerie Gmünd* untergebracht ist, erreicht man den Hauptplatz. Der zentrale Platz erstreckt sich über die gesamte Länge der Altstadt. Am anderen Ende führt das *Obere Tor*, das an das *Schloss Lodron* angegliedert ist, wieder aus der Stadt hinaus. Beidseitig des Hauptplatzes erstreckt sich ein kleines Gassengewirr mit unzähligen fotogenen Ecken und Winkeln. Besonders schön ist ein Spaziergang durch das kleine Viertel, das sich nach Norden zum Maltatal hin erstreckt. Hier trifft man auf die *Lodronsche Reitschule* (1655), die heute als Veranstaltungsort dient. Das niedrige Tor übrigens, das aus dieser Stadtmauerseite hinausführt, heißt Maltator und beherbergt das internationale Gastatelier der Stadt. Über die Kirchgasse, in der u. a. die sehenswerte *Hausgalerie von Fritz Russ und Birgit Bachmann* liegt, erreicht man die Stadtkirche von Gmünd mit dem beistehenden gotischen Karner und der Glasinstallation auf dem Platz. Weitere Galerien verstecken sich in der ebenso engen wie malerischen Hinteren Gasse, darunter auch die *Galerie Miklautz* und die *Galerie Gmünd*. Das vierte Stadttor, das *Pankrazi-Tor*, liegt an der Ostseite bei der ehemaligen Pankratius-Kirche. Außerhalb der Stadtmauern schließlich finden sich unweit der Straße ins Maltatal das Porschemuseum und der Skulpturengarten Fritz Russ. Oberhalb der Altstadt thront die Alte Burg (Weiteres zu den Sehenswürdigkeiten der Stadt → unten).

Information **Gästeinformation/Kulturamt**, die Tourist-Info der Künstlerstadt befindet sich im Rathaus, sehr freundlich und gut informiert, hier erfährt man alles über die aktuellen Ausstellungen und Veranstaltungen. Geöffnet Mitte Juni bis Mitte Sept. Mo–Fr 8–17 Uhr, Sa 9–15 Uhr, den Rest des Jahres Mo–Fr 8–12 und 13–16.30 Uhr. Hauptplatz 20, 9853 Gmünd in Kärnten, ✆ 04732-221514, www.stadtgmuend.at.

Es werden zahlreiche Stadtführungen angeboten, Rundgänge durch die Altstadt und Kombiangebote mit Museums-, Galerie- oder Ausstellungsbesuch. Die Führungen dauern zwischen ein und zwei Stunden und kosten 3–11 €. Infos zu Angebot und Terminen in der Tourist-Info.

Übernachten/Essen **Gasthof Kohlmayr** **2**, traditionsreiches Gasthaus am Hauptplatz im Zentrum von Gmünd gelegen.

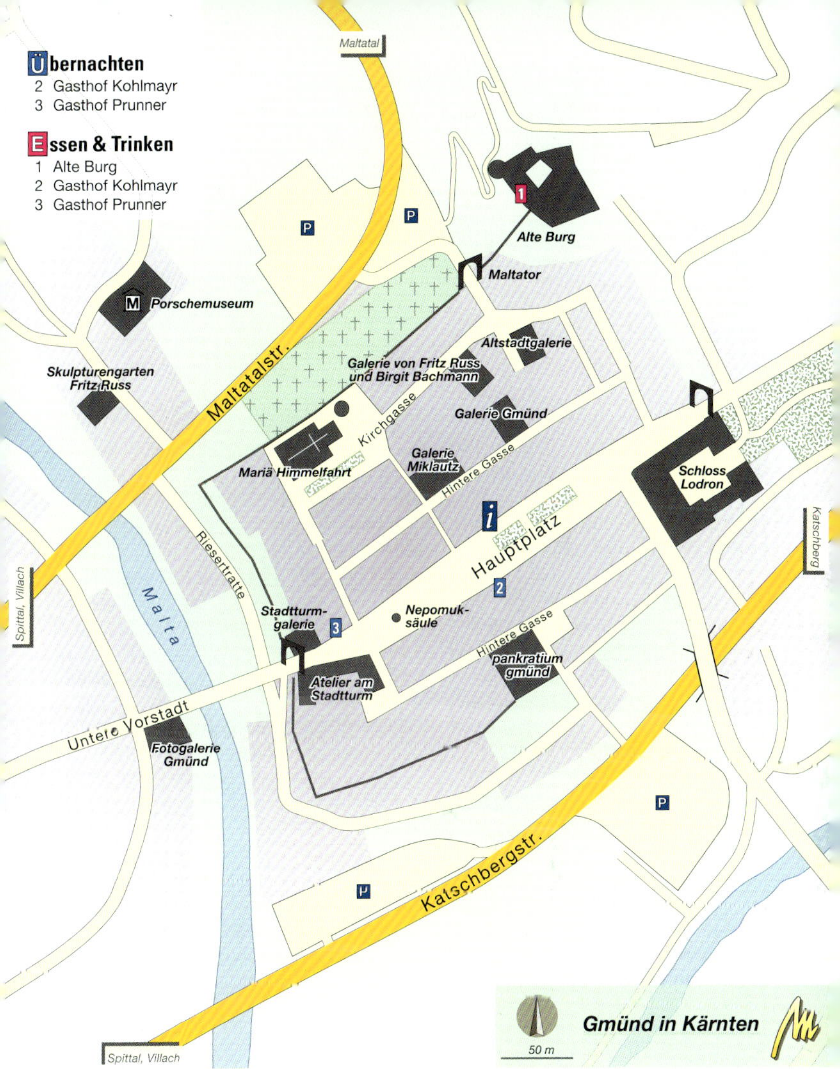

Kärntner Küche, auch Cafébetrieb, stilvoll eingerichtete, sehr behagliche Zimmer, EZ ab 45 €, DZ ab 70 €, jeweils mit Frühstück. Hauptplatz 7, ✆ 04732-2149, www.gasthof-kohlmayr.at.

Gasthof Prunner 3, freundlicher Familienbetrieb beim Stadtturm. In den zwei Gaststuben wird Kärntner Küche serviert, auch Themenwochen, das Fleisch kommt aus der eigenen Landwirtschaft, empfehlenswort auch die Forelle (tägl. mittags und abends geöffnet, Küche bis 21.30 Uhr, im Winterhalbjahr Di Ruhetag). 19 Zimmer und Appartements rund um den überdachten Innenhof, einfach, aber zweckmäßig. DZ 78–86 € einschl. Frühstück. Hauptplatz 15, ✆ 04732-2187, www.prunner-gmuend.at.

Alte Burg Gmünd 1, in der trutzigen Burg verbirgt sich eine Villa Kunterbunt, kunstvoll, abwechslungsreich und originell, dabei aber nicht ungemütlich. In dem Restaurant/Galerie-Kneipe/Künstler-Cafe hat man beim Essen oder beim Kaffee auch was zu gucken. Spezialität sind die hausgemachten Spätzle, große (und gute) Auswahl an vor allem österreichischen Weinen. Die Alte Burg ist neben der kulinarischen Nutzung auch Galerie, Veranstaltungsort und Bühne. Freundlicher Service. Geöffnet von Ostern bis Neujahr ab 11.30 Uhr (April bis Juni und Sept./Okt. Mo/Di Ruhetag, Nov./Dez. nur Fr–So ab 12 Uhr geöffnet), Küche bis etwa 21 Uhr. Burgwiese 1, ✆ 04732-3639, www.alteburg.at.

Zahlreiche **Cafés** befinden sich am Hauptplatz.

Parken Sollte es auf dem Hauptplatz voll sein, parkt man am besten auf den Parkplätzen unterhalb der Burg, an der Straße ins Maltatal.

Sport Die sportlichen Highlights, Klettern, Eisklettern, Wandern, Rafting und Canyoning, finden im Maltatal statt (→ S. 136).

Verbindungen Der **Postbus** fährt etwa stündl. von und nach Spittal, die *Linie 5132* fährt alle 2 Std. nach Rennweg, die *Linie 5130* etwa alle 2 Std. ins Maltatal.

Sehenswertes in Gmünd

Die Galerien: Hier allen Galerien und Ausstellungsstätten den ihnen angemessenen Raum zu geben, würde den Rahmen sprengen. Die folgende Übersicht soll die Orientierung erleichtern. Die Kulturinitiative der Stadt Gmünd stellt in besonders schönem historischen Ambiente aus: In der *Stadtturmgalerie* werden wechselnde Ausstellung namhafter Künstler gezeigt (darunter Alfred Hrdlicka oder Werner Berg), während sich die *Galerie Gmünd* in der Hinteren Gasse der jungen Kunst widmet und im Maltator das *Internationale Gastatelier* Raum für Gastkünstler gibt. An der Brücke über die Malta liegt die *Fotogalerie Gmünd* mit großartigen Fotokunst-Ausstellungen (zuletzt jährlich zwei bis drei wechselnde Ausstellungen), hier werden auch Fotoworkshops angeboten. In der Kirchgasse befinden sich die *Altstadtgalerie* sowie die kleine, sehr sehenswerte *Galerie von Fritz Russ und Birgit Bachmann*, außerhalb der Stadtmauern liegen Atelier und *Skulpturengarten* des Bildhauers *Fritz Russ*. Weitere ansässige Künstler sind die Kärntnerin *Larissa Tomassetti*, von der auch die Installation auf dem Kirchplatz stammt, und *Frank Tomassetti-Kropiunik*, die in ihrem *Atelier am Stadtturm* ausstellen (v. a. Malerei, Fotokunst). In der Hinteren Gasse liegt die *Galerie Miklautz*. Margarete Miklautz vereint Antiquitäten und Kunst: zwischen den alten Möbeln sind sehenswerte, wechselnde Ausstellungen zu sehen. Auch in der Alten Burg ist eine Galerie untergebracht, Schwerpunkt sind Künstler aus dem Alpe-Adria-Raum.

Die Galerien sind nur zu Ausstellungszeiten geöffnet, die Zeiten können variieren (teils nur im Sommerhalbjahr), sicherheitshalber im Kulturamt nachfragen, dort erhält man auch die Termine für die Vernissagen, Infos auch unter www.stadtgmuend.at/kuenstler stadt-gmuend. **Stadtturmgalerie**, im Unteren Stadttor, Mai bis Anfang Okt. tägl. 10–13 und 14–18 Uhr, Eintritt. **Galerie Gmünd**, Hintere Gasse 36, zuletzt Mai bis Sept. tägl. 10–13 und 15–18 Uhr, Eintritt frei. **Internationales Gastatelier Maltator**, da alle drei Monate neue Gastkünstler kommen, wechselnde Öffnungszeiten. **Fotogalerie Gmünd**, an der Stadtbrücke, ✆ 0650-9853171, April bis Okt. tägl. 10–18 Uhr, Eintritt frei. **Altstadtgalerie**, zuletzt April bis Okt. tägl. 10–18 Uhr, Eintritt frei. **Galerie von Fritz Russ und Birgit Bachmann**, Kirchgasse 44, ganzjährig geöffnet, Eintritt frei, www.birgitbachmann.at. **Skulpturengarten Fritz Russ**, an der Malta beim Porsche-Museum, ganzjährig tägl. geöffnet, Eintritt frei. **Atelier am Stadtturm**, am Hauptplatz beim Stadtturm, Eintritt frei, www.larissa-tomassetti.com. **Galerie Miklautz**, Hintere Gasse 32, ✆ 0664-2011255, www.miklautz.at, ganzjährig Mo–Sa 10–13 und 15–18 Uhr, Eintritt frei. **Galerie in der Alten Burg**, auch hier wechselnde Ausstellungen. Geöffnet, wenn das Burgrestaurant geöffnet ist (→ oben).

Alte Burg: Eine erste Burg wurde wahrscheinlich bereits mit Gründung des Ortes Gmünd im 13. Jh. errichtet. Die Wehranlage wurde im Laufe der Jahrhunderte zu einer trutzigen Burg ausgebaut, die fast allen Anstürmen stand hielt. Nur die ungarischen Soldaten schafften es, die Anlage nach siebenjähriger Belagerung 1487 einzunehmen und zu zerstören. Die Alte Burg wurde wiederaufgebaut. Doch was den ungarischen Soldaten nicht gelang, schaffte das Desinteresse. Die Grafen von Lodron, die ab 1639 für fast 300 Jahre über Gmünd herrschten, bezogen das komfortable Stadtschloss und ließen das alte Gemäuer verfallen. Teile der Burg nahmen bei dem schweren Erdbeben von 1690 Schaden, 1886 wütete ein Feuer. Erst in jüngster Zeit wird die noch immer imposante Burgruine wieder für Kunstausstellungen, Konzerte und Theater genutzt. Außerdem belebt ein originelles Café/Restaurant das alte Gemäuer. Vom Aussichtsturm hat man einen weiten Blick über die Stadt.

Auf den **Burgturm** kann man hinaufsteigen (1 €). Zum Wirtshaus **Alte Burg** → S. 129.

Schloss Lodron: Die auch „Neues Schloss" genannte hufeisenförmige Anlage am unteren Tor wurde 1610 erbaut. Als die Grafen von Lodron 1639 die Herrschaft in Gmünd übernahmen, ließen sie das Neue Schloss zu seiner heutigen Erscheinungsform umbauen. Das Schloss selbst ist nicht zu besichtigen, im zugänglichen Hof, der in einen kleinen Park außerhalb der Stadtmauern übergeht, stehen zwei steinerne Löwen, Wappentier der Lodrons, mit auffälligem Brezelschweif. Heute dient das Schloss als Schule, Stadtsaal und Bibliothek.

Stadtkirche: In ihrem Kern ist die Stadtkirche Mariä Himmelfahrt gotisch und wurde im Laufe der Jahrhunderte immer wieder aus- und umgebaut. Zuletzt wurde 1887 der Turm erhöht und mit dem spitzen Helm versehen. In ihrem Inneren zeigt sich das Gotteshaus vornehmlich barock. Hinter der Kirche befindet sich der **Karner**. Im oberen Stock des Rundbaus sind noch schöne Wandmalereien zu sehen. Auf dem weitläufigen Kirchplatz steht eine entspannende, da beliegbare Glas-/Spiegel-Installation der hiesigen Künstlerin Larissa Tomassetti.

Künstlerstadt Gmünd: Der Stadtturm mit Stadtturmgalerie (oben), in der Hausgalerie von Fritz Russ und Birgit Bachmann (unten)

Porschemuseum: Dass Gmünd eine Künstlerstadt ist, sollte klar geworden sein. Gmünd ist aber auch eine Autostadt: 1944 verlegte *Ferdinand Porsche* sein Konstruktionsbüro von Stuttgart nach Gmünd. Während der Autobauer und Firmengründer 1945/46 wegen seiner Verstrickungen mit dem NS-Regime vor Gericht stand bzw. im Gefängnis saß, entwickelte sein Sohn und Erbe *Ferry Porsche* hier in Gmünd den ersten Sportwagen, der unter dem Namen *Porsche* fuhr: den *Porsche Nr. 1*, der ab 1950 serienmäßig als *Porsche 356* gebaut werden sollte. 1950 zog das Werk zurück nach Stuttgart.

Ein PS-starkes Privatmuseum erinnert an den Porsche aus Gmünd. Text- und Bildtafeln informieren über die Konstrukteurs-Familie Porsche und das Werk in Gmünd. Zu sehen ist auch ein interessanter Film. Vor allem sind es natürlich aber die Autos, die begeistern. Der formschöne Gmünder Porsche 356 als Alu- und als Holzmodel sind ausgestellt, wie auch ein zeitgenössischer 911er, ein hübscher Steyr 30 aus dem Jahr 1932, der als Taxi diente, und ein Urkäfer, der unromantisch militärisch „Kommandeurwagen" hieß. Ein „aufgesägter" Porsche erlaubt einen Blick in das Innenleben des Sportwagens. Diverse Rennwagen werden die Motorsportfreunde erfreuen. Eine Besonderheit ist der Polizei-911er. Kein Witz: Im Museum steht der weltweit einzige Porsche, der jemals als Streifenwagen Dienst tat. Das Porschemuseum ist nicht nur für Sportwagenfans eine empfehlenswerte Anlaufstelle.

Das **Porsche Museum Helmut Pfeifhofer** hat ganzjährig tägl. 10–16 Uhr (Mitte Mai bis Mitte Okt. bis 18 Uhr) geöffnet. Riesentratte 4a, Eintritt 8 €, Kinder (6–14 J.) 3,50 €, ✆ 04732-2471, www.auto-museum.at.

Der Dienst-Carrera

Ein eleganter, 325 PS starker Porsche 911 Carrera wurde 2006 von der österreichischen Polizei einige Monate lang getestet. Doch der rasante, polizeitauglich ausgestattete Streifenwagen sollte Österreichs Ordnungshüter nicht serienmäßig zur Verfügung stehen, der Grund: Platzmangel. Wo hätte denn auch der in Gewahrsam genommene Verkehrssünder Platz nehmen sollen? Und der Kofferraum war auch zu klein. Nach 50.000 km Dienstfahrt kam der einmalige Polizei-Porsche schließlich ins Museum nach Gmünd.

pankratium gmünd: Das „Haus des Staunens" befindet sich bei der ehemaligen Pankratius-Kirche im Osten der Altstadt. Mit einem nassen Finger ein Weinglas zum Schwingen und Singen gebracht, hat wahrscheinlich jeder schon einmal. Was man Hörbares noch alles mit Wasser anstellen kann, lässt sich im pankratium erfahren. Man taucht ein in ein faszinierendes Mitmach-Museum aus Kunst- und

Klanginstallationen, voller visueller und akustischer Phänomene, in dem Kunst und Wissenschaft erfahrbar werden. Immer wieder stößt man auf das Thema „Wasser und Klang". Die einstündigen Führungen durch das Haus des Staunens sind nicht nur für Kinder, sondern auch für neugierige Erwachsene interessant.

Mai bis Okt. 10–17 Uhr geöffnet (Juli/Aug. bis 18 Uhr), Erw. 8,90 €, Jugendliche (ab 16 J.) und Studenten 6,90 €, Kinder (3–15 J.) 5,50 €, jeweils einschl. einstündige Führung. Hintere Gasse 60, ✆ 04732-31144, www.pankratium.at.

Die Geteilte Kirche: Nördlich von Gmünd steht eine einzigartige kleine Kirche: Mitten durch die „Kreuzbichlkirche" führt eine alte Straße! Bereits 1588 ist eine kleine Kapelle auf der Hügelkuppe belegt. Aus der Kapelle wurde 1754 ein Altarraum mit aufgesetztem Glockentürmchen. Der Altar am Straßenrand scheint sich einer gewissen Beliebtheit erfreut zu haben. Folge: Auf der anderen Straßenseite wurde ein zweistöckiger Raum für die Kirchenbesucher gebaut. So entstand ein kurioses Gotteshaus, die Geteilte Kirche, durch die sich zwischen Altarraum und Besucherempore einstmals der Verkehr mühte. Heute führt die eigentliche Landstraße um den Hügelrücken herum, die alte Straße aber verläuft weiterhin mitten durch die Kreuzbichlkirche.

Maltatal

Das Tal der Wasserfälle ist der „östliche Eingang" in den Nationalpark Hohe Tauern. Im unteren Tal plätschert die Malta durch eine liebliche Landschaft, weiter oben gewinnt das Tal immens an Dramatik, bevor es von einer gigantischen Staumauer abgeschlossen wird.

Tal der stürzenden Wasser hat der Schweizer Heimatromancier Gustav Renker das Maltatal genannt. Das prägnante Label wird im Tal gerne aufgegriffen, trifft es ja auch durchaus zu: Ob dramatisch vom hohen, schartigen Fels oder in malerischen Kaskaden durch lichten Wald, überall stürzt und plätschert, tost, gurgelt und sprudelt von felsigen Hängen das Wasser hinab. Hauptort ist **Malta**, wenige Kilometer nördlich von Gmünd gelegen. Hier ist das Tal, durch das sich die Malta in weiten Kurven windet, noch breit und flach. In dem kleinen Dorf gibt es eine Infostelle des Nationalparks Hohe Tauern.

Ein kurzes Stück vor Malta liegt auf grüner Wiese im Tal der **Eselpark**. Über 100 Tiere leben in dem kleinen Park, natürlich zahlreiche Exemplare der sympathisch störrischen Grautiere, aber auch Schafe, Ziegen, Lamas und ein kleiner Streichelzoo. Und wer nach einem guten Esel sucht: im Eselgestüt wird auch gezüchtet.

Mai bis Mitte Sept. tägl. 10–19 Uhr, Mitte bis Ende Sept. 13–18 Uhr, Okt. nur Sa/So und bei gutem Wetter 13–18 Uhr, Erw. 5 €, Kinder 4 €. 9854 Malta 55, ✆ 0664-1608111, www.eselpark.at.

Oberhalb von Malta beginnt dann das eigentliche Tal der Wasserfälle, von denen vor allem drei berühmt sind: Beim Ortsteil Brandstatt stürzt der **Fallbach** spektakulär vom Fels, mit mächtigem Donner und einem Schleier aus Gischt. 200 m freier Fall: der Fallbach, Kärntens größter Wassersturz, macht seinem Namen alle Ehre.

An der Durchgangsstraße ist ein großer Parkplatz, vor dem Fall gibt es einen Wassererlebnispark für Kinder (www.erlebnispark-fallbach.at), neben dem Fallbach einen Klettersteig.

Auf der anderen Talseite führt eine Straße zu den **Gößfällen**, drei Wasserfälle, die in malerischen Kaskaden durch den Wald rauschen. Ein Wanderpfad führt über die drei Stufen am Gößbach entlang. Oberhalb der Mautstelle finden sich die unbedingt sehenswerten, vielgestaltigen **Malteiner Wasserspiele**, eine ganze Reihe

von Wasserfällen und Kaskaden, die von einem aussichtsreichen Themenweg begleitet werden. Vom *Unteren Fallertumpf* und den *Oberen Fallertümpfen* – die vom Wasser in den Granit gewaschenen Kolke, also Becken, Aushöhlungen oder Strudeltöpfe, heißen hier Tümpfe – geht es zu einer engen Klamm, durch die sich die Malta tosend ihren Weg bahnt. Kurz darauf erreicht man den Melnikfall, der formschön in Stufen vom Hang fließt, bevor der Wasserschleier in hohem Fall die letzte Stufe hinabrauscht.

Parken kann man entweder an der Mautstelle, dann geht es auf schönem, einfachem Wanderweg die fünf Stationen die Malta entlang hinauf bis zum Melnikfall (gut 1 Std. hin und zurück, der Wanderweg startet rechts neben der Falleralm). Oder man parkt auf dem Parkplatz etwa 400 m nach der Mautstelle. Dann geht es linker Hand zurück zu den Aussichtspunkten 2 und 1 (etwas versteckt hinter einem Felsen) bzw. rechts hinauf zu den Stationen 3 (Blick auf die Klamm mit der Brücke darüber), 4 (Blick von der Brücke) und 5 (Melnikfall).

Mit der Mautstation beginnt die fantastische **Hochalmstraße Malta**. Über 14,4 abwechslungsreiche Kilometer geht es fast 1000 Höhenmeter hinauf zum Kölnbreinspeicher auf etwa 1900 m. Das Tal verengt sich nach den Malteiner Wasserspielen und führt kurvenreich bergauf. Teils geht es durch sehr schmale, unbeleuchtete und auch kurvige Tunnel. Oben durchfährt man das herrliche Hochtal, bevor schließlich nach einem weiteren Anstieg die mächtige Staumauer erreicht ist, die das Maltatal abschließt und den Speicher aufstaut.

Die gigantische Wand der in den 1970ern errichteten Kölnbreinsperre ist 200 m hoch und (oben) 626 m lang. Damit ist die Staumauer die größte Österreichs und der von ihr zurückgehaltene Kölnbreinspeicher der tiefste, allerdings künstliche See Kärntens.

Über die beeindruckende Staumauer kann man einen luftigen Spaziergang machen und sich auf den Airwalk wagen, der in der Mitte der Sperre über den schwindelerregenden Abgrund reicht. Oberhalb der Staumauer steht das empfehlenswerte Berghotel Malta mit Restaurant, Aussichtsterrassen und kleiner Ausstellung der Kraftwerksbetreiber zum Kölnbreinspeicher und der Energiegewinnung aus Wasserkraft.

Von hier aus lassen sich Ausflüge und Wanderungen in die faszinierende Bergwelt der Hohen Tauern unternehmen. Im Westen erheben sich hinter den Elendtälern der Ankogel (3252 m) und im Süden die Hochalmspitze (3360 m), auch Hochalmer oder Tauernkönigin genannt, mit ihren Gletschern.

Die **Wintersaison** ist übrigens ruhig im Maltatal, in Ermangelung eines alpinen Skigebietes. Die Wasserfälle aber frieren im Winter zu und das hat sich auch bei Kletterern herumgesprochen. Das Maltatal hat sich zu einem beliebten Treff für Eiskletterer etabliert.

Information Tourismusbüro Maltatal, Nationalpark- und Gästeinformation im dunkel verglasten Gemeindeamt, gut sortierte, freundlich und informiert geführte Anlaufstelle, hier gibt es auch eine gute Karte vom Maltatal. Geöffnet Mo–Fr 8–12 und 13–17 Uhr, im Winterhalbjahr bis 16 Uhr. 9854 Malta 13, ✆ 04733-22015, www.maltatal.com.

Malta Hochalmstraße Bevor die Straße in die Geländestufe hinaufklettert, die ins obere Maltatal führt, passiert man die **Mautstation**: Pkw 18,50 €, Motorrad 10 €. Die Hochalmstraße ist Anfang Mai bis Ende Okt. 7–18 Uhr geöffnet, kann aber witterungsbedingt schließen. Achtung: Bei der Fahrt über die Hochalmstraße sollte man nicht in Eile sein, streckenweise ist nur eine Spur befahrbar. An der Ampel kann eine Wartezeit bis zu 25 Min. entstehen!

Übernachten/Essen **** **Hotel Malteinerhof**, freundliches Hotel am Ortsrand von Malta (taleinwärts), bei Bikern beliebt. Behagliche Zimmer, Restaurant mit Kärntner Küche (mittags und abends, Mo Ruhetag), für Kinder Spielplatz und -zimmer, außer-

Impressionen von der Kölnbreinsperre

dem eine Sauna im Haus. WLAN. DZ 88–116 € (je nach Größe, mit/ohne Balkon) einschließlich Frühstück. 9854 Malta 39, ✆ 04733-206, www.malteinerhof.at.

***S **Berghotel Malta**, in der Bergwelt am Kölnbreinspeicher: tolles Hotel, traumhafte Lage, herrlicher Blick: ob gemütlich im Zimmer, beim Abendessen im Restaurant oder in der finnischen Sauna. Von dem kreisrunden, futuristischen Bau mit grau-silberner Verkleidung reicht eine Brücke (mit darüber liegender Aussichtsterrasse) hinab zu Staumauer und See. Das Hotel wurde jüngst (und sehr gelungen) renoviert. Hunde willkommen. Freundlicher Service, im umlaufenden Restaurant werden regionale Gerichte serviert, dabei (auch angesichts der Lage) nicht teuer, Küche bis 20.30 Uhr; die Bar ist natürlich länger offen. Geöffnet Mai bis Okt. (an den jahreszeitlichen „Rändern" wetterabhängig). WLAN. DZ 118–140 € je nach Ausstattung, inkl. Frühstück und Maut. Berghotel Malta, Kontakt: Brandstatt 36, 9854 Malta, ✆ 050313-39130, www.berghotelmalta.at.

Gästehaus Hubertus, vor allem bei (Eis-)Kletterern beliebte Unterkunft in Malta, einfache Zimmer und Appartements, Sauna, Fahrradverleih sowie Verleih von Kletter- und Eisausrüstung, Vermittlung diverser Touren. EZ 35–36 € (mit oder ohne Balkon, immer aber mit Bad), DZ 64–68 €, jeweils mit Frühstück. 9854 Malta Nr. 26, ✆ 04733-286, www.gaestehaushubertus.at.

Entlang der Hochalmstraße gibt es mehrere Gasthöfe und Hütten, darunter auf halbem Weg die *Gmünder Hütte* (Mai bis Okt., Mai und Sept./Okt. Mo Ruhetag, ✆ 04733-4290 oder 0664-2019028, www.gmuender huette.at) und relativ weit oben im Tal den *Gasthof Almrausch* (✆ 0664-1844748).

Eine für Freizeit-Wanderer vielleicht interessante Hütte ist die am Tauernhöhenweg gelegene **Osnabrücker Hütte** hinter dem Kölnbreinspeicher: idealer Ausgangspunkt oder Zwischenstation bei der Erkundung der Elendtäler oder der Hochalmspitze, Juli bis Sept. geöffnet (wetterabhängig auch Juni und Okt.), ✆ 06504-461202, www.osnabrueckerhuette.at.

Unterhalb des Stubecks (2370 m) liegt die hübsche und beliebte **Frido-Kordon-Hütte** auf 1649 m. Diverse Wanderwege führen hinauf, beispielsweise von Malta oder von Gmünd, und weiter auf den Gipfel des Stubecks. Die Frido-Kordon-Hütte ist aber auch mit dem Auto von Gmünd aus zu erreichen. Mai bis Okt. und ab Weihnachten bis Ostern geöffnet, schöner Biergarten, innen urig. Auch Übernachtungsmöglichkeit, ✆ 0664-3257530, www.frido-kordon-huette.at.

Camping Maltatal, hübscher, terrassierter Campingplatz rund um ein Schwimmbad, am Ortsrand (talauswärts) an der Straße gelegen, was im ruhigen Tal aber kein Problem sein sollte. Mit Pizzeria, kleinem Supermarkt, Sauna. Neue und renovierte Sanitäreinrichtungen. Auch Zimmer: DZ 76 €, Appartement 96 €, einschl. Frühstück. Platzpreise: 8,30 €/Pers. (ab 14 J.), Kinder 5,70 €, Stellplatz 9,60 €, Terrassenplatz 10,60 € einschl. Strom, Hunde 3,90 €. Ende April bis Mitte Okt. geöffnet. 9854 Malta 6, ✆ 04733-2340, www.maltacamp.at.

Sport Klettern, im Maltatal finden sich mehrere Klettergärten und -felsen. Die bekanntesten sind der *Klettersteig Fallbach*, spektakulär neben dem Wassersturz gelegen und der *Klettergarten Kreuzwand* oberhalb der Mautstelle sowie der *Humuspfeiler* rechts von der Kreuzwand.

Eisklettern, dass man im Tal der Wasserfälle Eisklettern betreiben kann, hat sich herumgesprochen. Die meisten bekletterbaren Eisfälle finden sich hinter der Mautstation. Eine gute Übersicht findet sich auf der Homepage des Gästehauses Hubertus: www.gaestehaushubertus.at.

Achtung: Bitte die markierten Steige verwenden. Außerdem befinden sich die meisten Fälle auf Privatgrund. Aus jagd- und forstwirtschaftlichen Gründen nicht vor dem 1.1. klettern!

Canyoning, wassergekühltes Schluchtenklettern durch den Wasserfall ist im Maltatal ein beliebter Zeitvertreib und wird von ausgebildeten Kletterführern angeboten.

Infos, Wanderungen, (Eis-)Kletter- und Skitouren sowie entsprechende Kurse bei *Alpinsport Koller*, hier auch geführte (Eis-)Kletter- und Wandertouren, (Schnupper-)Kurse und/oder sonstige sportive Angebote. Fischertratten 49, 9853 Gmünd, ✆ 0650-5545776, www.alpinsport-koller.at.

Bergwanderungen und Schneeschuhtouren bietet zudem der *Bergführer Klaus Göhlmann* an, ✆ 0650-9923113, www.berg abenteuer-maltatal.com.

Verbindungen Der **Postbus**, *Linie 5130*, fährt etwa alle 2 Std. von und nach Gmünd.

Liesertal und Pöllatal

Das Maltatal trifft bei Gmünd mit dem **Liesertal** zusammen. Das oft recht schmale und eigentlich ganz hübsche Tal der Lieser wird allerdings von den nicht gerade hübschen Stelzen und Trassen der Tauernautobahn (A 10) dominiert. Zunächst erreicht man **Eisentratten**, in dessen Zentrum ein historischer Hochofen an die frühe Eisenverhüttung erinnert. Der größte Ort, der (unglücklich betont) den nicht gerade einladenden Namen **Rennweg am Katschberg** trägt, ist ein gemütliches Dorf und liegt weit oberhalb im Tal. Hier verschwindet die A 10, die zentrale Nord-Süd-Verbindung und Alpentransitstrecke Österreichs, im knapp 6 km langen Katschbergtunnel und passiert mittendrin die Grenze zwischen Kärnten und Salzburg. Fährt man statt in den Tunnel die Passstraße hinauf (6 km), erreicht man auf 1641 m am Pass das Skigebiet Katschberg, von den Alpinisten auch liebevoll *Katschi* genannt. Zahlreiche Hotels gruppieren sich hier um die Liftstationen, und auch für Après-Ski-Zirkus ist gesorgt. Das Skigebiet mit 70 Pistenkilometern und 16 Liftanlagen ist eines der größten in Kärnten.

Information **Tourist-Info Rennweg am Katschberg**, im Zentrum in der Hauptstraße, umfangreiche Infos zum Wander- und Skigebiet auch unter www.katschi.at. Mo–Fr 8–12 und 13–17 Uhr, Sa 13–17 Uhr, So geschl. Rennweg 51, 9863 Rennweg, ✆ 04734-630. Das Info-Büro oben am Katschberg ist tägl. 9–17 Uhr geöffnet, www.katschberg.at.

Wer weniger Rummel sucht, findet nordwestlich von Rennweg im **Pöllatal** seine Ruhe: Dieses traumhaft schöne Tal ist Naturschutzgebiet – und autofrei. Hinter dem Parkplatz, der alle Pkws auffängt, verringert sich das Verkehrsrisiko auf Blasen in den neuen Wanderschuhen, kreuzende Pferde und Kühe, Mountainbiker und die Tschu-Tschu-Bahn, die im Schritttempo durch das Tal zuckelt. Im Sommer kann man hier, wo die junge Lieser munter plätschert, herrlich wandern, im Winter die Ruhe auf der Langlaufloipe genießen.

Verbindungen Die **Tschu-Tschu-Bahn** fährt um 0.30 Uhr von Rennweg hinauf ins Tal, pendelt dann mindestens im Stundentakt zwischen dem großen Parkplatz/Grillplatz und der Kochlöffelhütte in und her und fährt 17.50 Uhr wieder zurück nach Rennweg (Mitte Mai bis Anfang Okt.), ganze Strecke 5 € (hin und zurück 8 €), Kinder 3,50 € (5,50 €), Teilstrecke im Pöllatal 4 € (hin und zurück 7 €), Kinder 3 € (4,50 €).

Essen & Trinken **Schoberblick Hütte**, schöne Jausenstation, noch relativ am Talanfang gelegen, innen urig, auch außen ein paar Plätze, dazu ein Spielplatz, sehr freundlich. Mai bis Okt. tägl. ab 10 Uhr geöffnet, in der Wintersaison Mo Ruhetag. Pölla 1, ✆ 0676-9642229, www.schoberblick huette.at.

Im Pöllatal

Oberdrautal

Versteckte und doch überaus bemerkenswerte Kirchen, ein paar Burgen über den kleinen Ortschaften, ein berühmtes Kräuterdorf und ein wendiger Fluss, beliebt für Kanutouren und zum Rafting.

Bei Möllbrücke mündet die Möll in die Drau. In östlicher Richtung gelangt man über das Lurnfeld nach Spittal und ins Untere Drautal. Westlich erstreckt sich das Oberdrautal. Gerahmt von der Kreuzeckgruppe, den Gailtaler Alpen und den Lienzer Dolomiten schlängelt sich die Drau von Lienz kommend durch ein weites Tal.

Marterl bei Greifenburg

Traditionell ist, dank der dichten umliegenden Wälder und der Drau als ehemaligem Transportweg, die Holzwirtschaft im Oberen Drautal ein bedeutender wirtschaftlicher Faktor – sie ist bis heute im Tal präsent. Touristisch haben sich die Gemeinden zum **Outdoorpark Oberdrautal** zusammengeschlossen und versuchen das etwas im Schatten der namhaften Kärntner Seen und Täler stehende Oberdrautal als Sport- und Event-Region zu etablieren. Angeboten werden geführte oder ausgewiesene Radtouren mit MTB, Tourenrad oder e-bike, Bergwanderungen, Kanutouren, Klettern, Canyoning und Rafting sowie im Winter Langlauf und Schneeschuhwandern. Dank der guten Thermik ist das Oberdrautal auch eine beliebte Einflugschneise bei Paraglidern und Drachenfliegern. Fern-Rad-Wanderer, die den **Drauradweg** erkunden, der 366 km von Italien quer durch Osttirol und Kärnten bis nach Slowenien dem Lauf der Drau folgt, absolvieren im Oberen Drautal die zweite Etappe. Wasserwanderer finden bei jedem größeren Ort an der Drau Ein- und Ausstiegstellen.

Vor dem Eingang schiebt sich ein Bergausläufer wie ein Riegel vor das Drautal. An der Talenge liegt der kleine Ort **Sachsenburg** in einer Drauschleife. Einstmals strategisch günstig gelegen fließt der Verkehr heute dank eines Tunnels fast völlig am historischen Ortskern um den weitläufigen Marktplatz von Sachsenburg vorbei.

Nächste Station ist **Steinfeld**. In der näheren Umgebung stehen die ersten zwei bemerkenswerten Kirchen: Während die spätgotische Kirche *St. Andrä* in Gajach mit ihrer hübschen Altargruppe meist geschlossen ist, kann auf der anderen Talseite in Gerlamoos die *Freskenkirche zum Heiligen Georg* besichtigt werden – und der Abstecher lohnt sich!

Meisterwerke in der Waldkapelle – die Georgskirche in Gerlamoos

Für ein kleines Dorf in Talrandlage ist Gerlamoos erstaunlich gut dokumentiert. Eine Deutsche namens Gerlinde wird Mitte des 11. Jh. als Eigentümerin des hiesigen Sumpfes geführt. Am Rand von „Gerlindes Moos" wurde wahrscheinlich im 13. Jh. diese kleine Kirche am Waldrand errichtet. Draußen prangt ein übergroßer, knopfäugiger Christopherus, innen wartet eine bunte Überraschung. *Thomas von Villach* schmückte um 1480 das unscheinbare Kirchlein mit einem bemerkenswerten Meisterwerk: den Fresken von Gerlamoos.

Farbenprächtig und detailreich präsentiert Thomas auf 30 Feldern den Drachenkampf und – ungewöhnlich ausführlich – das Martyrium des Heiligen Georg (obere Reihe) sowie Szenen aus Leben und Passion Christi (mittlere und untere Reihe) rund um eine Schutzmantelmadonna, die sich etwa in der Mitte befindet. Die ausdrucksstarken und teils drastischen Fresken bedecken fast die gesamte Nordwand der Kirche und sind nahezu vollständig erhalten. Ungemein sehenswert!

Die Kirche ist abgeschlossen, den gewichtigen Schlüssel, auf den Petrus neidisch sein könnte, gibt es in der Ortsmitte, gegenüber dem kleinen Brunnen beim Haus Nr. 10 (Fam. Hopfgartner, ✆ 0676-5084164). Von hier aus geht es noch ein Stück weiter durch den Ort (anfangs beschildert), bei einem Hof links hinauf in Wald und dann über einen kurzen Waldweg zur Kirche.

In **Greifenburg** zweigt die Straße ab, die hinauf zum Weißensee (→ S. 142) und hinüber ins Gailtal (→ S. 210) führt. Über dem beschaulichen Ort thront die alte, namensgebende Burg, die sich aber in Privatbesitz befindet und nicht zu besichtigen ist. Unweit erhebt sich die helle Katharinenkirche aus dem 16. Jh. Etwas außerhalb liegt ein kleiner Badesee mit Hochseilgarten. Nördlich von Greifenburg führt der „Wassererlebnisweg", ein Lehrpfad zum Thema Wasser, durch die Gnoppnitzklamm und über das Dorf Gnoppnitz zurück.

An der Umgehung von **Berg im Drautal** passiert man eine hübsche Kirche mitten auf der grünen Wiese, die Filialkirche *St. Athansius* („St. Athanas"), die Mitte des 15. Jh. errichtet wurde (meist geschlossen). Im beschaulichen Ort selbst erhebt sich die Wehrkirche *Mariä Geburt* ebenfalls aus dem 15. Jh., u. a. mit schönem verzierten Sterngewölbe innen und Karner nebenan.

Hinter Dellach im Drautal, hier ein Campingplatz beim Gemeindebad, erreicht man das malerische **Irschen**, das Natur- und Kräuterdorf. Im Sommer blüht und duftet und summt es überall. Das ganze weitläufige Dorf, das sonnenverwöhnt wie auf Terrassen am Südhang liegt, ist ein bunter, aromatischer Kräutergarten, umgeben von Wildkräuterwiesen. Und natürlich dreht sich hier alles um Kräuter, ihre Heilkraft, Verwendung und Veredelung. Das hübsche **Kräuterhaus**, der ehemalige Pfarrstadl oberhalb der Kirche, ist in gewisser Weise eine Ausstellung für die Nase. Hier kann man sich nicht nur über die Nutzung der alpinen Wildkräuter informieren, sondern auch diverse Produkte erwerben: Seife, Badekräuter, Kräuterkissen, Tee, Kräuterschnaps und natürlich küchenfertige Kräutermischungen.

Mai bis Okt. Mo–Sa 10–12 und 15–18 Uhr geöffnet, Eintritt frei, www.kraeuterdorf.at.

Darüber hinaus hat Irschen zwei hübsche Kirchen zu bieten. Hinter einem schlichten Portal entpuppt sich die *St. Dionys*, bereits Ende des 12. Jh. erwähnt, als zauberhafte Kirche. Leicht und elegant strebt das Rippengewölbe von den Säulen hinauf, die Zwischenräume sind mit Blumenmotiven verziert. Statuen und Altäre, darunter der kostbare gotische Hauptaltar, sowie farbenprächtige Wand- und Deckenmalereien, bemerkenswert v. a. das Jüngste Gericht von ca. 1520 im Chorraum, vervollkommnen den prächtigen Gesamteindruck. Im hübschen Ortsteil *Rittersdorf* ist es in erster Linie das riesige Christophorus-Fresko aus der Mitte des 15. Jh. an der Außenwand der *Andreaskirche*, das einen Abstecher lohnt.

In **Oberdrauburg** hat man schließlich die Grenze zu Osttirol erreicht. Recht hübsch ist der historische *Markt* mit Rathaus, Brunnen und Gasthof. Die hiesige Kirche steht etwas zurückgesetzt vor einer Felswand. In der Ruine der *Hohenburg*, ein Stück oberhalb des Ortes, kann man seinen Ritterfantasien freien Lauf lassen. Von der teilrenovierten Anlage, ein zentraler Turm mit umfassender Mauer, hat man einen schönen Blick ins Tal.

Freskendetail in Zwickenberg

Von Oberdrauburg aus empfiehlt sich schließlich ein Abstecher in das Bergdorf **Zwickenberg**. Auf steiler, schmaler Straße, die teils hart am Fels entlang führt, erreicht man nach 5 km das schön gelegene Dorf mit einer fantastischen Kirche. Die Außenfassade von *St. Leonhard* ist mit bemerkenswerten, großformatigen Malereien versehen, erneut zwei Christophorus-Darstellungen (13. und 16 Jh.) und Szenen aus der Leonhardslegende (13. Jh.). Auch im Innenraum haben sich sehenswerte Fresken (Mitte 15. Jh.), darunter Darstellungen der Evangelisten im Chorraumgewölbe, erhalten, der kunstvolle Altar wurde etwa 1500 erschaffen.

Von Oberdrauburg führt eine Straße Richtung Süden über den Gailbergsattel nach Kötschach-Mauthen (→ S. 221).

Information Ein Info-Büro des **Outdoorparks Oberdrautal** befindet sich in *Berg im Drautal*, Nr. 121, ✆ 04712-53218, www.oberdrautal.info.

In den größeren Orten gibt es weitere Anlaufstellen zur Informationsbeschaffung, z. B.: Eine unscheinbare Amtsstube im 1. Stock des Gemeindeamts von **Greifenburg** dient als auskunftsfreudige und gut informierte Tourist-Information, Gemeindeamt, ✆ 04712-21614, www.greifenburg.at.

In der **Kräuterdorf-Information** in **Irschen** werden neben Infos auch „Schnuppertouren" durch das Dorf angeboten, nebenan Kräuterladen. Geöffnet Mo–Fr 9–12 Uhr (Nov. bis April nur Mo, Mi, Fr). Irschen 41, ✆ 04710-23772, www.irschen.com.

Sport **Baden**: Wem die Drau zu kalt ist, der findet im *Greifenburger Badesee* (mit Badeanlage) ein wärmeres, stehendes Gewässer.

Hochseilgarten Greifenburg: Direkt am Badesee gelegen. Einführungs- und Hochparcours sowie ein *Flying Fox*, eine Seilrutsche über den See. Nach Umbauarbeiten ab Frühjahr wieder 2016 geöffnet. Seeweg 299, ✆ 0699-3447223, www.kletterpark-greifenburg.at.

Ausführliche Infos zum **Drauradweg** unter: www.drauradweg.com.

Golf: Der schön gelegene 9-Loch-Platz des *Golfclubs Drautal* befindet sich bei Berg im Drautal, ✆ 04712-82255, www.drautalgolf.at.

Übernachten/Essen **Gasthof zur Schmiede**, traditionsreiches Wirtshaus mitten in Berg im Drautal, bodenständige Kärntner Küche mit saisonalem Angebot (Mo Ruhetag). Auch Doppelzimmer (76 € mit Frühstück, 102 € mit Halbpension). Berg 4, ✆ 04712-562, www.gasthofzurschmiede-berg.at.

››› Unser Tipp: **Landhof Irschen**, toller Landgasthof am westlichen Rand des Kräuterdorfes (und dann noch ein Stück den Hang hoch), sehr freundlich. Im Restaurant wird verfeinerte Landküche aus saisonalen und regionalen Produkten serviert (abends geöffnet, So auch mittags, Mo Ruhetag, im Winterhalbjahr Mo/Di). Schöne Zimmer, hell und groß, mit viel Holz. Diverse Angebote von Wandern mit Hund bis zu Kräuterwandertagen. Zur Entspannung gibt es die *Kräuterbadestube Irschen*, ein Wellnessbereich mit Sauna und Kräutertee. Mitte Jan. bis März Betriebsurlaub. DZ mit Frühstück 160 €, mit Halbpension 190 €, Suite 180 € bzw. 210 €, Hunde 9,50 €. Stresweg 8, 9773 Irschen im Drautal, ✆ 04710-20048, www.landhof-irschen.at. ‹‹‹

Camping **Camping am See**, das „Fliegercamp" am Badesee von *Greifenburg*, ist bei Gleitschirm- und Drachenpiloten beliebt. Parzellierte Stellplätze, Doppelzimmer und Ferienwohnungen. Mit Restaurant, kostenloser Zugang zum Badesee. Erw. 8 €, Kinder 4,80 €, Stellplatz ab 5 €, DZ 54 €. Seeweg 333, ✆ 04712-8666, www.fliegercamp.at.

Camping am Waldbad in *Dellach im Drautal*. Damit ist schon einiges verraten: unweit der Drau gelegener Campingplatz am Waldrand rund um das örtliche Freibad (für Campinggäste frei). Parzellierte Stellplätze, mit Restaurant, Spiel- und Sportplätze, nett. Geöffnet Mai bis Sept. Tagestarif (2 Erw., Stellplatz, Strom) 26 €, Radlertarif 15,50 €, für 1 Erw. 18,60 € bzw. 10,50 €, Hunde 4 €. Raßnig 8, 9772 Dellach im Drautal, ✆ 04714-288, www.camping-waldbad.at.

Veranstaltungen **Ende Juni/Anfang Juli** findet in *Irschen* das **Kräuterfestival** statt, Führungen und Vorträge, Kräutermarkt und natürlich kräutergarnierte Kulinarik.

Am **ersten Augustwochenende** gibt es in *Oberdrauburg* das **Kärntner Nudelfest**. Was es da wohl zu essen gibt?

Verbindungen Durch das Oberdrautal führt die Bahnstrecke Spittal a. d. Drau–Lienz/Osttirol, die **Regionalzüge** verkehren stündl. und halten an allen größeren Orten, der IC/Schnellzug fährt 2x tägl. und hält nur in Greifenburg und Oberdrauburg.

Weißensee

Sommer wie Winter ein Traum! Ob als höchstgelegener Badesee oder als größte Natureisarena der Alpen. Ein Juwel unter den Seen Kärntens! Für viele der schönste Alpensee überhaupt und – Sie werden es erraten – ein erklärtes Lieblingsziel der Autoren.

Wie ein Gebirgsfjord reicht der langgestreckte Weißensee in die abgelegene Bergwelt der Gailtaler Alpen. Steil steigen die dicht bewaldeten Hänge vom See auf. Nur im Westteil des Sees säumt sanfteres Gefälle das schilfbestandene Ufer. Der Weißensee, der sich in das enge Hochtal zwischen Spitzegel- und Latschur-Gruppe bettet, liegt auf 930 m Höhe, ist 6,5 km^2 groß und bei einer maximalen Breite von

Ein Wintermärchen auf Kufen: Eislaufen auf dem Weißensee

„Zu Kathrein friert der See zu“, sagt der Volksmund, und nicht einmal der Klimawandel kann dem hiesigen Erfahrungswert etwas anhaben. Ab dem 25. November bildet sich die erste Eisschicht. Ist der Weißensee dann zugefroren, beginnt ein einzigartiges Wintermärchen auf Kufen: Die Sonne spiegelt sich auf dunklem Eis und blendend weißem Schnee, die Wälder ringsherum an den steilen Hängen sind malerisch eingeschneit, ein Pferdeschlitten kommt klingelnd über den Hang, das Eis knirscht unter den Kufen …

Der Weißensee ist eissicher. Der Westteil, von den Holländern auch „Kleines Meer“ genannt, ist meist Mitte Dezember befahrbar. Der ganze See fror in den letzten Jahren etwa Mitte Januar zu. „Eissicher“ ist der Februar. Auch Anfang März ist die Wahrscheinlichkeit noch hoch, eine geschlossene Eisdecke vorzufinden. Wenn der Westteil bereits abtaut, ist der Ostteil, das „Große Meer“, oft noch befahrbar. Auch nach harten Wintern endet die Saison auf Kufen aber spätestens Anfang April.

960 m knapp zwölf malerische Kilometer lang. An seiner engsten Stelle, keine 300 m schmal, überspannte schon in der Mitte des 11. Jh. eine hölzerne Brücke den See und teilt ihn seither in zwei Hälften. Die hölzernen Brücken gehören der Vergangenheit an, seit 1967 ist der Brückenschlag deutlich stabiler. Hauptort der *Gemeinde Weißensee*, die sich vornehmlich entlang des Nordwest-Ufers des Sees von *Oberdorf* bis *Neusach* streut, ist *Techendorf*, das beidseits der Brücke liegt. Die östlichen Ufer des Sees sind nahezu unbebaut.

Das *Tiefenrelief* des Sees entspricht dem landschaftlichen Charakter des Tals und fällt in drei Stufen hinab. Das Becken des kleinen Westteils ist lediglich bis zu 5 m tief, während auf der anderen Seite der Brücke bis Neusach eine Tiefe von 15 m erreicht wird. Im von steilen Hängen gerahmten Ostteil fällt der Weißensee bis zur Maximaltiefe von 99 m ab. Erst am schmalen Ostufer wird der See wieder seicht.

In Wintern, in denen die Kälte anfangs ohne den Schnee kommt, gibt es *Spiegeleis*. Ein besonderes Erlebnis: Das dunkle Eis glitzert atmosphärisch, unter sich kann man die Fische schwimmen sehen und der ganze See wird zur Eislauffläche. Eis wächst. Je nach Kälteentwicklung und Niederschlag am Stück oder in Schichten. Das Eis, das weitgehend ohne Schnee entsteht, wird auch *Kerneis* genannt: Es ist das tragfähigste Eis, speichert die Kälte auch bei Sonnenschein und ist ideal zum Eislaufen. Fällt aber bei der Eisbildung viel Schnee, der dann gefriert, gibt es mehr oder weniger poröses *Schneeeis*: die Oberfläche ist sehr anfällig bei Sonneschein und beginnt schnell zu sulzen, das Eis trägt schlechter.

Ist das Eis dick und tragfähig genug, wird es von Eismeister *Norbert Jank* freigegeben. Wenn dann der Schnee auf das Eis fällt, bereiten er und sein Team mit Schneefräse und Schneepflug, Eishobel und Polierbürste die Eislaufbahnen. Die Westteil-Runde ist ca. 6 km, die Ostteilrunde knapp 8 km lang. In guten Wintern sind beide verbunden und die Bahn vielleicht sogar bis an das Ostufer verlängert, also zusätzliche 5 km auf Eis vor grandioser Kulisse. Der Weißensee ist die größte präparierte Eislaufarena der Welt.

Wer bislang nur in der Halle gelaufen ist, sollte unbedingt beachten, dass Natureis zwar stumpfer, dafür aber von Rissen, Rillen und Scharten durchzogen ist. Man muss sich also beim Fahren durchaus konzentrieren. Nicht unproblematisch können übrigens Eiskunstlauf-Schlittschuhe sein: die Zacken sind ideal, um in einer Unebenheit hängen zu bleiben. Mit Einkehr-Schwung stärken und erholen kann man sich übrigens an mehreren Eis-Ständen, die entlang der Eisbahn stehen (→ unten).

Aktuelle **Infos vom Eismeister** über Eisdicke, Begehbarkeit, Wetterlage, Bahnen und vieles mehr unter www.natureislauf.at. **Eisrettung** ✆ 0664-3046000.

Weißenseeimpressionen

Der zauberhafte Weißensee und seine Umgebung sind als *Naturpark* ausgeschrieben. Weite Teile stehen unter Naturschutz, auch das malerische Kulturland um die Siedlungsflächen wird nachhaltig und ökologisch bewirtschaftet, die Gemeinde setzt auf sanften Tourismus. Das hat natürlich seinen Preis. Für jedweden Massentourismus fehlt der Gemeinde schlicht der Platz, im Gegenteil, es wurde sogar Bauland bewusst zurückgebildet. Das hat natürlich zur Folge, dass das Urlaubsziel Weißensee beileibe nicht günstig und nicht selten auch ausgebucht ist.

Was den Weißensee übrigens auch auszeichnet, ist eine gewisse Untermotorisierung. Es gibt keine Durchgangsstraße. Bei Neusach bzw. Naggl ist Schluss, das Ostufer nur vom Unteren Drautal aus über das Weißbachtal erreichbar. Will heißen: Es gibt nicht mehr Verkehr als in einem kleinen Dorf in einem abgelegenen Tal. Auch die Urlauber reisen an – und lassen das Auto dann stehen. Wohin sollte man auch wollen, wenn man am Weißensee ist? Auch vom Wasser ist der Verbrennungsmotor weitgehend verbannt. Der See ist – mit Ausnahme von Weißenseeschifffahrt, Seerettung und Forstwirtschaft – motorbootfrei.

Das Wasser des Weißensees ist, da nährstoffarm, unglaublich klar und hat Trinkwasserqualität. Seinen Namen trägt der See aufgrund des umliegenden Kalkgesteins, das aus dem Berg geschwemmt sich an den flachen Ufern absetzt und diesen einen effektvollen weißlichen Schimmer verleiht.

Im Sommer erreichen die Wassertemperaturen in den oberen Schichten badetaugliche 24 °C, und das etwa 100 Tage lang. Der viertgrößte See Kärntens ist damit der höchstgelegene Badesee der Alpen. Während im Winter eine sporttaugliche Eisdecke den See bedeckt: Wintersport am Weißensee, dem Aktiv-Paradies, ob Piste oder Loipe, Wanderweg oder Eisbahn: Die Bergbahn gondelt zur Naggleralm in ein kleines Alpinski-Gebiet, und Ski Nordisch fährt man vor allem am Südwestufer des Weißensees. Die überragende Attraktion, mit einer Strahlkraft, die bis nach Groningen/Holland reicht, aber ist der zugefrorene See – und der höchst gelegene Badesee Kärntens friert jedes Jahr zu.

Basis-Infos

Information Die **Weissensee Information** befindet sich in Techendorf am Südufer, freundlich und kenntnisreich geführt, hier gibt es auch Wanderkarten. Mo–Fr 8–18.30 Uhr, Sa 9–12.30 und 16–18 Uhr, So 10–12.30 und 16–18 Uhr (in der Nebensaison eingeschränkt, z. B. Mittagspause, Sa/So Ruhetag). Techendorf 78, ✆ 04713-2222-0, www.weissensee.com.

Bergbahnen Ein 4er-Sessellift der **Weissenseer Bergbahn** gondelt von der Talstation in Techendorf auf die Naggler Alm, zur Skisaison und von Mitte Mai bis Mitte Okt. tägl. 9–17 Uhr (Mai/Juni und Sept./Okt Mo Ruhetag; im Winter bis 16 Uhr). Berg- oder Talfahrt 8,90 € (inkl. MTB 10,80 €), erm. 7,80 € (9,50 €), Kinder 5,50 € (7,20 €), hin und zurück 13,20 €, erm. 12,10 €, Kinder 8,20 €. Im Winter Tageskarte 29,50 € (bzw. 24,50 € und 15,50 €) sowie natürlich Mehrtageskarten. ✆ 04713-2269, www.weissensee-bergbahn.at.

Kurtaxe Ab 17 J. 2,30 €/Nacht, wird beim Quartier entrichtet.

Parken Auf den öffentlichen Parkplätzen 6 €/Tag, 1,50 €/Std. Einen günstigeren Parkplatz gibt es in Pradnitz am Westufer bei der Tankstelle (3 €/Tag inkl. Naturparkbusticket).

Veranstaltungen **Eisgolfturnier**: Das 6er Eisen dabei? Pitchen und Putten auf Eis, das Turnier findet meist Mitte Febr. statt, Infos bei der *Weissensee Information*, www.weissensee.com.

Verbindungen **Busse** fahren mehrmals tägl. ab Bahnhof Greifenburg nach Techendorf/Weißensee (Infos: ✆ 0800-5001905). **Bahn** nach Greifenburg: zwischen 7.30 und 21.30 Uhr stündl. ab Villach und Spittal/Drau, der Zug fährt weiter nach Lienz.

Unterwegs am Weißensee Zwischen Ost- und Westufer gibt es keine Straßenverbindung! Mit dem Auto kommt man nur über Drau- oder Gailtal an das jeweils andere Ufer.

Der **Naturparkbus** verkehrt zur Sommer- und zur Wintersaison im Halbstundentakt von der Abzweigung der Landstraße von Greifenburg nach Hermagor (beim Kreuzwirt) über Praditz bis Techendorf.

Die Schiffe der **Weissenseeschifffahrt** sind sowohl beliebte Ausflugsdampfer als auch praktische Fährverbindungen. Die MS Aus-

Eines der größten Natureislaufevents weltweit: die Elfstedentocht

Timothy Dalton war schuld als James Bond: 1987 heizte 007 in *Der Hauch des Todes* mit seinem Aston Martin V 8 über das Eis des Weißensees. Das sahen auch die Veranstalter der *Elfstedentocht*, des traditionellen Eislaufrennens durch elf friesische Städte, das seit Ende der 1980er-Jahre lediglich ein einziges Mal (1997) stattgefunden hat – die Grachten frieren aufgrund der Klimaerwärmung nicht mehr so regelmäßig zu wie früher. Also wurde die *Alternative 11-Städte-Tour* eingerichtet, die alljährlich im Januar auf dem Weißensee ausgetragen wird, 2016 zum 28. Mal. Zu den Volksläufen und Eislaufmarathons (50, 100 und 200 km) kommen etwa 6000 vornehmlich niederländische Profis und Hobbysportler. Höhepunkt der zweiwöchigen Veranstaltung ist das 200-km-Rennen der Profis.

Wer nicht aus sportlicher Sicht an den Rennen interessiert ist, sollte den Weißensee zu dieser Zeit meiden, es ist überall brechend voll. Termine und Infos bei der Weissensee Information oder unter www.weissensee.nl.

tria und die neue MS Alpenperle schippern von Techendorf (Anleger auf der Brücke) über Naggl und Ronacherfels (Anleger auch an der Kleinen Steinwand) zum Dolomitenblick am Ostufer. Gesamtfahrzeit 1 Std. Die Schiffe fahren Mitte Mai bis Anfang Okt. (Anfang Juli bis Anfang Sept. bis zu 10x tägl., an den Rändern der Saison 3–7x tägl.), Kurzstrecke 2 €, halbe Strecke 4,50 €, ganze Strecke 7,50 €, Rundfahrt 11 €, Kinder die Hälfte, Familienrundfahrt 27,50 €, Tickets an Bord. ✆ 04761-242 oder 0660-6580667. www.weissensee-schifffahrt.at.

Übernachten/Essen & Trinken

››› Unser Tipp: **** **Die Forelle**, ein wunderschönes, familiär geführtes, elegantes Hotel am See, einladende und gemütliche Zimmer mit Balkon, Wellness-Bereich mit Saunen, Dampfbad und Fitnessraum, auch Massagen. Darüber hinaus bietet die Familie Müller auch Wander- und MTB-Ausflüge an, zu den besonderen Highlights zählen die Kochkurse mit Küchenchef Hannes Müller, einem der besten Köche Kärntens. Er zaubert allabendlich ein Menü der Extraklasse, sei es als 5- bis 7-gängiges Degustationsmenü oder als 3- bis 4-gängiges Tagesmenü (Restaurant für Nicht-Hausgäste Di–Sa), die passenden Weine kredenzt Seniorchef Hans Müller. Selbstverständlich kommen die erlesenen Produkte aus biologischem Anbau bzw. Aufzucht der Region, dazu viele interessante Weine aus Österreich. DZ mit Dreiviertel-Pension 166–200 €, Suite 220 €, es stehen auch Suiten für 2–5 Pers. im Nebengebäude zur Verfügung (95–105 € pro Pers.). Keine Hunde. Zur Pension gehört neben dem 4-Gänge-Abendmenü auch ein leichtes Mittagsmenü (Salate, Suppen, Pasta usw.). Techendorf 80, 9762 Weißensee, ✆ 04713-2356, www.forellemueller.at. ‹‹‹

››› Unser Tipp: **** **Appartement-Hotel Seeland**, schöner Wohnen am Weißensee: außerordentlich angenehme Appartements – weitläufig und gemütlich, stilvoll und stimmig im modernen Landhausstil eingerichtet und sehr gut ausgestattet, zentral gelegen und doch ruhig, Balkon mit Seeblick, großer Garten mit eigenem Seezugang, sehr freundlicher Service, im Untergeschoss befindet sich die Sauna, vom Entspannungsraum hat man einen schönen Blick über den Garten und auf den See, gemütliche Lobby, Brötchenservice. Hunde willkommen. Das Appartementhaus befindet sich in Techendorf (Nordseite), unweit der Brücke. Ganzjährig geöffnet. Appartement für 2 Pers. 119–189 €, für 4 Pers. 149–235 €. Techendorf 13, 9762 Weißensee, ✆ 04713-22280, www.seeland.at. ‹‹‹

Seehotel Enzian, freundlicher, familiengeführter Traditionsbetrieb in Neusach, komfortable Zimmer im Hotel, das sich nur einen Steinwurf vom Seeufer entfernt befindet, exklusive, sehr elegante Suiten im neuen Haus am See sowie Appartements im nahegelegenen Landhaus Sonneck. Gutes Restaurant für Hausgäste, abends werden wechselnde Tagesmenüs aus heimischer Küche serviert. Schöner Garten und natürlich eigener Seezugang, Spielplatz, im Sommer stehen Fahrräder und Boote zur Verfügung. Hunde willkommen. Die Attraktion des Hauses aber ist die Sauna über dem Wasser am See: In dem gemütlichen Holzhaus mit Panoramafenster zum See und kleiner Außenveranda gibt es eine Sauna (mit Fenster zum See!) und ein sehr angenehmes Dampfbad. Zur Abkühlung kann man einfach in den See steigen, gerade im Winter äußerst belebend. EZ 123 €, DZ 204–270 € (je nach See- oder Waldseite, mit oder ohne Balkon), Suiten am See ab 260 €, jeweils inkl. Frühstück und 4-Gänge-Menü. Neusach 32, 9762 Weißensee, ✆ 04713-2221, www.seehotelenzian.at.

Ronacherfels Hotel, sehr abgelegenes und doch (oder gerade daher) beliebtes Appartementhaus am Nordufer des östlichen Teils des Weißensees. Ganz am Ende der Straße, die von Neusach nach Osten führt (ab Ortsrand nur für Gäste des Hotels befahrbar). Direkt am Ufer gelegen. Viele Stammgäste, daher früh buchen! Im traumhaft über dem Wasser gelegenen *Seecafé* können sich Hausgäste, Wanderer und Ausflügler stärken (in der Nebensaison geschl.). Am Ronacherfels legt auch die Weißensee-Linie an. Appartement/FeWo für 2–4 Pers. 158–298 € (je nach Ausstattung und Blick). Neusach 40, 9762 Weißensee, ✆ 04713-2172, www.ronacherfels.at.

››› Unser Tipp: **Zimmermanns Gasthaus**, empfehlenswertes Gasthaus in Techendorf, sehr gemütlich am Kamin im Hauptraum unter der Gewölbedecke mit dem schweren Holzgebälk oder auch in dem schönen Nebenraum. Sehr gute Küche, die auch den Mut hat, mal über den Kärntner Tellerrand zu blicken. Nichtsdestotrotz ist es neben der behaglichen Atmosphäre v. a. die Kärntner Küche, mit der das Haus punktet: die Kasnudeln mit einem Hauch Zimt ebenso wie das Blaukraut, das zum ausgezeichneten Wildragout serviert wurde. Für das Gebotene nicht teuer, Hauptgericht ab 12 €. Mo Ruhetag. Techendorf 6, 9762 Weißensee, ✆ 04713-2271, www.zimmermann-weissensee.at. «

Urlaub auf dem Bauernhof **Ferienhof Neusacher Moser**, etwas abseits gelegen in Neusach, nur über die Straße zum schönen Badestrand, freundliche Wirtin, es gibt eine Stube, in der das Frühstück serviert wird und man sich abends auf ein Glas niederlässt, dazu werden auch kalte Jausen geboten. DZ mit Frühstück 88–102 €, Ferienwohnung für 2 Pers. ab 81 €, für 4 Pers. ab 124 €, 6 Pers. ab 164 €. Auch Ferienhäuser. Neusach 9, 9762 Weißensee, ✆ 04713-2322, www.neusacher-moser.at.

Gästehaus und Reiterhof Nemast, in Techendorf am See gelegen, mit eigenem Seezugang. Einfache, gepflegte Ferienwohnungen und Zimmer im Gästehaus. Der Reiterhof bietet auch Ausritte und Kutschfahrten (im Winter Schlittenfahrten). DZ 64 € bzw. 70 € (Seeblick) mit Balkon und Frühstück. Techendorf 3, 9762 Weißensee, ✆ 04713-2371, www.nemast.at.

Camping Drei Plätze gibt es am Weißensee, einen am Westende, einen bei der Brücke und den dritten am Ostufer.

Seecamping Müller, der Westplatz: schön (ab-)gelegen: direkt am Ufer und hinten raus Wiese und Wald. Nicht parzelliert. Wasserrutsche, Kinderbecken, Steg, Badestrand und Liegewiese. Auf dem Platz auch ein kleiner Kiosk. Mai bis Anfang Okt. geöffnet. Erw. 10 €, Jugendliche (12–16 J.) 5 €, Kinder 3 €, Auto und Stellplatz 5 €, mit Strom 8 €, Hund 3 €. Oberdorf 22, 9762 Weißensee, ✆ 0664-4313078, www.seecamping-weissensee.at.

Camping Knaller, schöner, zentral gelegener Platz in Techendorf (Süd), der zwar nicht direkt am See liegt, zu dem aber das örtliche Strandbad gehört. Der Platz ist nicht parzelliert, SB-Restaurant und kleiner Shop. Neues Sanitärgebäude. Fahrradverleih. Anfang Mai bis Mitte Okt. geöffnet sowie Weihnachten bis Anfang März. Stellplatz (inkl. 2 Erw. und Strom) 12,50–30 € (je nach Größe), Kinder 5 €, Auto 4 €, Hund 3 €. Techendorf 16, 9762 Weißensee, ✆ 04713-223450, www.knaller.at.

Ronacher, traumhaft am Ostufer des Weißensees gelegener Terrassencamping. Herrliche Ruhe inmitten der Natur! Mit Strandbad und Liegewiese, Restaurant und kleinem Laden. Sauna. Anfang Mai bis Anfang Okt. geöffnet. Erw. 9,40 €, Kinder 5–8,50 €, Stellplatz 10–13,30 € (je nach Lage, Ausstattung, Stromzugang), Hund 3,90 €. Mösel 6, 9714 Stockenboi, ✆ 04761-256, www.campingronacher.at.

Hütten und „Eisstandln“ **Alm hinterm Brunn**, eine Almhütte wie aus dem Bilderbuch! Sind Sie Filmproduzent und planen eine Remake von Heidi, dann haben Sie

Oberkärntner Bergwelt

hier die perfekte Hütte gefunden. Innen ist die Hütte bis zur Bauernmuseumsreife gemütlich, außen genießt man auf der schönen Terrasse den Almenblick. Serviert werden Jausen (um 12 €) und Suppen (um 5 €). Zur Wandersaison sowie ab Weihnachten bis März tägl. geöffnet, Di Ruhetag. Oberhalb von Neusach, über den Forstweg ca. 1 Std. zu Fuß. ✆ 0650-8704116.

Naggler-Alm, beim Naggler Nock liegt inmitten eines kleinen, aber sehr hübschen Wander- und Skigebiets diese sympathische Hütte auf 1320 m Höhe. Routiniert, schließlich ist hier zur Wintersaison mächtig was los, dabei aber sehr freundlich geführt. Es gibt hausgemachte Suppen und Jausen, vereinzelte Hauptgerichte und Mehlspeisen. Die Produkte sind aus der Region und biologischer Landwirtschaft, und was nicht aus der Gegend kommen kann, trägt das Fairtrade-Siegel. Zu Fuß von der Talstation des Sessellifts oder von Naggl über Forstwege 1–1:30 Std. oder eben mit der Bergbahn (→ oben), dann geradeaus, am Tellerlift vorbei und noch ein kurzes Stück. Mitte Mai bis Mitte Okt. und Mitte Dez. bis Mitte März tägl. 9–17 Uhr geöffnet (im Sommer Mo Ruhetag), ✆ 0699-10361000. ■

Tschatscheleria, kleine Hütte am Seeufer mit Biergarten, Mitte Mai bis Mitte Okt. und zur Wintersaison, am Südufer, an der Brücke rechts halten und noch etwa 500 m, im Winter auch Eisstockverleih, ✆ 0650-3050361.

Wenn der See zugefroren ist, können sich Eis- und Langläufer wie auch Winterwanderer am Westteil des Sees an kleinen Ständen stärken, es gibt warme und kalte Getränke sowie einfache Gerichte. Bei Sonnenschein sitzt man schön auf Bierbänken. Am Südufer liegt die **Tschatscheleria** (→ oben), beim Eiseinstieg am Westende befindet sich **Esters Standl** und am Nordufer beim Oberdorfer Eiseinstieg **Petras Seestüberl**. Am Ostteil des Sees unterhält der **Ronacherfels** (→ oben) einen freundlichen (und angesichts der Lage willkommenen) Eisstand.

Sport

Sommersport **Baden**: Natürlich ein Traum: Klares, bis 24 °C warmes Wasser, oft seichter Einstieg, Liegewiesen und Stege und Sonne, Sonne, Sonne ... Allerdings: Die badetauglichen Claims am Weißenseeufer sind abgesteckt. „Wildes Baden" ist nicht drin. Dafür hat jeder Gastgeber seinen eigenen, im Idealfall nahen Strandzugang. In Techendorf (Südseite) und am Ostufer beim Camping gibt es öffentliche Strandbäder.

Fischen: Saison ist Mitte Mai bis Mitte Okt. Im Revier schwimmen u. a. Hecht, Karpfen und Zander im seichten Westteil, Seeforelle (der „Alpenlachs") und Seesaibling im tiefen Ostteil des Sees. Fischergastkarte (z. B. Tageskarte 25 €, Wochenkarte 52 €) nicht vergessen, gibt es bei der Weissensee Information.

MTB: 150 km über 11 Strecken sind ausgewiesen. Die Bergbahn transportiert auch MTBs auf die Naggler Alm.

Reiten/Kutschfahrten: Ausritte und Fahrten mit der Kutsche kann man mit dem *Reiterhof Nemast* unternehmen, Ausritt 15 €, Kutschfahrt 45–50 € für 4–5 Pers. (45 Min.). Techendorf 4, ✆ 04713-2371, www.nemast.at.

Tauchen: Das glasklare Wasser, und Sichtweiten bis 10 m machen den Weißensee zu einem besonderen Tauchrevier. Schnuppertauchen, Unterricht, Tauchfahrten sowie Ausrüstung und Flaschenfüllungen bekommt man z. B. bei: *Tauchschule Yachtdiver Weissensee* (an der Brücke, Techendorf 55, ✆ 0664-4604080, www.yachtdiver.at) und *Tauchschule Weissensee* (✆ 04712-82196, www.easydive-weissensee.at).

Wandern: Natürlich gibt es auch um den Weißensee gut markierte Wanderwege, z. B. über die Naggler Alm. Eine der schönsten Wanderungen führt zum Ostufer (→ S. 397).

Wintersport **Eislaufen**: Ein sportiver Wintertraum (→ oben), Infos unter www.natureislauf.at.

Langlauf: Über 55 km gespurte Loipen und Skatingloipen, von der einfachen Übungsschleife über die (naturgemäß steigungsarme) Runde auf dem See bis zur anspruchsvollen Tour über die Naggler Alm mit über 400 zu überwindenden Höhenmetern. Zuletzt konnte man sich sogar als Biathlet (mit Lasergewehr oder Bogen) probieren (Termine und Preise bei der Skischule, → unten).

Achtung: Für die **Nutzung von Loipe und Eisbahn** wird von auswärtigen Schlittschuh- und Langläufern eine Abgabe von

Wintermärchen Weißensee

5 €/Tag oder 50 €/Saison erhoben (Kinder bis 14 J. frei), wer seine Unterkunft am Weißensee hat, muss nichts zahlen.

Eisstockschießen: Ran an die Daube: Neben den Eislaufbahnen sind zahlreiche Bahnen zum Eisstockschießen angelegt. Am Wochenende aber sollte man früh unterwegs sein (oder flexibel sein): Stockschießen ist Volkssport.

Eistauchen: Erfahrene (und hartgesottene) Taucher können auch unter das Eis, Infos über die hiesigen *Tauchschulen* (→ oben) oder unter www.eistauchen.at.

Ski alpin: Mit dem Sessel- und Schlepplift (→ Bergbahn) geht es auf die 6 km lange Abfahrtspiste von der Naggler Alm. Das nächstgrößere Skigebiet liegt oberhalb von Hermagor am Nassfeld (→ S. 217).

Rodeln: Von der Naggler Alm (hoch mit dem Lift, → Bergbahn) windet sich eine etwa 4 km lange Rodelbahn hinab. Schlitten verleihen viele Hotels an ihre Gäste oder auch der Intersport im Ort.

Pferdeschlittenfahrten: Ein bisschen Schiwago am Weißensee, Schlittenfahrten bieten der *Reiterhof Nemast* (Techendorf 4, ✆ 04713-2371, www.nemast.at) und der *Pfeiferhof* (Oberdorf 4, ✆ 04713-2274) an, etwa 45–50 € für 4–5 Pers. (45 Min.).

Ski- & Eislaufschulen **Skischule Schwarzenbacher**, Unterricht in Ski Alpin (Einzelstunde 39 €, zu zweit 46 €) und Nordisch (3-Tage-Kurs 65 €), auch Eislauf- und natürlich Kinderkurse, Büro bei der Talstation, ✆ 0664-1315533 oder unter ✆ 04713-2409 (abends), www.arlbergerhof.at.

Natureislaufschule Weissensee, Einzel- wie auch Gruppenunterricht bei Balint Kutas, Einzelstunde 30 €, zu zweit 40 €, auch Schnupperkurse, Büro im Wohnwagen auf dem Eis, ✆ 0676-7171778.

Materialverleih Im **Alpensport Weißensee** (Intersport) kann man nicht nur seine Ausrüstung komplettieren, sondern auch wintersport-taugliches Material leihen; beim Geschäft an der Brücke (Techendorf 15, zur Hochsaison auch So geöffnet, ✆ 04713-25943) gibt es Langlaufausrüstungen und Schlittschuhe sowie Eisstöcke; an der Talstation der Bergbahn Alpinski, Rodel und Snowboards. Rodel (für Norddeutsche: Schlitten) stellen die meisten Hotels zur Verfügung, manchmal auch Eisstöcke, Letztere gibt es zudem an der Tschatscheleria (→ oben) zu leihen.

Wanderung 2: Am Nordufer des Weißensees → S. 397

Traumhafte Uferwanderung mit Bademöglichkeit und Bootspartie (gut 11 km; etwa 3:30 Std., mittelschwer).

Gipfelblick in den Nockbergen

Spittal, Millstätter See und die Nockberge

Die Ebene zwischen dem Zusammenfluss von Drau und Möll bei Möllbrücke und der Einmündung der Lieser in die Drau bei Spittal trägt den Namen Lurnfeld. Daran schließt das Oberdrautal an, das bis Villach reicht. Im Rücken von Spittal, in dessen Zentrum sich mit Schloss Porcia ein bedeutender Renaissancebau befindet, erstreckt sich hinter einem bewaldeten Hügelrücken der Millstätter See. Sommerfrische und Strandbäder, mit Millstatt ein kulturelles Zentrum und ein abwechslungsreiches Sportangebot am Nordufer und ein nahezu unbebautes Südufer: Der zweitgrößte See Kärntens ist ein beliebtes Urlaubsparadies vor der prächtigen Kulisse der Millstätter Alpe und des Mirnock. Die beiden Berge sind die südlichen Ausläufer der berühmten Nockberge, deren Herzstück der herrliche Nationalpark ist. Im Winter verlagern sich die Besucherströme nach Bad Kleinkirchheim, eines der wichtigen Skigebiete Kärntens. Ruhiger und sommers wie winters eine malerische Umgebung für Urlaubsträume ist das schmale Gegendtal.

Spittal an der Drau

ca. 15.500 Einwohner

Das prächtige Schloss Porcia dominiert die Stadt an der Drau. Geschäftig geht es hier zu, manchmal vielleicht sogar ein wenig hektisch. Wie zur Erholung gönnt sich Spittal da einen weiten Schlosspark mitten in der Stadt. Bekannt sind Schloss und Stadt auch für ihr kulturelles Angebot.

Die historische Bedeutung Spittals ist der verkehrsgünstigen Lage an der Liesermündung in die Drau geschuldet. Die uralten Handelswege, die von Süden kommend entweder via Glocknerpass oder Katschberg über den Alpenhauptkamm bzw. via Mölltal nach Osttirol führten, kreuzen sich bis heute mitten in Spittal. Die Abzweigung ins Liesertal befindet sich quasi vis-à-vis vom Portal des Schlosses Porcia, das selbst kaum zentraler liegen könnte. Erste Besiedlungshinweise gibt es

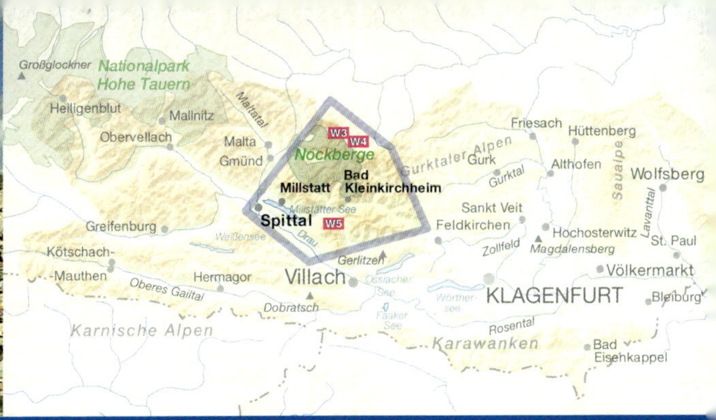

bereits aus der Steinzeit, aus römischer Zeit ist ein Brückenschlag über die Lieser bekannt. Erstmals erwähnt wurde das namensgebende Hospital, das die Ortenburger Grafen als Zwischenetappe für Pilger und Reisende auf dem langen Weg von Venedig nach Augsburg errichten ließen, Ende des 12. Jh. Im 13. Jh. darf sich Spittal schon Markt nennen und spätestens Mitte des 15. Jh. ist Spittal der wichtigste Ort Oberkärntens. Nachdem der einflussreiche spanische Höfling und Schatzmeister Ferdinands I. *Gabriel von Salamanca* die Grafschaft Ortenburg erworben hatte, schickte er sich an, der eigenen Bedeutung Ausdruck zu verleihen, und initiierte um 1530 den Bau des Schlosses Porcia, das als einer der bedeutendsten Renaissancebauten außerhalb Italiens gilt. Mächtig erhebt sich das Schloss, das seinen Namen späteren Bewohnern, nämlich dem alten Adelsgeschlecht der Porcia, verdankt, im Zentrum Spittals. Nebenan erstreckt sich der hübsche, weitläufige Schlossgarten in angenehmem Kontrast zur verkehrsreichen Straßenkreuzung im Zentrum der Stadt. Im Schloss Porcia bündelt sich das kulturelle Leben Spittals: Im Keller wird gejazzt, eine Galerie bietet Wandfläche im Kellergewölbe für wechselnde Kunstausstellungen, Schriftsteller lesen aus ihren Werken, Kammermusik erklingt durch die langen Gänge und Chöre treten zum Sängerwettstreit an. Vor allem sind es die **Komödienspiele Porcia**, auf die sich die kulturelle Strahlkraft der Stadt gründet. Spittal ist Kärntens Komödienstadt. Im Sommer wird das Schloss zur Theaterbühne und der Arkadeninnenhof dient als stilvolle Kulisse. Ach ja, Museumsstätte ist das Schloss auch noch: Hier befindet sich das weitläufige **Museum für Volkskultur** (→ S. 154).

Zahlreiche weitere städtebauliche Schmuckstücke finden sich um die zentrale Kreuzung mit Hauptplatz, Neuer Platz und Tiroler Straße, wie beispielsweise das elegante Stadtpalais der Khevenhüllers, heute das Rathaus, in dem 1538 Hans Khevenhüller (→ S. 62) geboren wurde.

Eine eigenwillige und durchaus fotogene Art stadtgeschichtlicher Illustration ist der Malbaum. Auf dem hochaufragenden Baum hängt in Kränzen die Stadtgeschichte von den Kelten über Ortenburger und Porcia bis zur Verleihung der Stadtrechte, welche übrigens erst 1930 im Zuge der Volksabstimmung erfolgte.

Basis-Infos

Information **Tourismusbüro und Kulturamt**, zentraler geht's kaum: im Schloss am Eck zum Hauptplatz hin, sehr freundlich und hilfsbereit, hier auch Ticketverkauf, natürlich auch für die Komödienspiele Porcia. Mo–Fr 9–18 Uhr; Juli/Aug. auch Sa 9–12 Uhr. Burgplatz 1, ✆ 04762-5650220, www.spittal-drau.at.

Veranstaltungen Das Spittaler Kulturleben fokussiert sich auf das Schloss Porcia. Infos und Tickets gibt es im Tourismusbüro, Infos auch unter www.schloss-porcia.at.

Highlight sind die Komödienspiele **Ensemble:Porcia**, jedes Jahr im Juli und Aug. werden im atmosphärischen Arkaden-Innenhof des Schlosses amüsante Theaterstücke aufgeführt. Auf dem Programm steht neben drei bis vier Komödien auch eine Kinderaufführung. Karten ab etwa 15 € (Stehplatz) bzw. 32–45 € (Sitzplatz in der Abendvorstellung), Infos auch unter www.ensemble-porcia.at.

Auch musikalisch hat Spittal einiges zu bieten: Im Musiksaal des Schlosses kann man **Porcia Klassik** genießen und der Ortenburgkeller wird mal zum **JazzKeller**, mal zur **Guitarrena**. Die einzelnen Konzerte dieser Kulturinitiativen verteilen sich über das Jahr. Ebenfalls im Ortenburgerkeller werden im Rahmen der Kulturinitiative **Literatur Pur** Lesungen veranstaltet.

Internationaler Chorwettbewerb, 2016 nun auch schon im 53. Jahr, findet der Chorwettbewerb Anfang Juli im Schloss Porcia statt, Infos auch unter www.singkreis-porcia.at.

Galerie im Schloss Porcia, wechselnde Ausstellungen im Salamanca-Keller des Schlosses. Zuletzt unterlag die Leitung der Gmündner Künstlerin Larissa Tomassetti. Geöffnet Mo–Fr 10–13 und 16–18 Uhr, Sa/So 10–12 Uhr.

Verbindungen **Bahn**: Spittal liegt an der IC/EC-Strecke München–Salzburg–Klagenfurt (6x tägl.). Im Stundentakt fährt die S 1 nach Villach (von dort weiter nach Klagenfurt) und der Regionalexpress durch das Oberdrautal nach Lienz (Sa/So zweistündl.).

Bus: Der Postbus fährt werktags etwa stündl. via Millstatt nach Bad Kleinkirchheim (kein Busverkehr an Sonn- und Feiertagen).

Übernachten/Essen & Trinken

Übernachten Viel Auswahl gibt es nicht in Spittal, die Betten scheint es alle zum nahen Millstätter See hinzuziehen.

Erlebnis Post **3**, eigenwilliges Hotel in der Passage am Hauptplatz. Unter dem Stichwort *business post* stehen 11 sehr individuell eingerichtete Themenzimmer zur Verfügung, einfacher, aber ebenfalls individuell gestaltet sind die Zimmer der Kategorie *postbox*. EZ 66–77 €, DZ 111–122 € inkl. Frühstück. Auch Dreibett- und Familienzimmer. Hauptplatz 13, 9800 Spittal an der Drau, ✆ 04762-2217, www.erlebnis-post.at.

**** **Ertl** **8**, routiniertes Stadthotel am Bahnhof, freundlicher Service, im Erdgeschoss gibt es ein *Mexikanisches Restaurant*. EZ 69 €, DZ ab118 € mit Frühstück. Bahnhofstr. 26, 9800 Spittal an der Drau, ✆ 04762-20480, www.hotel-ertl.at.

Übernachten außerhalb **Kleinsasserhof**, das alte, abgelegene Gehöft offenbart sich als eine knallbunte, kuriose und ziemlich schräge Mischung aus Pop-Art, Rumpelkammer und Ethnostyle-Ambiente. Kehrte Pipi Langstrumpf nach Jahrzehnten der Weltreise heim, würde sie ihre Villa Kunterbunt so oder ähnlich einrichten. Dabei ist dieses Gesamtkunstwerk auch Bauernhof mit eigenem Gemüse, Kräutern und Vieh, mit frisch gebackenem Brot und selbst gemachten Fruchtsäften. Auch die Jausen sind aus der eigenen Landwirtschaft. Die Küche präsentiert sich nicht so extravagant wie die Deko, sondern im besten Sinne bodenständig. Das Restaurant ist Do bis So abends geöffnet (Juli/Aug. tägl.), Sa/So auch mittags, Reservierung erforderlich. Außerdem 16 individuell eingerichtete Zimmer. EZ 80–92 €, DZ 140–164 € mit Frühstück, mit Halbpension EZ 102–124 €, DZ 164–208 €, Hunde 9 €. Der Kleinsasserhof liegt 5 km von Spittal entfernt; Anfahrt: zuerst Richtung Süden, am Kreisel Richtung St. Peter, aber nicht in den Ort, sondern geradeaus über die Drau, durch Oberamlach und am Ortsende rechts hinauf, dann noch knapp 2,5 km. Kleinsasserhof, 9800 Spittal an der Drau, ✆ 04762-2292, www.kleinsasserhof.at.

Essen & Trinken Restaurant Mettnitzer **1**, die Nummer 1 im Ort, in der Altdeutschen Weinstube am Neuen Platz gelegen. Gutbürgerliche Küche in historischem Ambiente. Hauptgerichte ab 9 €, jenseits von Schnitzel, Salat und Kasnudeln um 18 €. Mittags und abends geöffnet, Küche bis 21 Uhr, Mo/Di Ruhetag. Neuer Platz 17, ✆ 04762-35899.

Zellot **5**, das Restaurant samt Vinothek gehört zu Post (Übernachten) und Glashaus (Café), Hauptgerichte ab 13 €, Fisch ab 16 €, auch vegetarische Gerichte, Mittagsmenü um 13 €. Mittags und abends geöffnet, So Ruhetag. Hauptplatz 12, ✆ 04762-2113.

Cafés Moser **7**, Kaffeehaus und Konditorei schräg gegenüber der Katholischen Pfarrkirche. Hochkalorische Köstlichkeiten in der Auslage und ein malerischer Café-Garten im Hof. Es gibt auch Frühstück und kleinere (herzhafte) Speisen. Ideal für den klassischen Kaffeehausbesuch, bei dem man bei Kleinem Braunen und Zeitungslektüre seine Ruhe genießen kann. Freundlicher Service. Geöffnet Mo–Sa 6–23 Uhr, So erst ab 7 Uhr. Jahnstr. 7 (Eingang über Litzenhofstr.), ✆ 04762-25790.

Lienbacher **4**, dieser traditionsreiche Familienbetrieb, Konditorei mit Café, befindet sich am Schlossplatz in der Schillerstraße. Zum Mitnehmen gibt es neben hausgemachten Pralinen auch handgeschöpfte Schokolade, Mo bis Fr auch günstige Mittagsmenüs, tägl. bis 18 Uhr geöffnet. Schillerstr. 10, ✆ 04782-2525.

Glashaus **6**, cooles Café mit Bar beim Tor am Hauptplatz, gemütlich für den Nachmittagskaffee, abends stylische Bar. Ob kommunikativ zentral oder gemütlich für sich, man lümmelt in Kinosesseln oder Bussitzen, hockt in Couchgarnituren oder Lehnsesseln. Pizza aus dem Holzofen und Burger. Mo–Do 16–1 Uhr, Fr/Sa bis 2 Uhr geöffnet, So Ruhetag. Hauptplatz 12, ✆ 04762-2113.

Schlosscafé **2**, einfaches Café im nördlichen Eck des Schlosses, besonders schön sitzt man aber im Sommer draußen an der Schlossflanke mit Blick auf Park und Brunnen. Burgplatz 1, ✆ 04782-4707.

Schloss Porcia und das Museum für Volkskultur

Als das Schloss geplant wurde, sollte es abseits des Marktes wuchtig und repräsentativ in der Landschaft stehen. 1530 begann *Gabriel von Salamanca*, ein Günstling des Kaisers, sich das prunkvolle Schloss errichten zu lassen. Beziehen konnte er die exklusive Immobilie allerdings nicht mehr, denn der Bau dauerte 70 Jahre. Während dieser langen Zeit aber orientierten sich die folgenden Bauherren an den von Salamanca abgesegneten Plänen, sodass ein bemerkenswert geschlossenes Bauwerk entstand. Das Schloss gilt als einer der schönsten Renaissance-Palazzi außerhalb Italiens. Dreigeschossig erhebt sich die vierflügelige Anlage, an der Außenfassade schlicht gehalten, um einen bildschönen, von Arkaden gesäumten Innenhof. 1662 erwarb die Adelsfamilie Porcia das Schloss, in deren Besitz es bis 1918 verblieb. Seit 1930 gehört es der Stadt Spittal, die sich mittlerweile rings um das Prunkgebäude und den angeschlossenen Schlosspark erstreckt.

Heute ist Schloss Porcia nicht nur die geografische Mitte, sondern auch das kulturelle Zentrum der Stadt. Es dient als prächtige Kulisse mannigfaltiger Veranstaltungen und beherbergt das weitläufige, sich auf die beiden oberen Stockwerke rund um den Innenhof erstreckende **Museum für Volkskultur**. Nach einem raumfüllenden und begehbaren Satellitenbild Kärntens kann man mittels eines 3D-Films einen Flug durch das Relief der Berge unternehmen. Dann beginnen die Ausstellungen zu Brauchtum und Volksglaube, Handwerk und Alltagskultur: Zu sehen sind beispielsweise Fastnachtsmasken, ländliche Kirchenkunst, Spielzeug und Klassenzimmer sowie Handwerks-Exponate zu Bergbau, Glasbläserei, Fassbinderei, Töpferei und Hafnerei. Ein Raum informiert über die Volkskultur der Gottschee, einer ehemaligen deutschsprachigen Minderheit in Slowenien, und ein weiterer über das Bergsteigen (hier schöne alte Fotos). Schließlich erhält man im Fürstenzimmer einen Eindruck von der ganz unvolkstümlichen Pracht der ehemaligen Residenz. Im dritten Stock findet man sich inmitten eines immensen Sammelsuriums aus vergangenen ländlichen Lebens- und Arbeitswelten wieder, als wären alle Dachböden eines uralten Bauerndorfes zusammengeführt: ganze Bauernstuben und Handwerksstätten wie Schmiede oder Gerberei, eine komplette Almhütte mit Käserei, ein Wirtshaus und ein Kaufmannsladen, Obstquetschen, Mühlsteine, Spinnräder, Werkzeuge und und und. Zwar mangelt es ein wenig an begleitender Information, zu entdecken aber gibt es reichlich.

Das Portal von Schloss Porcia

Museum für Volkskultur: Mitte April bis Okt. tägl. 9–18 Uhr, Rest des Jahres Mo–Do 13–16 Uhr. Erw. 8 €, erm. 4 €. ✆ 04762-2890, www.museum-spittal.com.

Goldeck

Spittals Hausberg ist das Goldeck, beliebtes Wanderrevier und Skigebiet. Steil steigt der Berghang vom Drautal (ca. 540 m) hinauf zum 2142 m hohen Gipfel, dem nördlichsten der Gailtaler Alpen. Vom Stadtrand gondelt in zwei Etappen eine Seilbahn bis knapp unterhalb vom Gipfel, zuerst zur Mittelstation auf 1640 und weiter zur Bergstation auf 2050 m. Berühmt, berüchtigt oder beliebt, je nach skialpinem Fahrvermögen, ist die nach ortseigenen Angaben „längste schwarze Abfahrt der Alpen" mit 8,5 km Länge bei 1600 m Höhenunterschied. Das Skigebiet hält aber auch weniger steile Pisten bereit. Als Wandergebiet ist das Goldeck ebenfalls abwechslungsreich: Von der Bergstation ist es beispielsweise ein Spaziergang auf den Gipfel, von der Mittelstation eine 1,5-stündige Wanderung; eine Tagestour führt über den Latschur hinab zum Weißensee. Wer aber nur die schöne Aussicht genießen will, nimmt die Panoramastraße bis zum Parkplatz knapp unterhalb vom Gipfel. Von dort ist es noch eine gemütliche Dreiviertelstunde zu Fuß bis zum Goldeckgipfel. Mehrere Hütten und Restaurants verteilen sich rund um Gipfel, Seilbahnstationen und Almen.

Goldeck Bergbahn Anfang Juni bis Ende Sept. tägl. 9–17 Uhr, Preisbeispiele: Bergstation hin und zurück Erw. 19 €, Senioren/Jugendl. 17 €, Kinder 9,50 €, Mittelstation hin und zurück 14,50 € bzw. 12,50 € und 7,50 €, auch Familientickets (z. B. 2 Erw. + 1 Kind 44 €), Einzelfahrten möglich. Wintersaison ist Mitte Dez. bis Ende März, Lifte fahren etwa 9–16 Uhr (Preisbeispiel Tageskarte 39 €/Erw.). ✆ 04762-286412, www.sportberg-goldeck.at.

Spittal, der Malbaum

Goldeck Panoramastraße Beginnt in Zlan, auf halbem Weg zwischen Spittal und Paternion, und führt über 14,5 km hinauf zum Parkplatz. Anfang Mai bis Ende Okt. tägl. 8.30–17 Uhr, 13,50 €/Pkw, 7,50 €/Motorrad.

Umgebung von Spittal: Lurnfeld und Unterdrautal

Mit Zollfeld, Rosental und Jauntal zählt das **Lurnfeld** zu den bedeutendsten vor- und frühchristlichen Siedlungsgebieten Kärntens. Bereits in der Bronzezeit war die schmale fruchtbare Ebene besiedelt (ab etwa 1200 v. Chr.). Eindrucksvolles Zeugnis ist **Teurnia**. Die vormalige Keltensiedlung (ab dem 3. Jh. v. Chr.) wurde wie auch

Virunum zu einer bedeutenden römischen Metropole der Provinz Noricum. Bis zu 30.000 Menschen lebten in der Stadt, die früh christianisiert wurde und im 5. Jh. Virunum als Hauptstadt der Provinz *Noricum mediterraneum* (Binnennoricum) ablöste. Früh war Teurnia auch Bischofssitz, vielleicht der älteste Österreichs. Auf den antiken Resten der Stadt steht bei St. Peter im Holz (nordwestlich von Spittal an der B 100) heute das *Römermuseum Teurnia*, in dem neben den verbliebenen Ruinen der Bischofskirche zahlreiche Reliefs, Büsten, Münzen, Schmuck, Waffen und andere Fundstücke zu sehen sind. Der wichtigste Fund aber liegt etwas außerhalb: In den Ruinen der Friedhofskirche ist ein fantastischer Mosaikboden (um 500 n. Chr.) mit Tiermotiven erhalten geblieben.

Römermuseum Teurnia: Mai bis Okt. Di–So 9–17 Uhr, Mo geschl. Erw. 5 €, erm. 3 €, Familienticket 11,50 €. St. Peter im Holz 1, ✆ 04762-33807, www.landesmuseum.ktn.gv.at.

Wenige Kilometer westlich von Spittal erhebt sich beim kleinen Ort **Baldramsdorf** die *Ortenburg* über das Drautal. Die Burg aus dem 12. Jh. war einst Stammsitz des im Mittelalter mächtigen Kärntner Adelsgeschlechts und Zentrum der gleichnamigen Oberkärntner Grafschaft, heute steht der Wehrbau recht ruiniert am Goldeckhang. Unterhalb der Ruine befindet sich im „Paternschloss", das seine heutige Form Anfang des 18. Jh. unter den Porcia erhielt, das *Kärntner Handwerksmuseum*. Ausgestellt sind über 40 historische Arbeitsplätze in Handwerk und Gewerbe, vom Apotheker über Buchdrucker, Fassbinder, Goldschmied und Krämer bis zum Sattler, Töpfer und Zimmermann.

1. Kärntner Handwerksmuseum: Mitte Mai bis Ende Sept. tägl. 10–17 Uhr geöffnet, Erw. 5 €, erm. 2 €, Unterhaus 18, ✆ 04762-7140, www.handwerksmuseum.info.

Südlich von Spittal liegt im beschaulichen Dorf **Molzbichl** das Komplementär-Museum zum Römermuseum Teurnia: Das *Frühmittelaltermuseum Carantana* widmet sich der frühchristlichen Geschichte. Zahlreiche Exponate wurden bei Ausgrabungen in Molzbichl, wo es einst ein florierendes frühchristliches Kloster gab, gefunden. Hauptattraktion des kleinen Museums sind Grabfunde und die karolingischen Flechtsteine, die seit 2015 in dem im Pfarrhofgarten errichteten, glasverkleideten Erweiterungsbau nun angemessen präsentiert werden können. Der Name des Museums rührt übrigens von einer Urkunde Karls des Großen her, in der die *provincia Carantana* aufgeführt wird.

Museum Carantana: Mai bis Mitte Okt. So–Fr 10–12 und 13–17 Uhr, Sa geschl. Erw. 1,50 €, erm. 1 €. Im Pfarrhof von Molzbichl, ✆ 04767/666, www.carantana.at.

Bei Spittal erhebt sich ein etwa 300 m hoher Hügelrücken (genannt: *Hochgosch*), der das Drautal vom Millstätter See trennt. Früher wurde der Millstätter Seerücken auch *Fratresberg* genannt, in Erinnerung an die Mönche (lat. *fratres*), die in Molzbichl beteten und arbeiteten. Mitten in dem schönen Wald liegt auf dem Hügelrücken ein zauberhafter Moorsee, der **Egelsee**. In dem erddunklen Wasser des Sees kann man auch baden, vom Weg führt eine Steganlage zu hölzernen Badeplattformen am Seeufer. Daneben sind auch moorige Flächen befestigt, in denen man sich Naturschlammpackungen verpassen kann. Der Egelsee und das umliegende Hochmoor stehen unter Naturschutz. Vom Egelsee ist es nicht weit zum Aussichtspunkt *Lug ins Land*, von dem man einen weiten Blick in das Drautal hat, und, den Hang hinab, zum gleichnamigen Gasthof oberhalb von Molzbichl. Auf der anderen Seite des Fratresbergs liegt am einsamen Südufer des Millstätter Sees das Strandbad Spittals.

Anfahrt Zum **Egelsee** gelangt man entweder von Molzbichl aus über den *Gasthof Lug ins Land*, hier parken und dann eine Forststraße zu Fuß noch 10 Min. hinauf. Oder über die Zufahrt zum Spittaler Strandbad am Südufer des Millstätter Sees: Bei Rothenthurn abzweigen und durch den Wald den Hügel hinauf, im Wald liegt der

„Wacholderplatz“, ein kleiner Parkplatz, von dem ein Waldweg (nicht den Forstweg nehmen, sondern den Waldweg rechter Hand, später beschildert) zum See führt. Die Straße führt weiter zum **Strandbad Spittals**.

Baden Einen idyllischen Badesteg mit drei Liegeplattformen gibt es am **Egelsee**. Da der See und das umliegende Moor Naturschutzgebiet sind, versteht es sich von selbst, dass man auf den vorgesehenen Anlagen bleibt und nur vom Steg aus in den See steigt. Keinerlei Service und nicht überwacht, dafür kostenlos. Baden kann man übrigens im Egelsee bedenkenlos, entgegen seinem Namen gibt es hier keine Blutegel.

Das **Strandbad Spittals** liegt abgeschieden am Südufer des Millstätter Sees, weitere Infos → S. 171.

Übernachten/Essen **Gasthof Lug ins Land**, der Gasthof und Biobauernhof befindet sich in Alleinlage am Hang über dem Drautal, herrlich ruhig und mit tollem Blick von der Terrasse. Die Zutaten zur Jause kommen aus der eigenen Produktion. Auch Zimmer. Oberzmöln 1, 9701 Rothenthurn, ✆ 04767-8190, www.luginsland.at.

Schloss Rothenthurn, bereits im 11. Jh. stand hier der namensgebende „Rote Turm“, heute erhebt sich in idyllischer Umgebung das schmucke Schloss Rothenturn. Umgeben von einem schönen Schlossgarten mit großem Badeteich stellen die sympathischen Schlossherren großzügige, stilvoll-rustikale Appartements und Zimmer in standesgemäß noblem Ambiente zur Verfügung (kein gastronomisches Angebot, in den Appartements gibt es Küchen, Frühstück auf Wunsch). DZ mit Frühstück 110 €, im Appartement 99 € für 2 Pers. ohne Frühstück. 9701 Rothenthurn, ✆ 04767-297, www.castello-rothenthurn.at.

Idyllischer Egelsee

Gen Süden schlängelt sich die Drau gemütlich durch ein weites, flaches Tal zwischen den bewaldeten Ausläufern zweier mächtiger Höhenzüge. Die prägenden Gipfel sind das Goldeck (2142 m) am Rand der Gailtailer Alpen und der Mirnock (2110 m), der zu den Nockbergen gehört und damit ein Berg der Gurktaler Alpen ist. Hauptortschaft im Unterdrautal ist **Paternion**. Reich wurde der Ort als Bergbauzentrum, (u. a. Eisen, Blei und Gold), heute noch sichtbar an den respektablen, fast städtischen Häusern im Kern der Marktgemeinde.

Übernachten/Essen *** **Gasthof Tell**, ein Haus mit Tradition mitten in Paternion, gemütlicher Gastraum unter Gewölbe, in der Küche werden auch Produkte aus der eigenen Landwirtschaft zu Kärntner Gerichten verarbeitet. EZ 48 €, DZ 84 € mit Frühstück, mit Halbpension EZ 61 €, DZ 110 €, Hund 5 €. Anna-Plazotta-Platz 14, 9711 Paternion, ✆ 04245-2931, www.gasthof-tell.at.

Seejungfrau in der Seebodener Bucht

Millstätter See

Der zweitgrößte See Kärntens liegt auf etwa 600 m Höhe malerisch eingebettet zwischen mächtige Bergbuckel. Lang gezogen erstreckt er sich am Fuße des *Millstätter Bergs*, dem ebenfalls lang gestreckten Hochplateau auf 855 m, von dem wiederum die *Millstätter Alpe* am Rande der Nockberge auf bis zu 2091 m aufsteigt. Von den Geländestufen Millstätter Berg und Alpe hat man herrliche Ausblicke über die Gebirgswelt der Nockberge und hinab auf den See. Mit einer Tiefe bis zu 141 m ist der Millstätter See (bei einer mittleren Tiefe von etwa 88 m) der tiefste (natürliche) See Kärntens und damit auch der wasserreichste. Natürlich ist der Millstätter See auch ein vorzüglicher Badesee. Über ein Dutzend Badestellen und Strandbäder finden sich an seinem Ufer bei Seeboden, Millstatt, Dellach und Döbriach, aber auch überaus idyllisch am abgeschiedenen Südufer. Überflüssig zu erwähnen, dass die Wasserqualität außergewöhnlich gut ist.

Touristisches Zentrum der Seeregion ist *Seeboden* mit vielen Gästebetten, was es in gewisser Weise zum touristischen Vorort von Spittal macht. Das kulturelle Zentrum ist *Millstatt*, dank seines altehrwürdigen Stiftes. Ruhiger wird es in *Dellach* und *Döbriach*, am Ostufer finden sich auch mehrere Campingplätze. Geradezu ländlich idyllisch und mit Seeblick geht es auf dem Millstätter Berg um Obermillstatt zu. Das lange Südufer ist dagegen nahezu unverbaut und abgeschieden, steil steigt der bewaldete Hang aus dem See auf – ideal für einsame Wanderungen. Dies gilt auch für die schon ziemlich nockige Millstätter Alpe auf der anderen Seite des Sees. Immer wieder wird man übrigens auf den *Granat* stoßen, der hier abgebaut wurde, ruhte doch unter dem Berg das größte Granatvorkommen Europas.

Seeboden

ca. 2800 Einwohner

Die größte Gemeinde am Millstätter See an der gleichnamigen Bucht im Nordwesten punktet hauptsächlich durch ihre autofreie Promenade mit Hotels, Strandbädern und Cafés. Mehrere schöne grüne Parks am Ufer runden das gepflegte Bild ab – ruhige Plätzchen, an denen es sich herrlich spazieren und ausspannen lässt. Aktivere werden eher im Umland fündig, beim Wandern oder Golfen beispielsweise. Und nicht zu vergessen: der Millstätter See als 24 °C warmes Bade- und Wassersportparadies direkt vor der Haustür.

Das Gebiet um den heutigen Ort am See war zu römischer Zeit besiedelt, einige Funde in der Umgebung lassen sich sogar zurück bis ins Neolithikum (Jungsteinzeit) datieren. In der jüngeren Geschichte Seebodens, im Mittelalter, spielte die oberhalb gelegene Burg Sommeregg (Details → S. 161) die beherrschende Rolle und bestimmte über die Weiler am See, die dieser bis Anfang des 19. Jh. als Lehen unterstanden. 1852 wurde die Gemeinde Seeboden gegründet. Ende des 19. Jh. kamen dann die ersten Badegäste, in den 1920er-Jahren entstanden einige der noch heute bestehenden Strandbäder und bald auch einige komfortable Unterkünfte für die Gäste. Heute lebt die Gemeinde überwiegend vom Tourismus.

Basis-Infos

Information Seeboden Tourismusinfo am Hauptplatz in der Gemeinde an der Hauptdurchgangsstraße. Mo–Do 8–12 und 13–16 Uhr, Fr 8–13 Uhr geöffnet, Sa/So geschl. Hauptplatz 1, 9871 Seeboden, ✆ 04762-81210, www.seeboden.at.

Das **Infocenter Millstätter See** befindet sich am Kreisel am westlichen Ortseingang, in der Saison ganztägig geöffnet. Thomas-Morgenstern-Platz 1, 9871 Seeboden, ✆ 04766-3700, www.millstaettersee.at.

Bergtouren mit Wanderführer werden von den Info-Büros vermittelt.

Die **Millstätter See Inclusive Card (MIC)** hilft sparen, → S. 81.

Baden Drei Strandbäder entlang der Seepromenade (und weitere bei den Hotels); nett fanden wir ganz am Ostende der Promenade das **Strandbad Meixner**, großzügiges Gelände mit Sandstrand, Badesteg, 25-m-Becken und Kinderbecken, Sonnenschirm- und Liegestuhlverleih, auch Tretboote (8 €/Std.) und Elektroboote (12 €/Std.), Café/Strandbuffet (Imbisse, Snacks). Bei schönem Wetter im Sommer tägl. 9–19 Uhr geöffnet. Eintritt 4,50 €, Kinder 5–14 J. 2,50 €, 15–18 J. und Studenten 3,40 €, Kinder unter 5 J. frei. Ab 15 Uhr wird es billiger! Seepromenade 76, ✆ 0650-2304013, www.strandbad-meixner.at.

Golf Oberhalb von Seeboden auf der Höhe bei Tangern, Näheres → S. 163.

Markt Mai bis Sept. jeden Freitag ab 17 Uhr Bauernmarkt am Hauptplatz, in der Hauptsaison mit Livemusik.

Ortstaxe 2 € pro Pers. und Tag (ab 16 J.).

Parken Fast überall gebührenpflichtig, großer Parkplatz nahe der Promenade hinter dem Strandcamping Winkler.

Verbindungen Bestens, mit dem **Postbus** *Linie 5138* mind. stündl. (sonntags und in den Ferien eingeschränkt) nach Spittal und am See entlang nach Millstatt und weiter nach Dellach (bis zu 8x tägl. auch weiter nach Döbriach, Radenthein, Bad Kleinkirchheim), Tangern und Laubendorf nach Millstatt. Im Winter **Skibusse** zum Goldeck (→ S. 155).

Schiffe: bis zu 5x tägl. große Seerundfahrten, bis zu 6x tägl. Fahrten nach Millstatt, Dellach, Döbriach. Die einfache Fahrt kostet 5–9 € (Kinder 6–15 J. 3–5 €), die große Seerundfahrt kostet 13,50 €, Kinder 8 €, Familienticket 29 €. Fahrradmitnahme 2 €. Mehrere Anleger an der Promenade, Fahrtbetrieb Ende April bis Ende Sept., Tickets auf dem Schiff, ✆ 04766-23939. **Fahrradfähre** nach Millstatt und Döbriach im Sommer tägl. um 15.30 Uhr, nach Großegg/Südufer ab Millstatt, → S. 163.

Wandern Der 2088 m hohe Tschiernock ist der Hausberg von Seeboden und bietet gute Wandermöglichkeiten. Oben laden die Sommereggerhütte und die Hansbauerhütte zur Rast ein (beide mit dem Auto erreichbar), von der Hansbauerhütte startet der Gamsbrünndlweg auf den Tschiernock (ca. 1:30 Std.), von der Sommereggerhütte der Höhenrundweg (2:30 Std., beide sind auch kombinierbar). Die *Tschiernock Panoramastraße* ab Treffling kostet Maut: zuletzt 5 € für Pkw/Motorrad. Weitere Wandermöglichkeiten → Millstatt, S. 167.

Wassersport **Wasserskischule Kohlmeier**, Wasserski und Wakeboard, Fallschirmfliegen (auch Tandem) hinterm Boot, außerdem Ringo, Banane und Sofariding mit großem Geschrei, Bootsverleih. Strandpromenade am Blumenpark, ✆ 0650-8447420 oder 0650-6477523.

Übernachten/Essen & Trinken

Übernachten ****S **Kollers**, am westlichen Ende der Promenade direkt am See, toller Garten mit großer Holzterrasse am Wasser und schicker Badeplattform (integriertes Becken – beheizt!), Beach-Bar, Innen-/Außenpool, Spa, Saunen, Wassersport etc. Das berühmte Werbebild der letzten Jahre – ein „Dinner im See" für nur zwei Personen auf winziger Plattform – stammt von hier (wer sich das Besondere gönnen will: 7 Gänge, 350 € für beide). DZ der günstigeren Kategorie mit Halbpension 216–270 €, EZ 120–135 €. Gehobenes Restaurant. 1. Nov. bis ca. 20. Dez. geschl. Seepromenade 2–4, 9871 Seeboden, ✆ 04762-81500, www.kollers.at.

*** **Strandhotel Pichler**, fast am anderen Ende der Promenade, 28 Zimmer mit solide-freundlicher Einrichtung (z. T. mit Balkon zum See), eigener Strand und Liegewiese, Beach-Volleyball, MTB-, Surfbrett- und Kajak-Verleih beim Hotel (am Sport Point), angeschlossenes Tauchcenter. Schöne Restaurantterrasse unter Bäumen am See (auch Café). EZ mit Frühstück 54–60 €, mit Halbpension 68–74 €, DZ mit Frühstück 99–112 €, mit Halbpension 127–136 €. Im Mai, Juni und Sept. teilweise nur am Wochenende (Sa–Mo) buchbar. Mitte April bis Ende Sept. geöffnet. Seepromenade 48, 9871 Seeboden, ✆ 04762-811800, www.strand-hotel.at.

Pension Elisabeth, am Westende von Seeboden, schräg gegenüber vom Fischereimuseum, aber auf der anderen Seite des Seebachs, der hier aus dem Millstätter See herausfließt. Garten mit kleinem Steg direkt am Fluss, Terrasse, ruhige Lage. EZ 59 €, DZ 78 €, jeweils inkl. Frühstück, ab der 4. Nacht wird es günstiger, Ferienwohnung für 2–4 Pers. 65–75 €, für 4–6 Pers. 90–125 €, Ferienhaus für 4–6 Pers. 125–135 €. Ganzjährig geöffnet. Steinerstr. 43–45, 9871 Seeboden, ✆ 04762-81701 oder 0676-6619308, www.pension-elisabeth.co.at.

Camping **Sonnen-Panorama-Camping**, zwar etwa 7 Min. zu Fuß vom See entfernt, dafür ruhige und großteils schattige, naturnahe Stellplätze. Auch Mietwohnwagen und Ferienhäuschen. Kleiner Kiosk. Camping: Erw. 6,50 €, Kinder (3–14 J.) 4 €, Stellplatz 7,50 €, Hund gratis. Mietwohnwagen: 33 €/Nacht zzgl. Personengebühr und Endreinigung 29 €. Ferienhaus für 2 Pers. 53 €/Nacht, Endreinigung 30 €. Im Winkel 19, 9871 Seeboden, ✆ 0650-8241000, www.sonnen-panoramacamping.at.

Essen & Trinken Mehrere Restaurants und Gasthöfe im Zentrum an der Hauptstraße und der Strandpromenade, außerdem mehrere Cafés, z. B. das entspannende **Koller's Café** an der Promenade mit gemütlicher Sofalandschaft unter Sonnenschirmen, auch Eisdiele und mit Minigolfplatz dahinter.

Außerhalb ››› Unser Tipp: ****S **Landhaus Moerisch**, traumhaft schöne Lage hoch über dem See im ruhigen Ort Tangern, zum Golfplatz ist es nur ein Katzensprung. Stilvolle Entspannung für gehobene Ansprüche, Innen- und Außenpool mit Sonnenterrasse, Spa mit diversen Saunen, Kneippanlage, Kosmetik, Massagen etc. Die feine Küche des Hauses wird seit Jahren vom Gault Millau geadelt, zuletzt 2015 mit 14 Punkten und einer Haube. Einladende und gemütliche Zimmer im modernen Landhausstil, alle mit Balkon. EZ 110–140 €, DZ 190–260 €, Extrabett Kind je nach Alter 25–65 €, jeweils inkl. Dreiviertelpension: Frühstück, Nachmittagssnack, Abendmenü. WLAN inkl., ab 5 Tagen Aufenthalt wird es günstiger. Hund 12 €/Tag. Anfang April bis ca. 20. Okt. und 20. Dez. bis ca. 10. März geöffnet. Tangern 2, 9871 Seeboden, ✆ 04762-81372, www.moerisch.at. *Anfahrt*: Von Seeboden Richtung Treffling/Tschiernock, noch vor der Burg rechts nach Tangern, das Hotel in dem winzigen Ort ist kaum zu übersehen. ‹‹‹

Sehenswertes

Fischereimuseum: In einem über 400 Jahre alten Fischerhaus direkt am Seebach in der Seebodener Bucht sind Fotos und Dokumente der Millstätter Seefischer zu sehen, es gibt aber auch allerlei Wissenswertes zu den Fischen in Kärntner Gewässern zu erfahren. Recht anschaulich ist auch das Leben der Fischer anhand von guter Stube mit Herrgottswinkel und Räucherabzug nachzuvollziehen, dem Ganzen wohnt jedoch ein etwas strenger Geruch bei. Über die steile Stiege geht es ins Dachgeschoss, hier hauptsächlich Fischereigerät aus den verschiedenen Jahrhunderten sowie mehrere Einbäume – z. B. aus der späten Römerzeit (331 n. Chr., gefunden im Wörthersee) und aus karantanischer Zeit (600–650 n. Chr.). Vor dem Fischerhäuschen befinden sich Bänkchen mit Rasen davor, am Wasser außerdem ein trockengelegtes Floß.

Im Sommer tägl. 10–18 Uhr geöffnet, Eintritt 5 €, Kinder frei, Tickets an der Rezeption des *Camp Royal X* schräg gegenüber. Am Kreisel am westlichen Ortsausgang rechts in die Seehofstraße, beschildert.

Baden in Seeboden

In der Umgebung

Burg Sommeregg und das Foltermuseum Seeboden: Auf dem Weg zur Obermillstätter Höhenstraße liegt exponiert die *Burg Sommeregg*. Sie trutzt seit dem 12. Jh. auf einem Ausläufer des Millstätter Bergs oberhalb von Seeboden. Zu ihrer heutigen Form, bzw. was der Zahn der Zeit davon übrig gelassen hat, wurde die Burg im 16. Jh. von Khevenhüller erweitert. Erhalten sind Wohngebäude, die sich in Hufeisenform um einen kleinen, balkonartigen Innenhof erheben, Reste der Ringbefestigung und die Ruine eines romanischen Rundturms.

Die stimmungsvolle Burg, in der das *Foltermuseum* untergebracht ist, weckt Erwartungen, die das Museum in keiner Weise erfüllen kann. Angesichts der muffigen Puppen in schummrigem Licht kommt nicht einmal ein wohliger Grusel auf, geschweige denn wird das Thema Folter und Inquisition auch nur annähernd angemessen beleuchtet. Lediglich eine kurze Infosektion von Amnesty International zum Thema „Folter heute“ ist von Belang.

Foltermuseum: April, Sept./Okt. tägl. 11–17 Uhr, Mai/Juni tägl. 10–18 Uhr, Juli/Aug. tägl. 10–20 Uhr. Erw. 5,90 €, Kinder 2,90 €. Auch der Museumsladen führt nur Kitsch statt Literatur. Auf der Burg Sommeregg gibt es ein **Restaurant**, das auch Ritteressen veranstaltet. Geöffnet Mitte April bis Dez., im Sommer Mo Ruhetag, in der Nebensaison Mo und Di, Nov./Dez. nur am Wochenende. In der ersten Augusthälfte finden auf der Burg **Ritterspiele** statt, mit Mittelaltermarkt, Gauklern und Ritterturnier. Schlossau 7, ✆ 04762-81391, www.folter.at.

Bonsai-Museum: Für Liebhaber des formvollendeten Miniaturbaumes, aber auch der japanischen Gartenkunst liegt dieses schöne Freilichtmuseum an der Straße von Seeboden Richtung Tangern gleich nach der Abzweigung auf der linken Seite. Eine eingehende Einführung sowie Tipps zur Pflege bekommen Bonsai-Neulinge von den netten Betreibern gratis. Auch Bonsai-Verkauf.

Mai bis Sept. Mo–Fr 10–18 Uhr, Sa 10–17 Uhr geöffnet, So geschl., April/Okt. nur Di–Fr 10–17 Uhr, im Winter geschl. Eintritt 9 €, Kinder 3,50 €. Liedweg, ✆ 04762-81947, www.bonsaimuseum.at.

Millstatt

ca. 900 Einwohner

Das historische und kulturelle Zentrum am See mit unbedingt sehenswertem Stift aus dem 11. Jh. Doch Millstatt am sonnenverwöhnten Nordufer des Sees ist auch ein exzellenter Badeort.

Die viel befahrene B 98 teilt den Ort in zwei Hälften: Oberhalb – vorbei an Lindenhof (ein ehemaliges Hotel), Stift und Stiftskirche – liegt der wenig spektakuläre Marktplatz mit seinem schönen Brunnen (ca. 1900). Von hier aus kann man auch noch auf den Kalvarienberg hinaufgehen.

Die Statue stellt Domitian dar, der eine Statue in den See wirft

Deutlich mehr Leben herrscht dann auf der Seeseite der Durchgangsstraße: Zwar gibt es hier erfreulicherweise fast keinen Verkehr, doch ist an der Seeuferpromenade mit ihren vielen Flaneuren doch deutlich mehr los als im oberen Ortsteil. Auffällig sind außerdem die vielen interessanten Statuen und Skulpturen, manche historisch, manche aber auch ganz modern.

Das Nordufer des Millstätter Sees war wahrscheinlich schon in prähistorischer Zeit besiedelt. Frühchristliche Spuren von den Hügeln oberhalb des Ortes gehen ins 5. Jh. n. Chr. zurück. Woher genau der Name Millstatt kommt, ist nicht zweifelsfrei geklärt. Angeblich geht er auf die „Mille Statue“ zurück, 1000 heidnische Statuen, die der karantanische (slawische) Herzog Domitian hier im 8. Jh. zerstören ließ (in anderen Erzählungen: eigenhändig in den See warf), als er zum christlichen Glauben übergetreten war. Eine Statue (von ihm selbst) mit einer ebensolchen (heidnischen) über den Kopf gereckt ist im See bei der Uferpromenade zu sehen. Andere Forschungen gehen bei Millstatt von einem ursprünglich keltischen Namen aus, der Stätte an der *mils* („Bergbach“). Beurkundet ist der Ort *Milistat* erstmals jedenfalls im Jahr 1065, noch einmal dann 1070 mit der Gründung des Benediktinerklosters. Dieses prägte über Jahrhunderte nicht nur das kulturelle Leben am See, sondern ganz Oberkärntens, nicht zuletzt auch dank der zahlreichen bedeutenden Schriften, die hier entstanden. 1469 fiel das Stift an den St.-Georgs-Ritterorden unter Hochmeister *Johann Siebenhirter*, der sich hier auch gleich ein Schloss, den späteren Lindenhof, bauen ließ. 1598 kam das Stift zum Jesuitenorden, später dann in staatliche Verwaltung, wo es zusehends verfiel – Millstatt verkam zum unbedeutenden Fischerdorf. Etwa 1870 kamen dann die ersten Badegäste, einige Jahre später wurden die ersten repräsentativen Villen am Seeufer gebaut, die noch heute das Bild prägen, auch wenn so manche moderne Bausünde dazukam. 1921 wurde Millstatt Kurort.

Basis-Infos

Information **Tourist-Information** im Rathaus am Marktplatz oberhalb des Stiftes. Mo–Fr 9–18 Uhr, Sa/So 10–12 und 16–18 Uhr, außerhalb der Hochsaison Mo–Fr 8–12 und 13–18 Uhr, Sa/So 10–12 Uhr. Marktplatz 8, 9872 Millstatt, ✆ 04766-2023, www.millstatt.at. Diverse Rabatte bietet die **Millstätter See Inclusive-Card (MIC)**, → S. 81.

Baden **Strandbad Millstatt**, gleich beim Schifffahrtsanleger (Richtung Seeboden); Liegewiese, Sandstrand, Badestege, Rutschen und Sprungturm, bei gutem Wetter Mai bis Sept. tägl. 9–18 Uhr. Erw. 5 €, Jugendliche (14–17 J.) 4 €, Kinder 3 €. Seemühlgasse 220, ✆ 04766-2636. Daneben befindet sich das nigelnagelneue **Badehaus Millstatt**, ein öffentlich zugänglicher Wellnesstempel direkt am See. Ganzjährig geöffnet, nicht nur für Sauna und Massage bzw. Kosmetik, der Außenpool ist ganzjährig beheizt (35 °C), im Sommer kann man natürlich auch in den See springen. Mit Restaurant und nicht ganz billig: Die Tageskarte kostet hier 22,50 €, Kinder (6–15 J.) 11,50 €. Tägl. 10–21 Uhr geöffnet. Kaiser-Franz-Joseph-Str. 334 (Richtung Seeboden, fast schon am Ortsausgang auf der linken Seite), ✆ 04766-26360, www.badehaus-millstaettersee.at.

Golf **Golfanlagen Millstätter See**, 18-Loch-Anlage oberhalb von Seeboden auf der Höhe bei Tangern gelegen, herrlicher Blick; mit Golfschule (auch Anfänger- und Platzreifekurse), Greenfee 70 €. März bis Nov. geöffnet. Am Golfplatz 1, 9872 Millstatt, ✆ 04762-82548, www.golf-millstatt.at. *Anfahrt*: Von Millstatt die Straße hinauf Richtung Obermillstatt, dort links Richtung Laubendorf/Tangern, der Golfplatz wird dann nach links ausgeschildert (nicht zu übersehen).

Feste & Veranstaltungen **Musikwochen Millstatt**, Mai bis Okt., die Konzerte finden im besonderen Ambiente des Millstätter Stiftes und der Stiftskirche statt. Infos unter ✆ 04766-202135, www.musikwochen.com.

Gitarrenfestival Millstatt, 5-tägiges Festival Anfang Aug., Teil der Musikwochen; Infos, Programm und Tickets unter ✆ 04766-202135, www.gitarrenfestival.at.

Markt Im Sommer jeden Montag ab 18 Uhr am Georgsritterplatz an der Durchgangsstraße im Zentrum.

Parken Kann man z. B. am Georgsritterplatz im Zentrum an der Hauptstraße oder am Marktplatz oberhalb von Stift und Stiftskirche (jeweils 1 €/Std.).

Verbindungen **Postbus**: *Linie 5138* stündl. (So nur 5x tägl.) über Seeboden nach Spittal und nach Dellach. Bis zu 8x tägl. über Döbriach und Radenthein nach Bad Kleinkirchheim. Im Sommer fahren auch **Wanderbusse** hinauf zu den Berghütten und holen die Wanderer am späten Nachmittag wieder ab.

Schiffe: bis zu 6x tägl. große Seerundfahrten (Dauer ca. 2:30 Std.,) mit Stopps an allen Orten am See, einfache Fahrt 5–9 € (Kinder 6–15 J. 3–5 €), die große Seerundfahrt kostet 13,50 €, Kinder 8 €, Familienticket 29 €. Fahrradmitnahme 2 €. Der Schiffsanleger ist beschildert, Nähe Strandbad, Fahrbetrieb Ende April bis Ende Sept., Tickets auf dem Schiff, ✆ 04766-23939. Die kleinen **Fahrradfähren** ab Millstatt Schillerstrand (östlich des Schiffsanlegers) pendeln zwischen 15. Mai und 30. Sept. stündl. von und nach Großegg am Südufer, Überfahrt 5 Min., 2 € pro Pers. und Fahrrad.

Übernachten/Essen & Trinken/Abends

Übernachten **Villa Verdin**, das *Getaway* für Bohemiens in einer wunderschönen alten Villa, in der man sich ein wenig wie in eine andere Zeit versetzt fühlt, wenn das Abendlicht den Salon in eine wunderbare Atmosphäre taucht. Mit Bar, die ihrem Namen alle Ehre macht, Bootsanleger, Liegewiese und Badesteg, gutes Restaurant. EZ 70 €, DZ 140 €, inkl. Frühstück. Anfang Dez., im Febr. und März geschl. (Öffnungszeiten Restaurant → unten). Seestr. 69, 9872 Millstatt, ✆ 0699-12181093, www.villaverdin.at.

**** **Hotel See-Villa**, alteingesessene, erhabene Villa in Gelb an der Strandpromenade, Restaurantterrasse direkt am Wasser, innen stilvoll-gediegenes Ambiente. Gediegen und elegant auch die Zimmer. EZ 72–110 €, DZ 144–232 €, mit Frühstück, Aufpreis Halbpension 31 €, Hund 11 €/Tag. Mitte April bis Mitte Okt. geöffnet. Seestr. 68, 9872 Millstatt, ✆ 04766-2102, www.see-villa.eu.

**** **Die Forelle**, ebenfalls direkt am See und ein wenig abgeschlossener von der Strandpromenade als obiges Hotel. Strandbad und Liegewiese, großer Wellness-Bereich, Terrasse am See. EZ 88–116 €, DZ 176–298 €, jeweils inkl. Halbpension (6-Gänge-Menü). April bis Okt. geöffnet. Fischergasse 65, 9872 Millstatt, ✆ 04766-20500, www.hotel-forelle.at.

Villa Margarethe, eine altehrwürdige Villa mit sympathisch-familiärer Leitung, viele Stammgäste. Die Zimmer und Ferienwohnungen wurden in den letzten Jahren renoviert. Nur wenige Schritte zum eigenen Badestrand, die Villa selbst liegt an der Durchgangsstraße (Richtung Dellach auf der linken Seite), Parkplatz im Hof. EZ 44 €, DZ 84–104 €, jeweils inkl. Frühstück, ab 4 Tagen wird es günstiger. Ferienwohnung für 4–6 Pers. 120–142 €/Tag, Ferienhaus 4–7 Pers. 99–145 €, hinzu kommt die Endreinigung (75–95 €). Garage 5 €/Tag, Hund 5 €. Mirnockstr. 72, 9872 Millstatt, ✆ 04766-2654, www.villa-margarethe.at.

Essen & Trinken Mit Ausnahme der Villa Margarethe kann man in den oben genannten Millstätter Hotels auch essen, und zwar im Prinzip überall Fisch der gehobenen Qualität und frisch aus dem See (z. B. die Millstätter Reinanke), bei schönem Wetter speist man auf der Terrasse. Menü jeweils um 30–40 €; **See-Villa** und **Forelle** tägl. mittags und abends geöffnet, das Restaurant der **Villa Verdin** ist nur abends geöffnet, besser reservieren (✆ 0699-12181093).

Abends Es ist was los am Millstätter See! Vor allem am westlichen Ortsausgang befinden sich gleich mehrere schicke Locations am Wasser, z. B. am **Kap 4613** (erkennbar an der Pyramide) mit großer Terrasse: Chillen und Cocktails bei Sonnenuntergang, hier kann man auch essen und sonntags frühstücken, Samstag oft Partys/Bands/DJs. Kaiser-Franz-Josef-Str. 330, ✆ 0664-3888318, www.kap4613.at. Direkt daneben befindet sich die deutlich kleinere Strandbar **Monte Cristo**, ebenfalls Sonntagsfrühstück, vielleicht ein wenig familiärer als obiges. Kaiser-Franz-Josef-Str. 329, ✆ 0664-4564580.

Sehenswertes

Benediktinerstift Millstatt: Das Stift blickt auf über 700 Jahre Geschichte zurück: Gegründet 1070 vom bayrischen Pfalzgrafen *Aribo II.* und dessen Bruder *Poppo*, erlebte es unter den Benediktinern eine fast vier Jahrhunderte andauernde Blütezeit. Aus dieser Zeit stammen auch Kirche und Kreuzgang im romanischen Stil. Der St.-Georgs-Ritterorden ließ das Kloster im 15./16. Jh. dann eher festungsartig ausbauen, um sich gegen die drohenden Türkeneinfälle zu wappnen, wohingegen sich die Jesuiten (ab 1598) im Zuge der Gegenreformation der barocken Ausgestaltung der Stiftskirche annahmen. Mit der Auflösung des Klosters (1773) kam der Verfall, der ab Mitte des 19. Jh. durch erste Restaurierungsmaßnahmen gestoppt wurde.

Stiftskirche: Von der Hauptstraße in Millstatt gelangt man durch den Torbogen neben dem ehemaligen Hotel Lindenhof in besagten Lindenhof mit uralter Linde, die hier bereits im Jahr 1269 erstmals bezeugt wurde. Durch einen weiteren Torbogen erreicht man nun den barocken Pfarrhof des Stifts mit doppelstöckigen Arkaden (hier eine weitere, nicht ganz so alte Linde) und dann schließlich nach einem letzten Torbogen die Stiftskirche mit ihren auffälligen Zwiebeltürmen.

Ein erster Kirchenbau entstand hier ab 1130 in Form eines dreischiffigen romanischen Pfeilerbaus, das kunstvoll gearbeitete romanische Eingangsportal wird auf die Zeit um 1170 datiert. Es folgten diverse Um- und Anbauten, u. a. im Stile der

Millstatt vom See aus gesehen

Gotik (unter dem St. Georgs-Ritterorden im 15./16.) und besonders des Barocks (durch die Jesuiten), zu dieser Zeit wurden auch die Zwiebeltürme angefügt. Die Fresken der Kirche stammen überwiegend aus dem 15. und 16. Jh., darunter das *Passionsfresko* (1428) von Friedrich von Villach (beim Portal) und das *Weltgerichtsfresko* (um 1520) am Eingang zur Sakristei von Urban Görtschacher – dieses befand sich zuvor an der Fassade. Auch die rechts an den Altarraum angebaute Domitiankapelle (mit den Gebeinen von Domitian) war ursprünglich romanisch und wurde dann gotisch und schließlich barock umgestaltet, die Loretokapelle auf der anderen Seite wurde ebenfalls nachträglich barockisiert. Nach Auflösung des Stifts wurde die Stiftskirche in **Pfarrkirche St. Salvator und Allerheiligen** umbenannt. Wer übrigens in der Zeit zwischen Aschermittwoch und Karsamstag in der Gegend unterwegs ist, sollte sich den Besuch der Kirche auf jeden Fall vornehmen: Dann nämlich wird der Hochaltar von dem prächtigen Fastentuch des Malers *Oswalt Kreusel* aus dem Jahr 1593 verhüllt. In 42 Szenen zeigt es Altes und Neues Testament von der Erschaffung der Welt bis zum Jüngsten Gericht.

Die Kirche ist ganztägig geöffnet.

Stiftsmuseum Millstatt: Um den malerischen Kreuzgang, erstreckt sich das Stiftsmuseum, das sich vornehmlich mit der Geschichte des Stiftes und des Ortes Millstatt befasst. Im ersten Raum (gegenüber der Kasse) sind Exponate aus dem Klosterleben zu sehen: neben Manuskripten und liturgischem Gerät auch die berühmte *Millstätter Handschrift* (als Faksimile), eine kostbare, um 1200 entstandene Handschrift, die möglicherweise aus der Millstätter Schreibstube stammt. Eine Sehenswürdigkeit an sich ist der wunderschöne Kreuzgang, mit seinen kunstvollen Kapitellen über den Säulen und Resten von Fresken an den Wänden (eigenwillig: das Portal zur Stiftskirche!). Zu den weiteren Räumen geht es vom Kreuzgang rechter Hand, mit Abteilungen u. a. zur Vor- und Frühgeschichte (z. B. ein frühchristlicher liturgischer Becher), zu keltischen Knoten sowie zum sagenumwobenen Stiftsgründer

Im Kreuzgang des Stiftsmuseums

Domitian. Bemerkenswert ist u. a. auch die kunstvolle Brauttruhe von Paola Gonzaga (um 1475). Den Abschluss macht eine Mineralien- und Bergbauausstellung.

Das Museum ist von Mitte Mai bis Ende Sept. tägl. 10–16 Uhr geöffnet. Eintritt 3,50 €, erm. 2,50 €, Führungen durch das Museum immer Mo und Do um 14 Uhr, 6 € pro Pers., Dauer ca. 1 Std. Im Juli/Aug. freitags 18–22 Uhr Führungen und Konzerte im Kreuzgang. Stiftgasse 1, ✆ 04766-202336, www.stiftsmuseum.at.

Obermillstatt und Umgebung

Auf dem Plateau des Millstätter Bergs liegt das kleine Dorf Obermillstatt, in herrlicher Panoramalage hoch über dem See. Weithin sichtbar ist der Turm der Dorfkirche (17. Jh.), dank einer sehr ausgeprägten Zwiebelhaube. Im ehemaligen Schulhaus (davor Gasthaus) ist das hübsche **Heimatmuseum** untergebracht, in dem die ländliche Lebenswelt anschaulich wird.

Heimatmuseum Obermillstatt: Juni bis Sept. Mo/Mi/Fr 16–18 Uhr, Erw. 2,50 €, Kinder 1,50 €, Infos über das Tourismusbüro in Millstatt.

Im benachbarten **Lammersdorf** südöstlich von Obermillstatt beginnt eine Mautstraße, die hinauf auf die Millstätter Alpe und zur *Lammersdorfer Hütte* auf 1644 m führt. Auf der anderen, nordwestlichen Seite von Obermillstatt führt die ebenfalls mautpflichtige Millstätter Almstraße von **Schwaigerschaft** zur *Schwaigerhütte* auf gut 1600 m (hier ein Parkplatz).

Übernachten/Essen **** **Biohotel Alpenrose**, etwa 800 m oberhalb von Obermillstatt befindet sich dieses sympathische Landhotel. Die Stube ist ungemein urig, die Terrasse mit Weitblick. Es gibt einen kleinen Pool mit großer, terrassierter Liegewiese, einen Kräutergarten und einen schönen Spa-Bereich. In der Küche werden nur Bioprodukte aus der Region frisch zubereitet, daher stehen auch lediglich zwei Tagesmenüs zur Verfügung, von denen eines vegetarisch ist. EZ ab 106 €, DZ ab 218 € inkl. obligatorischer Dreiviertelpension. Obermillstatt 84, 9872 Millstatt am See, ✆ 04766-2500, www.biohotel-alpenrose.at. ■

Hütten Schwaigerhütte, am Ende der mautpflichtigen Millstätter Almstraße. Schwaigerschaft 21, 9872 Millstatt, ✆ 0676-9452823, www.schwaigerhütte.at.

Alexanderhütte, auf 1800 m Höhe, mit Sennerei (auch Führungen) und Übernachtungsmöglichkeit (DZ 74 € inkl. Frühstück), vom Parkplatz bei der Schwaigerhütte leicht erreichbar (30 Min. zu Fuß). Ende Mai bis Mitte Okt. ✆ 0664-6454920, www.sennerei.at.

Lammersdorfer Hütte, eine Almhütte wie aus dem Bilderbuch: Panoramablick auf den See von den Bänken der Sonnenterrasse, innen urige Stube, Vieh auf den umliegenden Weiden und eigene Sennerei. So empfiehlt sich natürlich (und von unserer Seite vorbehaltlos) die leckere *Sennerjaus'n* (7,80 €), aber auch das Schweinsbratenbrot ist köstlich. Und dazu vielleicht ein Glas frische Buttermilch oder einen hausgemachten Apfelsaft? Mai bis Okt. tägl. geöffnet. Die Hütte ist auch der ideale Ausgangspunkt für Wanderungen, z. B. auf dem Enzian-Granat-Steig über mehrere Gipfel (etwa 3:30 Std.). In der **Almsennerei** kann man die köstlichen Käsesorten, Butter, Topfen und frische Milch der glücklichen Kühe erwerben (der Lammersdorfer Bergkäse ist eine Wucht). Geöffnet Mitte Juni bis Mitte Sept., Sennerei-Führungen zuletzt Di und Fr 11 Uhr. Die Lammersdorfer Hütte liegt hoch droben am Rand der Millstätter Alpe und ist ab Lammersdorf über die schmale, teils sehr steile mautpflichtige Almstraße zu erreichen (5 km). Lammersdorf 28, ✆ 0664-1608123 (Hüttentelefon), www.lammersdorferhuette.at. ■

Mautstraßen Almstraße Lammersdorfer Hütte, oberhalb von Lammersdorf, steile knapp 5 km bis zur Hütte und Sennerei. 5 €/Pkw, Motorrad 2,50 €.

Millstätter Almstraße, Mautstation oberhalb von Schwaigerschaft. 4,50 €/Pkw, Motorrad 2 €.

Wandern in der Umgebung von Millstatt

Herrliche Wanderungen – aussichtsreich, abwechslungsreich und mit kulinarisch erfreulichen Einkehrmöglichkeiten – lassen sich u. a. auf der Millstätter Alpe gehen, ob als einfache Rundtour, Mehrtageswanderung oder auf Fernwanderwegen. Der *Millstätter Höhensteig* führt in mehreren Etappen in die Bergwelt rund um den Millstätter See, Etappe 4 beispielsweise erklimmt den Mirnock, Etappe 6 geht auf das Goldeck. Die Millstätter Königsetappen aber führen über die Millstätter Alpe – und treffen sich hier über viele Kilometer mit dem *Alpe-Adria-Trail* – und mitten hinein in die Nockberge. Die Etappe 1 beispielsweise klettert von Seeboden hinauf auf den Tschiernock, Etappe 2 schließt bei der Schwaigerhütte an und verläuft über die Millstätter Alpe vorbei am panoramareichen Granattor, dem gewichtigen Denkmal aus Granat, und mit Abstecher zur Lammerdorfer Hütte weiter bis zum Erlacherhaus im Langalmtal. Granattor und Millstätter Alpe lassen sich von der Lammerdorfer Hütte auch über den *Enzian-Granat-Steig* erwandern (Rundwanderung, etwa 3:30 Std.).

Hütten → oben, Obermillstatt und Umgebung.

Pesenthein

Der Ort am See zwischen Millstatt und Dellach bietet nur wenig Nennenswertes bis auf den großen Textil- und FKK-Campingplatz am östlichen Ortsrand, zu dem auch ein öffentliches Strandbad (ebenfalls Textil und FKK) gehört. Eine Fußgängerunterführung unter der viel befahrenen B 98 hindurch verbindet beide miteinander.

Übernachten Camping Pesenthein, terrassenförmig angelegter Platz am Hang mit über 200 Stellplätzen, relativ wenig Schatten, nur wenige Schritte zum See mit Strandbad. Pro Pers. 9,20 €, Kinder 3–17 J. 5,20 €, Stellplatz 7,50–9,70 €, Strom 2 €, Hunde 2 €. Ostern bis Ende Sept. geöffnet. Pesenthein 19, 9872 Millstatt, ✆ 04766-2665, camping@pesenthein.at.

Dellach

Einer der gemütlichsten und schönsten Badeorte am Millstätter See liegt unterhalb der B 98 direkt am Wasser. Kaum 200 Einwohner zählt Dellach ganzjährig, hinzu kommen im Sommer aber zahlreiche Gäste, die sich vor allem auf dem Campingplatz mit angeschlossenem Strandbad wohlfühlen. Im Dorf außerdem: Streichelzoo mit Ziegen, Milchverkaufsautomat und ein gutes Restaurant mit Panoramaterrasse – der ideale Ort für den Familienurlaub.

Übernachten/Essen **Camping & Frühstückspension Neubauer**, mitten im Ort und nicht zu übersehen, familiär und freundlich geführt, Zimmer mit hellen Kiefernmöbeln, das reichhaltige Frühstück kann auch auf der Terrasse eingenommen werden. Rezeption des Campings schräg gegenüber der Pension (ebenfalls nicht zu übersehen), der Platz selbst zwischen Dorf und Seeufer mit diversen Bade- und Bootsstegen, teilweise Schatten. Tischtennis und Fahrradverleih vorhanden. EZ 30 €, DZ 60 €, jeweils inkl. Frühstück, Ferienwohnung für max. 4 Pers. 95 €. Camping: pro Pers. 7,80 €, Kinder/Jugendliche 4–6,50 €, Stellplatz 8,20 €, Hund 2 €. Mai bis Mitte Okt. geöffnet. Dellach 3, 9872 Millstatt, ✆ 04766-2532, www.camping-neubauer.at.

Fischimbiss Seefischerei Brugger, Kiosk mit kleinem, aussichtsreichem Garten, direkt an der Hauptstraße (Ortsausgang Richtung Döbriach): perfekt für einen Snack auf der Durchreise. Fischburger und Geräuchertes direkt von der nahe gelegenen Fischzucht, frischer Fisch auf Vorbestellung. Mi–Mo 11–14 und 16–20 Uhr. ✆ 0660-1605434.

Verbindungen **Bus**: werktags ca. 13x tägl. via Döbriach nach Radenthein, die meisten Busse fahren weiter bis Bad Kleinkirchheim. In Gegenrichtung genauso oft über Millstatt und Seeboden nach Spittal. Sa/So eingeschränkt. Abfahrt vor dem Gasthof Brugger.

Schifffahrt: im Sommer bis zu 4x tägl. Halt der Seerundfahrten auch in Dellach, große Rundfahrt 13,50 €/Pers., Kinder 8 €, einfache Fahrt von Ort zu Ort (auch ans Südufer) 3–7 €, Fahrrad 2 €. Fahrpläne und Infos: ✆ 04766-23939, www.schifffahrt.at/millstaettersee.

Döbriach

ca. 1300 Einwohner

Der beliebte Urlaubsort in der östlichen Ecke des Millstätter Sees liegt gut einen Kilometer landeinwärts vom Seeufer. Ein weiter Sandstrand und mehrere Campingplätze und Strandbäder sowie einige schöne Hotels sind ein Grund für die Attraktivität Döbriachs, ein weiterer ist die günstige Lage auf dem Weg in die Berge und die hervorragenden Wandermöglichkeiten. Das Dorf gibt sich beschaulich und gemütlich, im Zentrum befindet sich das kürzlich modernisierte Museum **Sagamundo – Haus des Erzählens**, in dem kindgerecht und sehr eindrücklich Märchen und Legenden um den Millstätter See erzählt werden.

Basis-Infos

Information **Tourismusbüro** am Hauptplatz im Sagamundo, im Sommer tägl. 9–18 Uhr geöffnet. Hier auch Fahrradverleih sowie Infos und Anmeldung zum Schnupperklettern mit ca. 2-stündiger Schulung (ab 10 J.), 20 €/Pers. Hauptplatz 8, 9873 Döbriach, ✆ 04246-787811, www.doebriach.net.

Markt Im Sommer jeden Dienstag ab 19 Uhr Markt auf dem Hauptplatz.

Museen **Sagamundo**, Mai bis Okt. tägl. 9–17 Uhr geöffnet, Eintritt 6 €, Kinder 6–18 J. 4 €, Familienkarte 14 €. Gratis-Führungen auf Anfrage. Hauptplatz 8, ✆ 04246-76666, www.sagamundo.at.

Sport **Baden**: Gleich 4 Strandbäder teilen sich die sandige Bucht mit seichtem Einstieg (ideal für Kinder), fast überall gibt es auch ein Kinderbecken, Rutschen, Tretbootverleih etc., außerdem Kiosk oder Restaurant.

Fahrradfahren: z. B. Rundfahrt um den See, gut ausgeschildert (28 km, keine nen-

Regenbogen über dem Millstätter See

nenswerten Höhenunterschiede) oder auf dem Süduferweg nach Großegg und dann steil hinauf zum Egelsee (→ S. 156). Fahrradvorleih beim Tourismusbüro und bei Charly's See-Lounge in der Südostecke der Bucht, pro Tag je um 20 €.

Klettern: Döbriach ist bekannt als Ziel für Kletterer: der *Jungfernsprung* ist eine Wand direkt über dem See (am Ortsrand, Straße Richtung Millstatt auf der linken Seite, Parkbucht), die von zwei Pontons im Wasser erklettert wird; der *Klettergarten Breitwand* liegt nördlich vom Ort (gegenüber vom Spar die Straße hinein, beschildert bis zur Zimmerei „Obweger Haus"; oberhalb davon parken, dann noch ca. 15 Min. zu Fuß) und bietet 39 Routen der verschiedensten Schwierigkeitsgrade. Schnupperkurse werden vom Tourismusbüro vermittelt.

Surfen und Segeln: mehrere Schulen und Verleiher bei den Strandbädern.

Wandern: Döbriach ist ein guter Ausgangspunkt für die schönsten Wanderungen in die Umgebung: nach Nordwesten auf die *Millstätter Alpe* und zum *Granattor* (→ S. 167), nach Osten auf den sagenumwobenen *Mirnock* (→ S. 184); Ausgangspunkt ist z. B. der Gasthof Klammer in *Mooswald* oberhalb von Fresach (Landstraße 39/40 über Glanz und Gschriet nach Mooswald), von hier mittelschwere Wanderung auf den Gipfel und retour (insgesamt ca. 5 Std.), dabei sind ca. 1000 Höhenmeter (einfach) zu überwinden – etwas Kondition schadet nicht. Das Gasthaus Klammer ist übrigens das Geburtshaus von Franz Klammer, Österreichs Skilegende (Gasthaus Mo–Mi geschl. Mooswald 22, ✆ 04245-4833). Gut 1:30 Std. oberhalb vom Gasthaus Klammer liegt noch die Ginger Hütte (Einkehr).

Eine einfache Wanderung am See entlang führt ab der Südostecke der Bucht (bei Charly's See-Lounge) auf dem Süduferweg nach Großegg (Schiffe nach Millstatt) oder aber bis Seeboden (insgesamt knapp 16 km).

Verbindungen **Bus**: werktags ca. 13x tägl. nach Radenthein, die meisten Busse fahren weiter bis Bad Kleinkirchheim. In Gegenrichtung genauso oft über Dellach, Millstatt und Seeboden nach Spittal. Sa/So eingeschränkt.

Schifffahrt: im Sommer bis zu 7x tägl. nach Millstatt (7 €), bis zu 5x tägl. große Seerundfahrt: 13,50 €/Pers., Kinder 8 €, Fahrrad 2 €. Fahrpläne und Infos: ✆ 04766-23939, www.schifffahrt.at/millstaettersee.

Fahrradfähren: Die „Peter Pan" bzw. die „Moby Dick" fahren im Sommer 2–3x tägl. zwischen Südufer/Großegg und Döbriach, 5 €/Pers., Fahrrad 2 €.

Übernachten/Essen & Trinken/Abends

Übernachten/Camping Im Zentrum befindet sich das kinderfreundliche **** **Familienhotel Burgstaller** mit Garten, Liegewiese und Pool, Tennisplätzen, Kinderspielplatz, Streichelzoo und eigenem Reitstall. Nette Terrasse, gutes Restaurant, Wellness mit Massagen und Kosmetikbehandlungen, Sauna. Auch Kinderbetreuung. Elegante und komfortable Zimmer, DZ 160–188 €, DZ Superior 180–218 €, Familienzimmer bis 4 Pers. 200–236 €, je inkl. Dreiviertelpension, Kinder je nach Alter 13–48 €/Tag. Im Nov. und März geschl. Seestr. 6, 9873 Döbriach, ✆ 04246-7126, www.familiengut.at.

Ebenfalls im Ort liegt das traditionsreiche *** **Hotel zur Post**, mit eigenem Strandbad, hier kostet das EZ 76–98 €, das DZ 138–172 €, das Familienzimmer gibt es ab 160 €, Kinderermäßigung je nach Alter 50–90 %, Kinder bis 3 J. in der Nebensaison gratis, jeweils inkl. Halbpension. Hauptstr. 58, 9873 Döbriach, ✆ 04246-77130, www.hotelzurpost.co.at.

Von den Campings in Döbriach finden wir **Camping Mössler** am sympathischsten: recht schattig, mit Schwimmbad und Restaurant, ca. 500 m vom See (Fußweg am Riegenbach in den Ort und zum See), ein dazugehöriger kleinerer Platz mit 70 Stellplätzen befindet sich nur wenige Meter vom See. Pro Pers. 11,60 €, Kinder 6–13 J. 7,50 €, Stellplatz 9,95–16,60 €. Darüber hinaus werden im Landhaus Michelpaulihof im Zentrum von Döbriach auch 5 Ferienwohnungen für 2–5 Pers. vermietet (73–81 €). Glanzerstr. 24, 9873 Döbriach, ✆ 04246-7735, www.moessler.at.

Bestens organisiert und direkt am See (mit eigenem Strand) ist **Camping Brunner**, insgesamt etwas teurer als obiger. Hund 4,50 € (auf der Liegewiese und am Strand verboten), ganzjährig geöffnet. Glanzerstr. 108, 9873 Döbriach, ✆ 04246-7189, www.camping-brunner.at.

Essen & Trinken/Abends Restaurants in den Hotels und Campings, darüber hinaus haben die meisten Strandbäder auch ein Restaurant (oder eine Pizzeria), in dem teilweise auch leichter Mittagstisch vom Buffet angeboten wird. Nett und auch ein wenig cool ist **Charly's See-Lounge** direkt am Wasser in der südöstlichen Ecke der Bucht (Sonnenuntergang!), hier kann man auch frühstücken (9 €) bzw. Mittag essen

Peter Pan legt an: am Südufer

(12 €), auf Vorbestellung kann man sogar Grillen (14–21 €/Pers.), Sonntagsbrunch auf Vorbestellung (19 €). Freitag abends Livemusik. Mai bis Sept. tägl. ab 9 Uhr geöffnet. Glanzerstr. 116, ✆ 0699-11666655.

Millstätter See – Südufer

Das weitgehend unverbaute – und vor allem: autofreie – Südufer bietet sich für ausgedehnte Spaziergänge oder Radtouren (Fahrradweg) an. Außerdem empfiehlt sich ein Abstecher hinauf zum *Egelsee* (→ S. 156) mit guten Bademöglichkeiten und dem unweit davon gelegenen *Gasthof Lug ins Land* (→ S. 157). Am Südufer selbst sind die Bademöglichkeiten auf das Strandbad beschränkt, daneben gibt es auch ein Restaurant mit Terrasse. Blickfang sind seit einigen Jahren die beiden Würfel mit der Aufschrift „SoART“: Sie dienen als Künstlerateliers und stellen immer wieder auch den Raum für Ausstellungen zur Verfügung, entworfen wurden sie vom österreichischen Architekten *Hans Hollein*.

Anfahrt Mit dem Auto großer Umweg entweder über Spittal und Rothenthurn durch den Wald über den Millstätter Seerücken oder aber von Döbriach Richtung Ferndorf und dann rechts ab auf schmalem Sträßchen nach Großegg. Einige Parkplätze oberhalb des Bootsanlegers. Bequemer und einfacher ist der Radwanderweg ab Döbriach (Fahrradverleiher dort → S. 168).

Baden Das **Strandbad der Stadt Spittal** erfreut den Besucher durch moderate Eintrittspreise (1 €/Pers., unter 12 J. frei), eine große hölzerne Badeplattform sowie eine kleine Liegewiese, es dürfen sogar Hunde mitgebracht werden. Im Sommer tägl. geöffnet.

Essen & Trinken Restaurant **Argento al Lago**, wegen des ungewöhnlichen Gebäudes auch „Schaumrolle“ genannt, etwas oberhalb des Strandbades. Schöne Terrasse, italienische Küche. Mai bis Sept. geöffnet, im Sommer tägl. 9–22 Uhr. Großegg 15 a, ✆ 04767-41585.

Wassersport Bei der Anlegestelle, eine Runde Wasserski 14 €, Ringo 12 €. ✆ 04767-300.

Verbindungen **Schifffahrt**: im Sommer bis zu 5x tägl. über Döbriach und Dellach nach Millstatt (dauert aber über eine Stunde), die **Fahrradfähre** „Moby Dick“, „Peter Pan“ oder „Pirat“ ist in 5 Min. in Millstatt: 15. Mai bis 30. Sept. von 10 bis 17 Uhr stündl. Überfahrt 2 € (inkl. Fahrrad) bzw. 1,70 €.

Radenthein

ca. 2000 Einwohner

Der Ort zwischen Millstätter See und Gegendtal liegt auf direktem Weg in die Nockberge. Radenthein ist der Hauptort der gleichnamigen Stadtgemeinde mit über 6000 Einwohnern (zu der auch Döbriach zählt). Eine Augenweide ist der heutige Ort nicht unbedingt, was u. a. auch das wenig ansehnliche Hochhaus im Zentrum bezeugt, und auch die großen Industrieanlagen am Ortsrand sorgen nicht zwingend für dörfliche Idylle. Sie brachten Radenthein jedoch einen gewissen Wohlstand, die Gegend um den Ort erwies sich nämlich im Lauf der Jahrhunderte als reich an Bodenschätzen. Erstmals erwähnt wurde Radenthein 1177 als Besitztum des Klosters Millstatt, im 16. Jh. wird von Silberabbau, im 18. Jh. von Eisenabbau berichtet. Ab Ende des 19. Jh. wurde oberhalb von Radenthein an der Millstätter Alpe der sog. Laufenberger Granat abgebaut und teilweise auch im Ort verarbeitet (bis 1909). Anfang des 20. Jh. entdeckte man hier dann Magnesit – aus diesem Mineral werden noch heute feuerfeste Platten gefertigt, die v. a. in Hochöfen eingesetzt werden.

Wichtigste Sehenswürdigkeit des Ortes ist das **Granatium** am Rand des Zentrums: Das Museum widmet sich dem Granatabbau im Hausberg Laufenberg, außerdem sind viele der kostbaren roten Edelsteine zu sehen. Darüber hinaus kann auch ein

Stollen begangen werden und schließlich am Kaningbach (hinter dem Museum) selbst nach den Steinen geschürft werden.

Das **Granatium** (gut ausgeschildert, Zufahrt oberhalb vom Metzgerwirt) ist von Mai bis Okt. tägl. 10–18 Uhr geöffnet. Erw. 10,90 €, Kinder 6–15 J. 6,90 €, unter 6 J. frei, Familienkarte 24 €, Preise inkl. Führung und Schürfen. Klammweg 10, ✆ 04246-29135, www.granatium.at.

Darüber hinaus lohnt sich auch die Fahrt in den Ortsteil **Kaning** mit seinen alten Bauernhäusern und der spätgotischen Kirche sowie dem 500 Jahre alten *Türkhaus*, in dem sich heute ein Heimatmuseum mit Schwerpunkt Bergbau und einem kleinen Bauerngarten befindet (nur im Sommer tägl. 11–15 geöffnet, ✆ 0676-7854340, Eintritt frei). Ab hier führt ein 3 km langer Rundwanderweg zu den noch erhaltenen *Mühlen* im Roßbachgraben.

Übernachten/Essen **Metzgerwirt**, Traditionsgasthof mitten im Zentrum (Hauptstraße an der Kurve), einladend mit mehreren Gastzimmern und Terrasse. Chef Emanuel Stadler ist auch Metzger und kocht beste Fleischgerichte aus der Region – auf den Tisch kommen Nockrind, Lamm und Innereien (ein Gedicht auch der Nockschinken), aber auch Fisch aus heimischen Gewässern, süße Verführung des Hauses ist der „Radentheiner Granat“: einfach probieren. Wirtin Angelika Stadler ist Sommelière und kredenzt beste – meist österreichische – Weine. Hauptgerichte um 10–20 €. Passenderweise kann man hier auch gleich übernachten, gut eingerichtete Zimmer mit Bad und Appartements mit Küchenecke. EZ 52–55 €, DZ 84–86 €, Dreibettzimmer 95–99 €, Appartement für 2–4 Pers. 100–200 €, jeweils inkl. Frühstück, WLAN kostenlos. Restaurant mittags und abends geöffnet, Mi Ruhetag. Hauptstr. 22, 9545 Radenthein, ✆ 04246-2052, www.metzgerwirt.co.at.

Hütten **Erlacherhaus**, traditionsreicher Alpengasthof am Ende des Langalmtals, dem idyllischen „Seiteneinstieg“ in die Nockberge. Durch das Tal und zum Erlacherhaus führt eine mautfreie Straße. Terrasse, auch Übernachtungsmöglichkeit, Mai bis Okt. geöffnet. Kaning 68, 9545 Radenthein, ✆ 0676-4210545, www.erlacherhaus.at.

Verbindungen Bus: werktags ca. 13x tägl. über Dellach, Millstatt und Seeboden nach Spittal, ebenso oft nach Bad Kleinkirchheim. Während der Schulzeit Mo–Fr 5x tägl. nach Kaning. 11x tägl. ins Gegendtal nach Feld am See und Afritz, der Bus fährt auch nach Arriach und bis Villach. Abfahrt bei der Post, Sa/So eingeschränkt.

Beim Granatium

Die Nock'n im Blick

In den Nockbergen

Die berühmten Nock'n, sanft gerundete, grüne Gipfelkuppen, bilden das traumhafte Panorama für ein faszinierendes Naturparadies. Im Süden liegt Bad Kleinkirchheim – berühmt als Skigebiet und dank seiner Thermalquellen auch als Kurbad.

Die liebevoll auch *Nocky Mountains* genannten Nockberge sind ein Teil der Gurktaler Alpen. Der Gipfel des Königstuhls (2336 m) markiert den Grenzpunkt des „Dreiländerecks" Kärnten, Salzburg und Steiermark. Höchste Erhebung auf Kärntner Seite ist mit 2440 m der **Große Rosennock**. 1987 wurde der **Nationalpark Nockberge** ausgewiesen.

Charakteristisch für die vergleichsweise niedrigen Nockberge sind ihre von Wind und Wetter über Jahrtausende rund geschliffenen Gipfel. Wenn sich die Bergkuppen malerisch am Horizont aufreihen, sehen sie tatsächlich aus wie ein Süßspeisenpanorama aus dem alpenländischen Backofen, und mit dem ersten Schnee bekommen die Nockerl auch noch Puderzuckeroptik.

Eine geologische Besonderheit durchzieht das Gestein der Gurktaler Alpen: Ein etwa 3 km breiter Zug aus Dolomit- und Kalkstein erstreckt sich von Innerkrems im Norden bis ins Oswaldertal und nach Bad Kleinkirchheim im Süden. An manchen Gipfeln und Wänden, z. B. bei der Zunderwand am Predigerstuhl sind für die Gurktaler Alpen untypische Karstformationen zu erkennen. Bemerkenswert sind auch die ausgedehnten Wälder der Nockberge, bis 1700 m v. a. Fichten, darüber Lärchen und die widerstandsfähigen Zirben.

Die Nockberge sind ein Paradebeispiel für sanften Tourismus. Von „großem" Massentourismus und winterlichem Skizirkus weitgehend verschont, ist es gerade der intakte Naturraum, der die Berge so attraktiv für Murmeltier und Wanderer macht. Den bequemsten Einstieg hat man sicherlich über die **Nockalmstraße**, die von Südosten aus (etwa auf halbem Weg zwischen Bad Kleinkirchheim und Turracher Höhe) quer durch die Nockberge nach Innerkrems im Liesertal führt. Entlang der kurvenreichen Panoramastraße erstrecken sich die touristischen Anlaufpunkte: Museen und Nationalparkzentrum, Naturlehrpfade und Wanderparkplätze sowie mehrere Almhütten, am berühmtesten wohl das Karlbad, ein uriges traditionelles Bauernbad.

Der Biosphärenpark Nockberge

Vielerorts ist noch vom *Nationalpark Nockberge* zu hören und zu lesen. Streng genommen handelt es sich zwar mittlerweile um den *Biosphärenpark Nockberge*, doch wird die fachlich vielleicht nicht ganz exakte, dafür wohlklingende Alliteration dem sperrigen, eher technischen Terminus noch immer oft vorgezogen. Wie genau man es aber auch immer nehmen will, zwei Aspekte bleiben unbestritten bemerkenswert in den unter Naturschutz stehenden Nockbergen: zum einen die landschaftliche Schönheit der Berge und zum anderen die Entstehung der Schutzzone – in den 1950er-Jahren wurde eine Straße geplant, die durch die einsame Berglandschaft führen sollte. Beschlossen wurde dieser ambitionierte Verkehrsweg aber erst 1970 und mit Baubeginn standen plötzlich nicht minder ambitionierte touristische Vorhaben im Raum: Die Nockberge gepflastert mit Hoteldörfern? Seilbahnen klettern die Nock'n hinauf? Skipisten und -lifte überziehen die Almen? Widerstand regte sich gegen die umfassende touristische Erschließung und führte zu einem Volksbegehren, dessen Ergebnis überwältigend deutlich ausfiel: Am 7. Dez. 1980 sprachen sich 94,32 % der Kärntner gegen die Erschließungsvorhaben aus. Statt Tausender Hotelbettenburgen wurde nun ein Schutzgebiet geplant. Die Nockalmstraße wurde dennoch fertig gebaut (1981 eröffnet) und führt seit 1987 durch den neugegründeten *Nationalpark Nockberge.*

Über 184 km² einzigartigen Naturraum umfasst der Nationalpark. In der Kernzone stehen über 77 km² unter strengem Naturschutz, ein Paradies aus weiten Lärchen- und Zirbenwäldern, Hochmooren, Zwergstrauchheide und alpinen Wiesen. Hier wächst zwischen zahllosen bunten Bergblumen auch der Echte Speik, es tummeln sich Murmeltiere, Schneehuhn und -hase und über den Nock'n kreist der Steinadler.

Ein Paradies, fürwahr, nur mit der internationalen Anerkennung haperte es – und damit sind wir wieder beim Biosphärenpark. Da der Nationalpark nicht die notwendigen Anforderungen für einen Nationalpark erfüllt, wird das Schutzgebiet Nockberge, um an internationale Fördergelder zu gelangen, seit einigen Jahren in einen Biosphärenpark umgewandelt – und wurde zuletzt gemeinsam mit dem im Norden anschließenden *Biosphärenpark Salzburger Land* von der UNESCO ausgezeichnet. Nationalpark oder Biosphärenpark? Wurscht, mag sich der Besucher denken, solange dieses einzigartige Naturparadies nur erhalten bleibt.

Information Die Verwaltung des Biosphärenparks hat ihren Sitz in Ebene 9565 Reichenau 117, ✆ 04275-665, www.biosphärenparknockberge.at. Hier gibt es auch eine Infostelle. Weitere Infostellen findet man entlang der Nockalmstraße (siehe dort).

Bad Kleinkirchheim

ca. 1700 Einwohner

Im Sommer ein attraktiver Stützpunkt für Wanderungen in die Nockberge; im Winter Kärntens berühmtestes Skigebiet: Hier wird auf einer Abfahrtspiste, die den Namen von Österreichs Skilegende Franz Klammer trägt, auch Alpinski-Weltcup gefahren. Von der Jahreszeit unabhängige Attraktionen sind die beiden Thermalbäder.

Seit jeher wurden die Thermalquellen von Bad Kleinkirchheim genutzt. Zum Schutz wurde 1492 eine Kirche über den Quellen errichtet und sinnigerweise der Heiligen Katharina der „Reinen" geweiht: die gotische Kirche St. Kathrein. Die mittelalterlichen Quellengewölbe unter der Kirche dienen heute als Taufkapelle. Bereits im 17. Jh. begann, nachdem eine zweite Quelle angezapft worden war, der Kurbetrieb in einem „Badehäusl". Im 20. Jh. schließlich entstand daraus die *Therme St. Kathrein*, zu der sich Ende der 1970er noch eine zweite Therme gesellte, die Römertherme am östlichen Ortsausgang. Heute sind die Thermen grundrenoviert und haben sich architektonisch ansprechend in Innen- und Außenanlagen vom Kurbetrieb zu modernen Wellnesstempeln entwickelt.

Die Ortschaft Bad Kleinkirchheim erstreckt sich als ein lang gezogener Straßenort am Südrand des Biosphärenreservats Nockberge durch das Kirchheimer Tal. Das eingemeindete Tal um St. Oswald reicht nach Norden hin in die Nockberge hinein. Von St. Oswald und Bad Kleinkirchheim führen Gondelbahnen hinauf zu Brunnachalm bzw. Kaiserburg und eröffnen dem Wanderer großartige Touren. Ein 18-Loch-Golfplatz liegt östlich von Bad Kleinkirchheim im Tal.

Im Winter bietet Bad Kleinkirchheim ein attraktives Skigebiet, entweder an den Hängen westlich von St. Oswald oder südlich von Bad Kleinkirchheim an den Hängen unterhalb von Kaiserburg und Strohsack. Am Strohsack werden auch Weltcuprennen ausgetragen. Untrennbar verbunden ist der berühmte Hang mit der österreichischen Abfahrtslegende *Franz Klammer*, dessen Namen die Strecke heute trägt. Klammer, geboren in Moosburg am Mirnock, feierte seinen ersten großen Erfolg auch tatsächlich in Bad Kleinkirchheim, als er 1971 18-jährig eine Europacupabfahrt gewann. Danach ging es mit der Abfahrts-Karriere steil bergauf: Olympiagold 1976, zweifaches WM-Gold, 4-facher Weltcupgesamtsieger (Abfahrt), 25 Siege in Abfahrtsrennen. Der Sympathieträger Franz Klammer ist bis heute der erfolgreichste Abfahrtsskiläufer der Weltcupgeschichte.

Basis-Infos

Information Tourismusbüro, an der Durchgangsstraße im östlichen Ortsteil (Bach), geöffnet Mo–Fr 8.30–18 Uhr, Sa/So 9–17 Uhr, in der Nebensaison Sa/So erst ab 10 Uhr. Dorfstr. 30, 9546 Bad Kleinkirchheim, ✆ 04240-8212, www.badkleinkirchheim.at.

Bergbahnen Mehrere Seilbahnen bringen den Alpinisten auf die Höhe: Im St. Oswald-Tal die **Nationalparkbahn Brunnach** und die **Nockalmbahn** (nur im Winter); südlich von Bad Kleinkirchheim die **Kaiserburgbahn** auf gleichnamigen Gipfel und die **Maibrunnbahn** (nur im Winter) auf die Maibrunnalm (und mit dem Lift weiter auf den Strohsack, hier startet die Klammerabfahrt). Gondeln und Liftanlagen fahren im *Winter* 9–16 Uhr (Skipass 41 €/Tag). Im *Sommer* (Juni bis Sept.) gondeln **Nationalpark- und Kaiserburgbahn** in der Regel tägl. 9–12 und 13–16 Uhr hinauf (im Juni zuweilen Mo oder Mo/Di Ruhetag, die Nationalparkbahn fährt auch noch im Okt.). Erw. 16 € einfach,

Therme Römerbad – ein herrlicher Wellnesstempel

hin und zurück 20 €, Kinder 8,20 € bzw. 10 €. Infos unter ✆ 04240-8282, www.vondenpistenindiethermen.com.

Saison Die Skisaison beginnt Anfang Dez. und reicht bis in den März, Hauptsaison im Sommer ist Juli/Aug.

Taxi Bacher, ✆ 04240-227, Krenn ✆ 04240-500.

Verbindungen Mit dem **Bus** (*Linie 5140*) fast stündl. von und nach Spittal an der Drau (5x tägl. bis Ebene Reichenau). In Bad Kleinkirchheim pendelt der **Berg-&-Thermen-Bus** zwischen St. Oswald und dem Römerbad hin und her (mit *Regionscard Bad Kleinkirchheim*, die der Übernachtungsgast von seinem Gastgeber erhält, frei).

Übernachten/Essen & Trinken

In Bad Kleinkirchheim ist nahezu die vollständige Palette an Übernachtungsmöglichkeiten vorhanden: vom Thermalhotel-Flaggschiff bis zum familienfreundlichen Biobauernhof.

Die beiden ausgezeichneten, noblen und beliebten 5-Sterne-Adressen sind das *****__Thermenhotel Ronacher__ (Thermenstr. 3, 9546 Bad Kleinkirchheim, ✆ 04240-282, www.ronacher.com) und die *****__Thermenwelt Pulverer__ (Thermenstr. 4, 9546 Bad Kleinkirchheim, ✆ 04240-744, www.pulverer.at). Beide füllen die Innen- und Außen-Pools ihrer hauseigenen Wellnesslandschaft mit Bad Kleinkirchheimer Thermalwasser, beide bieten Saunalandschaft und ein großes Spa-Angebot, und beide verwöhnen mit anspruchsvoller Küche ihre Gäste: das **Ronacher** im gleichnamigen Hotel und die **Loy Stub'n** im Pulverer. Die Zimmer beginnen bei etwa 332 € im Ronacher bzw. etwa 255–271 € im Pulverer, jeweils mit Halbpension.

Dråge Rubinserlebniskuchl, in einem alten Bauernhaus im Ortsteil Rottenstein (östl. von Bad Kleinkirchheim, beim Golfplatz) befindet sich dieses weithin bekannte und hoch gelobte Gasthaus. Die Küche verbindet die traditionelle Kärntner Kost kreativ mit modernen, teils mediterranen Elementen. Verarbeitet werden vornehmlich Produkte aus der Region oder dem eigenen Garten. Auch die Weinkarte kann sich sehen lassen. 4-Gänge-Menü 59 €, 6-Gänge-Menü 79 €. Mittags und abends geöffnet, Di/Mi Ruhetag. Rottensteiner Weg 1, ✆ 04240-277, www.drage.at. ■

**** **Trattlerhof**, traditionsreiches Hotel am westlichen Ortseingang rechter Hand, im Haus gemütliches Restaurant, Café und Bar, das Hallenbad zeigt sich in rustikaler Hüttenoptik, dazu Saunalandschaft, Fahrradverleih, Reiten (auch Unterricht und Ponyreiten für Kinder). Zum Hof gehört auch *Trattlers Einkehr*. DZ 178–236 € (je nach Größe und Ausstattung) inkl. Halbpension. Gegendtalerweg 1, 9546 Bad Kleinkirchheim, ✆ 04240-8172, www.trattlerhof.at.

Die Einkehr, gehört zum Trattlerhof befindet sich aber im OT Bach, urige Hüttenatmosphäre, außen schöne Terrasse, regionale Küche, aber auch Pizza aus dem Holzofen. Mittleres Preisniveau (z. B. Kasnudeln 10 €, Jause 13 €, Kärntner Lax'n 16,50 €), freundlicher Service, tägl. ab 11 Uhr geöffnet. Teichstr. 7, ✆ 04240-8114.

Biohof Seidl, sympathischer, ökologisch geführter Bauernhof am östlichen Ortsrand von Bad Kleinkleinkirchheim. Beim Frühstücksbuffet ist natürlich alles Bio und aus eigener Produktion. Angeboten werden, neben dem Abenteuer „Bauernhof" für Kinder auch Ausritte und Ponyreiten oder Kutschfahrten. Die großzügigen, hellen Appartements sind ökologisch eingerichtet, mit Küche. Appartement (4 Pers.) ab 120 €. Dorfstr. 107, 9546 Bad Kleinkirchheim, ✆ 04240-274, www.biohof-seidl.at. ■

Hütten Beliebte Ausflugsgaststätten und Hütten finden sich u. a. aussichtsreich an den Bergstationen der Seilbahnen, z. B. das **Bergrestaurant Kaiserburg**, das zum Hotel Pulverer gehört s. o.), oder das **Panorama-Restaurant Nock IN** auf der Brunnachalm (St. Oswald, Bergstation Nationalparkbahn, ✆ 04240-8282510). Beide sind geöffnet, wenn die Seilbahnen fahren, also auch im Winter als Skihütte.

Sport/Wellness

Golf Im Grund des Kirchheimer Tals bietet die *Golfanlage Bad Kleinkirchheim* einen Golfplatz mit Nockberge-Panorama: den *18-Loch-Championsplatz Kaiserburg* (Greenfee 72 €). Außerdem Driving Range und 6-Loch-Übungsplatz, Golfschule und Restaurant. Plass 19, 9564 Bad Kleinkirchheim, ✆ 04275-594, www.golfbkk.at.

Radfahren Nicht nur Mountainbiker heizen durch die Nockberge (auf ausgewiesenen MTB-Strecken, versteht sich), auch das gute alte Rennrad kommt sehr gern zum Einsatz. Die Herausforderung heißt *Nockalmrunde* (106 km, Rundtour über Nockalmstraße und Liesertal). Wem das zu stressig ist: Es gibt auch E-Bikes zu leihen (im Tourismusbüro); Radverleih auch in den Intersport-Geschäften (z. B. in St. Oswald, Wulschnig, Rosennockstr. 48, ✆ 04240-555, www.intersport-wulschnig.at; oder im OT Bach, Gruber, Maibrunnenweg 11, ✆ 04240-346, www.sport-gruber.at).

Ski alpin Im Skigebiet um Bad Kleinkirchheim finden sich Abfahrten jeden Schwierigkeitsgrads, von (hell-)blau bis (richtig) schwarz. Berühmtestes Gefälle ist die *Weltcup-Abfahrt Franz Klammer*: 842 Höhenmeter auf 3,2 km Länge mit bis zu 80 % steiler Neigung. Hals- und Beinbruch.

Skischulen und Verleihstationen vor Ort: *Skischule Krainer-Wulschnig* mit drei Stationen im Winter: bei der Kaiserburgbahn (✆ 04240-20602), im OT Bach (Maibrunnenweg 11, ✆ 04240-710) und in St. Oswald bei der Nationalparkbahn (Rosennockstr. 48, ✆ 04240-555), www.sportschule.at. Angeschlossen sind Material-Verleihe (Intersport) an den Talstationen der Maibrunnbahn (✆ 04240-8808), der Kaiserburgbahn (✆ 04240 8804) und der Nationalparkbahn Brunnach (✆ 04240-20485). *Skischule Brunner* (auch Verleih) mit zwei Anlaufpunkten: im OT Bach (Dorfstr. 45, ✆ 04240-8886) und bei der Talstation der Kaiserburgbahn (Dorfstr. 72, ✆ 04240-8587), www.skischule-brunner.at.

Therme **Römertherme**, ein herrlicher Wellness-Tempel, stilvoll und nobel, harmonisch und entspannend. Auf drei Ebenen verteilen sich diverse Saunen, Dampf- und Biosauna, Stein- und Zirbensauna, Wellnessbar, Beauty-Center, Solarien, natürlich Thermalbad mit Innen-, Außen- und Kinderbecken und vieles weitere mehr – eine bemerkenswerte Wasser- und Wellnesslandschaft. Preisbeispiele: Erw. 21,50 €/2 Std., Tagesticket 27,50 €, auch Familientickets (z. B. 2 Erw. + 1 Kind 44,60 €/Tag). Geöffnet tägl. 10–20 Uhr, am östlichen Ortsrand gelegen, ✆ 04240-8282201, www.vondenpisteninditherthermen.com.

Therme St. Kathrein, dieses traditionsreiche Thermalbad liegt mitten in Bad Kleinkirchheim; Familienbad und Kurtherme. Saunen, diverse Thermal-Becken (auch außen) und Wellnessangebote im Beauty- und Vitalcenter. Preisbeispiele: Tagesticket Erw. 19 € (mit Sauna 25 €), Kinder 12 €, auch Familientickets (z. B. 2 Erw. + 1 Kind 45 €/Tag). Tägl. 8–20 Uhr (im Winterhalbjahr 9–21 Uhr) geöffnet, ✆ 04240-8282301, www.vondenpistenindiethermen.com.

Wandern Bad Kleinkirchheim eignet sich gut als Stützpunkt, um die Nockberge zu erkunden. Es gibt aber auch ein paar schöne Wanderwege in der näheren Umgebung. Infos bei den Bad Kleinkirchheimer Bergbahnen (✆ 04240-8282, www.vondenpistenindiethermen.com) oder im Tourismusbüro.

Falkertsee

Ein Seiteneinstieg in die Nockberge: Ein Stück nördlich von Patergassen, hier mündet das Tal von Bad Kleinkirchheim in das Gurktal, zweigt eine Straße ab, die über gut ausgebaute 8 km stetig bergan von etwa 1020 m im Talgrund hinauf auf 1872 m zum *Falkertsee* führt. Auf halbem Weg passiert man das Almdorf *Seinerzeit*, eine wunderhübsche, nostalgisch-alpine, vor allem aber exklusive, da kostenintensive Ferienanlage. Oben am See ist man ganz und gar auf Familientourismus und Kinder wirklich aller Altersklassen eingestellt. Im *Kindererlebnispark Heidi-Alm* dreht sich alles um den schweizerischen Kulleraugen-Import. Im Winter gibt es hier ein kleines, natürlich kindertaugliches Skigebiet, im Sommer erstreckt sich um den Falkert (2308 m) ein attraktives Wandergebiet.

Information Das Anbot des Bergresorts *Heidi Alm* unter www.heidialm.at. Hier erhält man auch einen Überblick über die teils recht idyllischen Almhütten, die man als Ferienhäuser anmieten kann.

Übernachten/Essen **Almdorf Seinerzeit**, was für ein Idyll! Almhütten wie aus dem Heimatfilm und doch ganz ohne Kitsch, ein Traum in Holz und Blumenwiese. Bis ins kleinste Detail rustikal und dabei überaus stilvoll gestaltet, so urig und gemütlich, dass man sich bereits beim Umschauen entspannt. Das hat natürlich seinen recht stolzen Preis. Die Preise für eine Almhütte beginnen im Sommer bei 430 €, für das Chalet bei 810 €, jeweils 2 Pers., inkl. Frühstück und pro Nacht! Natürlich ist auch für das kulinarische Wohl gesorgt, ob im Gasthaus, der exklusiven Holzknechthütte oder im Weinkeller. Außerdem Alm-Spa und Badeteich. Genug geschwärmt. Fellacheralm, 9564 Patergassen, ✆ 04275-7201, www.almdorf.com.

Heidi-Hotel, alpines Kinderhotel, mit Kinder-Betreuung und -Bespaßung (vom Klettern, Kinderdisco, Ponyreiten bis zum Schneeabenteuer im Winter), Wellness-Angebot für gestresste Eltern und Hallenbad mit Bergpanorama-Blick. Und natürlich ist man auch im Restaurant auf Kinderwünsche eingestellt. DZ ab 190 €, Familienzimmer (2 Erw., 2 Kinder) ab 293 € jeweils inkl. Vollpension. Falkertsee 2, 9564 Falkert, ✆ 04275-7222, www.heidi-hotel.at.

Seehütte, innen urig, draußen sitzt man auf einer Terrasse über dem malerischen See, bodenständige Hüttenkost, freundlicher Service, Falkertsee 1, ✆ 04275-7222.

Über die Nockalmstraße

Eine Panoramaetappe ohne Gleichen. Die kurvige Strecke säumen blühende Almwiesen und dichte Zirbenwälder, verwunschene Täler und aussichtsreiche Pässe, urige Almhütten und interessante Ausstellungen. Und überall öffnet sich der Blick auf die grandiose Kulisse der Nock'n.

Eigentlich sollte die Nockalmstraße den Zugang zum umfangreichen Skizirkus und riesigen Ferienresorts eröffnen. Als Skilift und Bettenburg in den Nockbergen aber per Volksentscheid verhindert wurden, war die Nockalmstraße bereits beinahe fertiggestellt. So führt die 1981 eröffnete Panoramastraße heute mitten durch den Biosphärenpark und ermöglicht gleichermaßen einen spektakulären Transit und einen bequemen Zugang in die einzigartige Gebirgswelt der Nockberge.

Die Nockalmstraße beginnt im Gurktal wenig hinter dem Dorf *Ebene Reichenau*. Hier befinden sich neben der Nationalparkverwaltung (mit Infopoint) auch das Gasthaus Lax mit hübschem Biergarten, ein Supermarkt und die letzte Tankstelle vor Innerkrems. 34,5 km lang ist die Nockalmstraße. 52 *Reidn* (Kehren), teils nach großen österreichischen Sportlern wie Franz Klammer oder Thomas Morgenstern

Ein fabelhaftes Wandergebiet: Die Nockberge

benannt, führen quer durch die Nockberge von 1095 m (Ebene Reichenau) über zwei Passhöhen, *Schiestlscharte* bei der Glocknerhütte auf 2024 m und *Eisentalhöhe* auf 2019 m, bis *Innerkrems* (1500 m) in einem Seitental des Liesertals.

Die Straße an sich ist in Führung und Ausblick spektakulär, ein Fest für Fahrer und Beifahrer, ein Highlight für Biker und eine Herausforderung für Radler. Auf dem Weg lohnt sich aber, neben den nahezu unvermeidlichen Fotostopps, auch der ein oder andere Halt in den Almhütten auf eine zünftige Jause, an den Ausstellungs- und Informationspunkten oder den Naturlehrpfaden. Allgegenwärtig ist das traumhafte Panorama der Nockberge.

Der Echte Speik

Es heißt, schon Kleopatra habe die Wirkung des *Echten Speiks* geschätzt und die Blume aus den Nockbergen importieren lassen. Aus den Wurzeln des Baldriangewächses wird ein ätherisches Öl gewonnen, vornehmlich für Kosmetika. Es sei einmal dahingestellt, ob die nachweislich ansehnliche Ägypterin Speik-Produkte in ihrem Beauty-Case hatte. Tatsächlich gab es jedenfalls bereits in der Antike einen florierenden Speik-Handel. Die Baldrianpflanze aus den Nockbergen war im Orient sehr begehrt. Die *Valeria celtica subspecies norica*, als Unterart nur rund um die Nockberge vorkommend, bevorzugt magere Böden und Höhenluft ab 1800 m. Ihre Stängel werden bis zu 15 cm hoch. Die kleinen Blüten des Speiks blühen Juni bis August gelblich bis rötlich. Der „Norische" Speik lässt sich weder kultivieren, noch kann sein Öl synthetisch hergestellt werden. Die Blume steht heute unter strengem Schutz, lediglich zwei Bauern haben die Lizenz zur Speik-Ernte.

Nockalmimpressionen

Maut/Sperrzeiten Die mautpflichtige Nockalmstraße ist von Ende Okt. bis Anfang Mai gesperrt. Aber auch im Sommerhalbjahr kann es wetterbedingt zu Sperrungen kommen. Tagesticket Pkw 17 €, Motorrad 10 € (Fahrverbot für Motorräder 18–8 Uhr), 30-Tage-Ticket 27 € bzw. 20 €, zu entrichten an den Mautstellen. *Infostelle Kassa Bad Reichenau* ✆ 04275-7494, *Kassa Innerkrems* ✆ 04736-265, www.nockalmstraße.at.

Verbindungen Der **Nockalmbus** fährt Anfang Juli bis Anfang Sept. Mo–Fr 3x tägl. von Ebene Reichenau bis Kremsbrücke und zurück. Nach Ebene Reichenau kommt etwa alle 2 Std. der **Postbus** aus Spittal, etwa stündl. nach Kremsbrücke.

Übernachten/Essen Verpflegung gibt es auf allen Hütten und in den Restaurants bei den Ausstellungen. Die Hütten werden ab der Öffnung der Straße bewirtschaftet und sind in der Regel 9–18 Uhr geöffnet.

››› Unser Tipp: **Karlbad**, herrliche Lage am Gebirgsbach, ein wunderbar uriges Gasthaus, innen wie außen auf der schönen Terrasse, in dem man ganz hervorragend essen kann. Wir probierten hier ein fantastisches Hirschgulasch mit Semmelknödel sowie ebenso leckere wie nahrhafte Kasnudeln – ein Traum. Man kann hier auch in einem der sieben Doppelzimmer übernachten: mit Vollpension und tägl. einem Kurbad (→ S. 181) 73 €/Pers., ab dem dritten Tag 68 €. Aber *Achtung*: diese Herberge ist mehr als begehrt, wer hier nächtigen und kuren will, muss ein Jahr vorher reservieren! Und: Es gibt keinen Strom, daher Taschenlampe nicht vergessen. Tipp für Reisende mit Wohnmobil: Bad und Verpflegung ohne Übernachtung können manchmal auch noch kurzfristig gebucht werden, Stellplatz dann auf dem nicht weit entfernten Parkplatz. Nur Mitte Juni bis Mitte Sept. geöffnet. Das Karlbad liegt an einer Kehre der Nockalmstraße noch ein gutes Stück vor der Eisentalhöhe. Postanschrift: St. Peter 2, 9545 Radentheim, ✆ 0664-9683926. ‹‹‹

Zechneralm, beliebtes Almgasthaus mit schöner Terrasse unterhalb der Eisentalhöhe; neben dem *Museum für Almwirtschaft* gibt es auch einen Bauernmarkt mit Produkten aus der eigenen Almwirtschaft, dazu Souvenirs, Zirben und Speik. Nockalmstraße, 9862 Kremsbrücke, ✆ 04736-304, www.zechneralm.at.

Wolitzenhütte, Parken bei der Grundalm, dann 15 Min. zu Fuß; hübsche Hütte im alten Zirbenwald, ✆ 04240-858521, 0664-75040570.

Penkerhütte, nur an 3–4 Sommermonaten im Jahr bewirtschaftete Almhütte mit Sennerei, drei Zimmern und Jausenstation; urig, sehr familiär und in absoluter Alleinlage: Unterhalb der Kehren, die von der Mautstation Innerkrems hinauf zum Nockalmhof führen, geht in östlicher Richtung ein Weg ab, auf Schotter noch 1,6 km. Zimmervermietung ganzjährig, DZ 46 €. Burgstallberg 5, 9862 Kremsbrücke, ✆ 04735-284.

Glockenhütte, beim Pass Schiestlscharte, Nockalmstraße, 9565 Ebene Reichenau, ✆ 04279-7213, www.glockenhuette.com.

Sehenswertes entlang der Nockalmstraße

Erste Etappe auf der Nockalmstraße (von Ebene Reichenau aus kommend) ist der **Windebensee**, um den der Naturlehrpfad *Alpine Lebensgemeinschaft* führt. Ganz in der Nähe befindet sich der 1,5 km lange *Weg der Elemente*. Ein kurzes Stück oberhalb liegt der Pass **Schiestlscharte** mit einer markanten Felsformation, die knapp über 2000 m erreicht. Auf dem Fels steht die *Wunschglocke*, die der Legende nach die Hexen vom Pass vertrieben haben und heute dem Läutenden einen Wunsch erfüllen soll. Ob man sich darauf verlassen sollte, sei dahingestellt, zweifellos atemberaubend ist bei gutem Wetter die Aussicht von der Wunschglocke. Am Pass befindet sich außerdem die **Glockenhütte** mit Restaurant, Bauernmarkt und Multivisionsschau über die Nockberge.

Bei der **Grundalm** gibt es im *Holz-Haus* eine aufschlussreiche Ausstellung zum Thema *Holz und Wald*. Die einzelnen Baumarten werden ausführlich dargestellt, außerdem wird über die Geschichte des Waldes und seine Nutzung informiert und gezeigt, wie man ein Holzdach deckt. Draußen führt ein hübscher Waldpfad durch

»» **Unser Tipp:** Das **Karlbad** zu den einzigartigen Kulturgütern Kärntens zu zählen, ist sicherlich keine Übertreibung. Schließlich kann man hier kuren wie die Bergbauern vor über 100 Jahren, in einem der 14 Lärchenholztröge in einem Baderaum, der alles andere als ein heutiges „Spa" ist, denn dieses Kurbad erinnert eher an einen leer geräumten Stall als an eine Wohlfühl-Oase. Doch das Wohlfühlen stellt sich ein, auch wenn man dafür – so der Bademeister – schon mindestens sieben Bäder (und nicht mehr als eines am Tag) nehmen sollte, ideal seien allerdings 15, in schweren Fällen auch mal 27. Gebadet wird übrigens am frühen Morgen und im Quellwasser des angrenzenden Gebirgsbaches, das – und das ist der Clou des Ganzen – durch bis zum Glühen erhitzte Steine aufgewärmt wird. Beim Eintauchen in das eisige Quellwasser zerplatzen diese und setzen so heilsame Mineralstoffe frei. Um die Wirkung des 35 bis 40 °C warmen Heilbades noch zu verstärken, wird der Holztrog mit dem Kurgast darin abgedeckt, sodass nur noch der Kopf herausschaut (das Bad sollte dann mindestens 30 Min. dauern).

Im Jahr 2007 gab es behördliche Bedenken wegen der Hygiene im Karlbad, woraufhin sich der damalige Landeshauptmann *Jörg Haider* höchstselbst publicityträchtig und in Unterhose in einen der Tröge setzte. Die Bedenken konnten dann bald durch ein Grazer Institut ausgeräumt werden. Seitdem wird hier wieder gebadet, das aber leider mit langen Vorlaufzeiten: Kuren und Übernachten sollte man etwa ein Jahr im Voraus reservieren, wer nur ein Bad nehmen möchte, ist mit 20 € und einer Vorreservierungsfrist von ca. einer Woche dabei. Näheres zum Gasthof Karlbad → S. 180. ««

den *Silva Magica*. Der informative Naturlehrpfad ist mit etwas Mystik und Kunst garniert, vor dem Holzhaus stehen ein paar Holzbänke – ein idealer Platz für ein Picknick, zumal die Grundalm nicht bewirtschaftet ist. Bewirtschaftet dagegen ist die *Wolitzenhütte*, die etwa 15 Min. zu Fuß entfernt ist.

Am höchsten Punkt der Nockalmstraße erreicht man auf 2042 m die **Eisentalhöhe**. In der bewirtschafteten Hütte gibt es neben Zirben- und Speik-Produkten vor allem Souvenirs. Einen Stopp aber sollte man unbedingt wegen der gigantischen Aussicht einlegen.

Wanderung 3: In den Nockbergen – Aufstieg auf den Königstuhl → S. 399
Einfache, aber fantastische Bergwanderung mit Nockbergepanorama (ca. 8 km; ca. 2:30–3 Std., leicht).

Unterhalb der Eisentalhöhe liegt in der nächsten Kehre die malerische **Zechneralm**. In der ehemaligen Scheune des alten Anwesens ist ein sehenswertes Almwirtschaftsmuseum untergebracht. Darin ist die Bauernstube einer Kärntner Almhütte nachgestellt, eine kleine Ausstellung informiert über den Arbeitsplatz Alm. Dazu gibt es einen kleinen Bauernmarkt, der Hüttenbetrieb befindet sich im Gasthaus mit Gastgarten nebenan.

Unweit der Zechneralm liegt die **Pfandlhütte**. Über der Gaststätte ist im ersten Stock die Ausstellung „Im Reich der Murmeltiere“ zu sehen. Auf informativen, teils kindgerechten Schautafeln erfährt man einiges über den Alltag des putzigen Gebirgsbewohners (zum Murmeltier → S. 26/27).

Schließlich ist das **Nationalparkzentrum Nockalmhof** erreicht. Hier befindet sich neben einem recht nüchternen Gasthof und Schautafeln zum Eisenabbau am Parkplatz eine kleine Fossilienausstellung mit erdgeschichtlicher Einordnung. Außerdem gibt es einen etwa 30-minütigen 3D-Film über die Nockberge zu sehen und eine kindgerechte kleine Ausstellung über Fledermäuse. Alles in allem sollte man aber nicht zu viel erwarten.

Die Ausstellungen sind in der Regel tägl. 9–18 Uhr geöffnet, der Eintritt ist überall frei bzw. schon mit der Straßenmaut abgegolten. Infos auch unter www.nockalmstraße.at.

Turracher Höhe

Auf fast 1800 m Höhe liegt der Alpenpass zwischen Kärnten und der Steiermark. Von der Ebene Reichenau geht es stellenweise ganz schön steil hinauf, oben am Pass warten dann eine Handvoll Hotels um den eisig kalten Turrachersee und oft auch eine recht frische Brise. Dafür spart man sich beim Wandern ein Stück des Anstiegs, denn hoch geht es von hier nur noch auf 2200 bis 2300 m. Auch als Wintersportort erfreut sich die Turracher Höhe großer Beliebtheit: Schneesicherheit ist bei dieser Höhe fast schon garantiert, zur Verfügung stehen 38 Pistenkilometer und 14 Lifte (Tagesskipass 40 €/Erw.).

Information Tourismusbüro an der Hauptstraße neben dem Hotel Turracherhof, in der Hochsaison (Sommer und Skisaison) tägl. 9–17 Uhr geöffnet, ansonsten nur Mo–Fr 9–15 Uhr. Turracher Höhe 218, 8864 Turracher Höhe, ✆ 04275-83920, www.turracherhoehe.at.

Ausstellung/Einkaufen Das **Museum alpin + art Kranzelbinder** am Ortsrand (ausgeschildert) zeigt Edelsteine, Bergkristalle, Fossilien etc., z. T. in einem alten Getreidespeicher, angeschlossen ist auch ein Verkaufsraum (im Sommer Mo–Sa 9–17 Uhr, im Winter 9.30–17.30 Uhr, Eintritt 4 €, Kinder frei).

Sport Im Sommer natürlich **Wandern,** z. B. die Besteigung des 2334 m hohen Rinsennocks (knapp 5 Std., mittelschwer).

Wer den besonderen Nervenkitzel sucht, kann sich an der **Sommerrodelbahn Nocky Flitzer** probieren: bis zu 40 km/h schnell geht es hier die 1600 m Strecke hinunter, Juni bis Ende Okt. tägl. 10–16 Uhr (Hochsommer bis 17 Uhr) und auch in der Wintersaison (10–16 Uhr) geöffnet, Erw. 12,50 €, Kinder 9,50 €.

Übernachten Hauptsächlich 4-Sterne-Häuser mit entsprechender Ausstattung und entsprechend gehobenem Preisniveau gruppieren sich um den See, z. B. das **Hotel Hochschober** oder aber das **Seehotel Jägerwirt**.

Wohnmobilstellplätze Schmidt, mit Stromanschluss, Frischwasser, Grauwasserentsorgung und Dusche/Toilette für 25 €/Tag. Direkt beim Nocky Flitzer, Turracher Höhe 30, ✆ 04275-8209.

Verbindungen Für Wanderer verkehrt 2x wöchentlich (zuletzt Di und Do) ein Zubringerbus u. a. von/nach Karlbad und Eisentalhöhe (für größere Streckenwanderungen durch die Nockberge).

Wanderung 4: Familienwanderung auf der Turracher Höhe → S. 401

Leichter Rundwanderweg durch einen schönen Zirbenwald zu Grünsee und Schwarzsee (ca. 8 km; ca. 2:30 Std., leicht).

Im Gegendtal

Das Tal verbindet Radenthein mit dem Ossiacher See und wird seit jeher als „die Gegend" bezeichnet. Von Radenthein kommend wird das Tal im Bereich der beiden Seen – Feldsee (auch Brennsee genannt) und Afritzer See – recht schmal, sodass es an einigen Abschnitten kaum mehr Platz als für die Seen und die zugehörigen Uferstraßen bietet, gleich dahinter geht es steil hinauf. Begrenzt wird das Gegendtal im Westen vom lang gezogenen, mächtigen und breiten Buckel des *Mirnock* (2110 m), im Osten vom 2145 m hohen *Wöllaner Nock*, der auch bequem mit der Gondel von Bad Kleinkirchheim aus (→ S. 175) zu erreichen ist. Richtung Süden folgen dann winzige Orte mit so schönen Namen wie Innere Einöde und Äußere Einöde, bevor sich das Tal bei Winklern und Treffen am Ossiacher See wieder weitet.

Die Besiedlung des Tals geht mindestens bis Anfang des 14. Jh. zurück, wahrscheinlich aber noch deutlich weiter, das seitliche *Krastal* bei Treffen soll beispielsweise schon von den Römern für den Marmorabbau genutzt worden sein. Für das Jahr 1384 wird ein Bergsturz des Mirnock bezeugt, der den See in zwei teilte, der Ort Afritz kommt erstmals um 1450 vor. Später war das Tal dann Zufluchtsort für verfolgte Protestanten, die aber nach Ende des Dreißigjährigen Krieges nach Süddeutschland umsiedelten.

Touristischer Hauptort des Tals ist das beschauliche **Feld am See** (ca. 1200 Einwohner) mit hübscher Seepromenade, gefolgt von **Afritz am See** (ca. 1400 Einwoh-

Die Legende vom Mirnockriesen

Schenkt man der Legende Glauben, lebte in einer Höhle am Mirnock einst ein wirklich riesiger Riese. Die hübsche Tochter eines Fischers am See im Gegendtal hatte es ihm angetan und eines Tages, als er sie alleine aufspürte, packte er das Mädchen und zerrte es hinauf in seine Höhle. Der Vater entlarvte den Entführer an seinen gigantisch großen Fußspuren und schaffte es dank einer List – den Riesen hatte er mit einer Flasche Kräuterschnaps betäubt – die Tochter zu befreien. Als der Riese dann aus seinem Rausch erwachte und das Fehlen des Mädchens bemerkte, war seine Wut so groß, dass er mit seinen mächtigen Pranken den Gipfel des Mirnocks abriss und hinunter ins Tal schleuderte, so lange, bis in der Mitte des Sees ein Erdhaufen entstanden war, der aus einem See zwei machte. Seitdem gibt es im Gegendtal den Feldsee (Brennsee) und den Afritzer See.

Heute gilt der Mirnock als magischer Berg und „Weltenberg", an dem sich zwei Energielinien treffen sollen und mehrere „Kraftorte" liegen. Vermutet wird auch, dass es sich um einen Kultplatz der Kelten gehandelt haben könnte – mehrere Monolithen um den Gipfel weisen darauf hin.

Wandern am Mirnock: Der Berg ist auf vielen Wegen zu besteigen. Neben dem Aufstieg von der Westseite (→ S. 169) gibt es über die Ostseite mehrere Wege zum Gipfel, z. B. ab Feld am See (nördlich vom Ort, beim Wildpark) durch den Brennwald und über die im Sommer bewirtschaftete Hochalmhütte zum Gipfel oder von Erlach oder Afritz aus über die Kohlweißhütte (auch mit dem Auto über die Lierzberger Straße ab Afritz, Maut), geöffnet Juni bis Sept., hier kann man sogar übernachten (✆ 0664-5284117). Die Touren auf den Mirnock sind nicht schwierig, teilweise aber ziemlich lang.

ner), das aber ein gutes Stück vom gleichnamigen See entfernt liegt. Sehenswürdigkeit des Ortes ist die Pfarrkirche mit den Freskenresten im Altarraum aus dem 15. Jh.

Lohnend ist in jedem Fall ein Abstecher ins Seitental nach **Arriach** (ca. 1400 Einwohner) mit seinen schönen alten Bauernhäusern und guten Wandermöglichkeiten – z. B. in die geografische Mitte Kärntens (4,5 km einfach). Südlich des Arriacher Tals erhebt sich das beliebte Wander- und Wintersportgebiet an der Gerlitzen (→ S. 236), eine Mautstraße führt von diesem nördlich verlaufenden Tal bis fast hinauf zum Gipfel.

Basis-Infos

Information **Tourismusbüro Feld am See**, im Zentrum, im Juli/Aug. Mo–Sa 9–17 Uhr, So 9–12 Uhr geöffnet, ansonsten Mo–Do 10–12 und 14–16 Uhr, Fr 10–12 Uhr. Rathausstr. 25, 9544 Feld am See, ✆ 04246-2273, www.feld-am-see.at.

Tourismusbüro Afritz am See, im Gemeindeamt im Zentrum (beschildert), Mo–Fr 8–12 Uhr, Di auch 14–17.30 Uhr. Schulstr. 2, 9542 Afritz, ✆ 04247-2126, www.afritz.gv.at.

Baden Jeweils 2 öffentliche Strandbäder gibt es in Feld am See und am Afritzer See.

Markt In Köttwein (bei Treffen) im Sommer immer dienstags um 17 Uhr Bauernmarkt mit Schmankerln aus der Umgebung, im Ort an der Straße.

Sport Die Gegend ist sommers wie winters ein Sportlerparadies, sehr viele **Radfahrer** sind im Tal unterwegs oder aber erklimmen mit dem **Mountainbike** die umliegenden Nockberge.

Surfen und **Segeln** sind auf dem Feldsee möglich (auch Verleih).

Zum **Wandern** bieten sich der Mirnock (→ oben) oder der Wöllaner Nock an: Hier hinauf führt eine Mautstraße bis zur Wegerhütte (1500 m): Ausgangspukt für Wanderungen zum Wöllaner Nock (2145 m, *Achtung*: Hier gibt es auch die mautpflichtige Wöllaner Alpenstraße ab Arriach bis zur Walderhütte knapp unterhalb vom Gipfel); ein weiterer Wanderweg führt ab Feld am See auf den 1845 m hohen Klomnock. In Arriach startet eine 2-stündige Wanderung (ab unterem Parkplatz, hin und zurück 4 Std., beschildert) zum geografischen Mittelpunkt Kärntens.

Um Feld am See und Afritz sind außerdem mehrere **Nordic-Walking**-Routen ausgewiesen. Auch **Tennisplätze** gibt es in Feld am See.

Im Winter kann man auf den beiden Seen **Schlittschuhlaufen** (relativ eissicher von ca. Mitte Jan. bis Ende Febr.), nächstes **Skigebiet** ist neben Bad Kleinkirchheim (im Winter kostenloser Skibus) auch die Gerlitzen.

Gemüsegarten vor der Kirche – in Feld am See

Veranstaltungen Im Aug. finden die **Gegendtaler Passionsspiele** statt, → S. 41.

Verbindungen Mit dem **Bus** ca. 10x tägl. auf der Strecke Radenthein – Feld am See – Afritz, 6x tägl. weiter bis Arriach, einige Busse auch bis Villach (via Treffen). Sonntags keine Verbindungen. Mit dem **Biosphärenreservat Wanderbus** zuletzt von Feld am See ins Langalmtal (Do) und zur Felspannalm (Di).

Wildpark Nordwestlich von Feld am See von der B 98 links ab, beschildert. Im Sommer sehr viel Rummel, lohnt vor allem für Kinder, mit Buschenschank am Eingang. Mit Museum und Streichelzoo, 11 ha Gehege (Spazierweg ca. 45 Min.) mit viel heimischer Fauna. 1. Mai bis Ende Okt. tägl. 9–18 Uhr geöffnet (Okt. nur bis 17 Uhr). Erw. 10 €, Kinder 5 €. ✆ 04246-2776, www.alpen-wildpark.com.

Übernachten/Essen & Trinken

››› Unser Tipp: **** **Landhotel Lindenhof**, im Zentrum von Feld am See, ein ungemein einladendes und familiär geführtes Hotel, in dem die Besitzerfamilie Nindler mit ihren Gästen geführte Wanderungen und Mountainbiketouren unternimmt, was nicht nur wir super finden, sondern auch zahlreiche Stammgäste, die immer wieder herkommen – ein Haus zum Wohlfühlen. Gemütliche Zimmer, die allermeisten mit Balkon. Ein wirklich guter Grund, sich hier einzuquartieren, ist aber die herausragend gute Küche, das Restaurant **Gourmetstube** des Hotels wird jedes Jahr aufs Neue vom Gault Millau mit zwei Hauben und 15 Punkten ausgezeichnet (steht auch Auswärtigen offen, abends besser reservieren!). Sehr freundlicher Service, auch Terrasse. Zum Hotel gehören außerdem ein eigenes Strandbad (ca. 10 Min. zu Fuß entfernt), Fahrräder für die Gäste und ein Wellnessbereich mit Pool (innen), Sauna, Dampfbad und diversen Anwendungen (u. a. auch Reiki). EZ 85–103 €, DZ 122–164 €, jeweils inkl. Halbpension, Gourmet-Halbpension kostet zusätzlich 15 € pro Pers. und Tag. Ende April bis ca. 20. Okt. und Weihnachten bis 1. April. Kirchenplatz 2, 9544 Feld am See, ✆ 04246-2274, www.landhotel-lindenhof.at. ‹‹‹

Einsame Fischgründe ...

››› Unser Tipp: **art-lodge**, traumhaftes Hotel in traumhafter Panoramalage. Der Name verspricht nicht zu viel: Bis ins kleinste Detail höchst stil- und kunstvoll renoviert und eingerichtet, bietet das Hotel zudem Raum für wechselnde Ausstellungen und ist so praktisch eine bewohnbare Galerie. Im Innenhof ein hübsch angelegter Badeteich als Bio-Naturpool, Wellnesshütte mit Sauna, alle Zimmer mit Balkon und Terrasse, gemütliche Stuben, in denen man sich gerne aufhält, mit Kachelofen und Bücherregalen, kurzum: das art-lodge verspricht Entspannung auf höchstem (designerischen) Niveau. Hunde erlaubt (10 €/Tag), WLAN im Haus, auch ein (natürlich) geschmackvoll eingerichtetes Restaurant, das aber nicht immer geöffnet ist (je nach Belegung, sicherheitshalber reservieren). EZ 90 €, DZ 130–190 € (je nach Ausstattung und Größe), jeweils einschl. Frühstück. Außerdem Budget-DZ (ohne Aussicht) ab 90 €. *Anfahrt*: Von Afritz die (beschilderte) Straße hinauf nach Verditz (4,5 km). Verditzerstr. 52, 9542 Verditz/Afritz, ✆ 04247-29970, www.art-lodge.at. «

Pension Birkenhof, sympathische Frühstückspension, gut 2 km oberhalb der Bundesstraße Richtung Verditz, Ferienwohnungen und Doppelzimmer, mit Pool und Tennisplatz. DZ inkl. Frühstück 68 €, Ferienwohnung 4–5 Pers. 77 €. Kontakt über Frau de Pretis, Moritschstr. 3, 9500 Villach, ✆ 04242-253300, depretis.gmbh@depretis.at.

Gasthof-Pension Linder, Gasthof mit guter Küche mitten in Afritz am See bei der Kirche, schöner Garten, mittlere Preise (Hauptgerichte 9–19 €), Juni bis Aug. tägl. geöffnet, ansonsten Mi und Do Ruhetag. Es werden auch einige moderne und komfortable Zimmer vermietet: EZ um 62 €, DZ ca. 114 €, jeweils inkl. Halbpension, auch Familienzimmer für bis zu 6 Pers. Dorfstr. 22, 9842 Afritz am See, ✆ 04247-3111, www.gasthoflinder.at.

Gasthof Alte Point, im Zentrum von Arriach (schräg gegenüber der Tourist-Info) liegt kaum zu übersehen dieses viel gelobte Restaurant, das auch 5 Zimmer vermietet (DZ mit Frühstück 70 €, Halbpension + 20 €/Pers.). Schönes Gasthaus mit gemütlicher Stube und edel eingedeckten Tischen, auch Terrasse und Garten, feine Kärntner Küche mit Zutaten aus der direkten Umgebung von Arriach (Spezialität ist das Nockrind), für das Gebotene nicht zu teuer: Hauptgerichte um 13–20 €, Kärntner Nudeln unter 10 €. Sehr gute Weinauswahl, schließlich ist das Restaurant nach einer besonderen Weinlage (*Alte Point*) in der Wachau benannt. Angeschlossene Vinothek. Mittags und abends geöffnet, Mo und Do Ruhetag. Arriach 4 am Dorfplatz, 9543 Arriach, ✆ 04247-8523, www.altepoint.at. ■

Camping Mehrere kleinere Campings um die Seen, z. B. am Südufer des Afritzer Sees der **Camping/Fischerhof Glinzner**, eine gepflegte Anlage direkt am Wasser, mit Liegewiese und Badesteg, gutes Restaurant mit Terrasse, beliebt auch bei Bikern. Pro Pers. 8 €, Kinder 6 €, Stellplatz 8 € (Biker-Stellplatz 5 €), es werden auch Gästezimmer (EZ 45 €, DZ 90 €, inkl. Frühstück, Halbpension + 14 €/Pers.) und Bungalows für 4–6 Pers. (80–105 €) vermietet. Hund 3 €. Ganzjährig geöffnet. Seestr. 28, 9542 Afritz am See, ✆ 04247-2133, www.glinzner.at.

Neben dem Glinzner liegt – ebenfalls direkt am See – der **Camping Bodner**, mit eigenem Badestrand und Steg, pro Pers. 4,50 €, Kinder/Jugendliche 3–4,30 €, Stellplatz 4 €, Hund 2 €. Ganzjährig geöffnet. Seestr. 27, 9542 Afritz am See, ✆ 04247-2579, www.camping-bodner.at.

... an den Seen

Wanderung 5: Zwei-Seen-Wanderung bei Feld am See → S. 403
Abwechslungsreiche Umrundung zweier Seen (ca. 10 km; ca. 3:30 Std., leicht).

Der Dobratsch ...

... und das Egger Marterl

Villach, Faaker See, Gailtal und Ossiacher See

An Villach kommt man schwer vorbei, wenn man in Kärnten ist. Zu zentral liegt die traditionsreiche Stadt: Hier treffen Drautal und Gailtal zusammen, hier beginnt das Klagenfurter Becken, zum Wörthersee ist es nur ein Katzensprung. Es wäre aber auch einfach schade, das hübsche Villach mit seiner Atmosphäre, seinen Festen und Sehenswürdigkeiten zu verpassen. Villachs Hausberg ist der Dobratsch, ein mächtiger Gebirgsbuckel. Badewanne der Gegend ist der beliebte Faaker See, berühmt für sein türkisfarbenes Schimmern. Weiter im Westen erstreckt sich zwischen Karnischen und Gailtaler Alpen das Gailtal. Östlich von Villach schließlich liegt der Ossiacher See mit seiner so malerischen wie berühmten Stiftsanlage. Vom Nordufer des Sees erhebt sich die Gerlitzen, der südlichste Gipfel der Nockberge.

Villach

ca. 60.000 Einwohner

Eine hübsche und einladende Stadt an der Drau und am Fuß des Dobratsch – für viele die schönste Stadt Kärntens. Berühmt ist Villach für seinen Kirchtag und den Fasching: beides Veranstaltungen, die über Kärnten hinaus bekannt sind.

Hauptattraktion der zweitgrößten Stadt Kärntens ist der autofreie Hauptplatz mit seinen Straßencafés. Die Gassen rundum laden zum ziellosen Bummeln ein und es lohnt auch der Blick in die zahlreichen Innenhöfe in der Altstadt, in denen sich so mancher Arkadenhof der Renaissance verbirgt. Doch auch die Fassaden in den Gassen bieten – trotz Bombardement im Zweiten Weltkrieg – sehenswerte Ensembles aus Gotik und Renaissance. Während sich die Altstadt südlich des Flusses auf der rechten Drauseite befindet, zeigt sich Villach auf der Nordseite der Drau modern: Hier befindet sich am Europaplatz das Congress Center mit Hotel, zuletzt wurden Nikolaiplatz und Bahnhofstraße zwischen Bahnhof und der Draubrücke zur Altstadt modernisiert.

Villach, Faaker See, Gailtal und Ossiacher See

Die Umgebung von Villach bietet eine gute Abwechslung zwischen Wasser und Berg: Ersteres durch die Ganzjahresattraktion Warmbad Villach mit seinen heißen Quellen (→ S. 200) und die beiden nahe gelegenen Badeseen Ossiacher See (→ S. 229) und Faaker See (→ S. 203), Zweiteres mit dem Hausberg Dobratsch bzw. Villacher Alpe (→ S. 197) und dem etwas weiter entfernten, überaus eindrucksvollen Kegel des Mittagskogels, der wohl prägnantesten Bergsilhouette der Karawanken. Dank der idealen Lage der Stadt nahe dem Dreiländereck ist ein auch Ausflug ins Kanaltal im Friaul in greifbarer Nähe und die Fahrt nach Slowenien dank des Karawankentunnels fast ein Katzensprung.

Historisches

Die Gegend um Villach war schon in vorgeschichtlicher Zeit besiedelt. Später war das Gebiet Teil des keltischen *Noricum*. Die Römer gründeten hier den Ort *Santicum* an einer Handelsstraße, man geht davon aus, dass sich hier in der Antike eine Brücke über die Drau befand (zumindest aber eine Furt). Erstmals dokumentiert wurde eben diese Brücke – die „Pons Uillah“ – im Jahre 878, im Mittelalter spielte sie eine bedeutende Rolle für die Stadt und sogar bis 1903 wurde hier, am unteren Ende des Hauptplatzes, eine Brückenmaut kassiert, die die Stadtsäckel füllte. Ein Erlass von Karl dem Großen von 811 legte den Fluss als Grenze zwischen den Diözesen Salzburg im Norden und Aquileia (ital. Adria) im Süden fest: Da aber der wichtigere Teil Villach südlich der Drau lag, gehörte die Stadt de facto zu Aquileia. Im Jahr 1007 fiel Villach an das neu gegründete Bistum Bamberg unter Kaiser Heinrich II. (→ auch unter Geschichte, S. 55), wo es bis 1759 verblieb. Im Jahr 1060 erhielt Villach von Kaiser Heinrich IV. das Marktrecht, Stadtmauer und Burg wurden gebaut und 1240 wird Villach erstmals als Stadt dokumentiert. Am 25. Januar 1348 wurde Villach von einem schweren Erdbeben mit vielen Toten heimgesucht, im gleichen Jahr forderte die Pest zahlreiche weitere Menschenleben: Die Stadt war am Boden.

Es stand so schlimm um Villach, dass Bamberg Villach die Steuern erließ und sogar fränkische Arbeiter und Siedler sandte, um die Stadt wieder aufzubauen. Sinnbildlich für den Neuanfang war die Kirche St. Jakob, die in den folgenden 100 Jahren wiedererrichtet wurde. Und tatsächlich erblühte Villach von Neuem. Ein nachhaltiges Beispiel für die Blütezeit ist die *Villacher Schule*; aus der Werkstatt um *Thomas von Villach* und dessen Lehrer *Friedrich von Villach* stammen die bedeutendsten

Zeugnisse sakraler Kunst in Kärnten, vornehmlich Tafelbilder, Altarschnitzkunst und Fresken (einige der berühmtesten Arbeiten von Thomas von Villach sieht man in Gerlamoos (→ S. 139) und in Thörl-Maglern (→ S. 212).

Philippus Theophrastus Aureolus Bombastus von Hohenheim

Philippus Theophrastus Aureolus Bombastus von Hohenheim (1493–1541), besser bekannt als **Paracelsus**, kam 1502 im Alter von neun Jahren aus der Schweiz nach Villach und verbrachte einige Jahre in der Stadt, in der der verwitwete Vater als Arzt tätig war. Mit 16 zog es den Sohn zum Medizinstudium nach Basel, Wien und Ferrara, später dann als Arzt durch weite Teile Europas, wobei er durch die Erarbeitung empirischer Grundlagen in der Medizin und seine Heilerfolge, vor allem in der Wundbehandlung, Aufsehen erregte. Er brach dabei auch mit einigen geläufigen Dogmen der Medizin und machte sich nicht wenige Feinde, was für ihn letztendlich ein Leben in Wanderschaft nach sich zog. Nach Villach kehrte Paracelsus 1538 bis 1540 zurück, bevor er sich in Salzburg niederließ, wo er am 24. September 1541 starb – die genauen Umstände des Todes blieben unklar.

Die Stadt Villach gedenkt ihrem vielleicht größten Sohn seit 1953 mit der Verleihung des Paracelsus-Ringes für besondere wissenschaftliche Leistungen; prominentester Träger des Ringes ist der gebürtige Villacher Kommunikationswissenschaftler Paul Watzlawick (1987).

Im 16. Jh. erreichte der Protestantismus Villach: 1526 wurde St. Jakob die erste evangelische Kirche Österreichs, Villach ein Zentrum des Protestantismus. Doch die Gegenreformation schlug zurück und Villach war Ende des 16. Jh. rekatholisiert. Der daraus folgende Aderlass (viele Villacher gingen ins Exil) leitete den Niedergang der Stadt ein – Klagenfurt wurde zu Kärntens urbanem Zentrum. Nach über 750 Jahren endete auch die Bamberger Zeit in Villach. 1759 verkaufte das Bistum Bamberg Villach für eine Million Gulden an Kaiserin Maria Theresia. Über die Jahrhunderte litt Villach nicht nur an den Erdbeben (ein weiteres ereignete sich 1690) und den etwa im 100-Jahre-Rhythmus wütenden Stadtbränden, sondern auch unter schweren Drau-Hochwassern. Dokumentiert sind die Hochstände in der Lederergasse nahe dem Fluss (z. B. durch eine Hochwassermarke vom September 1882). Seit 1981 aber ist die Drau reguliert.

Basis-Infos

Information Touristinformation bei der Stadtbrücke (auf der Bahnhofsseite), Infomaterial, Stadtplan. Mo–Fr 9–18 Uhr, Sa 10–14 Uhr (Juli/Aug. bis 16 Uhr), So geschl. Bahnhofstr. 3, 9500 Villach, ✆ 04242-2052900, www.villach.at/tourismus.

Virtuelle Stadtführung/WLAN Die Kurzfilme und Anekdoten der App „City Tour Villach" ergänzen Infotafeln in der historischen Altstadt. Praktisch: Das öffentlich zugängliche WLAN-Netz in der Villacher Innenstadt. Infos unter http://wivi.region-villach.at.

Feste & Veranstaltungen Für zwei Großveranstaltungen ist Villach berühmt: Die eine ist der **Villacher Kirchtag** (der 2018 seinen 75. feiert!) mit riesigem Trachtenumzug am ersten Samstag im Aug. (17 Uhr) und der ihm vorausgehenden **Villacher Brauchtumswoche**. Zweite Riesenveranstaltung ist der **Villacher Fasching** mit großem Umzug am Faschingssamstag (14 Uhr), Infos hierzu → auch S. 39. Darüber hinaus bieten die lauen Villacher Sommerabende aber noch mehr, z. B. das **Internationale Straßenkunstfestival** Ende Juli und klassische **Konzerte** auf der Bootsbühne der Drau. Im Congress Center (linke Drauseite) finden außerdem einige Konzerte des **Carinthischen Sommers** (→ S. 233) statt. Ende Mai findet der **Alpen-Adria-Keramikmarkt** mit zahlreichen Ausstellungs- und Verkaufsständen in der Altstadt statt.

Parken In Zentrumsnähe z. B. an der Draulände bzw. Gerbergasse (0,50 €/30 Min., max. 3 Std.) oder am Udo-Jürgens-Platz (ähnliche Preise). Von beiden gelangt man in wenigen Minuten ins Zentrum.

Sport/Wellness → Warmbad Villach, S. 200.

Verbindungen Bahn: Die S-Bahn *S 1* fährt zwischen 7 und 23.20 Uhr stündl., zwischen 10.20 und 19.20 Uhr halbstündl. über Velden, Pörtschach, Krumpendorf nach Klagenfurt, St. Veit a. d. Glan und weiter nach Friesach, außerdem stündl. nach Spittal (und teilweise weiter nach Lienz/Osttirol). Mit der *S 2* etwa stündl. via Ossiacher See nach Feldkirchen und teilweise weiter nach St. Veit a. d. Glan sowie in Richtung Faaker See und Rosenbach. Des Weiteren fährt der Regionalzug 3x tägl. nach Kötschach-Mauthen (mit Halt in fast allen Gailtal-Orten), der IC 5x tägl. nach Mallnitz (Zug fährt nach Salzburg). Achtung: Manche Züge des Fernverkehrs halten nur am Westbahnhof!

Fotogen: Bronzenes Bauernpaar

Busse: Abfahrt am Busbahnhof vor dem Hauptbahnhof, etwa stündl. über Maria Gail an den Faaker See (Drobollach, Egg, Faak), 7x tägl. via Velden, Pörtschach und Krumpendorf nach Klagenfurt, 7x nach Rosegg, 5x nach Ossiach, 4x nach Feldkirchen, 3x nach Annenheim/Kanzelbahn (auf die Gerlitzen), Bodensdorf und Steindorf am Ossiacher See (und weiter nach Feldkirchen), 4x tägl. nach Treffen (Gegendtal) und weiter nach Arriach. **Stadtbusse** fahren ebenfalls am Busbahnhof ab, auf ihrem Weg in die Vororte oft auch mit Halt in der Altstadt (10.-Oktober-Str.), außerdem 9x tägl. zum Warmbad Villach (Linie 1), 7x über Arnoldstein nach Nötsch und 7x nach Bad Bleiberg. Am Wochenende deutlich eingeschränkt!

Drauschifffahrt: Abfahrt ist an den Drauterrassen auf der linken Seite der Drau auf Höhe des Congress Center (hinunter geht es beim Café Bernold an der Stadtbrücke), die große Draurundfahrt bis Wernberg und retour dauert 2 Std. und findet im Sommer bis zu 3x tägl. statt, Erw. 12 €, Kinder 6 €, Familienticket 25 €. Tickets am Anleger. ✆ 0699-15077077, www.schifffahrt.at/drau.

Einkaufen

→ Karte S. 192

Bücher Die Kärntner Buchhandlung **13**, sehr gut sortiert und freundlich geführt, am Rand der Fußgängerzone unweit des Rathauses, 8.-Mai-Platz 3, ✆ 04242-28591, www.diekaerntnerbuchhandlung.at.

Trachten Heimatwerk **9**, mitten in der Altstadt befindet sich der verlässliche Spezialist für Kärntner Trachten und alles, was es sonst noch Typisches aus Kärnten gibt, vieles auch als Souvenir geeignet. Mo–Fr 9–13 und 14–18 Uhr, Sa 9–13 Uhr. Widmanngasse 32.

Pleamle **4**, Trachten hip – das junge Villacher Modeunternehmen charakterisiert sich selbst als „alpine Flower Power", und so ist es denn auch. Hier wird auch Mode von Lena Hoschek und Luis Trenker verkauft; auch Lederhosen von Meindl. Mo–Fr 9–18 Uhr, Sa 9–13 Uhr (am ersten Sa im Monat bis 17 Uhr). Gerbergasse 3–5.

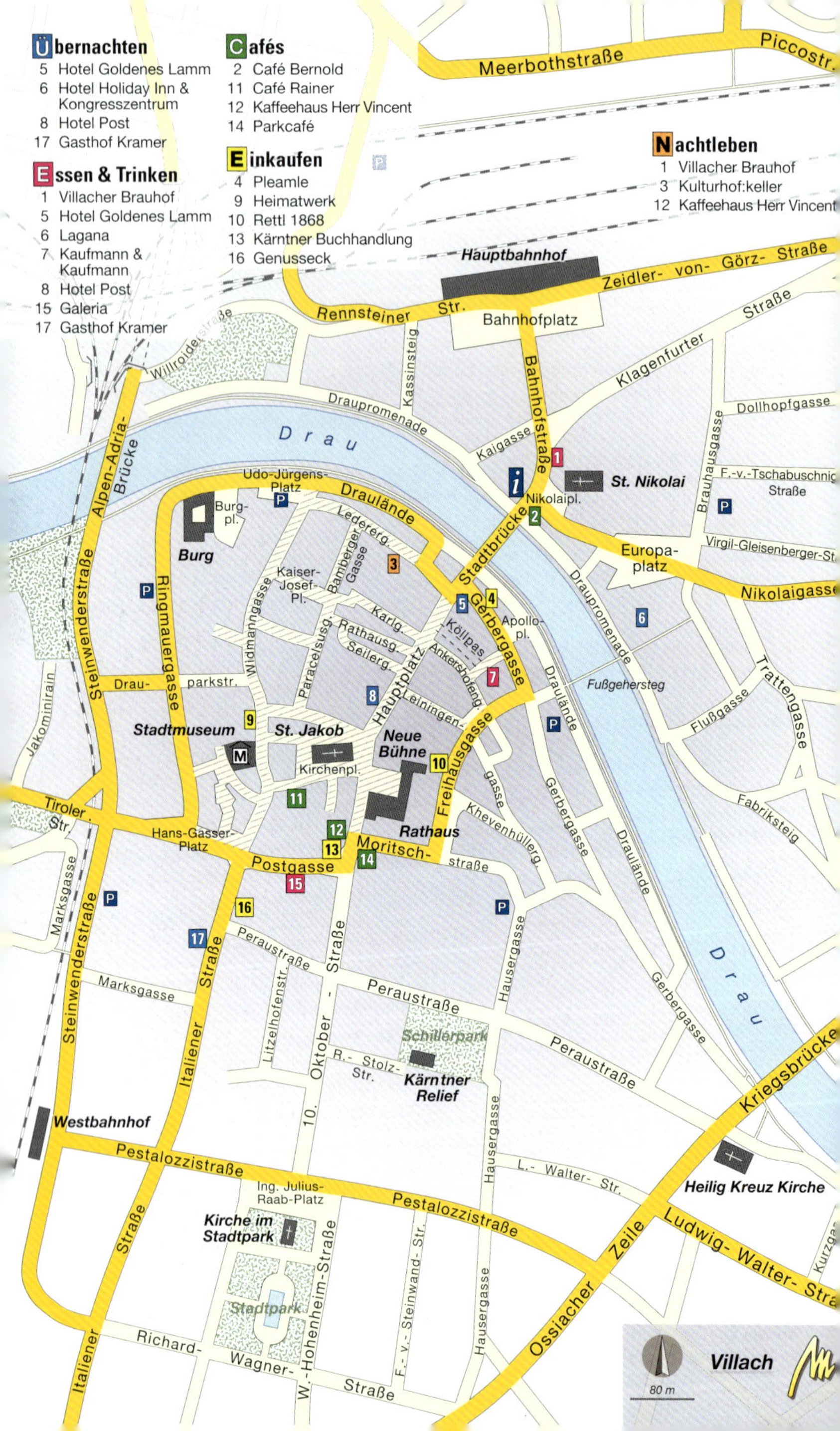
Übernachten
5 Hotel Goldenes Lamm
6 Hotel Holiday Inn & Kongresszentrum
8 Hotel Post
17 Gasthof Kramer
Essen & Trinken
1 Villacher Brauhof
5 Hotel Goldenes Lamm
6 Lagana
7 Kaufmann & Kaufmann
8 Hotel Post
15 Galeria
17 Gasthof Kramer
Cafés
2 Café Bernold
11 Café Rainer
12 Kaffeehaus Herr Vincent
14 Parkcafé
Einkaufen
4 Pleamle
9 Heimatwerk
10 Rettl 1868
13 Kärntner Buchhandlung
16 Genusseck
Nachtleben
1 Villacher Brauhof
3 Kulturhof:keller
12 Kaffeehaus Herr Vincent
Meerbothstraße
Piccostr.
Hauptbahnhof
Zeidler- von- Görz- Straße
Rennsteiner Str.
Bahnhofplatz
Klagenfurter Straße
Willroiderstraße
Kassinsteig
Draupromenade
Bahnhofstraße
Dollhopfgasse
Drau
Kaigasse
St. Nikolai
Nikolaipl.
Brauhausgasse
F.-v.-Tschabuschnig Straße
Alpen-Adria-Brücke
Udo-Jürgens-Platz
Drauländе
Burg-pl.
Burg
Lederergasse
Bamberger Gasse
Kaiser-Josef-Pl.
Stadtbrücke
Europaplatz
Virgil-Gleisenberger-Str.
Nikolaigasse
Ringmauergasse
Widmanngasse
Karlg.
Rathausg.
Seilerg.
Köllpas.
Ankershofeng.
Gerbergasse
Apollo-pl.
Paracelsusg.
Hauptplatz
Fußgehersteg
Steinwenderstraße
Drau-parkstr.
Leiningen-gasse
Flußgasse
Trattengasse
Jakominirain
Stadtmuseum
St. Jakob
Neue Bühne
Kirchenpl.
Freihausgasse
Fabriksteig
Tiroler Str.
Hans-Gasser-Platz
Rathaus
Khevenhüllerg.
Moritsch-straße
Postgasse
Marksgasse
Peraustraße
10.-Oktober-Straße
Hausergasse
Italiener Straße
Litzelhofenstr.
Schillerpark
R.-Stolz-Str.
Kärntner Relief
Kriegsbrücke
Westbahnhof
Pestalozzistraße
Ing. Julius-Raab-Platz
L.-Walter-Str.
Heilig Kreuz Kirche
Kirche im Stadtpark
Stadtpark
W.-Hohenheim-Straße
F.-v.-Steinwand-Str.
Ludwig-Walter-Straße
Ossiacher Zeile
Kurzgasse
Richard-Wagner-Straße
Villach
80 m

Rettl 1868 **10**, traditionsreiche Adresse für Trachtenmode und Kilts, das Ganze etwas teurer und auch die Klientel etwas gehobener. Mo–Fr 9–18 Uhr, Sa 9–13 Uhr. Freihausgasse 12, ✆ 04242-26855.

Feinkost **Genuss Eck** **16**, der sehr freundlich geführte Feinkostladen steckt voller Köstlichkeiten, ob als Mitbringsel oder für das besondere Picknick: sehr gute österreichische Weine, Edelbrände, auch Lavanttaler Mostbarkeiten, dazu Feinkost von Schokolade über Carnica-Honig bis Pesto, auch diverse Marillenprodukte; die Beratung – gerade auch beim Weineinkauf – ist fachkundig. Mo–Fr 10–18 Uhr, Sa 10–13 Uhr. Italiener Str. 5, ✆ 04242-23900, www.genusseck-villach.at.

Märkte Immer Mi und Sa ab 7.30 Uhr bis mittags an der Draulände und in der Markthalle am Burgplatz. Freitags ab 11 Uhr Bio-Bauernmarkt am Parkplatz des Parkcafés und Schmankerlmarkt zwischen Stadtmuseum und Hans-Gasser-Platz.

Shoppingcenter **Atrio**, das unvermeidliche Riesen-Shoppingcenter vor den Toren der Stadt, 80 Geschäfte und ein großer Interspar. Mo–Fr 9–19.30 Uhr, Sa 9–18 Uhr (Spar ab 8 Uhr morgens), kostenlose Parkplätze. Kärntner Str. 34 (Richtung Warmbad Villach).

Übernachten/Essen & Trinken

Übernachten ****S **Holiday Inn** **6**, modernes Businesshotel an der Drau, daneben das Congress Center. Mit gehobenem Restaurant (→ unten), Wein- und Cocktailbar, moderne Zimmer, Vitality-Club mit Fitness, Sauna, Massagen etc. EZ 99–130 €, DZ 144–174 €, mit Frühstück, kostenlose Internetnutzung. Am Wochenende vergünstigte Tarife, u. a. auch mit Abendmenü. Garage. Europaplatz 1, 9500 Villach, ✆ 04242-225220, www.holidayinn-villach.com.

Hotel Post **8**, traditionsreiche Herberge in einem historischen Renaissance-Stadtpalais der Khevenhüller, entsprechend nobel präsentiert sich das Interieur: die Zimmer gediegen bis plüschig, dabei recht schick. Freundlicher Service. Im Haus befindet sich das ausgezeichnete **Stadtrestaurant** mit Gartenidyll im Hinterhof, günstigere Mittagskarte (Hauptgericht ab 12 €), abends wird es natürlich etwas teurer; außerdem ein Café (tagsüber geöffnet). Parken kann man im lang gezogenen Hof unterm Kastanienbaum. Wellnessbereich, WLAN, Fahrradverleih (7 € für 3 Std., 11 €/Tag). EZ ab 85 €, DZ 135–250 €, Dreibettzimmer ab 150 €, jeweils inkl. Frühstück. Hauptplatz 26, 9500 Villach, ✆ 04242-261010, www.hotel-villach.com.

Hotel Kramer **17**, schöner, ebenfalls traditionsreicher Gasthof am Rand der Altstadt, ruhig gelegen, dennoch (noch) zentral. Hübsche, funktionale Zimmer, zuvorkommender Service, sehr gutes Frühstücksbuffet. An den „Kramer" angeschlossen ist das gute Restaurant **Stadtwirt** mit bodenständiger Kärntner Küche (Mo–Sa 10–24 Uhr, So 10–22 Uhr), das auch bei Villachern beliebt ist. WLAN, Sauna, gemütliche Lounge. EZ ab 62 €, DZ ab 97 €, Dreibettzimmer ab 125 €, inkl. Frühstück. Italiener Str. 14, 9500 Villach, ✆ 04242-24953, www.hotelgasthofkramer.at.

Hotel Goldenes Lamm **5**, Familienbetrieb am Anfang der Fußgängerzone, funktionale Zimmer, nicht mehr ganz neu, gutes Frühstück, WLAN, Restaurant und Bar im Haus (11–22 Uhr). EZ 72–92 €, DZ 104–134 €, Dreibettzimmer 141–171 €, jeweils inkl. Frühstück. Hauptplatz 1, 9500 Villach, ✆ 04242-24105, www.goldeneslamm.at.

Jugendgästehaus Villach, ca. 800 m westlich der Altstadt, 144 Betten, Übernachtung mit Frühstück 21,50 €, mit Halbpension 28,70 € (jeweils im Mehrbettzimmer), EZ mit Frühstück 29,50 €, DZ 51 €; JH-Ausweis notwendig. St.-Martiner-Str. 13 a, 9500 Villach, ✆ 04242-56368, www.hiyou.at.

Essen & Trinken **Stadtrestaurant** → Hotel Post; **Stadtwirt** → Hotel Kramer.

Lagana im Holiday Inn **6**, mit 16 Punkten und zwei Hauben von Gault Millau gekröntes Gourmetrestaurant, günstige Mittagsmenüs (2 Gänge, ca. 17 €), das Abendmenü kommt auf 46–82 € (3–7 Gänge), à la carte gar nicht mal so teuer. Modernes Ambiente mit Glasfront zur Altstadt, Terrasse am Wasser. Mittags und abends geöffnet, So/Mo geschl. Europaplatz 2, ✆ 04242-22522.

››› Unser Tipp: **Kaufmann & Kaufmann** **7**, wie herausragend die Kaufmann'sche Küche ist, bemerkt man schon beim Gruß aus selbiger. Wir hatten u. a. einen Rindfleischsalat, der sich als eine Art Kärntner *vitello* *tonnato* präsentierte: Die hauchdünnen Bratenscheiben und die leichte, frische Kren-Soße waren perfekt abgeschmeckt. Köstlich waren auch die Lauchsuppe und der Schweinebraten. Mittags günstige Tagesmenüs (2 Gänge ab 7,50 €, 3 Gänge ab 9,50 €), abends natürlich etwas teurer, für das Gebotene aber geradezu moderat (Hauptgericht ab etwa 15 €). Auch dem Hauswein kann man vertrauen. Gemütlich und mit viel Liebe zum Detail (und davon gibt es viel) eingerichtet, idyllischer Hinterhof-Garten. Di–Sa mittags und abends geöffnet, So/Mo Ruhetag. Dietrichsteingasse 5, ✆ 04242-25871, www.kauf-mann.at. «

Galeria 15, stilvoll eingerichtetes Restaurant, auch Café und Weinbar, am Rand der Altstadt (in unmittelbarer Nachbarschaft zur namensgebenden Galerie gelegen), günstige, wechselnde Mittagsmenüs für 10,90 €, abends Hauptgericht ab etwa 15 €: Fischgerichte (frisch, versteht sich) und Steaks. Und zur Weinbar gehört natürlich eine ausgesuchte Weinkarte. Mo–Fr 11–14 und 17–22 Uhr, Sa/So Ruhetag. Postgasse 6, ✆ 0699-14242868, www.restaurantgaleria.com.

Der Villacher Fasching ist allgegenwärtig

Villacher Brauhof 1, großer Gasthof von Kärntens größter Brauerei, umfangreiche Karte, Biergarten, durchgängig warme Küche, auch Frühstück und Brotzeit. Und natürlich kann man das Villacher Bier probieren. Tägl. Geöffnet. Bahnhofstr. 8, ✆ 04242-24222.

Cafés/Abends **Rainer 11**, bei der Jakobskirche, Café, Konditorei und Restaurant, hier gibt es wechselnden Mittagstisch und günstige Tagesgerichte, auch Vegetarisches. Die Kuchen, Torten und Pralinen überzeugen nicht nur optisch, nett sitzt es sich auch draußen in der Fußgängerzone. Tägl. 7–19 Uhr, im Sommer bis 20 Uhr, So ab 9.30 Uhr, Restaurant Mo–Fr 10–16 Uhr, Sa 10–14 Uhr, So geschl. Kirchenplatz 5, ✆ 04242-243770.

Parkcafé 14, das alte Parkhotel von 1911 – einst legendärer Treffpunkt – gibt es schon lange nicht mehr, dafür Café und Lounge mit Terrasse zum 8.-Mai-Platz, hier steht auch seit 2008 die Bronzeskulptur des Bauernpaares, die anlässlich des 100-jährigen Bestehens der *Villacher Bauerngman* (ein gemeinnütziger Verein und Wegbereiter für Villacher Fasching und Kirchtag) aufgestellt wurde. Eine Terrasse gibt es auch in dem Garten nach hinten hinaus. Tagsüber sowohl Kaffee, Kuchen und Eis als auch Mittagstisch, auch abends kann man hier essen. Bis 21 Uhr geöffnet, sonn- und feiertags bis 19.30 Uhr. Im Bambergsaal des Hauses finden regelmäßig Partys, Empfänge, Bälle und andere Events statt. Moritschstr. 2, ✆ 0699-15177177, www.parkcafe.at.

Bernold 2, Café an der Draubrücke (hier geht ein Fußweg hinunter zur Drauschifffahrt) mit Terrasse und Narrenskulptur, hübscher Blick auf die Stadt. Sehr guter Kuchen und Wahnsinnstorten (z. B. die Schoko-Sahne), berühmt auch die Villacher Faschingstorte und -taler (im Jan./Febr.). WLAN kostenlos. Tägl. 8.30–19 Uhr, So ab 9 Uhr, auch gutes Frühstück. Nikolaiplatz 2, ✆ 04242-25442.

Herr Vincent 12, geniale Mischung aus Hinterhaus-Café, Möbel-, Kunst- und Trödel-Laden, kreativer Alternativtreff mit gemütlicher Wohnzimmeratmosphäre, bei gutem Wetter auch im Innenhof, sehr freundlich, außerdem Livemusik und Lesungen. Mo–Mi 8.30–20 Uhr, Do/Fr 8.30–22 Uhr, Sa/So geschl. 8.-Mai-Platz 3, ✆ 0664-1104142.

Kulturhof:keller **3**, alternatives Kulturzentrum in der Lederergasse mit Raum für Konzerte, Lesungen, Kabarett, Theater, Film und Kunstausstellungen sowie Café/Kneipe. Do–So geöffnet. Lederergasse 15, ✆ 0699-15088177, www.kulturhofkeller.at.

Blick über die Stadt

Sehenswertes

Beim Spaziergang durch die Altstadt – der meist auch über den lang gezogenen, etwas ansteigenden Hauptplatz führt – kommt man schon an einigen Sehenswürdigkeiten der Stadt vorbei. Auch der Platz selbst zeigt noch viel von der Pracht vergangener Tage; einige Gebäude stammen aus dem 16. Jh., z. B. das *Hotel Post* (Nr. 26), in dem Karl V. schon genächtigt hat. Ein Stück unterhalb geht es durch einen Durchgang in den *Paracelsushof* mit seinen schönen doppelgeschossigen Renaissancearkaden – hier verbrachte Paracelsus Teile seiner Kindheit, eine Gedenktafel erinnert daran. Die Pestsäule (oder: Dreifaltigkeitssäule) auf dem Hauptplatz weiter oben wurde 1739 errichtet. Ein bedeutendes Bauwerk der Stadt, das Khevenhüller Stadtpalais zwischen Rathausplatz und Freihausgasse, wurde im Zweiten Weltkrieg zerstört und durch einen wenig charmanten Neubau ersetzt. Beim Bummel durch die Altstadt stößt man in den Gässchen um die Stadtpfarre St. Jakob auf den ältesten Teil Villachs, v. a. in der Widmanngasse. Unweit davon, beim Hans-Gasser-Platz, ist noch ein Stück alte Villacher Stadtmauer mit Basteiturm zu sehen. Sehenswert sind auch der Kaiser-Josef-Platz (unweit Widmanngasse) mit Denkmal für den Kaiser aus dem Jahr 1888 und die Lederergasse, heute die Kneipenstraße der Stadt.

Stadtpfarrkirche St. Jakob: Villachs Stadtkirche wurde ab dem späten 14. Jh. errichtet, nachdem der Vorgängerbau (eine romanische Basilika aus dem 11. Jh.) beim Erdbeben 1348 schwer beschädigt worden war. Es entstand eine spätgotische Kirche mit bemerkenswerter Raumwirkung dank der schlanken, hohen Halle. Sehenswert sind unter anderem die Renaissancekanzel und der Rokokoaltar. 1526 wurde St. Jakob als erste Kärntner Kirche evangelisch und zum Zentrum des hiesigen Protestantismus, zumindest bis 1594 die Gegenreformation Villach rekatholisierte. Den freistehenden **Kirchturm**, mit 94 m der höchste Kärntens, kann man besteigen. Auf dem 239 Stufen langen Aufstieg wird man begleitet von Ausstellungen über den Kärntner Jakobsweg, der durch Villach führt, über den Turmfalken, der zuweilen im Kirchturm logiert, und über den Bau des Turms. Die letzten 39 Stufen geht es über eine enge, ampelregulierte Wendeltreppe hinauf (Achtung: Unten wartet man bei Rot im Glockenturm, nicht erschrecken!). Oben schließlich hat man einen herrlichen Rundumblick über Villach, auf den Dobratsch, hinüber zur Burgruine Landskron und zu den Karawanken.

Stadtpfarrturm St. Jakob: Mai/Juni und Sept./Okt. Mo–Sa 10–16.30 Uhr, Juli/Aug. Mo–Sa 10–18 Uhr, So geschl. Eintritt 2 €, erm. 1,20 €, Kombiticket mit Museen 5 €, erm. 3,20 €. Oberer Kirchenplatz 12, ✆ 04242-2053540.

Ganz Kärnten im Blick: das Relief

Stadtmuseum: In einem Gebäude aus der Zeit um 1600 (sehenswert allein: der Renaissance-Arkadenhof mit Resten der Stadtmauer) mit Fassade aus der Jahrhundertwende (1893) befindet sich heute über drei Stockwerke verteilt das Museum der Stadt Villach, das es übrigens schon seit 1873 gibt und das somit eines der ältesten seiner Art in ganz Österreich ist. Seit 1960 befindet sich die umfangreiche Ausstellung hier in der Widmanngasse. Das **Erdgeschoss** ist in weiten Teilen den jährlich wechselnden Ausstellungen vorbehalten, doch befinden sich hier auch einige Grabinschriften und Relieffragmente aus dem 1. bis 3. Jh. n. Chr., außerdem im Hof der Villacher Pranger aus dem 15. Jh. In zwei Räumen auf der linken Seite ist die Paracelsus-Ausstellung untergebracht mit alten Handschriften sowie diversen Portraits des Arztes. Im **ersten Stock** folgen auf die Halle mit einigen alten Stadtansichten sowie einem Kreuzigungsfresko von ca. 1540 mehrere Räume mit chronologisch angeordneten Exponaten: aus prähistorischer bis in die vorrömisch-keltische Zeit, von der Römerzeit ins Hochmittelalter und vom 15. bis ins 19. Jh., wobei die Bleifiguren aus der Hallstattzeit aus Frög bei Rosegg (→ S. 334) sowie das eindrucksvolle Totenschild *Christoph Khevenhüllers* aus dem Jahr 1557 zu den bedeutendsten zählen. Im **zweiten Stock** fällt der Blick gleich in der Vorhalle auf ein großes Gemälde mit Hund: Dieser soll am 4. Dezember 1690 seinen Herrn – *Adam Seifried von Grottenegg* von Schloss Treffen – mit seinem seltsamen Verhalten vor einem Erdbeben gewarnt und ihm so das Leben gerettet haben (der Rest des Schlosses samt Bewohner wurde zerstört). Die darauffolgenden Räume sind ebenfalls chronologisch angeordnet, ausgehend von der Gotik (ein ganzer Raum ist dem Villacher Maler *Jakob Canciani* gewidmet) endet der Rundgang mit der Malerei des 20. Jh., u. a. mit Werken von *Arnold Clementschitsch* und *Herbert Boeckl*.

2. Mai bis 31. Okt. Di–So 10–16.30 Uhr geöffnet, Mo und im Winter geschl. Eintritt 3 €, erm. 2 €, Kombiticket mit Relief-Museum und Kirchturm 5 €, erm. 3,20 €. Widmanngasse 38, ✆ 04242-2053535, www.villach.at/museum.

Burg: Man sieht es dem wuchtigen Bau heute nicht mehr an, doch zählt die Burg in ihrem Kern zu den ältesten Gebäuden Villachs. Die Bauarbeiten begannen bald nach der Schenkung Villachs an das Bistum Bamberg 1007. Über 700 Jahre sollte die Burg als Bamberger Verwaltungssitz dienen. Im Gewölbekeller gibt es eine kleine, durchaus sehenswerte Ausstellung mit Exponaten, die bei Umbauarbeiten gefunden wurden, und informativen Schautafeln über die (Bau-)Geschichte der Burg.

Schauraum in der Bamberger Burg: tägl. 9–17 Uhr geöffnet, Eintritt frei, Zugang vom Drauufer durch den Innenhof, Burgplatz 1.

Nikolaikirche: Die Kirche am gleichnamigen Platz auf der anderen Seite der Drau (Richtung Bahnhof) stammt aus dem Jahr 1896 und wurde hier an der Stelle eines alten Kapuzinerklosters bzw. später Franziskanerklosters erbaut (daran erinnert auch die moderne Statue des *Heiligen Franz von Assisi* davor).

Ganztägig geöffnet. Nikolaiplatz 1.

Kärnten-Relief im Schillerpark: Es sind ein paar Minuten zu laufen vom Hauptplatz in den schattigen kleinen Schillerpark, doch der Weg lohnt: Kärnten en miniature, analog zu einem Satellitenblick sozusagen. 182 m^2 groß ist das topografisch exakte Relief im Maßstab 1:10.000. Es befindet sich in dem eigens dafür erbauten Gebäude aus dem Jahr 1912 und bietet einen guten Überblick über ganz Kärnten, vor allem wenn man vom oben umlaufenden Balkon hinunterschaut. Ideal zur Tourvor- und -nachbereitung!

2. Mai bis 31. Okt. Mo–Sa 10–16.30 Uhr geöffnet, So geschl. Eintritt 2 €, erm. 1,20 €, Kombiticket mit Stadtmuseum und Kirchturm 5 €, erm. 3,20 €. Schillerpark/Peraustr. 14.

Villachs Kirche zum Heiligen Kreuz

Kirche zum Heiligen Kreuz: Ein Stück weiter stadtauswärts (vom Schillerpark die Peraustraße Richtung Drau weiterlaufen) erreicht man die Wallfahrtskirche von 1751 mit ihrer eindrucksvollen, zuckerbäcker-rosa-weißen Fassade. Ursprünglich befand sich hier eine Vorgängerkirche aus dem 13. Jh. (vermutlich sogar noch älter). Gebaut wurde die neue Kirche, weil sich an dieser Stelle auf wundersame Weise ein Kreuz gebildet haben soll, auch sagte man dem Ort Heilkräfte nach. Dass es sich hier um eine der prächtigsten Barockkirchen Kärntens handelt, ahnt man schon von draußen, und drinnen setzt sich die barocke Pracht unvermindert fort, mit Ausnahme allerdings der modernen Deckenfresken von 1961. Gleich am Eingang befindet sich die 1774 hinzugefügte, besonders prachtvoll ausgemalte *Gnadenkapelle*. Links von der Kirche sieht man die kleinen gelben Barockhäuschen des *Perauerhofs*.

Ganztägig geöffnet. Ossiacher Zeile 41.

Umgebung von Villach

Villachs Hausberg ist der *Dobratsch*. An seiner Nordflanke liegt das Bergbaudorf *Bad Bleiberg*, an der Südflanke bricht der Dobratsch steil ins Untere Gailtal ab. Aus dem Berg sprudelt auch das warme Thermalwasser des traditionsreichen *Warmbad Villach*. Südlich von Villach liegt bei der Mündung der Gail in die Drau die Wallfahrtskirche *Maria Gail*.

Auf den Dobratsch (Villacher Alpe)

Eigentlich und offiziell heißt der Hausberg der Stadt ja *Villacher Alpe*, genannt wird er aber von fast jedem einfach nur: *Dobratsch* (von slow. *Dobrac*). Der 2167 m hohe Berg zeigt sich von der Ostseite bewaldet und oberhalb der Baumgrenze dann relativ sanft und grün, fällt aber zur Süd- und Westseite hin dramatisch ab. Bei dem großen Erdbeben im Januar 1348 brach ein Teil des Dobratsch-Massivs nach Süden hin ab, die Geröllmengen stauten auch die Gail und sorgten zusätzlich für verheerende Überschwemmungen. Seither ragt von südlicher Seite betrachtet ein karger Felsabsturz in die Landschaft, das unterhalb liegende Gebiet trägt den passenden Namen „die Schütt" (→ S. 210). 2002 wurde der Dobratsch als (Trink-)Wasser- und Naturschutzgebiet mit 7250 ha Fläche zum ersten *Naturpark Kärntens* ernannt, die bis dato bestehenden Liftanlagen für die Wander- und Skigäste wurden abgebaut.

Die 16,5 km lange *Villacher Alpenstraße* hinauf bis zur Rosstratte auf 1732 m gibt es indes schon seit 1965. Auf den fast 1200 zu überwindenden Höhenmetern der Straße finden sich zahlreiche Parkplätze mit teils spektakulärer Aussicht auf Villach, Ossiacher See, Gerlitzen und bis zum Wörthersee. An Sehenswürdigkeiten am Straßenrand keinesfalls versäumen sollte man: den Parkplatz 4 (**P 4**) mit Blick auf die Schütt und besonders Parkplatz 6 (**P 6**): Hier befindet sich der Alpengarten Villach (→ unten) mit unzähligen alpinen Gewächsen auf rund 1500 m Höhe, direkt daneben ein „Skywalk" mit gigantischem Tiefblick ins Gailtal und die Schütt, ebenso aber auch auf die Abbruchstelle „Rote Wand", die vielen seltenen Vogelarten ein Refugium bietet.

Oben an der Rosstratte eröffnet sich ein herrlicher Blick auf den Mittagskogel, die Karawanken und die Karnischen Alpen bis hinüber zu den Julischen Alpen mit dem 2864 m hohen *Triglav* in Slowenien. Unweit vom Parkplatz informiert ein Geolehrpfad über besondere Gesteinsarten und viele Millionen Jahre alte Versteinerungen, die man hier oben entdeckt hat. Am Gipfel selbst (von der Rosstratte/Parkplatz nochmal 430 Höhenmeter) befindet sich ein weithin sichtbarer Sendemast des ORF, das neue Gipfelhaus von 2010 und zwei Kirchen (17. Jh.): die „Deutsche" und die „Windische" Kapelle.

Alpenstraße Auffahrt am südwestlichen Stadtrand bei Möltschach. Im Sommer tagsüber mautpflichtig (Auto 16 €, Motorrad 9,50 €), 20–7 Uhr Fahrverbot für Motorräder. Ganzjährig befahrbar, 16. Nov. bis 14. April mautfrei.

Alpengarten Von April bis Aug. tägl. 9–18 Uhr, Eintritt 3 €, erm. 1 € (6–16 J.). Im Winter geschl.

Essen & Trinken Am Parkplatz das **Rosstrattenstüberl** („Die Rosstråtten") mit

Blick (aus dem Gailtal) auf den Dobratsch ...

... und vom Dobratsch herunter auf Villach und die Gerlitzen

Terrasse, im Sommer tägl., im Winter nur Mi–So jeweils tagsüber geöffnet (witterungsabhängig!), ✆ 06765415003. Ein Stück unterhalb, bei Parkplatz 8 und direkt unterhalb der Alpenstraße befindet sich die aussichtsreiche **Aichingerhütte** mit großer Terrasse, tägl. 10–21 Uhr geöffnet, Do Ruhetag. Das neue **Gipfelhaus** (zuvor Ludwig-Walter-Haus) auf 2143 m fast direkt am Dobratschgipfel ist ganzjährig tägl. 8–22 Uhr geöffnet, hier kann man auch übernachten (DZ, Mehrbettzimmer und Matratzenlager), Infos: ✆ 0720-350340, gipfelhaus@netcompany.at.

Wandern Von der Rosstratte (Parkplatz) sind es 1:30 Std. zum Gipfelhaus (Weg 291), der Abstieg nach Bad Bleiberg (Weg 291/290) dauert ca. 2 Std. (umgekehrte Strecke natürlich deutlich länger), zum Ausflugslokal Hundsmarhof und nach Heiligengeist auf der Nordseite des Dobratsch (Weg 291/292) sind es 1:30 bzw. 2 Std. Im Winter ist der Dobratsch beliebt bei Skitourengehern.

Bad Bleiberg

ca. 2300 Einwohner

Auf der Nordseite des Dobratsch erstreckt sich das Bleiberger Hochtal (auf ca. 900 m Höhe) mit dem Hauptort Bad Bleiberg, der sich wiederum in mehrere, fast ineinander übergehende Ortsteile gliedert. Von Bad Bleiberg kommend Richtung Villach eröffnen sich schöne Weitblicke auf die Stadt, die Karawanken und die Gerlitzen, auf der Südseite ragt steil der Dobratsch auf.

Die Gegend um Bad Bleiberg ist uraltes Bergbaugebiet, schon in der Antike wurden hier Zink und Blei (daher der Name) abgebaut. Ab Anfang des 14. Jh. ist dies auch beurkundet, im 16. und 17. Jh. hatten hier sogar die Fugger aus Augsburg Schürfrechte. Verhüttet wurde das Erz in Arnoldstein (→ S. 211). Bis 1759 gehörte Bleiberg – das „Bad" kam erst 1978 – zum Bistum Bamberg, fiel dann aber durch Rückkauf an Österreich. Mit dem Bergbau ging es stetig bergauf, der Ort kam zu Wohlstand, was auch an heute noch bestehenden Gebäuden des 18. und 19. Jh. unschwer zu erkennen ist. Unglaubliche 1300 km Stollen wurden im Lauf der Jahrtausende auf der Suche nach den kostbaren Erzen hier in den Berg getrieben. 1951 gab es in einem Stollen einen Wassereinbruch mit Thermalwasser und Bad Bleiberg hatte seine neue Bestimmung als Kurbad gefunden. Der letzte Stollen wurde 1993 geschlossen.

Heute werden die Stollen nicht mehr montan, sondern touristisch genutzt. **Terra Mystica** und **Terra Montana** ermöglichen den Ausflug in die Unterwelt: Mit der

68 m langen Bergmannsrutsche geht es hinab und dann zu Fuß oder mit der Grubenbahn weiter durch die ehemaligen Zechen. Während es sich bei der Terra Mystica um ein kindgerechtes Schaubergwerk mit Multimediashow und diversen Themen wie der Erdgeschichte handelt (zurück mit dem Schachtaufzug), beleuchtet die Tour Terra Montana eher die Geschichte des Bergbaus und den Arbeitsplatz Stollen. Außerdem gibt es ein Montanmuseum zu sehen.

Terra Mystica und Terra Montana: Mai bis Juni und Sept./Okt. *Terra Mystica* (1:30 Std.) tägl. 11 und 13 Uhr, *Terra Montana* (2 Std.) tägl. 15 Uhr; Juli/Aug. *Terra Mystica* tägl. zwischen 9.30 und 15 Uhr zu jeder vollen Stunde, *Terra Montana* tägl. 16 Uhr. In den Stollen beträgt die Temperatur ganzjährig etwa 8 °C – warme Kleidung nicht vergessen! Preise pro Tour: Erw. 17,50 €, Kinder 10 €, Kombikarte für beide Touren (an einem Tag) 22 € bzw. 11 €, jeweils mit Museum. ✆ 04244-2255, www.terra-mystica.at.

Von Bad Bleiberg in westliche und dann südliche Richtung führt die Bleiberger Landstraße durch das Tal des Nötschbaches nach Nötsch (→ S. 213).

Information Tourismus-Information gleich bei der Durchgangsstraße in Bad Bleiberg, beschildert. Mo–Fr 9–12 und 14–17 Uhr, Sa nur bis 16 Uhr, So 10–12 Uhr, an Feiertagen geschl. Nr. 149, 9530 Bad Bleiberg, ✆ 04244-31306, www.bad-bleiberg.at.

Kuren Die **Therme Bad Bleiberg** neben dem Hotel Bleibergerhof (→ unten) wurde Anfang 2014 nach langer, erfolgloser Investorensuche stillgelegt, die Zukunft der Anlage ist ungewiss.

In Bleiberg befinden sich auch die beiden **Heilklimastollen** „Friedrich" (www.heilklima stollen.at) und „Thomas" (www.kur zentrum.at), in denen bei 100 % Luftfeuchtigkeit Erkrankungen der Atemwege und Allergien behandelt werden. Einfahrt in die Stollen immer vormittags, Näheres bei der Tourismus-Information.

Übernachten **** **Hotel & Spa Bleibergerhof**, hier kurt man deutlich moderner als in der Therme nebenan. Schick, für gehobene Ansprüche, nicht gerade günstig. 108 Zimmer/Suiten, im Restaurant „Dobratschstube" wird das abendliche 5-Gänge-Menü kredenzt, für mittags gibt es das Bistro. Spa mit Innen- und Außenpool, Naturbadeteich (alle mit Thermalwasser), Saunen, (Kräuter-)Bäder, Massagen, Kosmetik, Fitness. EZ 138–178 €, DZ 218–300 €, jeweils inkl. Halbpension, Hund 15 €/Tag. Ganzjährig geöffnet. Drei Lärchen 150, 9530 Bad Bleiberg, ✆ 04244-2205, www.bleibergerhof.at.

Verbindungen 7x tägl. **Busse** von und nach Villach, an Schultagen außerdem 2x tägl. nach Nötsch. Am Wochenende eingeschränkt!

Wandern Interessantester Wanderweg der Gegend ist sicherlich der **Bad Bleiberger Stollenwanderweg**, ein Rundweg, der auf 5 km an der Nordseite des Erzberges an über 50 Stollen vorbeiführt, von denen 25 noch sichtbar und z. T. offen sind. Start u. a. am Terra Mystica-Parkplatz.

Warmbad Villach

Südlich von Villach liegt zu Füßen des Dobratsch das Warmbad Villach. Schon die Römer sollen sich hier eine Wanne aufgestellt haben, um im Thermalwasser, das aus dem Berg sprudelt, zu baden. Das moderne „warme Bad" gibt es seit Ende des 18. Jh. Der „Thermal-Rohstoff" ist das heilkräftige Mineralwasser, Calcium-Magnesium-Hydrocarbonat, das mit wohligen 29,9 °C aus dem Boden quellt. Direkt über den Quellen wurde das traditionsreiche *Kurzentrum Therme Warmbad* errichtet, in der heute der Kurbetrieb stattfindet, während in der nagelneuen *Therme Villach* nebenan eher der Spaßfaktor betont wird.

Baden/Kuren **Kurzentrum Therme Warmbad**, von der Straße etwas zurückgesetzt, hinter der Kärnten Therme. 6 Quellen speisen die Schwimmbecken des Thermalheilbades. Es gibt auch ein Tepidarium, angeboten werden diverse Bäder (von Heu bis Molke), Anwendungen (z. B. Heilmassage), Aquatraining und Therapien, kurz –

wie es heute heißt: *medical wellness*. Thermalbäder oder Tepidarium Erw. 10,50 €, Kinder 5,50 € (erst ab 6 J. zugelassen), Kombiticket 17,50 €. Das Thermalbad und Tepidarium sind tägl. 8–20 Uhr (Sa/So bis 17 Uhr) geöffnet (letzter Einlass eine Stunde vorher), das Kurzentrum 7–19 Uhr (Sa/So bis 16 Uhr). Kadischallee 26, ✆ 04242-370011273, www.med-warmbad.at.

Kärnten Therme, die neue Therme ist ein großes Spaßbad in futuristischem Bau, alles recht weitläufig, allerdings mit nicht allzu viel Wasserfläche: Sportbecken, großes Becken mit Grotte, Kinderbecken, Außenbecken mit Whirlpool, Wasserrutschen. Im Spa-Bereich ein sehr schöner Hamam, Außensauna und -whirlpool, Innensauna, Damensauna. Außerdem Massagen, Anwendungen, Kosmetik und Fitness. Tägl. 9–22 Uhr geöffnet. Preisbeispiele: Badelandschaft Erw. 16 €/3 Std., 21 €/Tag, mit Spa 29 €, Kinder 9,50 €/3 Std., 12 €/Tag, auch Familientickets. Kadischallee 25, ✆ 04242-30012750, www.kaerntentherme.at.

Übernachten/Essen ***** **Warmbaderhof**, sehr nobles Kur- und Thermenhotel neben dem Kurzentrum (mit direkter Verbindung). Der Warmbaderhof besteht aus einem sehr schönen altehrwürdigen Herrenhaus und einem größeren 60er-Jahre-Gebäude nebenan. Im Haus befindet sich das hochgelobte Gourmet-Restaurant *Das kleine Restaurant*, sowie ein à-la-carte-Restaurant und die hauseigene Konditorei mit Café. EZ ab 142 €, DZ ab 260 € inkl. Halbpension, diverse Angebote v. a. bzgl. Kur und Wellness. Kadischallee 22–24, ✆ 04242-30010, www.warmbad.com.

**** **Karawankenhotel**, neben der neuen Therme, genauso stylisch und mit direktem, bademanteltauglichem Zugang zur Therme Villach, der Eintritt ist im Zimmerpreis inbegriffen, mit Bar, Lounge und Restaurant. DZ ab 248 € inkl. Halbpension. Kadischallee 27, ✆ 04242-30012099, www.karawankenhof.com.

Verbindungen Busse 9x tägl. von und nach Villach.

Maria Gail

ca. 400 Einwohner

Knapp 4 km südöstlich vom Villacher Zentrum, wo die Gail in die Drau mündet, befindet sich im gleichnamigen Vorort – und unübersehbar mitten in diesem – die **Pfarr- und Wallfahrtskirche Zu Unserer Lieben Frau**, umgeben vom Friedhof des Ortes. Schon beim äußeren Blick auf das Gotteshaus fallen an der Seitenfassade die steinernen Reliefs auf. Die Kirche stammt wahrscheinlich aus dem 11. Jh., Langhaus und Chor wurden im 15. Jh. angebaut. Im Inneren ist ein Freskenzyklus aus dem 13. Jh. zu sehen, davor ein prachtvoller spätgotischer Flügelaltar mit der Krönung Marias, der auf ca. 1515 datiert wird. Darüber hinaus fällt der Blick auf den barocken Hochaltar aus dem 18. Jh. mit holzgeschnitzter Schutzmantelmadonna von ca. 1600. Die Kirche ist ganztägig geöffnet.

Übernachten/Essen **Pension Popotnik**, direkt bei der Kirche, Neubau, moderne Pension, die nahe Autobahn ist hier unterhalb der Kirche quasi nicht zu hören. Schöne Zimmer mit Bad, Terrasse, TV, freundlicher Besitzer, mit Parkplatz und Garten. DZ mit Frühstück 95 €, Appartement mit Küchenzeile (ohne Frühstück) 90 € für 2 Pers. Ganzjährig geöffnet. 18.-November-Platz 7, 9500 Maria Gail, ✆ 04242-312730, www.popotnik.at.

Gasthof Moser, gegenüber der Kirche, auch draußen einige Plätze, deftige Kärntner Küche zu günstigen Preisen: Brettljause, Selchfleisch, Kasnudeln, Schnitzel, Steaks und Braten. Tägl. 10–24 Uhr geöffnet, warme Küche 11–21 Uhr. Man kann hier auch übernachten: EZ 45 €, DZ 76 €, inkl.

Fröhliches Detail Unserer Lieben Frau

Frühstück. 18.-November-Platz 8, 9500 Maria Gail, ✆ 04242-34933, www.wirtshaus-moser.at.

Verbindungen Etwa stündl. **Busse** von und nach Villach und an den Faaker See.

Burgruine Landskron

Die Ruine thront hoch über der Autobahn am südwestlichen Zugang des Ossiacher Sees, weithin sichtbar und – dank Gourmet-Restaurant, Adlerschau und Affenberg – auch weithin bekannt. 1351 kaufte Herzog *Albrecht II.* den Berg von den Mönchen aus Ossiach und ließ hier eine Burg bauen. Es folgte eine ganze Reihe von Besitzerwechseln und immer wieder auch Clinch mit den Ossiacher Mönchen, bis 1542 *Christoph Khevenhüller* die Burg kaufte und zur Festung ausbaute. Die evangelischen Khevenhüllers mussten sich 1628 der neuen katholischen Übermacht beugen und ihr prächtiges Renaissanceschloss verlassen. 1812 brannte die Anlage ab, Anfang des 20. Jh. wurden die Überreste wegen Einsturzgefahr abgetragen. Ab 1952 wurde Landskron dann saniert und beherbergt seit 1953 ein Café und Restaurant. Von der Festungsanlage ist noch relativ viel erhalten bzw. restauriert, u. a. die zinnenbewehrten Mauern mit Bastionen und ein Turm sowie die Kapelle. Von hier oben bietet sich ein herrlicher Weitblick auf die Karawanken.

Anfahrt Von Villach Richtung Ossiacher See (Ossiacher Straße), nach der Autobahn dann rechts ab, beschildert.

Adlerschau Auf der Burgruine findet im Sommer mindestens 2x tägl. (zuletzt: 11 und 14.30 Uhr, in der Hochsaison auch 17.30 Uhr) eine Greifvogel-Flugschau statt, bei der die mächtigen Vögel aus nächster Nähe beobachtet werden können. Dauer ca. 40 Min., Erw. 11 €, Kinder 6–14 J. 5 €. Bei schlechtem Wetter keine Schau, dann kann aber der Greifvogel-Zoo besichtigt werden: Erw. 5 €, Kinder 4,50 €. April bis Anfang Nov. geöffnet. Infos und Anmeldung unter ✆ 04242-42888, www.adlerarena.com.

Affenberg Der Affenberg, nördlich vom Landskroner Burgberg (von der Zufahrtsstraße zur Burg links ab, beschildert), bietet Heimat für 145 Japanmakaken, die hier ausreichend Platz und auch Bademöglichkeiten finden. Eintritt Erw. 11 €, Kinder 5 €, Führung inkl. Die Straße zum Affenberg kostet extra: 2,50 € für Auto bzw. Motorrad. Ende März bis Ende Okt. tägl. 9.30–18 Uhr geöffnet. Schlossbergweg 18, ✆ 04242-430375, www.affenberg.com.

Essen & Trinken **Café & Restaurants Burg Landskron**, tagsüber etwas einfachere Speisen (Hauptspeisen 10–17 €, auch Salate) und Cafébetrieb mit traumhaftem Blick von der Terrasse, in den Sommermonaten abends im *Kronensaal* ein gehobenes Gourmet-Restaurant mit Gault-Millau-Haube (und 14 Punkten): Vorspeisen um 18 €, Hauptspeisen 20–35 €, Desserts um 10 €. Zuletzt immer freitags 4-Gänge-Gourmet-Einsteiger-Menü für 40 €. Anfang Mai bis Mitte/Ende Sept. tägl. 10–23 Uhr geöffnet, Küche 11–21.30 Uhr durchgehend, der Kronensaal ist tägl. ab 18.30 Uhr geöffnet. Schlossbergweg 30, ✆ 04242-41563, www.burg-landskron.at.

Kloster Wernberg

Das Schloss und heutige Kloster der *Missionsschwestern vom Kostbaren Blut* liegt rund 7 km östlich von Villach unweit der Autobahn (Ausfahrt Wernberg) auf einer Anhöhe über der Drau. 1227 durch Herzog Bernhard von Spanheim erbaut, wurde es 1570 von Georg von Khevenhüller zum Renaissanceschloss umgebaut und erweitert – u. a. mit sehenswertem Arkadenhof. Auch das reliefgeschmückte Hauptportal stammt aus dieser Zeit. Die Klosterkirche dagegen purer Barock. Seit 1935 ist das Kloster im Besitz der Ordensschwestern, die hier auch einen hübschen Klosterladen sowie ein Bildungs- und Gästehaus betreiben, in dem Interessierte auch ihren Urlaub verbringen und an diversen klösterlichen Aktivitäten teilnehmen können (u. a. auch Fastenwochen).

Kloster Wernberg: Klosterweg 2, 9241 Wernberg, ✆ 04252-2216, www.klosterwernberg.at.

Malerisch: der Faaker See, dahinter der Mittagskogel

Faaker See

Der Smaragd unter Kärntens Seejuwelen: Sein türkis-grünes Leuchten vor dem Panorama der Karawanken hat den Faaker See berühmt gemacht. Malerisch eingebettet in die sanft hügelige Landschaft aus Feldern und Wald ist der See ein ausgesprochenes Badeparadies.

Der südlichste der Kärntner Badeseen ist mit etwa 2,2 km^2 der fünftgrößte des Bundeslandes. Gespeist wird der Faaker See vor allem durch die *Worounitza*, sie trägt kleine Kalkpartikel vom Mittagskogel in den See. Die im Wasser schwebenden Trübstoffe sind verantwortlich für die fotogene türkis-grüne Farbe des Sees. Im Tiefenrelief verfügt der Faaker See über zwei Becken – etwa 24 m tief im Süden und knapp 30 m im Norden – getrennt von einer Schwelle die sich von West nach Ost mitten durch den See zieht. Der „Gipfel" dieser Schwelle erhebt sich als kleine, lang gestreckte Insel aus dem See, auf der sich das Inselhotel befindet. Der Faaker See ist motorbootfrei und ein idealer Badesee: Im Sommer ist er bis zu 26 °C warm, das Ufer fällt seicht ab und die Strände bestehen aus Sand oder Kies. Entsprechend ist der Faaker See touristisch bestens erschlossen, nicht zuletzt auch wegen seiner verkehrsgünstigen Lage in unmittelbarer Nachbarschaft zu Villach. Das bedeutet allerdings auch, dass man sich zum Baden in eines der öffentlichen Strandbäder begeben muss, sollte kein hoteleigener Strand zur Verfügung stehen oder man seine Zelte nicht auf einem der ufernahen Campingplätze aufgeschlagen hat.

Hauptort des Gebietes um den See ist das namensgebende **Faak am See** (ca. 750 Einwohner). Recht zersiedelt und weitläufig erstreckt sich das Dorf am Südufer des Faaker Sees. Dorfcharakter findet man am ehesten in **Drobollach** (ca. 350 Einwohner) am Nordufer. Bemerkenswert ist die Johannes-Kirche von Drobollach: Erst im

Innern kommt die moderne Glaskunst des äußerlich unauffälligen, turmlosen Neubaus zur Geltung. Der Glaskünstler war *Giselbert Hoke*, von dem auch die modernen Fresken im Klagenfurter Bahnhof stammen (→ S. 263). **Egg am See** (ca. 200 Einwohner) ist ein Straßendorf, das sich am Ostufer des Faaker Sees entlang zieht. Am Südostufer ballen sich die Campingplätze, Einkaufsmöglichkeiten hat man am ehesten in Faak.

In der malerischen Faaker-See-Kulisse ist der beherrschende Gipfel im Karawanken-Panorama der *Mittagskogel* (2145 m), ein ausgenommen formschöner Berg – in einem alten Bergsteiger-Brevier aus dem 19. Jh. hätte es vielleicht geheißen: „von erhabener Berggestalt“. Sein Name entspringt einer Art Sonnenuhrlogik, die im Alpenraum häufiger zur finden ist: Gegen zwölf Uhr mittags steht – aus Kärntner Sicht – die Sonne über dem Gipfel. Die Besteigung des Mittagskogels ist übrigens von der Ostseite als Wandertour recht anspruchsvoll, aber ohne Kletterei möglich. Das schönste Seen-Idyll-vor-Karawanken-Kulisse-Foto kann man am berühmten Egger Marterl schießen.

Das Egger Marterl: der berühmteste Bildstock Kärntens

Kein Marterl im bildstockreichen Kärnten ist so berühmt, so oft fotografiert, gezeichnet und gemalt, so oft mit Besuch geehrt wie das Egger Marterl. Sicherlich, der Bildstock selbst ist zwar ganz hübsch anzusehen, allein für sich stehend aber nicht zwingend konkurrenzfähig mit all den anderen sakralen und seelischen Wegweisern. Was das Egger Marterl zu etwas ganz Besonderem macht, ist die traumhafte Kulisse, vor der es steht. Umgeben von Blumenwiesen, Weiden und Feldern glitzert unten türkis-grün ein Eck vom Faaker See, links erhebt sich der bewaldete Tabor und im Hintergrund thront majestätisch der Mittagskogel.

Bildstöcke übrigens dienten einst tatsächlich nicht allein als Orte des Gebets, der Bitte und des Dankes am Wegesrand oder in der Dorfmitte, sie übernahmen auch die Aufgabe von Wegweisern, schließlich musste man nicht zwingend lesen können, um sich am Bildstock zu orientieren.

Eine schmale Straße führt von der Landstraße zwischen Drobollach und Egg zum Egger Marterl. Da es der vielleicht einzige Bildstock mit eigener Beschilderung ist, kann man es kaum verfehlen. Fototipp: Der Mittagskogel heißt Mittagskogel, weil um die Mittagszeit die Sonne über ihm steht, das beste Licht hat man am Abend.

Am Ostufer steigt der Tabor auf, quasi der kleine Hausberg des Faaker Sees. Auf seinem Gipfel befindet sich ein Waldseilpark. Wen die Kraxelei zwischen Bäumen nicht zusagt, kann vom Biergarten der dazugehörigen Ausflugsgaststätte den traumhaften Weitblick über den Faaker See genießen.

Südlich vom Faaker See liegt an der B 95 bei Oberaichwald der Aichwaldsee, ein hübscher kleiner Badesee.

Basis-Infos

Information **Tourismusinformation Faak am See**, die Infozentrale am Faaker See, mitten in Faak am See. Mai/Okt. 8–12 und 13–17 Uhr, Sa 9–13 Uhr, Juni 8–18 Uhr, Sa/So 9–15 Uhr, Juli bis Sept. 8–20 Uhr, Sa 8–17 Uhr, So 9–15 Uhr, Nov. bis April Mo–Fr 8–13 Uhr. Dietrichsteiner Str. 2, 9583 Faak am See, ✆ 04254-21100, www.faakersee.at.

Tourismusinformation Drobollach, sehr freundlich und hilfsbereit, im modernen roten Glaskasten an der Durchgangsstraße. Mai und Sept./Okt. Mo–Fr 9–17 Uhr, Juli bis Mitte Sept. Mo–Sa 9–18 Uhr, So 15–19 Uhr, im Winterhalbjahr geschl. Seeblickstr. 80, 9580 Drobollach, ✆ 04242-2052960, www.faakersee.at.

Markt **Faaker Bauernmarkt**, Mai bis Sept. jeden Do ab 17 Uhr auf dem Marktplatz von Faak.

Taxi **Kuhn**, Finkenstein, ✆ 0664-3427090.

Veranstaltungen **Harley Davidson European Bike Week**, *the big one*. Die Harley-Woche ist mit 30.000 Teilnehmern das größte Bikertreffen Europas und findet jedes Jahr Anfang Sept. statt, www.europeanbikeweek.com.

Verbindungen Bahn: Die S-Bahn *S 2* fährt etwa alle 2 Std. von Villach nach Faak am See.

Bus: Etwa stündl. fährt der Postbus (*Linie 5194*) von Villach aus zum Faaker See (Drobollach, Egg).

Übernachten/Essen & Trinken

Hotels und Gasthäuser **** **Karnerhof**, Top-Hotel am Nordufer des Sees. Sieht von außen vielleicht nicht mehr ganz frisch aus, ist aber ein erstklassiges Haus, genauer gesagt drei Häuser, mit allem Komfort: Badestelle und Liegewiese am See mit Steg und Booten, Swimming- und Whirlpool außen und Hallenbad, Wellnesslandschaft mit Saunen, Dampfbad, Anwendungen, tolles Saunahaus auf dem See mit FKK-Terrasse, Tennisplätze, kleine Boutique, Spielplatz. Neben Hotelrestaurant und Bar gibt es auch das haubengekrönte Gourmetrestaurant **Die Götzelstube** (Mai bis Sept. geöffnet). *Anfahrt*: Zwischen Drobollach und Egg, rechts ab und noch etwa 400 m. EZ ab 170 €, DZ ab 300 €/Tag inkl. Halbpension. Karnerhofweg 10, 9580 Egg am Faaker See, ✆ 04254-2188, www.karnerhof.com.

**** **Dietrichsteinerhof**, kleines, familiär geführtes, sehr schönes Hotel in *Faak*, nur 12 Zimmer und Suiten, die Besitzerin ist um ihre Gäste bemüht. Eigener Seezugang mit Seehaus, 5 Gehmin. vom Hotel entfernt. EZ 85–95 €, DZ 144–170 € inkl. Frühstück, Halbpension 45 €/Pers., auch Ferienwohnungen. Mitte Jan. bis einschl. Febr. geschl. Dietrichsteinerstr. 24, 9583 Faak am See, ✆ 04254-22540, www.dietrichsteinerhof.at.

Harmonie am See, gelb gestreiftes Haus in *Egg*, auch innen ist die Farbe Gelb recht präsent, umgeben von einem sehr schönen großen Garten in Egg mit eigenem Strand. Terrassencafé, auch barrierefreie Zimmer. Im Angebot auch Heilfasten, Malkurse und Kräutertage. EZ ab 105 €, DZ ab 210 € inkl. Frühstück, Halbpension möglich. Egger Seepromenade 66, 9580 Egg am Faaker See, ✆ 04254-2860, www.harmonie-hotel.com.

Kärtnerhof, einfacher, freundlicher Gasthof mit Pension, gelbes Haus mitten in Faak (neben dem Supermarkt), ganzjährig geöffnet. Große Karte, bodenständige Küche, auch Hamburger, mittleres Preisniveau, große Terrasse, im Winterhalbjahr Mi Ruhetag. DZ 90–110 € inkl. Frühstück (EZ die Hälfte), Hunde erlaubt, 5 €/Tag. Bachstr. 6, 9583 Faak am See, ✆ 04254-2143, www.kaerntnerhof.net.

See la Vie, Café und Restaurant beim Seebad und Campingplatz *FreiRaum*, östlich von Faak am Südufer des Sees. Mit Terrasse, hauptsächlich mediterrane Küche, zuletzt freitags Fischabend. Im Sommer (bei Badewetter) großes Frühstücksangebot, dann tägl. ab 9 Uhr geöffnet. Ansonsten Mo–Sa 17–22 Uhr, So 9–20 Uhr. ✆ 04254-2261, www.seelavie.at.

Camping Die Campingplätze befinden sich am südlichen Teil des Faaker Sees.

Arneitz, sehr großer, gut organisierter Campingplatz am See mit vielen schattigen Plätzen und Sandstrand, mit Restaurant und Supermarkt, großem Spielplatz und Kinderbespaßung, Sportplätze, Fernsehraum und Waschsalon, vorne am Eingang jeden Tag Livemusik (aber nicht länger als bis 22 Uhr) zwischen volkstümlich und Bierzeltrock, Disco, dazu diverse Veranstaltungen. Auch Bootsverleih. Pers. ab 10 J. 8 €, Kinder 3–9 J. 7,50 €, Stellplatz 14,50 €. inkl. Strom, je nach Lage und Größe auch teurer. Ende April bis Sept. geöffnet. Seeuferlandesstr. 53, 9583 Faak am See, ✆ 04254-2137, www.arneitz.at.

››› Unser Tipp: **Anderwald**, familiärer, sehr schöner Platz, von der Landstraße etwas zurückgesetzt am Südostufer. Sehr sympathisch, engagiert und freundlich. Leger parzellierter Waldcamping, großzügige Stellplätze mit viel Schatten, direkt am See gelegen mit eigenem, idyllischem Strand, neues Sanitärgebäude, alles sehr gepflegt. Im Sommer großes Sportprogramm, z. B. das der eigenen Bergschule „High Life" mit Kursen (Wandern, MTB, Klettern) oder Triathlon-Training für Einsteiger bei Triathlet und Buchautor Hermann Aschwer. *Restaurant* (auch als Café/Kneipe, samt Kiosk ganztägig geöffnet) mit gemütlicher Terrasse, große Karte, mittags und abends warme Küche, auch bei „Auswärtigen" beliebt. Geöffnet Mitte April bis Mitte Okt. Erw. 9 €, Kinder 5 €, Stellplatz 12 €, Strom 2,50 €, Hund 3 €. Strandcamping Anderwald, Strand Nord 4, 9583 Faak am See, ✆ 04254-2297, www.campinganderwald.at. ‹‹‹

Poglitsch, dieser familienfreundliche Campingplatz befindet sich am Ortsrand von Faak am See, unterhalb der Kirche und nur einen Steinwurf vom See entfernt (eigener Strandabschnitt). Großes Gelände, wenig Schatten. Mit Kiosk und Gaststätte. Umfangreiches Angebot für Kinder. Netter, freundlicher Service. Erw. 8,50 €, Kinder 6 €, Stellplatz 13 €, Hund 3,50 €. Ostern bis Mitte Okt. geöffnet. Kirchenweg 19, 9583 Faak am See, ✆ 04254-2718, www.kindercamping.at.

Sport und Aktivitäten

Bootsverleih **Bootsverleihe** gibt es u. a. bei den Strandbädern Drobollach, Faak und Egg.

Elektroboote, ideal für eine Bade-Bootspartie, kleine Elektro- oder Tretboote 18 €/Std., jede weitere halbe Std. 7,50 €, größere Elektroboote 31 €/Std., jede weitere halbe Std. 11 €, drei Verleihstationen rund um den Faaker See: in Faak am See (Ende Inselstr.), in Drobollach (beim Strandbad) und in Egg (südl. Ortsausfahrt), in der Regel im Sommer bei gutem Wetter, Infos unter ✆ 0699-18817754, www.elektro-boote.at.

Sport **Baden**: Der See ist recht durchorganisiert, baden kann man vor allem in den Strandbädern, die sich um den See verteilen, teils zu den Gemeinden gehörend, teils privat geführt, teils auf den Campingplätzen (dennoch öffentlich). In der Regel sind die Bäder Mai–Sept. 8–19 Uhr geöffnet (natürlich wetterabhängig), Eintritt um 4 €, Kinder um 1,50 €, meist mit Liegenverleih und Gastronomie, manche auch mit (Tret-)Bootverleih. U. a. *Strandbad Egg*, große schattige Liegewiese, behindertengerechter Seezugang, in Neuegg, nebenan Kajakcenter und Fahrradcenter, ✆ 0676-5492308; *Strandbad Faak am See*, am östlichen Ortsrand, recht groß, mit Restaurant ✆ 04254-2089; *Strandbad Drobollach*, nicht mehr ganz neu, aber schön an der Strandpromenade gelegen und mit langer Wasserrutsche, ✆ 04254-2643.

Fischen: Über ein Dutzend Fischarten tummeln sich im Faaker See. Wichtigster Fang ist die Reinanke, außerdem Seeforelle und -saibling, Hecht, Karpfen, Zander, Schleihe. Fischerkarten gibt es in der Touristinformation Faak am See.

Kajak/Kanu/SUP: *Kajak-Center Faak*, beim Strandbad Egg, Verleih von Kanus (11 €/Std., 44 €/Tag), Kajaks (6 €/Std., 24 €/Tag) und Stand-Up-Paddling-Boards (9 €/Std., 36 €/Tag), auch Kurse, Kombi-Pakete, Unterricht und Touren (finden allerdings meist auf wilderem Wasser als auf dem Faaker See

Faaker Seeufer beim Campingplatz

statt). Egger Seeuferstr. 80, ✆ 0650-4102271, www.kajak-faak.com.

Hochseilgarten: *Waldseilgarten Taborhöhe*, toller Hochseilgarten zwischen hohen Bäumen und teils mit toller Aussicht. Sieben Parcours von der Einführung bis zum schwierigen Großglockner-Parcours. Hier befindet sich auch die *Taborhütte* mit panoramareicher Terrasse. Erw. 24 €, Kinder 16 €. *Anfahrt*: via Egg, östl. Ausfallstraße und gleich wieder rechts, dann ein knapper steiler Kilometer hinauf. Taborhöhe, ✆ 0669-18601607, www.hochhinauf.at.

MTB/Radfahren: Zahlreiche Touren empfehlen sich rund um den Faaker See (die einfache See-Runde beispielsweise), Touren und Tipps bei der Tourismusinformation. Organisierte Touren gibt es bei *Fahrrad Center Faaker See*, beim Strandbad Egg, von der leichten Radltour bis zur Karawankenroute für Fortgeschrittene. *Fahrradverleih*, z. B. MTB 18 €/Tag. Strandbad 80 A, ✆ 042454-4224, www.fahrradcenterfaakersee.at.

Segeln/Surfen/SUP: bietet sich auf dem motorbootfreien See geradezu an. Zwei Anbieter gibt es am Faaker See (auch Materialverleih): *Segel- und Surfschule Pepi*, beim Karnerhof westl. von Egg, Karnerhofweg 10, ✆ 04254-3258, www.pepi.at; *Surfsportschule Faaker See*, beim Strandbad Seeblick (Südufer), ✆ 04254-3040, www.surf-faak.com.

Wandern: Auch wenn es nicht danach aussieht: Der Mittagskogel (2145 m) kann bestiegen werden, und zwar am einfachsten von der *Bertahütte* auf 1567 m: Ab hier auf dem Normalweg mittelschwere Wanderung in gut 2 Std. auf den Gipfel (alle anderen Routen nur für Geübte, Trittsichere und absolut Schwindelfreie!). Ab der Bertahütte kommt man auch in ca. 1 Std. auf den Ferlacher Spitz (1742 m), ebenfalls mittelschwer. *Zugang zur Bertahütte*: von der B 85 (aus Faak kommend) hinter Ober-/Unteraichwald beim Hotel Mittagskogel rechts ab, beschildert, zunehmend schlechter bis sehr schlechter Forstweg bis zu einem Parkplatz, ab hier noch ca. 1 Std. zu Fuß zur Bertahütte.

Weniger schweißtreibend: Um den Faaker See gibt es einen Rundwanderweg (knapp 12 km), der auch über die Taborhöhe führt.

Finkenstein

ca. 1300 Einwohner

Die schöne Lage zwischen dem grünen Faaker See und dem imposanten Felsband der Karawanken – mit ihrem alles dominierenden Mittagskogel – macht Finkenstein zu einem einladenden Ziel und gutem Ausgangspunkt sowohl für Wanderer als auch für Wassersportler und Seetouristen. Finkenstein selbst liegt an der gut befahrenen Landstraße B 85, drum herum gruppieren sich mehrere ruhige Ortsteile der Gemeinde Finkenstein, die insgesamt etwa 8500 Einwohner umfasst. Eine der wenigen Sehenswürdigkeiten im Ort ist die Pfarrkirche St. Stefan (15. Jh.), ungleich bekannter ist aber die Burgruine Finkenstein etwas außerhalb, deren einmaliges Ambiente seit nunmehr drei Jahrzehnten die Kulisse für Sommerkonzerte bietet. Zwischen dem Ort und Faak am See liegt das *Finkensteiner Moor* mit zahlreichen seltenen Blumen- und Vogelarten.

Der *Kanzianiberg* nur wenig südlich von Finkenstein – heute einer der bekanntesten Klettergärten der Umgebung – war schon in prähistorischer Zeit besiedelt, es wurden hier Spuren aus der Jungsteinzeit gefunden.

Information In Faak → S. 205.

Golf **Golfclub Schloss Finkenstein**, die 18-Loch-Anlage (Par 72) erstreckt sich beidseits der Straße (B 85) zwischen Finkenstein und Gödersdorf, Golfen mit Blick auf Dobratsch und Mittagskogel, allerdings recht teuer: Greenfee 75 €. Restaurant „Schloss Taverne" mit Terrasse (März bis Dez. tägl. geöffnet). Schlossrainweg 8, 9585 Gödersdorf, ✆ 04257-29201, www.golf-finkenstein.at.

Klettern/Klettersteig **Klettergarten Kanzianiberg**, am Kanzianiberg (Straße Richtung Burgruine Finkenstein, nach ca. einem Kilometer auf der linken Seite, Parken an der Straße), über 400 Routen verschiedener Schwierigkeitsgrade, hinauf zum Sonnwendkopf auch kurze versicherte Klettersteige. Kurse z. B. über die Alpinschule Vierjahreszeiten, ✆ 04242-230123 oder 0664-2261023, www.bergbewegt.at (Mai bis Okt., immer Mo vormittags auch Schnupperkurse, 30 €/Pers.). Für alle anderen gibt es das Buch „Klettern am Kanzianiberg" von Ingo Neumann mit detaillierten Routenbeschreibungen.

Rotschitza-Klamm-Klettersteig, mäßig schwerer Klettersteig zum Rotschitza-Wasserfall (Gehzeit etwa 2:30 Std.), Ausgangspunkt am Gasthof Baumgartner → Übernachten/Essen.

Am Kanzianiberg Klettergarten

Wandern Einfache Wanderungen führen in verschiedenen Routen (u. a. auf dem ausgewiesenen Kneipp-Wanderweg) um den und auf den Kanzianiberg mit gotischer Kirche in schöner Lage. Schon deutlich anspruchsvoller ist die Tour von der Baumgartnerhöhe (Baumgartnerhof, → oben) auf den 1802 m hohen Mallestiger Mittagskogel. Weitere Wanderungen → Faaker See, S. 207.

Übernachten/Essen *** **Gasthof Feichter**, im Zentrum von Finkenstein an der Hauptstraße (schräg gegenüber der Tankstelle), mit Garten nach hinten. Freundlicher Empfang und nette Besitzerfamilie, im zugehörigen Restaurant in mehreren Gasträumen samt Terrasse wird gute Kärntner Küche zu mittleren Preisen serviert. Angenehme, z. T. frisch renovierte Zimmer mit Balkon, für das Gebotene nicht zu teurer: EZ mit Frühstück 50–61 €, mit Halbpension 64–75 €, DZ mit Frühstück 80–98 €, mit Halbpension 108–126 €. Kostenloses WLAN, Hunde erlaubt. Jan. und Anfang Febr. geschl. Faakerseestr. 17, 9584 Finkenstein, ✆ 04254-2214, www.gasthof-feichter.com.

Baumgartnerhof, abgelegen und mit toller Aussicht von der Terrasse, ein Hotel bzw. Gasthof für Ruhesuchende. Rustikales Ambiente, sehr freundlicher Service, von hier sind es 30 Min. zu Fuß zum Rotschitza-Klamm-Klettersteig mit Wasserfall. Gute Küche zu angemessenen Preisen. DZ mit Frühstück 93–101 €. WLAN vorhanden, Hunde erlaubt. In einem nahe gelegenen Appartementhaus werden auch Ferienwohnungen und -häuser (für bis zu 10 Pers.) vermietet: für 2–3 Pers. 85–95 €, 4 Pers. 135–165 €. Ganzjährig geöffnet. *Anfahrt*: von der Hauptstraße in Finkenstein Richtung Burgruine, diese aber links liegen lassen und noch ein Stück durch den Wald, das letzte Stück den Berg hinauf. 5,5 km ab Zentrum Finkenstein, durchgehend gut ausgeschildert. Altfinkenstein 6, 9582 Latschach/Faaker See, ✆ 04254-2290, www.baumgartnerhof.at.

››› Unser Tipp: **Finkensteiner Nudelfabrik**, erfreut sich größter Beliebtheit in Finkenstein bzw. dessen Ortsteil Müllnern, wo es die traditionsreiche Nudelfabrik schon seit 1882 gibt. Schönes Ambiente und viel Flair im Verkaufsraum, dazwischen die Gästetische des **Marktcafés**, ein geselliger und netter Ort, an dem man sich gerne aufhält. Gemütliche Terrasse davor. Auf den Tisch kommen natürlich köstliche Nudelspezialitäten aus eigener Produktion und in zahlreichen Varianten, außerdem auch Eis, Kuchen, Torten. Vor allem am Wochenende abends sehr voll. Verkauf von Nudeln und Feinkost (Speck, Würste, Käse, Honig, Öle, Gewürze, Schokolade etc.). Geöffnet Mo–Sa 9–21 Uhr, Küche 11.30–20.30 Uhr, So geschl. Ab Gödersdorf ausgeschildert. Warmbader Str. 34, ✆ 04257-22116, www.finkensteiner.at. ‹‹‹

Kirchenwirt, wie der Name schon sagt: an der Kirche, und zwar St. Stefan, kaum zu übersehen, traditionsreiches Gasthaus, ebenfalls oft sehr voll. Urig-rustikales Ambiente mit Anbau und überdachter Terrasse, riesige Steaks, Schnitzel, etc. Tägl. ab 16 Uhr geöffnet, Sa/So ab 11 Uhr, Do geschl. Kirchenplatz 2, ✆ 04254-2178, www.kirchenwirt.in.

Verbindungen **Bahn**: ca. alle 2 Std. mit der S-Bahn *S 2* nach Villach (Hauptbahnhof und Westbahnhof), in die andere Richtung nach Faak am See und weiter nach Rosenbach. **Bus**: 6x tägl. von/nach Villach. **Taxi**: Kuhn Finkenstein, ✆ 0664-3427090.

Burgruine Finkenstein: Die Ruine der Burg bildet den eindrucksvollen Rahmen für die überregional bekannten Sommerfestspiele in der Burgarena, allein die einzigartige Lage hoch über dem Faaker See und vor dem mächtig aufragenden Mittagskogel wie auch die nächtliche Illumination sorgen schon für eine ganz besondere Stimmung hier. Die Burg wurde erstmals 1142 erwähnt und gehörte damals zum Bistum Bamberg. Es folgte eine wechselvolle Karriere als landesfürstliches Lehen und tendenziell fortschreitender Verfall, bis die Ruine 1955 dem österreichischen Staat zufiel, der sie 1980 an eine Privatfamilie verkaufte. Seither finden hier im Sommer in der ausgebauten Burgarena Theater- und Kabarettaufführungen, hauptsächlich aber Konzerte statt, bei denen schon der eine oder andere nicht nur österreichische Star zu Gast war.

Burgarena: ab ca. Mitte Juni bis Ende Aug. fast tägl. Veranstaltungen, dann ist auch das Restaurant geöffnet. Programme und Ticketvorverkauf u. a. bei der Tourismusinformation in Faak am See (→ S. 205) oder unter www.burgarena.at. Anfahrt: ca. 3,5 km von Finkenstein, im Ort abbiegen, beschildert.

Durch das Gailtal und ins Lesachtal

Von ihrer Quelle in den Lienzer Dolomiten fließt die *Gail* über 120 km bis zur Mündung in die Drau bei Maria Gail südlich von Villach. Das *Untere Gailtal* weitet sich zwischen Arnoldstein und Hermagor zu einer breiten Ebene, das *Obere Gailtal* erstreckt sich zwischen *Hermagor* und *Kötschach-Mauthen*. Hinter Kötschach-Mauthen steigt eine Geländestufe hinauf ins *Lesachtal*. Die prägenden Gebirgszüge sind die *Gailtaler Alpen* im Norden und die *Karnischen Alpen* im Süden. Oft steigen die bewaldeten Hänge und felszerklüfteten Bergflanken unvermittelt steil vom recht planen, weiten Talgrund auf, durch den sich die Gail windet. Dramatische Folgen hatte das an der Südflanke des Dobratsch bei *Arnoldstein*. Hier kam es nach einem starken Erdbeben am 25. Januar des Jahres 1348 zu einem massiven Felsabsturz, der einen Teil des Unteren Gailtals mit Geröllmassen von bis zu 80 m Höhe verschüttete – daher der Name „Schütt„ für das etwa 24 km² große Gebiet. Zwar traf der Geröllsturz seinerzeit auf unbewohntes Gebiet, die Stauung der Gail durch die herabgestürzten Felsmassen und die darauf folgenden Überschwemmungen brachten aber großflächige Zerstörungen mit sich. Das Sturzgebiet ist das größte der Ostalpen und birgt eine vielfältige Flora und Fauna, im Jahr 2002 baute man hier sogar eine begrünte „Bärenbrücke“, um den aus Slowenien zuwandernden Braunbären freien Zugang in den geschützten Lebensraum Schütt zu bieten. Von Arnoldstein aus sind fachkundige Führungen in die Schütt möglich (→ unten).

Das Gailtal und vor allem die Karnischen Alpen sind aufgrund bemerkenswerter geologischer Zeugnisse als 830 km² großer **GeoPark Karnische Alpen** ausgewiesen. Anhand von außergewöhnlichen Gesteinsformationen und bizarren Fossilien, dramatischen Schluchten und schroffen Bergflanken lässt sich die Erdgeschichte zum Beispiel auf Geotrails oder an ausgewiesenen Geotopen erleben. Einer dieser Geotrails führt durch die spektakuläre *Garnitzenklamm*. In *Dellach* befindet sich das Besucherzentrum des Geoparks.

Eine Badegegend ist das Gailtal nicht, nur am *Pressegger See* gibt es Strandbäder. Dafür ist die „Naturarena“, wie das Gailtal für sportiv-touristische Belange auch genannt wird, eine recht sportliche Gegend: Rafting, Canyoning, Kajak und andere Arten der Fortbewegung durch mehr oder minder wildes Wasser sind ebenso im Angebot wie Klettern oder Wandern und im Winter erstreckt sich oberhalb von Hermagor auf dem *Nassfeld* ein weitläufiges Skigebiet. Die kulinarischen Spezialitäten des Gailtals stellen zwei deftige Grundpfeiler der ländlichen Küche dar: Speck und Käse. Dem berühmten *Gailtaler Speck* zu Ehren wird in Hermagor ein sehr publikumsreiches Fest veranstaltet, der *Gailtaler Almkäse* wird in Kötschach gefeiert.

Wurzenpass

Der Wurzenpass liegt auf 1073 m Höhe. Die 7 km vom Tal hinauf weisen eine für Pedalisten respekteinflößende Steigung von bis zu 18 % auf. Von der slowenischen Grenze sind es nur noch wenig Kilometer nach Kranjska Gora. Etwa 2,5 km vor der Grenze verbergen sich Relikte des Kalten Krieges im Wald.

Die um ihre „immerwährende Neutralität“ besorgte junge Republik Österreich befürchtete, im Falle eines bewaffneten Konfliktes zwischen Ost und West als Durchmarschgebiet überrollt zu werden. Aus diesem Grund wurden an strategischen Grenzpunkten Verteidigungsanlagen errichtet, um die Truppen des Warschauer Pakts oder der NATO aus der blockfreien Alpenrepublik zu halten. Die größte

Sperrstellung entstand im Dreiländereck Italien, Slowenien (damals Jugoslawien) und Österreich, am Wurzenpass. Heute erinnert das **Bunkermuseum** an die Zeit des Kalten Krieges. Nach einer informativen Einführung kann man die weitläufige Anlage samt wehrtechnischer Ausstellung besichtigen.

Anfang Mai bis Ende Okt. tägl. 10–18 Uhr geöffnet (Mai/Juni und Sept./Okt Mo/Di geschl.), Erw. 7,50 €, erm. 3,50 €. Etwa 2,5 km vor der Grenze, an der B 109 wenige Parkplätze. Infos unter ✆ 0664-2226423, www.bunkermuseum.at.

Arnoldstein

ca. 2000 Einwohner

Der nächstgelegene österreichische Ort am *Dreiländereck* mit Slowenien und Italien ist auch der größte im Unteren Gailtal. Von hier sind es nur wenige Kilometer über den 1073 m hohen Wurzenpass nach Slowenien, noch näher ist es im Tal nach Tarvisio/Italien – auf der Autobahn kaum 5 Min. Die strategisch günstige Lage von Arnoldstein war auch schon den Römern bekannt, die hier einen Schutzposten an ihrer Militärstraße zwischen *Aquileia* und *Virunum* errichteten. Bereits 1106 entstand hier ein Benediktinerkloster in den Gemäuern der noch älteren Burg Arnold (benannt nach ihrem Erbauer), das hier bis 1782 bestand. 1883 wurde das ehemalige Kloster durch einen Brand zerstört, die Ruinen des Gebäudes hoch über dem Ort sind aber noch heute zugänglich (wechselnde Ausstellungen, die neu überdachte Klosterkirche kann besichtigt werden). Von hier oben bietet sich ein schöner Blick auf den Dobratsch.

Wirtschaftlich bedeutend war Arnoldstein als Verhüttungsort des Bleiberger Bergbaus (→ S. 199). 1495 bauten die Fugger hier einen ersten Schmelzofen und bald darauf auch ein Schloss und weitere Verhüttungsbetriebe, die *Fuggerau*, die ihren Betrieb aber bereits 1570 wieder einstellten. Auffälligstes Gebäude am westlichen Ortsrand von Arnoldstein ist der Schrotturm, der 1814 auf den Ruinen des Schlosses Fuggerau gebaut wurde: Zur Herstellung von Schrotkugeln wurde flüssiges Blei im Inneren des Turms aus großer Höhe gegossen, das sich im Verlauf des Fallens zur Kugel formte. 1880 übernahm die Bleiberger Bergwerks Union (BBU) – seinerzeit größter Arbeitgeber der Gegend – den Schrotturm und baute nochmal ein paar Meter nach oben. Bis 1975 wurden hier Schrotkugeln hergestellt. Die ganze Geschichte

Klosterruine bei Arnoldstein

Meisterwerke in der Feldkirche – St. Andreas in Thörl-Maglern

Südwestlich von Arnoldstein steht bei Thörl-Maglern mitten auf dem Feld die Kirche St. Andreas. In der kleinen Kirche mit dem mächtigen Turm verbirgt sich ein überwältigendes Kunstwerk: Nahezu der gesamte Chor ist mit ungemein ausdrucksstarken, bildgewaltigen und detailreichen Fresken von *Thomas von Villach* verziert, entstanden in den Jahren nach 1470.

Rechter Hand ist, umgeben von der Passion und Auferstehung, ein *Lebendes Kreuz* zu sehen: Vom Kreuz gehen Arme und Hände ab, die am Fußende z. B. mit einem Hammer die Hölle aufbrechen oder oben das Himmelreich aufschließen. Über dem Lebenden Kreuz ist die Himmelshierarchie in Reih und Glied versammelt und darüber thront Gott. Des Weiteren sind im Gewölbe die Evangelisten dargestellt und über dem Triumphbogen (innen) das Jüngste Gericht: Links stehen die Menschen vor dem Paradies an, rechts werden auch gekrönte Häupter in den Schlund des Leviathans gezogen.

Die Arbeit an den Fresken war für Thomas gewissermaßen ein Heimspiel. Als Thomas Artula wurde er nämlich zwischen 1435 und 1440 in Thörl geboren (gest. nach 1520). In der Werkstatt des Freskenmalers *Friedrich von Villach* ausgebildet, avancierte er neben seinem Lehrer zum wichtigsten Vertreter dieser *Villacher Schule* genannten Werkstatt. Die Fresken von St. Andreas sind eines von drei Meisterwerken, die von Thomas in Kärnten erhalten sind. Die beiden anderen Höhepunkte gotischer Wandmalerei in Kärnten sind das Georgsfresko in Gerlamoos (→ S. 139) und das Stifterfresko von St. Paul (→ S. 370).

Als Thomas den Chor der kleinen Feldkirche mit seiner grandiosen Freskenkunst verzierte, befand diese sich übrigens noch in einer umfassenden Bauphase – erst 1503 wurde das Langhaus mit den Kreuzrippen eingewölbt und der Turm fertiggestellt.

Die Kirche ist tägl. 9–18 Uhr geöffnet (im Winter bis 17 Uhr), rechts neben der Tür zur Sakristei befindet sich der Lichtschalter, Eintritt natürlich frei (Spende erbeten). In Thörl-Maglern am Ortsrand (Richtung Tarvisio) links ab, beschildert.

Arnoldsteins lässt sich ausführlich in dem engagiert geführten, freundlichen kleinen **Heimatmuseum** im ehemaligen Getreidespeicher gleich unterhalb der Klosterruine nachvollziehen: diverse Funde aus der Römerzeit bis hin zur Untergailtaler Tracht.

Information Tourismusinformation der Marktgemeinde Arnoldstein, hier auch Informationen zu den geführten Wanderungen in die Schütt und zum Dreiländereck. Mo–Do 7–12.30 und 13.30–16 Uhr, Fr 7–12 Uhr, Sa/So geschl. Gemeindeplatz 4, 9601 Arnoldstein, ✆ 04255-22600, www.arnoldstein.gv.at.

Feste & Veranstaltungen **Gailtaler Kufenstechen**, jeweils am Kirchtag der Orte im unteren Gailtal findet das berühmte Gailtaler Kufenstechen statt, am bekanntesten sicherlich am Pfingstmontag in Feistritz an der Gail, aber auch in Arnoldstein und den umliegenden Orten Gailitz, Seltschach und Thörl.

Museen **Heimatmuseum**, nur Ende Juni bis Ende Sept. Mi–So 11–17 Uhr, Eintritt 2,50 €, Kinder Jugendliche 6–18 J. 1,50 €. Klosterweg 2, ✆ 04255-226014.

Übernachten/Essen **Gasthof Wallnerwirt**, an der Hauptdurchgangsstraße in Arnoldstein, leckeres Essen in großen Portionen und zu guten Preisen: Kasnudel mit Ricotta-Spinat-Füllung 8,90 €, wir probierten außerdem ein ausgezeichnetes Wildragout mit Serviettenknödel und Blaukraut mit Zimt (11,90 €), die Wirtin ist übrigens auch Jägerin, Wildgerichte aus heimischen Gefilden sind garantiert. Freundliche Stimmung in mehreren gepflegten Gasträumen, täglich durchgehend geöffnet und warme Küche, auch Pizza. EZ 44–49 €, DZ 80 €, Familienappartement für 4 Pers. 168 €, jeweils inkl. Frühstück (Halbpension 12 € pro Pers. und Tag), zudem Studios im Nebengebäude. Kärntner Str. 50, 9601 Arnoldstein, ✆ 04255-2356, www.wallnerwirt.at.

Verbindungen **Bahn**: etwa stündl. nach Villach und etwa alle eineinhalb Stunden nach Hermagor und meist auch weiter nach Kötschach-Mauthen. **Bus**, ebenfalls etwa stündl. (über Warmbad) nach Villach, aber mit mehr Stopps auf der Strecke, ca. 8x tägl. nach Nötsch und 3x nach Hermagor, 5x tägl. von Arnoldstein nach Seltschach (Bergbahn Dreiländereck).

Bergbahn: Talstation der *Dreiländereckbahn* (Sessellift) in Seltschach, von hier in 15 Min. hinauf, Ende Mai bis Ende Sept. tägl. 9–12 und 13–16 Uhr Betrieb, Juli/Aug. 9–17 Uhr, Bergfahrt 10 €, Talfahrt 9 €, Kinder jeweils 6,50 €, hin/zurück 14 €, Kinder 8 €. ✆ 04255-2585, www.3laendereck.at.

Wandern Infos zu Wanderungen und geführten Touren rund um und auf den **Dobratsch** unter www.naturparkdobratsch.info.

Dreiländereck: Von der Bergstation des Sessellifts ist es eine ca. einstündige, einfache Wanderung zum Dreiländereckgipfel mit Marterl. Herrliche Ausblicke. Zwei Berggasthäuser (**3-Länder-Treff** und **Dreiländerhütte**) unweit der Bergstation. Im Sommer immer Di und Do geführte Wanderungen ab Talstation (kostenlos), ✆ 0664-1439865.

Nötsch

ca. 1000 Einwohner

Der Ort im Gailtal liegt in schöner Sonnenlage am Fuß des Dobratsch. Zusammen mit dem quasi angewachsenen, deutlich kleineren Ortsteil *Saak* ergibt Nötsch ein schönes und beschauliches Ortsbild. Am nördlichen Ortsrand befindet sich in mediterranem Landschaftsgarten das *Schloss Wasserleonburg*, dessen erste urkundliche Erwähnung bis Mitte des 13. Jh. zurückreicht und das im Laufe der Jahrhunderte immer wieder umgebaut wurde. Im Sommer 1937 verbrachte hier der abgedankte englische König Edward VIII. (nun nur noch Herzog von Windsor) samt frisch angetrauter Gattin Wallis Simpson ihre Flitterwochen. Das Schloss ist nur im Rahmen von Veranstaltungen (Feste, Hochzeiten etc.) zugänglich.

Berühmt ist der kleine Ort aber durch den **Nötscher Kreis**: Die gleichnamige Künstlergruppe um die hier gebürtigen Maler *Franz Wiegele* (1887–1944) und *Sebastian Isepp* (1884–1954) sowie den aus Mähren stammenden *Anton Kolig* (1886–1950) – später kam auch noch der Kolig-Schüler *Anton Mahringer* (1902–1974) hinzu – gilt als einer der Wegbereiter der modernen österreichischen Malerei im frühen 20. Jahrhundert. Während Isepp 1938 mit seiner jüdischen Frau ins Londoner Exil ging, blieben Kolig und Wiegele mit Unterbrechungen in Nötsch; am 17. Dezember 1944 wurde Franz Wiegele mit Familie bei einem Bombenangriff in seinem Atelier getötet, beim gleichen Angriff wurde auch Kolig schwer verletzt. Er starb 1950 in Nötsch. Fresken von Kolig sind an der Außenfassade der Kirche in Saak zu sehen (zu Anton Kolig → auch unter Klagenfurter Landhaus, S. 256).

Seit 1998 befindet sich im ersten Stock des Geburtshauses Franz Wiegeles im Zentrum des Ortes das **Museum des Nötscher Kreises**, in dem bei jährlich wechselnden Ausstellungen verschiedene Aspekte ihres künstlerischen Schaffens – und ihres größeren Kreises – hervorgehoben werden. Das Museum bietet schönes Ambiente in mehreren Ausstellungsräumen, im Anschluss empfehlen wir unbedingt den Besuch des Cafés im Erdgeschoss.

Museum: Ende April bis Okt. Mi–So 14–18 Uhr geöffnet, Eintritt 6 €. Jeden So und Do 15 Uhr Führung durch die Ausstellung, 45 Min, 10 €/Pers. inkl. Eintritt (Do mit anschließendem Kulturspaziergang, 90 Min, 11,50 €/Pers. inkl. Eintritt). Haus Wiegele 39, 9611 Nötsch im Gailtal, ✆ 04256-3664, www.noetscherkreis.at.

Bäckerei/Café »» Unser Tipp: **Mühle-Bäckerei Wiegele**, im Erdgeschoss des Museums, super Brot und Backwaren aus eigener Herstellung: mit eigenem, selbst gemahlenem Mehl und selbst hergestellten Milchprodukten aus eigener Landwirtschaft. Wir probierten hier sehr leckere Krapfen mit Nussfüllung. Zur Bäckerei gehört auch ein Gartencafé, man bestellt im Verkaufsraum Kaffee und Kuchen/Backwaren und nimmt im idyllischen Garten des Hauses Platz. Mi–Fr 6–18 Uhr, Sa bis 13 Uhr geöffnet, im Sommer auch Sa/So 14–18 Uhr. Haus Wiegele 39, ✆ 04256-2148. ««

Verbindungen **Bus** ca. 8x tägl. von und nach Arnoldstein, ab dort nach Villach.

St. Stefan

Bei St. Stefan an der Gail führt eine Passstraße hinauf zur Windischen Höhe auf 1100 m und weiter über die östlichen Ausläufer der Gailtaler Alpen nach Paternion im Unteren Drautal. Eine erste namensgebende Kirche soll bereits um 800 hier errichtet worden sein. Die heutige mit ihrem schönen Sternrippengewölbe ist ein gotischer Bau. Im Dorf Vorderberg südlich von St. Stefan hat sich der hier gebürtige Enkel Anton Koligs, *Cornelius Kolig*, ein „Paradies“ geschaffen. Das Atelier, ein Gesamtkunstwerk des provokativen Bildhauers, Malers und Installationskünstlers, ist allerdings nicht öffentlich zugänglich.

Pressegger See

Der Badespot im Gailtal, eingebettet in weite Schilfgürtel. Der Pressegger See ist etwa einen Kilometer lang und 600 m breit, er ist damit der neuntgrößte unter den Kärntner Seen. Sein Wasser sprudelt aus einer Unterwasserquelle, zusätzlich wird der See noch vom Zufluss des Vellacher Bachs genährt. Das Wasser ist sehr klar und hat Trinkwasserqualität. Das Beste aber ist: Im Sommer wird der See schön warm. Zwar sinkt seine Tiefe im Quelltrichter bis auf 13 m ab, im Schnitt ist er aber nur 4 bis 6 m tief, weswegen er sich im Sommer auf bis zu 28 °C erwärmt. Mehrere Strandbäder machen den Pressegger See zu einem beliebten Badesee.

Camping **Camping Max**, kleiner Platz in Presseggen, unweit vom See entfernt und etwa 5 Min. zum Strandbad Presseggen, nur 50 Stellplätze, mit Restaurant. Preise: Stellplatz für 2 Pers., inkl. Strandbad 21,50 €/Nacht, Strom 3 €. 9620 Presseggen 5, ✆ 04282-2039, www.camping-max.com.

Schluga, zwei Plätze: einer in Presseggen nahe am See (Mitte Mai bis Mitte Sept.) und einer in Obervellach (ganzjährig), ca. 4 km voneinander entfernt, beide nah an der Straße, beide mit Gaststätten. Zum Camping gehört ein Strandbad am Pressegger See. Erw. 10,70 €, Kinder 7,35 €, kleiner

Stellplatz 7 €, großer Stellplatz 13,65 € (inkl. Strom), Hund 3,35 €, Vellach 15, 9620 Hermagor, ✆ 04282-2051 bzw. Presseggen 29, 9620 Hermagor/Presseger See, ✆ 04282-2760, www.schluga.com.

Sport **Baden**: z. B. in den *Strandbädern Hermagor, Presseggen* oder *Schluga*, jeweils Erw. 4 €, Kinder 2 €, geöffnet wetterabhängig etwa Mai bis Okt. und mit gastronomischer Versorgung, Verleih und Sportangebot.

Eislaufen: Wenn es kalt genug ist und der See freigegeben wird, wird eine 2,5 km lange Rundbahn präpariert, außerdem Eisstock- und Eishockeyflächen.

Hermagor

ca. 1500 Einw.

Hermagor ist das Zentrum des Gailtals, wirtschaftlich und geografisch. Außerdem ist es Haupt des gleichnamigen Bezirks, die einzige Stadt des Tals sowie die größte Ortschaft, jedenfalls mit Eingemeindungen. Dabei geht es im kompakten Zentrum von Hermagor recht beschaulichen zu. Touristisch wird Hermagor in gewisser Weise in die Zange genommen vom Skirummel auf dem (winterlichen) Nassfeld und dem Baderummel am (sommerlichen) Pressegger See. Das im 12. Jh. erstmals erwähnte Hermagor liegt am Eingang des Gitschtals, das über die weitläufige Ortschaft *Weißbriach* und den Kreuzbergsattel hinüber zum Weißensee führt (→ S. 142). Namensgeber der Stadt ist der Heilige *Hermagoras*, die gotische Pfarrkirche ist ihm geweiht.

Südlich von Hermagor ist im Schloss Möderndorf das **Gailtaler Heimatmuseum** beheimatet. Das Schloss gehörte den Grafen Salamanca und ging im 17. Jh. an die Familie Porcia, die es zu einem Gerichtssitz umfunktionierte. Heute beherbergt das Schloss die bemerkenswerte Privat-Sammlung der Familie Essl. 18 Räume widmen sich unter anderem dem Thema Alltagsleben und historische Landwirtschaft, Trachten und

Die Garnitzenklamm

Eine der schönsten, bewanderbaren Schluchten Kärntens liegt südlich von Möderndorf: das Naturdenkmal Garnitzenklamm. Über Jahrtausende hat der Gebirgsfluss die Klamm tief in den Berg gegraben und eine herrliche Schluchtenlandschaft hinterlassen. Man wandert über hölzerne Brücken und felsige Steige vorbei an tosenden Wasserfällen, glatt geschliffenen Strudeltöpfen und bizarren Felsformationen.

Es gibt mehrere Möglichkeiten, die Klamm zu durchwandern: Vom Eingang bis zum Klammende sind es etwa 4 km, bei einem Höhenunterschied von etwa 500 m (etwa 2:30 Std.). Zwischendrin gibt es einen Ausstieg und so eine Möglichkeit zur Rundwanderung, der als Geotrail ausgewiesen ist (6,6 km, etwa 4:30 Std.). Laut *Geotrail Wanderführer* ist die erste Hälfte der Klamm auch für Kinder etwa ab 6 Jahren geeignet, die man aber dennoch sichern sollte. Gutes Schuhwerk und Trittsicherheit sind bei der Tour vonnöten, schwindelfrei sollte man auch sein, vor allem im oberen Abschnitt der Garnitzenklamm.

Das Wandern durch die Klamm hat Tradition: Schon im Jahr 1891 wurde ein erster Wanderweg durch die Klamm eröffnet. Immer wieder zerstören Hochwasser die Brücken und sogar Wegabschnitte, zuletzt 2003 (Schlechtwettersperrung ernst nehmen!). Der Eintritt wird zur Wegerhaltung genutzt.

Zufahrt über Möderndorf (beschildert), Parkplatz am Klammeingang, Mai bis Okt. wird der Wanderweg vom Alpenverein betreut. „Eintritt" 5,30 €, erm. 4 €.

Frömmigkeit oder auch archäologischer Funde im Gailtal. Die kostbarsten Exponate sind die Lutherbibel (aus dem Jahr 1541), die Bronzestatue (wohl aus römischer Zeit) und ein versteinerter Baumstamm (ein paar Hundert Millionen Jahre alt).

Gailtaler Heimatmuseum: Anfang Mai bis Mitte Okt. Di–Fr 10–17 Uhr, Mitte Juli bis Mitte Sept. auch Sa/So geöffnet, Erw. 4 €, erm. 2,50 €, mit Museumsshop und -café. Schloss Möderndorf, 9620 Hermagor, ✆ 04282-3060, www.gailtaler-heimatmuseum.at. Gut beschildert, am einfachsten südl. von Hermagor über den OT Kühlwegboden.

Information **Tourismusbüro Hermagor**, zuständig für Hermagor, Nassfeld und Presegger See, sehr freundlich. Geöffnet Juli/Aug. Mo–Fr 8.30–18 Uhr, Sa/So 10–14 Uhr, Juni und Sept. Mo–Fr 8.30–17 Uhr, Sa 10–14 Uhr, April/Mai und Okt./Nov. Mo–Fr 8–16 Uhr, im Winter Mo–Fr 8–17 Uhr, Sa/So 9–13 und 14–16 Uhr. Wulfeniaplatz 1, 9620 Hermagor, ✆ 04285-8241, www.hermagor.info.

Bergbahnen **Millenium-Express**: Die Talstation befindet sich in Tröpolach, Infos → Nassfeld.

Einkaufen **Bachmann**, Lachsräucherei zwischen Ober- und Untervellach, neben dem hauseigenen Bio-Räucherlachs gibt es im Laden noch weitere Köstlichkeiten zu erwerben, wie Biokäse oder Olivenöl. Mo–Fr 9–12 Uhr geöffnet, Räuchereiführung mit Verkostung nach Anmeldung (ab 8 Pers., 15 €/Pers.). Obervellach 33, 9620 Hermagor, ✆ 04282-2069, www.biolachs.at. ■

Sport **Ski nordisch**: Im Gailtal sind mehrere Langlaufloipen aller Schwierigkeitsgrade (insgesamt 60 km) präpariert, bei der Talstation des Millenium-Express in Tröpolach gibt es ein *Nordic Center* mit Materialverleih, Übungsloipe, Laserbiathlon.

In der Garnitzenklamm

Wandern: Das beliebteste Wanderrevier befindet sich natürlich auf dem Höhenzug der Karnischen Alpen → Nassfeld. Aber auch auf der anderen Talseite kann man wandern, hier verläuft auch der *Gailtaler Höhenweg*, die Etappe nördlich von Hermagor geht von Weißbriach zur Windischen Höhe.

Wassersport: müsste hier natürlich „Wildwassersport" heißen: (Familien-)Rafting, Rivertubing, Kajakwandern oder -raften, Canyoning oder alles, was man sonst noch mit mehr oder weniger wildem Wasser anstellen kann, wird auf der Gail bzw. in den nahen Gebirgsbächen angeboten. Infos und Buchung z. B. bei Rafting Carnica (Förk 45, 9611 Nötsch, ✆ 0676-840461100, www.rafting-carnica.at) oder NTC (Tröpolach 155, ✆ 04285-7100, www.felsenlabyrinth.at).

Übernachten/Essen »» Lesertipp: **Biedermeier Schlössl Lerchenhof**, sehr schönes, romantisches Schlosshotel mit gemütlichen Zimmern und gutem Restaurant (mittags und abends, Mo Ruhetag, Juli/Aug. tägl.). EZ 69–72 €, DZ 120–126 € (je nach Zimmerkategorie), Familienappartement 180 € (3 Pers.), 235 € (4 Pers.), Halbpension 19 €/Pers. Nur ein kurzes Stück hinter Hermagor (Richtung Weißbriach und Weissensee) in Untermöschach, 9620 Hermagor, ✆ 04282-2100, www.lerchenhof.at. ««

Cube, funktionales Sporthotel in Tröpolach → Nassfeld.

Bärenwirt, freundlicher, traditionsreicher Gasthof im Zentrum von Hermagor. Die regionale und saisonale Küche wird bestimmt herausragend sein! Denn: seit Ende 2015 zaubert Manuel Ressi in der Küche, der vor einigen Jahren dem Steirereck in Wien den Rücken gekehrt hat und in seine Heimat zurückgekehrt ist. Zuletzt kochte Ressi beim Plamenig auf höchstem Niveau und nun eben im Bärenwirt. Di 16–24 Uhr, Mi–Sa 10–24 Uhr, So 10–16 Uhr. Küche mittags bis 14 Uhr, abends bis 21 Uhr, Mo Ruhetag. Hauptstr. 17, ✆ 0664-75113935, www.manuelressi.com. ■

»» Unser Tipp: **Der Plamenig**, ein Wirtshaus wie jedes andere? Auf den ersten Blick vielleicht, in der Schankstube wird gekartelt, getrunken und geraucht, gegenüber ein unaufdringlicher Gastraum, draußen ein paar Tische unter einer Linde, Blick auf das örtliche Fußballfeld. Ein ganz normales Wirtshaus eben. Wäre da nicht die Küche! Wir beispielsweise genossen einen hervorragenden Saibling mit Erbsenrisotto, geräuchertem Milchschaum, Kren und Zucchini. Neben den raffinierten Kreationen findet sich aber auch bodenständige Landgasthofküche, beides aber zu überaus moderaten Preisen. Unaufgeregter, freundlicher Service, geöffnet Di–So 11–24 Uhr, Küche bis 22 Uhr (Reservierung ratsam). Von der Bundesstraße ein paar Kilometer vor Hermagor bei Förlach nach Süden, dann links nach Latschach. Latschach 1, 9624 Egg bei Hermagor, ✆ 0660-6531020. ««

Veranstaltungen Höhepunkt der Festsaison ist am ersten Juniwochenende das delikate (und beliebte) **Gailtaler Speckfest**, bei dem sich alles um die berühmte Gailtaler Spezialität dreht, Infos auch unter der deftigen Webadresse: www.speckfest.at.

Verbindungen **Bahn**: mit der Regionalbahn werktags ca. 10x tägl., Sa/So ca. 5x von Villach über die Dörfer und Hermagor nach Kötschach-Mauthen und zurück.

Bus: 6x tägl. von Hermagor nach Kötschach-Mauthen und zurück, in anderer Richtung ebenfalls 6x tägl. nach Villach und zurück. Im Sommer 2x tägl. von Tröpolach hinauf über das Nassfeld zur Sonnleit'n.

Bergidyll Nassfeld

Nassfeld

Bei Tröpolach führt die Straße hinauf in die Gebirgswelt der Karnischen Alpen und zur **Sonnenalpe Nassfeld** auf etwa 1500 m. Die Sonnenalpe ist ein waldreicher Bergsattel, von Almen gesäumt und von den schartigen Gipfeln des *Trogkofel* (2280 m), des *Monte Cavallo* (dt. Roßkofel, 2239 m) und *Gartnerkofel* (2195 m) gerahmt. Über den Alpenkamm führt auf 1530 m der Nassfeldpass nach Italien.

Das Nassfeld ist Kärntens größtes *Skigebiet* und eines der beliebtesten Österreichs. 110 km Pisten werden an den Nassfeldhängen präpariert, von der Übungswiese bis zur weltcuptauglichen FIS-Abfahrt, auch eine Talabfahrt bis nach Tröpolach ist möglich (7,6 km). Natürlich kann man auch im Sommer etwas am Nassfeld unternehmen: Es gibt ein weites Netz aus Wanderwegen und MTB-Strecken, man kann im Felslabyrinth klettern, am Flying Fox oder auf der Sommerrodelbahn Fahrt aufnehmen. Doch verblasst der Sommer fast schon zur Nebensaison angesichts des Trubels im Winter. Von Tröpolach reicht auch eine Seilbahn hinauf zur Tressdorfer Alm und weiter zur Bergstation auf der Madritsche. Der *Millenium-Express* ist mit 6 km die längste Kabinenbahn der Alpen und sicherlich der bequemste Weg, um in die Gebirgswelt der Karnischen Alpen einzusteigen. Das „Zentrum" von Nassfeld befindet sich am Pass, das abgelegene Sonnleit'n wird von zwei Resorts dominiert. Bei der Tressdorfer Alm und der Bergstation der Seilbahn erstreckt sich das Fun-Sport-Angebot.

Eine botanische Besonderheit blüht auf dem Nassfeld: der Kärntner Kuhtritt, etwas wohlklingender auch Kärntner Wulfenie genannt. Die blaue Blume wächst nur hier oben rund um den Gartnerkofel.

Information **Informationsbüro Nassfeld**, auf der Sonnenalpe gibt es direkt am Pass eine weitere, nur zur Saison geöffnete Infostelle, Infos auch unter ✆ 04285-8241, www.nassfeld.at.

Bergbahnen **Millenium-Express**: Die Seilbahn gondelt im Sommer Mitte Juni bis Ende Sept. und im Winter Dez. bis März, tägl. 8.30–16.45 Uhr zur Sonnenalpe hinauf (bei schlechtem Wetter fährt sie allerdings nicht). Preise: Erw. 17 € (alle drei Stationen von Tröpolach auf die Madritsche, hin und zurück) bzw. 12 € (einfach), erm. 15,50 € bzw. 11 €, Kinder 8,50 € bzw. 6 €. Es gibt auch Tickets für Einzeletappen, Kombitickets mit der Sommerrodelbahn, Tagestickets und Mehrfahrten-Ermäßigung, Infos unter ✆ 04285-636, www.nassfeld.at.

Gartnerkofelbahn, die Sesselliftbahn fährt Mitte Juni bis Ende Sept. und Dez. bis März 9–16.15 Uhr.

Hütten **Tressdorfer Alm**, bewirtschaftete Hütte bei der Mittelstation der Bergbahn. Auch Übernachtungsmöglichkeit. Dez. bis März und Juni bis Sept. geöffnet. Nassfeld 62, ✆ 0650-2302840, www.tressdorferalm.at.

Auf der Wanderung am Gartnerkofel kann man in der **Watschiger Alm** einkehren, Juni bis Sept. geöffnet, oberhalb des Passes, noch am Hotel Plattner vorbei, es gibt auch Produkte aus der eigenen Landwirtschaft, ✆ 04285-8170.

Sommersport **Klettern**: *Felsenlabyrinth & Flying Fox Meile*, Klettergarten im Felsen, 10 Parcours verschiedener Schwierigkeitsgrade, vom Kinderparcours über den Schluchtparcours bis zum Hochseilgarten, auch Flying Fox. Erw. 25 €, Kinder 20 € (ca. 3 Std.). Bei der Tressdorfer Alm, dann noch knapp 10 Min. zu Fuß, geöffnet, wenn der Millenium-Express fährt, dann 9–18 Uhr (letzter Einlass 16 Uhr). NTC Sport (auch Kletterschule), ✆ 04285-7100, www.felsenlabyrinth.at.

Sommerrodelbahn: *Pendolino*, von der Bergstation des Millenium-Express hinab zur Tressdorfer Alm (2,2 km, 400 m Höhenunterschied), befahrbar, wenn der Millenium-Express fährt. Erw. 8 €, Kinder 7 €, es bieten sich die Kombitickets mit dem Millenium-Express an (auch Mehrfahrtentickets), z. B. Seilbahnfahrt hin und zurück plus Rodelbahn 20 €, Kinder 12 €.

Wandern: Zahlreiche Wanderungen lassen sich ab dem Nassfeld unternehmen, von der leichten Almwanderung (z. B. von der Madritschen hinab zur Tröpolacher oder Tressdorfer Alm, 10 km) bis zur schwierigen Bergtour mit Kletterpassagen. Auch der Fernwanderweg Karnischer Höhenweg passiert das Nassfeld.

MTB: Neben diversen abwechslungsreichen Touren gibt es (nach eigenen Angaben) eine der längsten Abfahrten der Alpen (mit 11,7 km), mit dem Millenium-Express hoch und mit dem Bike wieder zurück. NTC-Sport veranstaltet auch Fahrtechnik-Training (ab Tröpolach). ✆ 04285-7100, www.felsenlabyrinth.at.

Wintersport **Ski alpin**: ein Paradies für Alpinisten. 11 schwarze, 69 rote und 30 blaue Pistenkilometer. Samstags auch Nachtskilauf unter Flutlicht. Insgesamt fahren 30 Lifte und Seilbahnen, Dez. bis März, 9–16.15 Uhr (nur nicht bei Schlechtwetter). Skipass Preisbeispiele: Erw. 45 € (Tagestarif), ab 13 Uhr 32 €, erm. 36 € bzw. 26 €, Kinder 23 € bzw. 16 €. Infos unter www.nassfeld.at.

Materialverleih an der Talstation (✆ 04285-7100, www.soelle.at) oder auf der Sonnenalpe im Alpensport (Intersport, ✆ 04285-8165, www.alpensport.at).

Ski nordisch: Auf dem Nassfeld werden zwei, dank der Höhenlage schneesichere Langlaufloipen präpariert, im Gailtal gibt es mehrere Loipen (insgesamt 80 km), → Hermagor/Ski nordisch.

Winterwandern: 55 km präparierte Winterwanderwege.

Übernachten/Essen **Alpenhotel Plattner**, großes, etwas abseits und entsprechend idyllisch gelegenes Hotel, im Winter direkt an den Gartnerkofelpisten, auch im Sommer geöffnet, mit Restaurant und Wellnessbereich, Mountainbikeverleih, WLAN, kurz vor dem Pass links ab. DZ 158 € inkl. Halbpension. Sonnenalpe Nassfeld 99, 9620 Hermagor, ✆ 0485-8285, www.plattner.at.

Cube, 129 Zimmer mit 486 Betten, heißt: das Cube ist ein funktionales Sporthotel, das mit seinen 2er- bis 8er-Zimmern auf Skitourismus eingestellt ist (zuletzt auch nur im Winter geöffnet). Preisbeispiele: DZ (mit Dusche und WC) 230 €, 8er-Zimmer mit Etagendusche/WC 106 €/Pers. jeweils inkl. Halbpension und Skipass! Alle Zimmer mit Platz für Ski, Board und Schuhe, in Tröpolach bei der Talstation der Bergbahn gelegen. Tröpolach 152, 9620 Hermagor, ✆ 04285-8412020, www.cube-nassfeld.at.

Durch das Obere Gailtal

Das charakteristische Landschaftsbild des Unteren Gailtals setzt sich im Oberen fort: Von den Wiesen des weitgehend flachen Talgrunds steigen die bewaldeten Hängen steil bergan, durchsetzt vom Felswänden und gekrönt von schartigen Gipfeln. Eine Landschaft geradezu prädestiniert für einen Golfplatz vor malerischer Bergkulisse: In Waidegg bei Kirchbach befindet sich ein 18-Loch-Kurs. Das kulturelle Zentrum zwischen Hermagor und Kötschach-Mauthen ist **Dellach** im Gailtal – und das seit fast 3000 Jahren. Bereits in der Hallstattzeit entstand am Handelsweg zwischen Oberitalien und den Ostalpen die Siedlung **Gurina** (etwa 800 v. Chr.). Aus der eisenzeitlichen Siedlung auf dem Hochplateau über dem Gailtal entwickelte sich dank der Lage am Handelsweg, aber auch wegen der reichen Eisenvorkommen der Umgebung schließlich eine gut befestigte römische Stadt. Das Ausgrabungsgelände hat man zum Erhalt weitgehend wieder zugeschüttet, entstanden ist auf der Gurina der Nachbau eines Herkules-Tempels, der nur der Anfang eines geplanten Archäologie-Parks sein soll.

Anfahrt: In Dellach hinauf, am Soldatenfriedhof links, bei einer Kreuzung im Wald parken, dann noch etwa 15 Min. zu Fuß. Im Sommer wurden zuletzt auch Führungen angeboten. Infos bei der Gemeinde Dellach, ✆ 04718-3010, www.gurina.dellach.at.

Ländlich-beschaulich: das Obere Gailtal

Wem die Eisenzeit noch nicht alt genug ist, kann im *Besucherzentrum* des *Geo-Parks Karnische Alpen*, das sich in Dellach befindet, tief in die Jahrtausende der Erdgeschichte eintauchen. Neben Gesteinen und Fossilien öffnen Schautafeln, Filme und Touchscreens eine auch interaktive Zeitreise zu wandernden Kontinenten, versteinerten Meerestieren und gefalteten Gebirgen.

Besucherzentrum Geopark: Geöffnet im Sommer Mo–Sa 9–16 Uhr, in der Nebensaison Do–Sa 10.30–15.30 Uhr, im Winter geschl., Erw. 5 €, erm. 3 €, Kinder (10–18 J.) 2,50 €. 9635 Dellach im Gailtal, ✆ 04718-30133, www.geopark-karnische-alpen.at.

Aber auch aus christlicheren Zeiten sind zwei sehenswerte Bauten erhalten: *St. Helena* auf dem Wieserberg ist eine romanische Saalkirche, in ihrer Apsis sind bemerkenswerte spätromanische Fresken aus dem 13. Jh. erhalten. Die Pfarrkirche *St. Daniel* im benachbarten gleichnamigen Ort geht in ihrem Baukern zurück auf das 9. Jh. Nach vielen Erweiterungen erhielt sie ihre heutige Form Ende des 15. Jh., nachdem sie bei den Türkeneinfällen schwer beschädigt worden war.

Information **Tourismusinformation Dellach**, im Gemeindeamt in Dellach im Gailtal, ✆ 04718-301.

Camping **Alpenferienpark**, idyllisch und abseits gelegener Wald-Camping unter niederländischer Leitung, der Campingplatz liegt auf einem kleinen Plateau oberhalb von Reisach (wenige Kilometer vor Dellach), etwa 1,5 km durch den Wald hinauf (beschildert), mit Badeteich und Gaststätte, 60 teils durch Hecken schön separierte Stellplätze, viel Schatten, auch kleine, gut ausgestattete Holzhütten. Erw. (ab 15 J.) 8 €, Kinder 4,75 €, Stellplatz 10 €, Hunde 2,50 €, Strom 2,50 €. Blockhäuser ab 59,50 €/Tag (2–6 Pers.) zuzügl. Endreinigung (37,50 €). Nov. geschl. Schönboden 1, 9633 Reisach, ✆ 04284-301, www.alpenferienpark.com.

Sport **Golf**: *Gailtalgolf*, schön gelegener 18-Loch-Platz (Par 72) bei Waidegg, dazu 6-Loch-Trainingsplatz, Putting Green und Driving Range, auch Golfunterricht. Waidegg 66, 9631 Waidegg, ✆ 04284-20100, www.gailtalgolf.eu.

Ski nordisch: Langlaufloipen erstrecken sich durch das gesamte Obere Gailtal (leicht und mittelschwer), sowohl als Rundkurs (wie z. B. die *Nölbing Auwaldrundloipe* bei Dellach) oder über Verbindungsstücke als *Obergailtaler Panoramaloipe*. Die Königsetappe führt von Waidegg bis nach Kötschach-Mauthen.

Übernachten/Essen ****S **Daberer**, Biohotel oberhalb von St. Daniel, sehr freundlich, alles im hellen Ökostyle eingerichtet, gemütlich auch das „Wohnzimmer", eine Art Lounge mit Buchregal, Kamin, Klavier und gemütlichen Sitzecken. Nicht nur Bauweise, Einrichtung und Energieversorgung sind nach ökologischen Maßstäben gestaltet, sondern auch der Wellness-Bereich und das Angebot im Naturspa (Saunen und Dampfbad, Hallenbad und Naturteich, Massagen und Kosmetikanwendungen, Yoga und Pilates). Und natürlich gibt es auch im Restaurant an den Jahreszeiten orientierte Gerichte aus regionalen Bio-Produkten. Das Hotel liegt etwa 300 m oberhalb von St. Daniel, an der Kirche und den Mühlen vorbei. EZ 95,50–134 €, DZ 234–330 €, je nach Größe und Ausstattung, inkl. Dreiviertelpension und Spa-Bereich, es gibt auch diverse Pauschalangebote. 9635 St. Daniel 32, ✆ 04718-590, www.biohotel-daberer.at. ■

Grünwald, freundlicher, traditionsreicher Gasthof neben der Kirche von St. Daniel. Zahlreiche Zutaten (Fleisch, Milchprodukte, Gemüse und Kräuter) stammen aus der eigenen Landwirtschaft, hausgemachtes Brot. Kärntner Küche, bekannt ist der Gasthof Grünwald besonders für seine Kärntner Nudeln. Wie variantenreich die Kärntner Nudeln sein können, kann man im Okt. erfahren, wenn sich bei den kulinarischen Themenwochen *Nudlkudlmudl* alles um die Kärntner Spezialität dreht (Reservierung ratsam). Es stehen auch vier helle Zimmer zur Verfügung (ab 30 €). Ganztägig geöffnet, Mo/Di Ruhetag, mittags und abends warme Küche. St. Daniel 17, ✆ 04718-677, www.gruenwald.dellach.at. ■

Verbindungen **Bahn**: Die Regionalbahn hält werktags ca. 10x tägl., Sa/So ca. 5x von Villach auch an den Dorfbahnhöfen.

Bus: 6x tägl. nach Hermagor und Kötschach-Mauthen.

Kötschach-Mauthen

ca. 2300 Einwohner

Wie der Name schon zeigt, ist das auf 710 Metern gelegene Kötschach-Mauthen ein Doppelort. Kötschach verfügt über ein hübsches Zentrum mit sehenswerter Kirche sowie ein Spaßbad, während sich in Mauthen eines der berühmtesten Restaurants des Landes und eine junge Brauerei befinden.

Es sieht so aus, als sei man in Kötschach-Mauthen am Ende des langen Gailtals quasi in einer Sackgasse angekommen. Tatsächlich aber markiert der Doppelort eine uralte Wegekreuzung. Nach Süden führt der Handelsweg über den Plöckenpass ins Friaul und weiter nach Oberitalien. Nach Norden steigt man über den Gailbergsattel hinüber ins Drautal und weiter nach Lienz oder Spittal. Durch das Gailtal gelangt man bequem ins Kärntner Becken, nach Villach und Klagenfurt. Und über das Lesachtal kommt man nach Osttirol. Uralt ist der Alpentransit via Plöckenpass, den schon eisenzeitliche Reisende erklommen. Die Römer führten die Via Julia Augusta von Oberitalien ins Noricum. *Loncium* hieß die Römersiedlung, die sich auf dem Gebiet des heutigen Mauthen befand, deren Aufgabe als Zoll- und Mautstelle sich im deutschen Namen erhalten hat. Auch heute noch spürt man deutlich die Nähe zu Italien, z. B. in Küche und Zweisprachigkeit. Gerade einmal 10 km sind es zum Plöckenpass, der hinüber ins Friaul führt. Im Ersten Weltkrieg aber wurde der Plöckenpass zur verlustreich umkämpften Front. Freilichtmuseum und Ausstellung erinnern an die dunklen Jahre des Krieges.

Blick (oberhalb) von Mauthen auf Kötschach

1958 schlossen sich die beiden Gemeinden, Kötschach nördlich der Gail und Mauthen im Süden zusammen. Den Doppelort-Charakter ist Kötschach-Mauthen bis heute nicht losgeworden. Es sind zwei Dorfkerne – Kötschach etwas größer als Mauthen, rechts und links der Gail gelegen und jeder für sich recht hübsch –, die durch ein Gewerbegebiet verbunden werden. Wie ein Symbol der Einigung steht hier auch das Rathaus, u. a. mit Tourismusbüro und Museum. In Kötschach entsteht um den weiten Hauptplatz bei der Pfarrkirche *Unsere liebe Frau* der Eindruck eines eher städtischen historischen Zentrums. Mauthen dagegen hat ein eher dörfliches Erscheinungsbild bewahrt. Hier befinden sich die kulinarischen Highlights des Ortes: die Küche *Sissy Sonnleitners*, einer Pionierin der Alpe-Adria-Küche, und die junge Brauerei *Loncium*.

Information **Tourismusbüro Kötschach-Mauthen**, freundlich und hilfsbereit, Mo–Fr 8.30–12 und 13–17 Uhr. Rathaus 390, ☏ 04715-8516, www.koemau.com.

Übernachten/Essen **Sissy Sonnleitner – Landhaus Kellerwand**, eine Institution, nicht nur in Mauthen – in Kärnten, ach was: im ganzen Alpe-Adria-Raum! Sissy Sonnleitner, weithin als Grand Dame der Alpe-Adria-Küche bekannt, kocht seit vielen Jahren auf höchstem Niveau. Ihr zur Seite steht Tochter Stefanie in der *Genusswerkstatt*, in der die Kärntner Küche mit Leichtigkeit und Kreativität ihre Bodenständigkeit behalten darf und sich dennoch mit der mediterranen Küche zu kulinarischen Kunstwerken vereint. Natürlich haben Nachhaltigkeit und Verantwortung einen zentralen Platz in der Sonnleitnerschen Küche, vornehmlich verarbeitet wird, was Jahreszeit und Region hergeben. Auch der Weinkeller lässt nichts zu wünschen übrig. Die Preise sind für das Gebotene ausgesprochen moderat: eine Vorspeise kommt etwa auf 8 €, das Hauptgericht um 25 €, das Monatsmenü auf 25 €, weitere Menüs ab 29 € (4 Gänge 49 €, 5 Gänge 56 €). In der *Genusswerkstatt* werden über das Jahr verteilt zahlreiche Kochseminare angeboten: vom Brotbacken bis zum Festtagsmenü, Kochen mit Wildkräutern oder vegane Küche. Und auch das *Krendln* kann man lernen, also das kunstvolle Verschließen der Kärntner Nudel. Außerdem stehen individuell eingerichtete Landhauszimmer und Appartements zur Verfügung, mit Sauna und idyllischem Garten. DZ 120 €, Appartement 138 €, Suite 140 €, aber natürlich empfiehlt sich die Halbpension: 95 €/Pers. im DZ bzw. 99 € und 105 €. Geöffnet Mi/Do abends, Fr–So mittags und abends, Mo/Di Ruhetag (für Hotelgäste und bei Voranmeldung ein fixes 5-Gänge-Menü), in der Nebensaison zuletzt nur Fr–So mittags und abends. Reservierung unbedingt ratsam. Mauthen 24, 9640 Kötschach-Mauthen, ☏ 04715-269, www.sissy-sonnleitner.at. ■

Kürschner, schönes, familienfreundliches Landhaus-Hotel in Kötschach. Etwas zurückgesetzt am Ortsrand, damit sehr ruhig gelegen und umgeben von einem weitläufigen Garten, besser gesagt: Park. Mit Außenpool und Hallenbad, Saunalandschaft und Wellnessangebot. Hunde willkommen.

Die Biermanufaktur Loncium

In Mauthen gibt es seit einigen Jahren eine kleine Brauerei, in der ein super Bier gebraut wird. Die beiden jungen Brauer, Alois Planner und Klaus Feistritzer, gehören zu den Häusern Edelweiß und Huber-Feistritzer. Die Biermanufaktur – und genau darum handelt es sich, hier ist das Brauen noch Handwerkskunst – befindet sich im Hinterhof des Hotels Edelweiß (Bierhotel Loncium). Angefangen haben die beiden in der heimischen Küche. Aus Neugier wurde ein Hobby, aus dem Hobby ein Beruf und aus den Suppentopf-Experimenten fantastische Biere. Es entstand eine kleine Brauerei, in der seit Jahren vielfach prämierte Biere gebraut werden. Verwendet werden ausgesuchte Zutaten, das Wasser kommt direkt aus der Mauthener Klamm, gebraut wird nach dem deutschen Reinheitsgebot.

Gebraut wird das ganze Jahr über. Manche Biere gibt es ganzjährig, andere werden nur saisonal produziert, wie beispielsweise die *Gailtaler Weiße* im Sommer oder der *Doppelbock* zur Fastenzeit. Ganz hervorragend sind das *Helle* und der dunkle Bock mit dem passenden Namen *Schwarze Gams*. Unser Favorit war das *Austrian Amber Lager*: Das in der Tat bernsteinfarbene Lager hat eine ganz leicht fruchtige Note, ohne penetrant süß zu sein, und ein fein-herbes Bitteraroma im Nachgeschmack. Wer ausgewogene, vollmundige Vollbiere mag, sollte nicht zögern, das Amber Lager von Loncium zu probieren.

Die Biere aus der Brauerei Loncium bekommt man bei der Brauerei bzw. dem Bierhotel und in zahlreichen Gaststätten im Oberen Gailtal, aber auch in vielen gut sortierten Restaurants und Gasthöfen in ganz Kärnten, die der Braukunst aufgeschlossen gegenüberstehen.

Biermanufaktur Loncium, Mauthen 60, ☏ 04715-284, www.loncium.at.

Mit Restaurant (auch Bio- und Vollwertküche, auf Wunsch Diäten oder „Schlank Schlemmen"). Abends sitzt man auf ein Glas Wein, besonders gemütlich ist das Kaminzimmer. Es werden auch Radtouren und geführte Wanderungen angeboten. Sehr freundlicher Service. DZ ab 167 € inkl. Vollpension, zahlreiche Arrangements. Schlanke Gasse 74, 9640 Kötschach-Mauthen, ✆ 04715-259, www.hotel-kuerschner.at.

Landgasthaus Huber-Feistritzer, freundlicher traditionsreicher Gasthof im Zentrum von Mauthen. Regionale und saisonale Gerichte aus regionalen Zutaten, auch hier ist in der bodenständigen Küche ein mediterraner Einschlag erkennbar. Hauptgericht um 12 €. Tägl. ab 10 Uhr geöffnet, mittags und abends warme Küche, Mi/Do Ruhetag. Mauthen 14, ✆ 04715-8494.

Bierhotel Loncium, der alteingesessene Gasthof Edelweiß ist heute das „Bierhotel" in Mauthen (im Hinterhof befindet sich die *Biermanufaktur Loncium*), auch Restaurant. Das Hotel wurde jüngst renoviert und ist Mai bis Mitte Okt. und Dez. bis Mitte März geöffnet. DZ ab 80 € inkl. Frühstück, mit Halbpension 110 €. 9640 Mauthen 60, ✆ 04715-284, www.gasthofedelweiss.at.

Imbiss/Fleischerei Kastner, in Mauthen bei der Ortseinfahrt links, gute Fleischkasbrötchen (den Kren nicht vergessen!), auch ein paar warme Speisen und Plätze zum Sitzen, außerdem kleiner Lebensmittel-/Feinkostladen. Mauthen 268, ✆ 04715-323.

Camping **Alpencamp**, Campingplatz am Ortsausgang Richtung Lesachtal, offenes Areal um das Haupthaus, in dem sich auch die neuen Sanitäreinrichtungen, Gaststätte und Laden sowie eine Wellnesslandschaft mit Sauna und Dampfbad befindet. Sehr sympathisch, freundlich und hilfsbereit. Es gibt auch ein paar gemütliche Holzhütten und Zimmer im Haupthaus. Ganzjährig geöffnet, nur im Nov. geschl. Erw. 8,50 €, Kinder 5,50 €, Stellplatz 9,20–13,60 €, Hund 2,50 €, DZ 68 € mit Frühstück, Appartement ab 49 €. 9640 Kötschach-Mauthen, ✆ 04715-429, www.alpencamp.at.

Jugendherbergen **Jugendherberge Kötschach-Mauthen**, wird vom Funsportveranstalter *Fit & Fun* betrieben, funktionale Sportherberge, Doppel- bzw. Dreibettzimmer sowie Appartements mit 6–9 Betten, in Mauthen direkt an der Brücke über die Gail gelegen. Fahrradverleih, WLAN, Parkplatz, Hunde willkommen. Übernachtung ab 15 €/Pers. (Frühstück 8 €). Mauthen 123, ✆ 04716-597, www.fitundfun-outdoor.com.

Hütten **Plöckenhaus**, unterhalb des Plöckenpasses auf 1276 m, Gastgarten, ganztägig Jausen und warme Küche, zur Saison geöffnet. Plöcken 1, ✆ 04715-24848, www.ploeckenhaus.at.

Sport **Baden**: *Aquarena*, Hallenbad, Freibad, Saunen und Wellnessbereich. Kötschach 370, ✆ 04715-567, www.aquarena.info.

Südlich von Mauthen liegt das idyllische *Waldbad Mauthen*, ein kleines Naturschwimmbad mit Kiesstränden und Stegen, viel Badeteichcharme, Mai bis Sept. je nach Wetterlage tägl. 9–18 Uhr geöffnet, Erw. 4,30 €, Kinder 2,80 €, ✆ 04715-851335, www.naturschwimmbad-waldbad-mauthen.at.

Klettern: Von den diversen Klettersteigen sind der *Cellonstollen*, Teil der Frontstellung im Ersten Weltkrieg, und die abwechslungsreiche, teils auch sehr anspruchsvolle *Cellonschulter* oberhalb des Plöckenpasses eine Erwähnung wert. Die Bergsteigerdörfer-Broschüre zu Mauthen informiert ausführlich über die Klettermöglichkeiten.

Ski nordisch: Von Kötschach-Mauthen aus erstrecken sich Langlaufloipen durch das gesamte Obere Gailtal (leicht und mittelschwer). Die Königsetappe, die *Oborgailtaler Panoramaloipe*, führt bis Waidegg. Es gibt aber auch kleinere Teilabschnitte als Rundkurs (wie z. B. die Würmlacher-Feld-Loipe, 12 km bis St. Daniel).

Wandern: Natürlich lässt es sich rund um Kötschach-Mauthen auch hervorragend wandern, von der einfachen bis zu anstrengenden Touren, beispielsweise die kleine Talrunde an der Gail entlang, die kurze, aber spektakuläre Mauthener Klamm hinauf oder der Aufstieg über den Polinik zum Plöckenpass. Geführte Wanderungen bietet das Tourismusbüro Kötschach-Mauthen an.

Wassersport: *Fit & Fun* hat diverse mehr oder weniger nasse Funsportarten im Programm: z. B. Wildwasserrafting auf der Gail (nur im Frühjahr, 39 €/Pers.), Canyoning (z. B. in der Mauthener Klamm, 55 €/Pers.), auch Kajak- und Kanutouren sowie Unterkunftsmöglichkeiten (→ Übernachten/JH). Die Zentrale ist in St. Lorenzen/Lesachtal, ✆ 04716-597, www.fitundfun-outdoor.com.

Taxi Prünster, ✆ 04715-355, auch als Wandertaxi und mit VW-Bus unterwegs.

Veranstaltungen Beim **Käsefestival** in Kötschach-Mauthen, das jedes Jahr Ende Sept. gefeiert wird, dreht sich alles um den Gailtaler Almkäse (und die Trachten und die Musik, den Frühschoppen, den Wein ... es wird eben gefeiert). Infos beim Tourismusbüro oder unter www.alles-kaese.at.

Verbindungen Bahn: mit der Regionalbahn werktags ca. 10x tägl., Sa/So ca. 5x von Villach über die Dörfer nach Kötschach-Mauthen und zurück.

Bus: 6x tägl. nach Hermagor und zurück. Im Sommer 2x tägl. auf den Plöckenpass und zurück.

Die Kirchen in Kötschach-Mauthen

Unsere Liebe Frau: Gailtaler Dom wird die Pfarrkirche von Kötschach auch genannt. Sie entstand um 1400 aus einer Marienwallfahrtsstätte und wurde 1478 bei den Türkeneinfällen wieder ruiniert. 1518–27 wurde sie als dreischiffige Hallenkirche von *Bartlmä Firtaler*, dem Baumeister, der auch die Filialkirche in Laas errichtete, wieder aufgebaut. In seinem Inneren gibt der spätgotische Gailtaler Dom zwar kein geschlossenes Bild ab, ist aber als gewachsener Querschnitt durch die Kunstgeschichte alles andere als langweilig. *Bartlmä Firtaler* (Bartholomäus Viertaler) schuf mit dem verspielten Schlingrippengewölbe im Mittelschiff ein Meisterwerk. Auch das Chorgewölbe ist verspielt, allerdings in Rokoko-Manier. Hinter dem Hochaltar im Chor befindet sich an der Nordwand ein spätgotisches Fresko, das Mariens Himmelfahrt zeigt. Im spätklassizistischen Hochaltar steht das Kötschacher Gnadenbild: die Schwarze Madonna. Ihr begegnet man auch draußen, an der Südflanke der Kirche ziert sie die Sonnenuhr.

St. Markus: Auch Mauthen hat eine Pfarrkirche. Erstmals erwähnt wurde St. Markus im 13. Jh., bei den Türkenangriffen im 15. Jh. schwer beschädigt und im 16. Jh. spätgotisch wiedererrichtet. Der Hochaltar im Inneren stammt aus dem Rokoko. Besonders bemerkenswert aber sind die großformatigen Fresken, die sich über die südliche Außenwand verteilen. Die Fresken, u. a. ein riesiger Christopherus und ein Feiertagschristus, stammen wohl aus dem Anfang des 16. Jh. und von zwei unterschiedlichen Künstlern.

Maria Schnee: Von Mauthen aus führt ein Fußweg zur kleinen Wallfahrtskirche. Den letzten Anstieg bewältigt man entlang eines Kreuzweges. Über dem Kirchlein erhebt sich ein hölzernes Türmchen mit roter Zwiebelhaube. Im Innern sind ein barocker Altar und Fresken aus dem 19. Jh. an der geraden Decke zu sehen. Vor allem hat man einen herrlichen Blick auf Kötschach.

Entweder von Mauthen aus (1,5 km, beschildert) oder auf der Straße zum Plöckenpass an der ersten Serpentine parken und den Fußweg hinauf (10 Min.).

Plöckenpass und das Museum des Gebirgskrieges 1915–1917

Mit dem Ausbruch des Gebirgskrieges 1915 wurde der Plöckenpass, die uralte Verbindung zwischen Oberitalien und dem Kärntner Becken, zu einem Teil der Gebirgsfront, die sich vom Ortler in Südtirol über die Karnischen Alpen bis an die Adria zog. Der Plöckenpass (1357 m) zwischen Kleinem Pal (1867 m) und Cellon (2241 m) als wichtigster Transit über die Karnischen Alpen war ein Brennpunkt des ebenso brutalen wie sinnlosen Stellungskrieges im Gebirge. An der Kriegsfront, die Hunderttausenden von Soldaten das Leben kostete, hat der Verein der Dolomitenfreunde *Friedenswege* geschaffen. Das **Freilichtmuseum 1915–17 am Plöckenpass** ist eine eindringliche Etappe dieser Erinnerungsarbeit.

Von den ehemaligen Stellungen sind noch zahlreiche Relikte erhalten. Vier Abschnitte der ehemaligen Frontlinie am Plöckenpass sind zugänglich gemacht worden: Ein Spaziergang führt um den Plöckenpass, eine kurze Bergwanderung auf die Maschinengewehrnase (Trittsicherheit erforderlich), eine Tagestour auf den Kleinen Pal (Ausdauer und Trittsicherheit erforderlich) und ein unterirdischer Klettersteig durch den Cellonstollen (nur mit Kletter-Ausrüstung!). Wir empfehlen historisch Interessierten die etwa ein- bis zweistündige Wanderung zum *Sektor Maschinengewehrnase*: Vom Plöckenpass bzw. etwas unterhalb steigt man hinauf auf einen Vorgipfel über dem Pass. Deutlich erkennt man anhand der verbliebenen Geschütz- und Deckungskavernen, der Schützengräben, Schießscharten und der MG-Stellungen im Fels die strategische Bedeutung der militärischen Anlage: Von hier aus ließ sich der Pass kontrollieren.

Die unkommentierten Kriegssteige mit Zielblick auf den Pass sind bereits ein eindringliches Zeugnis des Gebirgskrieges. Ergänzend dazu gibt es im **Rathaus von Kötschach-Mauthen** eine Ausstellung zum Thema Gebirgskrieg: Im *Museum 1915–18 „Vom Ortler bis zur Adria“* dokumentiert eine umfangreiche Ausstellung den Kriegsalltag an der Gebirgsfront. Neben nachgestellten Szenen, militärhistorischen Exponaten, historischen Ausrüstungsgegenständen und militärischem Kartenmaterial wie handgezeichneten Stollenplänen sind es vor allem die zahlreichen historischen Fotos, die einen sehr eindrücklichen Einblick die Hochgebirgsschlachtfelder des Ersten Weltkriegs vermitteln.

Museum 1915–18: Mitte Mai bis Mitte Okt. Mo–Fr 10–13 und 15–18 Uhr, Sa/So 14–18 Uhr. Erw. 5 €, erm. 3 €, im Rathaus von Kötschach-Mauthen, ✆ 04715-851332, www.dolomitenfreunde.at. Hier gibt es auch die informative Broschüre (2 €) zum Freilichtmuseum am Plöckenpass mit detaillierten Beschreibungen, Hintergrundinformationen und v. a. einem sehr hilfreichen Übersichtsplan. Die Broschüre ist auch in der Touristinformation erhältlich.

Anfahrt: Die kurze Bergwanderung auf die Maschinengewehrnase beginnt man am besten ein Stück unterhalb des Plöckenpasses, bevor es (vom Pass kommend) wieder in den Tunnel geht, ist rechter Hand ein Parkplatz, am Windrad vorbei kommt man zum Aufstieg (beschildert). Der Weg ist weitgehend gut beschildert, durchaus anstrengend und erfordert zuweilen Trittsicherheit, insgesamt sollte man etwa 1:30 Std. einrechnen. Ein längerer Aufstieg ist vom Plöckenhaus möglich.

Kriegsrelikt

Laas

ca. 200 Einwohner

Das kleine Dorf Laas liegt nördlich von Kötschach, auf dem Weg zum Gailbergsattel. Der Pass auf 981 m führt über die Gailtaleralpen ins Obere Drautal nach Oberdrauburg (→ S. 140). Die Kötschacher *Filialkirche St. Andreas* (Anfang 15. Jh.) steht idyllisch am Ortsrand. In Laas befindet sich auch einer der Geotrails des *GeoParks Karnische Alpen*. Hauptattraktion ist der versteinerte Baum, das größte Pflanzenfossil Österreichs, der sich nördlich des Dorfes im Wald befindet (15 Gehmin., Richtung Krankenhaus, auf halbem Weg links, beschildert).

Lesachtal

Das hochgelegene Lesachtal gilt manchen als eines der schönsten Hochtäler der Alpen. Nachdem man von Kötschach den Einstieg über St. Jakob geschafft hat, steigt das Tal von Birnbaum (um 1000 m) in weiten Terrassen bis nach Maria Luggau auf etwa 1200 m. Die kleinen Bergbauerndörfer, *Birnbaum*, *Liesing*, *Sankt Lorenz* und *Maria Luggau* liegen verstreut auf weiten Hochplateaus, meist in Hanglage an der Sonnenseite und hoch über der Gail, die sich tief in den Talgrund eingeschnitten hat. Die waldreichen Hänge steigen sanft an und gehen in die malerischen Gipfelpanoramen über. Im Süden bildet der lang gezogene Höhenzug der Karnischen Alpen die Grenze zu Italien, im Norden erheben sich majestätisch die Lienzer Dolomiten. Die dichten Wälder haben sich übrigens auch im Namen des Tals niedergeschlagen: *Les* ist Slowenisch für *Holz/Wald*. Im Lesachtal setzt man seit Jahrzehnten auf „sanften Tourismus“: die Natur steht im Vordergrund, nicht das Spektakel, statt Superlativen findet man Abgeschiedenheit und ländliche Idylle.

Wenn es doch einen Superlativ geben sollte, dann vielleicht den: Oberhalb des kleinen Weilers St. Jakob am Eingang zum Lesachtal findet sich hoch droben auf der Alm ein einzigartiges Blumenparadies: Die **Mussen**, der östliche Ausläufer der Lienzer Dolomiten im Dreieck Lesachtal, Gailbergsattel und Kötschach, gilt als Kärntens Blumenberg. Besonders prächtig erblühen im Juni die Almwiesen der Mussen in allen denkbaren Farben. Die Mussen stehen unter Naturschutz, zu den blühenden Besonderheiten gehören der Türkenbund, zahlreiche Orchideen und Lilien, darunter auch die seltene schneeweiße Alpen-Paradieslilie.

Hoch über der Gail liegt auf etwa 1000 m die erste Etappe auf dem Weg durchs Lesachtal: der malerische Weiler **Birnbaum**, in dem keine 100 Einwohner leben. Hauptort, da Gemeindesitz, ist **Liesing** (130 Einwohner) auf etwa 1050 m Höhe mit der kompakten gotischen Kirche St. Nikolaus. Die mit über 300 Einwohnern größte Ortschaft im Lesachtal ist **St. Lorenzen**. Hier mündet das Radegunder Tal ein, an dessen Ende vor imposantem Dolomitengipfelpanorama das **Tuffbad** liegt, eine alte Heilquelle (12 °C warmes Calzium-Magnesium-Sulfat-Wasser, um genau zu sein), die als Kloster- und Bauernbad (u. a. gegen rheumatische Erkrankungen) genutzt wurde. Heute befindet sich hier ein Wellnesshotel.

Schließlich ist der Wallfahrtsort **Maria Luggau** erreicht. Helene hieß die Bäuerin, der 1513 die Madonna im Schlaf erschien. Anstatt ein nervenentspannendes Heilbad zu nehmen, errichtete sie eine Marienkapelle. Aus der hölzernen Kapelle sollte eine Kirche werden (1516), die bald zu klein und darum durch eine größere ersetzt wurde, die *Bartlmä Firtaler* baute (1536 eingeweiht), zu der sich schließlich ein Kloster gesellte. Im 18. Jh. wurde die gotische Kirche nach einem Brand erneut erweitert und komplett barock umgestaltet, aus dieser Zeit stammt auch der opulente Hochaltar. Bis heute ist das Servitenkloster und die Kirche *Maria Schnee*, die 1986 zur Basilika Minor erhoben wurde, ein bedeutender Wallfahrtsort. Neben dem für die abgeschiedene Lage recht imposanten Klosterkomplex findet sich eine ländliche Sehenswürdigkeit: Entlang des Trattenbachs führt der *Luggauer Mühlenweg* zu fünf alten Wassermühlen. Einstmals klapperten an die 200 Mühlen an den rauschenden Bächen des Lesachtals, die ihm den Beinamen „Tal der hundert Mühlen“ einbrachte, der idyllische Mühlenweg erinnert an diese Zeit.

Information Tourismusbüro Lesachtal, geöffnet Mo–Do 7.30–12.30 und 13–16 Uhr, Fr 7.30–13 Uhr. 9653 Liesing 29, ✆ 04716-24212, www.lesachtal.com.

Übernachten/Essen ****S 1. **Almwellness-Hotel Tuffbad**, großes Wellnesshotel am Ende des Radegunder Tals. Mit umfangreicher gastronomischer Versorgung, die

Herbststimmung im Lesachtal

hauseigene Mineralwasserquelle speist auch den Pool im Wellnessbereich, Saunen, Anwendungen und Kosmetikangebot. DZ ab 264 € inkl. Vollpension. Tuffbad 3, 9654 St. Lorenzen, ✆ 04716-622, www.almwellness.com.

Hütten **Hofschenke Mühlenstüberl**, urige Hütte in Obergail, sehr freundlich, nette Terrasse, Kärntner Küche, sehr gute Jausen und Mehlspeisen. Geöffnet Anfang Mai bis Anfang Okt. 10.30–22 Uhr, Mo Ruhetag (Juli/Aug. tägl.) sowie Anfang Dez. bis Anfang Jan. Von Liesing Richtung St. Lorenzen, dann links ab ganz hinunter ins Tal, über die Brücke und wieder hinauf, das Mühlenstüberl befindet sich ganz am Ende der schmalen Straße in Obergail. Obergail 31, 9653 Liesing, ✆ 04716-20053, www.muehlenstueberl.at.

»› Lesertipp: **Steineckenalm**, „eine der schönsten Almen Kärntens natürlich samt Hütte zum Einkehren." Das können wir bestätigen: Eine malerische Almhütte in traumhafter Lage mit herrlichem Blick. Anfang Mai bis Ende Okt. 10–17.30 Uhr, Mi Ruhetag. Südlich von Liesing, am einfachsten über Obergail zu erreichen, zu Fuß ab Parkplatz Mühlenstüberl ca. 45 Min. ✆ 04716-421 oder 0664-2011527. «‹

Einkaufen **Bauernladen**, hier erhält man alles, was die Bauern des Tals produzieren, Käse und Butter, frisches Brot, Lesachtaler Honig und Marmelade, Saft und Edelbrände, aber auch Schnitzereien, Filz und Schafswolle. Sehr freundlich. Der Bauernladen befindet sich unterhalb des Klosters, Mai bis Okt. 9.30–18 Uhr geöffnet, Maria Luggau 15, ✆ 04716-484. ■

Sport **Klettern**: Kletterer finden u. a. beim Tuffbad einen Klettergarten mit Routen unterschiedlicher Schwierigkeitsgrade und ein paar Klettersteige, z. B. in der Millnatzenklamm nördlich von Liesing; Infos unter www.lesachtal.com und www.erlebnis-lesachtal.at.

Wandern: Das Lesachtal ist ein traumhaftes Wanderrevier. Zahllose Wanderwege führen durch das Tal, über die Almen und auf die Berge: Man kann beispielsweise durch das ganze Lesachtal von Birnbaum bis Maria Luggau wandern; im Juni empfiehlt sich vor allem eine Wanderung hinauf zur Mussen; spektakulär schön sind die Gipfel der Lienzer Dolomiten, vor deren Panorama sich herrliche Wanderungen von St. Lorenz aus unternehmen lassen.

Wintersport: Im Winter lässt man es ruhig angehen: Langlauf und Schneewandern.

Wassersport: Die Zentrale der Agentur *Fit & Fun* (Wildwasserrafting, Canyoning, Kajak- und Kanutouren, Klettern) befindet sich in St. Lorenzen, ✆ 04716-597, www.fitundfun-outdoor.com. Fit & Fun bietet auch – so viel Spektakel findet sich dann doch im beschaulichen Lesachtal – den absoluten Kick, den *Mega Dive*: Unter der 70 m hohen Podlaniger Brücke schaukelt man mit Affenzahn durch das Tal – nur für Mutige.

Stift Ossiach am See

Um den Ossiacher See

Der Ossiacher See ist ein beliebtes Badeparadies und ausgesprochen camperfreundlich. Von der Gerlitzen schweben Paraglider herunter. Zwei außergewöhnliche Architekturen befinden sich an seinem Ufer, wie sie unterschiedlicher nicht sein könnte: das altehrwürdige Stift Ossiach und das postmoderne Gesamtkunstwerk „Steinhaus". Kurzum: Der Ossiacher See zeigt sich vielseitig.

Lang gestreckt bettet sich der Ossiacher See (auf 501 m Höhe) zwischen die steilen Hänge der *Gerlitzen*, den südlichsten der Nockberge, und die *Ossiacher Tauern*, den sanften Höhenzug, der den See von Drau und Wörthersee im Süden trennt. Etwas mehr als 10 km lang ist der drittgrößte See Kärntens und seine schmalste Stelle – zwischen Ossiach im Süden und Bodensdorf im Norden – gerade einmal 600 m breit. Die Engstelle markiert im Tiefenrelief eine Schwelle, die das seichte, 11 m tiefe, östliche Becken vom weitaus größeren und über 50 m tiefen Becken trennt. Die Wasserqualität ist wie bei den meisten Kärntner Seen hervorragend bis trinkwassertauglich. Da der See, genauer gesagt: die obere Wasserschicht, sich im Sommer schnell erwärmt und eine Temperatur bis zu 27 °C erreichen kann, ist der Ossiacher See als Badesee sehr beliebt. Mehrere Strandbäder und zahlreiche Campingplätze erstrecken sich an seinen Ufern. Der bedeutendste Ort des Sees, historisch und kulturell, ist Ossiach, dank des uralten *Stifts Ossiach*. Eine Attraktion von internationalem Rang findet sich auf der anderen Seeseite: Das *Steinhaus* in Steindorf ist ein einzigartiges architektonisches Meisterwerk.

Ossiach, das Stift und die Südseite des Sees

Die „Schattenseite" der idyllischen Ossiacher Tauern ist sonnig genug für den gepflegten Campingurlaub: Zahlreiche Campingplätze säumen das Südufer des Ossiacher Sees. Beschauliches und doch beeindruckendes Zentrum ist Ossiach mit seinem alten Stift.

Der Name des Stifts stammt aus dem Slowenischen und beschreibt die Lage des Klosters: *osojen* bedeutet „schattenseitig". Nichtsdestotrotz liegt die altehrwürdige Klosteranlage ungemein malerisch am Ossiacher Seeufer.

Dem ersten Anschein nach erinnert das **Stift Ossiach** eher an die Nüchternheit eines norddeutschen Herrenhauses, das sich lediglich im Innenhof ein wenig Überschwang im Torrisalit erlaubt: Das Stift ist eine vierflügelige Anlage, dreistöckig und akkurat verputzt, um einen nicht ganz quadratischen Innenhof, und beherbergt heute die *cMa*, die Carinthische Musikakademie (Unterricht, Workshops, Konzerte, Tonstudio). Auch die Stiftskirche wirkt von außen recht hübsch, aber ebenfalls eher sachlich. Betritt man dann aber das Gotteshaus, trifft einen die Innenraumgestaltung mit barocker Wucht. Aber der Reihe nach:

Gegründet wurde das Benediktinerstift um 1024 von einem Kärntner Grafen namens *Ozi*. Es ist damit das älteste Männerkloster in Kärnten, das dauerhaft Bestand haben sollte, älter als Millstatt und St. Paul. Neben den Klostergebäuden wurde auf den Grundmauern einer älteren Kirche eine romanische Basilika errichtet, die mehrfach umgebaut und erweitert wurde: Im 13. Jh. wurde die gotische Nordkapelle angefügt, im 15. Jh. Kirche und Kloster nach einem Brand wiederaufgebaut und umgestaltet, im 16. Jh. das Kloster erweitert. Die nachhaltigste Veränderung hat *Abt Hermann* zu verantworten, der nach 1737 die Stiftskirche umfänglich barockisieren ließ. Als das Kloster 1783 durch *Kaiser Joseph II.* aufgelöst wurde, begann der Niedergang der Anlage: Militärkaserne (Abriss des Ost- und des Südflügels), militärischer Pferdestall, „Roßspital" für im Ersten Weltkrieg verwundete Pferde, im Zweiten Weltkrieg Kriegsgefangenenlager. 1946 war das Stift Ossiach derart heruntergekommen, dass man erwog, es abzureißen. Glücklicherweise konnte die Anlage gerettet und einer neuen Bestimmung zugeführt werden. Dank des seit 1969

Gotische Kapelle in der Stiftskirche

stattfindenden Carinthischen Sommers und der Carinthischen Musikakademie sind heute Prunkräume, Kammern und Flure, Stiftskirche und Innenhof mit klangreichem Leben gefüllt.

Aber auch ohne musikalische Untermalung sollte man einen Besuch der **Stiftskirche** nicht verpassen: Die Stiftskirche, eine dreischiffige Basilika, bietet in ihrem Inneren ein harmonisches, barockes Erscheinungsbild. Ausschweifend und farbenfroh sind die Stukkaturen an Säulen und Gewölbe, das darüber hinaus mit zahlreichen Fresken versehen ist (1753/54). Prächtig und mit viel Gold beschlagen sind der Hochaltar in der Apsis wie auch die Seitenaltäre. Herrlich barock in Ausstattung und Bildsprache zeigt sich auch die reich gestaltete Kanzel (1725): Am Kanzelaufgang frisst der Leviathan die Sünder, während eine Allegorie der Carinthia ein wenig stolz auf das Stift Ossiach weist, Reliefs der Kirchenväter zieren die Brüstung und darunter mahnen Motive der Vergänglichkeit den Besucher.

Der Gang in die Taufkapelle wird dagegen zu einer kunstgeschichtlichen Zeitreise. Mit einem Schritt verlässt man die barocke Opulenz und befindet sich in der erhabenen Eleganz einer gotischen Kapelle mit ausgeprägtem Kreuzrippengewölbe und einem wertvollen spätgotischen Altar, die Ornamente im Gewölbe stammen allerdings aus der Renaissance.
Stiftskirche: tägl. 9–18 Uhr geöffnet.

Der stumme Büßer von Ossiach

Um das Jahr 1080, je nach Stimmung des Erzählers war es ein lauer Sommerabend oder eine stürmische Herbstnacht, pochte ein einfacher Pilger an die Tore des Stifts und bat wortlos um Aufnahme. Sie wurde ihm gewährt, und der Pilger, der nicht sprechen wollte, blieb und diente dem Kloster mit niedersten Arbeiten.

Erst auf dem Sterbebett sollte er sich zu erkennen geben: Der stumme Pilger war kein geringerer als der polnische König *Boleslaus II.*, genannt der Kühne, der Freigiebige oder auch der Dreiste (je nach Standpunkt des Erzählers). Sterbend bat er den Abt um Vergebung für ein sündiges Leben, das seinen Höhepunkt in der Ermordung des Krakauer Bischofs *Stanislaus* hatte. Stanislaus, der den König wegen seines liederlichen Lebenswandels ermahnt hatte, soll in der Kathedrale von Boleslaus eigenhändig erschlagen und zerstückelt worden sein. Der bis dato ohnehin nicht eben beliebte König musste nach dieser Tat vor einem Aufstand des Adels fliehen und begab sich reumütig und inkognito auf eine Pilgerfahrt nach Rom. Er kam bis Ossiach. Sein Grab – so die Legende denn stimmt – befindet sich außen an der Nordwand der Stiftskirche

Über den südwestlich benachbarten Ort **Ostriach** gibt es außer über die schön am Seeufer gelegenen Campingplätzen kaum etwas zu berichten, es folgen weitere Campingplätze entlang der Süduferstraße Richtung Landskron. Bevor man aber die Burgruine (→ S. 202) am südwestlichen Rand des Ossiacher Sees vor sich hat, fällt der Blick zunächst unweigerlich auf das moderne Appartementhaus Landskron – keine Augenweide, zumindest von außen nicht.

Beschauliche Ruhe und fast schon Einsamkeit findet man beim Ausflug hinauf zu den *Ossiacher Tauern*. Von Ossiach zieht sich der Weg auf einer Schotterstraße fast ewig durch den Wald in Serpentinen bergauf (beliebte Strecke bei Mountainbikern und sonstigen Radfahrern), bis man schließlich den *Tauernteich* und gleich darauf den Ort *Tauern* – bestehend aus: Kirche, Gasthof, Rinderzucht – erreicht hat. Unspektakulär, aber ungemein ruhig und idyllisch, die Straße führt weiter nach Velden am Wörthersee (auch hier nur teilweise Asphalt, insgesamt lange 20 km).

Information **Tourismusinformation Ossiach**, sehr nett und hilfsbereit, bei der Abzweigung von der Durchgangsstraße zum Stift. Juni/Sept. Mo–So 9–18 Uhr, Juli/Aug. Mo–So 9–19 Uhr (Mitte Juli bis Mitte Aug. bis 20 Uhr), im Winterhalbjahr Mo–Fr 7–12 Uhr, Mo/Mi auch 13–15.30 Uhr, Di 13–18 Uhr und Do 13–15 Uhr. 9570 Ossiach 8, ✆ 04243-497, www.ossiachersee.info.

Übernachten/Essen **Seewirt**, unterhalb des Stifts am Seeufer, ein traditionsreiches gelbes Haus mit Kiesterrasse unter Kastanienbäumen, hinter dem Haus eigenes Strandbad mit großer Liegewiese für die Übernachtungsgäste. Innen gediegen-rustikal, so auch die Zimmer (teilweise mit Balkon). DZ 104–120 €, inkl. Frühstück. Das Restaurant erfreut sich großer Beliebtheit (ganztägig, nachmittags Kaffee und Kuchen). Ossiach 2, 9570 Ossiach, ✆ 04243-2268, www.seewirt-ossiach.at.

Seminarhotel Ossiach, im Stift Ossiach, hier residieren die Musiker der Carinthischen Musikakademie, wenn noch Zimmer frei sind, kann man hier im Stiftshotel aber auch als Normalsterblicher unterkommen. 2013 neu renoviert, Preise auf Anfrage (am besten per E-Mail unter office-ossiach@die-cma.at). Musikakademie Stift Ossiach, Stift Ossiach 1, 9570 Ossiach, ✆ 04243-45594, www.die-cma.at.

Stiftsschmiede, in dem historischen, 1000-jährigen Gebäude, das nach einem verheerenden Großbrand im Aug. 2012 wieder aufgebaut wurde, befindet sich ein haubengekröntes, weithin bekanntes und beliebtes Fischrestaurant (wieder eröffnet im April 2013). Im einstmals wunderschönen Garten muss vielleicht noch etwas nachwachsen und möglicherweise sind auch die Räumlichkeiten anders gestaltet als früher, der Küche des Hauses und den Empfehlungen des freundlichen Personals kann man aber weiterhin vertrauen. Im Sommer tägl. ab 17 Uhr geöffnet, So Ruhetag, in der Nebensaison zuletzt So/Mo/Di Ruhetag. Ossiach 4, ✆ 04243-45554, www.stiftsschmiede.at.

Schöne Lage am Wasser: der Seewirt

Gasthof Kölbl, in Ostriach neben der Sommerrodelbahn, etwas oberhalb der Hauptstraße, aber kaum zu verfehlen. Terrasse mit Blick auf den See, Kärntner Hausmannskost zu angenehmen Preisen (Hauptgerichte fast alle unter 10 €), sehr beliebt. Im Sommer tägl. ab 11 Uhr geöffnet. ✆ 04243-8223.

Restaurant.Café allegro, Café und Restaurant des Stifts, sehr schöne Terrasse davor, tägl. ab 10 Uhr durchgehend geöffnet bis 18 Uhr, in der Hochsaison bis 22 Uhr. In der Nebensaison eingeschränkt. ✆ 04243-45594412.

Café direkt am See, neben dem Erlebnisbad gelegenes Café, auch kleinere Gerichte, tagsüber auch Bootsverleih, abends Cocktail-Bar, ✆ 0650- 3506615.

Camping **Seecamping Parth**, ein schöner Platz in Ostriach direkt am See, Liegewiese, nette Stimmung, Ferienwohnungen

Kosmopolitisch: die Sonnenuhr im Stiftshof zeigt zweierlei Zeit

über dem Restaurant *Hexenpfandl* (hier diverse Grillabende). Camping: pro Pers. 9,40 €, Kinder 3–16 J. 6,40–8,20 €, Stellplatz 12,40 €, kleiner Stellplatz 7,20 €, Hund 5 €, Familienkabine 13,50 €, Umweltabgabe 0,50 €. Ferienwohnung für 2–8 Pers. 86–157 €, auch mit Frühstück oder Halbpension möglich. Mit viel Holz renovierte Zimmer im „Haus Hüblbauer" für 2 Pers. 98 €, Familienzimmer (3–6 Pers.) 147–274 €; Mobile Homes (2–7 Pers.) 62–89 €. Der Campingplatz ist Anfang April bis Ende Okt. geöffnet, die Appartements können das ganze Jahr gemietet werden. Zwischen Hauptstraße und See, nicht zu übersehen. Ostriach 10, 9570 Ossiach, ✆ 04243-27440, www.parth.at.

Camping Kölbl, gemütlicher, einfacher und nicht ganz so großer Platz in Ostriach am See, auch hier Liegewiese, mit Restaurant und Mini-Market, MTB- und Kajakverleih. Pro Pers. 9 €, Kinder 3–9 J. 6 €, Jugendliche 10–16 J. 7,90 €, Stellplatz 10–12 €, auch Mobile Homes (68 € exkl. Personengebühr). Keine Hunde. Ostern bis Ende Okt. und in der Weihnachtssaison geöffnet. Ostriach 106, 9570 Ossiach, ✆ 04243-8223, www.camping-koelbl.at.

Es folgen in Richtung Landskron (in Heiligengestade) drei weitere Campingplätze, von denen wir den **Seecamping Berghof** mit mehreren Badestegen, Wasserrutsche, Spielplätzen, Liegewiese und eigener Wassersportschule sowie weiterem umfangreichem Sportangebot am attraktivsten finden. Auch Restaurant und Supermarkt, wohlorganisiertes Gelände, mit Abstand größter Platz am See und bestens ausgestattet, besonders kinderfreundlich. Pro Pers. 9,70 €, Kinder 2–9 J. 6,90 €, Jugendliche 10–14 J. 8,80 €, Stellplatz 13,50–16,50 €, Hund 3 €; auch Zimmer und Appartements: EZ 25–34 €, DZ 43 €, Dreibettzimmer 50 €, Appartement für 2–4 Pers. 59–85 €. Mitte April bis 20. Okt. geöffnet. Süduferstr. 241, 9523 Villach/Landskron, ✆ 04242-41133, www.seecamping-berghof.at.

Einkaufen **Ossiacher Bauernmarkt**, Mai bis Sept. mittwochs 17 Uhr.

Das Mitbringsel – Kunsthandwerk, das Sortiment des kleinen Ladens an der Seepromenade erklärt sich wohl von selbst, Juli/Aug. tägl. 10–18 Uhr, Mai/Juni Sa/So 11–18 Uhr und Sept. Sa/So 11–17 Uhr, ✆ 04243-2250.

Sport Baden: *Erlebnisbad Ossiach*, mit Strand, Steg und langer Wasserrutsche, Liegestühle und Sonnenschirmverleih, Beachvolleyballplätze, mit Gastronomie. Im Sommer tägl. 8–19 Uhr (Einlass bis 18 Uhr), Erw. 3,80 €, Kinder 2,20 €, Familienticket 10 €. Ossiach 8, ✆ 04243-2246210.

Bootsverleih: *Bootsverleih Ossiach*, neben dem Erlebnisbad Ossiach gelegen, bei schönem Wetter tägl. 9–21 Uhr, Elektroboot 10 €/30 Min., 17 €/Std., Tretboot 8 €/30 Min., 11 €/Std., dazu gehört das *Café direkt am See*, ✆ 0650- 3506615.

Fischen: Im Ossiacher See tummeln sich u. a. Hecht, Waller, Zander, Karpfen, Schleihe und Blei. Fischerkarten gibt es z. B. in der Touristinformation Ossiach (Südseite) und von der Fischereigemeinschaft Steindorf (Nordseite) beim Kreuzwirt.

Sommerrodelbahn: zwei Bahnen mit je 760 m Länge und 6 Kurven, die Bahnen verlaufen parallel, heißt: Rennen möglich! Mitte Mai bis Mitte Sept. tägl. 10–17.30 Uhr (Juli/Aug. bis 19 Uhr, Mi sogar bis 20.30 Uhr). 4 €/Pers., Kinder bis 12 J. 3 €, 6er Karte 20 € bzw. 15 €. Ostriach 126, ✆ 0664-2022537.

Wandern: Diverse Wanderwege führen hinauf in die Ossiacher Tauern, z. B. der *Ossiacher Schluchtweg* in etwa einstündiger Wanderung durch eine kleine Schlucht von Ossiach hinauf zum Tauernteich, Start ist an der Rappltschbachbrücke an der Straße (nordöstlich vom Stift), beschildert, 400 Höhenmeter, teils recht steil.

Veranstaltungen **Carinthische Musikakademie**, über das Jahr verteilt werden zahlreiche Konzerte und Abschlussaufführungen von Kursen und Workshops von der im Stift beheimateten Musikakademie veranstaltet, abwechslungsreiche Stile (und Besetzungen) vom Blockflötenorchester bis zum Brass, Chor und a Cappella, Klassik und Swing u.v.m. Infos unter Stift Ossiach, Ossiach 1, ✆ 04342-45594, www.die-cma.at.

Klassik im Kloster – der Carinthische Sommer

Der *Carinthische Sommer*, eines der bedeutendsten klassischen Festivals Österreichs, findet schon seit 1969 im Stift Ossiach statt. Künstler von internationalem Rang kommen jeden Sommer im Juli und Aug. an den Ossiacher See und geben hochklassige Konzerte vor historischer Kulisse. Spielstätte ist vornehmlich das Stift Ossiach, in der Stiftskirche und den Sälen; weitere Veranstaltungsorte sind die Kongresshalle in Villach und die Bergkirche von Tiffen. Infos und Tickets während des Festivals im Stift Ossiach, Ossiach 1, ✆ 04243-2510 (Rest des Jahres über das Büro in Wien, Gumpendorfer Str. 76/2, ✆ 01-5968198), www.carinthischersommer.at.

Verbindungen **Bus**: mind. 5x tägl. nach Villach und nach Feldkirchen.

Schiff: Von Ossiach schippern die *MS Ossiach* und *MS Villach* über Bodensdorf und Annenheim bis St. Andrä bzw. in anderer Richtung nach Steindorf, im Sommer 8x tägl., in der NS 3–4x tägl. Die kürzeste Strecke über den See nach Bodensdorf kostet 2,80 €, nach Steindorf 3,50 €, bis St. Andrä 9 € (Kinder die Hälfte, Ermäßigung bei Hin- und Rückfahrt), Fahrradtransport nur auf der MS Ossiach (2,50 €), auch Rundfahrten, Tickets an Bord. *Ossiacher Seeschifffahrt*, ✆ 0699-15077077, www.schifffahrt.at/ossiachersee.

Steindorf am Ossiacher See und Bodensdorf

Steindorf am Ossiacher See heißt der beschauliche 480-Einwohner-Ort am Ostufer und die Gemeinde, zu der auch das benachbarte Bodensdorf gehört, das mit etwa 1000 Einwohnern doppelt so groß wie Steindorf selbst ist. In **Bodensdorf** beginnt die *Gerlitzen Alpenstraße*, die sich über zwölf Kilometer hinauf auf 1800 Höhenmeter schlängelt. Über einen Wanderweg erreicht man vom Parkplatz bequem den Gipfel der Gerlitzen. **Steindorf**, das Dorf am Nordostufer des Ossiacher Sees, erstreckt sich beidseits der Durchgangsstraße, wobei der seeabgewandte Teil am ehesten dörflichen Charakter aufweist. Attraktion ist natürlich das **Steinhaus**.

Domenigs Steinhaus – ein architektonisches Gesamtkunstwerk

Ein außergewöhnliches Stück Architektur. Ein avantgardistisches Fanal aus Glas, Stahl und Beton. Die Fassade wie ein abstrakter Felsbruch, aufgebrochen, ausgewaschen und zerklüftet, scharfkantig und doch fließend. Der Stahl glitzert in der Sonne wie ein Wasserfilm, der über Kaskaden fällt. Auch die Raumwirkung ist faszinierend: Jeder Weg, jede Stiege überraschend (dabei kein Winkel im rechten Winkel), die Fluchten und Fenster wie Felsspalten, die Stockwerke kaum erkennbar, sondern vielmehr vielschichtig strukturiert, ein geometrisches Felsenlabyrinth, verschachtelt und schroff, und doch offen und licht.

Der 1934 in Klagenfurt geborene und 2012 verstorbene Architekt *Günther Domenig* hat mit dem Steinhaus ein Meisterwerk geschaffen. Domenig, der auch das herausragende Dokumentationszentrum des Nürnberger Reichsparteitagsgeländes realisierte, begann bereits in den 1980er-Jahren mit Planung und Bau der Ausnahmearchitektur am Ossiacher See. In den über 20 Jahren bis zur Eröffnung entstand ein postmodernes Gesamtkunstwerk, ein architektonisches Manifest, das weltweit Beachtung gefunden hat. Heute dient das Steinhaus als flexibler Veranstaltungsort für Konzerte, Filme, Ausstellungen, Lesungen, Workshops ... Aber der Star ist das Haus.

Das Steinhaus ist im Sommer geöffnet, zuletzt Juli bis Sept. tägl. 10–12 und 15–17 Uhr, Führungen Juli/Aug. mittwochs 19 Uhr (90 Min., Erw. 8 €, erm. 4 €). Uferweg 31, 9552 Steindorf. Infos auch unter MF Marketing, Bahnhofstr. 8, 9560 Feldkirchen, ✆ 0650-4646240 oder 0650-3288954, www.marketing-feldkirchen.at.

Südlich von Steindorf liegt das *Bleistätter Moor*. Das Feuchtgebiet am Ostufer des Ossiacher Sees war einst trockengelegt und landwirtschaftlich genutzt worden. Heute ist das Moor um die *Tiebel*, den Hauptzufluss des Sees, zur Renaturierung ein Naturschutzgebiet.

Information **Tourismusinformation Steindorf am Ossiacher See**, bestens informiert, sehr hilfsbereit und freundlich, in Bodensdorf. Hauptsaison Mo–Fr 8–19 Uhr, Sa/So 9–18 Uhr, Sept. Mo–Fr 8–16 Uhr, Sa/So 9–12 Uhr, restl. Jahr Mo–Fr 8–12, Mo–Do auch 13–16, Sa/So geschl. 10.-Oktober-Str. 1, 9551 Bodensdorf, ✆ 04243-838323, www.ossiachersee.info.

Mautstraßen Vom westlichen Ortsrand von Bodensdorf steigt die **Gerlitzen Alpenstraße** hinauf bis zur Bergeralm, ein Stück unterhalb des Gipfels (etwa 12,5 km). Pkw/Motorrad 8 €.

Übernachten **Seehotel Hoffmann**, familienfreundliche Anlage, bestehend aus zwei Häusern samt Strandbad und ein Campingplatz im Ortsteil Stiegl. Links liegt das schöne alte Landhaus und rechts das jüngst renovierte neuere Hotel. Über einen (ungeschützten) Bahnübergang geht es zum großen hoteleigenen Strand mit Café, neuer Seesauna und Campingplatz (mit eigenem Strand). Im Haus natürlich ein Restaurant. April bis Okt. geöffnet. DZ ab 164 € landseits und 196 € seeseits, Familienzimmer ab 320 €, DZ im Landhaus 196 €, jeweils inkl. Halbpension. 9552 Steindorf/Ossiacher See, ✆ 04243-8704, www.seehotel-hoffmann.at.

Camping **Seecamping Nagele**, in *Steindorf*. Camping zwischen Seeidyll und Postmoderne: Der familiäre, kleine Platz liegt spektakulär in direkter Nachbarschaft zum Steinhaus. Schlichter Sanitärbereich, direkter Seezugang, im Sommer mit Imbiss. Mai bis Sept. geöffnet. Erw. 9 €, Kinder 5 €, Stellplatz 9 €, mit Strom 11,50 €. Uferweg 32, 9552 Steindorf, ✆ 04243-8314, www.seecamping-nagele.at.

Seecamping Hoffmann, gehört zum gleichnamigen Hotel, schöner kleiner Platz direkt

Camping mit Baukunst

am See und mit eigenem kleinem Strand. Etwa 50 Stellplätze, über die Hälfte davon auf schattigen Terrassen. Erw. 8,10 €, Kinder 3,60–7,50 €, kleiner Stellplatz 8,50 €, großer Stellplatz 11–13 € (nach Lage), Hunde 3,80 €. Anschrift → oben, www.seecamping-hoffmann.at.

Essen & Trinken **Stoffl-Wirt**, beliebte Ausflugsgaststätte, zur guten Kärntner Küche gibt's die grandiose Ossiacher-See-Kulisse, dank Aussichts-Terrasse und Panoramafenster in der Stube. Hauptgerichte ab 10 €. Freundlich. Im Haus auch vier Zimmer. Fast ganzjährig geöffnet (Mitte Nov. bis Mitte Dez. und Mitte Jan bis Anfang März geschl.), Mo Ruhetag, in der Nebensaison Mo/Di, Juli/Aug. tägl. geöffnet. *Anfahrt*: auf der Gerlitzen Alpenstraße (aber noch vor der Mautstation), 2,5 km oberhalb von Bodensdorf (am westl. Ortsausgang gegenüber der Tankstelle hoch). Deutschberg 6, ✆ 04243-6920.

Urbani-Wirt, freundliches Gasthaus am westlichen Ortsausgang im Ortsteil *St. Urban*, der eigentlich sehr schöne Biergarten unter schattigen Bäumen liegt leider an der Durchgangsstraße, nichtsdestotrotz ist der Urbani-Wirt sehr beliebt. Traditionelle Kärntner Küche, Hauptgerichte 10–17 €, unter der Woche günstige Mittagsmenüs, Sa/So frischer Schweinebraten. Sehr freundlicher Service. Mo Ruhetag. Bundesstr. 50, ✆ 04243-45627.

Sport **Baden**: *Gemeindestrandbad Bodendorf*, Mai bis Sept. tägl. 7–19 Uhr, Erw. 2,70 €, Kinder 1 €. Fischerweg 8, ✆ 0650-4851694.

Strandbad Toff, Mai bis Sept., 4 €/Tag. Golfweg 1, ✆ 0664-5701502.

Fischen: Die Gemeinde Steindorf ist auch bei Anglern sehr beliebt. Im Ossiacher See tummeln sich 21 Fischarten, darunter Hecht, Waller, Zander, Schleihe und Blei. Fischerkarten gibt es u. a. von der Fischereigemeinschaft Steindorf (Nordseite) beim Kreuzwirt.

Surfen/Segeln: *Sportschule Blasge*, in Bodensdorf, z. B. Grundkurs Segeln (160 €/10 Std.), Grundkurs Surfen (140 €/10 Std.), ✆ 0664-4232006, www.blasge.at.

Verbindungen **Bahn**: Die *S 2* fährt etwa stündl. (Sa/So etwa alle 2 Std.) von Villach aus am Nordufer nach Feldkirchen (und tägl. alle 2 Std.) weiter nach St. Veit. Haltestellen in St. Urban, Bodensdorf und Steindorf.

Schiff: Von Steindorf fahren die *MS Ossiach* und *MS Villach* im Zickzack über den See, Haltestelle sind u. a. Ossiach, Bodensdorf, Heiligengestade, Annenheim und schließlich St. Andrä. Im Sommer 8x tägl., in der Nebensaison 3–4x tägl. Eine Station kostet 2,80 €, die komplette Seequerung 9 € (Kinder die Hälfte, Ermäßigung bei Hin- und Rückfahrt), Fahrradtransport nur auf der MS Ossiach (2,50 €), auch Rundfahrten, Tickets an Bord. *Ossiacher Seeschifffahrt*, ✆ 0699-15077077, www.schifffahrt.at/ossiachersee.

Im Westen des Ossiacher Sees

Sattendorf, Annenheim, Seespitz und etwas zurückgesetzt Treffen heißen die Orte im Westen des Sees. In **Sattendorf** befinden sich eine weitere Tourist-Info und ein Strandbad. Die Kanzelbahn auf die Gerlitzen startet bei der Talstation in **Annenheim**. Am schmalen Westufer erstrecken sich ein großer Campingplatz und der Landeplatz der Paraglider. In **Treffen** schließlich, am Eingang ins Gegendtal, beginnt eine weitere mautpflichtige Straße, die sich hinauf auf die Gerlitzen schlängelt.

Information **Tourismusinformation Sattendorf**, zuständig für den Westteil des Sees. Juni bis Mitte Sept. Mo–Fr 8–18 Uhr, Sa/So 10–16 Uhr, Mai Mo–Fr 9–17 Uhr, Sa 9–13 Uhr, Rest des Jahres Mo–Fr 9–14 Uhr, Sa/So geschl. Ossiacher-See-Str. 7, 9520 Sattendorf, ✆ 04248-2336, www.ossiachersee.info.

Bergbahnen **Gerlitzen Kanzelbahn**, Talstation in Annenheim, Infos → Gerlitzen.

Mautstraßen Eine mautpflichtige Straße windet sich von Treffen aus hinauf zur Kanzelhöhe, der Mittelstation der Gerlitzenbahn. Pkw/Motorrad 7 €.

Camping **Ossiacher See Westbucht**, großer, gut organisierter Platz mit angeschlossenem öffentlichen Strandbad am (wie der Name vermuten lässt) Westufer des Sees. Familienfreundlich, Sanitärbereich barrierefrei, am Strand ein Kinderbecken, Restaurant und Laden, WLAN. Angeboten werden u. a. geführte Kajaktouren, Kajakverleih (für Campinggäste gratis), ebenfalls kostenlos die Nutzung der neuen schicken Seesauna, Yoga, nebenan befindet sich eine Segel- und Surfschule. Erw. 9 €, Kinder 5 €, Jugendliche 6,10 €, Stellplatz ab 11 € (nach Lage, Stellplatz direkt am See 17,90 €), jeweils inkl. Strom. Mai bis Sept. und Mitte Dez. bis Ostern geöffnet. Seeufer 109, 9520 Annenheim, ✆ 04248-2757, www.camping-ossiachersee.at.

Sport **Baden**: z. B. im *Strandbad Westbucht*, öffentliches Strandbad am Campingplatz. Große schattige Liegewiese. Erw. 4,50 €, Kinder 2,50 €.

Bootsverleih: bei der *Surf und Segelschule Ossiacher See*, z. B. Ruderboot oder Kajak 10 €/Std., Elektroboot 16 €/Std., auch Segelboote → unten.

Paragliden: Der Landeplatz für Gleitschirmflieger liegt bei Annenheim am Ossiacher Seeufer, weitere Infos → Gerlitzen/Sport, S. 238.

Surfen/Segeln: *Surf und Segelschule Ossiacher See*, neben dem Campingplatz in der Westbucht, Kurse (z. B. 5 x 2 Std.) Segeln 155 €, Surfen 135 €, auch Boots- und Materialverleih. Seeufer 107, ✆ 04248-483318, www.surf-segelschule.at.

Verbindungen **Bahn**: Die *S 2* fährt etwa stündl. (Sa/So etwa alle 2 Std.) von Villach aus am Nordufer nach Feldkirchen (und tägl. alle 2 Std.) weiter nach St. Veit/Glan. Haltestellen in Annenheim und Sattendorf.

Schiff: Die *MS Ossiach* und die *MS Villach* fahren von St. Andrä über Annenheim via Ossiach bis nach Steindorf, im Sommer 8x tägl., in der Nebensaison 3–4x tägl. Eine Station kostet 2,80 €, die komplette Seequerung 9 € (Kinder die Hälfte, Ermäßigung bei Hin- und Rückfahrt), Fahrradtransport nur auf der MS Ossiach (2,50 €), auch Rundfahrten, Tickets an Bord. *Ossiacher Seeschifffahrt*, ✆ 0699-15077077, www.schifffahrt.at/ossiachersee.

Gerlitzen

Das Schönste an der Gerlitzen ist die Aussicht. Steil steigen die bewaldeten Hänge von den Ufern des Ossiacher Sees auf. Da aber der runde Buckel der Gerlitzen baumfrei ist, hat man von den 1909 m einen fantastischen Rundumblick. Tief unten glitzert der Ossiacher See, hinter den Ossiacher Tauern schlängelt sich die Drau durch das weite Rosental, türkis-grün schimmert der Faaker See zu Füßen des Mittagskogel und als rahmende Kulisse entfaltet sich das grandiose Karawanken-Panorama. Nach Norden erstrecken sich die Nockberge, von denen die Gerlitzen selbst die südlichste „Nock'n" ist.

Was für ein Ausblick: Karawanken, Faaker See, Drau, Ossiacher Tauern, Ossiacher See, Ausblickgenießer (von fern nach nah)

Zwar führen drei Mautstraßen hinauf, eine davon bis zum Gipfel, doch gelangt man am einfachsten mit der Seilbahn hinauf auf die Gerlitzen. Von der Talstation in Annenheim im Westen des Ossiacher Sees erklimmt die Gondelbahn den steilen Hang bis zur Mittelstation Kanzelhöhe, weiter geht es mit dem Sessellift zum Gipfel. Auf dem Gerlitzengipfel wurde zuletzt viel gebaut, es entstanden Ferienwohnungen („*Panorama Suites Gerlitzen*") und ein Vier-Sterne-Hotel. Generell kann es recht hektisch zugehen rund um das Gipfelhaus, umso schöner und ruhiger gestaltet sich eine Wanderung entlang der Gerlitzenhänge. Oben befindet sich beim Gipfelhaus auch eine neue weiße Sternwarte und etwas unterhalb der Englische Turm, ein mit vielen Antennen bewehrter runder Backsteinbau. Der Turm ist Teil des Sonnenobservatoriums auf der Kanzelhöhe.

Die malerische, aussichtsreiche *Pöllinger Hütte*, auf halbem Weg zwischen Gipfel und Kanzelhöhe, bietet neben Jausen und Fernsicht auch ein **Alm- und Bergmuseum**: In der urigen Hutte neben der Pöllinger Hütte ist eine bäuerliche Stube samt Bergbauern- und Handwerksausstattung aus vergangenen Zeiten zu sehen, außerdem der Querschnitt einer Gerlitzenlärche von 1648 und zahlreiche Bilder und Texte zu Flora und Fauna auf der Gerlitzen (Öffnungszeiten wie die Pöllinger Hütte, dort ist auch der Eintritt von 3,50 € zu zahlen).

Mautstraßen Drei mautpflichtige Straßen winden sich die Gerlitzen hinauf: Die Gipfelstraße steigt aus dem Arriachtal bis zum Gipfel; von Treffen aus führt eine zweite Straße hinauf zur Kanzelhöhe, der Mittelstation der Gerlitzenbahn; und die Gerlitzen Alpenstraße windet sich von Bodensdorf am Ossiacher See bis auf etwa 100 Höhenmeter unterhalb vom Gipfel. Maut zwischen 7 und 8,50 € für Pkw/Motorrad.

Bergbahnen Gerlitzen Kanzelbahn, von der Talstation in Annenheim mit der Kanzelbahn (Gondel) hinauf auf die Kanzelhöhe und mit der Gipfelbahn (Sessellift) weiter auf 1909 m Höhe. Die Seilbahn fährt Pfingsten, Ende Mai bis Anfang Okt. 9–12 und 12.45–17 Uhr (Gipfelbahn 9.10–12.15 und 13–16.45 Uhr), Juli/Aug. durchgängig sowie natürlich zum Skibetrieb. Eine Teilstrecke: Erw. 13 €, Kinder 6,50 €, Familienticket 32,50 €;

vier Teilstrecken (also beide Bahnen hin und retour): Erw. 20,50 €, Kinder 10 €, Familienticket 51 €. Fahrradtransport 2,50 € (eine Teilstrecke) und 5 € (ganz hoch). Kanzelplatz 2, ✆ 04248-2722, www.gerlitzen.com.

Hütten **Turnerhütte**, schön im Wald gelegen, mit herrlichem Ausblick auf den Mittagskogel und die Karawanken, tägl. geöffnet. Pölling 21, ✆ 04248-2755, www.turner huette.at.

Steinwenderhütte, von der aussichtsreichen Terrasse kann man einen herrlichen Blick bis auf den Dobratsch genießen, ob auf einen Kaffee mit Reindling (3,20 €) oder eine Brettljause, eine Wanderpause bietet sich unbedingt an, sehr freundlicher Service. Mai bis Okt. geöffnet, Mo Ruhetag (Juli/Aug. tägl.), auch Übernachtungsmöglichkeit. Pölling 17, ✆ 0664-9115330, www.steinwenderhuette.at.

Pöllingerhütte, tolle Hütte, wer hier wandert oder Ski fährt, sollte sich hier ein kleines Päuschen gönnen. Innen urgemütliche Stube, draußen Holzterrasse mit grandiosem Ausblick auf Faaker See und Mittagskogel, sehr gutes Schweinsbraten-Brot, sympathischer Service. Zur Hütte gehört auch das **Berg- und Almmuseum** (→ oben). Pölling 18, ✆ 04248-2889 oder 0699-11421144.

Viel Rummel herrscht am **Gerlitzen Gipfelhaus**, aber der Rundumblick ist natürlich fantastisch. Geöffnet Ende Mai bis Mitte Okt. und Dez. bis Ostern, bis 17 Uhr einfache Küche, relativ teuer, auch Übernachtungsmöglichkeit. ✆ 04248-2881, www.gerlitzen.at.

Übernachten **Alpenrose Sporthotel**, jüngst renoviertes Hotel auf der Kanzelhöhe, im Sommer also mitten im Wandergebiet Gerlitzen und im Winter direkt an der Piste. Im Sommer DZ 92 € inkl. Frühstück, im Winter ab 112 €, Halbpension möglich. Kanzelhöhe 20, 9521 Treffen, ✆ 04248-39920, www.alpenrosehotel.eu.

Sport **Paragliden**: Dank der hervorragenden Thermik ist die Gerlitzen neben dem Oberdrautal das beliebteste Revier für Gleitschirm- und Drachenflieger. Startplatz ist unterhalb des Gipfels, das Landefeld an der Westbucht des Ossiacher Sees. Hier befindet sich auch die *Kärntner Flugschule*, Schnupperkurs z. B. 90 € (ein Vormittag), angeboten werden auch Tandemsprünge. St.-Andräer-Straße, 9520 Annenheim, ✆ 0676-3400340, www.kaerntner-flugschulen.at. Tandemsprünge bieten auch an: *Flug Taxi*, ✆ 0664-3386558, www.tandemfliegen.at; *Erich Plieschounig*, ✆ 0676-9394779, www.fly4you.at; und *tandem-air*, ✆ 0676-5822547, www.tandem-air.at. Ein Tandemsprung dauert in der Regel mind. 20 Min. und kosten etwa 140 €.

Pistenflitzer: unmotorisierte „Down-hill"-Cart-Bahn. Ende Juni bis Anfang Sept. Erw. 6,60 €, Kinder 4,90 €.

Ski alpin: Nov. bis April ist Skisaison, 15 Seilbahnen und Lifte bringen die Skifahrer auf 60 km Piste. *Ski-Schule und -Verleih* an der Kanzelhöhe (Mittelstation, ✆ 04248-3222, www.gerlitzen.org).

Wanderung 6: Rundwanderung auf der Gerlitzen → S. 406
Einfache Waldwanderung mit gigantischem Ausblick vom Gipfel (ca. 10 km; etwa 3 Std., leicht).

Feldkirchen

ca. 3000 Einwohner

Nur acht Kilometer vom Nordostufer des Ossiacher Sees entfernt liegt die relativ unspektakuläre Bezirkshauptstadt in hübscher Lage im Grünen, am Flüsschen Tiebel und am Rand des Glantals.

Die Großgemeinde Feldkirchen bringt es mit allen Vororten auf über 14.000 Einwohner, hinzu kommen noch ein paar Studenten aus der hiesigen Fachhochschule mit einigen modernen FH-Gebäuden am Stadtrand (Fachrichtung Pflege und Soziales). Ein Bummel durch die überschaubare Altstadt führt unweigerlich zum idyllischen Hauptplatz mit seinem hübschen Gebäudeensemble in einer Mischung aus Gotik, Barock und Biedermeier. In der Mitte des fast autofreien Platzes mit zwei

Brunnen erhebt sich die Mariensäule von 1760 – der abendliche Treffpunkt von Feldkirchen. Die eigentliche Sehenswürdigkeit des Städtchens befindet sich aber einige Schritte weiter südlich: der Bamberger Amthof, einst Verwaltungssitz der Bamberger Bischöfe, heute Ort für kulturelle Veranstaltungen und Museum (→ unten). Umgeben ist Feldkirchen von einigen hübschen kleinen Badeseen.

Die Gegend um das heutige Feldkirchen war schon in prähistorischer Zeit besiedelt, zahlreiche Funde kommen aber erst aus der Römerzeit. Erstmals namentlich erwähnt wird „*Veldchiricha*“ im 11. Jh. 1166 gelangte der Ort in den Besitz des Bamberger Bistums, dem es – mit wechselnden Lehensherren – bis 1759 angehörte. Ende des 15. Jh. wurde Feldkirchen gleich drei Mal von den Türken heimgesucht, ab 1809 fünf Jahre lang von den Franzosen besetzt. Wirtschaftlichen Wohlstand brachten die eisenverarbeitenden Betriebe (das Erz kam aus Hüttenberg) und die Holzindustrie, wozu der Bau der Eisenbahnlinie in den 1860ern Wesentliches beitrug.

Information Tourismusinformation am Parkplatz vom Bamberger Amthof, unweit vom Hauptplatz. Hier Prospekte und ein Stadtplan. Mo–Do 8–12.30 und 13.30–16.30 Uhr, Fr 8–12 Uhr. Amthofgasse 3, 9560 Feldkirchen, ✆ 04276-2176, www.tourismus.feldkirchen.at.

Parken Mit Parkscheibe am Parkplatz am Bamberger Amthof und bei der Tourist-Info, von hier nur wenige Schritte ins Zentrum.

Übernachten Empfehlen wir eher außerhalb vom Zentrum, gehoben z. B. im **** **Hotel Nudelbacher**, ca. 3 km südlich, beschildert. Mit Restaurant und Terrasse, Garten und Pool. EZ 70–83 €, DZ 126–154 €, jeweils inkl. Halbpension, Hunde willkommen (5 €/Tag). Nudelbacher Weg 1, 9560 Feldkirchen, ✆ 04276-3275, www.nudelbacher.at.

Maltschacher Seewirt → unten.

Essen & Trinken **Gasthof Seitner**, freundliches, traditionsreiches (und gelbes) Gasthaus im Zentrum in einer Seitenstraße vom Hauptplatz. Sehr schöner Gastgarten. Günstige Tagesgerichte, aber auch sonst nicht teuer, auf der Karte ergänzen saisonale Gerichte die traditionelle Kärntner Küche. Mo–Sa 8–24 Uhr geöffnet, warme Küche 9–22 Uhr, So geschl. Villacherstr. 11, ✆ 04276-2158, www.gasthof-seitner.at.

Außerdem diverse Restaurants, Kneipen und Cafés am Hauptplatz. Außerhalb empfehlen wir den beliebten **Seewirt** am Maltschacher See (→ unten).

Verbindungen **Bahn**: Bahnhof südöstlich des Zentrums, mit der S-Bahn *S 2* stündl. am Nordufer des Ossiacher Sees entlang (mit Stopps) nach Villach und in der Gegenrichtung nach St. Veit an der Glan.

Bus: bis zu 5x tägl. über Ossiach nach Villach und Himmelberg, 8x St. Veit a. d. Glan, 4x tägl. St. Urban. Busbahnhof vor dem Bahnhof und am Bamberger Platz (Dr.-Arthur-Lemisch-Str.), Sa/So sehr eingeschränkte Verbindungen!

Bamberger Amthof: Südlich der Altstadt liegt der mächtige Amthof, der mit seinen vier Flügeln, runden Türmen und Erkern eher an ein Schloss als an ein Verwaltungsgebäude des Bamberger Bistums erinnert. Wahrscheinlich befand sich hier schon im 13. Jh. ein erstes, kleineres Gebäude, urkundlich erwähnt wurde der Amthof erstmals 1422. Zwischenzeitlich hatte die Familie mit dem wenig Gutes verheißenden Namen Ungnad hier das Sagen, dann wieder die Bamberger und nach mehreren Besitzerwechseln waren hier sogar mal Mietwohnungen und nach 1945 ein Altersheim untergebracht. Sein heutiges Aussehen erhielt der Amthof relativ spät, erst Anfang des 20. Jh., damals entstand auch der Innenhof mit Arkaden. Anfang der 1990er-Jahre wurde die komplette Anlage saniert und der Innenhof überdacht, seither finden hier regelmäßig Kulturveranstaltungen und Ausstellungen statt (Programme bei der Tourismusinformation → oben, oder: www.kultur-forum-amthof.at).

Das **Stadtmuseum** im Bamberger Amthof zeigt eine bunte Mischung aus antiken Funden aus der Umgebung von Feldkirchen, diversen Dokumenten, Handwerk und Trachten, alles etwas eng und unübersichtlich, aber durchaus interessant anzuschauen. Eines der kostbarsten Exponate des Museums ist eine gotische Zinnkanne von ca. 1430, die seinerzeit im Gebrauch von Pilgern war und erst 1992 bei Restaurierungsarbeiten in der Pfarrkirche Mariae Himmelfahrt zufällig entdeckt wurde. Zur Ausstellung gehören auch die Exponate im 2 Min. entfernten Missonihaus mit der 200 Jahre alten Simetter Flodermühle im Missonigarten.

Museum: Nur im Juli/Aug. tägl. 9–13 und 14–18 Uhr geöffnet, Eintritt 3 €, erm. 2 €, Kinder und Jugendliche frei. Amthofgasse 5 (Missionihaus in der Zehenthofgasse 1), ✆ 04276-2176, www.museum-feldkirchen.at. Der Amthof ist auch außerhalb der Museumszeiten zugänglich: Mo–Fr 15–18 Uhr.

Pfarrkirche Mariä Himmelfahrt: Die Pfarrkirche, auch unter dem Namen „Maria im Dorn" geläufig, befindet sich ein Stück stadtauswärts (vom Hauptplatz der Kirchgasse in nordöstliche Richtung folgen). Wahrscheinlich gab es hier schon im 11. Jh. eine erste romanische Basilika, urkundlich erwähnt wurde die Kirche 1285, später wurde sie zur Wehrkirche ausgebaut, es folgten barocke Elemente. Im Inneren sind noch romanische Fresken zu sehen, der gotische Chor mit Flügelaltar und Holzkruzifix stammt aus dem 16. Jh., Hochaltar und Kanzel sowie der Turm aus dem Barock. Ganztägig geöffnet.

Feldkirchen/Umgebung

In der hügelig grünen Umgebung von Feldkirchen, die mit ihren abgelegenen kleinen Dörfern und den Wäldern allein schon zur Entdeckungsreise einlädt, verstecken sich auch mehrere hübsche Badeseen: Unter anderem sind dies im Westen der Flatschacher See und – als besonderes Highlight – im Südosten der Maltschacher See.

Flatschacher See Ein hübsch gelegener Badesee mit herrlicher, gepflegter Liegewiese, Beachvolleyballfeld, Holzplattform im See und dem **Restaurant Seemandl** (in dem wir sehr leckere Spinatknödel mit Salat probierten) mit Terrasse zum See, auch Kiosk. Das Strandbad ist kostenlos (Umkleiden und WC vorhanden). *Anfahrt*: Von Feldkirchen Richtung Himmelberg, kurz nach Ortsende Feldkirchen links ab (beschildert) und noch 1,2 km auf schmalem Sträßchen.

St. Urbaner See/Urbansee Bei St. Urban (mit schöner Kirche), der See liegt sehr schön inmitten des gleichnamigen Naturschutzgebietes. Mit Strandbad. *Anfahrt*: Von Feldkirchen die B 94 Richtung St. Veit/Glan, dann links ab nach St. Urban.

Maltschacher See Für uns die Nr. 1 der umliegenden Badeseen, das finden aber auch andere, entsprechend viel los ist hier im Sommer. Öffentliches Strandbad (gratis), daneben der überaus beliebte **Malt-**

Der Flatschacher See

schacher Seewirt, der nicht nur sehr gute Kärntner Küche auf schöner Terrasse bietet, sondern auch moderne Bungalows/Appartements und einen Campingplatz direkt am Wasser, eigener Badestrand. Bungalow 2–6 Pers. 73–118,50 €, Appartement 2–6 Pers. 79–167 €, Camping: Stellplatz 6–12 €, pro Pers. 6,50–8,50 €, Kinder 4–14 J. 4 €. Die Appartements werden ganzjährig vermietet, die Bungalows von Ende April bis Mitte Sept., der Campingplatz ist von Ende April bis Ende Sept. geöffnet, das Restaurant im Sommer tägl., im Winter nur Do–So mittags und abends. *Anfahrt*: Von Feldkirchen in südliche Richtung auf der B 95 Richtung Moosburg/Pörtschach, dann links ab nach Niederdorf/Sittich und weiter zum Maltschacher See (beschildert). Maltschach am See 2, 9560 Feldkirchen, ✆ 04277-2637, www.seewirt-spiess.com.

Nordwestlich von Feldkirchen: Himmelberg und Gnesau

Von Feldkirchen ist es nur ein Katzensprung hinauf ins Obere Gurktal und weiter nach Bad Kleinkirchheim (→ S. 175) und in die Nockberge (→ S. 178). Zunächst erreicht man aber den Ort **Himmelberg** (ca. 600 Einwohner) mit seinem auffälligen Renaissanceschloss *Piberstein* am Ortseingang auf der rechten Seite, das noch heute bewohnt und somit nicht zugänglich ist. Dass Himmelberg mal ein reicher Ort war, lässt sich an einigen stattlichen, palaisartigen Häusern noch erahnen, man machte hier einst mit zahlreichen Schmieden sein Geld. Einen Blick wert ist auch der Kirchturm im Ort mit den Sonnenuhren über Eck. Von Himmelberg kann man zu den Tiebelquellen mit einigen noch erhaltenen Mühlen wandern (Beschilderung Nr. 1 ab Gemeindeamt im Zentrum von Himmelberg).

Von Himmelberg geht es in Serpentinen hinauf ins besonders schöne, geradezu liebliche Obere Gurktal und nach **Gnesau** (ca. 400 Einwohner, mit Ortsteilen 1100) auf 973 m Höhe und umgeben von den hier nockig grünen und gar nicht mal so hohen Gurktaler Alpen. Die Hauptstraße wird von auffällig vielen schönen alten Holzhäusern gesäumt, und tatsächlich bildete und bildet das Holz der waldreichen Umgebung noch heute den wichtigsten Wirtschaftsfaktor für den Ort.

Information Im **Gemeindeamt**, von der Hauptstraße zurückversetzt (beschildert), Mo–Do 8–12 Uhr, Fr bis 12.30 Uhr geöffnet, Mo–Do auch 14–18.30 Uhr, Mi bis 17.30 Uhr, Sa/So geschl. 9563 Gnesau 77, ✆ 04278-271, www.gnesau.at.

Übernachten/Essen **Gasthaus Bacher**, an der Hauptstraße zwei Häuser neben der Kirche, sehr gute Kärntner Küche, nicht teuer, überdachte Terrasse, netter Service. Ganztägig geöffnet, warme Küche 11.30–21 Uhr, Mi Ruhetag. Gnesau 38, ✆ 04278-295.

Landgasthof Seebacher, ein gutes Stück außerhalb, idyllisch und sehr ruhig im Grünen gelegen, klein, urig und gemütlich, Kegelbahn nebenan. Nur wenige Plätze in der wunderbaren Stube, auch draußen einige Tische, netter Garten. Regionale Küche auf hohem Niveau, dabei aber nicht teuer: Das 5-Gänge-Genießermenü kommt auf 35 €, das Sommermenü (3 Gänge) sogar nur auf 17 €, ansonsten Hauptgerichte 12–28 €. Es stehen auch zwei Gastzimmer zur Verfügung, 28 € pro Pers., Frühstück inkl. Ab 11 Uhr geöffnet, durchgehend warme Küche (ab 12 Uhr), Mi Ruhetag. *Anfahrt*: Von Gnesau Richtung Feldkirchen, nach 3,5 km links ab nach Gurk, dann noch ca. 800 m auf schmaler Asphaltstraße, beschildert. Gurk 23, 9563 Gnesau, ✆ 04278-257, www.seebacher.at.

Camping **Hobitsch**, Wiesencamping unten am Fluss, abseits der Straße, mit Pool, Tennisplatz und Fahrradverleih, Grillstelle und Brötchenservice, Rezeption mit Snackbar (Campingbuffet) in einem Holzhäuschen. Auch Wohnmobilstellplatz (dieser sogar ganzjährig geöffnet), 12 € pro Tag. Camping: Stellplatz 2,60–5,10 €, pro Pers. 4,80 €, Kinder 5–16 J. 3 €, Strom 3,50 €, Hund 1 €, Müllpauschale einmalig 3,50 €. Anfahrt: Von Gnesau Richtung Bad Kleinkirchheim, dann rechts ab und zum Fluss, nicht zu übersehen. Mai bis Sept. geöffnet. Sonnleiten 24, 9563 Gnesau, ✆ 04278-368 oder 0676-6032848, www.camping-hobitsch.at.

Verbindungen **Bus**: ca. 8x tägl. nach Himmelberg und Feldkirchen (in den Schulferien seltener), in Gegenrichtung nach Patergassen und Ebene Reichenau.

Maria Wörth am Wörthersee

Klagenfurt und der Wörthersee

Die Hauptstadt und das touristische Zentrum Kärntens liegen dicht beieinander in der klimatisch begünstigten Lage des Klagenfurter Beckens, eines der Größten seiner Art in den Ostalpen, an dem sich einst ein riesiger Gletscher befand. Südlich wird der Wörthersee von einem Höhenzug namens *Sattnitz* begrenzt, und auch im Norden ragen oft bewaldete Hügel auf – viel Grün umgibt Hauptstadt und See.

Die Klagenfurter fühlen sich vor allem im Sommer enorm von ihrem See vor der Haustür angezogen, den sportlichen Events, die sich hier von Wochenende zu Wochenende übertreffen, mindestens aber genauso von der überaus vielfältigen Gastronomieszene und dem ausschweifenden Nachtleben, für das allen voran Velden, aber auch Pörtschach und ein wenig auch die Ostuferbucht stehen. Tagsüber locken die Ufer des türkis schimmernden Sees zum Sprung ins Nass (was bei bis zu 28 °C Wassertemperaturen auch keine große Überwindung kostet). Und wem mal nach was anderem als Baden ist, findet in den grünen Hügeln der Umgebung zahlreiche Ausflugs-, Wander- und Jausenorte.

Klagenfurt

ca. 98.000 Einwohner

Die Hauptstadt Kärntens in Bestlage am Wörthersee und unweit der Karawanken ist auch das wirtschaftliche und kulturelle Zentrum des gesamten Bundeslandes. Unbedingt einen Besuch wert ist die Klagenfurter Altstadt mit ihren schönen Gassen und Höfen.

Die mit so vielen anderen Städten zum Verwechseln ähnlichen Außenbezirke – Media Markt und Obi samt gigantischen Parkflächen – gilt es bei Anreise großzügig zu übersehen. Am besten man bewegt sich schnurstracks Richtung Altstadt. Klagenfurt am Wörthersee, so die korrekte Bezeichnung, begeistert mit seinen alten Gassen im Zentrum, ist aber aufgrund zahlreicher Kriegsschäden nicht überall romantisch schön. Es dominiert auch wohnblockweise nüchterne Nachkriegsarchitektur ohne jeglichen Charme – das soll hier nicht unerwähnt bleiben.

Klagenfurt und der Wörthersee

Wer aber den vielspurigen Ring überwunden und es zum Alten Platz im Zentrum geschafft hat, wird vom Flair zwischen alpenländisch und südländisch sicherlich begeistert sein. An den vielen warmen Sommertagen sind die Straßencafés hier bis auf den letzten Platz besetzt, oft mit jungen Leuten, schließlich zählt die nahe gelegene Universität am See an die 10.000 Studenten. Überhaupt der Wörthersee: Im Sommer verbringen viele Klagenfurter jede freie Minute an ihrem See, dessen Freizeitangebot kaum einen Wunsch offen lässt. Nur etwa 4 km sind es vom Alten Platz bis zum Strandbad, und die Verkehrsanbindungen sind bestens.

Historisches

Klagenfurt ist eine relativ junge Stadt. Erstmals erwähnt wurde ein Markt an der Glan mit dem Namen *Forum Chlagenvurth* zwischen 1193 und 1199. Ausgebaut wurde Klagenfurt dann unter *Herzog Bernhard von Spanheim*, der die Ansiedlung ein Stück nach Süden verlegte an den heutigen Alten Platz und Umgebung. 1252 erwähnen die Chroniken erstmals die Stadt, durch die damals mehrere wichtige Handelsrouten führten. Im 14. Jh. folgte eine Reihe von Naturkatastrophen (Heuschreckenplage, Erdbeben, Kältewelle und endloser Regen). Mehrere Stadtbrände und die Pest sowie der Bauernaufstand von 1477 brachten die Stadt an den Rand des Ruins.

1514 zerstörte ein besonders schwerer Stadtbrand weite Teile Klagenfurts. Der Wiederaufbau schleppte sich hin, bis es 1518 zu einem einzigartigen Vorgang kam: Die mächtigen Kärntner Landstände baten Kaiser Maximilian I., ihnen die demolierte Stadt zu schenken – und Maximilian schenkte. Bis dahin hatte es das noch nicht gegeben, dass ein Fürst seinen Landesständen eine Stadt schenkt – und obendrein das Münzrecht gewährt. Heute würde man von einer Win-win-Situation sprechen: Der Kaiser sparte bare Münze *und* erhielt zugleich eine schlagkräftige Festung gegen die Gefahren von außen und von innen, also die Türkeneinfälle und die Bauernunruhen. Die Landstände dagegen bekamen ein Machtzentrum, eine ständische Hauptstadt und Festung. Die Bürger Klagenfurts waren jedoch anfangs alles andere als begeistert, verloren sie doch ihre Privilegien. Die Stadt aber blühte in der Folgezeit auf. Spezialisten aus ganz Europa kamen, nicht nur Baumeister und Handwerker, auch Ärzte, Wissenschaftler, Künstler. Der Dom wurde errichtet und das Landhaus, Spital und Hochschule. Der Lendkanal verband die Stadt mit dem Wörthersee und füllte die Stadtgräben der Festungsstadt, die zu einer der modernsten Festungsstädte des Reiches wurde. Es entstanden zahlreiche prächtige Bürgerhäuser mit schönen Arkadenhöfen, das Zentrum der Stadt wurde an den Neuen Platz verlegt und auch mehrere Ordensgemeinschaften wie z. B. die Ursulinen ließen sich hier nieder. Zwar gab es auch weiterhin den einen oder anderen Stadtbrand (u. a. 1723), wirklich bedroht wurde die Stadt aber erst wieder 1797 durch Napoleons Truppen, die 1809 die Stadt besetzten und die Stadtmauern und Stadttore sprengten.

1850 wurde Klagenfurt die Hauptstadt Kärntens. 1863 erfolgte der Anschluss an die Bahnstrecke nach Marburg (Maribor in Slowenien) und ein Jahr später auch nach Villach, was Wirtschaft und Wörtherseetourismus beförderte – Klagenfurt wuchs in jeder Hinsicht. Gestoppt wurde der Aufschwung erst durch den Ersten Weltkrieg. Danach wehrten sich Südkärnten und Klagenfurt gegen die jugoslawischen Besitzansprüche. Am 6. Juni 1919 wurde die Stadt jugoslawisch besetzt und nur das Eingreifen der Alliierten und die gemeinsame Festlegung auf eine Volksabstimmung (→ S. 66) konnten das Schicksal noch abwenden. In der Zeit des Nationalsozialismus tat sich der Gau Kärnten und dessen Hauptstadt Klagenfurt dadurch hervor, dass sie schon einen Tag vor dem allgemeinen „Anschluss" am 12. März 1938 ihren eigenen Anschluss verkündeten. Von Ende 1943 bis Kriegsende war die Stadt mehrmals Ziel massiver Bombenangriffe der Alliierten (v. a. die Industriegebiete südlich der Altstadt), bei denen mehr als die Hälfte aller Wohnungen zerstört wurden und über 500 Menschen ums Leben kamen. Nach der Kapitulation meldeten die jugoslawischen Truppen Titos zwar nochmal Ansprüche auf Südkärnten und Klagenfurt an, die Stadt blieb aber bis 1955 in den Händen der britischen Besatzer.

Der Fürstenstein im Wappensaal

1978 wurde Klagenfurt zum Sitz der *Arbeitsgemeinschaft Alpen-Adria*, die von mehreren Staaten, verschiedenen Bundesländern Österreichs sowie Bayern mit dem Ziel, die grenzübergreifende Zusammenarbeit zu verstärken, gegründet worden war. Die wichtigsten Wirtschaftsstandorte der Stadt verlagerten sich in den letzten Jahrzehnten mehr und mehr Richtung Wörtherseeufer, hier hat die Universität ihren Sitz, ebenso das Technologiezentrum *Lakesidepark*. Eines der spektakulärsten Bauvorhaben der letzten Jahre war das metallisch glänzende *Wörtherseestadion* am Südwestrand der Stadt Richtung Viktring, das eigens zur Fußball-Europameisterschaft 2008 gebaut wurde und etwa 70 Millionen Euro gekostet hat. Drei Gruppenspiele der EM fanden hier statt, seitdem muss es vor allem erhalten werden. Eine Erstligamannschaft, die die 30.000 Zuschauerplätze füllen könnte, hat Klagenfurt nämlich schon länger nicht mehr. Dafür aber einen super Eishockeyclub, den österreichischen Rekordmeister KAC, aber der spielt woanders. Mehrfach ausgezeichnet wurde Klagenfurt übrigens für seine besonders schön sanierte und hergerichtete Altstadt.

TDDL – die Tage der deutschsprachigen Literatur in Klagenfurt

Einmal im Jahr schaut die Welt der Literatur nach Klagenfurt, wenn hier der viertägige Lesewettbewerb – bisher unveröffentlichte Texte, etwa 25 Min. lang vom Autor selbst gelesen – stattfindet, zu dessen krönendem Abschluss der mit 25.000 € dotierte Ingeborg-Bachmann-Preis verliehen wird: für den Autor mindestens ein warmer Geldregen, und oft auch der Einstieg in eine (größere) Karriere als Schriftsteller/-in.

Geboren wurden die Tage der deutschsprachigen Literatur bald nach dem tragischen Tod Ingeborg Bachmanns am 17. Oktober 1973 in Rom. 1976 beschloss die Stadt Klagenfurt, ihrer vielleicht größten Tochter ein Denkmal zu setzen (einer der Gründerväter und ersten Juroren war übrigens *Marcel Reich-Ranicki*) und vergibt seit 1977 immer Anfang Juli den nach ihr benannten Preis, der als eine der wichtigsten literarischen Auszeichnungen im deutschsprachigen Raum gilt. Hinzu kamen im Lauf der Jahre diverse Neben- und Förderpreise, u. a. der *kelag*-Preis (10.000 €), der *3sat*-Preis (7500 €), *Mr. Heyn's Ernst-Willner*-Preis (der Buchhandlung Heyn, 5000 €) und der BKS-Bank-Publikumspreis (7000 €). Erster Bachmann-Preisträger war der 2009 verstorbene Kärntner – und Klagenfurter – *Gert Jonke*, und lange Zeit sah es so aus, als würde er auch der einzige bleiben, bis 2011 die Kärntner Slowenin *Maja Haderlap* mit einem Text aus ihrem großartigen Roman „Engel des Vergessens" gewann.

Gelesen wird im ORF-Theater der ORF-Landesstudios in der Sponheimerstr. 13 gleich beim Lendhafen (Villacher Straße). Der Eintritt ist frei und wer frühzeitig kommt, findet vielleicht auch noch einen Sitzplatz, die Veranstaltung wird aber auch auf Leinwand neben dem Theater übertragen. Ein Teil des Rahmenprogramms der Literaturtage findet am Lendhafen statt. Weitere Infos und genaue Zeiten unter http://bachmannpreis.orf.at.

Basis-Infos

Information Tourist-Information, im Rathaus am Neuen Platz, hier erhält man umfangreiche Infos, Unterkunftsverzeichnis und einen Stadtplan; immer Fr und Sa um 10 Uhr starten hier kostenlose Altstadtspaziergänge durch das historische Zentrum Klagenfurts. Mo–Fr 8–18 Uhr geöffnet, Sa 10–17 Uhr, So 10–15 Uhr (im Winter Sa nur 10–15 Uhr und So 10–13 Uhr). Neuer Platz 1, 9010 Klagenfurt, ✆ 0463-5372223, www.klagenfurt-tourismus.at.

Fahrradverleih Impulse, der Fahrradverleih bei der Tourist-Information am Neuen Platz bietet normale Trekkingräder (12 €/Tag, 45 €/Woche), aber auch MTBs (20 €/Tag, 85 €/Woche) sowie Kinderräder an (8 €/Tag, 25 €/Woche). Mo–Do 8–17 Uhr, Fr 8–12. Neuer Platz 1, ✆ 0463-418937, www.impulse.co.at.

Parken In der Innenstadt gebührenpflichtig. Innerhalb des Stadtrings Mo–Fr 8–18 Uhr und Sa 8–12 Uhr 0,60 €/1:30 Std., 3 Std. kosten 2,40 € (max. Parkdauer). Außerhalb des Stadtrings etwas günstiger: 0,30 €/1:30 Std., 1,20 € für max. 3 Std. Im Parkhaus am Lindwurm (bzw. darunter) wird es dagegen sehr teuer: 3,70 €/45 Min., im Nachttarif von 19–7 Uhr 1,50 €/45 Min. Im **Parkhaus der City Arkaden** (nördlicher Rand der Altstadt) parkt man mit am günstigsten: 1 €/2 Std., ab der 3. Std. 2 €/Std. (allerdings nur Mo–Fr 8–20.30 Uhr und Sa 8–19 Uhr geöffnet). **Park & Ride**, am besten am P & R West (bei Minimundus → S. 265), ab hier alle 20 Min. mit dem Bus Linie 10 oder 20 ins Zentrum (3 €/Tag, Familien 2–5 Pers. 6 € pro Tag, je inkl. Busfahrten).

Sport → am Klagenfurter Wörtherseeufer, S. 268.

Veranstaltungen Weit über die Stadtgrenzen hinaus bekannt ist Klagenfurt für seine **Tage der deutschsprachigen Literatur (TDDL)**, → oben. Am zweiten Augustwochenende feiert Klagenfurt sein **Altstadtfest**, in der dritten Augustwoche findet der **Klagenfurter Theatersommer** im Stadttheater statt, **Krampusumzug** am letzten Samstag im Nov. (der größte seiner Art in Kärnten), es folgen **Christkindl**- und **Silvestermarkt** am Neuen Platz. Andere bekannte Veranstaltungen finden überwiegend am Wörthersee statt: u. a. Iron Man, Beachvolleyball-Weltcup etc. → S. 267.

Verbindungen **Bahn**: Klagenfurt ist Kärntens Verkehrsknotenpunkt, vom Hauptbahnhof starten mehrmals tägl. Regionalzüge und ICs über Villach und Spittal nach Mallnitz/Obervellach und weiter nach Salzburg und auch bis München, mit dem Regionalzug mehrmals tägl. über Völkermarkt und Bleiburg durch das Lavanttal nach Wolfsberg und Bad St. Leonhard. Für den Nahverkehr gibt es zwei S-Bahn-Linien: Die *S 1* fährt tagsüber stündl. auf der Strecke Klagenfurt–Wörthersee/Nordufer–Villach–Spittal, in Gegenrichtung nach St. Veit a. d. Glan und Friesach (zwischen Villach und St. Veit/Glan tagsüber sogar halbstündl.). Die *S 3* fährt stündl. auf der Strecke Klagenfurt–Weizelsdorf/Rosental. Infos: ✆ 05-1717, www.oebb.at.

Bus: innerstädtischer Busbahnhof am Heiligengeistplatz, ab hier Stadtbus Nr. 10 via Minimundus zum Strandbad (und Campingplatz), Nr. 20 nach Krumpendorf, Nr. 40 nach Annabichl und zum Flughafen, Nr. 50 zum Kreuzbergl, Nr. 81 über Lendkanal und Jugendgästehaus zur Universität, in Gegenrichtung durch die Stadt zum Hauptbahnhof. Generell verbinden viele Stadtbusse auch Heiligengeistplatz und Hauptbahnhof. Ab Busbahnhof vor dem Hauptbahnhof: Nr. 42 nach Annabichl/Flughafen (Abendlinie: Nr. 94), Nr. 81 zur Universität. Die Busse fahren mind. halbstündl., am Wochenende jedoch eingeschränkt, Tickets bei den Busbahnhöfen (Einzelkarte 2,10 €, Kurzstrecke 1,40 €, Kinder 1,30 € bzw. 0,90 €, Tageskarte 4,70 €, Kinder 3 €), Mo–Fr 6.30–14.30 Uhr (oder im Bus), Fahrpläne hängen aus oder unter www.busse-klagenfurt.at, Info: ✆ 0463-521521.

Taxis: am Bahnhof, am Neuen Platz und am Heiligengeistplatz, Taxiruf: ✆ 0463-420420, 0463-23222 oder 0463-22277.

Flughafen: wenige Kilometer nördlich der Innenstadt bei Annabichl. Stadtbus Nr. 40 bzw. 42 fährt Mo–Sa von 6–19 Uhr stündl. ins Zentrum (Heiligengeistplatz und Hauptbahnhof), So nur alle 2 Std., Fahrtdauer 15 Min. zum Heiligengeistplatz, einfache Fahrt 2,10 €, Kinder 1,30 €. **Taxistand** an der Ankunftshalle, die Fahrt in die Innenstadt kostet ca. 12 €. Zu Anreisemöglichkeiten mit dem Flugzeug → S. 78.

Lendkanal-Schifffahrt, → S. 266.

Einkaufen

→ Karten S. 248/249 und 252/253

Bücher Die Buchhandlungen orientieren sich an den üblichen Ladenöffnungszeiten, Abweichungen werden angegeben. **Buchhandlung Heyn** **29**, sympathische und gut sortierte Buchhandlung, freundlich und kompetent geführt, gemütliche Leseecken. In der Fußgängerzone unweit des Neuen Platzes. Kramergasse 2–4, ✆ 0463-542490, www.heyn.at.

Kärntner Buchhandlung **32**, alteingesessene Buchhandlung mit Papierwarenabteilung, ebenfalls nur ein paar Schritte vom Neuen Platz entfernt, ebenfalls fachkundig und freundlich geführt, Sa bis 17 Uhr geöffnet. Wiesbadener Str. 5, ✆ 0463-56787.

Antiquariat in den Bärenlauben **33**, zum Stöbern und Finden, für Bibliophile, Mo–Fr 9–13 und 15–18 Uhr, Sa 10–15 Uhr. Wiesbadener Str. 3, ✆ 0463-500308.

Mode Einige Modegeschäfte und Boutiquen der mittleren Preisklasse am und um den Alten Platz. High Fashion und schicke Galerien in der Burggasse und der Bahnhofsstraße, z. B. das traditionsreiche **Modehaus Grüner** **27** bietet gehobene Sportlichkeit und Eleganz für Sie (u. a. Ralph Lauren, Et-

Kunsthandwerksmarkt am Neuen Platz

ro, Diane von Fürstenberg) und Ihn, aber auch ausgewählte Jeans, Schals, Tücher und Accessoires, auch Schuhe, Herrenanzüge etc., nobles Ambiente und ausführliche Beratung. Mo–Fr 9–18 Uhr, Sa 9–17 Uhr, Burggasse 15, Filiale in der Kramergasse 3.

Heimatwerk 22, vielleicht der richtige Ort, um sich ein schönes Kärntner Dirndl zuzulegen, die es hier zwar nicht ganz günstig, aber mit überaus netter und kompetenter Beratung gibt. Trachtenmode auch für Herren, außerdem alles Mögliche rund um Kärntens Traditionen, Kunsthandwerk von der handbestickten Tischdecke bis hin zum Haussegen, auch Bücher, vieles auch als Souvenir geeignet. Mo–Fr 9–13 und 14–18 Uhr, Sa 9–13 Uhr geöffnet. Herrengasse 2.

Rettl 1868 31, Trachtenmode gehoben und nochmal deutlich teurer und extravaganter als bei Heimatwerk, auch Kilts. Mo–Fr 9.30–18 Uhr, Sa 9.30–13 Uhr geöffnet (am ersten Sa im Monat bis 17 Uhr), Burggasse 8.

City-Arkaden 13, die üblichen Allerwelts-Ketten, zur Auswahl stehen 120 Geschäfte, hauptsächlich Mode, bestens besucht und absolut beliebt v. a. bei jüngerer Kaufkraft. Mo–Fr 9–19.30 Uhr geöffnet, Sa 9–18 Uhr. Heuplatz 5.

Kulinarisches **Benediktinermarkt 39**, großer Lebensmittelmarkt immer Do und Sa am gleichnamigen Platz im Zentrum, alles Frische aus der Region finden Sie hier, aber auch Öl aus der Steiermark, Weine aus ganz Österreich und Diverses aus dem nahen Italien und Slowenien. Hier kann man auch sehr gut essen (→ unten). Die Markthalle sowie eine Handvoll Stände außerhalb ist Mo–Sa ganztägig geöffnet, der Wochenmarkt Do und Sa bis ca. 13 Uhr, freitags Biomarkt in den umliegenden Gassen. Unbedingt empfehlenswert! Benediktinerplatz. ■

Delikatessen Jäger 5, etwas abseits auf dem Weg zum Kreuzbergl liegt dieses familiär geführte Feinkostgeschäft, in dem man eine große Auswahl an guten Weinen und Ölen sowie regionale Käsespezialitäten, edle Schokolade und Feinkost aller Art vorfindet, von den netten Mitarbeiterinnen aber auch eine leckere Käse- oder Wurstsemmel für die Mittagspause über die Theke gereicht bekommt. Im schönsten Sinne altmodisch, es gibt auch Mittagstisch und das Café nebenan (→ unten). Mo–Fr 7–13 und 15–19 Uhr geöffnet, Sa 7–13 Uhr. Radetzkystr. 38–40.

Schleppe Bier 2, 2 km nördlich vom Zentrum an der Feldkirchener Straße stadtauswärts auf der linken Seite. Im Schleppe-Shop kann man diverse Biere auch im Paket kaufen, z. B. Märzen, Zwickl, Hausbier und Bock, das Sixpack gemischt kostet 7,20 €, außerdem auch das eine oder andere Merchandising-Produkt. Anfang Mai bis Mitte Sept. finden Mo–Fr um 10.30 Uhr Führungen durch die Brauerei und die angeschlossene Pfau Brennerei (→ unten) statt, mit Bierverkostung 5,50–7,50 € pro Pers., zusätzlich mit Schnapsverkostung und Mittages-

Übernachten
4 Restaurant Hotel Schweizerhaus
7 Camping Klagenfurt am Wörthersee
8 Jugendgästehaus Klagenfurt
9 Seepark Hotel
Essen & Trinken
1 Schloss Mageregg
3 Schleppe Felsenkeller
4 Restaurant Hotel Schweizerhaus
5 Café Jäger
6 Villa Lido
11 Maria Loretto
Nachtleben
10 Onyx-Bar
Einkaufen
2 Schleppe Brauerei und Pfau Brennerei
5 Delikatessen Jäger
S 37, Zollfeld, St. Veit/Glan, Hochosterwitz, Friesach
Seltenheimer Straße
Feldkirchner Straße
Wölfnitzbach
Golfplatz
Strugabach
A 2
Dellach
Waltendorf
Trettnig
Winklern
Schloss Falkenberg
St. Primus
Hallegger Straße
Kreuzbergl
Kalvarienberg
588
Sternwar
St. Martin
Wörthersee Rundwanderweg
Krumpendorf, Pörtschach, Velden
Villacher Straße
Kohldorfer Straße
Süd Autobahn
Europapark
Strandbad Klagenfurt
Lendkanal
Villacher Straße
Waidmannsdorf
Wörthersee
Universitätsstraße
Ginzkeygasse
Luegerstraße
Wörther-See-Südufer-Straße
Strandbad Loretto
Maria Loretto
Alpen-Adria-Universität Klagenfurt
Mozartstraße
Kranzmayerstraße
Reifnitz, Maria Wörth
Strandbad Maiernigg
Siebenhügelstraße
Gustav-Mahler-Komponierhäuschen
Sportpark
Südring
Südring

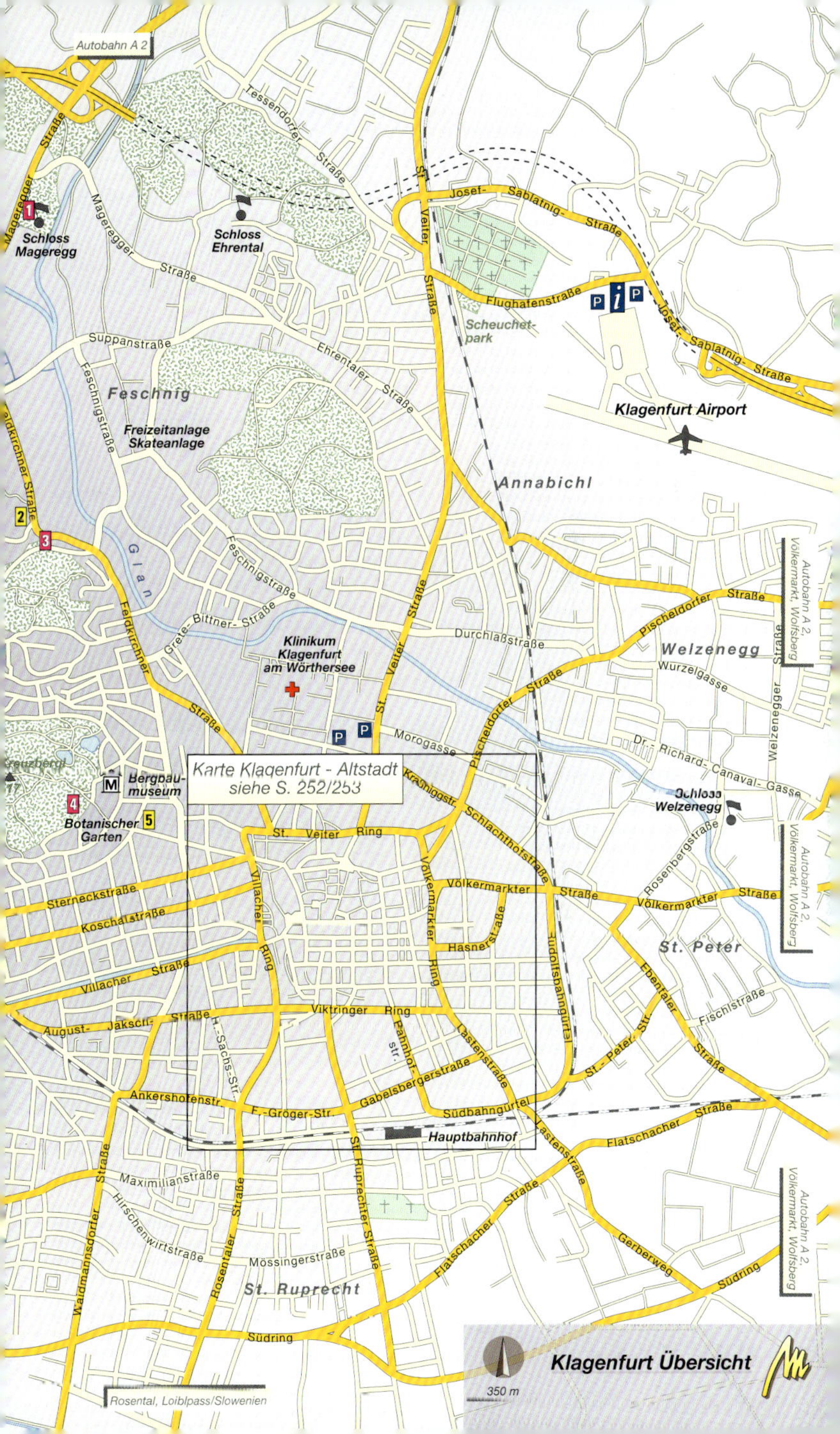

Klagenfurt Übersicht
350 m
Autobahn A 2
Schloss Maregg
Schloss Ehrental
Tessendorfer Straße
Mageregger Straße
Josef-Sablatnig-Straße
Flughafenstraße
Scheuchet-park
Klagenfurt Airport
Suppanstraße
Ehrentaler Straße
Feschnigstraße
Feschnig
Freizeitanlage Skateanlage
Feldkirchner Straße
St. Veiter Straße
Annabichl
Glan
Grete-Bittner-Straße
Klinikum Klagenfurt am Wörthersee
Durchlaßstraße
Pischeldorfer Straße
Welzenegg
Wurzelgasse
Welzenegger Straße
Autobahn A 2, Völkermarkt, Wolfsberg
Morogasse
Dr. Richard-Canaval-Gasse
Schloss Welzenegg
Rosenbergstraße
Kreuzbergl
Bergbau-museum
Botanischer Garten
Karte Klagenfurt - Altstadt siehe S. 252/253
Kraßniggstr.
Schlachthofstraße
St. Veiter Ring
Villacher Ring
Völkermarkter Ring
Völkermarkter Straße
Sterneckstraße
Koschatstraße
Villacher Straße
Hasnerstraße
St. Peter
Rudolfsbahngürtel
Ebentaler Straße
Fischlstraße
August-Jaksch-Straße
H.-Sachs-Str.
Viktringer Ring
Bahnhofstr.
Lastenstraße
St.-Peter-Str.
Ankershofenstr.
F.-Gröger-Str.
Gabelsbergerstraße
Südbahngürtel
Hauptbahnhof
Flatschacher Straße
Maximilianstraße
Hirschenwirtstraße
Waidmannsdorfer Straße
Rosentaler Straße
St. Ruprechter Straße
Mössingerstraße
St. Ruprecht
Gerberweg
Südring
Rosental, Loiblpass/Slowenien

sen (Braumeistergulasch) 13,50 €. Mo–Fr 9–12 und 13–16 Uhr geöffnet. Schleppe Platz 1, ✆ 0463-42700, www.schleppe.at. Zur Brauerei gehört auch die Gaststätte Felsenkeller nebenan (→ unten).

Brennerei Pfau **2**, in der Schleppe Brauerei, hier werden edle Obstbrände gebrannt und in den an die Schleppe Brauerei angeschlossenen Räumlichkeiten auch verkostet und verkauft. Öffnungszeiten und Adresse wie oben, ✆ 0463-440266, www.pfau.at.

Sonstiges **Slama Lebensart** **36**, ein wunderbares Geschäft für Möbel, Wohnaccessoires und Deko, einiges davon passt auch in den Reisekoffer bzw. Kofferraum. Allein schon der Laden ist ein Erlebnis: über mehrere Stockwerke in einem verwinkelten Stadtpalais mit Innenhof verteilt, hier kann man Stunden verbringen. Nicht ganz billig. Mo–Fr 9–18 Uhr, Sa 9–12 Uhr geöffnet. Pernhartgasse 3.

Übernachten

→ Karten S. 248/249 und 252/253

Hotels **** **Sandwirth** **35**, ehrwürdiges Stadtpalais mit modernem Glasfoyer in kühler Eleganz etwas zurückversetzt von der gut befahrenen Straße, nahe dem Neuen Platz. 100 moderne und komfortable Zimmer, im EG Café, Bar, Lounge und gehobenes Restaurant. Dient überwiegend auch als Business-Hotel. Alle Zimmer mit kostenlosem WLAN und Klimaanlage. EZ 86–159 €, DZ 116–204 €, Frühstück inkl., Parkgarage 11,50 €/Tag. Pernhartgasse 9, 9020 Klagenfurt, ✆ 0463-56209, www.sandwirth.at.

**** **Arcotel Moser Verdino** **28**, noch mal ein eleganter Stadtpalazzo mit Tradition, mit eindrucksvoller, bonbonrosa Jugendstilfassade, allerdings auf der anderen Seite des Neuen Platzes und vielleicht noch ein klein wenig zentraler. Stilvoll und mit freundlichem Service, das Restaurant sehr teuer, die hippe Cafébar (auch Plätze draußen) etwas günstiger. Moderne, helle Zimmer, es gibt auch 12 Themenzimmer (Musik, Malerei, Literatur …), die Preise wechseln je nach Saison und Buchungszeitpunkt, auch diverse Sonderangebote, als Richtwert kann Folgendes gelten: EZ 89–93 €, DZ 105–117 €, Frühstück 14 €/Pers., Parkgaragen in der Nähe (11,50–13,50 €/Tag). Domgasse 2, 9020 Klagenfurt, ✆ 0463-578780, www.arcotels.com.

**** **Porcia** **34**, am Neuen Platz in den oberen Stockwerken eines Stadtpalais, mit dem Aufzug geht es hinauf in die Rezeption mit Bar, die Zimmer eine Zeitreise zu Kronleuchtern, Seidentapeten und Landschaftsansichten des 19. Jh. EZ 77–106 €, DZ 116–197 €, Frühstück inkl., ebenso der Nacht-Stellplatz in der Lindwurm-Tiefgarage vor der Haustür (nur 19–7 Uhr), WLAN kostenlos, keine Hunde. Neuer Platz 13, 9020 Klagenfurt, ✆ 0463-5115900, www.palais-porcia.at.

*** **Geyer** **21**, sympathisches kleines Hotel keine 5 Min. zu Fuß vom Alten Platz, mit Innenhof (hier gibt es bei schönem Wetter im Sommer das Frühstück) und Sauna. Kostenloses WLAN, Privatparkplatz. EZ 65–88 €, DZ 95–135 €, Dreibettzimmer 130–145 €, Vierbettzimmer 155–190 €, Frühstück inkl. Priesterhausgasse 5, 9020 Klagenfurt, ✆ 0463-57886, www.hotelgeyer.com.

*** **Hotel Zlami-Holzer** **19**, direkt neben dem Geyer, ebenfalls nett und empfehlenswert, WLAN und Privatparkplatz kostenlos, relativ neu renovierte Zimmer. EZ 60–65 €, DZ 110 €, Dreibettzimmer 159 €, Frühstück inkl. Getreidegasse 16, 9020 Klagenfurt, ✆ 0463-55416, www.hotel-zlami.at.

Schweizerhaus 4, sehr ruhige Lage am Kreuzbergl, im EG ein hervorragendes Restaurant mit Terrasse und Blick über die Stadt (→ unten), in ca. 15 Min. ist man zu Fuß unten im Zentrum. Die Zimmer sind schon etwas älter (mit WLAN). EZ 49 €, DZ 90 €, Frühstück inkl. Kreuzbergl 11, 9020 Klagenfurt, ✆ 0463-56721, www.schweizerhaus.co.at.

Seepark Hotel 9 → Klagenfurt/Wörtherseeufer S. 267.

Jugendherbergen **Jugendgästehaus 8** → Klagenfurt/Wörtherseeufer S. 267.

Camping **Campingplatz Klagenfurt 7** → Klagenfurt/Wörtherseeufer S. 268.

Essen & Trinken

→ Karten S. 248/249 und 252/253

Kärntner Küche **Gasthaus im Landhaushof 23**, im Gewölbe des Landhauses trifft man sich – Politiker und Uni-Professoren, deren Gattinnen zum After-Shopping, aber auch Studenten sowie die ganz normale Nachbarschaft von nebenan, kurzum: ein interessanter Querschnitt durch Klagenfurts Gesellschaft. Das Ambiente bewegt sich zwischen stilvoll-gediegen und traditionell, die Atmosphäre ist erstaunlich leger, der Service blitzschnell und freundlich. Wir probierten eine feine Curry-Fenchel-Suppe mit Bratwürstchen und frischen Kräutern sowie das etwas bodenständigere Rindsgulasch mit Serviettknödel. Das Hauptgericht kommt auf ca. 15 €, Mittagsmenü (Suppe und kleines Hauptgericht) 7,90 €. Gute Auswahl österreichischer Weine (viel Steiermark), das Glas Hauswein ca. 3 €. Tägl. 11–24 Uhr geöffnet, So nur bis 23 Uhr, Küche bis 22 Uhr. Für abends sollte man reservieren. Landhaushof 1, ✆ 0463-502363, www.gut-essen-trinken.at.

››› Unser Tipp: **Schweizerhaus 4**, der Spaziergang hinauf zum Kreuzbergl – nur etwa 20 Min. zu Fuß vom Alten Platz – lohnt vor allem am Abend bei schönem Wetter, wenn sich nämlich ein herrlicher Blick auf die Stadt und die östlichen Karawanken bis zum Hochobir bietet. Das erhöht am Kreuzbergl am westlichen Rand der Innenstadt gelegene Restaurant hat sicherlich eine der schönsten Terrassen ganz Klagenfurts, doch kommt man nicht wegen der Aussicht, sondern wegen der hervorragenden Küche. Wöchentlich wechselnde Karte mit saisonalen Produkten zumeist von regionalen (teilweise Bio-)Erzeugern, verfeinerte Kärntner Küche mit einem guten Angebot für Vegetarier, kleines 3-Gänge-Menü 28 €, 5 Gänge mit Weinbegleitung kommen auf 51 €. Im Angebot auch einige offene Weine. Netter Service. Durchgehend warme Küche von 11.30–21 Uhr, nachmittags Kaffee, Kuchen und Eis, Mo Ruhetag. Auch Zimmer (→ oben). Kreuzbergl 11, ✆ 0463-56721, www.schweizerhaus.co.at. ‹‹‹

Gasthaus zum Großglockner – Pumpe 40, der „Pumpe" ist der gebräuchliche Name für dieses urige Lokal in direkter Nachbarschaft zum Benediktinermarkt, eine Institution in Klagenfurt seit 1882, bunt gemischtes Publikum, man trinkt Bier, Spezialität des Hauses ist das Gulasch, doch gibt es hier auch hervorragende Kärntner Kasnudeln und Wiener Schnitzel, alles frisch und in bester Qualität. Mittagsmenüs 8–13 €. Im Sommer auch Plätze im einladenden Innenhof. Mo–Fr 8.30–23 Uhr (im Winter bis 21 Uhr) geöffnet, Sa bis 14.30 Uhr, So Ruhetag. Lidmanskygasse 2, ✆ 0463-57196.

International **PrincS 17**, modernes Ambiente am viel frequentierten Heuplatz, Küche mit mediterranem Einschlag (auch Steinofenpizza), das 2-gängige Mittagsmenü gibt es hier schon ab 7 € (meist Suppe und Pasta). Abends (Cocktail-)Bar und Restaurant, einige Tische auch draußen am Platz. 8.30–24 Uhr geöffnet, Fr/Sa bis 1 Uhr, So geschl. Heuplatz 1, ✆ 0676-4700676.

Gutbürgerliche Küche → auch unter „Bier".

Restaurants am *Klagenfurter Wörtherseeufer* → S. 268.

Italienisch **Dolce Vita 14**, ebenfalls am Heuplatz, die originelle, außergewöhnliche italienische Küche auf allerhöchstem Niveau (16 Punkte und 2 Gault-Millau-Hauben sprechen für sich) und ein überaus freundlicher Service machen das Dolce Vita zum besten Italiener in Klagenfurt. Schwerpunkt Fisch, gute Weine. Das Preisniveau ist gehoben (Hauptspeisen um 14–28 €), auch Degustationsmenüs: 4 Gänge 59 €, 6 Gänge 79 €. Mittags etwas günstiger. Mo–Fr 10.30–15 und 18–24 Uhr geöffnet, Sa/So geschl. Reservierung v. a. abends erbeten. Heuplatz 2, ✆ 0463-55499.

Karte Klagenfurt Übersicht
siehe Seite 248/249

Übernachten
19 Pension Zlami
21 Geyer
28 Moser Verdino
34 Porcia
35 Sandwirth

Essen & Trinken
14 Dolce Vita
16 Bierhaus Zum Augustin
17 PrincS
23 Gasthaus im Landhaushof
24 Dal Conte
38 Imbissstände am Benediktinermarkt
40 Großglockner - 'Pumpe'

Nachtleben
12 Café im Künstlerhaus - CIK
16 Bierhaus Zum Augustin
18 Irish Pub Molly Malone
26 The Super Pub

Cafés
12 Café im Künstlerhaus - CIK
15 Café Ingeborg
20 Eis Greissler
25 Café Trieste
37 Café Domgassner

Einkaufen
13 City-Arkaden
22 Heimatwerk
27 Grüner
29 Bücher Heyn
30 SPAR
31 Rettl 1868
32 Kärntner Buchhandlung
33 Antiquariat
36 Slama
39 Benediktinermarkt

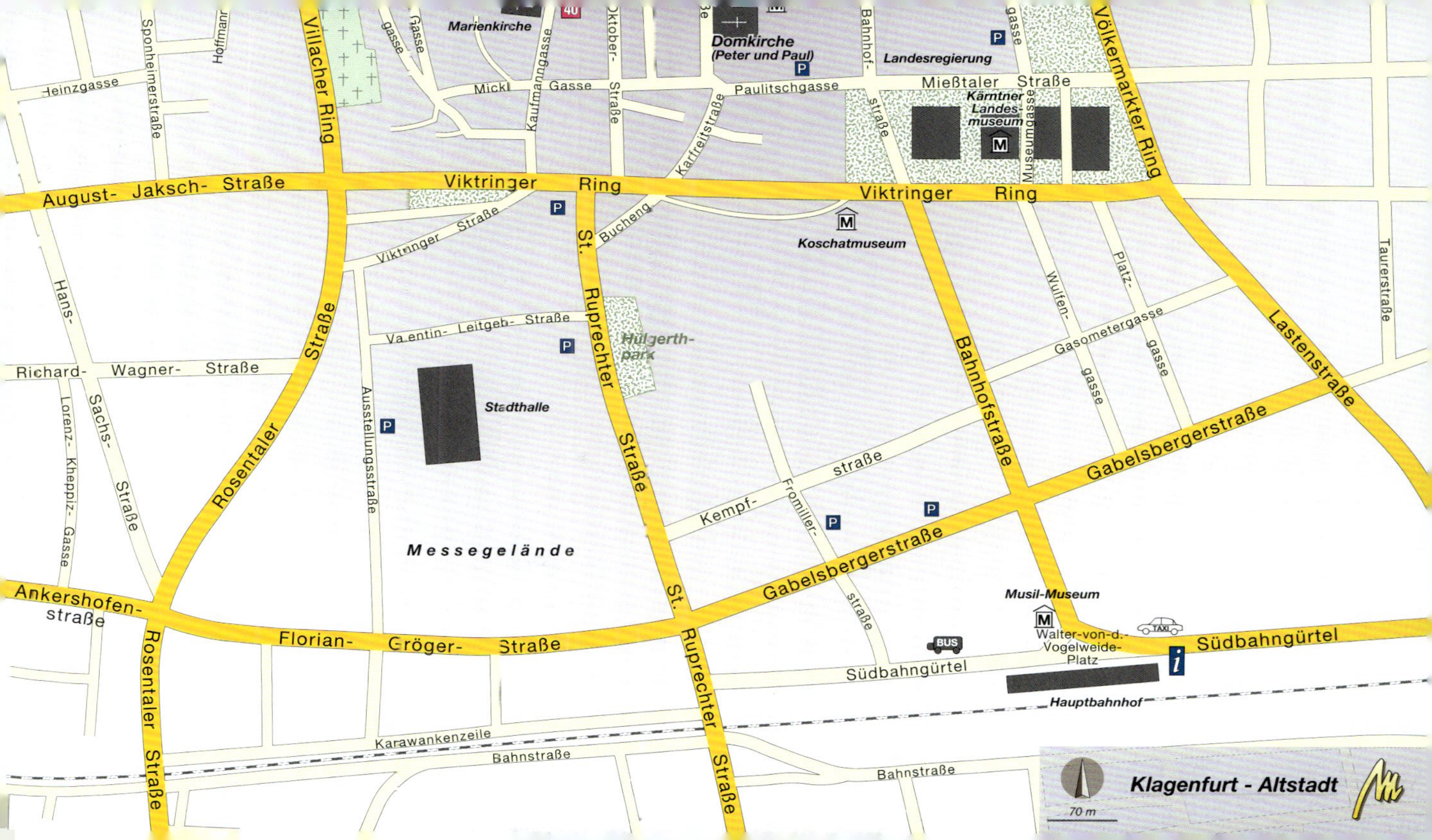
Klagenfurt - Altstadt
70 m
Völkermarkter Ring
Viktringer Ring
Villacher Ring
August- Jaksch- Straße
Mießtaler Straße
Kärntner Landes- museum
Museumgasse
Landesregierung
Domkirche (Peter und Paul)
Paulitschgasse
Karfreitstraße
Marienkirche
Kaufmanngasse
Mickl Gasse
Koschatmuseum
Buchengasse
St. Ruprechter Straße
Hülgerth- park
Stadthalle
Valentin- Leitgeb- Straße
Viktringer Straße
Ausstellungsstraße
Messegelände
Bahnhofstraße
Wulfen- gasse
Platz- gasse
Gasometergasse
Taurerstraße
Lastenstraße
Gabelsbergerstraße
Kempf- straße
Fromiller- straße
Musil-Museum
Walter-von-d.- Vogelweide- Platz
Südbahngürtel
Hauptbahnhof
Karawankenzeile
Bahnstraße
Florian- Gröger- Straße
Rosentaler Straße
Ankershofen- straße
Richard- Wagner- Straße
Hans- Sachs- Straße
Lorenz- Kheppiz- Gasse
Heinzgasse
Sponheimerstraße
Hoffmann
Bahnhof- straße
Oktober- Straße
BUS
TAXI

Osteria Dal Conte 24, bodenständiger Italiener im Zentrum in der kleinen Gasse beim Landhaus. Unprätentiös und freundlich, leckere Pasta und Rotwein (auch glasweise), freundlicher Service, kleiner Garten, günstig. Mittags und abends geöffnet, So Ruhetag. Tabakgasse 4, ✆ 0463-57000.

Bier **Bierhaus „Zum Augustin“** 16, großes Wirtshaus mit vielen gemütlichen Winkeln und Sitzecken an schweren Tischen. Im schönen Innenhof sitzt man nicht minder gemütlich unter den malerischen Arkaden – zum Wohlfühlen. Das süffige hauseigene Wirtshausbier ist unbedingt den einen oder anderen Krug wert. Auf der Speisekarte stehen Brotzeiten (z. B. Schweinsbratenbrot mit frischem Kren oder auch Salate) und zünftige Hausmannskost mit Schnitzel, Gulasch oder diversen Braten (Hauptgericht etwa 9–16 €), günstiges Mittagsmenü, günstige Tageskarte. Flotter Service, entspannte Atmosphäre. Tägl. 11–24, Sa schon ab 10 Uhr geöffnet, So Ruhetag. Pfarrhofgasse 2, ✆ 0463-513992, www.bierhaus-zum-augustin.at.

Gasthaus Felsenkeller 3, die Brauereigaststätte der Schleppe Brauerei liegt schräg gegenüber von selbiger, 2 km außerhalb vom Zentrum an der Feldkirchener Str. stadtauswärts an der „Schleppe Kurve“ auf der linken Seite. Uriges Ambiente im Gewölbe mit Glasfront, auch Garten (etwas laut, da nah der Straße), gezapft wird hier natürlich jede erdenkliche Sorte von Schleppe-Bier. Thema Essen: günstige Mittagsmenüs um 7,50 €, Hauptgerichte abends um 10 €. Alles etwas fleischlastig, aber auch Kärntner Kasnudeln um 9 €, Salate etc. Mo–Sa 11–24 Uhr geöffnet, So Ruhetag. Feldkirchnerstr. 141, ✆ 0463-420130.

Zu Bier siehe auch **Gasthaus Großglockner** → oben.

Imbiss Die **Imbissstände am Benediktinermarkt** 38 bieten leckerste Schmankerl, vielfach empfohlen wird *Stand 17* in der Markthalle, wo Betreiberin, Jägerin und Slow-Food-Anhängerin Nini Loudin, häufig wechselnde Küche bietet (auch Plätze zum Sitzen, aber oft voll). Wir finden, man kann aber auch an vielen anderen Ständen der Markthalle einen hervorragenden Mittagssnack bekommen, u. a. Fritattensuppe, Gselchtes, Gulasch, Käsekrainer etc. Günstig. Kommen Sie nicht zu spät, gegen 14–15 Uhr ist hier Schluss bzw. die Töpfe leer.

Günstige Mittagsmenüs gibt es auch in vielen Cafés im Zentrum (s. u.).

Essen außerhalb **Schloss Mageregg** 1, das Renaissanceschloss vor den Toren Klagenfurts beherbergt in seinem Gemäuer nicht nur die Kärntner Jägerschaft, sondern im EG auch das gleichnamige Restaurant. Schönes Ambiente in historischer Ausstattung, auf den Tisch kommt selbstredend viel Wild, aber auch andere Fleisch- und Fischgerichte und das gar nicht mal so teuer. Nach dem Essen lädt der Schlosspark mit kleinen Teichen und freilaufendem Damwild zum Spaziergang ein. Di–Sa 11–23 Uhr geöffnet, So nur 11–15 Uhr, Mo Ruhetag. *Anfahrt*: 4 km außerhalb (nördlich) vom Zentrum, der Feldkirchnerstr. stadtauswärts Richtung Autobahn folgen und direkt vor der Auffahrt rechts ab. Mageregger Str. 177, ✆ 0463-419350.

Cafés & Abends

→ Karten S. 248/249 und 252/253

Cafés Mehrere Cafés am Alten Platz und auch am Neuen Platz, Sehen und Gesehen werden lautet das Motto. Wer es ruhiger mag:

Café Domgassner 37, sehr beliebt, stylish und cool, aber dennoch ein Traditionscafé, das es hier schon ewig gibt. Man sitzt auf der Terrasse in der ruhigen Straße zum Zeitunglesen bei einem Glas Wein und Chips dazu, abends Aperitivo. Auch Frühstück und wechselnder Mittagstisch, Sandwiches und andere Kleinigkeiten. Mo–Fr 7–20 Uhr geöffnet, Sa bis 18 Uhr, So geschl. Domgasse 12, ✆ 0463-57882.

Café Ingeborg 15, nur wenige Schritte vom Altstadtzentrum in Richtung Kreuzbergl, fast schon unscheinbar mit ein paar Tischen auf der überdachten Terrasse vor dem Haus. Sehr guter Kaffee und eher distinguiert-alternatives Publikum, WLAN kostenlos. Schöne Randlage. Mo–Fr 8–22 Uhr, Sa bis 14 Uhr, So geschl. Sterneckstr. 3, ✆ 0463-501070.

Café Trieste 25, nettes Tagescafé beim Hotel Moser Verdino, guter Caffè, freundlicher Service, hier kann man auch essen, einige Tische auch draußen am autofreien Rennplatz. Mo–Fr 7–19 Uhr, Sa 9–14 Uhr geöffnet, So geschl. Rennplatz 1, ✆ 0463-512822.

Café im Künstlerhaus – CIK 12, cooles Café mit echt netter kleiner Terrasse mit Palmen, entspannte Musik und ebensolche Leute, abends oft Partys, DJs, Bands und sonstige Veranstaltungen (dann mit Eintritt: ca. 4–7 €). Di–Do 11–24 Uhr, Fr bis 11–4 Uhr geöffnet, Sa 18–4 Uhr, So/Mo geschl. Goethepark 1.

Café Park Haus, das Café befindet sich im Kärntner Haus der Architektur, dem umgebauten „Napoleonstadel" von 1837, mit schattiger Terrasse davor und wechselnden Ausstellungen im Nebensaal. Angrenzend der angenehm ruhige Schubertpark mit Parkbänken und Kinderspielplatz, von der Terrasse Blick auf die Rückseite des Stadttheaters. Hier kann man Frühstücken, Brunchen und auch tagsüber Kleinigkeiten essen, abends oft Konzerte und DJs. Mo–Do 7.30–24 Uhr, Fr bis 2 Uhr, Sa 18–2 Uhr, So geschl. St. Veiter Ring 10, ✆ 0660-5259725.

Café Jäger 5, etwas abseitige Lage am Fuß des Kreuzbergls, gehört zum gleichnamigen Delikatessengeschäft (→ oben). Ein sympathisches Café, nur wenige Tische, davon auch ein paar draußen auf der überdachten Terrasse, sehr guter Cappuccino (2,60 €), dazu gibt es kleinen Mittagstisch, Sandwiches und/oder Mehlspeisen. Gratis WLAN. Mo–Fr 7–20 Uhr geöffnet, Sa 7–14 Uhr. Radetzkystr. 40, ✆ 0463-57354.

Eisdielen Zu den zahlreichen Cafés Klagenfurts gesellen sich ebenso viele Eisdielen, von denen **Eis Greissler 20** sicher die hippste ist: Die Sortenauswahl reicht von klassischem (veganem) Fruchtsorbet über Ziegenkäse zu Hafer-Mandel (ebenfalls vegan). Wo es geht, verwendet man biologische, regionale Produkte. Schmeckt ausgezeichnet! Tägl. 11–21 Uhr. Wiener Gasse 5.

Abends **Open Air Kino im Burghof**, von Mitte Juli bis Mitte Aug. wird im stimmungsvollen Arkadenhof (des Burghofs) allabendlich ein Film gezeigt, abwechslungsreiches Programm, Ticketpreise 7,50–9,50 €, Kartenvorverkauf im *Café Fresco* in der Bahnhofstr. 16 oder Abendkasse. Eingang in der Domgasse.

The Super Pub 26, wo sich bis 2014 Jazzgrößen im „Kamot" die Klinke in die Hand gaben, spielt auch nach der Renovierung die Musik eine große Rolle – bei Gratis-Konzerten (viel Singer-Songwriter), Karaoke oder Open Stage. Der dunkle Keller hat sich zum Pub gewandelt, mit Buntglasfenstern,

Klagenfurts Alter Platz

Mustertapete, heimeliger Beleuchtung und natürlich einer großen Auswahl an Bier. Di–Sa ab 18 Uhr, Bahnhofstr. 9, ✆ 0660-1902911.

Das innerstädtische Nachtleben findet vor allem in der Ecke zwischen Theatergasse, Pfarrplatz und Herrengasse statt, hier einige Bars, Lounges und Cafés, die auch bis spätabends geöffnet sind. Wem nach irischer Braukunst ist, geht in den urigen Pub **Molly Malone 18**, in dem man nicht nur gemütlich abhängen und Guinness trinken, sondern auch Fußball schauen und essen kann: Clubsandwich, Burger, Fish & Chips. Mehrere kleine Räume, aufgeteilt in Raucher- und Nichtraucherzimmer. Tägl. 17–2 Uhr geöffnet. Theatergasse 7, ✆ 0463-57200.

Zum Klagenfurter Nachtleben → „Cafés": **Café im Künstlerhaus (CIK) 12** und **Café Park Haus**.

Ein Teil des Klagenfurter Nachtlebens spielt sich auch am Wörtherseeufer ab → S. 268.

Sehenswertes

Die Renaissance-Altstadt lockt mit herrlichen Innenhöfen, ebenso eindrucksvollen wie harmonischen Fassaden sowie mit beschaulichen Gassen und Plätzen. Dabei ist längst nicht mehr alles erhalten, von den vier Stadttoren aus dem 16. Jh. stehen lediglich noch drei Löwen (im Volksmund: „Löwalan") als steinerne Wächter – am Heuplatz vor den City Arkaden (ehemals St. Veiter Tor), am Stauderplatz (ehemals Villacher Tor) und in der Getreidegasse (ehemals Völkermarkter Tor). Gut erhalten sind hingegen viele der Innenhöfe aus dem 16., teilweise auch 17. Jh., in die man oft auch mal einen Blick werfen kann: z. B. am Beginn der Wiener Gasse vom Heumarkt aus in den **Ossiacher Hof** mit seinen schönen Arkaden aus dem 16. Jh. (der hintere Hof). Lohnend ist ein Bummel durch die Fußgängerzone – übrigens die älteste Österreichs von 1961 – mit Wiener Gasse, Altem Platz und Kramergasse, bei dem man schon einen guten Teil der wichtigsten Sehenswürdigkeiten in unmittelbarer Nähe hat:

Alter Platz: Das Herz der Stadt schlägt hier. Ein besonders schönes Ensemble ansehnlicher Barockfassaden bildet den passenden Rahmen für die zahlreichen Straßencafés, in denen die Klagenfurter gerne und ausgiebig verweilen – Sehen und Gesehen werden wie auf der italienischen Piazza. Doch es gibt auch Historisches: am auffälligsten die marmorne **Pestsäule** (oder Dreifaltigkeitssäule). 1680 wurde sie zum Dank errichtet, da die Stadt von der Pest verschont blieb; nachdem 1683 die Türkenbelagerung vor Wien abgewendet werden konnte, setzte man der Säule das Kreuz über dem darniederliegenden Halbmond auf. Die Säule wurde übrigens erst 1965 vom Heiligengeistplatz, wo sie ursprünglich stand, hierher transferiert. Gegenüber der Pestsäule befindet sich das **Alte Rathaus** aus der Zeit um 1600 mit Fresko (von *Josef Ferdinand Fromiller*) und sehenswertem Arkadenhof (Alter Platz 1). Ein besonders schöner Renaissance-Arkadenhof verbirgt sich auch hinter der Hausnummer 22 am Alten Platz: der **Innenhof des Hochstifts Bamberg** von etwa 1650, dessen Fassade zum Platz hin allerdings im 19. Jh. erneuert wurde (auch Durchgang zur Renngasse). Wendet man sich der Kopfseite des Alten Platzes (Richtung Landhaushof) zu, stößt man schließlich auf eines der ältesten Häuser der Stadt, urkundlich erwähnt im Jahr 1489: das **Haus zur Goldenen Gans** mit einer ebensolchen über dem Portal thronend (Alter Platz 31). Zusammen mit den hier einmündenden bzw. abgehenden Straßen Wiener Gasse und Kramergasse bildet der Alte Platz die Fußgängerzone Klagenfurts.

Landhaus mit Landhaushof und Wappensaal: Das Klagenfurter Landhaus ist einer der wichtigsten und repräsentativsten Renaissancebauten Kärntens und seit über 400 Jahren der Sitz der Regierenden des Landes Kärnten. Unweit einer früheren, zerstörten Burg entstand hier von 1574 bis 1594 das neue Landhaus, in dem bereits ab 1581 der Landtag abgehalten wurde. Auftraggeber des Baus waren die Stände. Mit seinen charakteristischen beiden Türmen und den zweigeschossigen Arkaden zum Hof hin ist das hufeisenförmig angelegte Gebäude zumindest von außen noch weitgehend in seinem ursprünglichen Aussehen erhalten. Lediglich das Hofportal zum Alten Platz hin wurde im 19. Jh. abgetragen. Stadtbrände in den Jahren 1636 und 1723 vernichteten weite Teile der Inneneinrichtung und das Dach, ebenso einen Teil der südlichen Fassade, die später im barocken Stil erneuert wurde. Im Hof vor dem ehemaligen Salzamt (heute Hotel/Restaurant) ist ein Brunnen mit Obelisk (1833) zu bewundern, im Gewölbe des Landhauses befindet sich ein traditionsreiches Gasthaus (→ oben). Der sich zur Altstadt hin öffnende Landhaushof ist sowohl durch das historische Tor vom Heiligengeistplatz als auch vom Durchgang am Alten Platz zu erreichen und bildet immer wieder den Rahmen für – meist musikalische – Freilichtveranstaltungen.

Die eigentlichen Sehenswürdigkeiten des Landhauses befinden sich im ersten Obergeschoss: Über eine der beiden Freitreppen gelangt man in den **Großen Wappensaal**, der sich auf der Westseite des Landhauses direkt über dem Eingangstor am Heiligengeistplatz (Ursulinengasse) befindet. Die Wände sind mit den 665 Wappen der Kärntner Landstände bemalt und dem aufmerksamen Beobachter wird nicht entgehen, dass sich darunter 19 leere Felder finden: Diese Wappen von nicht mehr bestehenden Familien konnten nicht mehr ausfindig gemacht werden. Gemalt wurden die Wappen vom bedeutendsten Kärntner Barockmaler *Josef Ferdinand Fromiller* ab 1739. Von ihm stammen auch die Wandfresken an den kurzen Querwänden des Saals: an der Nordseite die „Einsetzung des Kärntner Herzogs" von 1740, davor der Fürstenstein (→ S. 301), der hier allerdings erst 2006 aufgestellt wurde (vorher im Landesmuseum Rudolfinum). Gegenüber davon ist die „Schenkung Klagenfurts an die Landstände" aus dem gleichen Jahr mit dem sog. „Gabbrief" zu sehen. Die Scheinarchitektur von Fromillers Deckenfresko ist recht schnell enttarnt, dargestellt ist hier die „Erbhuldigung Kaiser Karls VI." von 1728. Die unscheinbare Tür an der südlichen Querwand eröffnet einen Kontrast, der stärker kaum sein könnte, unvermittelt steht man nämlich im **Plenarsaal** des Kärntner Landtags und in der hochmodernen Welt von Powerpoint und FlipChart, relativ alt ist allerdings das „Abstimmungsfresko" (1928) von *Switbert Lobisser*: Man ahnt, dass es hier um die Kärntner Volksabstimmung vom 10. Oktober 1920 geht. Es folgt ein moderner **Warteraum**, dann gelangt man in den **Koligsaal**: Anlässlich des zehnten Jahrestags der Volksabstimmung beauftragte man *Anton Kolig* (→ S. 213) mit der großflächigen Ausmalung des Raumes; die Kunst währte jedoch

Im Wappensaal

Kinder an die Macht: Die Schulklasse regiert

nur kurz und die Fresken wurden nach der Machtübernahme der Nationalsozialisten in Österreich 1939 zerstört. Der Enkel des Künstlers, *Cornelius Kolig*, ist hier mit einer modernen Interpretation der Geschehnisse zu sehen, auf der anderen Seite des Saales sind die zerstörten Fresken in Reproduktionen dargestellt. Schließlich kommt man noch in den **Kleinen Wappensaal**, ebenfalls von Fromiller mit 298 Wappen und einem weiteren Deckenfresko gestaltet. Hier tagen die Ausschüsse des Kärntner Landtages.

Mo–Fr 9–16 Uhr, Sa/So 9–14 Uhr. Eintritt 3 €, erm. 2 €, Familien 7 €; Landhaushof, ✆ 0463-57757215, www.landesmuseum.ktn.gv.at. **Tipp**: Vor 13 Uhr kann es hier sehr voll sein (Schulklassen) – und die Säle hallen mächtig. Die freundliche und hilfsbereite Dame am Empfang kann Ihnen sagen, wann wenig los ist *und* alle Säle sitzungsfrei sind.

Wenn man sich vom Landhaus Richtung Innenstadt vor dem Salzamt nach links wendet, erreicht man nach wenigen Schritten durch die Gasse den **Kiki-Kogelnik-Brunnen** in der Mitte des Landhausparks. Eigentlich heißt er „Gesang“ und irgendwie scheinen die wasserspeienden Bronzemasken tatsächlich zu singen. Kiki Kogelnik (→ S. 363) starb kurz vor Vollendung des über 4 m hohen Brunnens, der hier 1997 aufgestellt wurde.

Neuer Platz: Im Vergleich zur engen Altstadt ein überaus weitläufiger Platz, fast schon riesig, an dessen östlicher Stirnseite das 1650 erbaute Palais Rosenberg thront, in dem heute das Rathaus untergebracht ist. Attraktion des 2008 neu gestalteten und mit noch jungen Bäumen bestandenen Platzes ist aber der **Lindwurmbrunnen**: Wappentier und Wahrzeichen der Stadt. Die rund 6 t schwere Drachenskulptur aus grünem Chloritschiefer aus dem Kreuzbergl wurde um 1590 gefertigt, unklar bleibt der Urheber: man vermutet den Bildhauer Ulrich Vogelsang. Mit Hilfe sehr vieler kräftiger Männer wurde sie 1593 hierher geschafft, der Brunnen mit kostbarem Renaissancegitter und die Herkulesstatue davor kamen erst 1636 hinzu. Noch viel später, genau genommen 1873, gesellte sich Maria Theresia zu den beiden, wenn auch mit Sicherheitsabstand.

Wenn man vom Neuen Platz Richtung Altem Platz durch die beliebte Einkaufsstraße Kramergasse geht, stößt man an der nächsten Ecke auf das **Wörtherseemandl** –

Vom Wörthersee-Mandl, dem Steinernen Fischer und natürlich vom Lindwurm

Klagenfurt ist reich an Sagen und die wichtigste, bekannteste und heldenhafteste ist sicherlich die vom Lindwurm: Einst nämlich gab es dort, wo heute Klagenfurt liegt, ein unheimliches, unzugängliches Nebelmoor, in dem ein nicht weniger unheimlicher Drache mit Panzer und Flügeln – der **Lindwurm** – hauste. Er ernährte sich vom Vieh der Bauern, das sich hier im Sumpf verirrte, gerne aber auch mal von einer Klagenfurter Jungfrau, wenn denn vorhanden. Der Herzog, damals noch in Karnburg wohnhaft, ordnete an, das Ungeheuer zu erledigen und lobte eine hohe Belohnung aus. Nachdem nicht nur Vieh und Jungfrauen, sondern auch ein paar Knechte dran glauben mussten, ersann man sich eine List, band einen mit Widerhaken versehenen Stier am Rand des Moores fest und lockte den Lindwurm so in die Falle, denn tatsächlich bohrten sich die Widerhaken so tief in den Schlund des Drachens, dass er kampfunfähig wurde und von den Knechten erlegt werden konnte. Die Gegend wurde trockengelegt, der Herzog ließ sich hier ein schönes Schloss bauen und der Lindwurm ziert heute das Stadtwappen – und etwas furchteinflößend auch den Neuen Platz.

Bloß nicht übertreiben, warnt das Wörthersee-Mandl

Die Entstehung des wunderschönen Wörthersees haben die Kärntner dagegen der Gottlosigkeit zu verdanken. Demnach waren es nicht Sumpf und Moor, die sich westlich vom heutigen Klagenfurt erstreckten, sondern eine prachtvolle, reiche Stadt mit frevelhaften Bewohnern, die selbst in der Osternacht Wein, Weib und Gesang im Übermaß genossen. Ein kleines **Mandl** mit einem Fässlein warnte die blasphemischen Frevler einmal, zweimal und öffnete dann sein Fass, aus dem nun endlose Fluten von Wasser strömten und alles unter sich begruben, bis der Wörthersee seine heutige Tiefe erreichte. Die Stadt soll übrigens noch immer am Grund des Sees stehen.

Die Geschichte vom **Steinernen Fischer** auf dem Benediktinermarkt (die Statue wird auf 1606 datiert) ist so moralisch wie schnell erzählt: Ein Fischer hatte seine Waage zu eigenen Gunsten gezinkt und einer braven Hausfrau, die zu Recht Zweifel am angegebenen Gewicht anmeldete, geschworen: „Zu Stein soll ich werden, wenn ich falsch gewogen habe." Und so geschah es dann auch, sofort.

Angeblich war es auch eine Sage, die der Stadt ihren Namen einbrachte, denn ursprünglich hieß Klagenfurt „Glanfurt", die Furt über den Fluss Glan. Dann jedoch trug sich folgende tragische Geschichte zu: Ein Bäckermeister verlegte einige Goldstücke und verdächtigte seinen Stift des Diebstahls. Der **Bäckerjunge** beteuerte seine Unschuld lange – so lange bis er unter Folter zugab, sich das Gold genommen zu haben. Der Junge wurde gehängt und kurz darauf fand der Meister sein Geld wieder. Bald darauf machten ihn seine Schuldgefühle wahnsinnig. Fortan sollte Glanfurt Klagenfurt heißen, als Klage über die begangene Schuld des Bäckermeisters. Dem Bäckerjungen stiftete die Stadt aber ein Denkmal: ein rundes Gesicht an einer Fassade am Alten Platz.

Klagenfurts Neuer Platz

ebenfalls eine Klagenfurter Sagengestalt (→ oben), aus deren Fässchen auch heute noch unaufhörlich Wasser fließt, wenn auch eher als Rinnsal. Die metallene Plastik wurde 1962 von dem gebürtigen Klagenfurter und später nach Kolumbien ausgewanderten Bildhauer *Heinz Goll* geschaffen. Ein Stück weiter hinten, am Dr.-Arthur-Lemisch-Platz erinnert eine mächtige Marmorstatue von 1954 an den Stadtgründer aus dem 13. Jh.: *Bernhard von Spanheim* mit Lockenpracht und Schwert.

Kärntner Landesmuseum „Rudolfinum": Der mächtige vanillegelbe Bau unweit der Landesregierung entstammt dem Klassizismus (erbaut 1844) und beherbergt das größte Museum Kärntens mit Ausstellungen zu Natur, Kultur und Geschichte der Region. Benannt wurde das Museum nach Kronprinz Rudolf, der ab 1884 hier als Schirmherr fungierte. Baufälligkeit und ein Wasserrohrbruch zwangen die Stadt jedoch zur Schließung und Renovierung des Gebäudes. Die Wiedereröffnung ist frühestens für 2018 geplant.

MMKK (Museum Moderner Kunst Kärnten): Das Gebäude mit schönem Renaissance-Arkadenhof wurde 1586 eigentlich als Schule für den protestantischen Adel gebaut und war bis weit ins 18. Jh. hinein Sitz des Kärntner Burggrafen (das Haupt der Landstände), daher auch der geläufige Name „Burg". Ab 1791 war es Sitz des Kärntner Landeshauptmanns. Seit 2003 ist in den großzügigen Räumlichkeiten das Museum Moderner Kunst untergebracht, in dem viermal jährlich wechselnde Ausstellungen zu sehen sind. Auch in der Burgkapelle mit Fresken von *Josef Ferdinand Fromiller* (von ihm stammen auch die Fresken im Wappensaal des Landhauses) finden wechselnde Ausstellungen zeitgenössischer Künstler statt. In einer Ecke des Burghofs gibt es ein schattiges Café, hier wird im Sommer Open-Air-Kino in stimmungsvollem Ambiente geboten (→ oben).

Di–So 10–18 Uhr, Do bis 20 Uhr, Mo geschl. Eintritt Erw. 5 €, erm. 2,50 €, Kinder gratis. Do abends 18–20 Uhr „Afterwork", dann freier Eintritt und Führungen. Ansonsten Führungen immer So um 11 Uhr (1,50 €) . Burggasse 8, ✆ 050-53616252, www.mmkk.at.

Stadtpfarre St. Egid mit Ernst-Fuchs-Kapelle: Die heute so barock anmutende Kirche zwischen Heuplatz und Altem Platz befindet sich hier am Ort der ältesten Kirche Klagenfurts aus dem Jahr 1255. Mehrere Brände und ein Erdbeben (1690) führten zum Abriss der Kirche und dem Bau eines barocken Nachfolgers. Der 1723 fertiggestellte Kirchturm ist mit 97 m der höchste in Kärnten und kann bestiegen werden. Das barocke Innere der Kirche ist mit Deckengemälden von *Josef Ferdinand Fromiller*, einer prachtvollen Kanzel und dem Hochaltar mit dem Heiligen Egidius ausgestaltet. Darüber hinaus sind auch einige moderne Kunstwerke zu sehen, u. a. von *Valentin Oman*, und die *Ernst-Fuchs-Kapelle* (Eingang rechts vor dem Hauptaltar), die der am 9. November 2015 verstorbene Wiener Künstler im ihm eigenen Stil des „Phantastischen Realismus" viele Jahre lang mit Szenen der Apokalypse ausmalte. Lange vor ihm entschied sich der amerikanisch-französische Schriftsteller *Julien Green*, St. Egid sei ein guter Ort für seine letzte Ruhe und ließ sich – nachdem er mit fast 98 Jahren im Jahr 1998 das Zeitliche gesegnet hatte – mit freundlicher Zustimmung der Stadt- und Kirchenväter hier bestatten. Sein Sohn Jean-Eric wird sich irgendwann dazugesellen, sagt die Grabplatte.

In den Sommermonaten ganztägig geöffnet, Eintritt Ernst-Fuchs-Kapelle 5 €. Der Turm kann bestiegen werden: 225 Stufen bis zum umlaufenden Balkon auf 45 m Höhe, es finden auch Turmführungen statt: Mo–Fr ab 10 Uhr alle 45 Min. (letzte Führung 17.30 Uhr), Sa nur vormittags bis 11.30 Uhr, So geschl. 2 €, Kinder unter 15 J. 1 €. Pfarrhofgasse 4.

Domkirche St. Peter und Paul: Relativ abseits gelegen und für einen Dom – zumindest von außen – auch etwas unscheinbar, befindet sich das Gotteshaus noch ein paar Gehminuten südlich vom Neuen Platz. Erbaut wurde es ab 1578 von den protestantischen Landständen Kärntens, aber schon bald im Zuge der Gegenreformation von den Jesuiten übernommen, die der Kirche auch ihren Namen gaben. 1787 wurde St. Peter und Paul Bischofssitz (von Gurk hierher verlegt). Das heutige Aussehen stammt aus den 1720er-Jahren, nachdem ein Feuer den Vorgängerbau fast zerstört hatte. Im Inneren überwiegt die barocke Pracht, besonders der Hochaltar von 1752, die Kanzel und die geschnitzte „Apotheose des Heiligen Nepomuk".

Ganztägig geöffnet. Domplatz.

Benediktinerkirche (Marienkirche): Die Kirche auf der Südseite des lebhaften Marktplatzes entstand 1613 als Kirche des Franziskanerklosters und wurde erst später Benediktinerkirche. Innen sehr barock, besonders prachtvoll der Hochaltar mit dem Marienbild von 1747.

Ganztägig geöffnet. Unscheinbarer Eingang auf der Südseite des Benediktinermarktes.

Heiligengeistkirche: Die heute so barock anmutende Kirche am gleichnamigen großen Platz und Busbahnhof der Innenstadt ist relativ alt: Bereits 1355 gab es hier ein Gotteshaus, zwischenzeitlich war es protestantisch und wurde 1674 an das heute noch von den Ursulinen betriebene neue Kloster angegliedert.

Ganztägig geöffnet.

Stadtgalerie: Im nüchternen, modernen Ambiente eines Gebäudes aus dem 18. Jh. (natürlich renoviert) am Pfarrplatz. Drei- bis viermal jährlich finden hier wechselnde Ausstellungen statt, darunter auch ziemlich Hochkarätiges. Mit Museumsshop.

Di–So 10–18 Uhr, im Juli/Aug. Do bis 21 Uhr, Mo geschl. Eintritt 5,50 €, erm. 2,50 €, Schüler/Studenten frei. Theatergasse 4, ✆ 0463-5375545, www.stadtgalerie.net.

Theaterplatz: Um den Theaterplatz am nördlichen Rand der Altstadt gruppieren sich eine Handvoll interessanter Bauten und Museen: zuallererst natürlich das wunderschöne und reichlich imposante **Stadttheater** im Jugendstil. Es stammt aus

Besonders schön: Klagenfurts Theater im Jugendstil

dem Jahr 1910 und wurde Ende der 1990er mit viel Liebe zum Original renoviert. Der moderne Anbau auf der Rückseite stammt von *Günther Domenig* (→ S. 234). Das **Stadthaus** schräg gegenüber des Theaters wurde 1739 er-, 100 Jahre später jedoch im klassizistischen Stil umgebaut. Darin befinden sich neben der *Studio Galerie* und der *Gewölbe Galerie* als wichtigste dieser drei die *Alpen-Adria-Galerie*. Wie in der Stadtgalerie werden auch hier im Jahr mehrere wechselnde Ausstellungen gezeigt, der Fokus liegt auf zeitgenössischer Kunst. Um das Ganze zu komplettieren gibt es ein paar Schritte weiter das **Künstlerhaus** von Franz Baumgartner, dem Wörthersee-Architekten, in dem noch heute der Kärntner Kunstverein seinen Sitz hat. Das Gebäude im Secessionsstil (Jugendstil) ist von 1914, auch hier finden wechselnde (Verkaufs-)Ausstellungen moderner bzw. zeitgenössischer junger und nicht mehr ganz so junger Künstler statt, außerdem befindet sich hier ein schönes Café (→ oben). Schließlich stößt man bei einem Spaziergang durch den Schubertpark (liegt hinter Stadthaus und Theater) auf das **Napoleonstadel** im hintersten Eck des Parks, auch hier Ausstellungen und Café (→ oben, Café Park Haus).

Stadthaus: Di–So 10–18 Uhr geöffnet, im Winter 9–17 Uhr, Mo geschl. Eintritt 5 €, erm. 2,50 €. Theaterplatz 3, ✆ 0463-5375224, www.stadtgalerie.net. **Künstlerhaus**: Di–Fr 12–18 Uhr, Do bis 20 Uhr, Sa 9–13 Uhr, So/Mo geschl. Eintritt frei. Goethepark 1, ✆ 0463-55383, www.kunstvereinkaernten.at. **Architekturhaus** (im Napoleonstadel): Mo–Fr 9–19 Uhr. St. Veiter Ring 10, ✆ 0463-504577, www.architektur-kaernten.at.

Außerhalb des Stadtrings

Robert-Musil-Literatur-Museum: Wer Bücher liebt, steht ein wenig ehrfurchtsvoll vor der *underwood standard portable typewriter* – auf dieser Schreibmaschine entstand ein Stück Weltliteratur. Im Geburtshaus *Robert Musils* (1880–1942) beleuchtet eine höchst informative Ausstellung Leben und Schaffen des Schriftstellers sowie sein Verhältnis zu anderen literarischen Giganten wie Kafka, Joyce, Proust oder Mann. Zu sehen sind unter anderem Briefe und Typoskripte, Fotos und Gemälde, genanntes Arbeitsgerät und Originalausgaben von *Verwirrungen des Zöglings Törleß* und *Mann ohne Eigenschaften*. In einer weiteren Abteilung ist das Wohn- und Arbeitszimmer der außergewöhnlichen Lyrikerin *Christine Lavant* (1915–1973) ausgestellt, neben Biografie und Fotos sind auch Holzschnitte von Werner Berg zu sehen. Die dritte Sektion ist *Ingeborg Bachmann* (1926–1973) gewidmet, neben Fotos und biografischen Skizzen sind es vor allem die Texte von Bachmann selbst, für die man ein wenig Zeit mitbringen sollte. Ein vierter Raum ist für wechselnde Ausstellungen vorgesehen.

Wer übrigens Peter Handke vermisst, wird nach Griffen verwiesen (→ S. 382). Wenn man denn Kritik üben will an diesem engagiert und fachkundig gemachten Museum, dann bezüglich der Abwesenheit Handkes und eines Ausblicks auf die junge Literaturszene Kärntens. Bleibt zu hoffen, dass Letztere hier trotzdem zu Wort kommt: In den Räumen des Robert-Musil-Instituts im ersten Stock finden regelmäßig Lesungen statt.

Museum: Mo–Fr 10–17 Uhr geöffnet, Sa/So geschl. Eintritt frei, Bahnhofstr. 50, ✆ 0463-501429, www.musilmuseum.at. **Robert-Musil-Institut**: Veranstaltungen unter www.uni-klu.ac.at/musil.

Koschat-Museum: Am viel befahrenen Viktringer Ring, gleich ums Eck vom Rudolfinum und schräg gegenüber der Landesregierung liegt das blassgelbe Haus mit dem Museum, das es hier seit 1934 gibt. Zu sehen gibt es hier die verschiedensten Dokumente, Möbel, Bilder und das ganze nachgebaute Arbeitszimmer aus dem Nachlass des Kärntner „Liederfürsten", wie Thomas Koschat (1845–1914) oft genannt wird.

Mitte Mai bis Anfang Okt. Di–Do 10–12 Uhr sowie nach Voranmeldung. Als Eintritt wird eine Spende erwartet. Viktringer Ring 17, ✆ 0676-7701941.

Giselbert-Hoke-Fresken im Hauptbahnhof: Skandal! Nicht der Bahnhof selbst – aber auch dessen ernüchternde Fantasielosigkeit hätte das Zeug dazu –, für den Skandal muss man schon reingehen und sich die beiden großformatigen Fresken

Die Fresken von Giselbert Hoke im Hauptbahnhof

Giselbert Hokes (1927–2015) in der Bahnhofshalle anschauen: Die nämlich wollten vielen Klagenfurtern des Jahres 1956 gar nicht so richtig gefallen. Mit jeweils etwa 150 m^2 Fläche sind die „Wand der Kläger“ (beim Betreten links) und die „Wand der Angeklagten“ (rechts) alles andere als unauffällig, erinnern deutlich an Picassos Bildsprache, ein wenig abgründig und scheinbar ohne richtigen Kontext, vor allem aber traurig und hoffnungslos wirken die Dargestellten der Wandgemälde. Vielleicht waren sie auch einfach zu modern für ihre Zeit und ließen zu viel Raum für Interpretationen, gerade auch die jüngste Vergangenheit betreffend. Die Fresken jedenfalls erhitzten die Gemüter nachhaltig, auch wenn die Volkszeitung am 7. Juni 1956 schrieb: „Das Problem der Zukunft wird sein, wie man den Bahnhof entfernen kann, ohne die Fresken zu zerstören.“ 2005 wurde das Werk aufwendig restauriert, für den jungen Hoke, der 1945 im Zweiten Weltkrieg mit nur 17 Jahren seinen rechten Arm verlor, war es der Beginn einer großen Karriere, aber auch jahrelanger Anfeindungen.

Der Eingang zum Bergbaumuseum

Bergbaumuseum: In dem 700 m langen, ehemaligen Stollen im Kreuzbergl stellt das Bergbaumuseum alles Erdenkliche aus, was einem unter Tage begegnen kann: Gesteine, Fossile, (Edel-)Metalle und Tropfsteine, Froschlampe, Hunt und Gezähe, Knappen und Fledermäuse, die Heilige Barbara – und dazu klärende Schautafeln. Schwerpunkt der unterirdischen Ausstellung ist natürlich der Bergbau in Kärnten: Blei und Zink in Bleiberg und auf der Petzen, Zinnober in der Vellacher Kotschna, Eisenerz um die Saualpe, Braunkohle im Lavanttal, Gold in den Tauern (dem edelsten Metall ist eine eigene Sektion über Goldschmiedekunst gewidmet). Exponate und informative Schautafeln beleuchten die Geschichte des Montanwesens, Bergbau-Techniken und -Werkzeuge, Arbeitsalltag der Knappen und Steiger sowie Bergmannsfolklore.

April bis Okt. tägl. 9–18 Uhr, Fr geschl. Eintritt 6 €, erm. 5 €, Kinder/Schüler/Studenten gratis. Prof.-Dr.-Kahler-Platz 1 (am Fuß des Kreuzbergls), ✆ 0463-5375230, www.bergbaumuseum-klagenfurt.at.

Botanikzentrum: Vor dem Eingang zum Bergbaumuseum, ein netter kleiner botanischer Garten mit üppiger Bepflanzung, Teichen und ein paar gläsernen Schaukästen mit Fossilien. Zahlreiche Parkbänke laden zum Verweilen ein, am Eingang zum Bergbaumuseum gibt es ein kleines Terrassencafé.

Mai bis Sept. tägl. 10–18 Uhr, Okt. bis April Mo–Do 10–16 Uhr, an Feiertagen und bei Schnee geschl. Eintritt frei. Prof.-Dr.-Kahler-Platz 1 (am Fuß des Kreuzbergls), www.landesmuseum.ktn.gv.at.

Kreuzbergl: Klagenfurts Haushügel (mehr ist es nicht) ist auch Kalvarienberg, vom Ende der Radetzkystraße führt ein **Kreuzweg** (1975 restauriert und neu gestaltet) zur barocken **Kreuzberglkirche** von 1742 (die Fresken stammen, wie immer zu dieser Zeit, von: *Josef Ferdinand Fromiller*). Gleich oberhalb davon befindet sich das empfehlenswerte Restaurant Schweizerhaus (→ oben). Mehrere Spazierpfade führen von hier durch den Wald, u. a. auch zur **Sternwarte Klagenfurt** mit aufgesetztem Turm.

Kreuzberglkirche: Ganztägig geöffnet, aber vom Eingang aus nur durch ein Gitter einsehbar. Sternwarte: Do und Sa geöffnet, im Winter nur Sa, regelmäßige Führungen zu wechselnden Themen. Eintritt 8 €, erm. 5 €. Giordano-Bruno-Weg 1 (Zufahrt beschildert), Infos unter ✆ 0463-21700 oder 0664-1232775, www.avk.at.

Von der Innenstadt zum Klagenfurter Wörtherseeufer

Mit dem Fahrrad, dem Bus oder – vielleicht am schönsten – mit dem Schiffchen kann man sich am **Lendkanal** entlang von der Innenstadt zum See bewegen. Schon seit 1527 verbindet die „Lend“ als Wasserstraße die Altstadt mit dem Wörthersee, die älteste von zehn Brücken darüber stammt aus dem Jahr 1535 (*Steinerne Brücke*, etwa auf halbem Weg des gut 4 km langen Wasserweges). Gebaut wurde der Kanal einst, um die Lasten besser in die Stadt transportieren zu können. Der in Marmorstein eingefasste Lendhafen (und der Elisabethsteg) am Beginn der Villacher Straße war einst wichtiger Warenumschlagsplatz, heute befindet sich hier ein Café und die End- bzw. Abfahrtshaltestelle der Lendkanal-Schifffahrt (→ unten). Im Winter sind die 4 km zugefrorener Lendkanal übrigens eine beliebte Eislaufstrecke.

Wasserweg Lendkanal

Richtung See erreicht man bald linker Hand das Universitätsgelände und rechter Hand einige der traditionellen Attraktionen aus der Zeit, als der Wörthersee seine Hochzeit als Besucherziel feierte: **Minimundus** gibt es hier seit 1958, auf einer Fläche von 26.000 m² sind 150 Miniaturmodelle berühmter Gebäude der Welt zu sehen, die allermeisten im Maßstab 1:25 in eigener Werkstatt gefertigt. Gleich dahinter können Sie im **Reptilienzoo Happ** Ihre Schlangen- oder vielleicht auch Spinnenphobie bekämpfen und sich unzählige Reptilien und Amphibien durch die Glasscheibe anschauen, darunter auch die gängigen Großschlangen und giftige Exoten, außerdem Spinnen und Echsen bis hin zum Krokodil und zum Kontrast die so entspannend gemütlichen Schildkröten. Der 1976 eröffnete Zoo ist der größte seiner Art in Österreich. Hinter dem Reptilienzoo wiederum befindet sich das Klagenfurter **Planetarium** von 1977: Interessant v. a. für Kinder, hier werden wechselnde Filme rund um das Thema Weltall gezeigt.

Minimundus: Ca. 20. März bis Ende Sept. tägl. 9–18 Uhr geöffnet, im Mai/Juni und Sept. bis 19 Uhr, Juli/Aug. bis 20 Uhr (sowie Mi bis 23 Uhr), im Winter geschl. Eintritt 13 €, Stud./Sen. 12 €, Kinder 6–15 J. 8 €, bis 5 J. frei, Familienkarte 19–36 €. Villacher Str. 241, ✆ 0463-211940, www.minimundus.at.

Reptilienzoo Happ: Im Sommer tägl. 8–18 Uhr, im Winter 10–17 Uhr, im Nov. geschl. Eintritt 14 €, erm. 8 € (4–15 J.), Stud./Sen. 13 €. Villacher Str. 237, ✆ 0463-23425, www.reptilienzoo.at.

Planetarium: Mai bis Okt. tägl. ab ca. 13 Uhr bis 18 Uhr (Filmvorführungen), im Winter nur Sa/So, im Jan./Febr. geschl. Eintritt 10 €, Kinder 6–15 J. 8 €. Villacher Str. 239, ✆ 0463-21700, www.planetarium-klagenfurt.at.

Das **Uni-Viertel** gibt sich modern und international, seit 2004 nennt man sich selbstbewusst „Alpen-Adria-Universität", die heute rund 10.000 Studenten zählt (hauptsächlich der Wirtschaftswissenschaften, Informatik, Kulturwissenschaften und Pädagogik). Im fast noch nigelnagelneuen *Lakeside Science & Technology Park* in direkter Nachbarschaft zur Uni haben sich an die 60 Firmen angesiedelt (viele IT). Der 22 ha große, überaus gepflegte **Europapark** auf der anderen Seite des Lendkanals mit Teich und Café ist ein beliebtes Sport- und Spazierareal (u. a. mit Beachvolleyball und Skate-Park), zu sehen sind hier auch einige moderne Skulpturen aus Krastaler Marmor. Zur Seeseite hin schließen dann der Campingplatz und das riesige Strandbad an. Nett Flanieren lässt es sich an der Seepromenade an der Ostbucht des Wörthersees (Friedelstrand nördlich des Strandbads). Wer es etwas beschaulicher mag, sollte sich nach **Maria Loretto** zum südlichen Ende der Ostbucht begeben: auf der Halbinsel thronen die *Kapelle Maria Loretto* von 1660 – ein Nachbau der Marien-Kapelle im italienischen Loreto (bei Ancona) – und das *Schloss Maria Loretto* oberhalb davon: ein herrliches Gartenanwesen über dem glasklaren See, traumhaft. Erbaut wurde das Schloss in dieser besonderen Lage samt Lustgarten 1652 von der Familie Rosenberg, die seinerzeit den Burggrafen in Klagenfurt stellten. Nach einem Brand im Jahr 1708 verfiel das Anwesen über die Jahrhunderte, erst 2002 wurde es von der Stadt Klagenfurt erworben und 2008 nach sorgfältiger Renovierung als Café/Bar (→ unten) und Veranstaltungsort der Öffentlichkeit zugänglich gemacht. Komplettiert wird das Ensemble an der Landspitze Maria Loretto vom gleichnamigen Restaurant (→ unten), das heute in den ehemaligen Stallungen des Schlosses untergebracht ist.

Basis-Infos

Verbindungen **Bus** Nr. 10 alle 20 Min. via Lendkanal, Minimundus und Schiffsanleger zum Strandbad, Nr. 81 alle 30 Min. zur Universität. Abends 21–1 Uhr stündl. mit Nr. 92 zum Strandbad (alle ab/bis Heiligengeistplatz). www.stw.at, Info: ✆ 0463-521521.

Fahrrad/zu Fuß: Fahrrad- bzw. Fußweg ab Lendhafen am Kanal entlang, besonders das letzte Stück (ab Seepark Hotel) sehr nett im Grünen, mehrere Brücken erlauben jederzeit den Seitenwechsel, insgesamt etwas mehr als 4 km.

Lendkanal-Schifffahrt: mit dem neuen Solar-Elektroboot „Maria Wörth" ab Lendhafen bis Villa Lido/Wörthersee 45 Min., 3x tägl. (11, 13 und 15 Uhr, retour 10, 12 und 14 Uhr), Mai bis Sept., Tickets an Bord, einfach 3 €, hin und zurück 9 €. ✆ 0463-21155, www.woertherseeschifffahrt.at.

Wörthersee Schifffahrt: MS Velden, MS Klagenfurt, MS Kärnten und die historische MS Thalia schippern im April und Okt. 2x tägl., Mai bis Sept. 5x tägl. von Klagenfurt nach Velden und zurück. Schiffsanleger am

Klagenfurt am Wörthersee, Capital of ... na, Sie wissen schon

Friedelstrand. Tagesticket Erw. 14 € (nur eine Station 6 €), Fahrradmitnahme 5 €, Kinder 7 €, Wochenticket Erw. 32 €, Kinder 16 €, Saison-Ticket 79 € bzw. 35 €. Friedelstrand 3, 9020 Klagenfurt am Wörthersee, ✆ 0463-21155, www.wörtherseeschifffahrt.at.

Die **Wörthersee Card** hilft sparen, → S. 81.

Parken Parkplätze gibt es ausreichend, z. B. bei Minimundus (P & R) für 3 €/Tag oder ebenfalls gebührenpflichtig am Strandbad, kostenlos parken kann man u. a. an der kaum befahrenen Straße zum Lendkanal hinter dem Seepark Hotel.

Veranstaltungen Der **Ironman** startet meist am ersten Sonntag im Juli ab Strandbad Klagenfurt (genaue Termine: www.ironmanklagenfurt.com). Mitte bzw. Ende Juli findet hier an der Ostbucht ein **Beachvolleyball Grand Slam** statt (Infos und Tickets: www.beachvolleyball.at). Am 3. Wochenende im Aug.: **Kärnten läuft**, der Wörtherseehalbmarathon startet in Velden und endet am Strandbad Klagenfurt.

Alpen Adria Hafenfest, im Mai in der Ostbucht, und die **Starnacht am Wörthersee**, im Juli am gleichen Ort.

Übernachten/Essen & Trinken/Abends

→ Karten S. 248/249

Hotels **Seepark Hotel 9**, kaum zu übersehender moderner Halbrundbau der gehobenen Klasse an der Süduferstraße, Rückseite zum Lendkanal (Rad- und Spazierweg). 142 moderne, komfortable Zimmer, nach hinten hinaus – zur „Lagune" des Lendkanals – das gehobene *Restaurant Laguna* (günstiger Mittagstisch) und die zuletzt ziemlich angesagte *GIG Bar*, beide mit Terrasse zum Wasser, in der Bar häufig auch Partys, Live-Übertragungen usw. EZ/DZ 119 €, mit Balkon 149–209 €, Frühstück 16 € pro Pers., WLAN und Parkplatz kostenlos. Universitätsstr. 104, 9020 Klagenfurt, ✆ 0463-2044990, www.seeparkhotel.at.

Jugendherbergen **Jugendgästehaus 8**, blassrosa, modernes Gebäude im Mietshausstil, im Univiertel gelegen. 146 Betten, in Vier- bzw. Sechsbettzimmern, es gibt auch 6 DZ, alle mit Bad. Übernachtung mit Frühstück 21,50 €, mit Halbpension 28,40 €, DZ + 4 € pro Pers. und Tag, EZ + 8 €. Bettwäsche wird gestellt, Handtücher selbst mitbringen oder hier leihen. Neckheimstr. 6, 9020 Klagenfurt, ✆ 0463-230020, www.hiyou.at.

Camping Camping Klagenfurt Wörthersee **7**, großes und teilweise auch recht schattiges Gelände gegenüber vom Strandbad (ermäßigter Eintritt für Campinggäste) und mit Bushaltestelle quasi vor der Tür. Über 400 Stellplätze, gepflegte und wohlorganisierte Anlage, mit Supermarkt, Snackbar/Biergarten, WLAN und Fahrradverleih. Stellplatz 11,50–13,50 € inkl. Strom, pro Pers. 9 €, Kinder 4–12 J. 5 €, unter 4 J. frei, Hund 3,50 €, Umweltgebühr 1 €, Kurtaxe 1,50 €. Mitte April bis 30. Sept. geöffnet. Metnitzstrand 5, 9020 Klagenfurt, ✆ 0463-287810, www.camping-woerthersee.at.

Essen & Trinken/Abends Maria Loretto **11**, traumhafte Lage direkt am Wasser auf der gleichnamigen Halbinsel. Gehobenes Restaurant mit herrlicher Terrasse (eine weitere Terrasse im OG), schönes Ambiente. Schwerpunkt Fisch. 10–24 Uhr geöffnet, warme Küche bis 22 Uhr, Di Ruhetag (in der Hochsaison nicht). Lorettoweg 54, ✆ 0463-24465.

Villa Lido **6**, traumhafte Lage am Wasser die Zweite, nur am anderen Ende der Ostbucht, neben dem Schiffsanleger der Wörtherseeschifffahrt. Bekannt für super Pizza und Pasta, etwas teurer als der übliche Italiener um die Ecke (Pizza ca. 8,50–13,50 €), günstige Mittagskarte. Tägl. 10–22.30 Uhr geöffnet. Friedelstrand 1, ✆ 0463-210712.

Onyx Bar **10**, im Schloss Maria Loretto, eine weitere traumhafte Location über dem See, im Garten Zitrusbäumchen und Hollywoodschaukeln, auch Café, sehr schöne Terrasse und v. a. am Wochenende abends *place to be*. Zu essen gibt es nur Snacks (Toast um 5 €, Pizza 8,50 €) und Süßes/Eis. Cocktails um 7 €. Ab Mitte Mai bis ca. Sept. jeden Mittwochabend Livemusik. Di–So 14–23 Uhr geöffnet. P. S.: Wir raten dringend zum Besuch der Damentoilette. Lorettoweg 52, ✆ 0463-210298.

Strandbäder

Das riesige **Klagenfurter Strandbad** (von 1927) etwa in der Mitte der Wörthersee-Ostbucht verfügt über drei ellenlange Badestege, eine gigantische Liegewiese und Sandstrand, Wasserrutsche, Bar, Bistro, Lounge und Beachvolleyballfelder sowie über hübsch altmodische Badehütten und einen Bootsverleih. Sehr viel kleiner und auch deutlich beschaulicher ist das **Strandbad Maria Loretto** neben dem gleichnamigen Schloss am Rand der Bucht, auch hier Badestege, dazu ein bescheidener Kiosk, ein altes Bootshaus, Umkleiden. Unweit von hier liegt das **Strandbad Maiernigg** am Südufer des Sees.

Entspannt im Strandbad

Die städtischen Strandbäder sind Mai–Sept. geöffnet, ab 9 Uhr bis ca. 18/19 Uhr, in der Hochsaison und am Wochenende 8–20 Uhr (jeweils Badeschluss). Tageskarte Erw. 4,30 €, Kinder 6–15 J. 1,70 €, ab 15 Uhr 3,10 € bzw. 1 €. **Strandbad Klagenfurt**: Metnitzstrand 2, ✆ 0664-805216331, **Strandbad Maria Loretto**: Lorettoweg 48, ✆ 0664-805216350, **Strandbad Maiernigg**: Süduferstr. 116, ✆ 0664-805216391, www.strandbad-klagenfurt.at, www.stw.at.

Zum Südufer des Wörthersees → ab S. 289. Zu Viktring und dem Keutschacher Seental → ab S. 290.

Kärntens berühmtester See, im Hintergrund die Karawanken

Rund um den Wörthersee

Türkis schimmert das Wasser, die Hänge in sattem Grün, der Himmel knallblau und die ein oder andere dekorative weiße Wolke über dem malerischen Gebirgszug der Karawanken in der Ferne. So in etwa stellt man sich den Wörthersee landläufig vor – und an vielen schönen Sommertagen kann man tatsächlich genau diese Aussicht genießen.

Lang gestreckt schlängelt sich der mit 19,4 km² größte See Kärntens zwischen den Ausläufern der Ossiacher Tauern und der Sattnitz, deren höchste Erhebung der Pyramidenkogel ist. Der Höhenzug trennt den Wörthersee von den Keutschacher Seen im gleichnamigen Tal, nach Norden geht es über die einsamen Ossiacher Tauern steil hinunter zum Ossiacher See. Einsamkeit wird man am Wörthersee dagegen kaum finden. Die teilweise recht schmalen Ufer sind verbaut, frei zugängliches Seeufer hat Seltenheitswert, zudem verlaufen Nord- und Süduferstraße ziemlich direkt am Wasser, am Nordufer kommt noch die Bahnlinie mit entsprechendem Lärmpegel dazu. Dennoch erfreut sich der See mit seinen vielen Strandbädern größter Beliebtheit, Wassersport wird allerorten angeboten und das touristische und vor allem kulinarische Angebot liegt häufig auf sehr hohem Niveau, entsprechend gut betucht ist das Publikum in einigen Orten.

Mit den Gründerjahren in der zweiten Hälfte des 19. Jh. nahm auch der Tourismus seinen Anfang. 1853 schipperte der erste Raddampfer über den See und mit dem Anschluss Klagenfurts an das Bahnnetz der k.u.k. Südbahn im Jahr 1864 kamen die ersten Badegäste. Die Hautevolee entdeckte den Wörthersee für sich, der Adel und das Großbürgertum, die Honoratioren und Fabrikanten, die Spekulanten und Investoren, der Wörthersee wurde zur „österreichischen Riviera“. Prachtvolle Villen wurden errichtet: Mit üppig gestalteten Fassaden, abwechslungsreich strukturiert durch kontrastierendes Fachwerk, verspielte Friese oder aufwendige Stukkaturen, mit Erkern und Türmchen, hölzernen Loggien, repräsentativen Säulenvorhallen und verzierten Giebeln – bis heute prägen die mondänen Villen die sehenswerte *Wörthersee-Architektur* rund um den See, eine ganz eigene Mischung aus Jugendstil, Barock und englischem Landhausstil. Etwa zwei Dutzend der repräsentativen Villen, meist direkt am Ufer, sind noch erhalten, am besten sehen kann man sie vom Wasser aus. Vor allem der Wiener Architekt *Franz Baumgartner* (1876–1946) ist mit dieser Bauweise hier am See verbunden, nach seinen Plänen entstanden nicht nur einige der Villen am See, sondern auch das Künstlerhaus in Klagenfurt.

Um die Jahrhundertwende zog der Wörthersee neben den Reichen (und Schönen) auch die Kreativen an, darunter drei namhafte Komponisten: Johannes Brahms, Gustav Mahler und Alban Berg.

Klassik am Wörthersee – Brahms, Mahler und Berg

Drei Komponisten, drei Generationen, ein Ort der Inspiration. *Johannes Brahms* (1833–1897), *Gustav Mahler* (1860–1911) und *Alban Berg* (1885–1935) urlaubten nicht nur am Wörthersee, sondern komponierten hier auch. Mithin schwingt ein illustrer Querschnitt durch die Musikgeschichte des ausgehenden 19. Jh. und frühen 20. Jh. über dem Wörtherseeufer – von der konservativen, der Klassik verpflichteten Romantik bei Brahms über das meisterhafte spätromantische Schaffen Mahlers bis zu der Auflösung der Romantik durch den Übergang in die Atonalität und das 20. Jh. mit Berg.

Am Wörthersee „fliegen die Melodien, dass man sich hüten muss, keine zu treten“, schwärmte **Johannes Brahms**, der die Sommermonate der Jahre 1877 bis 1879 in *Pörtschach* verbrachte. Und die Melodien landeten in zahlreichen Partituren, die Brahms am Wörthersee schuf – nahezu geschlossen die Werke op. 73 bis 79, darunter seine 2. Symphonie (D-Dur, op. 73), das Violinkonzert in D-Dur (op. 77), die *Regenlied Sonate* (Violinsonate in G-Dur, op. 78) sowie neuere Ungarische Tänze, Motetten, Rhapsodien, Lieder u.v.m.

In der ufernahen Waldeinsamkeit bei *Maiernigg* baute sich **Gustav Mahler** 1900 ein kleines Komponierhäuschen, in dem er von 1900 bis 1907 fast die Hälfte seines symphonischen Gesamtwerks schuf: Hier skizzierte und vollendete er u. a. die grandiose 5. Symphonie (cis-Moll) und überwand bei einer Bootspartie auf dem See eine schwere Schreibblockade. „Beim ersten Ruderschlag fiel mir das Thema (oder mehr der Rhythmus und die Art) der Einleitung zum 1. Satze ein …“, berichtete Mahler, nachzuhören in der 7. Symphonie (e-Moll, später auch *Lied der Nacht* genannt). Auch die berühmten Kindertotenlieder vollendete er in seinem Komponierhäuschen.

Alban Berg schließlich, der viele Sommer seiner Jugend am Ossiacher See verbracht hatte, kaufte sich 1932 ein Feriendomizil in *Auen*, dem seezugewandten Ortsteil von *Schiefling* am Westufer des Wörthersees. Hier entstanden Teile seiner unvollendeten Oper Lulu und das berühmte Violinkonzert. Letzteres trägt auch den Titel *Dem Andenken eines Engels* und ist der Tochter Alma Mahlers (die Witwe Gustav Mahlers) und des Architekten Walter Gropius gewidmet. Manon Gropius starb 18-jährig an den Folgen der Kinderlähmung.

Absolute Popularität erfuhr der Wörthersee dann erneut in den 1950er- und 1960er-Jahren. Die Gäste kamen in Scharen und ein ganzer Haufen Filme wurde hier gedreht, angefangen mit der berühmten „Rose vom Wörthersee" von 1952 bis hin zum „Schloss am Wörthersee" der frühen 1990er-Jahre mit dem 1991 verstorbenen Roy Black. Dazwischen drohte der Wörthersee aber von den Gästemassen überschwemmt zu werden. Hinzu kamen ökologische Probleme wie ein mangelhaftes Abwassersystem, die die Beliebtheitskurve ab Ende der 1970er-Jahre, besonders aber in den Achtzigern rapide nach unten sinken ließen. Erst zur Jahrtausendwende ging es wieder bergauf, nicht zuletzt dank der zahlreichen Sport- und sonstigen Veranstaltungen, die an den See gebracht wurden.

Den Namen hat der Wörthersee von seiner malerischen Mitte: der Halbinsel Wörth. Bevor im 18. Jh. Verlandung und Absenkung des Wasserniveaus eine Landbrücke schlugen, erhob sich das malerische Kirchlein von Maria Wörth noch über einer Insel – was auch den Namen erklärt. Das mittelhochdeutsche *wert* bezeichnete festes Land in einem Fluss, See oder Sumpf. Im Norddeutschen wurde daraus *Werder*, im Rheinischen ist *Warth* noch in vielen Ortsnamen zu finden und im oberdeutschen, also dem österreichischen, süddeutschen und schweizerdeutschen Sprachraum verweist das Wort *Wörth* auf ein namensgebendes Eiland – hier im viel besungenen See, der quasi „Inselsee" heißt.

Krumpendorf

ca. 3100 Einwohner

Der vielleicht ruhigste Ort am Wörthersee, nahe bei Klagenfurt und mit direkter Stadtbus-Anbindung. Einige schöne Villen, Strandbäder, wenig Rummel und viel Grün zeichnen Krumpendorf aus.

Familiär und auch ein wenig ländlich gibt sich der kleine Kurort, vom (ehemals) Mondänen seiner berühmten Nachbarn meilenweit entfernt. Ein wenig störend wirken die Bahnlinie und – im östlichen Teil – die Durchgangsstraße, je näher man jedoch Richtung See kommt, desto beschaulicher wird es. Nur eine Handvoll Villen der berühmten Wörtherseearchitektur findet man auch in Krumpendorf (prominentestes Beispiel: die Villa Schwalbennest von 1889 in der Berthastraße) und die beiden Schlösser oberhalb des Ortes befinden sich allesamt in Privatbesitz, sind also nicht zugänglich, gleiches gilt für das bescheidene Schloss Krumpendorf an der

Hauptstraße. Dafür bietet der Ort drei schöne Strandbäder, jede Menge Gärten, kleine Parks und andere Grünflächen sowie ein ausreichendes Angebot für (Wasser-)Sportler.

Die Gegend um Krumpendorf war bereits um 1000 v. Chr. besiedelt. Für die Römer war der Ort Straßenstation. Erstmals urkundlich erwähnt wurde der Ort im Jahr 1216. Mit dem Bahnanschluss (1864) folgte auch der Aufstieg als Kur- und Badeort, heute gilt Krumpendorf als besonders familien- und fahrradfreundliche Gemeinde.

Basis-Infos

Information **Tourismusbüro**, im Gemeindehaus an der Durchgangsstraße, im Mai/Juni und Sept. Mo–Fr 8–16 Uhr geöffnet, im Juli/Aug. Mo–Fr 8–18 Uhr, Sa 9–16 Uhr, So 9–12 Uhr. Von Okt. bis April nur Mo–Fr 8–12 Uhr. Hauptstr. 145, 9201 Krumpendorf. ✆ 04229-234331, www.krumpendorf.at.

Verbindungen **Bahn**: halbstündl. mit der S-Bahn *S 1* nach Klagenfurt und St. Veit a. d. Glan, in die andere Richtung über Pörtschach und Velden nach Villach, außerdem stündl. nach Friesach und Spittal/Drau. Infos: ✆ 05-1717, www.oebb.at.

Bus: Der Stadtbus Nr. 20 fährt tagsüber mind. stündl. – auch sonntags – vom/zum Heiligengeistplatz in Klagenfurt, mit Halt bei Minimundus. Haltestellen in Krumpendorf am Bahnhof und am Kropfitschbad.

Schiff: Die MS Velden, MS Klagenfurt und MS Kärnten schippern im April und Okt. 2x tägl., Mai bis Sept. 5x tägl. von Klagenfurt via Krumpendorf und Pörtschach nach Velden und zurück (mit Stopps am Südufer). Tagesticket Erw. 14 € (nur eine Station 6 €), Fahrradmitnahme 5 €, Kinder 7 €, Wochenticket Erw. 32 €, Kinder 16 €, Saison-Ticket 79 € bzw. 35 €. Friedelstrand 3, 9020 Klagenfurt am Wörthersee, ✆ 0463-21155, www.wörtherseeschifffahrt.at.

Bootsverleih Beim Parkbad und dem Bad Stich sowie am Anlegesteg der Wörtherseeschifffahrt (Berthastr.), ca. Mai bis Okt., Tretboot 7 €/Std., Elektroboot 12 €.

Fahrradverleih Bei **Fahrrad Petrauschik** neben dem Parkbad, Citybike 7 €/3 Std., 12 €/Tag, MTB 17 €/Tag, Kinderrad 7 €/Tag, Wochenpreise deutlich günstiger. Auch Kindersitze und Helme. Mai bis Sept. tägl. geöffnet. Pamperlallee 35, ✆ 0660-2521533.

Parken Ist in einigen Straßen auch gebührenfrei möglich, je näher man aber dem See kommt, desto größer die Wahrscheinlichkeit, dass man Parkgebühren zahlen muss.

Sport **Fahrradfahren**: rund um den Wörthersee in 39 km (und ohne nennenswerte Steigung!), am Nordufer durchgehend Radweg, am Südufer teilweise auf der viel befahrenen Bundesstraße (oder zurück mit dem Schiff); alternativ die 34 km lange Karolinger-Tour über Moosburg und Klagenfurt am Lendkanal entlang.

Golf: nächster Golfplatz in Seltenheim, 18-Loch-Anlage, mit dem Auto nur wenige

Der Wörthersee bei Pörtschach

Minuten in nordöstliche Richtung (Halleger Straße), Greenfee 75–90 €. Seltenheimer Str. 137, 9061 Klagenfurt, ✆ 0463-40223, www.golf-seltenheim.at.

Surfen, Segeln, Tauchen: Schulen bei Bad Stich und Parkbad, außerdem im Koschatpark.

Wandern: Eine beliebte Tour ist der oberhalb von Krumpendorf verlaufende, 55 km lange Wörthersee-Rundwanderweg (blau-weiß-blau), der natürlich auch in mehr oder minder langen Etappen möglich ist (Infos und Karte bei der Tourist-Information).

Wasserskischule im Parkbad.

Darüber hinaus gibt es von Ende Juni bis Anfang Sept. ein **kostenloses Sportprogramm** für die Gäste des Parkbads, darunter Früh- und Wassergymnastik, Aerobic, Nordic Walking, Yoga, Zumba etc., auch Kinderprogramm (Näheres in der Tourist-Info und im Bad selbst).

Veranstaltungen Kein Vergleich zu den Riesen-Events der Nachbarorte, immerhin, von der **Fête Blanche** am letzten Freitag im Juli ist auch hier etwas zu spüren. Ein sportliches Highlight mit dem Namen „**Schwimmen statt Baden**" ist in Krumpendorf die ca. 1200 m weite Seequerung vom Südufer zum Parkbad, am 2. Samstag im Aug.

Übernachten/Essen & Trinken

*** **Hotel Kärnten**, zwischen Bahnstrecke und Schiffsanleger, gut ausgestattetes Hotel mit neu renovierten Zimmern zum Wohlfühlen, auch Restaurant mit Terrasse, Garten, Sauna. Nur wenige Fußminuten zum Parkbad. DZ mit Frühstück 104 €, mit Halbpension 128–132 €. Ganzjährig geöffnet. Wieningerallee 12 a, 9201 Krumpendorf, ✆ 04229-3919, www.hotelkaernten.at.

Pension Puschitz, ruhige Lage und familiäre Atmosphäre, 2 Häuser am Hang, oberhalb der Bahnlinie. Zu Fuß ca. 10 Min. zum See. Günstig: DZ mit Frühstück 54–64 €, Appartement 60 € (hier Frühstück auf Wunsch extra, 5 €/Pers.). Von der Durchgangsstraße in die Amtmannstraße bergauf einbiegen und dann gleich links den Berg hinauf. Ganzjährig geöffnet. Lannerweg 22 a, 9201 Krumpendorf, ✆ 04229-3664.

See Restaurant Kropfitschbad, in herrlicher Lage am See, mit überdachter Terrasse und schilfumsäumtem Steg. Tagsüber eher leger und mittleres Preisniveau, abends dann gehobener, auch was die Preise angeht, aber durchaus im Rahmen. Stilvolles Ambiente mit blütenweiß gedeckten Tischen, Kerzen und dunklem Holz, klassische Küche und viel Fisch. April bis Anfang Sept. tägl. 10–24 Uhr geöffnet, Küche 12–22 Uhr, Mitte April bis Mitte Mai und Sept. bis ca. 10. Okt. nur Do–So 12–22 Uhr geöffnet. Im Winter geschl. Für abends unbedingt reservieren! Am östlichen Ortsrand von Krumpendorf von der Durchfahrtsstraße rechts ab, auch Strandbad. Strandweg 93–95, ✆ 0676-844630500, www.kropfitschbad.at.

Baden

Größtes Bad in Krumpendorf ist das gemeindeeigene **Parkbad** mit Rutsche, Beach-Volleyball, Bocciabahn, Fahrradverleih und vielfältigem Sportangebot (→ oben), dazu natürlich die entsprechende Gastronomie. Ein Stück weiter westlich am Koschatweg, fast schon am Ortsrand liegt das kleine, gemütliche **Bad Stich** mit gepflegter Liegewiese und schattigem Terrassenrestaurant (sowie Appartements), am östlichen Ortsrand das **Kropfitschbad** mit seinem bekannten und hervorragenden Restaurant (→ oben).

Parkbad: Mai bis Sept. tägl. 7.30–20 Uhr geöffnet. Eintritt Erw. 4,50 €, Kinder 6–15 J. 1,50 €, ab 15 Uhr 2,20 € bzw. 0,90 €. Kostenloses WLAN. Pamperlallee 35, ✆ 04229-2440, www.krumpendorf.gv.at.

Bad Stich: Mai bis Sept. tägl. 8–20 Uhr, Eintritt 4,50 €, Kinder 2 €, ab 13 Uhr 3 €/1,50 €. Koschatweg 67, ✆ 04229-40258, Restaurant ✆ 04229-40995, www.bad-stich.at.

Kropfitschbad: Mai bis Anfang Okt. tägl. 9–20 Uhr geöffnet. Eintritt 4,80 €, ab 16 Uhr 3,50 €. Strandweg 93–95, ✆ 0676-844630500, www.kropfitschbad.at.

Pörtschach

ca. 2600 Einwohner

Vielleicht nicht ganz so stylish wie der Nachbar Velden, aber sicherlich die bessere Lage am See. Pörtschach punktet mit seiner wunderbar grünen Halbinsel und den schönen Promenaden.

Pörtschachs ganze Pracht erschließt sich am besten von der Hohen Gloriette, dem herrlichen Aussichtspunkt oberhalb des Sees: Der Blick fällt auf den Park der Halbinsel und die vorgelagerte, s-förmige Schlangeninsel sowie auf das historische *Werzer-Bad* mit seinen verspielten Holzkonstruktionen (das aber leider nur den Gästen des gleichnamigen Hotels vorbehalten ist). In der Bucht springen die Wasserskikünstler wagemutig über die Rampe, im Hintergrund schippert die *MS Klagenfurt* auf ihrem Weg zwischen den Wörtherseeorten.

Beim Spaziergang über Pörtschachs Halbinsel begeistert das herrliche Grün der großzügigen Parkanlage. Ein Bummel führt über die Blumenpromenade an den hippen Beach Clubs, Bars und Cafés vorbei zur Brahmspromenade. Die Hauptdurchgangsstraße wirkt dagegen etwas hektisch mit viel Verkehr. Am besten vom Wasser aus sieht man übrigens die in der Ostbucht (also östlich der Halbinsel) aneinandergereihten berühmten Wörtherseevillen aus dem ausgehenden 19. Jh.

Brahms in Pörtschach

Ganz vernarrt war Brahms in Pörtschach. „Hier ist es allerliebst, See, Wald, darüber blauer Bergebogen“, schrieb der Komponist begeistert. In den Sommermonaten der Jahre 1877 bis 1879 musste der bereits berühmte Brahms allerdings vor den Nachstellungen weiblicher Fans die Flucht ergreifen und suchte Muße in der Ruine Leonstein oder auf der Hohen Gloriette. Die Tage in Pörtschach, die er zumeist damit begann, nackt ein Bad im Wörthersee zu nehmen, und im Kreis illustrer Honoratioren im Wirtshaus Volkslieder singend beschloss, waren sehr produktiv: Das Brahmsche Schaffen dieser Jahre entstand nahezu vollständig in Pörtschach (op. 73 bis 79, darunter seine 2. Symphonie in D-Dur). Dem Komponisten zu Ehren findet alljährlich ein Internationaler Musikerwettbewerb in Pörtschach statt. Und selbstverständlich hat man dem berühmten Gast auch ein Denkmal im Zentrum gestiftet.

Der Ort, an dem sich das heutige Pörtschach befindet, war schon den Römern bekannt, schließlich führte eine ihrer Straßen am Wörthersee-Nordufer entlang. Als um das Jahr 600 dann die Slawen kamen, kam der Ort auch zu seinem Namen: *porecah*, was in etwa so viel bedeutet wie Ort am Bach. Erstmals urkundlich erwähnt wurde der Ort 1150 durch den Bau einer Burg an Stelle der Hohen Gloriette (→ unten), die aber bald verfiel und durch die Burg Leonstein (→ unten) ersetzt wurde, das Schloss im Zentrum kam um 1490 dazu. Lange Zeit hatten hier die Leonsteiner das Sagen, der Ort selbst blieb aber ein armes Fischer- und Bauerndorf. Das änderte sich erst ab Mitte des 19. Jh., als erst die Wörtherseeschifffahrt und dann die Bahn Pörtschach zum Ziel bzw. Zwischenstopp erkoren. Die betuchten Gäste (unter ihnen sogar der Kaiser) kamen und einige von ihnen ließen sich hier die berühmten Villen am See bauen. Um den Ausbau des Ortes verdient machten sich hauptsächlich die Unternehmer *Werzer* (dessen Hotel es noch immer gibt) und

Pörtschachs historisches Werzer-Bad

Wahliss: Ersterer stattete den Ort auch mit Badeanstalt und zahlreichen Tennisplätzen aus, Letzterer kaufte sich 1882 die Halbinsel, ließ den Park hier anlegen und baute 1894 das überaus mondäne erste Parkhotel (1960 abgerissen und 1963 durch den heutigen Bau ersetzt). Zwischen 1890 und 1913 entstand in Pörtschach ein einmaliges Ensemble prachtvoller Villen, die viel zum Ruf als Nobelkurort beitrugen. Einen ersten Höhepunkt in Sachen Tourismus erlebte der Ort in den 1920ern, steil bergauf ging es auch ab etwa 1950, Anfang der 1970er-Jahre erreichte man mit etwa 700.000 Übernachtungen im Jahr ein danach nie wieder erreichtes Hoch.

Basis-Infos

Information **Tourismusbüro**, etwas zurückgesetzt von der Hauptstraße, im Sommer Mo–Fr 9–18 Uhr, Sa 10–14 und 16–18 Uhr, So 10–16 Uhr, in der Nebensaison Mo–Fr 9–17 Uhr und Sa/So 10–14 Uhr, im Winter Mo–Fr 9–16 Uhr, Sa/So geschl. Werzerpromenade 1, 9210 Pörtschach, ✆ 04272-2354, www.poertschach.at.

Bootsverleih Mehrere in Pörtschach, z. B. bei **Mayer's Boote** an der Blumenpromenade, Tret- und Elektroboote, ✆ 0676-7066790, oder **Werzer's Segelschule**, ✆ 0664-1550661; z. B. Elektroboot 20 €/Std.

Fahrradverleih Beispielsweise bei **Impulse** (Pörtschacher Stüberl) in der Hauptstr. 142, Fahrrad 12 €/Tag, MTB 20 €, Kinderfahrrad 8 €. Im Sommer tägl. 10–23 Uhr geöffnet. ✆ 04272-26007, www.impulse.co.at.

Einkaufen Von Mitte Mai bis Mitte Sept. jeden Donnerstag 18–21 Uhr **Bauernmarkt** im Dermuth-Park.

Parken Im Zentrum Richtung Halbinsel mehrere Parkplätze, alle gebührenpflichtig.

Sport **Baden**: Das *Promenadenbad* mit seiner wirklich beeindruckenden Rutsche liegt am Ende der Halbinsel. Große Liegewiese, Badesteg und Strand, von hier führt eine hölzerne Brücke auf die überwiegend bewaldete Schlangeninsel (keine Sorge: nur wegen ihrer Form so genannt). Auch Wassersportangebot, Beachvolleyball, Tischtennis, Bootsverleih und Café/Restaurant. Mai–Sept. tägl. 9–19 Uhr geöffnet, in der Hochsaison bis 20 Uhr. Eintritt 5,90 €, Kinder bis 15 J. 1,50 €, ab 17 Uhr 3,90 €/0,50 €, Tageskarte Familie 11,90–13,40 €. Blumenpromenade 24, ✆ 04272-281029.

Golf → Moosburg, S. 280.

Segeln und **Surfen**: Unterricht bei *Werzer's Segelschule*. Mehrtägige Segel-, Surf- und Motorbootkurse, auch Scheine, zudem Segelbootverleih. Werzerpromenade 8, ✆ 0664-1550661, http://werzers.at/segelschule.htm.

Tennis: In kaum einem Ort der Gegend gibt es mehr Tennisplätze (meist Sand), die z. T. auch von Ortsfremden gemietet werden können. Infos vor Ort bei den Plätzen selbst oder über die Tourist-Information.

Veranstaltungen **World Bodypainting Festival**, vollendete Kunst am lebenden Objekt, teilweise sehr spektakulär, Weltmeisterschaft in mehreren Kategorien, immer in der ersten Juliwoche in der Parkanlage der Halbinsel von Pörtschach. Tagesticket 25–39 €. Infos, Programm und Tickets unter www.bodypainting-festival.com.

Fête Blanche, Höhepunkt für Partypeople am See, im Juli steigt das weiße Fest mit Hauptlocation Pörtschach und der Fabrik in Saag (→ unten), der Dresscode ist natürlich: weiß! Infos und Tickets unter www.feteblanche.at.

International Johannes Brahms Competition, großer Musikerwettbewerb in den Bereichen Violine, Klavier und Cello sowie Lied und Kammermusik. Höhepunkt des Brahms-Wettbewerbs ist das Schlusskonzert der Preisträger. Aufführungen und Jury-Urteile sind öffentlich, Ende Aug./Anfang Sept., Infos unter www.brahmscompetition.org.

Verbindungen **Bahn**: halbstündl. mit der S-Bahn *S 1* via Krumpendorf nach Klagenfurt und St. Veit a. d. Glan, in die andere Richtung über Saag und Velden nach Villach, außerdem stündl. nach Friesach und Spittal/Drau. Infos: ✆ 05-1717, www.oebb.at.

Bus: 7x tägl. ab Zentrum/Monte-Carlo-Platz über Velden nach Villach, ebenso oft über Goritschach und Krumpendorf nach Klagenfurt Benediktinerplatz und Bahnhof, Sa/So gar nicht (es fährt die *Linie 5179*).

Schiff: mit der Wörtherseeschifffahrt über den See, April und Okt. 2x tägl., Mai bis Sept. 5x tägl. von Klagenfurt nach Pörtschach und Velden und zurück. Schiffsanleger auf der Halbinsel. Tagesticket 14 € (eine Station 6 €), Kinder 7 €, Fahrrad 5 €. Friedelstrand 3, 9020 Klagenfurt am Wörthersee, ✆ 0463-21155, www.wörtherseeschifffahrt.at.

Übernachten/Essen & Trinken/Abends

Übernachten/Essen Pörtschach ist ein teures Pflaster, dafür verfügen gerade die gehobenen Hotels oft über hervorragende Restaurants, Halbpension ist eine Überlegung wert.

**** **Parkhotel**, ein mächtiger Klotz an der schlanken Taille der Halbinsel, ein Designstück aus den 1960ern, sehr gepflegt und natürlich auch dezent mit der einen oder anderen Erneuerung ausgestattet: die einladenden Zimmer z. B. mit großer Glasfront und Balkon zum See. Dennoch, beim Betreten der riesigen Halle taucht man unweigerlich ein in die Zeit, als sich hier die Hautevolee ein Stelldichein gab, irgendwie aber auch in die 1980er und jeden Augenblick könnte hier Denver-Biest Joan Collins hinter einer der gläsernen Verkaufsvitrinen hervortreten. Mit Gault-Millau-Haube verziert ist das **Palmenrestaurant** (Mitte Mai bis Mitte Sept. Mi–So ab 18 Uhr geöffnet, Hauptgerichte um 20 €). Moderner Wellnessbereich mit Hallenbad, Sauna etc., rückwärtig großer Garten und eigenes Strandbad. Teuer. EZ 128–210 €, DZ 256–420 €, jeweils inkl. Halbpension. Anfang Jan. bis Ende April geschl. Hans Pruscha Weg 5, 9210 Pörtschach, ✆ 04272-26210, www.parkhotel-poertschach.at.

Schloss Leonstain, wunderschönes Hotel im Zentrum (zwar an der Hauptstraße, die verschwindet aber hinter den dicken Mauern), hier hat sich schon Brahms aufs Ohr gelegt. Einladender Innenhof mit Arkaden und Garten, nur 33 Zimmer und private Atmosphäre, schönes Design, das noble, mit zwei Gault-Millau-Hauben versehene **Restaurant Leon** (nur abends geöffnet, Hauptgerichte um 26–32 €) und ein eigenes **Strandbad**: das *Leon Beach* (mit Restaurant, tägl. 12–23 Uhr, Küche bis 22 Uhr) zählt zum hippsten und coolsten, was es so gibt am See. EZ 102–118 €, DZ 254–294 €, jeweils inkl. Halbpension. Anfang Mai bis Ende Sept. geöffnet. Leonstainerstr. 1, 9210 Pörtschach, ✆ 04272-2816, www.leonstain.at.

Übernachten/Essen außerhalb **Hotel Garni Joainig**, die bezahlbare und kinderfreundliche Alternative im Ortsteil Gorit-

Springer auf G4

schach (ca. 1,5 km östlich), kürzlich komplett renoviert, ebenfalls mit eigenem Badestrand, Outdoor-Kinderland hinterm Haus und kostenlosen Leihfahrrädern, relativ ruhige Lage. Zum Hotel gehört der beliebte Gasthof Joainig mit Terrasse, Mittagsmenü schon um 7 €, abends etwas teurer. EZ 65–70 €, DZ 130–140 €, jeweils mit Frühstück. Hund 15 €/Tag. Ganzjährig geöffnet. Kochwirtplatz 4, 9210 Pörtschach, ✆ 04272-2319, www.joainig.com.

Snacks Bei **Wienerroither** in der Hauptstr. 145 gibt es den kleinen schnellen Mittagssnack (Sandwiches, Quiches, Salate); das Terrassencafé des **Parkhotels** ist der ideale Ort für Kaffee, Kuchen, Eis.

Abends **Jilly Beach**, war zuletzt „Place to be" an der Blumenpromenade direkt am Wasser, nicht nur Cocktails und cooles, stylishes Publikum vor modernem Lounge-Ambiente, hier kann man auch richtig essen (gehobenes Preisniveau). Mai–Sept. tägl. 11–24 Uhr geöffnet, im Mai und Sept. Mo Ruhetag. Alfredweg 5, ✆ 04272-2258.

Lake's Beach Club, vielleicht noch eine Spur loungiger und ebenfalls sehr schick, mit Badesteg, leichte Küche, Cocktails und Drinks. Ganztägig ab dem Frühstück bis spätabends geöffnet. Augustenstr. 24, ✆ 04272-282204800.

Leon Beach, → oben.

AnnaW, beliebter Treffpunkt an der Hauptstraße (unweit Monte-Carlo-Platz), hier gibt es Cocktails (Blue Hour bis 20 Uhr) und man kann essen, tägl. ab 17 Uhr, in der Nebensaison Di geschl. Hauptstr. 218, ✆ 04272-4060.

Fabrik, die Disco am See in Saag → S. 285.

Burgruine Leonstein und Hohe Gloriette

Inmitten eines herrlichen Buchenwalds liegen die malerischen Reste der **Burg Leonstein** auf einem zum See hin steil abfallenden Höhengrat. Die Ruine lässt erahnen, was für eine trutzige Burg sich im Mittelalter über den Wörthersee erhoben haben muss. Die Anlage stammt wahrscheinlich aus dem 12. Jh. und war nachweislich bereits im 17. Jh. ruiniert. In unmittelbare Nähe, auf der benachbarten Hügelkuppe lag einst die noch ältere Seeburg. Heute steht wahrscheinlich an ihrer Stelle die **Hohe Gloriette:** ein schmucker weißer Pavillon mit grandiosem Weitblick über Pörtschach und Wörthersee, über die Sattnitz und Pyramidenkogel bis zum fernen

Karawankenbogen. Im Pavillon befindet sich eine Holzliege, was nicht weiter erwähnenswert wäre, wäre sie nicht eine klingende: Auf der „Brahms-Liege" kann man zwischen drei Stücken des Komponisten wählen und zu den Klängen des Ungarischen Tanzes Nr. 6, dem Wiegenlied und dem Adagio seines Violinkonzerts die Aussicht genießen.

Anfahrt: Vom Pörtschach Richtung Moosburg, hinter dem Tunnel rechts zum *Hotel Ambassador* (beschildert), hier parken und noch etwa 20 Min. zu Fuß den Schotterweg hinauf. Die **Ruine Leonstein** ist Mitte Mai bis Anfang Sept. samstags 15–19 Uhr zugänglich (Führung 16.30 Uhr), Kontakt über den Burg- und Museumsverein, ✆ 0699-17203097, www.leonstein.poertschach.net.

Moosburg

ca. 1000 Einwohner

Eine malerische Ortschaft inmitten einer lieblichen Landschaft: der See von Wald gesäumt, sanfte Hügel mit satten Wiesen, im Hintergrund das Bergpanorama. Zweifellos ein Landidyll, aber eines mit historischem Tiefgang: Aus Moosburg stammt Kärntens Kaiser, der Karolinger Arnulf.

Ob *Arnulf von Kärnten* (ca. 850–899) auf der Moosburg tatsächlich geboren wurde, lässt sich vielleicht nicht zweifelsfrei belegen. Seine Mutter Liutswinde soll zumindest aus Moosburg gestammt haben, sein Vater, der karolingische Prinz Karlmann, ihr die *Mosapurch* (die „Moorburg", also Moosburg) errichtet haben, die ihm später auch als Königspfalz diente. Sicher aber ist, dass Arnulf in Moosburg aufwuchs, von seinem Vater als unehelicher Sohn anerkannt worden war und auch gefördert wurde. Als Karlmann zum König von Baiern erhoben wurde, unterstellte er Karantanien der Verwaltung seines illegitimen Sohnes. Von der Moosburg aus, die neben der Karnburg das Machtzentrum Karantaniens unter den Karolingern war, sollte es Arnulf von Kärnten weit bringen: auf den Thron des ostfränkischen Königs und römischen Kaisers nämlich (zu den Karolingern im Allgemeinen und zur Person Arnulfs im Besonderen → S. 54).

Mit jeder Menge (ehrenamtlichem) Engagement und historischem Sachverstand wird das Moosburger **Karolingermuseum** geführt. Es befindet sich in einem schönen, weinumrankten Gebäude mit den karolingischen Flechtsteinen am Torbogen und einem hübschen Karolingergarten. In acht Räumen auf zwei Etagen beleuchten Schautafeln, Infoblätter, archäologische Funde aus der Umgebung, Faksimiles von Handschriften etc. die Geschichte des Ortes seit der Römerzeit, die Herrscherdynastie der Karolinger und die karolingische Zeit in Kärnten. Ein besonderer Schwerpunkt liegt natürlich auf der Person und Regentschaft *Arnulfs von Kärnten.*

Karolingermuseum: Mitte Juni bis Mitte Sept. Mo–Sa 10–12 und 15.30–18 Uhr geöffnet, So 10–12 Uhr, Eintritt: Spende. Sonderführungen im Museum und historische Wanderungen in der Umgebung nach tel. Anmeldung unter ✆ 04272-83624 oder 04272-83090, Krumpendorfer Str. 1, 9062 Moosburg.

Die heutige Marktgemeinde Moosburg bietet vor allem Ruhe und Erholung. Sie liegt an der B 95 auf halbem Weg von Klagenfurt nach Feldkirchen, über Landstraßen gelangt man schnell an den Wörthersee. In der Nähe erstreckt sich eine kleine, sumpfige Teichlandschaft, an ihren Ufern gesäumt von Verlandungsvegetation und Wald: Eine beliebte Badestelle findet sich am Mühlteich, der nur durch einen Damm vom größeren Mitterteich getrennt ist, die dritte größere Wasserfläche heißt Damnigteich. Die Ruine der sog. *Arnulfsfeste* – hier stand die alte karolingische Moosburg, die erhaltenen Turmfragmente stammen aber wahrscheinlich aus dem 13. Jh. – erhebt sich am nordwestlichen Eck des Mitterteichs (von einem Parkplatz in der Kurve sind es noch etwa 10 Min. zu Fuß). Das neue *Schloss Moosburg* stammt aus dem 16. Jh.

Das Karolingermuseum

Übernachten/Essen Bärnwirt, sympathischer, familiärer Gasthof in Bärndorf unter freundlicher Leitung. In der Gaststube und auf der Terrasse wird zünftige Wirtshausküche serviert, hinter dem Haus gibt es im Garten einen Pool, in einem Gehege hoppeln Kaninchen. Ordentliche, günstige Zimmer mit Balkon oder Terrasse, 86–110 € (je nach Größe) inkl. Frühstück, Ferienwohnung für 2 Pers. 70–90 €, HP auf Anfrage möglich. Hunde erlaubt. *Anfahrt*: Von Moosburg Richtung Pörtschach, beim Golfplatz in der Kurve abzweigen und geradeaus hinauf nach Bärndorf. Bärndorf 3, 9062 Moosburg, ✆ 04272-83013, www.baernwirt.at.

»» **Unser Tipp:** Fischerhaus, eines der besten Restaurants um den Wörthersee. Der Service ist sehr freundlich, die Beratung bestens, die Einrichtung stilvoll, gemütlich und hell. Das Beste aber kommt aus der Küche: Eine gelungene Melange aus Tradition und Experimentierfreude: z. B. Garnelen an Erdäpfel-Gurkensalat, Gänseleber mit Gewürzäpfeln und zum krönenden Abschluss Rotweinkirschen mit Zimteis. Für das Menü muss man etwa 50–60 € pro Pers. rechnen. Im Sommer sitzt man auch schön auf der Terrasse. Auch *Vinothek*, entsprechend gut ausgestatteter Keller. Im Haus stehen auch Zimmer zur Verfügung, hell, neu, geräumig, DZ 120 €, Suite 140 €. Frühstücksbuffet (kommt an den Tisch gerollt) 15 €/Pers. Juli/Aug. tägl. abends, So auch mittags, Mai/Juni Di/Mi Ruhetag, im Winterhalbjahr nur Do–So geöffnet. Beim Golfplatz gelegen, ein Stück westl. von Moosburg. Pörtschacherstr. 44, 9062 Moosburg, ✆ 04272-83315, www.fischerhaus-moosburg.at. ««

Camping Dammwirt, ruhiger Campingplatz am Ufer der Moosburger Teiche. Schöner Naturcamping, nicht parzelliert, direkt am Wasser, schöne Schattenplätze, Badestelle, Mai bis Sept. geöffnet, Stellplatz für Zelt 9,50 €/Pers., für Caravan 30 €, 2 € Strom, Hunde willkommen. Restaurant mit schöner Terrasse, im Teich kann man riesige Waller schwimmen sehen. Pörtschacher Str. 7, 9062 Moosburg, ✆ 04272-82053, www.dammwirt.at.

Buschenschenken Wassacher, oft sind die Bänke der Buschenschenke bis auf den letzten Platz besetzt und die Tische biegen sich unter den umfangreichen Jausenplatten (super Hauswürstl, super Käs) und den vollen Most-Krügen. Sehr freundlich, Plätze draußen im Hof teils überdacht, natürlich auch Hofladen. Do–So 17–22 Uhr geöffnet, zumeist ab Anfang Mai, dann mit der obligatorischen Zweiwochen-Pause im Juni. Der Buschenschank befindet sich beim Golfplatz (der Hof an der Kehre). Bärndorfer Str. 3, ✆ 0664-2206655. ■

Jäger, ausgezeichneter und weithin beliebter Buschenschank auf einem Biobauernhof in Prosintschach, etwa 2 km südöstlich von Moosburg. Bänke unter Bäumen, Käseplatten, Jausenplatten, Most. Nur nach telefonischer Anmeldung geöffnet! Prosintschach 4, ✆ 04272-83393. ■

Sport **Baden**: Am Moosburger Mühlteich befindet sich eine beliebte Badestelle.

Golf: Westlich von Moosburg an der Straße nach Pörtschach liegt der Golfclub Moosburg, mit 18-Loch-Platz (Par 72) und 9-Loch-Platz, Greenfee 73 € (bzw. 34 €). Beim OT Stallhofen an der Straße nach Pörtschach. Golfstr. 2, 9062 Moosburg, ✆ 04272-83486, www.golfmoosburg.at.

Wandern: Eine historische Wanderung führt rund um Mühl- und Mitterteich, vorbei am Schloss und an der Ruine der Arnulfsfeste, etwa 6 km, ca. 2 Std. Gehzeit. Die Wanderung kann als historische Führung unternommen werden, Infos und Anmeldung beim Karolingermuseum, → oben.

Forstsee

Der See liegt nur etwa 2 km oberhalb vom Wörthersee-Nordufer und ist – nicht zuletzt dank seiner abseitigen Lage im Wald – ein beliebter Fluchtpunkt weg von Menschenmengen und Rummel. Zu den Gästen gehören ganz normale Familien und auch Hunde dürfen in dem naturbelassenen See unbehelligt baden gehen. In den vielen abgelegenen kleinen Buchten, v. a. abseits des Weges, finden auch FKKler und Gays bevorzugte Badeplätze (eher am Südufer). Erinnert alles ein wenig an Schweden. Auf dem Forstweg am See verläuft auch der Wörthersee-Rundwanderweg (blau-weiß-blaue Markierung).

Der einsame Forstsee

Anfahrt/Parken Knapp 2 km oberhalb von Techelsberg/Saag, die Straße zweigt von der Hauptstraße ab (beschildert), großer Parkplatz: pauschal 2 €/Tag. Von hier noch ca. 200 m Waldpfad hinauf zum See.

Kiosk Im Sommer kleine Gastronomie mit ein paar Tischen und Bänken gleich oberhalb des Parkplatzes am Nordufer, hier gibt es Frankfurter, Pommes, Toast, Wurstsemmel, Pizza etc.

An der B 83 von Pörtschach nach Saag befindet sich kurz vor Velden an der Straße und direkt am See das **Forstsee-Schaukraftwerk** (ein Jugendstilbau nach Plänen Franz Baumgartners), das hier 1925 als erstes Pump- und Speicherkraftwerk der Kärntner Wasserkraftwerke gebaut wurde. Speicher ist der oberhalb liegende Forstsee. Teile der Anlage, die heute noch drei Millionen kWh Strom im Jahr produziert, können besichtigt werden (April–Okt. Di–So 10–22 Uhr geöffnet, Juli/Aug. tägl., Eintritt frei). Eigener Schiffsanleger, mit Café Ampere am See (gleiche Öffnungszeiten).

Berühmt: das Casino Velden

Velden

2200 Einwohner

Wo in Kärnten, wenn nicht hier, in Velden am schönen Wörthersee: sehen und gesehen werden! Hier treffen sich die Reichen und Schönen. Aber auch, wenn Sie lediglich zu den Schönen gehören, werden Sie sich in Velden wohlfühlen.

Eine Schwarze Amex ist allerdings nicht von Nachteil. Veldens wichtigstes Bauwerk steht sinnbildlich für das Image des schicken Ortes an der Westbucht des Wörthersees. Repräsentativ sollte das Renaissance Schloss sein, das sich Bartholomäus Khevenhüller Ende des 16. Jh. am idyllischen Seeufer errichten ließ, zur „gemütlichen Kurzweil im Alter“. Repräsentativ und der Neorenaissance verpflichtet wurde es Ende des 19. Jh. restauriert. Heute ist das Schloss die Prachtimmobilie schlechthin am Wörthersee und vereint die kostenintensive Exklusivität eines Nobelhotels mit dem traditionsreichen Urlaubsimage, wie es in *Ein Schloss am Wörthersee* transportiert wurde. In der Fernsehserie aus den frühen 1990er-Jahren war das namensgebende Schloss Velden der heimliche, aber immobile Star, den Roy Black, später Uschi Glas – unter Zuhilfenahme zahlloser Promis in Gastauftritten – zu entstauben hatten.

Velden leidet ein wenig daran, dass sich mitten im Ort die Bundesstraße aus Villach bzw. aus dem Rosental Richtung Klagenfurt mit der Landstraße kreuzt, die südlich um den Wörthersee führt. Beim Karawankenplatz liegt der kleine *Kurpark*. Von hier bis in die Peripherie reihen sich entlang der Durchgangsstraße, dem Corso, prachtvolle alte Villen und mehr oder minder gelungene Neubauten aneinander. Zahlreiche schicke Boutiquen, Galerien und Geschäfte zwängen sich zwischen die eleganten Hotels. Sollte man in den diversen Läden sein Geld nicht losgeworden sein: Das *Casino* befindet sich mitten im Ort. Südlich des Karawankenplatzes gelangt man zum Schloss und den Schiffsanlegern am Ufer. Hier trifft man sich im

Sommer, wenn es dunkel wird. Dann wird die „Klangwelle Wörthersee" auf dem Wasser aufgeführt: farbenfroh illuminierte Wasserspiele, ein Laser- und Lichtspektakel über dem See mit Musikuntermalung.

Basis-Infos

Information **Tourist-Information**, sehr nett und gut informiert, an der Straße Richtung Villach gelegen. Geöffnet Mai bis Mitte Sept. Mo–Sa 8–18 Uhr (Juli/Aug bis 20 Uhr), So 9–17 Uhr, Mitte bis Ende April und Sept. Mo–Fr 8–17 Uhr, Sa/So 9–17 Uhr, im Winterhalbjahr Mo–Fr 8–17 Uhr. Villacher Str. 19, 9220 Velden, ✆ 04274-2103, www.velden.at oder www.velden.co.at.

Baden **Strandbad Velden**: quasi mitten im Ort und doch großzügig angelegt, von der Seepromenade etwas zurückgesetzt. Mitte Mai bis Mitte Sept. tägl. 10–18 Uhr geöffnet, Juli/Aug. 9–19 Uhr. Erw. 6,60 €, Kinder 5–18 J. 3,20 €, Familienkarte (2 Erw./1 Kind) 11 €. Auch Liegestuhl- und Schirmverleih. Parkmöglichkeit in der Tiefgarage des Casinos, 2 €/Tag. Infos unter ✆ 04274-34150 oder über die Gemeinde (✆ 04274-2102).

Strandbad Wrann, großes Areal hinter dem Seehotel Europa, Ende Mai bis Mitte Sept. tägl. 9–18 Uhr, Juli/Aug. 8–19 Uhr, Tagesticket 6,50 €, Kinder 3,80 €, kleiner Gratis-Parkplatz, ✆04274-2275.

Bootsverleih **Oehlwein Boote**, vom Tret-Boot (17 €/Std.) über den „Ferrari" (21 €/Std.) bis zum E-Boot (52 €/Std.), am Schiffsanleger beim Schloss, Seecorso, ✆ 0676-6904661.

Fahrradverleih Räder gibt es bei **Zweirad Impulse**, Trekkingrad ab 12 €/Tag, MTB 20 €, auch Zubehörverleih, in Velden mehrere Verleihstationen z. B. an der Agip-Tankstelle (Villacherstr. 21, ✆ 04274-2482), dem Hotel Wurzer (Unterwinklern 14, ✆ 04274-2458100) oder im JH Cap Wörth (Seecorso 37–39, ✆ 04274-2646), www.impulse.co.at.

Feste & Veranstaltungen Partys und teure Autos, klar … Mitte Juni werden beim **Sportwagenfestival** geschätzte 100.000 PS erwartet und Anfang Juli freuen sich die Autofans auf das **Rolls Royce & Bentley Treffen**. Ganz Velden feiert bei der **Fête Blanche** (Dresscode: weiß) Ende Juli (www.feteblanche.at) und die Farbe Pink dominiert das große internationale Gay-Festival **Pink Lake** (www.pinklake.at) Ende Aug. Beim Kontrastprogramm kann es natürlich beschaulicher zugehen, wenn z. B.

Wörtherseeschifffahrt

österreichische Winzer beim **Veldener Weinfest** Mitte Sept. ihre noblen Tropfen präsentieren, oder auch besinnlich: beim **Veldener Advent** mit Weihnachtszauber am Weihnachtsmarkt und riesigem Adventskranz auf dem See. Für Sportler: **Kärnten läuft**, und zwar in Form eines Halbmarathons von Velden zum Strandbad Klagenfurt, am dritten Wochenende im Aug.

Mittwochs (Pop), freitags (Schlager) und sonntags (Klassik) wird auf dem Wörthersee (beim Schiffsanleger) um 22 Uhr (Mai bis Aug., Sept. um 21 Uhr) das Wasser-Lichtspiel-Spektakel **Klangwelle Wörthersee** dargeboten.

Golf **Golfanlagen Velden Köstenberg**, schöner Platz in einer eigenen kleinen „Seen"-Landschaft, die 9- und 18-Loch-Anlage (Par 72) liegt nordwestlich von Velden in den Ossiacher Tauern (am westlichen Ortsrand Richtungen Köstenberg, beschildert), Greenfee 75 €, Sa/So 85 €; mit Shop, Restaurant und Golfschule. Golfweg 41, 9231 Köstenberg, ✆ 04274-7045, www.golfvelden.at. Weitere Plätze in Finkenstein und bei Moosburg.

Parken Innerorts sind mehrere kostenpflichtige Parkplätze und Parkhäuser zu finden.

Segeln/Surfen Bei der **Segel- und Sportschule Wörthersee** mehrtägige Segel-, Surf- und Motorbootkurse, auch Scheine, auf der Südseite der Veldener Bucht im Hotel Veldener Traumschiff, auch Segelbootverleih. ✆ 0664-4458413, www.segelschule-woerthersee.at.

Verbindungen **Bahn**: Die *S 1* fährt mind. stündl. von und nach Klagenfurt bzw. Villach, darüber hinaus morgens und abends mehrmals der Regionalexpress, außerdem halten in Velden auch die überregionalen Verbindungen mit ÖIC, EC und Railjet.

Bus: Die *Linie 5316* fährt Mo–Fr 5x nach Rosegg und die *Linie 5312* 3x nach Köstenberg (an Schultagen öfter); das Südufer entlang über Maria Wörth bis Klagenfurt verkehrt die *Linie 5310* Mo–Fr 4x, das Nordufer entlang die *Linie 5179* Mo–Fr 7x; schließlich ebenfalls bis Klagenfurt, aber über Keutschach und Viktring fährt die *Linie 5316* 4–5x.

Schiffe: Mit der Wörtherseeschifffahrt lassen sich nicht nur romantische Seerundfahrten unternehmen, man kann sie auch als gemütliche Verkehrsverbindung oder für einen Tagesausflug nach Klagenfurt nutzen. Die MS Velden, Klagenfurt, Kärnten und Thalia schippern April und Okt. 2x tägl., Mai bis Sept. 5x tägl. von Klagenfurt nach Velden und zurück. Auf den Vormittagsfahrten kann man auch Frühstücken (Reservierung erforderlich). Schiffsanleger beim Schloss. Tagesticket Erw. 14 € (nur eine Station 6 €), Fahrradmitnahme 5 €, Kinder 7 €, Wochenticket Erw. 32 €, Kinder 16 €, Saison-Ticket 79 € bzw. 35 €. Friedelstrand 3, 9020 Klagenfurt am Wörthersee, ✆ 0463-21155, www.wörtherseeschifffahrt.at.

Übernachten

Hotels ***** **Schloss Velden**, das Nobelhotel ist natürlich das Flaggschiff am Veldener Yachthafen, an das historische Gebäude ist ein moderner weißer Bau angefügt. Luxuriös. Mit Gourmetrestaurant *Schlossstern* und dem Restaurant *Seespitz* am Ufer, Bar und Café, großer Wellnessbereich, eigener Strand mit Pool etc. Das Schloss entwickelt sich mehr und mehr zum Resort, so dass das kulinarische Angebot nur noch Hausgästen zur Verfügung steht. DZ ab 540 € mit Halbpension. Schlosspark 1, 9220 Velden, ✆ 04274-520000, www.falkensteiner.com.

**** **Casino-Hotel**, stylishes Hotel in einem modernen Kubus mitten drin in Velden, genau gegenüber vom Casino gelegen. Mit Gourmetrestaurant *Caramé* und *Le Café* mit eigener Konditorei (→ unten). Wellnessbereich mit Sauna und Dampfbad. Individuell eingerichtete Zimmer. DZ 218 €, inkl. Frühstück. Am Corso 10, 9220 Velden, ✆ 04274-51233, www.casino-hotel.at.

**** **Villa Bulfon**, noble Villa mitten im Ort, zum See hin schöne große Parkanlage mit eigenem Seezugang. Im Haus das Restaurant *Bulfons Perle*. DZ ab 260 € inkl. Frühstück, Halbpension möglich. Keine Hunde. Am Corso 9–11, 9220 Velden, ✆ 04274-26150, www.villabulfon.at.

››› **Unser Tipp:** **** **Goritschnigg**, der sympathische, traditionsreiche Familienbetrieb befindet sich in einer alten Villa mitten im Ort. In angenehmer Landhausatmosphäre stehen lediglich 13 geräumige Zimmer zur Verfügung (reservieren!), renoviert und sehr stilvoll eingerichtet (manche mit gemütlichem Erker). Bei schönem Wetter kann man das hervorragende Frühstück (Wurst und Schinken aus der hauseigenen Fleischerei) im Garten genießen. Das zum Hotel gehörende Restaurant *Gorschniggs* (Lunchbuffet/Steakhaus, nur im Sommer → unten) liegt am Seecorso beim Schloss. Parkplatz am Haus, WLAN. Hunde willkommen, ganzjährig geöffnet. Für das Gebotene geradezu günstig: EZ 110 €, DZ 140 €, inkl. Frühstück. Nur einen Steinwurf vom Casino entfernt, der Eingang befindet sich gegenüber der Kirche. Casinoplatz 3–5, 9220 Velden, ✆ 04274-2035, www.goritschnigg.com. «‹

**** **Post**, großes, freundliches und vor allem traditionsreiches Hotel – bereits im 18. Jh. wurden hier Reisende auf der Poststrecke Wien–Venedig beherbergt. Mit Restaurant (mittags und abends geöffnet), Wellnessbereich und hoteleigenem Strandbad. Und wer hier keinen Platz findet, der kommt vielleicht im dazugehörigen *Seehotel Europa* unter. EZ 89 €, DZ 168–176 €, Hunde 9 €/Tag. Liegt ebenfalls mitten in Velden. Europaplatz 4–6, 9220 Velden, ✆ 04274-2141, www.wrann.at.

Barry Memle, beliebtes Hotel (auch Appartements) direkt am See, großer Park, eigener Strand mit Liegewiese, Badesteg, Liegen und Schirme, Tretboote. Der sehr freundliche Service ist um das Wohl der Gäste bemüht. Helle, geräumige Zimmer mit Wörtherseeblick. Gutes Frühstück (ebenfalls mit Seeblick), auch Café und Seebar. WLAN. Kleines Hallenbad, Sauna. DZ (nach Größe) 100–145 €, Appartements z. B. 125 € (3 Pers.), 200 € (3 Zimmer, bis 6 Pers.) oder 295 € (4 Zimmer, bis 10 Pers.), Frühstück 8€/Pers. Am Ortsrand Richtung Klagenfurt gelegen, wenige Minuten zu Fuß ins Zentrum. Klagenfurter Str. 26, 9220 Velden, ✆ 0664-1442835, www.barry.at.

Kirchenwirt, befindet sich etwas zurückgesetzt bei der katholischen Kirche, ruhig gelegenes, einfaches Hotel mit gediegener Gaststätte (Kärntner Küche), zweckmäßige, günstige Zimmer, freundlich. DZ mit Frühstück 112 €. Kirchenstr. 19, 9220 Velden, ✆ 04274-3254, www.kirchenwirt-velden.at.

Jugendherbergen **Cap Wörth**, gut ausgestattetes Hostel am Seeufer, Fußball- und Volleyballplatz, Badestrand mit Steg, Hallenbad und Sauna, Internetcafé. Auch barrierefreie Zimmer. Insgesamt fast 300 Betten, auch EZ und DZ, alle mit Dusche und WC. EZ 38,50 €, DZ 68,50 € inkl. Frühstück, Handtuch oder Fernseher 1,50 €. Das Hostel liegt etwa 2 km südöstlich des Zentrums von Velden am namensgebenden Cap Wörth, hier trifft der Seecorso auf die Süduferstraße. Seecorso 37–39, ✆ 04274-2646, www.oejhv.at.

Essen & Trinken

Restaurants **Caramé**, eines der besten Restaurants in Velden. Die exquisite Küche hat zwei Gault-Millau-Hauben erkocht. Das Degustationsmenü kommt bei sieben Gängen auf 98 €. Natürlich ist auch die Weinauswahl vom Feinsten. In dem Glaskubus gegenüber dem Casino gelegen, angeschlossen ist das *Casino-Hotel*. Tägl. abends geöffnet, Mo Ruhetag. Am Corso 10, ✆ 04274-3000, www.carame.at.

Goritschniggs, das zum gleichnamigen Hotel gehörende Restaurant beim Schloss hat zwei kulinarische Gesichter: tagsüber Lunchbuffet, abends Steakhouse. Tagsüber (10–17 Uhr) bekommt man wechselnde Mittagsmenüs, deftige Imbisse oder leichte Salate vom Buffet. Nach 18.30 Uhr wird das Göritschniggs dann zum Steakhouse (das Salatbuffet aber bleibt). Das Fleisch kommt aus der hauseigenen und (überflüssig zu erwähnen:) hervorragenden Fleischerei (→ unten). Zu Recht sehr beliebt, oft bis zum letzten Platz besetzt, Reservierung ratsam. Nur im Sommerhalbjahr geöffnet. Seecorso 6, 04274-2475, www.goritschnigg.com.

Pavillon, beliebtes Restaurant neben dem Schloss, gehört zum Café Sternad gegenüber, große Karte, saisonale Angebote. Plätze auch draußen am Corso, besonders nett aber auf der Dachterrasse. Küche 11–22 Uhr, kein Ruhetag (im Winter Di/Mi). Seecorso 8, ✆ 04274-5110921, www.sternad-velden.at.

Außerhalb **Saag**, ein weiteres mit drei Hauben gekröntes Toprestaurant am Wörthersee, sehr schickes, holzverkleidetes Haus mit herrlicher Terrasse über dem See. Hubert Wallner verbindet heimische und mediterrane Einflüsse kreativ zu ausgezeichneter Alpe-Adria-Küche. Menü ab 66 € (4 Gänge) bis 112 € (10 Gänge), auch à la carte (Hauptgericht um 30 €), hervorragende und umfangreiche Weinkarte. Juli/Aug. Mo/Mi/Do nur abends, Fr–So auch mittags geöffnet, in der NS Mo/Di Ruhetag, Reservierung erwünscht. *Anfahrt*: Von Velden etwa 5 km Richtung Pörtschach, dann rechts ab (beschildert), Zufahrt über die Gleise (Achtung). Saag 11, Techelsberg, ✆ 04272-43501, www.saag-ja.at.

Landhaus Kutsche, von der Lage des Landhauses über der Autobahn sollte man sich nicht abschrecken lassen, hier findet man ein gutes, rustikales Restaurant mit bodenständiger Kärntner Küche und herrlichem Karawankenblick. Wechselnde, an der Saison orientierte Gerichte, Kärntner Klassiker, Fisch aus dem Gegendtal sowie Steaks (und Garnelen). Große Weinkarte. Hauptgericht ab ca. 13 €. Tägl. ab 18 Uhr geöffnet, So und feiertags auch Mittagstisch, Mi Ruhetag. *Anfahrt:* In Velden bei der Raiffeisenbank in die kleine Kanzelhoferstraße hinein und ganz hinauf nach etwa 1,5 km hinter der Autobahn rechts ab. Goriacherstr. 2, ✆ 04274-2946, www.landhaus-kutsche.at.

Imbiss **Fleischerei Goritschnigg**, traditionsreiche, weithin bekannte und ausgezeichnete Metzgerei. Günstige Tagesangebote (Mo–Fr), belegte Brötchen, auch sehr guter Käse, sagenhafte Leberkäs-Semmeln mit frisch geriebenem Kren. Für den kleinen (oder größeren) Hunger perfekt. In der Seitenstraße beim Casino, gegenüber der Kirche. Mo–Do 7.30–13 und 15–18 Uhr, Fr 7.30–18 Uhr, Sa 7.30–13 Uhr. Casinoplatz 3–5.

Cafés **Café Sternad**, angenehme Kaffeehausatmosphäre: fürs Frühstück, den Kleinen Braunen bei der Zeitungslektüre, ein wenig Eis oder Backwerk zum Nachmittagskaffee oder das gepflegte Glaserl Wein am Abend. Beim Schloss gelegen, gegenüber das dazugehörige Restaurant Pavillon. Besonders schön sitzt es sich hinten auf der Terrasse an der Seepromenade. Tägl. 8–24 Uhr geöffnet (im Winter 9–22 Uhr). Seecorso 7, ✆ 04274-26611, www.sternad-velden.at.

Do&Ga, sympathisches Lokal direkt am Kurpark, tagsüber ist das Do&Ga eher Café, das gerade auch bei Familien beliebt ist, da die Tische draußen neben dem Spielplatz im Park stehen, abends wird's dann eher szenig und Bar. Am Corso 27, ✆ 04274-51633.

Le Café, Kaffeehaus mit eigener Konditorei, bei *Casino-Hotel* und Restaurant *Caramé* gegenüber dem Casino. Corso 10.

Marterl in Velden

Buschenschenken **Jost (Aichholzer)**, hier ist wirklich noch alles hausgemacht, Wurst und Käse, Schweinsbraten und Surstelze (Haxe), sogar das Brot ist selbst gebacken – und der Reindling ohnehin. Geöffnet: im März am Wochenende, Anfang Mai bis Anfang Juni und Mitte Juni bis Anfang Okt. tägl. ab 16 Uhr, Do Ruhetag. Kirchenweg 5 in Selpritsch (südl. von Velden), ✆ 04274-3626. ■

Abends **Casino Velden**, Roulette, Black Jack, Poker. Mit Casino-Hotel und -Restaurant, ein bisschen Vegas in Velden. Spiel ab 10 Uhr. Am Corso 17, ✆ 4274-206420102, www.casinos.at.

Abends außerhalb Die **Fabrik** in Saag (an der B 83) in einem alten Fabrikgebäude ist Treffpunkt für Nachtschwärmer am See (eher am späteren Abend), Höhepunkt ist hier die Fête Blanche am letzten Samstag im Juli. Nur Juli und Aug. sowie bei größeren Events am See geöffnet. Saag 5, ✆ 0463-5718675, www.fabrik.at.

Wörthersee – das Südufer

Am Südufer des Wörthersees

Im Süden des Wörthersees folgt die Landstraße ziemlich exakt der Uferlinie, notgedrungen, denn zwischen den bewaldeten Hängen der Sattnitz und dem See gibt es kaum Platz für eine alternative Streckenführung – und für größere Siedlungen. So liegen der Ort Reifnitz in einer Ebene und das bekannte Maria Wörth malerisch auf einer Halbinsel.

Vom Wörthersee etwas zurückgesetzt erstreckt sich **Schiefling** am Eingang zum Keutschacher Seental (→ 290). Südwestlich des Ortes ragt ein markanter Bergkegel empor, wie ein grüner Zuckerhut: der Kathreinkogel (772 m). Zwischen Wörthersee, Drauschleife und Rosental gelegen, war der Kathreinkogel bereits in vorgeschichtlicher Zeit Siedlungsgebiet. Die ältesten Funde weisen auf die Anwesenheit steinzeitlicher Jäger und Sammler hin, es folgten Siedlungen in jüngerer Steinzeit und der Bronzezeit, eine antike Burg und eine frühchristliche Kirche. Heute gibt es auf dem Kathreinkogel, der nur zu Fuß zu erreichen ist, eine kleine Kapelle und Ausgrabungen samt *Haus der Archäologie* zu sehen.

Haus der Archäologie: Mai bis Okt. tägl. 10–16 Uhr geöffnet (nicht bei Regen). Eintritt frei, Infos im Tourismusbüro Schiefling.

Das Strandbad von Schiefling liegt im Ortsteil Auen am Ufer des Wörthersees. Hier hatte der wohl berühmteste Feriengast der Gemeinde ein spätes Domizil gefunden. Der Komponist *Alban Berg* lebte und arbeitete im Waldhaus. Eine Büste des Komponisten steht in Schiefling. Im Nachbarort **Dellach** liegt der bereits in den 1920ern angelegte Platz des Kärntner Golfclubs.

Information Tourismusbüro Schiefling, geöffnet Mai bis Sept. Mo–Fr 8.30–14 Uhr, Sa 10–14 Uhr, Rest des Jahres Mo–Fr 8–12 Uhr. Pyramidenkogelstr. 150, 9535 Schiefling, ✆ 04274-227522, www.schiefling.at.

Baden Strandbad Schiefling, in Auen, mit Liegewiese, Badesteganlage, Liegenverleih, Beachvolleyball-Feld und Café-Restaurant. Juni bis Sept. tägl. 8.45–19 Uhr. Süduferstr. 175, ✆ 04274-2957.

Golf Kärntner Golfclub, schöner, traditionsreicher Platz am Südufer des Wörthersees. In den 1920er-Jahren gegründet, wurde die ursprüngliche 9-Loch-Anlage 1964 in den 18-Loch-Platz (Par 71) umgewandelt. Greenfee 80 €; mit Restaurant. Golfstr. 3, 9082 Maria Wörth/Dellach, ✆ 04273-2515, www.kgcdellach.at.

Übernachten/Essen Seewirt, freundliches und beliebtes Hotel in toller Lage direkt am See, Restaurant mit viel gelobter und fangfrischer Fischküche, mit herrlicher Terrasse am Wasser, leicht gehobenes Preisniveau; auf dem Grundstück auch große Liegewiese, Badesteg, Bootsverleih. Freundlicher Service, am östlichen Ortsausgang von Dellach gelegen. DZ 190–228 € inkl. Halbpension (je nach Balkon see- oder südseits), Hunde willkommen. Fischerweg 12, 9082 Maria Wörth/Dellach, ✆ 04273-2257, www.hotelseewirt.at.

Maria Wörth

Eines der beliebtesten Motive Kärntens ist das kleine Kirchenensemble auf der romantischen Halbinsel, die malerisch und fotogen in den Wörthersee ragt. Bereits im 9. Jh. wurde hier eine Kirche errichtet, damals noch in Insellage, als Zentrum der Missionierung Karantaniens. Vermutlich war es Bischof *Waldo von Freising* – Maria Wörth gehörte zum Bistum Freising –, der aus Rom die Reliquien der Märtyrer *Primus* und *Felician* (3. Jh.) an den Wörthersee bringen ließ und die kleine Kirche damit enorm aufwertete. In der Blütezeit Maria Wörths Mitte des 12. Jh. wurde, quasi für den liturgischen Tagesbetrieb, eine zweite Kirche gebaut, die Winterkirche. Ende des 14. Jh. wurde die Kirche durch ein Feuer schwer beschädigt und im gotischen Stil wiederaufgebaut.

Die *Pfarrkirche* erhebt sich pittoresk auf dem höchsten Punkt der Halbinsel und ist über eine überdachte Treppe zu erreichen. Das Südportal stammt noch aus der Romanik. Auch in ihrem Inneren ist die Kirche überaus sehenswert. Die zweischiffige Halle wird durch kräftige Pfeiler unterteilt, der Hauptchor von einem Sternrippengewölbe überspannt. Im Chor, unter dem sich die Krypta befindet, steht der bemerkenswerte frühbarocke Hauptaltar. Hinter der Kirche steht der *Karner*, ein für Kärnten typischer spätromanischer Rundbau. In der gegenüberliegenden *Winterkirche* wurden Ende des 19. Jh. Reste eines spätromanischen Freskenzyklus freigelegt, die Christus und die zwölf Apostel zeigen. Umrahmt von den romanischen Freskenresten entfaltet das spätgotische Glasfenster mit der Madonna eine eigenwillige Wirkung.

Information Tourismusinformation Maria Wörth, geöffnet Mai bis Aug. Mo–Fr 8–17 Uhr und Sa/So 10–12.30 und 13–15.30 Uhr, im Winterhalbjahr Mo–Do 7–12 und 12.30–16 Uhr, Fr 8–12 Uhr. Seepromenade 5, 9082 Maria Wörth, ✆ 04273-22400, www.maria-woerth.info.

Kirchen Pfarr- und Winterkirche sind im Sommer 8–18 Uhr und im Winter 9–17 Uhr geöffnet.

Übernachten/Essen Linde, exklusive Lage, nicht nur direkt am See, sondern auf der malerischen Maria Wörther Halbinsel direkt am See. Schickes Hotel, Restaurant und Bar mit sehr schöner Terrasse am Wasser, gehobenes Preisniveau. EZ 90 €, DZ 190–270 € inkl. Halbpension (je nachdem, ob mit oder ohne Balkon, see- oder südseits). Lindenplatz 3, 9082 Maria Wörth/Dellach, ✆ 04273-2278, www.hotellinde.at.

Veranstaltungen Der **Kirchtag Maria Wörth** und das **Kaiserfest** finden am 15. Aug., Mariä Himmelfahrt, statt: mit Musik, Trachten, seiner Majestät und einem historischen Festumzug. Höhepunkt ist die abendliche **Marienschiffsprozession**. Die hell erleuchteten Schiffe starten in Klagenfurt, durchqueren mit Stopp in Krumpendorf und Pörtschach den See bis Velden und legen schließlich (gegen 23 Uhr) in Maria Wörth an; abschließend gibt es ein Feuerwerk über dem See.

Blick auf Maria Wörth

Reifnitz

ca. 550 Einwohner

Der Ort an der weiten Reifnitzer Bucht am Südufer ist nicht nur, aber hauptsächlich für sein GTI-Treffen bekannt: Alljährlich am verlängerten Wochenende von Christi Himmelfahrt kommen hier Tausende Fahrer und Fans getunter Golfs zusammen. Das Treffen gibt es hier schon seit über 30 Jahren, die meisten Teilnehmer sind aber deutlich unter 30.

Wer nicht an besagtem GTI-Wochenende nach Reifnitz kommt, findet einen relativ ruhigen Ort vor, dessen herausragendes Gebäude das Türmchen bewehrte **Schloss Reifnitz** von 1898 auf einem Felsen am nördlichen Rand der Bucht ist. Westlich oberhalb des Ortes erhebt sich die Wallfahrtskirche *St. Anna am Zackel*, ursprünglich spätgotisch, im Inneren barock ausgeschmückt. Von Reifnitz sind es nur wenige Kilometer nach Keutschach und zum Keutschacher See.

Essen & Trinken/Abends Lakeside Strandbar, traumhaft schöne Lage am Wasser und direkt an der Süduferstraße, mit eigener Marina bzw. Anlegestelle (für alle, die lieber mit dem Boot kommen). Man sitzt auf Stegen am See, das Preisniveau ist – gemessen am lässigen, aber stylishen und alles andere als armen Publikum – fast schon erstaunlich moderat. Mitte Mai bis Mitte Sept. tägl. 12–2 Uhr geöffnet, warme Küche 12–22 Uhr. Süduferstr. 104 c, ✆ 0664-4300990, http://lakesidelounge.at.

Im Osten des Wörthersees: Sekirn und Maiernigg

Im Osten wird das Südufer wieder schmal, zwischen Wasser und steilem bewaldeten Hang passt streckenweise nur die kurvige Straße. Ein paar herrliche Villen finden sich in den kleinen Weiler Sekirn und Maiernigg. Letzterer ist vor allem wegen eines Gastes berühmt, der vor über hundert Jahren hier die Sommerzeit verbrachte.

Gustav Mahler Komponierhäuschen: Stände die Türe nicht einladend offen und erklänge daraus keine Musik, man würde das kleine, unscheinbare Gebäude für ein Trafo-Häuschen halten oder den Geräteschuppe des Forstamts. Tatsächlich aber hatte sich hier einer der bedeutendsten Komponisten des ausgehenden 19. Jh. ein Refugium errichtet. Um die Jahrhundertwende kam der damalige Direktor der Wiener Hofoper *Gustav Mahler* (1860–1911) an den Wörthersee, erwarb ein Seegrundstück, baute eine Villa darauf (heute die Villa Siegel, in Privatbesitz) und ließ sich ein Komponierhäuschen mit Flügel in den Wald stellen.

Gustav Mahler liebte den Wörthersee

Wald, See, Einsamkeit: Mahler hatte den idealen Ort für seine Arbeit gefunden. In der abgeschiedenen Stille beendete er 1900 die grandiose und viel gespielte *4. Symphonie* (G-Dur), schuf 1901/1902 weite Teile der komplexen *5.* (cis-Moll) und 1903/1904 die wuchtige *6. Symphonie* (a-Moll, „die Tragische"), überstand 1905 die folgende Schaffenskrise (bei einer Bootspartie auf dem Wörthersee) mit der *7. Symphonie* (e-Moll, später auch „Lieder der Nacht" genannt) und begann die „Symphonie der Tausend", die 8. in Es-Dur. Auch die *Kindertotenlieder* komponierte er hier, ein Liederzyklus nach Texten von Friedrich Rückert, den Mahler 1904 fertig stellte und der eine tragische Note bekommen sollte: 1907 starb seine fünfjährige Tochter Maria-Anna. Mahler verließ Maiernigg, um nach New York überzusiedeln und kehrte nicht mehr an den Wörthersee zurück.

Im Komponierhäuschen ist eine kleine sehenswerte Ausstellung untergebracht. Zu sehen sind u. a. Partituren und Briefe, Fotos, Dokumente und Infotafeln zu Mahlers Leben und Werk. Und im Hintergrund läuft selbstredend Mahlers großartige Musik.

Gustav Mahler Komponierhäuschen: Mai bis Okt. 10–16 Uhr geöffnet, Eintritt 1 €. Gegenüber dem Strandbad von Maiernigg geht es die Straße hinein (Parkplatz), dann noch 800 m zu Fuß.

Viktring

Stadtteil von Klagenfurt, ca. 8400 Einwohner

1142 wurde das Stift Viktring auf Initiative des Grafen Bernhard von Spanheim (nicht identisch mit dem bedeutenden Herzog) gegründet. Das Zisterzienserkloster an der Mündung des Keutschacher Seentals in das Klagenfurter Becken avancierte bald zu einem kulturellen und wirtschaftlichen Zentrum und einem der reichsten Klöster des Landes. Nach seiner Auflösung unter Joseph II. im Jahr 1786 wurde die prächtige Anlage zu einer Tuchfabrik umgestaltet, heute dient sie als musisches Gymnasium. Im Herzen der eindrucksvollen, von viel Grün (ehemals Wassergraben und Wehrtürme) umgebenen Gebäude des ehemaligen Klosters liegt die sehenswerte **Stiftskirche** im spätromanischen Stil. Sie wurde 1202 geweiht. Als Zisterzienserkirche hatte sie ursprünglich keinen Turm, der wurde erst später, zu Zeiten der Spätgotik angefügt. Wegen Renovierungsbedürftigkeit wurde 1844 ein Teil des Langhauses abgerissen und die Westfassade im klassizistischen Stil erneuert. Im reich ausgestatteten Inneren beeindrucken besonders die gotischen Glasfenster, ein Marienzyklus mit Aposteln aus der Zeit um 1400, der mächtige barocke Hochaltar von 1622 (Marienkrönung) und die erst in den 1990er-Jahren entdeckten spätgotischen Fresken (um 1490) in der Seitenkapelle. Ganztägig geöffnet, ab Zentrum beschildert.

In der Stiftskirche Viktring

Anfahrt/Öffnungszeiten An der Straße nach Keutschach am Ortsende von Viktring links ab, der Kirchturm ist weithin zu sehen. Ganztägig 8–18 Uhr geöffnet.

Essen & Trinken Café-Osteria Castello, in Viktring an der Keutschacher Straße, kurz vor Ortsende Eckhaus an der linken Seite. Beliebtes Lokal, netter Innenhof, in dem gegrillt wird, auch die Innenräume einladend, freundlicher Service, Nudeln und Jausen, relativ günstig, oft voll. Ganztägig 11–23 Uhr geöffnet (im Sommer 14–17.30 Uhr geschl.), Sa erst ab 16 Uhr (im Sommer ab 17.30 Uhr), So geschl. Stift-Viktring-Str. 2, ✆ 0463-281567.

Keutschacher See

Unterhalb des Pyramidenkogels, quasi in „zweiter Wörthersee-Reihe", liegen vier badetaugliche Seen im moorigen Talgrund beieinander. Der Größte der Vier ist der Keutschacher See.

Mit 1,3 km² immerhin auch der sechstgrößte See Kärntens erreicht der *Keutschacher See* im Sommer angenehme 25 °C und ist einer der wärmsten Badeseen und entsprechend beliebt. Im Westen liegt der *Hafnersee*, der vornehmlich über den hiesigen, gleichnamigen Hotel-/Camping-Betrieb zugänglich ist. Von etwa gleicher Größe ist der malerische *Rauschelesee* ganz im Osten. Zwischen Rauschelesee und Keutschacher See erstreckt sich ein weites Moorgebiet, in dem auch der naturbelassene *Baßgeigensee* liegt, bei einer Länge von etwas mehr als 300 m gerade einmal 80 m breit und somit deutlich der kleinste der vier Seen. Durch das *Keutschacher Moor* führt ein Naturlehrpfad, vorbei an Niedermooren, Erlenbruchwäldern und Feuchtwiesen. In dem intakten Naturparadies wachsen und gedeihen seltene Pflanzen wie der Sonnentau und zahlreiche Orchideenarten. Als Teil eines Naturschutzprogramms werden die Feuchtwiesen von Wasserbüffeln beweidet. An den Rändern des Moores liegen Streuobstwiesen und Weideflächen, die oberhalb des Talgrunds in Wald übergehen. Das Keutschacher Seental ist weitgehend Landschaftsschutzgebiet, nur die Nordseiten der Seen sind davon ausgenommen, hier führt die viel befahrene Straße entlang und verbindet die Dörfer des Tals.

Zentrum der *Gemeinde Keutschach* ist die oberhalb der Moorauen gelegene, gleichnamige 400-Einwohner-Ortschaft mit dem barocken Schloss-Kubus (17. Jh.), in dem sich heute unter anderem die Tourismus-Information befindet. Am Seeufer des Keutschacher Sees liegen die kleinen Weiler *Plaschischen* im Osten sowie *Plescherken* im Westen, beim Rauschelsee *Pertitschach*. Mehrere malerische Streusiedlungen erstrecken sich oberhalb des Tals am Südhang des Pyramidenkogels.

Das Tal ist bei Campern sehr beliebt: Ein knappes Dutzend Campingplätze gibt es im Keutschacher Seental, fast alle direkt am See. Das Südufer des Keutschacher Sees hat sich angesichts der Freiluft-Konkurrenzsituation zusätzlich spezialisiert: Hier finden sich gleich mehrere FKK-Campingplätze.

Ein Ausschlag im Tiefenrelief hat dem See die Würdigung als UNESCO-Welterbe beschert: Mitten im See nämlich befindet sich eine markante Untiefe. Auf dieser wurden Reste einer Pfahlbausiedlung entdeckt, die auf eine steinzeitliche Siedlung schließen lassen. Am Keutschacher See paddelten und fischten damit nachweislich bereits vor über 5000 Jahren Menschen. 2011 wurden weltweit 111 archäologische Pfahlbau-Fundstätten zum UNESCO-Welterbe ernannt, die stein(zeit)alten Holzpflöcke aus dem Keutschacher See gehören dazu. Ein Museum zu den prähistorischen See-Siedlungen ist in Planung.

Basis-Infos

Information **Seental Keutschach Information**, im Gemeindeamt, also im wuchtigen Schloss in Keutschach untergebracht. Sehr freundlich und gut informiert. Juli/Aug. Mo–Fr 8–18 Uhr, Sa/So 9–14 Uhr; Juni/Sept. Mo/Di/Do 7.30–12.30 und 13–16 Uhr, Mi 7.30–18 Uhr, Fr 7.30–12 Uhr, Sa 9–14 Uhr; im Winterhalbjahr Mo/Di/Do 7.30–12.30 und 13–16 Uhr (Mi bis 18 Uhr), Fr 7.30–12 Uhr. 9074 Keutschach 1, ✆ 04273-24500, www.keutschach.gv.at.

Baden Auf die Badestellen im Keutschacher Seental haben bereits die Campingplätze und Hotels ihre Handtücher gelegt. Allerdings gibt es zwei *Gemeindestrandbäder*, die in der Regel Mai bis Sept. geöffnet, gut organisiert und ähnlich ausgestattet sind (Liegewiese, Badesteg, Liegestuhl- und Schirmverleih, Spielplatz, Sportmöglichkeiten, Gaststätte): **Gerti's Strandbad** liegt auf einer Halbinsel am Ostufer des Sees, ✆ 0664-1229000. Das **Strandbad Rauschelesee** liegt am Nordufer und ist über Höflein zu erreichen, ✆ 04273-2365. Erw. 4 €, Kinder 1,90–3 €, Familienticket 11 €.

Fischen Aus dem Keutschacher See werden, obschon sich 19 verschiedene Arten im Wasser tummeln, vor allem Barsche und zunehmend Reinanken geangelt, Fischereikarten gibt es beim Supermarkt in Keutschach.

Verbindungen Bus: Die *Linie 5316* fährt an Werktagen 4–5x über Viktring nach Klagenfurt bzw. in anderer Richtung nach Velden (an Schultagen öfter).

Wandern Im Keutschacher Seental und an den umliegenden Hängen lassen sich viele schöne Wanderungen unternehmen. Zu den Highlights zählen der Aufstieg zum Pyramidenkogel und die Rundwanderung durch die Moorauen. Übersichtskarte vor dem Gemeindeamt.

Eine **Rundtour auf den Pyramidenkogel** kann man am Anfang der Zufahrtsstraße zum Gipfel beginnen (hier Parkplatz), über St. Margarethen vorbei an der Burgruine Reifnitz steigt man auf Wanderwegen und wenig befahrenen Landstraßen hinauf zum Pyramidenkogel mit dem spektakulären neuen Aussichtsturm. Über den Ortsteil Höhe und am Höhenwirt vorbei gelangt man zurück zum Ausgangspunkt – für die knapp 9 km sollte man wegen der über 400 m Höhenunterschied gut 3 Std. rechnen.

Der Naturlehrpfad und **Moor-Rundwanderweg** beginnt beim Schloss in Keutschach und führt zunächst zum Keutschacher See. Von dort geht es durch die Moorauen, dann rund um den Baßgeigensee und schließlich zurück zum Ausgangspunkt. Auf der Wanderung passiert man neben zahlreichen Schautafeln auch den Moorpavillon, einen Aussichtsturm am Rand des Niedermoors. Für die knapp 7 km benötigt man kaum mehr als 2 Std.

Wintersport **Eislaufen** kann man, wenn das Eis trägt, auf dem *Rauschelesee*, die Bahnen werden vom Eislaufverein Wörthersee präpariert, Eisinfos unter www.evw.at.

Übernachten/Camping/Essen & Trinken

Hotels/Restaurants *** **Gabriel**, am Westufer des Sees, direkt an der Durchgangsstraße gelegen, Restaurant mit schöner Terrasse, auf der man auch das reichhaltige Frühstück genießen kann. Das Hotel ist auch auf Biker eingestellt (Garage, Waschplatz, „Schrauberecke"). Im etwas zurückgesetzten Nachbarhaus stehen einige Appartements zur Verfügung. Besonders schön: hoteleigener Badestrand, mit Liegewiese und kleinem Steg, keine 5 Min. zu Fuß vom Hotel entfernt. DZ 102–154 € (je nach Größe, Seeblick, Balkon). Hunde willkommen (12 €/Tag). WLAN. Plescherken 15, 9074 Keutschach am See, ✆ 04273-2441, www.hotelgabriel.at.

››› Unser Tipp: **Höhenwirt**, eine Institution in traumhafter Lage inmitten eines Landidylls. Das Haus ist zum Teil mit dem ehemaligen Interieur von Wörthersee-Villen und Schloss Velden eingerichtet. Man sitzt gemütlich in der Stube, dem Wintergarten oder auf der aussichtsreichen Terrasse über dem herrlichen Garten. In der Küche werden vornehmlich Produkte aus der eigenen Landwirtschaft in hervorragende Kärntner Gerichte verwandelt, auch die Fische stammen aus eigenem Fang (Wörthersee), zudem gibt es saisonale Angebote. Wir hatten u. a. eine köstliche Kürbissuppe und ein sehr gutes Gulasch mit tadellosem Semmelknödel. Zuvorkommender Service, für das Gebotene nicht teuer. Im Haus stehen schöne Zimmer zur Verfügung, alle mit Balkon und Aussicht, großzügig, hell und absolut ruhig. April Do–So, ab Mai tägl. geöffnet, Zimmer bis Anfang/Mitte Okt., im Winterhalbjahr geschl. DZ 110 € inkl. Frühstück, günstige Halbpension (ab 3 Nächten Aufenthalt), Hunde willkommen. *Anfahrt*: von Keutschach (Plaschnischen) den Pyramidenkogel hinauf und oben links ab zum Ortsteil Höhe (beschildert). Höhe 4, 9074 Keutschach/Pyramidenkogel, ✆ 04273-2328, www.hoehenwirt.at. ‹‹‹

Sonnenhotel Hafnersee, die große familienfreundliche Ferienanlage dominiert den westlichen der vier Seen im Tal. Während das Hotel (auch Appartements) sich in direkter Straßennähe befindet, liegt der dazugehörige Campingplatz besser, nämlich am Seeufer. Zur Anlage gehört auch das eigene Strandbad. Zudem Restaurant und Bar, Kegelbahn, Sauna und Dampfbad, Spielplatz und Kinderanimation. Hotel: EZ 65 €, DZ 120 €, inkl. Frühstück. Appartement: ab 150 € (4 Pers.). Camping: Erw. 11 €, Kinder 4,80 € (4–14 J.), Stellplatz inkl. Strom 11 €, Hunde 2 €. Plescherken 5, 9074 Keutschach am See, ✆ 04273-2375 (Buchung in Deutschland ✆ 05321-6855440), www.sonnenresorts.at.

Familienparadies Reichenhauser, in diesem kleinen Resort ist alles auf Kinder (und Eltern) ausgerichtet, kein Straßenverkehr, der eigene Strand am Rauschelesee ist nur ca. 300 m zu Fuß entfernt, zum Hotel gehören auch ein Kinderhallenbad, Streichelzoo, Ponyreiten, zwei Spielplätze, Fußballplatz und der **Zauberwald** mit Hexen, Zwergen und sonstigen Waldgeistern (auch für Externe geöffnet: im Sommer tägl. 10–18 Uhr, Eintritt 4 €, für Hotelgäste frei). Kinderbetreuung, Restaurant. Im Winter locken außerdem Eislaufplatz und Langlaufloipe, es gibt auch eine Sauna. Familienzimmer für 2 Erw. mit 2 Kindern (separates Zimmer) und Vollpension 275 €, mit einem Kind 240 €, DZ 150–180 €, EZ 90 €. Ganzjährig geöffnet. Von der Keutschacher Straße abbiegen, beschildert. Rauschelesee 3, 9074 Keutschach, ✆ 04273-2325, www.familienparadies-reichenhauser.at.

Brückler, → unten Camping, Brückler.

Camping **Camping Reautschnighof**, Camping auf dem Bauernhof: Ein Stück oberhalb des Rauschelesees liegt der sympathische kleine Campingplatz zwar im Gegensatz zu den übrigen nicht direkt am Wasser, aber dennoch sehr idyllisch – und natürlich gibt es auch eine eigene Badestelle mit Liegewiese. Kein Kiosk, aber Brötchenservice. Erw. 7 €, Kinder bis 10 J. 3 €, Kinder über 10 J. 4,50 €, Hund 1,50 €, Zelt 3,50 €, Wohnmobil 6,50 €. Reauz 4, 9074 Keutschach, ✆ 0463-2811060, www.camping-reautschnighof.at.

Camping Reichmann, direkt am Ostufer des Rauschelesees gelegen, kleiner, netter Platz, sehr ruhig, nicht allzu viel Schatten, mit eigener Badestelle mit Kiesstrand und Liegewiese, auf dem Platz auch *Der Wirt am Rauschele* (auch Zimmer, www.rauschelesee.com). Erw. 7,90 €, Kinder 4,90 € (4–14 J.), Stellplatz (Zelt/Wohnmobil inkl. Strom) 8,50–11 €, Hunde 1,50 €. Reauz 5, 9074 Keutschach, ✆ 0664-1430437, www.camping-reichmann.at.

Brückler, Campingplatz direkt am Keutschacher See samt eigenem *Strandbad*. An der Abzweigung nach Reifnitz (Wörthersee) gelegen. Erw. 10 €, Kinder 5,50 €, Stellplatz 7,60–10 € (inkl. Strom), Hunde 2 €. Auf der anderen Straßenseite liegt die dazugehörige Gastwirtschaft mit Terrasse (auch Pension DZ 84–110 €, je nach Ausstattung, inkl. Frühstück). 9074 Keutschach am See, ✆ 04273-2384, www.brueckler.co.at.

Strandcamping Süd, abgelegener, ruhiger Platz zwischen Wald und Wasser, direkt am Ufer des Keutschacher Sees und mit vergleichsweise großer Badestelle, Gaststätte und kleiner Kiosk. *Anfahrt*: am Westufer des Keutschacher Sees gelegen, am Gemeindebad vorbei und noch ein Stück weiter. Erw. 8,30 €, Kinder (4–14 J.) 4,80 €, Stellplatz inkl. Strom 9 €, Hund 2,30 €. 9074 Keutschach am See, ✆ 04273-2773, www.strandcampingsued.at.

Am Südufer des Keutschacher Sees (Zufahrt über Plescherken) liegen die Naturisten-Zeltplätze beieinander:

FKK Camping Müllerhof, sehr freundlich geführter Camping am See, ein lichter Waldstreifen trennt parzellierte Plätze auf der grünen Wiese (Schatten durch vereinzelte Bäume) von den drei campingeigenen Badestellen. Mit Restaurant und kleinem Laden (mit dem schönen Namen *Der kleine Laden*), Sportplätze, Kinderprogramm, auch Zimmer in der Frühstückspension (EZ 34 €, DZ 56–60 €). Mai bis Sept. geöffnet. Erw. 9,90 €, Kinder 5,20–6,20 €, Stellplatz 9,90–11,40 € (je nach Seenähe), keine Hunde gestattet. Dobein 10, 9074 Keutschach am See, ✆ 04273-2517, www.fkk-camping.at.

FKK Camping Sabotnik, großer Platz in unmittelbarer Nachbarschaft zum Müllerhof. Nur die baumbestandene Liegewiese erstreckt sich zwischen den parzellierten Plätzen (kein Schatten) und dem See, drei Badestege und diverse Sportplätze, Gaststätte und Strandbar, Laden, Internetpoint. Separater Hundebereich, Pensionszimmer und Appartementhaus (DZ 60–78 € inkl. Frühstück). Mai bis Sept. geöffnet. Erw. 7,50 €, Kinder 3,50 €, Stellplatz 8 €, Hund 3 €. Dobein 9, 9074 Keutschach am See, ✆ 04273-2509, www.fkk-sabotnik.at.

Camping Hafnersee, → oben, *Sonnenhotel Hafnersee*.

Buschenschenken Krainz, für die zünftige Brettljause findet sich ein beliebter Buschenschank in einem alten Bauernhof südlich des Keutschacher Sees. Der Hof liegt in Alleinlage auf einer Waldlichtung. Alle Produkte stammen aus der eigenen Landwirtschaft: Apfel- und Holundersaft, Most und Wacholderschnaps, Speck und Hauswürstl, Topfen, Marmeladen usf. Auch Hofladen und Ferienwohnungen (günstig und absolut ruhig, Vermietung ganzjährig, um 50 €). Geöffnet (zuletzt): Ende Mai bis Anfang Juni und Mitte Juni bis Mitte Sept. tägl. 16–22 Uhr. *Anfahrt*: Zufahrt wie zu den FKK-Campings, also über Plescherken und an den Campingplätzen vorbei, dann 1,6 km hinauf in den Wald und bei der T-Kreuzung rechts, beschildert (insgesamt 3,6 km von der Landstraße). Dobein 5, ✆ 0664-5438768, www.krainz-hof.net.

Blick vom und Blick auf den Aussichtturm auf dem Pyramidenkogel

Pyramidenkogel

Er war schon ein wenig in die Jahre gekommen, ein monumentales Relikt aus den Stahlbetonzeiten der späten 1960er: der Aussichtsturm auf dem Pyramidenkogel, dem 851 m hohen Berg, der sich zwischen dem Wörthersee und dem Keutschacher See erhebt. Der alte Turm war ein Muss für Generationen von Urlaubern: Rauf auf den Turm und den fantastischen Rundumblick genießen! Doch die Sanierung war zu teuer, also wurde er im Oktober 2012 gestürzt und in Windeseile ein Neubau in die Wege geleitet. Und so schraubt sich seit 2013 der mit 100 m höchste hölzerne Aussichtsturm der Welt in den Himmel, eine spektakuläre Konstruktion aus Lärchenholz und Stahl. Von der höchsten der drei Aussichtsplattformen auf 70,6 m Höhe blickt man auf den Wörthersee, die Karawanken und die umliegenden Täler – beeindruckend! Die Aussicht kann man sich übrigens über Treppen erarbeiten oder aber den Lift nehmen. In 30 Sekunden hinunter zum Boden geht es durch die Röhre der 51,4 m hohen Rutsche. Unten Souvenirshop und Restaurant Genuss Wirt (tägl. ab 10 Uhr geöffnet, ✆ 04273-22262).

Eintritt: Erw. 11 €, Jugendliche 8 €, Kinder 6–15 J. 5,50 €, Rutsche 4 €. **Öffnungszeiten**: März 10–18 Uhr, April/Okt. 10–19 Uhr, Mai/Sept. 9–20 Uhr, Juni bis Aug. 9–21 Uhr, Nov. bis Febr. nur Fr–So 10–17 Uhr. **Internet-Tipp**: Wer einmal sehen will, wie eine Kindheitserinnerung gesprengt wird (Video), oder wer sich über den neuen Turm informieren will: www.pyramidenkogel.info. **Anfahrt**: über Keutschach, ab dort beschildert. Linden 62, 9074 Keutschach, ✆ 04273-2443.

Burg Hochosterwitz ...

... und der Dom zu Gurk

Zollfeld

Das Zollfeld ist uraltes Kulturland. Davon zeugen heute noch viele historische Bauwerke. Auf der weiten, von markanten Bergkuppen gerahmten Ebene (auf einer Höhe von ca. 500 m) nördlich von Klagenfurt siedelten bereits die Kelten. Hier erheben sich die „vier heiligen Berge" Kärntens: der *Magdalensberg* (1069 m), der *Ulrichsberg* (1022 m), der *Veitsberg* (1160 m, auch *Gößeberg*) und der *Lorenziberg* (971 m), die bis heute Ziel der *Vierberge-Wallfahrt* sind. Am **Magdalensberg** lag das wirtschaftliche und kulturelle Zentrum des Noricums – keltisches Königreich und später römische Provinz. Eine wichtige Ausgrabungsstätte präsentiert Überreste dieser Vergangenheit. Nach den Wirren der Völkerwanderung etablierte sich das Fürstentum Karantanien, dessen politische Mitte **Karnburg** war. Auch die Christianisierung Kärntens hatte mit **Maria Saal** einen bedeutenden Stützpunkt auf dem Zollfeld. Bis in die Zeit der Habsburger fand außerdem das uralte Ritual der *Herzogseinsetzung* (→ S. 301) in der Region statt. Am Längsee wurde um die Jahrtausendwende das **Stift Sankt Georgen** gegründet, im späten 16. Jh. wurde die **Burg Hochosterwitz** zu der einzigartigen Festungsanlage ausgebaut, die heute zu den beliebtesten Ausflugszielen in Kärnten zählt. Urbanes Zentrum der Region ist **St. Veit** an der Glan, die altehrwürdige Herzogsstadt. Im Norden schließt das *Krappfeld* an das Zollfeld an, am Eingang zum Gurktal liegt Althofen mit seiner hübschen kleinen Altstadt auf dem Hügel.

Veranstaltungen Am Dreinagelfreitag (zweiter Freitag nach Ostern) findet der **Vierbergelauf** statt. Die Wallfahrt, die möglicherweise keltische, also heidnische Wurzeln hat, beginnt um Mitternacht, führt über die „heiligen Berge" (Magdalensberg, Ulrichsberg, Veitsberg und Lorenziberg) und endet bei Sonnenuntergang. Infos: www.vierbergelauf.at.

Karnburg

ca. 550 Einwohner

Heute ein ungemein idyllisches Dorf – ein paar Häuser und Höfe umgeben von Pferdekoppeln, Streuobstwiesen und blühenden Gärten – war Karnburg in ferner Vergangenheit eine feste politische Größe in Kärnten: seit dem frühen 7. Jh. Zentrum der karantanischen Fürsten und später Königspfalz unter den Karolingern.

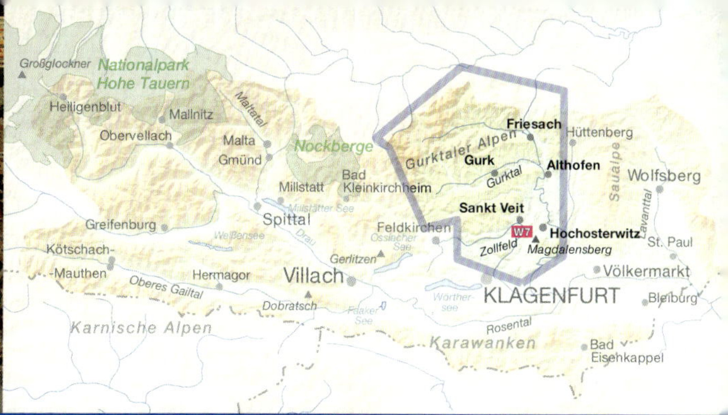

Arnulf von Kärnten, König des Ostfränkischen Reiches, soll hier 888 Weihnachten gefeiert haben. Sollte das stimmen, wird er die Christmette in der kleinen **Pfalzkirche** gefeiert haben, die heute *St. Peter und Paul* geweiht ist. Die Pfalzkirche erhebt sich pittoresk vor den bewaldeten, steilen Hängen auf einem niedrigen Plateau, das zur Ebene hin schroff abfällt. Die schlichte Saalkirche wurde im 9. Jh. errichtet und gilt damit als älteste Kirche Kärntens. In die unverputzte Fassade der Feldsteinkirche sind ein paar Römersteine integriert. Der Turm wurde im 15. Jh. angefügt, aus dem 14. Jh. stammt die kleine *Annenkapelle* mit dem schmucken Dachreiter. In Karnburg stand auch der Fürstenstein, bei dem jeder neue Herzog vor Dienstantritt Station machen musste (zur Herzogseinsetzung → S. 301, der Fürstenstein befindet sich heute im Wappensaal des Klagenfurter Landhauses).

Karnburg liegt am Fuß des **Ulrichsbergs** (1022 m), einem der „heiligen Berge“ Kärntens, der jedes Jahr während der Vierberge-Wallfahrt bestiegen wird. Außerdem ist er Veranstaltungsort des Ulrichsbergtreffens. Das umstrittene Kriegsveteranentreffen mit fragwürdiger Gesinnung und unbelehrbarem Geschichtsbild gerät immer wieder in der Kritik, weil beispielsweise ehemalige Mitglieder der Waffen-SS ans Rednerpult treten und Kriegsverbrechen verharmlost werden.

Essen & Trinken Gasthaus Moser, freundliches Landgasthaus in Karnburg, die Produkte stammen aus der Region, zubereitet wird Kärntner Küche – Kasnudeln, Backhendl, Reindling, Eis aus den Nockbergen, auch Brettljausen – kleine Karte, Tagesangebote, mit Gastgarten, geöffnet Di–So 10.30–22 Uhr. Arnulfstr. 1, ✆ 04223-32222.

Maria Saal

ca. 1100 Einwohner

Ein kleines Dorf auf einem niedrigen Hügel – voller sakraler Kunstschätze und ländlicher Sehenswürdigkeiten. Weithin sichtbar erhebt sich die Marienkirche über das Zollfeld. Im unbedingt besuchenswerten Kärntner Freilichtmuseum wandelt man durch ein pittoreskes Landidyll.

Maria Saal ist in gewisser Weise uralt – zählt man zur Historie der Marktgemeinde das antike Virunum hinzu, das die noch ältere Siedlung auf dem Magdalensberg beerbte. Die römische Provinzhauptstadt in der Ebene wurde samt frühchristlichem Bischofssitz von der Völkerwanderung überrannt. Mit der zweiten Christianisierung Kärntens wurde Maria Saal zum Zentrum der Missionierung. Bischof *Mo-*

destus ließ im 8. Jh. *Santa Maria ad Carantanum*, die Vorgängerkirche der heutigen **Marienkirche**, errichten. Die Wallfahrtskirche mit der imposanten Doppelturmanlage entstand im 15. Jh. Beide Kirchen hatten eine wichtige Funktion bei der Einsetzung der Kärntner Herzöge, denn hier wurden die dazugehörigen Festgottesdienste gefeiert. Der Bau der neuen Kirche fiel in die Zeit der Türkeneinfälle. Entsprechend wehrhaft wurde die landläufig auch *Dom zu Maria Saal* genannte Marienkirche ausgestattet. Tatsächlich wurde sie oft belagert, aber nie erobert, weder während der türkischen Raubzüge noch während der kriegerischen Auseinandersetzungen mit Ungarn. So hat sich bis heute ein beeindruckend geschlossenes Bild der äußeren Wehranlage wie auch des Interieurs erhalten. Geistige Standhaftigkeit bewies Maria Saal zur Zeit der Reformation: Während Kärnten fast zur Gänze protestantisch wurde, widersetzte sich Maria Saal den neuen Lehren und blieb ein Bollwerk Roms – und konnte mit der Treue natürlich punkten, als die Gegenreformation zurückschlug.

1951 wurde am Ortsrand ein Haus errichtet, das andernorts eigentlich abgerissen werden sollte. Diese kleine Paradoxie erklärt sich folgendermaßen: Ein etwa 300 Jahre altes Bauernhaus aus der Gegend von Bad Kleinkirchheim war zum Abbruch vorgesehen. Stattdessen wurde das *Bodnerhaus* sorgsam abgetragen und bei Maria Saal wiederaufgebaut. Der Grundstein für das faszinierende **Kärntner Freilichtmuseum** war gelegt.

Essen & Trinken Beim Dom liegt das Gasthaus **Sandwirt**, tägl. ab 11 Uhr geöffnet, Mo Ruhetag. Hauptplatz 5, ✆ 04223-2284; eine nette **Jausenstation** findet sich im Freilichtmuseum (Mesnerhaus).

Einkaufen Im Hofladen oder außerhalb der Öffnungszeiten am „Automat" des **Bauernhofs Knafl** in Maria Saal kann man Kärntner *Kürbiskernöl* erwerben. Mo 12–18 Uhr, Do 12–17 Uhr, Sa 12–14 Uhr. Hauptstr. 31, ✆ 0650-8838884, www.knarfl.org.

Verbindungen Bahn: Die *S 1* fährt werktags etwa stündl. (So alle 2 Std.) nach Klagenfurt bzw. in anderer Richtung nach St. Veit und weiter bis Friesach.

Der Tonhof

Ende der 1950er-Jahre und in den 1960ern war der Tonhof von Maria Saal als Künstlerkolonie österreichweit bekannt. Der Komponist und Kunstmäzen **Gerhard Lampersberg** (1928–2002) scharte seinerzeit in dem Anwesen, das seine Frau Maja 1954 mit in die Ehe brachte und das eher ein kleines Schloss ist, zahlreiche junge Künstler um sich. Darunter waren auch spätere Berühmtheiten wie Peter Handke, H. C. Artmann, Gert Jonke, Christine Lavant, Peter Turrini und Thomas Bernhard. Mit Letzterem kam es zum Zerwürfnis, als sein ehemaliger Förderer Lampersberg sich in Bernhards Roman „Holzfällen" von 1984 auf unerfreuliche Weise wiedererkannte und kurzzeitig sogar eine einstweilige Verfügung gegen das Werk erwirkte – ein skandalöser Vorgang, der dem Verkauf des Buches jedoch enorm auf die Sprünge half. Auch Peter Turrini verewigte Jugenderinnerungen vom Tonhof: Sein Theaterstück „Bei Einbruch der Dunkelheit" wurde 2006 in Klagenfurt uraufgeführt.

Heute finden am Tonhof in den Sommermonaten Konzerte, Lesungen und Filmabende statt. Schnerichweg 2, 9063 Maria Saal, Programm und weitere Infos unter www.tonhofmariasaal.com.

Weithin sichtbar – die berühmte Kirche von Maria Saal

Der Dom zu Maria Saal

Die Kirche von Maria Saal ist ein faszinierendes Bauwerk: bemerkenswert die wehrhafte Außenanlage, opulent und vielgestaltig der kunstvolle Innenraum und die kostbare Ausstattung. Eine erste Kirche hatte der später heilig gesprochene Bischof *Modestus* erbaut, dessen Ruhestätte sich im Dom befindet. Ihr folgte eine romanische Kirche, über die schließlich 1430 bis 1459 die spätgotische Kirche errichtet wurde, wie sie heute zu sehen ist: eine dreischiffige Kirche mit imposanter Doppelturmanlage, Kapellenanbauten und der umgebenden Befestigung.

In ihrem Inneren offenbart sich eine außergewöhnliche Vielfalt wunderbarer Kunstschätze: Gleich zu Anfang sei der „krönende Abschluss" des *Mittelschiffs* genannt: ein grandioses *Deckenfresko* in den Feldern des Netzrippengewölbes. Das fein gezeichnete Fresko von 1490 zeigt den Stammbaum Jesu, von Abraham bis Josef steigen die Ahnen Christi aus alpenländischen Blütenkelchen. Vor dem *Triumphbogen* des Chors sieht man Maria mit dem Jesuskind, auf dem Triumphbogen eine Darstellung des Jüngsten Gerichts. In den Querschiffen sind die Fresken etwas blasser, der Chor ist mit Stuckornamenten verziert, die Seitenschiffe werden von Sternrippengewölben abgeschlossen.

Wer die staunende Genickstarre löst, kann auch auf Augenhöhe zahlreiche Kostbarkeiten entdecken: An der Nordwand ruhen in der *Sachskapelle* die Gebeine des Kirchengründers *Modestus*, nebenan zeigt eine Schnitzfigur (um 1480) den Heiligen. An einer Säule prunkt die barocke *Kanzel*, komplementär hängt auf der anderen Seite der heilige Nepomuk. Mächtig barock ist auch der *Hochaltar* von 1714, in dessen goldlastigem Zentrum, wie es sich für eine Marienkirche gehört, die Madonna sitzt. An der Nordwand des Chores ist ein großartiges *gotisches Fresko* zu sehen (um 1435). Oben sind der Kindermord zu Bethlehem und die Flucht nach Ägypten dargestellt, unten die Drei Heiligen Könige. Ein besonderer Glanzpunkt in diesem an Glanzpunkten reichen Gotteshaus steht unserer Meinung nach im linken Seitenchor: der *Arndorfer Altar.* Der spätgotische Flügelaltar ist ein feingliedriges

Meisterwerk aus der Werkstatt der Villacher Schule (um 1520). Im rechten Seitenchor steht mit dem *Georgsaltar* ebenfalls ein gotischer Flügelaltar von 1526. Auch moderne Kunst findet sich im Dom, nämlich ein Gemälde des Kärntner Künstlers *Herbert Boeckl* aus dem Jahr 1928. Dargestellt ist Jesus auf dem See Genezareth, der den ertrinkenden Petrus rettet – subversives Detail: Petrus hat eine verblüffende Ähnlichkeit mit Lenin ... Am südlichen Seitenschiff schließen sich die stuckverzierten *Seitenkapellen* an, die den Heiligen Barbara und Anna geweiht sind.

Dem Teufel entkommen ...

... ist jener namenlose Christenmensch, dessen Fußabdrücke links vom Eingang zu sehen sind: Abdrücke kleiner Füße (Zeichen kindlicher Unschuld?) sind im Boden zu erkennen – und ein Pferdehuf. Kein Zweifel: Teufelswerk! Hier muss jemand vom Leibhaftigen gejagt in die Kirche geflohen sein. Der Legende von den „Teufelstritten" nach wurde die arme Seele im Dom zu Maria Saal gerettet. Maria sei Dank!

Auch außerhalb der Kirche gibt es Sehenswürdigkeiten, die unbedingt einen Blick wert sind, z. B. sind in die Südwand des Doms zahlreiche *Reliefplatten* eingefügt, darunter hervorragend erhaltene Römersteine, die wohl aus Virunum stammen. Besonders hervorzuheben sind die römische Wölfin beim Eingang, eine Szene aus dem Trojanischen Krieg (Achill schleift Hektor), die „Postkutsche" (die tatsächlich als römischer Seelenwagen die Fahrt ins Jenseits darstellt) sowie diverse Personendarstellungen wie der Wanderer am Eingang. Die Steinkugel, die nebendran hängt, erinnert an die Belagerung durch ein ungarisches Söldnerheer. Dem Eingang gegenüber liegt das Oktogon – eine im Kern runde, romanische Taufkapelle, die im Keller später zum Karner umfunktioniert wurde und von gotischen, achtseitigen Arkaden ummantelt wurde. Zwischen Dom und *Oktogon* erhebt sich die sehr kunstvolle, am Pfeiler elegant eingedrehte *gotische Lichtsäule*, eine heute seltene freistehende Totenleuchte aus dem Jahr 1497. Zusammen mit den übrigen Gebäuden wie Kapitelhaus, Kapuzinerstöckl und Propstei ergibt auch die äußere Kirchenanlage ein geschlossenes, stimmungsvolles Bild.

Die großartige Decke (oben) und der kunstvolle gotische Altar (unten)

Tägl. bis 19 Uhr geöffnet. Gegenüber vom Eingang gibt es einen **Domladen mit Café**, in dem man Informationen, Souvenirs und Devotionalien erhält (April–Okt. 9–12.30 und 13–17.30 Uhr).

Kärntner Freilichtmuseum Maria Saal

Wie ein gewachsenes Dorf auf einer großen Lichtung sieht dieses Freilichtmuseum aus. Dabei sind die mehr als drei Dutzend größeren und kleineren Gebäude aus allen Teilen Kärntens (und vier Jahrhunderten) zusammengetragen worden. Sorgsam wieder aufgebaut ergeben sie ein abwechslungsreiches Ensemble ländlicher Architektur. Die Gebäude sind, dank ihrer Einrichtung, gleichermaßen Exponat und Ausstellungsraum. Die Stuben und Küchen, Ställe und Handwerksstätten ermöglichen einen hochinteressanten Einblick in die bäuerliche Lebenswelt, wobei man sich – Landidyll hin oder her – allerdings durchaus vorstellen kann, wie hart und karg das Leben der Kärntner Bauern in den vergangenen Jahrhunderten gewesen ist: Kamine ohne Rauchabzug, düstere Zimmer mit niedrigen Decken, Stallungen und Stube unter einem Dach.

Ein typisches Einhofgebäude ist der *Salzerhof* aus Rennweg am Katschberg: Rauchküche, Stube und Schlafkammer sind nur durch eine Durchfahrt von den Viehställen getrennt, darüber liegt die Scheune. Das *Bodnerhaus* bildet den Kern des schönen Freilichtmuseums, der Hof aus den Nockbergen war 1951/52 das erste Gebäude, das auf dem Museumsgelände wiedererrichtet wurde. Zu den ältesten (und schönsten) Gehöften gehört das *Lavanttaler Haus*, in dem eine kleine Ausstellung zum Zimmermannshandwerk zu sehen ist. Im *Urchhaus*, ein Unterkärntner Längslaubenhaus, sind ein Krämerladen und eine Schusterwerkstatt untergebracht. Der prächtigste Hof ist das zweistöckige *Kramerhaus* mit umlaufenden Balkonen aus den Nockbergen (man beachte die von Generationen abgetretenen Stufen der Stiege).

Verstreut stehen zwischen den großen Höfen diverse Wirtschaftsgebäude: eine

Im Freilichtmuseum: Kapelle, Stube, Hof und Wasserrad (v.o.n.u.)

kleine, komplett ausgestattete *Schmiede* aus den Gurktaler Alpen, ein *Bienenstand* und eine *Badstube* aus dem Mölltal, eine *Dörrhütte* aus Völkermarkt (zur Herstellung von Trockenobst) oder auch eine *Hofharpfe* aus dem Lavanttal (oben Stadel zum Heutrocknen, unten Geräteschuppen) – nicht zu vergessen die *Kapelle*: ein Holzverschlag als Altarraum mit einem offenen, aber immerhin überdachten „Kirchenraum" davor.

Über eine überdachte Holzbrücke erreicht man schließlich das „Gewerbegebiet", in dem diverse Mühlen und ein Kalkofen aufgestellt sind. Zurück beim Eingang ist man beim *Mesnerhaus* aus dem Rosental angelangt, in dem heute eine Jausenstation mit schönem Garten untergebracht ist – ideal für eine Erfrischung nach dem Rundgang.

In Planung ist eine Erweiterung: Für das Landwirtschaftsmuseum, vormals in Klagenfurt, war man auf der Suche nach einem neuen Standort. Nun soll es in einem Neubau auf dem Gelände des Freilichtmuseums unterkommen.

Mai/Juni und Sept./Okt. tägl. 10–16 Uhr, Juli/Aug. tägl. 10–18 Uhr, Sa 10–16 Uhr, Erw. 7 €, Kinder 3 €, Familienticket 16 € (Führungen nach Voranmeldung, 20 €/Pers.) Tolle Angebote für Kinder, wie Schnitzeljagden, Brotbacken, Filzen, in den Sommerferien teils täglich, Info am Eingang/im Internet. ✆ 04223-2812, www.freilichtmuseum-mariasaal.at.

Virunum

Das *Municipium Claudium Virunum* war die Hauptstadt der römischen Provinz *Noricum* und wurde erbaut, um die aufgegebene Siedlung auf dem Magdalensberg zu ersetzen. Als die Provinz unter Diokletian geteilt wurde, wurde Virunum erneut zur Kapitale, nun der Provinz *Noricum mediterraneum,* des Binnennoricums. Unter Kaiser Konstantin wurde Virunum als Bischofsstadt zum Zentrum des Frühchristentums in Kärnten. Die unbefestigte Stadtanlage war den Bedrohungen während der Zeit der Völkerwanderung jedoch nicht gewachsen und Virunum wurde aufgegeben. Zu den Relikten der Römerstadt gehören die Ruinen eines Amphitheaters, zuletzt wurde der spätantike Bischofspalast entdeckt.

Das Ausgrabungsgelände liegt nördlich von Maria Saal bei Arndorf. Führungen nach Voranmeldung (für Gruppen), Kontakt über den Archäologischen Park Magdalensberg (Landesmuseum Kärnten), ✆ 0536-30599.

Bezäunt und mit Glas geschützt: der Herzogstuhl

Herzogstuhl

Ein wenig verloren steht's in der Gegend, dieses Relikt aus feudalen Zeiten. Zwar beschattet von Bäumen und geschützt durch ein schmiedeeisernes Gitter und doch allein auf weiter Flur und direkt neben Landstraße und Schnellstraße gelegen. Der Herzogstuhl ist ein vermutlich recht unbequemer, steinerner Thron. Die Steinplatten stammen aus Virunum. Auf dem wuchtigen Lehnsitz mussten über Jahrhunderte die Kärntner Herzöge Platz nehmen, um sich huldigen zu lassen.

Anfahrt: Von Maria Saal auf der Landstraße etwa 1,5 km Richtung St. Veit.

„Wer ist der, der also hochfertig daherprangt?" – Wie man in Kärnten Herzog wird

Die Einsetzung des Kärntner Herzogs folgte einem festen, einzigartigen Ritual, das wahrscheinlich bis in die Zeit der Gründung des Herzogtums Karantanien zurückreicht. Detaillierte Beschreibungen der dreiteiligen Zeremonie stammen aus dem 13. Jh. und 14. Jh.

Zunächst musste der werdende Herzog, bekleidet mit der grauen Tracht der Kärntner Bauern vor den Fürstenstein – das norische Kapitell einer Säule, das bei Karnburg stand – ziehen, auf dem ein slowenischer Bauer Platz genommen hatte. In slowenischer Sprache fragte der Bauer dann, wer daherkomme und mit welchem Recht er Herzog werden wolle. Nachdem der zukünftige Herzog dem Volk zufriedenstellend und ebenfalls auf Slowenisch geantwortet hat, gab der Bauer seinem Fürsten einen Klaps auf die Wange und befahl ihm, ein guter Richter zu werden. Nun stieg der Herzog auf den Fürstenstein und schwang sein Schwert durch die Luft, während er gelobte, ein guter Herrscher zu sein.

Nächste Etappe war der Festgottesdienst in der Kirche von Maria Saal. „Folgends reitet er herüber zu dem Lehen Stuel, so im Zollfeld steht." Auf dem „Lehen Stuel", dem Herzogstuhl, sitzend empfing der Herzog, nunmehr angemessen gewandet, die Huldigungen des Kärntner Adels und versprach die Wahrung der landesständischen Rechte und Freiheiten. Vor allem aber arrangierte der Herzog das heimische Machtgefüge, in dem er Lehen verlieh bzw. bestätigte. Dieser Dreiklang der Legitimation eines Fürsten – bäuerlich, fast schon demokratisch am Fürstenstein, kirchlich beim Gottesdienst und feudal auf dem Herzogstuhl – ist einzigartig im europäischen Raum.

Zwar wurde der erste Habsburger Herzog, Otto der Fröhliche, 1335 noch auf diese Weise inthronisiert, doch verlor das Ritual unter den Habsburgern an Bedeutung. Ernst der Eiserne war 1414 der letzte Herzog, der das ganze Programm durchlief. Nur die Huldigung auf dem Herzogstuhl hatte weiterhin Bestand, im 17. Jh. aber schickten die Herzöge bereits Stellvertreter, und schließlich wurde die Zeremonie in den großen Wappensaal im Klagenfurter Landhaus verlegt.

Tanzenberg

Auf dem sanften Hügelrücken am Rand des Zollfelds, Maria Saal quasi gegenüberliegend, befindet sich das wuchtige Schloss Tanzenberg. Im Kern eine mittelalterliche Burg wurde es im 16. Jh. zur größten Renaissanceanlage Kärntens umgebaut. Heute wandeln mehr oder minder motivierte Gymnasiasten durch den eleganten

Valentin Oman in Tanzenberg

Arkadenhof, da das Schloss eine Schule beherbergt. Anfang des 20. Jh. wurde eine neoromantische Kirche angebaut – eine Abwechslung zu den sonst in Kärnten dominierenden gotischen Kirchen mit Barockaustattung. Von außen etwas deplatziert wirkend – das Portal orientiert sich an romanischen Kirchenportalen in Italien – beeindruckt die Schlosskirche vor allem in ihrem Innern: einmal durch den imposanten Raumeindruck des von einer Kassettendecke abgeschlossenen Mittelsschiffs, vor allem aber durch den Mut, moderne Kunst nicht in der vorletzten Seitenkapelle zu verstecken, sondern sie den gesamten Innenraum und den Altarraum dominieren zu lassen. Die Arbeiten stammen von *Valentin Oman*, ehemals Schüler auf Schloss Tanzenberg. Besonders eindrucksvoll ist die Gestaltung des säulenumkränzten, lichten Chors, in dem Altarbild und Wandgemälde ein geschlossenes Gesamtbild ergeben. Den ausdrucksstarken, freskenartigen Effekt erzielte Oman durch das Aufkleben von Mull auf die frische Farbe, der getrocknet wieder abgezogen wurde. Die Schlosskirche ist ganztägig geöffnet.

Magdalensberg

Eines der schönsten Ausflugsziele in Kärnten, mit einem herrlichen Rundblick, kulinarischem Hochgenuss und dem größten archäologischen Freilichtmuseum des Landes.

Etwa 100 m unter dem Gipfel auf der Südseite des Magdalensbergs befand sich seit Mitte des 1. Jh. v. Chr. ein Handelszentrum des keltischen Königreiches *Noricum*. Gehandelt wurde mit Eisen bzw. Stahl, die im nahen Görtschitztal verarbeitet wurden. 15 v. Chr. wurde ganz Noricum römisch und die Siedlung am Magdalensberg zum Verwaltungszentrum, zur Zeit Kaiser *Caligulas* (37–41 n. Chr.) entstand hier außerdem eine Goldbarrengießerei. Mitte des 1. Jh. n. Chr. wurde die Besiedlung am Berg aufgegeben und weiter unten (→ Virunum, S. 300) neu gebaut. Auch die Gipfelkirche auf dem Magdalensberg hat übrigens antike Wurzeln, hier soll sich zuvor ein heidnischer Tempel befunden haben. Von hier oben bietet sich ein unvergleichlicher Blick auf weite Teile des östlichen Kärntens, das Klagenfurter Becken, die Karawanken und die Gurktaler Alpen.

Der Jüngling vom Magdalensberg

Archäologischer Park Magdalensberg: Seit 1948 wird hier systematisch gegraben, und das auch in jüngster Zeit mit Erfolg, wie die erst ab 1996 ausgegrabene Goldbarrengießerei eindrucksvoll unter Beweis stellt. Für die Besichtigung des 3 ha großen Geländes mit 22 – wenn auch nicht allzu großen – Einzelmuseen in antiken Gebäuden (bzw. deren Fragmenten) sollte man ein wenig Zeit mitbringen. Der Rundgang führt zunächst zum Eisenmuseum mit umfänglichen Erläuterungen zum besonders harten *Ferrum Noricum*. Es folgt ein anschauliches Modell der gesamten Anlage, dann jeweils mit zahlreichen Vitrinen Keramik-, Marmor- und Wandmalereimuseum. Der Forumstempel war das zentrale römische Heiligtum der Anlage, nebenan befindet sich das überaus interessante Hauptmuseum, die ehemalige Therme mit Mosaikfußboden, deren wichtigstes Exponat der *Jüngling vom Magdalensberg* ist: Die lebensgroße Bronzestatue aus der ersten Hälfte des 1. Jh. v. Chr. stammt aus Italien und wurde 1502 hier beim Pflügen gefunden. Sie kam in den Besitz diverser Bischöfe und Könige und gilt seit 1808 als verschollen, zu sehen ist hier heute eine Kopie, immerhin aus dem 16. Jh. (zu den erhaltenen Abbildungen des Originals gehören auch eine Axt und ein Schild zu Füßen des Jünglings). Unter der Straße hindurch erreicht man dann die jüngst ausgegrabene und erst seit 2012 zugängliche *Goldfabrica*, die Goldbarrengießerei aus der Zeit um 35–45 n. Chr.: Nachweislich und laut eingegossener Inschrift war es Kaiser Caligula, der hier seine Goldbarren gießen ließ. Darüber hinaus entdeckte man hier 50 Bergkristalle – alles seinerzeit zum Privatbesitz des Kaisers gehörend und von unschätzbarem Wert. Die Gießerei glich damals einem Hochsicherheitstrakt und auch die Goldtransporte nach Rom wurden strengstens bewacht. Das Gold stammte übrigens aus den Hohen Tauern, ebenso die Bergkristalle. Zu sehen sind noch zwei Gussformen für das Gold.

Mai bis Okt. Di–So 9–17 Uhr, in der Hochsaison tägl., im Winter geschl. Eintritt 5 €, erm. 3 €, Familienticket 11,50 €. Magdalensberg 15, ✆ 0536-30599, www.landesmuseum.ktn.gv.at. Essen kann man bei der **Taberna Celtica** am Eingang.

Anfahrt: Von der Zollfeldstraße (verläuft parallel zur S 37) bei St. Michael ab und dann gleich rechts hinauf auf den Magdalensberg (beschildert), ca. 7 km zum Gipfel. Die Ausgrabungen liegen ein Stück unterhalb an der Straße, nicht zu übersehen.

Wallfahrtskirche der Heiligen Helena und Maria Magdalena: Hier oben am Gipfel huldigten schon die Kelten ihren Göttern. Eine erste Kirche (auf dem Fundament eines heidnischen Tempels) wird schon im 12. und 13. Jh. erwähnt, der heutige spätgotische Bau geht auf das Jahr 1462 zurück. Im Inneren fällt der Blick durch den langen Chor mit Netzrippengewölbe auf einen Flügelaltar aus dem Jahr 1502, in dessen Zentrum die Heilige Helena mit goldener Krone und ernster Miene ein Modell der Kirche hält. Ganztägig geöffnet.

Übernachten/Essen **Gipfelhaus Magdalensberg**, hier kann man nicht nur einen Wahnsinns-Ausblick genießen, sondern auch bei selbigem auf der Terrasse fantastisch gut essen – köstliche Suppen, eine große Auswahl an Kärntner Nudeln und hervorragende Fleischgerichte vom eigenen Bauernhof, das ganze zu günstigen Preisen (Schweinebraten 7,90 €, Hauptgerichte um 10 €). Auch Kaffee, Kuchen, Eis, Mehlspeisen. Restaurant ganztägig geöffnet, kein Ruhetag. Für Kinder gibt es einen Spielplatz und ein Wild- und Ziegengehege. Übernachten kann man im Gipfelhaus (DZ mit Frühstück 100–110 €, mit Halbpension 150–160 €, EZ 60–70 € bzw. 85–95 €, es gibt auch Familienzimmer für 2–6 Pers.) oder im ungemein romantischen *Troadkasten* (eine umgebaute Holzhütte) einige Schritte unterhalb mit herrlichem Blick und eigener Sauna für 219 € (2 Pers.) mit Halbpension. Ganzjährig geöffnet. Magdalensberg 16, 9064 Pischeldorf, ✆ 04224-2249, www.magdalensberg.com. ■

Veranstaltungen Der alljährliche **Vierbergelauf** am zweiten Freitag nach Ostern beginnt hier oben am Magdalensberg, Näheres → S. 40.

Burg Hochosterwitz

Eine pittoreske Ritterfantasie: Die grandiose Burganlage thront auf einem hoch aufragenden Felssporn. Wehrhaft bis zur Uneinnehmbarkeit, unübersehbarer Ausdruck fürstlicher Macht.

Die Lage ist prädestiniert für einen Wehrbau. Über 150 m ragt der markante Felskegel über die sanft gewellte Ebene – weithin sichtbar waren anrückende Feinde, die sich dann schwer taten, den steilen Kogel zu erklimmen. Erste Siedlungsspuren stammen bereits aus Bronze- und Eisenzeit. Eine Burg *Astaruizza* wird 860 erwähnt, in der Schenkungsurkunde Ludwigs des Deutschen, Empfänger war das Bis-

Märchenburg Hochosterwitz

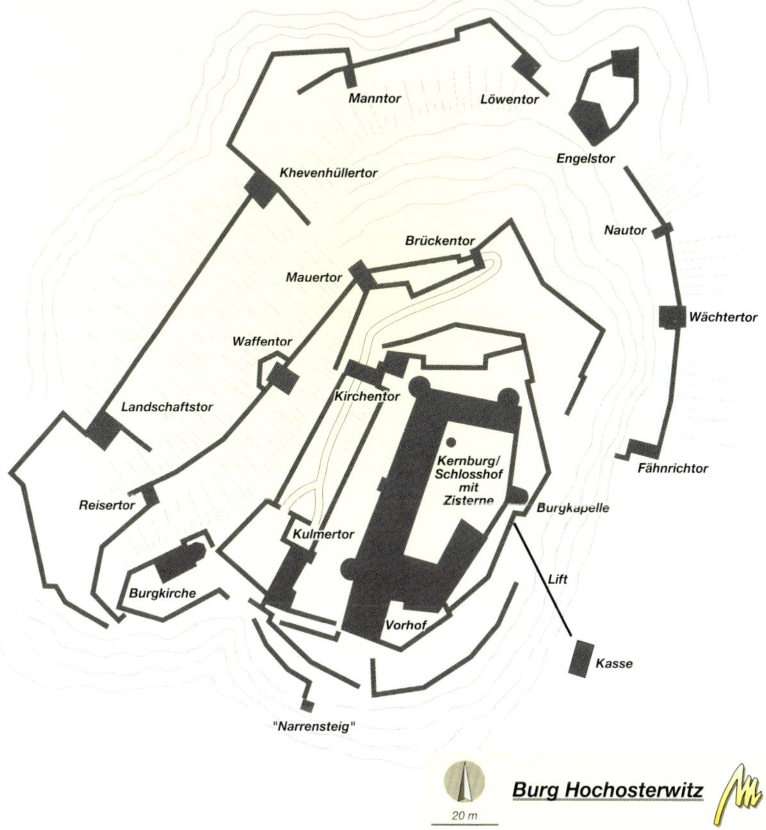

tum Salzburg. Mehrfach wechselte die Burg den Besitzer bzw. Lehnsherrn, und wahrscheinlich wurde in jedem Jahrhundert an- und umgebaut – der Kern der heutigen Burg stammt aus dem 13. Jh. Ihre heutige wehrhafte Gestalt erhielt die Anlage als Reaktion auf die Türkeneinfälle in den Jahren 1570 bis 1586, nachdem *Georg von Khevenhüller* Hochosterwitz erworben hatte. Als Landeshauptmann Khevenhüller mit seiner Burg fertig war, war sie uneinnehmbar: Zur Hochburg gelangt man auf einem Weg, der sich um den steilen Berg in Serpentinen hinaufwindet. Der Weg wird von **14 Toren** geschützt: manche klammern sich auf schmalem Vorsprung stehend schier an den steilen Fels, andere sind feste, trutzige Wehrtürme; manche werden von herausragenden Geschützständen gedeckt, andere geben sich gegenseitig Deckung; Zugbrücken reichen über Abgründe, Fallgitter schützen die Torbögen, Schießscharten ragen durch dicke Mauern, Pechlöcher befinden sich in den Decken. Und ganz oben auf dem Felsen schließlich liegt die Burg umgeben von einem doppelten Gürtel aus Bastionen. Tatsächlich heißt es, Hochosterwitz sei oft belagert, doch niemals eingenommen worden.

Heute bietet Burg Hochosterwitz vor allem spektakuläre Architektur, die den Besucher staunend in vergangene Zeiten eintauchen lässt. Zahlreiche sehenswerte Details lassen sich auf dem Weg hinauf entdecken, diente doch der Ausbau der Burg zur Festung nicht allein der Verteidigung, sondern auch der Zurschaustellung vom Macht und Reichtum. Den Besucher begrüßen am ersten Tor, dem *Fähnrichtor*, zwei Fahnen schwingende Landsknechte. Nach *Wächtertor* und *Nautor* gelangt man an die eindrucksvoll wehrhafte Kombination der Tore vier und fünf: Nur über die Zugbrücke kommt man zum *Engelstor* – der Engel wacht im Schlussstein des Torbogens. Vom trutzigen Tor, das mit eigener Bastion auf einer Felsnase steht, reicht eine Holzbrücke hinüber zum *Löwentor*. Das folgende *Manntor* ist eine Falle: Geschlossen wird es nämlich am oberen Ende des Durchgangs, der mit Schießscharten in den Wänden sowie einem Pech- oder Wurfloch in der Decke gesichert ist. Über dem Zugang zum *Khevenhüllertor*, dem siebten Tor, einem prächtigen Turm auf quadratischem Grundriss, ist ein Relief des Bauherrn Georg angebracht. Auch das nächste Tor, das *Landschaftstor*, ist wehrtechnisch originell: Über einer Scharte im Fels errichtet liegt die Achse der Fall- oder Wippbrücke in der Mitte des Tors – offen bildet sie den Boden des Tors, geschlossen öffnet sich im Innern ein tiefer Graben. Es folgen das kleine *Reisertor*, das wuchtige *Waffentor*, das *Mauerntor*, zwischen Festungsmauer und Abhang, und vor der Kehre das *Brückentor*. Beim 13. Tor, dem am Torbogen hübsch verzierten *Kirchentor*, gelangt man rechter Hand auf einen schmalen Weg zur **Burgkirche** mit einem eigenwilligen Portal und schattigem Kirchhof. Oberhalb der Kirche – vor dem 14. und letzten Tor – ist auf der Bastion ein malerischer, kleiner Garten angelegt. Durch das *Kulmertor*, der Durchgang ist ein schmaler, in der Mitte abknickender Tunnel, gelangt man auf den obersten Bastionsring und schließlich in den pittoresken, von Arkaden gesäumten **Burghof**.

Im kleinen **Museum** ist u. a. eine Waffensammlung zu besichtigen, hier starten die informativen und kurzweiligen Führungen (der Museumsführer freut sich über einen Obolus). Auf dem Weg zum Ausgang passiert man den Balkon, von dem sich

Auf dem Weg zur Burg und in der Waffenschmiede

ein fantastischer Ausblick eröffnet. Unbedingt sehenswert ist auch die kleine, freskengeschmückte **Burgkapelle**. Auch in die **Schmiede**, die im Vorhof untergebracht ist, sollte man einen Blick werfen. Mit ein wenig Glück brennt Feuer in der Esse und der Schmied schwingt den Hammer. Die Schmiede ist nämlich als historische Handwerksstätte zusammen mit der Tischlerwerkstatt in Betrieb.

Bei allen architektonischen, historischen und wehrtechnischen Besonderheiten soll aber eines nicht unerwähnt bleiben: Auf dem Weg hinauf kann man stets die herrliche Aussicht genießen. Am Fuß des Felssporns schließlich befindet sich an der Straße ein malerisches, kleines Ensemble ehemaliger Wirtschaftsgebäude, Gasthof, alte Mühle, Ställe.

Burg Hochosterwitz Mai bis Sept. tägl. 9–18 Uhr, April und Sept. 9–17 Uhr (Einlass bis eine Stunde vor Torschluss), Eintritt 12 €, Kinder 8 €, Studenten 9 €, Senioren 10 €, **Museum** inbegriffen, Führungen sind auf Nachfrage jederzeit möglich. Große kostenlose *Parkplätze* befinden sich an der Straße, dann zu Fuß zur Kassa, der kleine Parkplatz beim Eingang ist im Sommer schnell voll. ✆ 04213-34597, www.burg-hochosterwitz.com.

Schrägbahn Wem der Weg durch die 14 Tore zu weit ist, kann bequem mit diesem steilen Personenaufzug hinauf zur Burg fahren, Fahrt (hoch und runter) 6 €. Geplant ist, die in die Jahre gekommene Schrägbahn durch einen neuen Lift zu ersetzen, der den Aufgang zur Burg barrierefrei machen würde.

Essen & Trinken **Burgrestaurant**, herrlich sitzt man bei schönem Wetter unter schattenspendenden Kastanien im malerischen Burghof – und sei's nur für eine Erfrischung nach dem Aufstieg. Deftige Kärntner Küche mit Kasnudeln, Grillteller, Braten etc. (10–14 €), aber auch etwas für den kleinen Hunger, Salate, Mehlspeisen, Kaffee und Kuchen. ✆ 04213-2020.

Verbindungen **Bahn**: Die *S 1*, die werktags etwa stündl. (So alle 2 Std.) zwischen Klagenfurt und Friesach (via St. Veit) pendelt, hält auch in Launsdorf (etwa 2 km nördlich der Burg). **Bus**: Die *Linie 5375* fährt von St. Veit werktags etwa 7x nach Launsdorf (Haltestelle unterhalb der Burg).

Wanderung 7: Von Hochosterwitz auf den Magdalensberg → S. 408
Highlights auf dem Weg, schöne Wald- und Wiesenwanderung mit Sehenswürdigkeiten (ca. 12 km; ca. 4 Std., leicht bis mittel).

St. Georgen am Längsee

Der Name deutet es an: In ländlicher Abgeschiedenheit liegt eine altehrwürdige Klosteranlage an einem beliebten Badesee.

Als eine Art Stifterboom im 11. Jh. Kärnten mit einem halben Dutzend bald blühender Klöster überzog, machte St. Georgen, kurz nach der Jahrtausendwende als Nonnenstift des Benediktinerordens gegründet, den Anfang. Erhalten ist eine unregelmäßige vierflügelige Anlage, in deren Mitte sich die Stiftskirche erhebt und den Innenbereich in einen größeren Innenhof und den Arkadenhof teilt. Im 17. Jh. erhielt die Anlage durch eine umfangreiche Barockisierung ihre heutige Gestalt. Lediglich die Arkaden im genannten Hof erinnern an die Renaissancegestalt des Klosters. Arkaden flankieren zum Innenhof hin auch die Stiftskirche, die im Inneren etwas kleiner wirkt, als sie von außen erscheint. Die Innenausstattung zeigt sich sehr barock, der prachtvolle Hochaltar ist natürlich dem heiligen Georg geweiht. Heute beleben Hotel, Restaurant und Café, Seminarzentrum und Bildungshaus die altehrwürdigen Gemäuer. Lohnend ist es auch, einen Blick auf die hübschen Stiftsgärten außerhalb der Klostermauern zu werfen und ein wenig zwischen Obstbäumen und in Kräuter- und Arzneigärten zu wandeln.

Stift und Kirche sind ganztägig geöffnet.

Im Stift St. Georgen

Der Längsee, einen Steinwurf vom Stift entfernt, ist ein beliebter Badesee. Nicht allzu groß erwärmt er sich im Frühjahr schnell und kann im Sommer wohlige 27 °C erreichen, worunter die hervorragende Wasserqualität des nährstoffarmen Sees in keiner Weise leidet. Eingebettet in die sanfte Hügellandschaft aus Feldern, Streuobstwiesen und kleinen Wäldern wird der See weitgehend von einem moorigen Schilfgürtel umgeben. Die beliebten Strandbäder des ansonsten nahezu unverbauten Sees liegen am Südufer. Im Winter friert der See regelmäßig zu, dann kommen die Eisläufer und drehen ihre Runden über die Natureisfläche.

Baden **Strandbad Längsee**, mit Liegewiese, Rutsche, Sprungturm, Badesteg und Badeinsel, Sportmöglichkeiten (Beachvolleyball, Tischtennis), Liegen- und Sonnenschirmverleih, auch Bootsverleih (Ruderboot 4,60 €/Std., Tretboot 10 €/Std.), *Gasthaus* und *Café* (✆ 04213-34037). Mai bis Mitte Sept. 9–18 Uhr geöffnet (witterungsabhängig). Erw. 4,20 €, Kinder 2,40 €, Familienkarte 10,50 €. Längseestr. 48, ✆ 04213-2237.

Schlossbad, kleiner als das Gemeindebad nebenan, gehört zum Stift (für Hotelgäste gratis), mit Liegewiese, Badesteg, Bootsverleih (Ruderboot 8 €/Std., Tretboot 10 €/Std.) und *Restaurant/Café*. Geöffnet Mai bis Sept. 8–18 Uhr (wetterbedingt). Erw. 4 €, Kinder 2,20 €, Familienkarte 9 €. Infos über das Stift St. Georgen.

Fischen Im Längsee finden sich ein gutes Dutzend Fische, vor allem Brachsen und Hechte, von denen es heißt, dass sie hier besonders groß werden. Fischereikarten gibt es im **Gemeindeamt St. Georgen** in Launsdorf (Hauptstr. 24, ✆ 04213-41000) oder im **Stift St. Georgen**.

Golf **Jacques-Lemans Golfclub St.Veit-Längsee**, 18-Loch-Platz (par 72) mit Golfschule, Shop und Restaurant. Greenfee 70 €. Unterlatschach 25, 9313 St. Georgen am Längsee, ✆ 04213-4141310, www.golfstveit.at.

Übernachten/Essen **Stift St. Georgen am Längsee**, Fastenurlaub in der Klosterzelle? Aber nicht doch. Die Urlaubstage im Benediktinerstift gestalten sich dann doch etwas angenehmer. Teils großzügige Zimmer und Appartements mit Zirbenholzeinrichtung, manche mit Blick zum See. In der „Klosterküche" kommen regionale Produkte zum Einsatz, großes Restaurant, auch Café, Terrasse mit tollem Blick. Zirbenholzsauna, Strandbad am Längsee (Schlossbad). DZ 130 € bzw. 134 € (mit Seeblick) inkl. Frühstück. Schlossallee 6, 9313 St. Georgen am Längsee, ✆ 04213-2046, www.stift-stgeorgen.at.

Rathhaus im Georgium, mit zwei Gault-Millau-Hauben gekröntes Restaurant gegenüber dem Strandbad, das seinen modern-gemütlichen Landhaus-Charme erst mit Betreten des Gastraumes preisgibt. Mittags kommt man für kleine Snacks, wie die hausgemachten Bratwürstel, oder einen Cocktail an der *Sommerbar* im Garten, am Abend wegen der gehobenen Wirtshauskuchl (Hauptspeisen 10–24 €, 3- bis 6-gängiges Überraschungsmenü 34–64 €). Hausgemachtes landet nicht nur auf dem Teller, sondern wird auch im *Hofladen* verkauft (Leberpastete, eingemachte Eierschwammerl, Marmelade), genau wie die Weine des **Bio-Weinguts Georgium**. Mi–Fr ab 18 Uhr, Sa/So ab 11.30 Uhr, im Aug. tägl. ab 11.30 Uhr; Mai bis Aug. außerdem Sommerbar im Gastgarten ab 14 Uhr. Längseestr. 9, 9313 St. Georgen am Längsee, ✆ 0660-4203018, http://rathhaus.co.at.

Veranstaltungen **Stift St. Georgen am Längsee**, im Bildungshaus werden zahlreiche Kurse, Seminare und Vorträge angeboten, nicht nur religiös-spiritueller Natur, sondern auch zu Themen aus Kunst, Musik, Lebenshilfe oder Gesundheit. Schlossallee 6, 9313 St. Georgen am Längsee, ✆ 04213-2046, www.bildungshaus.at.

Verbindungen **Bahn**: Die *S 1*, die werktags etwa stündl. (So alle 2 Std.) zwischen Klagenfurt und Friesach (via St. Veit) pendelt, hält auch in der Gemeinde (Haltestelle Reipersdorf). **Bus**: Die *Linie 5375* fährt von St. Veit werktags etwa 7x nach St. Georgen am Längsee (Halt auch am Strandbad) und weiter nach Launsdorf (Burg Hochosterwitz).

St. Veit an der Glan

ca. 11.000 Einwohner

Die frühere Hauptstadt des Landes führt heute ein entspanntes Kleinstadtdasein inmitten grüner Hügel und einiger Badeseen. Hauptattraktion ist der beschauliche Hauptplatz in der noch immer weitgehend von einer Stadtmauer umgebenen Altstadt.

Das Städtchen liegt nicht mal 20 km von Wörthersee und Klagenfurt entfernt am Rand des Zollfelds, steht aber touristisch deutlich in deren Schatten. Dabei hat auch St. Veit eine ansehnliche Altstadt mit einigen schönen Ecken zu bieten. Darüber hinaus hat sich die Stadt gerade in den letzten Jahren einen Namen als moderner Industriestandort für erneuerbare Energiegewinnung gemacht, und auch als Veranstaltungsort ist St. Veit keine unbekannte Größe. Zu den beiden Badeseen Längsee und – etwas abgelegener – Hörzendorfer See ist es nur ein Katzensprung. Ebenso nah gelegen sind die Ruine von Burg Frauenstein und das bestens erhaltene Schloss Frauenstein (Privatbesitz) sowie die hoch über St. Veit gelegene, aussichtsreiche Burg Taggenbrunn, wo das Mittelalter in Form von Ritterspielen oder -essen regelmäßig wieder zum Leben erwacht. Zahlreiche Wanderwege durchziehen die Hügel und Felder nördlich von St. Veit, man kann beispielsweise von Burg(-Ruine) zu Burg(-Ruine) wandern. Auch die berühmte Burg Hochosterwitz ist von St. Veit aus schnell erreicht.

St. Veit – der Hauptplatz mit Rathaus

Zollfeld und Gurktal

Der Arkadenhof des Rathauses

Erstmals urkundlich erwähnt wurde St. Veit an der Glan im Jahr 1131, stieg dann unter den Spanheimern bald zum Marktplatz auf (1199) und erhielt durch *Bernhard von Spanheim* 1224 das Stadtrecht. Bis 1518 war St. Veit die Hauptstadt des Landes mit eigener Münzpräge, die sogar bis Anfang des 18. Jh. hier bestand. Über die Jahrhunderte kam die Stadt als Handelsposten zu Wohlstand (u. a. durch den Handel mit Eisen aus Hüttenberg). Ab den 1860er-Jahren wurde St. Veit dann zur Eisenbahnerstadt mit diversen Eisenbahn-Werkstätten. Die Anlagen des Bahnknotenpunktes wurden während des Zweiten Weltkrieges großflächig bombardiert und stark beschädigt.

Basis-Infos

Information Tourist-Information, eher eine Info-Theke direkt am Hauptplatz in der Altstadt, Mo–Fr 9–17 Uhr, Juli/Aug. auch Sa 10–14 Uhr und So 9–13 Uhr geöffnet. Hauptplatz 23, 9300 St. Veit a. d. Glan, ✆ 04212-4660, www.clubsanktveit.at.

Einkaufen Buchhandlung Besold **5**, gut sortierte Buchhandlung am Hauptplatz, auch Regionalia und Karten. Mo–Fr 8.30–18 Uhr, Sa bis 12.30 Uhr geöffnet. Hauptplatz 14. Einkaufspassage ist der glasüberdachte Herzog-Bernard-Platz (geht vom Unteren Platz ab).

Parken Parkplätze gibt es ausreichend, in näherer Umgebung der Altstadt (diese teilweise Fußgängerzone) gebührenpflichtig: von 7–19 Uhr sind die ersten beiden Stunden frei, ab der 3. Stunde 1 €/Std., abends und am Wochenende umsonst, im Parkhaus 1 €/Std., nachts 0,50 €/Std.

Veranstaltungen Trigonale, das Festival der alten Musik findet seit 2003 immer in der zweiten Woche im Sept. statt, Veranstaltungsorte sind der glasüberdachte Rathaus-Innenhof, die Klosterkirche, die Stiftskirche St. Georgen, der Dom in Maria Saal und die Magdalensberger Kirche. Infos und Karten unter ✆ 04223-29079, www.trigonale.com.

St. Veiter Wiesenmarkt, das Volksfest mit eigenem Festgelände am Südrand der Stadt gibt es hier schon seit über 650 Jahren, früher Jahrmarkt, Viehmarkt und Landwirtschaftsschau ist es heute eher Rummelplatz mit Krämerständen und Bierzelten. Ab dem letzten Samstag im Sept. für 10 Tage.

In den Sommermonaten häufig Konzerte in der Herzogburg in der Burggasse, Programm und Tickets unter www.burgkultur.at.

Verbindungen Bahn: Von Klagenfurt kommt die *S 1* werktags etwa stündl. (So alle 2 Std.) nach St. Veit und führt über Althofen weiter bis Friesach. Bus: Die *Linie 5375* fährt werktags etwa 7x nach St. Georgen am Längsee (Halt auch am Strandbad) und nach Launsdorf (Halt am Abzweig Burg Hochosterwitz).

Übernachten/Essen & Trinken

Übernachten **** Blumenhotel **7**, modernes Hotel am westlichen Stadtrand, nebenan die blutrote Blumenhalle (Veranstaltungsort), auch Kongresshotel. 110 Zimmer, Sauna und Fitnessraum im Haus. Kostenloser LAN-Anschluss im Zimmer, im Foyer WLAN. EZ 69–85 €, DZ 89–105 €, Frühstück inkl. Ganzjährig geöffnet. Bürgergasse 7, 9300 St. Veit a. d. Glan, ✆ 04212-33422, www.blumen-hotel.at.

**** **Kunsthotel Fuchspalast** 1, farben- und formenprächtig, die üblichen Sehgewohnheiten störend, auf alle Fälle aber einmalig und nicht zu übersehen ist der Ernst-Fuchs-Palast am Ostrand des Zentrums. „Phantastischer Realismus" wird die Stilform genannt, für die der Ende 2015 verstorbene Wiener Künstler Prof. Ernst Fuchs steht, er hat auch die nach ihm benannte Kapelle der Kirche St. Egid in Klagenfurt ausgemalt. 60 einladende Zimmer (diese dann überwiegend wieder im gewohnten Hotel Standard-Stil), WLAN kostenlos, mit Café und Wellnessbereich. EZ 59 €, DZ 68 €, Frühstück inkl. Auch Seminar- bzw. Kongresshotel. Ganzjährig geöffnet. Prof.-Ernst-Fuchs-Platz 1, 9300 St. Veit/Glan, ✆ 04212-46600, www.hotel-fuchspalast.at.

*** **Hotel Mosser** 2, in einer ruhigen Altstadtgasse gleich beim Hauptplatz, komfortabel-solide Zimmer zu günstigen Preisen. EZ 38–49 €, DZ 70 €, Frühstück inkl., WLAN kostenlos, Parkplätze vorhanden. Das angeschlossene **Restaurant Suppenkasper** bietet unter der Woche ein günstiges 2-Gänge-Mittagsmenü (ca. 8–10 €), auch ansonsten nicht teuer sowie mittags und abends geöffnet. Spitalgasse 6, 9300 St. Veit/Glan, ✆ 04212-3223, www.suppenkasper.at.

Essen & Trinken **Ristorante La Torre** 6, vielfach empfohlenes italienisches Feinschmeckerlokal im Basteiturm der Stadtmauer, Köchin Rosemarie Trabelsi gilt als eine der besten Kärntens (2 Hauben und 16 Gault-Millau-Punkte). Schönes Ambiente mit lauschiger Terrasse, das 4-Gänge-Menü kostet 53 €, 6 Gänge 71 €. Die Weine kommen meist aus Italien, einige auch aus Österreich und starten bei ca. 25 € die Flasche. Unbedingt reservieren! Mittags und abends geöffnet, So und Mo sowie an Feiertagen geschl. Grabenstr. 39, ✆ 04212-39250, www.latorre.at.

Imbiss Für den schnellen Hunger gibt es (u. a.) gute Leberkässemmeln (mit frischem Kren) bei der Fleischerei **Pfandl** am Unteren Platz.

Cafés Wenn die Sonne scheint, stehen Tische und Bänke diverser Cafés und Konditoreien auf dem malerischen Hauptplatz. Guten Kuchen gibt es in der schön altmodischen **Café/Konditorei Holzmann** 4, am Hauptplatz 4.

St. Veiter Wasserspiele: auf dem Hauptplatz und vor dem Fuchspalast

Café Taupe **3**, hier kann man nicht nur Kaffee und guten Kuchen bekommen, es werden auch Brot, Öle, Gewürze etc. verkauft. Mo–Fr 7–19 Uhr, Sa bis 14 Uhr geöffnet, So geschl. Unterer Platz 14, ✆ 04212-30777.

Sehenswertes

Altstadt: Einen **Rundgang** startet man am besten am 200 x 30 m großen, langgezogenen Hauptplatz, der mit seinen harmonischen Barockfassaden ein besonders stimmiges und stimmungsvolles Bild abgibt. Dabei gibt es den Platz hier schon viel länger, die meisten Häuser stammen aus dem Mittelalter, wurden aber im 17. und 18. Jh. erneuert. Ein guter Überblick auf den gesamten Platz bietet sich übrigens vom „Skywalk" im obersten Stock des Stadtmuseums (→ unten). Auf dem Platz selbst fällt sofort die prachtvolle Fassade des *Rathauses* ins Auge: Das Gebäude hinter dieser barocken Opulenz (Mitte 18. Jh.) stammt noch aus dem 15. Jh., um 1540 baute man den dreigeschossigen Renaissance-Arkadenhof, der heute – mit Glasüberdachung – als Veranstaltungsort dient.

Der Brunnen zwischen Rathaus und Stadtmuseum stellt den Minnesänger *Walther von der Vogelweide* mit Harfe in beschwingt-eleganter Pose dar (1676, im Jahr 1960 restauriert), am anderen Ende des Platzes speit auf dem *Schüsselbrunnen* ein bronzener Bergmann Wasser in eine Schüssel – der Brunnen entstand im Jahr 1566, die Schüssel ist dagegen schon römischen Ursprungs. Die spätbarocke *Pestsäule* im Zentrum des langen Hauptplatzes wurde 1715 nach Abwehr der Pest aufgestellt. Ein kleines, aber nicht unwichtiges Denkmal sieht man am Eck des Hauses Nr. 14 (Buchhandlung Besold): die steinerne Statue (Ende 15. Jh.) von St. Veit, dem Namensgeber der Stadt. Der christliche Märtyrer *Vitus* wurde im Jahr 304 unter Diokletian in siedendes Öl geworfen.

Von der Statue sind es nur wenige Schritte zur *Stadtpfarrkirche zum Heiligen Veit*, eine spätromanische Basilika (12./13. Jh.) mit eindrucksvollem Portal. Das Innere ist barock ausgestaltet mit einem Hochaltar von 1752 des St. Veiters Johann Pacher. Der *Karner* (Gebeinhaus) neben der Kirche stammt ebenfalls aus dem 12./13. Jh.

Wendet man sich vom Hauptplatz zum Unteren Platz und dann links, erreicht man bald die noch erhaltene *Herzogburg* aus dem 13. Jh. mit prächtigem Innenhof, einst Sitz der Spanheimer Herzöge (Anfang 16. Jh. ausgebaut). Umgeben ist die gesamte Altstadt noch heute von der 10 m hohen Stadtmauer aus der Zeit um 1500, die man hier als Schutzwall gegen die Türkeneinfälle (u. a. 1473) errichtete, ebenso wie die vier Stadttore und den Wassergraben. Dieser wurde später zugeschüttet, die Stadttore wurden abgerissen, einzig der *Basteiturm* von 1532 an der Nordwestecke (heute Ristorante La Torre) ist noch erhalten. Vom Hauptplatz führt ein netter Spaziergang durch den Rosengarten hierher, auch um die Stadtmauer herum kann man teilweise im Grünen spazieren.

Ein Stück südwestlich der Altstadtmauern lohnen noch das alte *Bürgerspital* und die *Spitalskirche* (beide 14. Jh.) einen Abstecher. Hier befindet sich heute die städtische Musikschule. Nur wenige Schritte sind es weiter zur frühgotischen *Klosterkirche* (Anfang 14. Jh.) der Klarissinnen, in deren Inneren sich ein prachtvoller Barockaltar und eine Barockorgel befinden (Mitte 18. Jh.).

Museum St. Veit: Das Stadtmuseum am Ende des Hauptplatzes zeigt auf viereinhalb Stockwerken nicht nur Dokumente zur Geschichte St. Veits, sondern v. a. auch unzählige Ausstellungsstücke zum Thema Eisenbahn – St. Veit war ein wichtiger Eisenbahnerstandort. Die Geschichte der Eisenbahn in Österreich und besonders hier in der Stadt wird illustriert durch zahlreiche Eisenbahner-Uniformen und Schaltanlagen. Im zweiten Stock warten mehrere Modelleisenbahnen und ein Fahrsimulator (12–14 Uhr kein Betrieb) sowie Themenräume zur österreichischen Gendarmerie und zum Telegrafenwesen u. a. mit einem öffentlichen Münzfernsprecher aus grauer Vorzeit (Einwurf: ein Schilling, Aschenbecher vorhanden). Im dritten Stock und dem Halbgeschoss darüber wird man in Sachen Stadtgeschichte fündig, es wird auch ein Film gezeigt und aus der Box tönt das „neue Kärntnerlied" des St. Veiter Kreises. Ganz oben kann man auf den kleinen „Skywalk" hinaustreten und den Ausblick auf den Hauptplatz genießen. Der Hof im Erdgeschoss ist ebenfalls der Stadtgeschichte gewidmet: mittelalterliche Grabplatten und römische Grabfragmente aus Virunum und St. Veit, außerdem Grenzsteine des Burgfrieds.

Juli/Aug. tägl. 9–18 Uhr, April bis Juni und Sept./Okt. Mo und Do–So 9–12 und 14–18 Uhr, im Winter geschl. Eintritt 7 €, Schüler ab 14 J. 5 €, Kinder 6–14 J. 3,50 €, Familienkarte 14 €. Hauptplatz 29, ✆ 04212-555564, www.museum-stveit.at.

Hörzendorfer See

Der überwiegend naturbelassene kleine See mit Strandbad liegt nur 5 km von St. Veit entfernt und ist ein beliebtes Naherholungsgebiet. Das Wasser ist angenehm warm, die Liegewiese liegt aber leider recht nah an der Straße. Der See ist auch bei Anglern beliebt. Im Winter kann man hier bestens Schlittschuhlaufen, da der See in der Regel zugefroren ist.

Baden Strandbad mit Kiosk, Eintritt 1,50 €, Kinder 6–14 J. 1 € (nur Juni bis Sept.). Essen kann man auch im **Gasthof Seefriede** gegenüber an der Straße.

Anfahrt Von St. Veit Richtung Feldkirchen, dann gleich links ab zum „Erholungsgebiet Hörzendorfer See", durch Hörzendorf durch, ca. 5 km von St. Veit.

Althofen – Kirche St. Thomas von Canterbury

Althofen

3400 Einwohner

Wie gemalt thront die Altstadt auf einer Anhöhe. Die elegante Stadtpfarrkirche und der wuchtige mittelalterliche Bergfried markieren die Eckpunkte der markanten Silhouette. Dazwischen zieht sich das historische Zentrum über den lang gestreckten Bergrücken.

Bereits im keltischen Noricum war die Gegend um Althofen besiedelt. Über Zollfeld und Krappfeld und weiter durch das Metnitztal führte eine Römerstraße und im Mittelalter eine gut frequentierte Handelsroute. Seit jeher mündete hier die von Hüttenberg kommende Eisenstraße ein und machte Althofen zum Umschlagplatz für das Hüttendorfer Eisen. So entwickelte sich bereits im Mittelalter ein bedeutender Marktflecken. Im 10. Jh. ging der Ort samt Krappfeld an das Bistum Salzburg, dessen Landeshoheit bis 1536 bestehen blieb. Früh zeigte sich die Zweigesichtigkeit des Ortes. Eine Burganlage auf dem Kamm ist bereits im 10. Jh. belegt. In der Flussniederung, dem heutigen Ortsteil Treibach, schlug das wirtschaftliche Herz: zuerst als Stapelplatz, seit dem 17. Jh. als blühendes Zentrum der Eisenproduktion und nach dem Niedergang der Eisenindustrie im 19. Jh. als Forschungslabor und Fabrik des umtriebigen Forschers und Unternehmers *Carl Auer von Welsbach*.

Es lohnt sich ein Altstadtspaziergang entlang der zahlreichen sehenswerten historischen Gebäude. Am südlichen Ende des Bergkamms erhebt sich oberhalb eines kleinen Parks der *Annenturm* (13. Jh.), einstmals stattlicher Bergfried der mittelalterlichen Stadtbefestigung. Die Mitte des Unteren Marktes bildet der Salzburger Platz, auf dem eine Pestsäule an eine verheerende Epidemie im 17. Jh. und der Knappenbrunnen, wegen der grimmigen Zwergfiguren auch *Gnomenbrunnen* genannt, an die Montangeschichte des Orts erinnern. Hier gibt es auch das erste Highlight Althofens zu sehen, das *Riederhaus*: Die Fassade des Renaissancebaus zieren außergewöhnliche Sgraffitodarstellungen: Kunstvoll in den Putz gekratzt inspirieren oben die Musen, während unten Herkules seine Heldentaten vollbringt.

Mehr Licht! – Carl Auer von Welsbach

Campinglampe, Feuerzeug, Metallfadenlampe, die Firma Osram, vier Elemente – ein halbes Dutzend Forscher-, Erfinder-, Chemiker- und Unternehmerleben ließe sich füllen mit dem Lebenswerk dieses Genies. *Carl Auer von Welsbach* wurde am 1.9.1858 in Wien geboren. Er studierte zuerst in Wien, dann in Heidelberg, wo ihn der berühmte Professor *Robert W. Bunsen* in die Untersuchung der Seltenen Erden und der Spektralanalyse einführte. Wovon so mancher Student der Chemie träumt, gelang Carl Auer von Welsbach im ersten Anlauf: Aus der Beobachtung des Strahlungsverhaltens Seltener Erden entwickelte er 1885 den Glühstrumpf – klingt heute vielleicht lustig, ist aber phänomenal: Das Auerlicht, ein auf dem Glühstrumpf basierendes Gasglühlicht, leuchtete bei geringerem Energieverbrauch deutlich heller als bis dato verwendete Gaslichter. In gewisser Weise die erste Energiesparlampe. Auer von Welsbach begann seine Erfindung zu produzieren und das Auerlicht eroberte die ganze Welt: die Straßen der Großstädte und die Waggons der Eisenbahnen, Bürogebäude und Wohnhäuser, Fabrikhallen und Ballsäle – die Welt wurde hell und Auer von Welsbach weltberühmt und steinreich.

Etwa zu dieser Zeit zog Auer von Welsbach nach Kärnten, kaufte sich in der Nähe von Althofen ein Anwesen und richtete in einem stillgelegten Eisenwerk in Treibach ein Forschungslabor ein. Früh wandte sich der unermüdliche Forscher auch dem elektrischen Licht zu, das in Konkurrenz zur Gasbeleuchtung trat. Statt das Konkurrenzprodukt zu ignorieren oder zu diskreditieren, wie es in der Geschichte der Technik häufig vorgekommen ist, handelte Auer von Welsbach: Er machte das Konkurrenzprodukt einfach besser. Wieder gelang ihm sowohl ein entscheidender Entwicklungsschritt in der Lichttechnik als auch das Erreichen der Produktionsreife einer effizienteren Lichtquelle. Er ersetzte Edisons anfälligen und ineffizienten Kohlefaden durch Osmium (später Wolfram) und entwickelte die Metallfadenglühlampe (Patent 1898). In seinem Werk in Treibach ließ er Glühfäden produzieren und gründete bald darauf eine Firma: Osram. Auch wenn das elektrische Licht die Gasbeleuchtung und die Energiesparlampe die Glühbirne ersetzt haben, das Auerlicht brennt noch immer: Jede Campinglampe spendet dank eines Glühstrumpfs Licht und die Firma Osram ist heute der weltweit führende Hersteller von Leuchtmitteln.

Unterdes gelang Auer von Welsbach eine weitere bahnbrechende Erfindung, indem er eine Legierung aus Eisen und dem Seltenerdmetall Cer herstellte. Auch wenn vielleicht die wenigsten den Begriff *Cereisen* kennen werden, weiß wohl jeder, was ein Zündstein ist. Das Feuerzeug ist eine weitere, bis zur Produktionsreife geführte Erfindung des unermüdlichen Forschers.

Und damit nicht genug: Im Laufe seiner Karriere ergänzte er auch das Periodensystem um vier Elemente, indem er 1885 Praeeodym (Pr, 59) und Neodym (Nd, 60) aus der Seltenen Erde Didym isolierte und 1907 Ytterbium (Yb, 70) und Lutetium (Lu, 71) trennte. Auch in seiner Freizeit war Auer von Welsbach produktiv: Er nahm frühe Tonaufnahmen mit Edisons Phonographen auf (1900), knipste das erste Farbfoto Österreichs (1908) und veredelte Rosen und Obstbäume.

Auer von Welsbach starb am 4.8.1929 in seiner Wahlheimat Kärnten. Sollte ein Wappenspruch tatsächlich einem Lebensmotto entsprechen, ist Auer von Welsbach dem seinen mehr als gerecht geworden. Auf seinem Wappen steht *Plus Lucis* – Mehr Licht.

Herkulestat: Sgraffito in Althofen

Ein Rundweg über die Keltenstraße führt unterhalb von Kirche und Schloss an schönen Gärten vorbei zur *Fronfeste*, der Alten Burg (Privatbesitz). Über die Burgstraße gelangt man zum Oberen Markt. Hier befinden sich die beiden wichtigsten Sehenswürdigkeiten von Althofen: das *Auer-von-Welsbach-Museum* und – am höchsten Punkt des Ortes – die *Kirche St. Thomas v. Canterbury*. Nebenan erhebt sich das schmucke, im Kern gotische *Neue Schloss* (ebenfalls Privatbesitz), dessen heutige Form weitgehend im 16. Jh. entstanden ist. Vorbei an diversen anderen historischen Gebäuden gelangt man über die Burgstraße zurück zum Salzburger Markt.

Kirche St. Thomas von Canterbury: Die hübsche Pfarrkirche von Althofen ist dem charakterfesten Thomas Becket geweiht. Einer älteren Kirche (Modestuskapelle, 1307 erwähnt, heute wahrscheinlich der Kern der Sakristei) wurde um 1400 die heutige Kirche angefügt. Daneben erhebt sich der gotische Turm. Im Inneren schließt an das Langschiff ein lichtdurchfluteter Chor an, im Westen steht eine Empore, deren Säulen in ein niedriges Rippengewölbe übergehen. Die weitgehend neogotische Ausstattung fügt sich in ein harmonisches Gesamtbild ein.

Auer-von-Welsbach-Museum: eine sehenswerte und hochinformative Ausstellung. Die Exponate sind so zahl- und abwechslungsreich wie das Lebenswerk des genialen Forschers und Unternehmers, in das man dank flankierender Erläuterungen einen interessanten und tiefgründigen Einblick erhält. Den Anfang machen persönliche Gegenstände, darunter Zwicker und Flachmann, Fotoalben und eine Vitrine, in der Auer von Welsbachs Schaffen in seiner heutigen Anwendung – von der Campinggaslampe bis zum Elektromotor – zu sehen ist. Nach Werken aus Bunsens Bibliothek, die Auer von Welsbach nach dem Tod seines Lehrers erworben hatte, und der unumgänglichen Chemievitrine gelangt man in die Abteilung Leuchtmittel: Anschaulich wird die Entwicklung des „Auer-Lichts" (Gasglühlicht, 1885) – Auer von Welsbachs Mutter hatte den ersten Glühstrumpf gestrickt – bis zur fertigen Gasglühlampe dargestellt. Gleiches gilt für die Erfindung der Metallfadenlampe. Ausgestellt sind u. a. der älteste Auerstrumpf und die erste selbst gefertigte Metallfadenlampe. Eine weitere Sektion widmet sich der Erfindung des Zündsteins und der Geschichte des Feuerzeugs. Abschließend ist im letzten Raum ein mit originalen Exponaten ausgestattetes Laboratorium des genialen Lichtpioniers nachgestellt (mit zusammenfassendem Audiokommentar).

Mai bis Okt. tägl. 10–17 Uhr, Mo geschl. Eintritt 4 €, Jugendliche 10–16 J. 2,50 €, mit Führung (nach Voranmeldung) 5 € bzw. 3 €. Burgstr. 8, 9330 Althofen, ✆ 04262-4335, www.auer-von-welsbach-museum.at.

Übernachten/Essen »» Unser Tipp: **Prechtlhof**, sehr angenehmes Hotel mit gelber Fassade am Rand des historischen Ortskerns. Schöne gemütliche Zimmer im Hotel, etwas günstigere Zimmer gibt es im nahegelegenen Gästehaus. Besonders romantisch und exklusiv residiert man im Baumhaus, das sich im Wipfel einer Linde befindet. Sehr netter, zuvorkommender Service. Tolles Frühstück mit einem halben Dutzend selbstgemachter Marmeladen. Das Essen im *Restaurant*, unaufgeregte Gasthausatmosphäre, ist sehr gut und für das Gebotene nicht teuer, serviert wird feine Kärntner Küche, die Zutaten kommen aus der Umgebung, das Wild aus der eigenen Jagd. Im Haus gibt es auch eine finnische Sauna und ein Dampfbad. EZ 71–77 €, DZ 132–142 €, inkl. Frühstück, HP möglich, Baumhaus 350 €, Hund 6 €. Schobitzstr. 1, 9330 Althofen, ✆ 04262-26140, www.prechtlhof.com. ««

Bachler, ausgezeichnetes Restaurant in einer schönen ockerfarbenen Villa. In der haubengekrönten und hoch gelobten Küche Gottfried Bachlers werden ausgewiesene Bioprodukte aus der Umgebung zu verfeinerter Kärntner Küche verarbeitet, kreativ traditionsverbunden, bodenständig elegant. Natürlich passen sich die kulinarischen Genüsse den Jahreszeiten an. Bei der Orientierung im überwältigenden Weinangebot hilft Sommelière Ingrid Bachler. Berühmt auch die Käsevariationen zum Abschluss. Hauptgerichte ab 17 €, Traditionsmenü um 30 €, Degustationsmenü 46 € (4 Gänge), 56 € (5 Gänge). Schöner Garten, stilvoll eingerichteter Gastraum. Im unteren Ortsteil von Althofen gelegen (unweit des Kreisverkehrs). Geöffnet Di–Sa 10–24 Uhr, So 10–16 Uhr, Mo Ruhetag. Silberegger Str. 1, ✆ 04262-3835, www.bachler.co.at. ■

Essen/Bier außerhalb Nur knapp 6 km nördlich von Althofen an der Straße nach Friesach (und kurz nach der Abzweigung ins Gurktal) liegt der kleine Ort Hirt, aus dem ein kärntenweit bekanntes, gutes Bier kommt. Die Privatbrauerei mit angeschlossener Gaststätte befindet sich unübersehbar an der Durchgangsstraße. Im beliebten **Hirter Braukeller** kann man in urigem Ambiente mit mehreren Gasträumen und Biergarten günstig essen (2-Gänge-Tagesmenüs zu 9–10 €) und/oder sich mit ein paar Flaschen Bier (der insgesamt 14 Sorten) eindecken, der Verkaufsraum der Brauerei befindet sich direkt hinter dem Gasthaus. Falls gerade eine Gruppenführung stattfindet, können sich Einzelpersonen anschließen (vorher anrufen: ✆ 04268-20500). Braukeller tägl. 9–24 Uhr geöffnet, warme Küche 10–22 Uhr, kein Ruhetag. Hirt 2, ✆ 04268-205045, www.hirterbier.at.

Verbindungen **Bahn**: Von Klagenfurt kommt die *S 1* werktags etwa stündl. (So alle 2 Std.) über St. Veit nach Althofen (Bahnhof Treibach-Althofen, unten im Tal) und fährt weiter bis Friesach. **Bus**: Von Althofen aus fährt die *Linie 5377* etwa 5x tägl. durch das Gurktal, an Schultagen öfter, die *Linie 5394* 7x nach Guttaring (So 5x), 3x tägl. weiter bis Hüttenberg.

Guttaring

ca. 900 Einwohner

Das hübsche kleine Dorf liegt in einer zum Krappfeld hin offenen Senke, von der aus man bequem ins benachbarte Görtschitztal wechseln kann. Über Jahrhunderte hinweg führte die historische Eisenstraße, auf der das begehrte Metall von Hüttenberg nach Althofen verbracht wurde, durch Guttaring. Die Pfarrkirche **St. Rupert** ist im Kern romanisch und wurde im gotischen Stil erweitert. Bedeutender aber ist die Wallfahrtskirche **Maria Hilf ob Guttaring**, die sich weithin sichtbar auf einem nahen Hügelrücken erhebt. Bedeutend ist sie, weil sie eine der seltenen barocken Bauten in Kärnten darstellt, errichtet im frühen 18. Jh. Wer weder ein Pilger noch ein Kunsthistoriker ist und Maria Hilf dennoch besucht, genießt von der Anhöhe vor allem den tollen Rundblick auf Guttaring und Althofen, über das Krappfeld und die umliegenden Berge.

Wallfahrtskirche Maria Hilf Von Guttaring Richtung Mösel, nach etwa 2 km rechts ab und nochmals 2,5 km auf schmaler Straße hinauf. Von Guttaring führt auch ein Wanderweg hinauf. Unterhalb der Kirche liegt der **Gasthof Lindenwirt** (im Sommer tägl. geöffnet, ✆ 04262-8241) mit großer Terrasse.

Übernachten/Essen **Gasthof Moser**, der traditionsreiche, freundliche Familienbetrieb schafft mühelos den Spagat zwischen gutem Restaurant mit gehobenem Anspruch und uriger Dorfwirtschaft. In der Küche werden Produkte aus der eigenen Landwirtschaft oder von hiesigen Bauern dem saisonalen Angebot folgend zu schmackhaften Kärntner Gerichten verarbeitet (leicht gehobenes, aber angemessenes Preisniveau). Vorne schattiger Gastgarten (auch Cafébetrieb). Es werden auch großzügig geschnittene Zimmer angeboten. DZ 99–124 € mit Frühstück. Für Hausgäste Sauna, Dampfbad, Fahrradverleih und hinten ein schattiger Garten mit Pool. Tägl. und ganztägig geöffnet, nur Di und So abends geschl. Unterer Markt 17, 9334 Guttaring, ✆ 04262-8112, www.mosergasthof.at. ■

Gurktal und Metnitztal

In weitem Bogen zieht sich das breite Gurktal durch die bewaldeten Berge. Dem Lauf der Gurk folgen seit jeher zahllose Pilger, das Ziel im malerischen Talgrund für viele Kilometer vor Augen: den *Gurker Dom*, Kärntens bedeutendsten Sakralbau. Nähert sich der Pilger von Althofen aus, wandert er ein Stück des Wegs im Schatten einer mächtigen Bischofsburg, der *Straßburg*. Ein Stück hinter dem kleinen Ort *Weitensfeld* führt eine Straße ins benachbarte *Metnitztal*. Sollte sich ein Pilger in das einsame Tal verirren, wird er in der namensgebenden Ortschaft an seine letzte Reise erinnert werden: Um den Karner der Metnitzer Kirche legt sich ein berühmtes Bilderfries, der *Metnitzer Totentanz*.

Kulinarische Spezialität ist der Gurktaler luftgeselchte Speck. Gefeiert wird die zünftige Köstlichkeit beim Gurktaler Speckkirchtag in Weitensfeld, www.luftgeselchter.at.

Straßburg

ca. 1200 Einwohner

Erhaben thront über dem Gurktal das mächtige *Schloss Straßburg*. Im 12. Jh. als Residenz der Gurker Bischöfe errichtet sollte der Bau von Anfang an gleichermaßen wehrhaft und repräsentativ sein. Über die Jahrhunderte mehrfach aus- und umgebaut wurde die Bischofsburg im 17. Jh. zu dem wehrhaften Prachtschloss vollendet, das man heute besichtigen kann (Tafeln informieren über die Baugeschichte). Zu den ältesten Gemäuern gehört der Bergfried, der sog. Faulturm im Vorhof. Durch das Hauptportal betritt man den herrlichen Arkadenhof und mit einem Schritt wandelt sich der Eindruck von trutziger Wucht zu erhabener Eleganz.

Die Bischöfe sind längst ausgezogen. Heute beherbergt das Schloss ein freundliches Restaurant/Café und Ausstellungen: die *Volkskundliche Sammlung*, die sich der ehemaligen bäuerlichen Lebenswirklichkeit von der Tracht über Werkzeuge bis zum Hausrat widmet. Angeschlossen sind eine umfangreiche Pfeifensammlung, eine Dauerausstellung über Stickereien sowie wechselnde Ausstellungen.

Volkskundliche Sammlung: Mai bis Sept. tägl. 10–18 Uhr. Eintritt 6 €, Kinder bis 6 J. frei. *Anfahrt*: Eine beschilderte Zufahrt führt bis knapp unter das Schloss (hier Parkplätze).

Im kleinen Städtchen Straßburg zu Füßen der prächtigen Burg erstreckt sich ein kompaktes Zentrum um Haupt- und Kirchplatz. Seltsam zurückgesetzt erhebt sich die spätgotische Stadtpfarre *St. Nikolai* mit vornehmlich barocker Innenausstattung. Am Stadtrand (im Ortteil Lieding) steht die im Kern romanische *St. Margaretha* mit Karner und Totenleuchte, die als älteste Kirche des Gurktals gilt.

Übernachten/Essen **Schlossrestaurant Straßburg**, eine bevorzugte Lage: das Restaurant liegt im beeindruckenden Straßburger Schloss. Sehr freundlich geführt. Innen sitzt man in der gemütlichen Gaststube, außen auf der schönen Terrasse. Saisonale

Angebote, ganztägig warme Küche, nachmittags auch Kaffee und hausgemachte Mehlspeisen. Zuletzt tägl. 10–18 Uhr geöffnet, Mo Ruhetag. Schlossweg 6, 9341 Straßburg, ✆ 04266-27197, www.schlossrestaurant-strassburg.at.

Das Herrenhaus, liegt mitten in dem kleinen Städtchen am Hauptplatz und etwas zurückgesetzt von der Landstraße. Gutbürgerliche Küche, viel Wild, schlichte Wirtsstube. Einfaches Hotel, das Interieur ist etwas in die Jahre gekommen. Hinter dem Herrenhaus liegt ein Garten mit kleinem runden Pool und ungewöhnlicher Nähe zur Frontseite der Kirche. Ende April bis Okt. geöffnet. DZ 82 € mit Frühstück. Hauptplatz 3, 9341 Straßburg, ✆ 04266-2251, www.das herrenhaus.at.

Gurk

ca. 900 Einwohner

Der Dom zu Gurk ist die bedeutendste Kirche Kärntens und einer der wichtigsten romanischen Sakralbauten ganz Österreichs, gestiftet von Kärntens Landesmutter, Hemma von Gurk.

Der Ort Gurk (der Name rührt übrigens vom „gurgelnden" Fluss her) wird ausschließlich von seinem übermächtigen Dom bestimmt, dessen Türme im beschaulich grünen Tal schon von Weitem auszumachen sind. Drumherum gruppieren sich Cafés und Restaurants, nordwestlich davon schließt das große Kloster an und für quengelige Kinder und genervte Jugendliche kamen in jüngerer Zeit Zwergenpark und Hochseilgarten hinzu.

Ein Frauenkloster mit Marienkirche in Gurk wurde im Jahr 1043 von der steinreichen, verwitweten Gräfin Hemma gestiftet, die bis zu ihrem Tod 1045 hier auch als Nonne lebte (Näheres zu *Hemma von Gurk* → S. 56). Den Rest ihres Vermögens vermachte sie der Kirche, doch sollte es noch fast 100 Jahre dauern, bis um 1140 unter Bischof Roman I. mit dem Bau des Doms begonnen wurde, obwohl man schon 1074

Die Fresken im Gurker Dom

von Salzburg aus den ersten Bischof von Gurk eingesetzt hatte. Man geht davon aus, dass sich an Stelle des späteren Doms zuvor ein römisches Heiligtum befand.

Im Jahr 1174 war die Krypta fertiggestellt, in der sogleich die Gebeine Hemmas beigesetzt wurden. Um 1200 wurde der Hochaltar geweiht, Teile der Ausstattung und weitere Gebäude kamen erst im 13. Jh. dazu. Es folgten in den kommenden Jahrhunderten einige An- und Umbauten, am auffälligsten die barocke Behelmung der Türme aus dem Jahr 1678. Barock sind auch Teile der Innenausstattung, Älteres wurde zumeist durch Brände zerstört. Das Äußere präsentiert sich jedoch schlicht-romanisch aus dem 12. Jh. Als 1787 Bischof und Domkapitel nach Klagenfurt übersiedelten, kam das für Gurk einer Degradierung gleich. Ein Brand im Jahr 1808 zerstörte das Dach und Teile des Inneren. Dann wurde Gurk zwischenzeitlich an das Bistum Salzburg verkauft (das immerhin fleißig renovieren ließ), von 1932 bis 2008 wurde das Stift vom Salvatorianerorden bewohnt. Neue Attraktivität erfuhr der Dom schließlich mit der Heiligsprechung von Hemma im Jahr 1938, und 50 Jahre später kam sogar Papst Johannes Paul II. hierher.

Mit dem Umzug des Klagenfurter Diözesanmuseums im Sommer 2013 in die Räumlichkeiten des Probsteihofes entstand die sog. **Schatzkammer Gurk**, eine weitere Attraktion. Durch zehn Türen betritt der Besucher vom Hof aus die äußerst gelungen renovierten Gewölbe, wo die Kostbarkeiten religiöser Kunst mit viel Holz und toller Beleuchtung perfekt in Szene gesetzt werden. Höhepunkte der Ausstellung sind die Magdalenenscheibe aus Weitensfeld, eine Glasmalerei aus dem 12. Jh., oder das Hölleiner Kruzifixus.

Rundgang: Der dreischiffige Dom wird von einem Friedhof mit Wehrmauer umgeben, davor steht eine Kreuzigungsgruppe von 1612. Noch vor Betreten des monumentalen Innenraums (66 x 23 m) mit Netzrippengewölbe (16. Jh.) sollte man seine Aufmerksamkeit dem Vorraum schenken: Die gotischen Fresken aus der Zeit um 1340 stellen alttestamentarische (links) und neutestamentarische (rechts) Szenen dar, ebenso die Deckenausmalung. Besonders sehenswert sind auch die gotischen Glasfenster aus der gleichen Zeit. Das prächtige romanische Säulenportal stammt dagegen aus der Zeit um 1200, den Gründungstagen des Doms, die Reliefdarstellungen auf der Tür von 1220.

Im Inneren des Gotteshauses fällt der Blick sofort auf den alles dominierenden Hochaltar. Auf dem Weg dorthin passiert man zunächst die **Kanzel** (1740) auf der rechten Seite des Mittelschiffs, recht drastisch wird hier die Haltung zum Protestantismus kundgetan. In der Mitte vor dem Hochaltar befindet sich der **Pietàaltar** (Lettneraltar) mit mächtiger, aus Blei gegossener Pietà (um 1740) von *Georg Raffael Donner*, darüber ein hölzernes Kreuz. Der **Hochaltar** mit einer Höhe von etwa 15 m und einer Breite von über 7 m füllt die Apsis im Prinzip aus, das Ganze in purem Gold, im Zentrum Maria mit Strahlenkranz, umgeben von 72 Statuen und 80 Köpfen. Gefertigt wurde er 1626–1632 vom sächsischen Bildhauer *Michael Hönel* (von ihm stammt auch der Herkules am Lindwurmbrunnen in Klagenfurt). Der Altartisch mit – für diese Gegend ungewöhnlichen – Kosmatenarbeiten wird auf die Erbauungszeit des Doms datiert. Hinter dem Hochaltar sind in einem abgeschlossenen Raum Renaissance-Fresken zu sehen (nur im Rahmen einer Führung).

Auch die Seitenschiffe des Gurker Doms sind voller Fresken, z. B. das **Marientodfresko** (Ende 14. Jh.) relativ weit vorne im linken Seitenschiff und das romanische **Relief** mit Samsons Kampf gegen den Löwen (um 1220) ein Stück weiter. In beiden Seitenschiffen sind auf insgesamt sechs geschnitzten **Holzreliefs** (um 1515) Szenen aus dem Leben Hemmas dargestellt.

Detailreich – das Portal des Gurker Doms

Höhepunkt der Besichtigung ist die **Krypta** (1174) unter dem Hauptaltar. Hier befinden sich in stimmungsvollem Rahmen 100 Marmorsäulen. Das Hemmagrab befindet sich auf der rechten Seite unter einem kunstvollen Barockaltar von 1765 aus Carrara-Marmor (man beachte die verschleierte Figur rechts der *Glaube*). Darunter ruht in einem Marmorsarkophag die Heilige Hemma. Wer sich auf den **Hemmastuhl** in der Ecke setzt, bekommt einen Wunsch erfüllt, so der Volksglaube.

Tipp: Nur im Rahmen einer Führung zugänglich ist die **Bischofskapelle** auf der Westempore (über Wendeltreppe durch den rechten Kirchturm zu erreichen) mit ihren teilweise noch gut erhaltenen Fresken von 1264. Ebenso nur im Rahmen einer Führung ist die Besichtigung des **Fastentuchs** (1458 von Konrad von Friesach) möglich, es handelt sich um das größte und eines der ältesten in ganz Österreich. Lohnend!

Dom Dom und Domladen tägl. 9–17 Uhr, im Juli/Aug. bis 18 Uhr geöffnet. Führungen in Dom und Krypta 11 und 14.30 Uhr, Dauer ca. 45 Min., 5 €; mit Bischofskapelle und Fastentuch 90 Min., 9 € (wird an die Dom-/Kryptaführung angehängt); im Winter eingeschränkt. Im Domladen erhält man auch einen sehr ausführlichen Domführer. Domplatz 11, ✆ 04266-823613, www.dom-zu-gurk.at.

Schatzkammer Das neu gestaltete Diözesanmuseum öffnet von Mai bis Okt. tägl. 10–18 Uhr, im Winterhalbjahr nach Voranmeldung, Eintritt 6 €.

Übernachten Im **Jugend- und Pilgergästehaus** des Stifts sind auch Familien und Individualreisende willkommen. Die Ausstattung der Zimmer fällt ganz unterschiedlich aus, vom Etagen- bis zum Jugendstil-Bett. Der Stiftsgarten bietet Raum für Besinnung oder zum Austesten der eigenen Grenzen im Hochseilgarten (auf Anfrage). EZ 28,70–41,70 €, DZ 59,40–69,40 €, jeweils mit Frühstück, Mehrbettzimmer bzw. Zimmer mit Etagen-WC/-Dusche deutlich günstiger. Anmeldung im Domladen oder unter ✆ 04266-82360.

Verbindungen **Bus**: Von Althofen aus fährt die Linie 5377 etwa 5x tägl. durch das Gurktal mit Halt in Gurk, an Schultagen öfter.

Weitensfeld

ca. 600 Einwohner

Eingebettet in eine Schleife der Gurk ist das kleine Dorf vor allem aufgrund zweier Veranstaltungen berühmt: dem *Kranzelreiten* und den *Karl-May-Festspielen*. Wie sich Winnetou ins Gurktal verirrt hat, wissen wir nicht – doch das Weitensfelder Kranzelreiten gehört zu den ältesten Brauchtumsrit(t)en Kärntens. Der Sieger des traditionsreichen Wettlaufes (zu Fuß und zu Pferd) erhält den Kuss einer Jungfrau. Die allerdings ist aus Stein und steht recht fesch auf dem Markt herum. Zum Kranzelreiten wird die Statue festlich in ein weißes Kleid mit roter Schärpe gewandet.

Essen & Trinken **Gurktalerhof**, freundlicher Familienbetrieb am Markt in Weitensfeld. Bodenständige Landhauskost und „Naturküche" unter Verwendung saisonaler und regionaler Produkte, heißt z. B. Specknudeln mit Gurktaler Speck oder Dinkel-Käsenudeln, auch Pizza aus dem Steinofen. Mittags und abends warme Küche, Mo Ruhetag. Marktplatz 9, 9344 Weitensfeld im Gurktal, ✆ 04265-7461, www.gurktalerhof.at.

Veranstaltungen **Gurktaler Speckkirchtag**, das herzhafte Volksfest rund um den Gurktaler luftgeselchten Speck ist Anfang Mai, www.luftgeselchter.at.

Weitensfelder Kranzelreiten, der Wettstreit findet an den Pfingstfeiertagen statt, www.weitensfelder-kranzelreiten.at.

Karl-May-Festspiele, Wild West im Gurktal: Die spektakulären Open-Air-Aufführungen rund um die Abenteuer von Winnetou und Old Shatterhand finden Mitte Juli bis Ende Aug. Fr, Sa und So statt. Erw. 20–24 €, Kinder 12–14 €, Familienticket 40–60 €. Die Naturarena ist von Weitensfeld aus beschildert. ✆ 0699-10901023, www.karlmayfestspiele.at.

Die Seitentäler im hinteren Gurktal

Knapp 5 km hinter Weitensfeld zweigt nach Norden das *Glödnitztal* ab. Aus dem Glödnitztal (auf etwa 750 m) hinaus führt eine Straße hinauf zur *Flattnizer Höhe* (etwa 1400 m). Hier teilt sich die Straße. Über die abgelegene Hochebene mit dem Weiler **Flattnitz** und dem kleinen, auch *Hemmasee* genannten *Flattnitzer See* gelangt man ins steirische Murtal. Etwas oberhalb von Flattnitz liegt das unter Naturschutz stehende ursprüngliche *Flattnitzbach-Hochmoor*. Die andere Straße führt hinüber ins Metnitztal.

Das nächste Seitental des Gurktals führt nach **Deutsch-Griffen** (400 Einwohner). In gewisser Weise liegt der Ort mitten in den Gurktaler Alpen und ist doch denkbar abgelegen. Über Deutsch-Griffen thront die *Pfarrkirche St. Jakobus d. Ä.* Zu der gotischen Wehrkirche mit dem beistehenden Karner führt eine eigenwillige, überdachte Stiege den Hügel hinauf. Im Innern der Kirche haben sich bemerkenswerte gotische Fresken erhalten. Im Pfarrstadel unterhalb der Kirche (gegenüber Moserwirt) befindet sich das ehrenamtlich geführte *Krippenmuseum*.

Die Kirche **St. Jakobus** ist meist verschlossen, den Schlüssel gibt's beim Moserwirt.

Die Ausstellung im **Krippenmuseum** ist ganzjährig zugänglich, Krippenbau- und Holzschnitzkurse während der Sommersaison, im Advent Lesungen; Infos bei Herrn Krassnitzer, ✆ 0676-3838715.

Essen & Trinken **Moserwirt**, freundlicher Landgasthof am Fuß des Kirchhügels direkt neben dem Anfang der Stiege zur Kirche. Bodenständige Kärntner Gerichte, auch Jausen, mittags und abends warme Küche, Gastgarten, Di Ruhetag. 13 solide Zimmer, darunter auch Mehrbett- und Familienzimmer. EZ 30 €, DZ 52 € mit Frühstück, fast alle Zimmer mit Balkon, Hunde willkommen. 9572 Deutsch-Griffen 9, ✆ 04279-3560, www.sirnitz.at/moserwirt.

Nach nochmals 5 km weiter im Gurktal (von der Abzweigung nach Deutsch-Griffen) erreicht man **Schloss Albeck**. Einstmals gehörten das Land und die Burg aus dem 10. Jh. *Hemma von Gurk*, die alles ihrem Nonnenkloster vermachte. Die Burg wurde im 17. Jh. zum Steinbruch, abgetragen und als barockes Schloss wieder aufgebaut. Heute ist das abgelegene Schloss ein bemerkenswertes kulturelles Zentrum mit abwechslungsreichem Angebot. Auch außerhalb der Öffnungszeiten ist der Skulpturenpark auf der Wiese vor dem Schloss zugänglich. Im Rahmen des Internationalen Holzbildhauersymposiums Anfang Juni schaffen Künstler alljährlich neue Figuren und Plastiken aus heimischem Lärchenholz.

Schloss Albeck, unterhaltsam, vielfältig und kreativ: Galerie für wechselnde Ausstellungen moderner und zeitgenössischer Kunst und junger Künstler sowie Bühne für Konzerte von Klassik bis Volksmusik (jeden Sonntag), Schlosstheater (im Aug.), Lesungen und Kabarett.

Im Schloss befindet sich auch ein schönes *Restaurant* mit bodenständigen Gerichten und guter Fischküche (Hauptgericht 10–16 €, Gerichte aus heimischer Bio-Fischzucht 14–15 €). Geöffnet Mi–So 10–21 Uhr (Jan. bis Mitte März geschl.). Schloss Albeck, 9571 Sirnitz, ✆ 04279-303, www.schloss-albeck.at.

Die heilige Hemma im Skulpturengarten von Albeck

Metnitz und das Metnitztal

Einsam und waldreich versteckt sich das malerische Metnitztal in den Gurktaler Alpen. Alte Bauernhöfe liegen verstreut zwischen saftigen Wiesen im schmalen Talgrund. An den Hängen erstrecken sich dichte Wälder. Zentrum des Tals ist **Metnitz** (ca. 550 Einwohner), ein kleines, locker bebautes Dorf, das mit einer kunsthistorischen Besonderheit aufwartet: dem *Metnitzer Totentanz.*

„Der bleiche Tod klopft mit gleichem Fuß an die Hütten der Armen und die Paläste der Reichen“ (Horaz). Hinter der *Pfarrkirche St. Leonhard*, einer frühgotischen Kirche mit reicher barocker Innenausstattung und gotischen Freskenresten (14. Jh.), steht ein gotischer Karner. Das achteckige Beinhaus entstand Anfang des 15. Jh. auf einem achteckigen Grundriss, unterbrochen von einem kleinen Choranbau, und ist mit einem hohen Pyramidendach gedeckt. Soweit nicht ungewöhnlich. Der kunst- und kulturhistorische Schatz – in dieser Form einzigartig in Österreich – ist der über einen Meter breite Bildfries, der sich um das Beinhaus legt. Das wohl um 1500 geschaffene Original des Totentanzes wurde schon 1968 abgetragen und ist gut dokumentiert im benachbarten, neu gestalteten Museum zu sehen. Aber auch die

Dead can dance

Kopie, die sich heute um den Karner zieht, vermittelt einen guten Eindruck vom morbiden Reigen. Über zwei Dutzend Figuren bittet der Tod zum Tanz, darunter kommentiert ein Spruchband das schaurige Geschehen. Alle vier Jahre findet der Totentanz auch in Form eines traditionellen Volksschauspiels statt, aufgeführt von Laienschauspielern und Chören aus Mettnitz (das nächste Mal 27.07.–04.08.2018). Auf Bild oder Bühne – am Ende sind alle gleich. Ob Ritter oder Bauer, Edelfrau oder Magd, Bischof, Fürst, Kaufmann, Bettler, Mönch oder Gelehrter, ob alt oder jung, siech oder gesund, arm oder reich – der letzte Tanz gehört dem Tod. Ergo: *Carpe Diem!*

Totentanzmuseum: Eintritt 2,50 €, Jugendliche/Stud. 2 €, Kinder 6–15 J. 1 €, Mai bis Okt. Di–So 10–12 und 14–17 Uhr, Mo geschl. ✆ 04267-444.

Etwa einen Kilometer talabwärts liegt auf der Schattenseite des Tales die hübsche kleine gotische Wallfahrtskirche *Maria Höfl* aus dem frühen 15. Jh. und knapp 2 km weiter im Ortsteil *Grades* die wehrhafte Wallfahrtskirche *St. Wolfgang*. Letztere ist eng von einer hohen, mit Schießscharten versehenen Mauer umgeben und nur durch eine kleine Tür zugänglich.

Im weiteren Verlauf verengt sich das Tal zur Schlucht, um sich kurz darauf wieder zu weiten. Nun plätschert die Metnitz durch eine liebliche Tallandschaft. Kurz vor dem Taleingang schließlich liegt der kleine Ort *St. Salvator*, in dem es, angeschlossen an ein Gasthaus, ein Automobilmuseum gibt.

Übernachten/Essen Seppenbauer, Gasthof und Automuseum. Bodenständige Hausmannskost im Gasthof (Hauptgericht ab 8 €), schöne Zimmer und neuer Wellness-Bereich im Hotel (EZ 64 €, DZ 115 € inkl. Frühstück, Hunde 6 €/Tag) und tolle alte Kraftfahrzeuge im Museum (darunter eine ganze Flotte alter Vespas und automobile Kostbarkeiten wie Rolls Royce oder Bentley, Eintritt 6 €). Der Gasthof ist tägl. und ganztägig geöffnet, das Museum 10–20 Uhr, für beide gilt: Mo Ruhetag. Marktplatz 6, 9361 St. Salvator, ✆ 04268-20100, www.seppenbauer.eu.

Verbindungen Bus: Die *Linie 5390* fährt 5x tägl. von Friesach durch das Metnitztal (an Schultagen öfter, Sa nur 3x).

Friesach

ca. 2100 Einwohner

Willkommen im Mittelalter. Als hätten die Jahrhunderte nur hier und da ein wenig am alten Stein genagt, entfaltet sich in Kärntens ältester Stadt ein geschlossenes mittelalterliches Stadtbild. Stimmungsvoll und einzigartig.

Trutzige Höhenburgen wachen an den steilen Hängen. Hohe Stadtmauern und ein breiter Wassergraben legen sich schützend um das altstädtische Ensemble – mit langgestrecktem Hauptplatz, grandioser romanischer Basilika St. Bartholomäus und repräsentativem Fürstenhof. Vor den Toren der Stadt erhebt sich das mächtige Dominikanerkloster St. Josef.

Aber Friesach ist nicht nur ein pittoreskes Städtchen, das in einem abgelegenen Tal vor den Wirren der Zeit in Deckung ging und sich auf diese Weise recht gut gehalten hat. Einstmals war Friesach bedeutend, mächtig bedeutend. Angefangen hat alles mit einer Straße. Wie Krappfeld und Zollfeld war das Metnitztal bereits zu keltischer Zeit besiedelt. Aus dem keltischen Trampelpfad wurde die *Via Julia Augusta*, aus der Römerstraße eine der wichtigsten mittelalterlichen Handelsrouten durch die Ostalpen von Venedig nach Wien. Friesach wurde erstmals 860 in einer Urkunde erwähnt, die nachhaltige Auswirkungen auf die Stadt haben sollte: Der karolingische König Ludwig der Deutsche schenkte den Hof *ad Frisah* dem Erzbistum Salzburg – die Verbindung zwischen Friesach und Salzburg sollte bis zum Erscheinen Napoleons bestehen bleiben. Eine Zeitlang bestand eine eigenwillige Doppelmarktsituation. In unmittelbarer Nachbarschaft entwickelte sich ein zweiter Markt namens Friesach. Als Graf Wilhelm von Friesach ermordet worden war, schenkte seine Witwe, Kärntens Heilige Hemma von Gurk (→ Geschichte, S. 56), das Land der Kirche und das zweite Friesach gehörte in der Folge zu den Gurker Besitzungen. Anfang des 12. Jh. wuchsen die zwei Märkte zu einem Markt (unter zwei Herren) zusammen, 1180 setzte sich Salzburg durch.

Blick von Friesach auf den Petersberg

Nun begann der rasante Aufstieg Friesachs, das 1215 erstmals als *civitas* (Stadt) in den Akten geführt wurde. Angeschoben wurde die Karriere von mehreren Faktoren: der Rückendeckung des mächtigen Salzburger Bischofs, der heimischen Edelmetallförderung, dem

Friesacher Pfennig (dessen überregionale Bedeutung nur durch die beiden erstgenannten Faktoren möglich war), die günstige Lage auf dem Weg nach Venedig und der daraus resultierende, blühende Fernhandel.

Friesacher Pfennig

Mit dem Geld ist das so eine Sache. Es ist grundlegendes Vertrauen nötig, dass der Wert des Geldstücks, das man in der Hand hält, auch Bestand hat. In Zeiten, die ohne Notenbank und Währungshüter auskommen mussten, war eine Währung, der man vertrauen konnte, umso wertvoller.

Die Münzpräge bestand in Friesach seit dem 12. Jh. Geprägt wurde der Pfennig mit der Autorität des Salzburger Bischofs und einem vergleichsweise hohen Silberanteil aus heimischen Minen. Der Friesacher Pfennig entwickelte sich schnell zur beliebtesten, da vertrauenswürdigsten Münze des Ostalpenraums und wurde als eine angesehene Währung von internationaler Bedeutung in ganz Europa gerne genommen. Mitte des 14. Jh. wurde die Münzstätte in Friesach eingestellt.

Während der Regierungszeit Erzbischofs *Eberhard II.* von 1200 bis 1246 erreichte die Stadt den Höhepunkt ihrer Entwicklung. Friesach war die politisch wichtigste Stadt des Ostalpenraums, ein kulturelles und wirtschaftliches Zentrum von überregionalem Rang, reicher an Orden und kirchlichen Einrichtungen als sogar Salzburg selbst. Ausdruck der Bedeutung war z. B., dass die Dominikaner nur ein Jahr nach der Gründung ihres Ordens (1215) sich daran machten, in Friesach eine mächtige Filiale zu eröffnen. Und 1224 fand mit dem Friesacher Fürstentag eine Friedenskonferenz mit begleitendem höfischen Fest und spektakulärem Ritterturnier statt.

Im 14. Jh. begann der Stern der Stadt wieder zu sinken. Friesach wurde in den Streit zwischen dem Erzbistum Salzburg und den Habsburgern hineingezogen und litt schwer darunter – Teile der heutigen Stadtbefestigung stammen aus dieser Zeit. Diese wiederum bewahrte die Stadt vor den Türken. Die politische Bindung an Salzburg brachte Friesach dann aber ein Jahrzehnt der Besetzung durch die ungarischen Truppen *Matthias Corvinus*. Erst der Rezess von Wien beendete die Lehnshoheit des Salzburger Bistums, völlig aufgelöst aber wurden die kirchlichen Ansprüche auf Friesach erst mit dem Reichsdeputationshauptschluss 1803.

Information Tourismusinformation Friesach, befindet sich im Fürstenhof. Mo–Sa 8–17 Uhr, So 10–17 Uhr, Okt. bis März nur bis 13 Uhr geöffnet. Fürstenhofplatz 1, 9360 Friesach, ✆ 04268-221340, www.friesach.at.

Einkaufen Boos, klassische Trachtenmode, der Fabrikverkauf befindet sich im Dominikanerkloster (Eingang hinten), Mo–Fr 8.30–16 Uhr. Stadtgrabengasse 5, ✆ 04268-25140.

Übernachten/Essen »› Unser Tipp: Der Metnitztaler Hof **2**, behagliches Hotel und einladendes Gasthaus am Kopfende des Hauptplatzes von Friesach. Gemütlich sitzt man in der Gaststube, dezent im Landhausstil eingerichtet, in verwinkelten Ecken oder am Kachelofen. Aus der Küche kommt sehr gute Kärntner Hausmannskost, die Zutaten stammen von regionalen Erzeugern, das Angebot orientiert sich an der Jahreszeit. Tagesmenüs etwa 20 €. Tägl. mittags und abends Küche, So abends und Do geschl. Das Landhotel ist eine angenehme Unterkunft, besonders schön sind die Zimmer zum Platz hin. EZ 53,50 €, DZ ab 104 € inkl. Frühstücksbuffet (günstige Halbpension). Im Haus auch Sauna und Dampfbad. Hauptplatz 11, 9360 Friesach, ✆ 04268-25100, www.metnitztalerhof.at. ‹«

Cafés/Konditoreien Craigher **3**, wenn es sich beim *Friesacher Pfennig* um reine Wertschöpfung aus Schokolade handelt und

Nu zogt ûz, ritter edelgout – Der Friesacher Fürstentag

Dar nâch nu hœret wiez geschach. ein tac wart sâ hin ze Frisach … (So hört nun wie's dann geschah, ein Tag wurde gemacht zu Friesach …)

Krieg hing in der Luft. Der Spanheimer Herzog Bernhard von Kärnten und der Andechser Heinrich, Herzog von Istrien, waren in einer höchst komplexen politischen Situation aneinandergeraten, ein Waffengang schien unausweichlich. Aber Fürst Leopold (*ich meine den von Œsterîch*) verbat sich Streit und rief nach Friesach zum Friedensgipfel. Aus dem diplomatischen Treffen im Mai 1224 wurde ein höfisches Ereignis – der Friesacher Fürstentag.

Turniere und höfische Feste gab es viele im hohen Mittelalter. Das Besondere am Turnier von Friesach ist, dass es ein literarisches Zeugnis gibt. *Ulrich von Liechtenstein* – ein steirischer Ritter, Ministerialer und in seiner Freizeit begabter Minnesänger mit einem feinen Sinn für humorige Spitzen – berichtet in seinem Werk *Vrouwen dienest* (Frauendienst) von der *Aventiure von dem turnay ze Frisach*. Auch wenn man mit den historischen Wertungen vorsichtig sein muss (das Lied wurde erst 1255 fertiggestellt), gewährt Ulrich einen bemerkenswerten Einblick in die höfische Turnierkultur. Denn: Ulrich war mit seinem Bruder Dietmar nicht nur der Ausrichter der Festivität, sondern nahm auch aktiv am Turnier teil. Seine *Aventiure* steckt voller faszinierender Details.

Aus aller Herren Länder kamen Ritter – *reht sehshundert an der zal* – samt hoher Frauen, um deren Gunst die Recken fochten, zu dem dreitägigen Festtag nach Friesach. Die Stadt platzte aus allen Nähten und es wurde ein Lager aus Zelten und Hütten errichtet. Der Ruf erklang: *Wâ nun wâ nun wâ ein ritter der tjostirens ger?* (Wohlan, wo ist ein Ritter, der Lanzenstechen will?) – und die Ritter versammelten sich zum Lanzenstechen auf dem Turnierplatz. Das Ritterspiel währte den ganzen Tag. Auch Ulrich focht fleißig mit, auch wenn er mit der Behauptung, dreißig Lanzen „verstochen" zu haben *(Des tages ich mit mîner hant für wâr vol drîzig sper verswant)*, seine Bilanz vielleicht ein wenig schönt. Aber Klappern gehört zum Handwerk: Am nächsten Tag verkleidet er sich als grüner Ritter und reitet – ganz unbekannter Held – so manchen *Tjost*: Sein Pferd nimmt er zu den Sporen, Speere bersten an Schildern und Helmen, *die sprîzeln harte hôhe flugen* (sehr hoch flogen die Lanzensplitter). Trotz blutender Wunden reitet er weiter, die Menge johlt: *Sperâ herre, sperâ sper! Diu sint enzwei: andriu her!* „Speere, ihr Herren, Speere, Speere! Diese sind entzwei, bringt andere her!" Was für ein Spektakel!

Die einzigen, die übrigens etwas zu meckern hatten, waren die Bischöfe von Aquileia und Bamberg, ihnen war das Essen zu teuer … Als spektakuläre Schlussveranstaltung schließlich wurde ein ritterliches Massenturnier veranstaltet: So prächtig war das Aufeinandertreffen der Heere, dass das Leuchten der Helme und Rüstungen mit der Sonne wetteiferte – und genauso prächtig wurde gefochten.

Und nach dem Turnier ein rauschendes Fest? Mitnichten: Es wird Abend, die Helme werden abgebunden und man zieht gemeinsam in die Stadt, *dî was bereit manc schœnez pat* (da manch schönes Bad bereitet war). Die Ritter badeten in der Nacht, erschöpft und zerschlagen: *man pant den dort, man salbt den hie, dem dort die arm, dem hie diu knie* (man verband den einen, salbte den anderen, diesem den Arm, jenem das Knie). Sterbensmüde fiel die streitbare Ritterschaft in den Schlaf …

Der anstehende Krieg? War hinter den Kulissen verhandelt worden. Bernhard und Heinrich einigten sich und verließen versöhnt den Fürstentag zu Friesach.

beim *Friesacher Würfel* um eine süß versiegelte Köstlichkeit, dann hat man es mit echter Schokoladenkunst zu tun. Dieter Craigher hat seiner traditionsreichen Konditorei eine Schokoladenmanufaktur angegliedert. In angenehmer Kaffeehausatmosphäre kann man die handgeschöpften Schokovariationen oder andere hochkalorische, nicht minder empfehlenswerte Köstlichkeiten bei einem kleinen Braunen verkosten. Hauptplatz 3, ✆ 04268-2295, www.craigher.at.

Wachs Stub'n Café **1**, im großen Fürstenhof ganz hinten, hier gibt es Frühstück, Jausen, Kaffee, Kuchen, Mehlspeisen und Eis, außerdem zum Verkauf handgefertigte Kerzen, Honig etc. Auch Plätze draußen unter den Arkaden. Mi–Sa 9–18 Uhr, So 10–17 Uhr, Mo geschl. Fürstenhofplatz 1, ✆ 0676-4743411.

Veranstaltungen Friesacher Burghofspiele, eine schönere Kulisse ist kaum denkbar: die Burghofbühne auf dem Petersberg wird seit über 60 Jahren im Sommer bespielt. Jedes Jahr wird ein Stück aufgeführt – Klassiker wie Schiller und Shakespeare oder auch Nestroy und zuletzt die rührende Geschichte vom Brandner Kaspar. Spielzeit ist meist Ende Juni bis Mitte Aug. Karten 20–26 €. ✆ 04268-25151, www.burghofspiele.com.

Spectaculum zu Friesach, wo, wenn nicht hier, kann ein wahrlich stimmungsvoller Mittelaltermarkt stattfinden. Das Spectaculum gastierte zuletzt in der Innenstadt und im Fürstenhof und findet Ende Juli statt. Infos in der Tourismusinformation.

Verbindungen Bahn: Von Klagenfurt kommt die *S 1* werktags etwa stündl. (So alle 2 Std.) über St. Veit und Althofen nach Friesach.

Bus: Die *Linie 5390* fährt 5x tägl. nach Metnitz (an Schultagen öfter, Sa nur 3 x).

Sehenswertes

Sägespäne im Mehl? Drastische Abschreckung für zu sparsame Bäcker

Einen Spaziergang durch Friesach startet man am besten am leicht ansteigenden **Hauptplatz** mit seinem hübschen Renaissancebrunnen von 1563. Von hier hinunter – vorher noch einen Blick in die alte Apotheke am Platz aus dem 15. Jh. – geht man in die Bahnhofsstraße (die an sich nichts Besonderes ist) und kommt nach wenigen Gehminuten zum Olsator (oder Posttor) und der alten steinernen Olsatorbrücke, die über den noch heute wasserführenden Stadtgraben geht. Hier kann man ein Stück im Grünen (Parkbänke laden zur Rast ein) an der 11 m hohen und 1,5 m breiten, gut erhaltenen Stadtmauer aus dem 12. Jh. entlang spazieren. Wendet man sich an der Brücke nach rechts und geht um die Ecke, stößt man auf einem Hügel auf die Überreste der Virgilienkirche aus dem 14. Jh., die aber im 19. Jh. abbrannte und seither nur noch als romantische Ruine dient. Interessanter ist der Weg nach links zum Fürstenhof (14. Jh.), dem heutigen Gemeindeamt: Gleich rechts am Eingang befinden sich die Reste der einst so bedeutenden Münzpräge, im großen Hof ganz hinten steht noch der Getreidespeicher aus dem 14. Jh. (heute Café).

Die **Stadtpfarrkirche St. Bartholomäus** befindet sich unübersehbar im Zentrum gegenüber vom ehemaligen Propsthof (Ende des 18. Jh. renoviert und heute Stadtpfarramt) an der Durchgangsstraße. Die mächtige romanische Basilika aus dem 12. Jh. wurde aus grauem Stein gebaut, im 14. Jh. hat man den gotischen Chor angebaut. Im Inneren der riesigen Kirche sind besonders das uralte romanische Taufbecken aus dem 12. Jh., aber auch die gotischen Kirchenfenster des Chores von 1325 und das später angefügte Netzrippengewölbe (15. Jh.) zu erwähnen. Vor der Kirche (an deren Längsseite) befindet sich alleinstehend ein romanisches Portal mit Christus in der Lünette, wahrscheinlich stammt es vom im 19. Jh. abgerissenen Karner.

Petersberg und Peterskirche: Die spätromanische *Peterskirche* thront auf einem Felsen über dem Hauptplatz, der von Sportlichen auch zu Fuß erklommen werden kann (die meisten kommen aber außen herum mit dem Auto hier hinauf). Erbaut wurde die kleine Kirche wahrscheinlich ab Anfang des 13. Jh., ein Anbau folgte später. Das Innere der Kirche ist relativ schlicht, erwähnenswert der spätgotische Flügelaltar auf der linken Seite. Von der Kirche hat man einen herrlichen Blick auf Friesach. Die *Burg* selbst wurde hier oben auf dem Petersberg im 12./13. Jh. errichtet und im 16. Jh. ausgebaut. Im wunderbaren Ambiente des Burghofs finden schon seit 1950 die gleichnamigen Festspiele statt. Gut erhalten ist der wuchtige, 28 m hohe *Bergfried* aus der Zeit um 1130. Hier ist auf insgesamt sechs Stockwerken das *Friesacher Stadtmuseum* untergebracht.

Die Peterskirche ist ganztägig geöffnet (im Winter geschl.), der Bergfried mit dem Stadtmuseum normalerweise Mi–So 10–17 Uhr; er war aber zuletzt wegen Restaurierung geschlossen. Aktuelles bei der Tourismusinformation.

Anfahrt/Fußweg: Mit dem Auto vom Zentrum nach Nordwesten Richtung Metnitztal, dann links hinauf (beschildert), Parkplatz unterhalb der Burg. Zu Fuß vom Hauptplatz die Gasse rechts neben dem Metnitztalerhof hinauf (Burgenwanderweg). Viele Stufen.

Die **Burgschenke** ist Mai–Sept. tägl. geöffnet, im Winter nur zu Veranstaltungen, solides Ambiente, günstiges Essen, nach Reservierung (✆ 0664-3419632) auch Rittertafeln etc.

Eine Burg entsteht

Dies dürfte die faszinierendste Baustelle des Landes sein: In Friesach entsteht eine mittelalterliche Höhenburg – mit mittelalterlichen Mitteln. Nicht, weil einer mit zu viel Geld seinem Mittelalterspleen frönt, sondern als Projekt. Als Experiment. Eine gleichermaßen für Besucher offene Attraktion und ein wissenschaftlich begleitetes, (sehr) lang angelegtes Projekt experimenteller Archäologie, das sich die Frage stellt: Wie sehen die Arbeitsbedingungen aus, unter denen im Mittelalter eine Burg gebaut wurde. Es gibt in Europa und vielleicht auf der Welt nur zwei Projekte, die hiermit vergleichbar sind: der Burgbau zu Guédelon in Burgund und der jüngst begonnene Bau der Klosterstadt bei Meßkirchen in Baden-Württemberg.

Zu den Fakten: Baubeginn war 2009. Geplant ist eine mittelalterliche Burganlage, die baugeschichtlich mehrere Epochen umspannt: ein hochromanischer, fünfstöckiger Bergfried, ein gotischer Palas, eine spätgotische Kapelle, dazu eine Befestigungsanlage mit Ringmauer, Ecktürmen und Burgtor, Wirtschaftsgebäude und Ställe, ein Burghof und ein Garten. Gebaut wird ausschließlich unter mittelalterlichen Bedingungen. Kein Motor, kein Baumarkt, kein Beton. Verwendet werden historische Werkzeuge und Bautechniken. Baustoffe sind Holz und Stein, Sand und Kalk. Stämme und Felsblöcke werden mit Muskel- und Pferdekraft bewegt.

Bevor aber mit dem Bau einer Burg begonnen werden kann, müssen erst einmal Bauhütten her: Bäume waren zu fällen und Weiden zu pflanzen. Erste Produktionswerkstatt war die Korbflechterei, um Körbe für den Transport herzustellen. Wege mussten angelegt werden. Eine 400 m lange Wasserleitung wurde verlegt, von der Quelle bis zur Schmiede, ein Mörtelmischplatz eingerichtet. Eine Zimmermannswerkstatt und eine Schmiede kamen noch hinzu. Allein dieser Aufwand ist beeindruckend: Der Bau der Schmiede hat ein Jahr in Anspruch genommen, jeder Nagel, jede Holzschindel wurde per Hand gefertigt. Für das Dach der Zimmermannshütte mussten 14.000 Holzschindeln mit dem Schindeleisen geschlagen, in Wasser eingelegt, geputzt, beschwert und getrocknet werden. Der Kern der Bauhüttensiedlung – Schmiede, Zim-

Muskelkraft und Pferdestärke

Unter den Burgen und Kirchen rund um die Stadt befindet sich so manche Ruine und viele Kirchen sind leider nicht für die Öffentlichkeit zugänglich: die **Heiligenblutkirche** (auch: Seminarkirche) aus dem 13. Jh. schräg oberhalb des Hauptplatzes und am Fuß der Rotturmruine (Fußweg ab Hauptplatz) ebenso wie die frühgotische **Dominikanerkirche St. Nikolaus** gleich nördlich des Stadtgrabens beim gleichnamigen Kloster. Die **Deutschordenskirche St. Blasius** aus dem 13.–15. Jh. (später barock umgebaut) ist nur nach vorheriger Anmeldung bei der Pforte des Krankenhauses des Deutschen Ordens zu besichtigen, die **Burg Geyersberg** am nördlichen Ortsrand befindet sich in Privatbesitz und ist daher gar nicht zu besichtigen.

mermannswerkstatt, Steinmetzhütte und der Kalkbrennofen – sind mittlerweile in Betrieb. Hinzukommen sollen noch u. a. ein Tretradkran und eine Seilerei. Nach über sechs Jahren steht nicht nur das Fundament des Wohnturmes, er hat bereits einen Höhe von 2,6 m.

Der Schmied

Natürlich gibt es auch Grenzen der Authentizität. Beispielsweise müssen arbeitsrechtliche Sicherheitsbestimmungen beachtet werden (Stahlkappenschuhe). Und natürlich dürfen die Arbeiter essen, was sie wollen, und müssen nicht am Rande der Unterernährung darben wie ihre mittelalterlichen Kollegen.

Der Burgbau wird wissenschaftlich begleitet. Historiker übernehmen in gewisser Weise die Aufgabe des Bauschreibers: Jeder Schritt, jede Fuhre, jeder Nagel und jede Schindel und natürlich jeder Fehlschlag (und die Lösung) werden akribisch dokumentiert und ausgewertet. Getragen wird das Projekt von drei Säulen: Spenden und Sponsoring, Einnahmen über Besucher sowie öffentliche Gelder. Kurzum: Man muss weder Handwerker noch Historiker sein, um von der Baustelle fasziniert zu sein. Auf dem Burghügel wurde mit viel Engagement, Neugier und Kenntnisreichtum eine Zeitblase geschaffen, in der sich mittelalterlicher Arbeitsalltag erleben lässt.

Ende der 2040er-Jahre soll die Burg übrigens bezugsfertig sein. Und über diese kommenden Jahrzehnte werden wir jedes Mal, wenn wir an Friesach auch nur vorbeifahren, die Baustelle besuchen, um uns ein Bild vom Stand der Arbeiten zu machen.

Erlebnis Burgbau: Im Sommerhalbjahr (etwa ab Mitte April) kann die Baustelle im Rahmen einer sachkundigen Führung (etwa 1:30 Std.) besucht werden, zuletzt Di–So 9.30, 11, 13.30, 15 und 16 Uhr, Sa/So Familienführung um 14.15 Uhr, außerdem Rätsel-Ralley erhältlich am Eingang zum Gelände und im Sommer Familien-Gaudium-Programm. Erw. 10 €, Kinder 4 €, Jugendliche 6 €, Senioren 8 €, Familien 20 €. Achtung: Keine Führungen bei Regenwetter!

Anfahrt: Von Friesach-Zentrum aus auf der Landstraße nach Süden (Autobahnausfahrt Friesach/Süd). Infos im Büro im Fürstenhof, ✆ 04268-221318, www.burgbau.at.

Im Bodental ...

... und auf dem Hochobir

Rosental und Jauntal

Zwei der schönsten Täler Kärntens liegen ganz im Süden am Fuß der Karawanken an der Grenze zu Slowenien. Die herrliche Bergkulisse mit tief eingeschnittenen Seitentälern ist ein Paradies für Wanderer; Radfahrer finden hier einen besonders schönen Abschnitt des Drauradwegs.

Der Gebirgszug der Karawanken erstreckt sich über etwa 120 km, ihr Hauptkamm markiert meist auch die Landesgrenze. Nach Norden hin senken sich die Berghänge stellenweise ziemlich abrupt zum breiten Tal der Drau hin ab in das 40 km lange Rosental zwischen Rosegg und St. Margarethen, östlich davon etwas sanfter ins Jauntal, das bis fast zur Grenze bei Lavamünd in der südöstlichsten Ecke Kärntens reicht. Die Lebensader Drau wird hier gleich mehrfach zur Nutzung der Wasserkraft aufgestaut. Früher wurde in den Karawanken Blei und Eisen abgebaut, ebenso waren und sind die waldreichen südlichen Täler ein wichtiger Rohstofflieferant in Sachen Holz.

Die Gegend war schon in keltisch-römischer Zeit besiedelt, bezeugt nicht zuletzt durch die keltischen Hügelgräber bei Frög (Rosegg) ganz im Westen des Rosentals bis hin zu den Höhensiedlungen der Gracarca im Jauntal. Von einer solchen keltisch-römischen Siedlung, nämlich *Juenna* bei Globasnitz, hat das Jauntal auch seinen Namen, wohingegen das Rosental erst sehr viel später nach den mächtigen Herzögen von *Ras*, die sich hier nahe Rosegg niederließen, benannt wurde. Rosen- und Jauntal weisen in Kärnten den höchsten Anteil an slowenischsprachigen Orten auf und somit auch die höchste Dichte an zweisprachigen Ortstafeln (Näheres hierzu → S. 70).

Touristisches Zentrum der langen, ineinander übergehenden Täler ist – neben den vielen Wandergebieten in den Karawanken – der Klopeiner See und die ihn umgebenden kleineren Seen, eingebettet in eine Schleife der Drau.

Spezialität des Rosentals ist der berühmte Carnica-Bienenhonig; kulinarisches Aushängeschild des Jauntals sind die besonders würzige Salami und der Hadn (= Buchweizen), den es hier als Grundzutat von Nudeln, Kuchen, Torte und sogar Bier und Likör gibt.

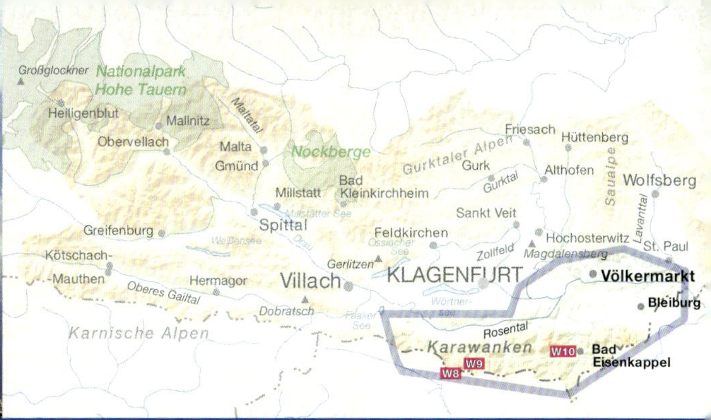

Rosental und Jauntal

Rosegg

ca. 450 Einwohner

Spektakuläre archäologische Funde aus der Keltenzeit ziehen die Besucher ebenso an wie der bekannte Tierpark und das Labyrinth, nicht zu vergessen das Schloss mit Museum. Für ein kleines, unscheinbares Dorf eine beträchtliche Ansammlung an Sehenswürdigkeiten.

Rosegg liegt in der Ebene fast wie auf einer Halbinsel der weiten Schlinge der Drau ganz im Westen des Rosentals. Nach Velden und zum Wörthersee ist es von hier nur ein Katzensprung. Die Sehenswürdigkeiten befinden sich ausnahmslos südwestlich vom Ort, und wer die Burgruine auf dem Hügel oberhalb anschauen will, muss dafür zuvor ein Ticket für den Tierpark lösen, auf dessen Gelände die einstige Festung liegt.

Älteste Besiedlungsspuren gehen bis in die Hallstattzeit zurück. Wahrscheinlich lag auf dem Burghügel eine bedeutende eisenzeitliche Höhensiedlung, zuweilen ist auch von Rosegg als „erster Hauptstadt Kärntens“ zu lesen. Ganz abwegig ist das nicht, legt doch das ausgedehnte Gräberfeld – neben Hallstatt die größte bekannte eisenzeitliche Begräbnisstätte des Ostalpenraums – südwestlich des Burghügels, heute im Ortsteil Frög (Breg), einen enormen kulturellen und politischen Rang der Siedlung nahe. Einige der Gräber können in der *Keltenwelt* besichtigt werden.

Die Burg von Rosegg wurde erstmals im 12. Jh. erwähnt und selbst nach dem Bau des Schlosses „Lucrezia“ im Tal (ab 1772) noch gehalten und bis Anfang des 19. Jh. bewohnt. Bald darauf brauchte man Teile davon als Baumaterial für den Wiederaufbau der bei den Franzosenkriegen im Jahr 1813 beschädigten Kirche. Im Kärntner Abwehrkampf von 1918/1919 (→ Geschichte, S. 66) spielte die hiesige Brücke über die Drau eine strategisch wichtige Rolle und war bitter umkämpft.

Essen & Trinken In der Keltenwelt Frög, im Tierpark und im Schloss gibt es jeweils Snackbars/Cafés.

Kunst Galerie Šikoronja, die bekannte Kunstgalerie von Marija Šikoronja in einem restaurierten alten Gasthof direkt an der Drau gibt es schon seit 30 Jahren (was im Sommer 2015 gebührend gefeiert wurde); die erste Ausstellung bestritt Valentin Oman (von ihm stammen auch die großen Wandbemalungen der Galerie), es folgten u. a. Giselbert Hoke, Hans Staudacher und Kiki Kogelnik – um nur einige wenige zu nennen. Heute wird hier Gegenwartskunst aus dem Alpe-Adria-Raum gezeigt, die Ausstellungen laufen jeweils etwa einen Monat,

Eisenzeitalltag

teilweise auch etwas länger. Zu Ausstellungen Fr–So 15–18 Uhr geöffnet oder nach telefonischer Vereinbarung. *Anfahrt*: Hauptstraße Richtung Wörthersee, 200 m nach der Draubrücke nach links abbiegen und die Straße hinunter Richtung Fluss, das letzte Haus auf der linken Seite ist es (Fahrradfahrer/Fußgänger: gleich nach der Brücke rechts und dann unter dieser hindurch). Galerieweg 5, 9232 Rosegg, ✆ 04274-4422, www.galerie-sikoronja.at.

Verbindungen Bus: 11x tägl. nach Velden und St. Jakob im Rosental, 3x tägl. nach Villach und Maria Elend.

Caravanstellplatz In Rosegg zwischen Schloss und Tiergarten (Restaurant Roseggerhof daneben).

Keltenwelt Frög: Ursprünglich verteilten sich nahe der Drauschleife 500 Hügelgräber auf einer Länge von einem Kilometer. 200 davon sind Flurbereinigung und Grabräubern und anderen Zeitzähnen zum Opfer gefallen – einige der erschlossenen Hügelgräber kann man in der Keltenwelt besichtigen.

Die Stammesmitglieder, die in den Hügelgräbern bestattet wurden, besiedelten seit ca. 800 v. Chr. das Rosental. Nicht nur die Ausmaße des Grabfeldes, auch die reichen Grabbeigaben lassen auf die außerordentliche Bedeutung der Rosegger Siedlung schließen. Frögs Ausnahmestellung unter den prähistorischen Ruhestätten beruht auf den gefundenen Bleifiguren: zahllose kleine figürliche Darstellungen von Menschen und Tieren, vor allem aber ein prächtiger Prunkwagen. Eine Kopie des Bleiwagens ist im Nachbau der *Fürstenhalle* zu sehen, zusammen mit anderen Exponaten und einer Ausstellung über die Hallstattkultur im Allgemeinen und die Fröger Kulturvariante im Besonderen. In der Keltenwelt sind neben dem Herrenhaus (hier auch Kasse und Shop) unter anderem auch Werkstätten zu sehen, die im Nachbau eines eisenzeitlichen Blockhauses untergebracht sind. Und mit etwas Glück kann man im Sommer „eisenzeitlichen" Handwerkern beim Schmieden oder Birkenpechsieden zusehen.

Das archäologische Feld selbst befindet sich hinter dem „Keltendorf". Im Wald führt ein Rundweg um etwa vier Dutzend Hügelgräber, viele deutlich als solche zu erkennen, andere gerade noch zu erahnen. Zwei der Bestattungshügel sind als Schaugräber hergerichtet. Vor allem Grabhügel Nummer 120 gewährt einen interessanten Einblick in die eisenzeitliche Begräbniskultur. Das Fürstengrab, vergleichsweise groß und reich ausgestattet, wurde „zugänglich" gemacht, vollständig mit Grabbeigaben eingerichtet und rekonstruiert.

Im gleichnamigen, südlichen Vorort von Rosegg gelegen, ausgeschildert und nicht zu übersehen. Etwa Mitte bis Ende April und Sept. Di–So 11–16 Uhr, Mai/Juni Di–Fr 11–16 Uhr und Sa/So 10–18 Uhr, Juli/Aug. tägl. 10–18 Uhr, Okt. (bis etwa 25.10.) Do–So 11–16 Uhr, im Winter geschl. Für einen ausführlichen Rundgang durch die Keltenwelt und den Wald mit den Hügelgräbern sollte man etwa eine Stunde einplanen. Eintritt 6,50 €, Kinder 6–15 J. 3 €, unter 6 J. frei, Familien 13 €. Bergweg 2, ✆ 04274-52554 oder 0676-842350205, www.keltenwelt.at.

Seit 2007 findet am ersten oder zweiten Wochenende im Juli das **Keltentreffen** statt, mit Vorführungen historischer Handwerkstechniken, Zeremonien und Schaukämpfen.

Tierpark Rosegg: Das Gelände des Tierparks umfasst auch den Burgberg mit der Burgruine Rosegg, zu sehen sind u. a. Dam- und Rotwild, Bison, Steinbock und Luchs sowie Weißes Rotwild, Esel, Pony und Känguru. Auch Streichelzoo und Einkehrmöglichkeit mit Snackbar.

Ende März bis Anfang Nov. tägl. 9–18 Uhr, Einlass bis 17 Uhr. Eintritt 8,50 €, Kinder 6–15 J. 5,50 €, Familienkarte 25 €. Auch diverse Kombitickets mit Labyrinth und/oder Schloss. In Rosegg ausgeschildert, großer Parkplatz. ✆ 04274-52357, www.rosegg.at.

Labyrinth: Durch eine schöne Allee geht es in wenigen 100 m zum Schloss, zuvor kann man aber rechter Hand im Labyrinth des Schlossparks den eigenen Orientierungssinn ohne Navi und GPS testen (Durchschnittsdauer dafür: 20 Min., manch einer soll aber auch schon über eine Stunde gebraucht haben). Immerhin über 1000 m Länge umfassen die Hecken durch den Irrgarten.

Mai bis Okt. Di–So 10–18 Uhr, Einlass bis 17.30 Uhr, Mo Ruhetag, Juli/Aug. tägl. geöffnet. Eintritt 4,50 €, Kinder 3 €.

Schloss Rosegg (Schloss Lucrezia): Das elegante, strahlend weiße Schloss wurde 1772 im klassizistischen Stil erbaut und ist von einem schönen Garten umgeben. Bei der Besichtigung des Schlosses, schon allein wegen der Räumlichkeiten interessant, flaniert man an einem Wachsfigurenkabinett entlang, das seit 1997 die Geschichte illustrieren soll. Neben dem Bauherrn Fürst *Orsini-Rosenberg* und seiner Geliebten *Lucrezia* (der schönen Italienerin war das Schloss zugedacht) und dem unvermeidlichen Kaiserpaar Franz und Sisi blickt man auch in das Horrorkabinett des 20. Jh. (Hitler, Mussolini und Stalin) und begegnet Bond, James Bond, samt Beißer (Moonraker). Die interessanteste Figur aber ist ein anderer ehemaliger Hausherr: *Peter Ritter von Bohr* (1773–1847), Unternehmer, Bankier, Finanzjongleur, Fürstenberater und – begnadeter Geldfälscher. In einem geheimen, hinter einem Bücherregal verborgenen Raum seines Wiener Hauses hatte Bohr, der in allerhöchsten Kreisen verkehrte, Banknoten gefälscht. Skandal! Bohrs Arbeiten, Zeichnungen und Blüten sind die heimlichen Highlights der Ausstellung.

Mai bis Anfang Okt. Di–So 10–18 Uhr, Einlass bis 17.30 Uhr, Mo geschl., Juli/Aug. tägl. geöffnet. Eintritt 7 €, Kinder 6–15 J. 4,50 €, Familienkarte 20 €, jeweils inkl. Audioguide, der anekdotenreich durch die Räumlichkeiten führt. Auch diverse Kombitickets mit Tierpark und/oder Labyrinth. Schloss Rosegg 1, ✆ 04274-52357, www.rosegg.at. Mit Café (Tische auch draußen vor dem Schloss).

Bohr und seine Blüten

Das Rosental von Rosegg bis Feistritz

Die Rosentaler Straße (B 85) führt zunächst nach **St. Jakob im Rosental (Šentjakob v Rožu)**, eine der größeren Gemeinden der Gegend mit über 20 Orten, zu denen auch Maria Elend (Podgroje) und Rosenbach gehören. Rosenbach ist der letzte Ort vor der Grenze nach Slowenien, bevor man mit Bahn und Auto (Autobahn A 11) durch zwei jeweils rund 8 km lange Karawankentunnel Österreich Richtung Jesenice/Slowenien verlässt. Früher eine wichtige Grenzstation hat Rosenbach dank Schengen an Bedeutung verloren. Erwähnenswert am ansonsten wenig spektakulären St. Jakob ist noch die Pfarrkirche St. Jakob südlich und etwas oberhalb des Ortes. Ursprünglich aus dem 12. Jh. wurde das Gotteshaus 1972 bei einem Feuer weitgehend zerstört, restauriert und später mit Fresken von *Valentin Oman* ausgemalt.

Erntedank in Maria Elend

Ein noch vollständig erhaltenes Zeugnis spätgotischer Kirchenbaukunst ist die **Wallfahrtskirche Maria Elend** im gleichnamigen Nachbarort. Die dreischiffige Hallenkirche mitten im Ort etwas oberhalb der Durchgangsstraße ist kaum zu übersehen und stammt aus dem späten 15. Jh. Der Zwiebelhelm am Turm wurde erst im 17. Jh. angefügt ebenso wie die offene Kapelle an der linken Außenseite (Nordseite). Im barock ausgestalteten Kircheninneren fällt sofort der prachtvolle Hochaltar mit Madonna und Kind aus dem 18. Jh. auf, im rechten Seitenschiff befindet sich ein spätgotischer Flügelaltar der „Villacher Schule" aus der Zeit um 1515.

Im Sommer tägl. 7–20 Uhr, im Winter tägl. 8–19 Uhr geöffnet.

Suetschach: Der nur wenig westlich von Feistritz gelegene Ortsteil **Suetschach** ist ein besonders schönes Dorf in zweiter Reihe, das unbedingt einen Spaziergang wert ist, z. B. zur Pfarrkirche *St. Lambertus* aus dem 15. Jh. Am Ortsrand befindet sich das erste österreichische *Krampusmuseum* mit unzähligen Masken und Gewändern der Krampusse.

Museen Krampusmuseum, zuletzt wegen Sanierung geschlossen, der Zeitpunkt der Wiedereröffnung war zu Redaktionsschluss nicht bekannt. Spärlich beschildert. Suetschach 28.

Übernachten/Essen WAHAHA Paradise, von Suetschach zunächst Richtung Maria Elend, am Ortsrand von Unterkrainach rechts ab (beschildert) hinunter zur Drau, die hier bis Höhe Feistritz zu einem Stausee verbreitert ist. Sport- und Familienresort mit eigener Marina und riesigem Sportangebot inkl. Kletterhalle und 50-m-Naturschwimmbecken sowie eigener Badestelle am Wörthersee. Auch Restaurant. 48 Appartements, für 3 Pers. 110–130 €, für 4 Pers. 135–170 €, für 6 Pers. 160–205 €, Kinderermäßigung. Hund 11 €/Tag. Ganzjährig geöffnet. Feriendorf 1, 91981 Feistritz/Ros., ✆ 04228-37733, www.wahaha-paradise.com.

Gasthaus Stefaner, traditionsreiches Gasthaus am Platz in Suetschach, bodenständig und gute Kärntner Küche mit saisonalem Einschlag zu günstigen Preisen, auch ein paar Tische draußen vor dem Haus. Es werden auch einige Zimmer (DZ mit Frühstück 76 €) und ein Appartement für 4 Pers. (108 €, inkl. Frühstück) vermietet. Mo, Do/Fr ab 16 Uhr, Sa/So ganztägig geöffnet, Di/Mi Ruhetag (im Juli/Aug. tägl. mittags und abends geöffnet). Suetschach 33, 9181 Feistritz/Ros., ✆ 04228-2135, www.gasthaus stefaner.at.

Verbindungen Bus: von 6–23 Uhr etwa stündl. auf der Strecke Rosenbach–St. Jakob–Maria Elend–Suetschach–Feistritz–Weizelsdorf–Ferlach, Sa/So 3–5x tägl.

Feistritz im Rosental

ca. 1200 Einwohner

Der Ort liegt am Fuß der Karawanken und am Eingang ins beliebte Wandergebiet Bärental, nach Norden hin erstreckt sich der Feistritzer Stausee mit Draukraftwerk. Feistritz selbst, die „Rosengemeinde" (mit tatsächlich sehr vielen Rosenstöcken im ganzen Ort), gibt sich beschaulich, blickt aber auf eine lange Geschichte als Industriestandort zurück: Schon im 16. Jh. wurde an der *Feistritz* (dem gleichnamigen Fluss, der weiter nördlich in die Drau mündet) Eisen aus den Abbrüchen im Bärental verarbeitet, im 19. Jh. hat man den Rohstoff hier in Draht verarbeitet. 1938 wurde dann die Akkumulatorenfabrik gegründet, in der bis 1998 die Bären-Batterie hergestellt wurde (mit dem berühmten Logo: gelber Bär auf blauem Grund). Die Anlagen der Fabrik stehen noch heute unübersehbar am Eingang zum Bärental.

Eine der Sehenswürdigkeiten im Zentrum ist die Galerie im **Kraigher-Haus** (ursprünglich 17. Jh.), in der neben einer ständigen Ausstellung des Künstlers *Otto Kraigher-Mlczoch* (der hier zeitweise lebte) auch jeweils für vier bis sechs Wochen wechselnde Ausstellungen stattfinden (Sa/So 15–18 Uhr und nach Vereinbarung geöffnet, Eintritt frei, Am Kraigher Weg 25, ✆ 0676-3009360 oder 0463-257792, www.kraigherhaus.at).

Übernachten/Essen ››› Unser Tipp: **Camping-Restaurant Juritz**, ein schöner Wiesencamping in ruhiger Lage in Unterfeistritz Richtung Drau und dazu ein richtig gutes Restaurant – die beste Adresse in Feistritz. Der ausreichend schattige Campingplatz ist autofrei und mit überdachbarem, beheiztem Pool, eine gepflegte und einladend-familiäre Anlage mit ca. 50 Stellplätzen. Pro Pers. 7,70 €, Kinder/Jugendl. 5,70–7,20 €, Stellplatz 10,50 €, Hund 2,90 € (in der Nebensaison günstige Pauschalen). Der Drauradweg verläuft gleich in der Nähe. Das überaus beliebte **Restaurant Juritz** bietet sehr gute Kärntner und Alpe-Adria-Küche zu angemessenen Preisen, dazu eine hervorragende Weinauswahl, gemütliches und stilvolles Ambiente und einen überaus freundlichen Service. Restaurant mittags und abends geöffnet, Mo geschlossen und Di nur abends, im Winter nur Mi–So, v. a. für Wochenenden abends reservieren! Campingplatz Mitte April bis Ende Sept. geöffnet, Restaurant Mitte März bis Ende Dez. Von der Hauptstraße in Feistritz ausgeschildert. Unterfeistritzer Str. 41, 9181 Feistritz/Ros., ✆ 04228-2115, www.camping-juritz.at. ‹‹‹

Übernachten/Essen außerhalb

*** **Landgasthof Plöschenberg**, zugegeben – der Weg hier hinauf den Plöschenberg ist etwas weiter, aber wir finden, er lohnt sich. In traumhafter Panoramalage mit Blick auf Rosental und Karawanken, Terrasse und Kinderspielplatz, innen urig-elegant. Beliebt auch für Hochzeiten und andere Feierlichkeiten. Aus der Küche kommen saisonale Gerichte vom eigenen Bauernhof sowie Kärntner Klassiker zu mittleren Preisen. Die Zimmer sind einladend und gemütlich im Landhausstil eingerichtet, noch recht neu. EZ 58 €, DZ 96 €, jeweils mit Frühstück, mit Halbpension EZ 75 €, DZ 130 € (im Juli/Aug. erst ab 7 Tagen Aufenthalt), Hund 10 €. Ganzjährig geöffnet. Das Restaurant ist mittags und abends geöffnet, in der Nebensaison Mo/Di Ruhetag, im Sommer nur Mo. *Anfahrt*: In Feistritz in die Draustraße abbiegen Richtung Köttmannsdorf, über die Drau, ein Stück nordöstlich von Köttmannsdorf (immer auf der Durchgangsstraße bleiben) links den Berg hinauf (beschildert) und noch ca. 2,5 km bis Plöschenberg (Plešivec), insgesamt ca. 11 km ab Feistritz (Anfahrt auch über die B 91 nach Klagenfurt, dann Richtung Köttmannsdorf). Plöschenberg 4, 9071 Köttmannsdorf, ✆ 04220-2240, www.ploeschenberg.at. ■

Sport **Baden**: Im westlichen Nachbarort St. Johann/Ros. gibt es einen Badesee, unweit der B 85 Richtung Ferlach auf der linken Seite. Mit Imbiss. Anfang Juni bis Mitte Sept., Erw. 3 €, unter 18 J. 1,50 €, Kinder bis 7 J. frei.

Wandern/MTB: hauptsächlich im Bärental (→ unten), aber einige Wanderungen starten auch in Feistritz, z. B. über Matschach auf den Matschacher Gupf (ca. 2:30 Std., retour als Rundweg über Suetschach möglich) oder auf den Sinacher Gupf und Oreinzasattel (ca. 2:30 Std., ebenfalls als Rundwanderung möglich), beide eher einfach. Beliebte Mountainbikeroute ist die Fahrt ins Bärental und hinauf zur herrlich gelegenen Kapelle Alt-St. Michael im Oberbärental und retour über Matschach/Suetschach oder aber weiter bis zur Klagenfurter Hütte.

Verbindungen **Bus**: von 6–23 Uhr etwa stündl. auf der Strecke Rosenbach–St. Jakob–Maria Elend–Suetschach–Feistritz–Weizelsdorf–Ferlach, Sa/So 3–5x tägl. Ab Weizelsdorf fährt werktags stündl. die **S-Bahn** *S 3* in nur 15 Min. nach Klagenfurt.

Bärental

Das etwa 7 km lange Tal am Feistritzbach zwischen hoch aufragenden Hängen endet vor dem sich mächtig im Talschluss aufbauenden *Hochstuhl* (slow. *Stol*), mit 2237 m der höchste Berg der Karawanken. Im Bärental lebten früher über 100 Menschen, es gab eine Schule, ein Gasthaus und sogar eine Jugendherberge, geblieben sind nicht mal zehn Bewohner und mit der Klagenfurter Hütte (→ unten) die einzige Einkehrmöglichkeit weit und breit, diese allerdings ein ganzes Stück oberhalb am Berg gelegen und – für Nicht-Hüttenwirte – nur zu Fuß erreichbar. Bekannt wurde das Tal in jüngerer Zeit durch Jörg Haider, der hier große Ländereien geerbt und bis zu seinem Tod 2008 auch einen Wohnsitz im Bärental hatte. **Parkplätze** bei der Stouhütte und kurz vor der Johannsen-Ruhe, danach Schranke.

Kärntner Bären

Keine Frage, das Bärental hat seinen Namen von den Bären, die hier bis weit ins 19. Jh. überaus zahlreich vorgekommen sind, so zumindest berichten es die Jagdchroniken. Nachweislich geschossen wurden hier die letzten Bären 1965, bis Mitte der 1970er-Jahre gab es noch Sichtungen. Der Bär hat sich mittlerweile eher Richtung Westen verzogen, man geht von etwa acht bis zwölf Exemplaren aus, hauptsächlich im Gailtal (in der Gegend um Feistritz a. d. Gail) und in der Umgebung vom Weißensee. Zuletzt im Frühjahr 2014 verschlug es einen Bären zurück in die alte Heimat, im benachbarten Bodental hat er sich an den Bienenstöcken bedient und kam dabei einem Wohnhaus recht nah, ebenso wurde bei Finkenstein ein Bär gesichtet, eingewandert höchstwahrscheinlich aus Slowenien. Während sich Naturschützer freuen, dass die Bären wieder da sind, sehen das die Imker und Landwirte der Karawanken und Gailtaler Alpen naturgemäß nicht ganz so entspannt. Man sucht nach Lösungen, auch hinsichtlich Entschädigungen der Betroffenen.

Übernachten/Essen **Klagenfurter Hütte**, ein wirklich lohnendes Ausflugsziel mit gigantischer Bergkulisse auf 1664 m Höhe, das allerdings nur zu Fuß erreichbar ist. Die Pächter Sandra und Sigi Payrer bieten das ganze Spektrum von den Hüttenklassikern schlechthin wie Frankfurter, Selchwurst, Leberknödelsuppe, Palatschinken und

Glückliche Kühe an der Matschacher Alm (Klagenfurter Hütte)

Reindling, aber auch feines Wildgulasch, Saiblingsfilet und anderes. Etwa 50 Betten, Übernachtung im Zimmer 26 €/Pers., im Matratzenlager 20 €, Kinder 7–18 J. 16 €/10 €, bis 6 J. 10 € (im Matratzenlager frei), im Winter Heizungsbeitrag (2,80 €). Hunde erlaubt. Die Hütte wurde 2015 komplett saniert. Geöffnet Anfang Mai bis Anfang Nov., im Winter an Wochenenden und an Silvester. Für Übernachtungen reservieren: ✆ 0664-8660608 oder 0650-3338233, www.klagenfurterhuette.at.

Wandern Das Bärental ist ein Wanderparadies, es bestehen unzählige Möglichkeiten vom Spaziergang bis zum Klettersteig. Ab *Stouhütte* (Parkplatz) auf dem Weg Nr. 672/603A in etwa 45 Min. zur Narzissenwiese (am besten im Juni, wenn alles in voller Blüte steht), der Weg führt weiter auf den Bärensattel (1703 m, Grenze zu Slowenien). Nur für Geübte, Schwindelfreie und Konditionsstarke ist die Rundroute vom Bärensattel über Weinasch und Hochstuhl zur Klagenfurter Hütte und retour zur Stouhütte (ca. 6 Std.). Der Spaziergang ins Oberbärental (Beschilderung: Haider-Gedenkstätte, hier aber geradeaus weiter) dauert ca. 45 Min. Ab *Klagenfurter Hütte* ist der einfachste Aufstieg der Kosiak (2024 m, ca. 1 Std.), der auch als Rundtour gegangen werden kann. Außerdem Übergang über den *Stinzesteig* (nur für Geübte!) ins Bodental; Hochstuhl (ca. 2:30 Std.) und Bielschitza (ca. 1 Std.) ab Klagenfurter Hütte über Normalweg und der Hochstuhl auch über Klettersteig (alles nur für Geübte). Anfang Okt. findet hier der *Kosiak Löwe* statt, ein Duathlon, bei dem es mit dem MTB von Feistritz zur Klagenfurter Hütte geht, dann Berglauf mit nochmals 400 Höhenmetern auf den Kosiak.

Wanderung 8: Aufstieg aus dem Bärental zur Klagenfurter Hütte → S. 411
Beliebte Bergwanderung mit Blick auf den Hochstuhl (8 km, ca. 3 Std., leicht, mit Aufstieg auf den Kosiak mittelschwer).

Zwischen Feistritz und Ferlach

Schloss Ebenau: Das hübsche Renaissanceschloss mit Park am Ortsrand von Weizelsdorf wenige Kilometer östlich von Feistritz wäre an sich schon einen Besuch wert, für Kunstliebhaber ist es allerdings fast ein Muss: Auf vier Stockwerken

Das Bienenhaus vor dem Museum in Kirschentheuer

sind hier in der **Galerie Walker** feste (u. a.: die „Venetian Heads“ von Kiki Kogelnik im Dachgeschoss) und wechselnde Ausstellungen zeitgenössischer Künstler zu sehen. Im schönen Garten außerdem Skulpturen, es gibt auch ein Café im Schloss. Sehenswert!
Juni bis Okt. Fr–So 14–18 Uhr (Juli/Aug. schon ab 11 Uhr), Eintritt 5 €, erm. 4 € bzw. 3 € (je nach Ausstellung). Von Feistritz kommend noch vor dem Ortseingang Weizelsdorf rechts abbiegen (Schloss Ebenau). ✆ 04228-2110 oder 0664-3453280, www.galerie-walker.at.

Bienenmuseum Kirschentheuer: Der Ort Kirschentheuer (ca. 250 Einwohner) an der Kreuzung zwischen Loiblstraße B 91 (Klagenfurt-Slowenien) und Rosentalstraße B 85 bietet neben einem netten Badesee auch ein Bienenmuseum mitten im Ort, das sich hier voll und ganz der heimischen *Carnica-Biene* widmet. Von besonderem Sanftmut soll sie sein und außerdem – da freuen sich die etwa 250 Imker hier im Rosental – sehr fleißig und besonders anpassungsfähig: Lange Winter hält sie genauso aus wie heiße Sommer. In dem kleinen und besonders kindgerecht aufgemachten Museum erfährt man alles rund um Biene und Bienenzucht seit römischer Zeit und wird über die besonderen Gefahren durch die moderne Landwirtschaft informiert. Zudem ist diverses Gerät ausgestellt, Schautafeln erläutern Wissenswertes. Besonders schön finden wir die handbemalten, teilweise sehr alten Bienenstöcke vor dem Museum. Hier wird auch der echte Kärntner Bienenhonig verkauft.
Mai/Juni und Sept. Sa/So 13–18 Uhr, Juli/Aug. Di–So 13–18 Uhr, Eintritt 5 €, Senioren 4 €, Kinder 3 €. Kirschentheuer 6, 9162 Strau, ✆ 04227-2328 oder 0680-2310078, www.carnica-rosental.at.

Nördlich der Drau: Hollenburg und die Sattnitz

Weithin sichtbar über dem Nordufer der Drau thront die **Hollenburg**, eine wuchtige Wehrburg über dem Ferlacher Stausee, über den die kaum weniger wuchtige, vierspurige Hollenburger Brücke führt. Die Hollenburg war einst die mächtigste Burg im weiten Umkreis, bereits Mitte des 12. Jh. bekannt, aufgrund der strategisch so wichtigen Lage im 16. Jh. dann von den Dietrichsteinern festungsartig ausgebaut. Heute befindet sich hier eine Haflingerzucht, im Sommer gibt es hin und wieder Ausstellungen und Konzerte, aber ein Blick in den schönen Arkadenhof ist erlaubt. Und noch ein Bauwerk thront unübersehbar über der Drau am Hang der

Sattnitz: die *Wallfahrtskirche Mariä Himmelfahrt* in **Maria Rain** mit ihren beiden kupferstrahlenden Zwiebeltürmen. Das Gotteshaus stammt aus dem 10. Jh., wurde aber Ende des 17. Jh. umfassend barockisiert und bei dieser Gelegenheit erweitert. Blickfang ist der Hochaltar von 1694, auch ansonsten wird hier mit barocker Pracht nicht gegeizt.

Die Kirche ist ganztägig durch ein Gitter einsehbar, Kirchenführer liegt aus; zur Stärkung: **Gasthaus Kirchenwirt** nebenan. Auf der B 91 Richtung Klagenfurt nach der Hollenburg rechts ab nach Maria Rain, nicht zu verfehlen. Di Ruhetag.

Der verhältnismäßig niedrige Höhenzug nördlich der Drau, die **Sattnitz**, ist relativ dünn besiedelt mit einigen kleinen Dörfern am Hang und überschaubarem touristischem Angebot. Lohnend ist ein Abstecher nach **Köttmannsdorf**: Die romanische Pfarrkirche St. Georg wurde 1194 erstmals erwähnt, auf dem Friedhof daneben befindet sich eine gotische Lichtsäule von 1250 – die älteste in Kärnten.

Ferlach

ca. 4500 Einwohner

Das Städtchen etwa in der Mitte des Rosentals liegt verkehrsgünstig am Eingang zum Loibltal zwischen Drau und Karawanken, an der Verbindungsstraße zwischen Klagenfurt und Slowenien.

Seit Jahrhunderten ist Ferlach als Büchsenmacherstadt bekannt, und das maßgenaue Handwerk kann man noch heute in der Ausbildungsschule für Waffentechnik, Goldschmiede- und Gravierkunst im Zentrum erlernen: Für den Nachwuchs der Waffenschmieden in Ferlach ist also gesorgt. Touristisch profitiert das heute so ruhige Städtchen von seiner Lage am Eingang zum Loibltal (Brodi) mit der berühmten Tscheppaschlucht (→ unten), und auch ins ungemein malerische Bodental (Poden) ist es von hier nicht weit.

Erstmals urkundlich erwähnt wurde der Ort im Jahr 1246 unter dem Namen *Voerelach*, was sich von „Föhre“ (Kiefer) ableiten soll. Seit dem 16. Jh. ist Ferlach als Büchsenmacherstadt bekannt, aus dieser Zeit stammt auch das Schloss. Im 18. Jh. war die Stadt die wichtigste Waffenschmiede ganz Österreichs und hatte Anfang des 19. Jh. sogar ein Monopol auf die Herstellung von Feuerwaffen. Die Fachschule für Waffentechnik wurde schon im Jahr 1878 gegründet. Heute ist die Stadtgemeinde mit insgesamt rund 7000 Einwohnern (inkl. Vororte und Eingemeindungen) die Hauptstadt des Rosentals. Seit Eröffnung des Karawankentunnels (Autobahn A 11) bei Rosenbach geht es in Ferlach ruhiger zu, der zuvor oft sehr dichte Verkehr der B 91 durch das Loibltal nach Slowenien geht nun überwiegend über die Autobahn.

Information **Tourist-Information**, im Schloss, freundlich und hilfsbereit, im Sommer tägl. 10–18 Uhr geöffnet, von Mitte Okt. bis Mitte Mai nur Di, Do und Fr 14–18 Uhr, Mi 9–14 Uhr, Sa–Mo und an Feiertagen geschl. Sponheimer Platz 1, 9170 Ferlach, ✆ 04227-4920, www.ferlach.at.

Verbindungen **Busse** fahren ab Ferlach Sparkassenplatz im Zentrum, 5x tägl. (Sa 2x) über Unterloibl mit Halt am Eingang zur Tscheppaschlucht und Windisch Bleiberg ins Bodental zum Gasthof Sereinig; 1x tägl. (an Schultagen 5x) nach Zell-Pfarre (Sa 1x), 5x nach Klagenfurt (alle Verbindungen nur morgens und abends), außerdem etwa stündl. über Kirschentheuer, Weizelsdorf (Bahnhof) und Feistritz nach St. Jakob (Sa 4x, So 3x). Der nächste Bahnhof ist Weizelsdorf, ab hier werktags stündl. mit der **S-Bahn** *S 3* in nur 15 Min. nach Klagenfurt. Zum **Nostalgiebahnhof** in Ferlach → unten.

Valentinsfähre: von 1. Mai bis 30. Sept. Sa/So und feiertags in Betrieb, bringt Wanderer und Radfahrer ans jeweils andere Drauufer, dies jedoch nur nach vorheriger Anmeldung (mind. 1 Tag vorher): ✆ 0650-6040112 oder 0650-2794522. Unterhalb von Glainach an der Drau.

Büchsenmacher- und Jagdmuseum: Viele historische Waffen mit teilweise sehr kostbarer Gravur, unzählige Trophäen, aber auch eine Einführung in die Technik des Handwerks, außerdem ein umfassender Überblick zum Thema Jagd. Das Museum befindet sich im Ferlacher Schloss (mit mehreren modernen Anbauten) im Zentrum, davor im Park gibt es ein kleines Terrassencafé.

15.5.–15.10. tägl. 10–18 Uhr, in den Wintermonaten nur Di, Do und Fr 14–18 Uhr, Mi 9–14 Uhr (Sa–Mo und feiertags geschlossen). Eintritt 5,50 €, Senioren 4,50 €, Kinder 3,50 €, Familien 12 €. Sponheimer Platz 1, ✆ 04227-4920.

Im Historama

Historama: In der riesigen Halle des Technikmuseums dreht sich alles um Mobilität. Mit etwas Glück trifft man einen der engagierten Mitarbeiter, der kenntnisreich die nostalgischen Exponate vorstellt. Diese sind: Oldtimer, mit oder ohne Motor, zwei oder vierrädrig, für den Straßen- oder Schienengebrauch; z. B. alte Käfer und Busse, darunter ein „gestauchter“ Pritschenwagen und ein Trabant (denn: „ohne Trabant ist ein verkehrstechnisches Museum nicht vollständig“), eine Postkutsche von enormen Ausmaßen (mit zwei Kabinen, hohem Kutschbock, Kofferraum mit großem Fassungsvermögen und Hartgummi ummantelter Bereifung), ein amphibischer Kübelwagen (in friedlichen Zeiten vom Eislaufverein Wörthersee eingesetzt), Trecker, Straßen- und Bergbahnen, Motorräder, Fahrräder und, und, und. Nicht unerwähnt bleiben sollen drei verkehrstechnische Kuriositäten: der einzige Zweimaster, der je den Wörthersee besegelte, ein Fluggerät, ersonnen und erbaut von Graf Khevenhüller, der – vergeblich – den Muskelflug durchsetzen wollte, und das Sattler-Auto: Diesem eigentlich zweirädrigen Torpedo fuhren bei niedriger Geschwindigkeit automatisch zwei Stützräder aus, um Anfahren und Halt zu stabilisieren – auch dieses pfiffige Patent brachte es leider nicht zur Serienreife. Kurzum: für Freunde alter Fahrzeuge ein Fest.

Anfang Juli bis Anfang/Mitte Sept. (sowie an zwei weiteren Septembersonntagen) Di–Fr 13–17 Uhr, Sa/So 11–17.15 Uhr. Erw. 6 €, Kinder 3 €, Familienticket 15 €. Infos über die Nostalgiebahnen Kärnten, Auengasse, 9170 Ferlach, ✆ 0664-5301933, www.nostalgiebahn.at.

Anfahrt: Gut, Sie können auch mit dem Auto kommen (dann: von Ferlachs Zentrum über die Loiblstraße in südlicher Richtung, beschildert). Stilecht aber wären der Oldtimerbus oder die historische Tram als Transfermittel vom Bahnhof zum Historama (etwa 1,5 km, nur an Wochenenden im Sommer, Fahrplan stand zuletzt noch aus).

Nostalgiebahn: Tatsächlich hat Ferlach auch einen Bahnhof, genauer gesagt einen Nostalgiebahnhof (beschildert), von dem aus der *Rosentaler Dampfzug* – stilecht mit Dampflok und alten Personenwaggons inkl. Buffetwagen – nach Weizelsdorf und retour schnaubt. Mit Fotostopp.

Fahrten nur Anfang Juli bis ca. Mitte Sept. Sa und So, Abfahrt ab Weizelsdorf um 11, 13.30 und 16 Uhr, ab Ferlach 12.45, 15.15 und 17.30 Uhr, hin und zurück 14 €, Kinder 7 €, Familienticket 35 €, Fahrräder kostenlos. Das Bahnticket ist auch für das Historama (→ oben) gültig. Infos: ✆ 0664-5301933, www.nostalgiebahn.at.

Südlich von Ferlach: Loibltal, Bodental und Zell-Pfarre

Loibltal (Brodi): Die schöne Strecke der B 91 führt von Ferlach aus in weiten Teilen durch das schluchtartige Tal am *Loiblbach* entlang, vorbei am Parkplatz Tscheppaschlucht, durch kurze Tunnel und Serpentinen, bis man nach ca. 13 km den Eingang des 1570 m langen Loibltunnels (mautfrei) nach Slowenien erreicht.

Schon die Römer nutzten den Weg über den Loibl auf 1367 m als Handels- und Transportstrecke ins heutige *Ljubljana* (dem römischen Emona), und auch der Hemma-Pilgerweg führt seit über 400 Jahren von Slowenien über den Loiblpass nach Gurk. Bis weit ins 20. Jh. war der Pass eine der wichtigsten Verbindungen nach Süden, hier fuhr einst sogar regelmäßig die Postkutsche und entsprechend viele „Dienstleister“ fanden sich an der Strecke: Hufschmied, Herberge, Gasthaus. Vor allem das letzte Stück der Passstraße bergan war recht steil und schwierig.

Mit dem Bau des *Loibltunnels* auf 1068 m Höhe wurde 1943 dann ein dunkles Kapitel des österreichischen alpinen Pioniergeistes aufgeschlagen: Etwa 1800 Zwangsarbeiter – die meisten Häftlinge des *KZ Loibl* (einer Außenstelle von Mauthausen) – mussten hier unter schlimmsten Bedingungen den Tunnel durch den Berg treiben, die Lager befanden sich sowohl auf der Nord- als auch auf der Südseite des Passes. Ab Ende 1944 wurde der Tunnel dann militärisch genutzt, aus Angst vor der jugoslawischen Invasion 1945 aber gleich wieder zugemacht – erst seit 1964 kann man sich den beschwerlichen Weg über den Pass sparen und durch den zwischenzeitlich ausgebauten Tunnel fahren (die alte Passstraße ist heute Wanderern und Radfahrern vorbehalten). Zwei Gedenktafeln am Tunneleingang und ein steinernes Denkmal am Tunnelausgang auf slowenischer Seite erinnern an die Opfer des KZs und Tunnelbaus.

Übernachten/Essen Deutscher Peter, das berühmte Gasthaus rechts der Loiblstraße (ca. 7 km von Ferlach) befindet sich am südlichen Ausgang der Tscheppaschlucht. Seit über 500 Jahren gibt es hier ein Gasthaus, das seinen Namen von Kaiser Karl VI. haben soll: Als dieser 1728 die neue Straße zum Pass hinaufritt, fand er als einzigen Deutsch sprechenden unter all den „Windischen“ eben hier den Wirt Peter Tschauko – den „Deutschen Peter“ (den es jetzt in 22. Generation gibt). Das einladende Restaurant bietet rustikal-elegantes Ambiente in den Gasträumen und eine schöne Terrasse nach hinten überm Bach (mit Pfau und Gänsen), hier kann man gut und günstig essen, auch Kaffee, Kuchen, Eis und Mehlspeisen. Restaurant ganztägig geöffnet, warme Küche 10–20 Uhr, kein Ruhetag. Im Haus gibt es auch acht Gästezimmer, Übernachtung 22 € pro Pers. inkl. Frühstück (Halbpension ab 3 Tagen, um 30 €/Pers.). Auch Schnapsbrennerei, die Brände werden hier in dekorativen Flaschen verkauft. Loiblpass 4, 9163 Unterbergen/Ros., ✆ 04227-62200, www.deutscher-peter.at.

Ein Naturspektakel aus Wasser und Fels: die Tscheppaschlucht

Sie ist die Königin unter den Schluchtenstiegen: die Tscheppaschlucht. Tief hat sich der tosende Loiblbach in den Fels gefräst und ein grandioses Naturschauspiel geformt. Die spektakuläre Stiegenführung, mit der man die Schlucht durchwandern kann, steht dabei der landschaftlichen Dramatik in nichts nach: Hohe Brücken führen über den reißenden Gebirgsbach und über herabstürzende Wasserfälle, Stiegen klammern sich in die steile Felswand der dramatische Klamm.

Hinter dem Eingang beginnt die Wanderung noch recht betulich mit einem Barfußparcours (mit Naturkneipp-Möglichkeit). Der Schotterweg führt am Loiblbach entlang bis man bei einer Holzknechthütte, die auch Schmugglern und Wilderern als Versteck diente, die erste Stiege erreicht. Nun taucht man richtig in die eindrucksvolle Klamm ein. Der Wandersteig klettert hoch über den rauschenden Bach, dann geht es über eine Holzbrücke und auf der anderen Seite über Stiegen und Stufen teils direkt im Fels durch die dramatische Schlucht. Schließlich erreicht man nach etwa einer Stunde ab Eingang die erste Abzweigung, rechts geht es direkt zum Gasthof Deutscher Peter, zu den landschaftlichen Highlights der Schlucht führt ein Abstecher linker Hand (hier auch Richtung Bodental). Nach einem gemütlichen Stück durch lichten Wald wird es richtig spektakulär. Die Felswände rücken immer enger zusammen, der Loiblbach stürzt in Stufen und Fällen hinab. Eine abenteuerliche Stahlstiegenkonstruktion führt über eine Wendeltreppe hinauf (man befindet sich nun unter einer Brücke der Landstraße zum Loiblpass) und über eine Art Galerie um den Fels zur *Teufelsbrücke*, die sich über einen tosenden Wasserfall hangelt. Als wäre das noch nicht eindrücklich genug, gelangt man kurz darauf zum nächsten Naturspektakel: dem 26 m hohen *Tschaukofall* samt Felsentor.

Nun teilt sich der Weg. Rechter Hand folgt man dem Bodenbach ins Bodental (eine knappe Stunde zu gehen, nach etwa 25 Min. ein weiterer Abzweig nach Windisch Bleiberg). Geradeaus geht es auf angenehmem und schattigem Weg entlang eines Naturlehrpfades hinauf zum Gasthof Deutscher Peter (ab dem Abzweig ins Bodental etwa eine halbe Stunde, hier Parkplatz und Bushaltestelle). Die reine Gehzeit insgesamt beträgt etwa 2 Std.

Öffnungszeiten/Eintritt: Die Schlucht ist – je nach Wetter – Anfang Mai bis Ende Okt. tägl. ab 8.30 Uhr bis Sonnenuntergang geöffnet. Erw. 7,50 €, erm. 5,50 €, Kinder 4,50 € (bis 15 J.). Inbegriffen ist der Bustransfer vom Deutschen Peter oder dem Bodental zurück zum Parkplatz. Infos im Tourismusbüro Ferlach ✆ 042274920 oder unter ✆ 04227-3304 (Kassa), www.tscheppaschlucht-ferlach.at. *Sicherheitshinweis*: Gutes Schuhwerk ist ratsam. Auch wenn die Weganlage gut gesichert ist, ist ein Mindestmaß an Trittsicherheit und Schwindelfreiheit hilfreich. Kinder sollten nur unter Aufsicht durch die Schlucht gehen. Für Hunde, die nicht in eine Handtasche passen, ist die Schluchtwanderung absolut ungeeignet.

Anfahrt: An der Straße zum Loiblpass, 800 m hinter Unterloibl, befindet sich der Parkplatz zur Schlucht (gebührenpflichtig 2 €/Tag), von dort führt ein bequemer Weg (etwa 15–20 Min.) durch den Waldseilpark, am Fluss entlang und zum Eingang der Schlucht.

Ein **Bus** fährt Mo–Fr 5x tägl. und Sa 2x von Ferlach über Unterloibl zum Parkplatz Tscheppaschlucht.

Rückfahrt mit dem Bus: vom *Deutschen Peter* von 13.10 Uhr stündl. bis 18.10 Uhr, aus dem *Bodental* um 12.45 Uhr (ab Windisch Bleiberg 12.50 Uhr), 13.35, 14.25, 16.25 und 18.25 Uhr (in der Hochsaison stündl.), jeweils zum Tscheppaschlucht-Parkplatz, die Busse fahren nur bei gutem Wetter.

Klettern: Ein super *Waldseilpark* liegt unterhalb des Tscheppa-Parkplatzes auf dem Weg zum Schluchteinstieg. 8 Parcours mit 7 Flying Foxes, wobei der Parcours mit der Tschepparutsche (hoch über Baumwipfel und Loiblbach) zu den spektakulärsten gehört. Ende Juni bis Anfang Sept. tägl. 10–18 Uhr, Mai bis Ende Juni Sa/So 10–17 Uhr, Sept. bis ca. Mitte Okt. Sa/So 11–16 Uhr (nur bei passablem Wetter), Erw. 24 €, Kinder bis 14 J. 17 €, Kinderparcours 12 €, auch Familientickets (52–64 €). ✆ 0664-1355743, www.waldseilpark-tscheppaschlucht.at.

Naturwunder im Bodental: Märchenwiese und Meerauge

Das **Bodental (Poden)** ist für uns das allerschönste Tal in ganz Kärnten: ein traumhaft gelegenes, weites Hochtal auf über 1000 m Höhe mit einzelnen Bauerngehöften wie vor 100 Jahren, viele davon mit eigener Mühle, Wiesen und Wald, und am Talschluss liegt mit der *Märchenwiese* eines der am meisten fotografierten Bergmotive Kärntens – die Postkarte schlechthin. Und noch ein Postkartenmotiv befindet sich hier im Bodental: das sagenumwobene *Meerauge*, ein übrig gebliebenes Toteisloch der letzten Eiszeit, als sich im Bodental ein großer Gletscher befand. Lange glaubte man, das Meerauge hätte keinen Grund und wäre sogar unterirdisch mit dem Meer verbunden, daher auch der Name. Das unglaublich klare, türkis schimmernde (da besonders nährstoffarme) Wasser ist eine Grundwasserquelle, aus der immer wieder Luftblasen aufsteigen (von der Straße Richtung Bodenbauer rechts ab, beschildert). Auf dem Weg ins Bodental passiert man das beschauliche *Windisch Bleiberg* (*Slovenj Plajberg*), ein 120-Seelen-Ort, dessen Name eigentlich schon alles sagt: „Windisch" für die von fast 40 % der Bewohner gesprochenen Sprache (also Slowenisch) und „Bleiberg" für deren Hauptbeschäftigung über sechs Jahrhunderte: Bergbau, zumeist Blei, aus dem nördlich gelegenen Singerberg.

Das Bodental ist ein wirklich lohnendes Ausflugsziel für Spaziergänger ebenso wie für anspruchsvolle Wanderer, es gibt drei Gasthöfe, ein Seitenausstieg der Tscheppaschlucht (→ oben) befindet sich am Gasthof Sereinig. Im Winter ist das Tal ein Paradies für Langläufer und Schneewanderer.

Anfahrt/Verbindungen Von Ferlach auf der B 91 Richtung Loiblpass, ein Stück nach dem Parkplatz Tscheppaschlucht geht es rechts ab ins Bodental und nach Windisch Bleiberg (3 km ab Abzweigung), dann noch ca. 4 km zum Ende der Straße beim Bodenbauer. **Busse** fahren 5x tägl. (Sa 2x) ab Ferlach nach Windisch Bleiberg und ins Bodental zum Gasthof Sereinig (und retour).

Übernachten/Essen **Familienhof Sereinig**, Hotel relativ am Anfang des Bodentals, großer Parkplatz und Bushaltestelle davor. Mit Gasthaus und Terrasse sowie einem Kaufhaus (oder eher: Lebensmittelladen), Skihügel hinterm Haus. EZ 44 €, DZ 76–82 €, Hüttenzimmer (Dusche/WC auf dem Gang) 60–66 € (DZ), jeweils inkl. Frühstück, Halbpension 43–54 € pro Pers. Im April und Nov. geschlossen, ansonsten ganzjährig. Bodental 40, 9163 Unterbergen, ✆ 04227-6300, www.familienhof.at.

Lausegger, Berggasthof und Pension oben am Hang und mit traumhafter Aussicht (auch von den Zimmern mit Balkon zum Tal). Die (11.30–19.30 Uhr durchgehend warme) Küche bietet Kärntner Spezialitäten und leckere Jausen, kein Ruhetag. Gute Wandermöglichkeiten gleich vor der Haustür. EZ 42 €, DZ 76 €, Dreibettzimmer 114 €, jeweils inkl. Frühstück, Halbpension 52–56 € pro Pers. Ganzjährig geöffnet. *Anfahrt*: Von der Straße durchs Bodental rechts ab (beschildert) und ca. 1 km in Serpentinen den Berg hinauf. Bodental 182, 9163 Unterbergen, ✆ 04227-6260, www.lausegger.info.

››› Unser Tipp: **Gasthof Bodenbauer (Podnar)**, ein unglaubliches Idyll mit Blick auf die Vertatscha, am Ende des schmalen Sträßchens durchs Tal. Davor eine Linde von 1636, Tische und Bänke darunter, an denen die glücklichen Gäste ihre Jause genießen – traumhaft schön. Einige Tische und Bänke auch vor dem Haus, innen im alten Bauernhaus urig und kühl. Klassische Brettljause mit gespritztem Apfelsaft oder Reindling mit Milchkaffee – hervorragend und günstig. Nette Wirtsleute. Während der Saison tägl. durchgehend geöffnet. Bodental 125, ✆ 04227-6328. ‹‹‹

Sport **Langlauf**: Im Winter sind drei Loipen gespurt, zu 3, 4 und 9 km, Letztere bis zur Märchenwiese (ein Erhaltungsbeitrag von 4 € wird erhoben).

Ski alpin: zwei Schlepplifte hinter dem Hotel Sereinig, kleines Skigebiet für Anfänger (Tageskarte Erw. 21 €, Kinder 16 €), auch Skikurse (3 Std. 30 € bzw. 25 €) und Verleih (20 €/Tag), alles über Hotel Sereinig. **Skitourengeher** finden hier anspruchsvolle Routen (nur für Geübte).

Wandern: sehr viele Möglichkeiten, neben dem Klassiker – Spaziergang zur Märchenwiese und/oder zum Meerauge – lockt vor allem der Aufstieg zur Ogrisalm (Nr. 603) und von hier über den *Stinzesteig* zur Klagenfurter Hütte (→ S. 338), der Steig ist auch auf dem Weg Nr. 662 zu erreichen, ab Bodenbauer ca. 2:30–3 Std. bis Klagenfurter Hütte (*Achtung*: Der in etwa 20 Min. zu durchsteigende Stinzesteig ist zwar gesichert, Wanderer sollten aber unbedingt trittsicher und schwindelfrei sein!).

Wanderung 9: Zwischen Märchenwiese und Meerauge – kleine Rundwanderung im Bodental → S. 413
Einfache Rundwanderung mit Traumkulisse (ca. 8 km, ca. 2:30 Std., leicht).

Gut 10 km südöstlich von Ferlach befindet sich am Südhang eines abgelegenen Hochtals das malerisch gelegene Dorf **Zell Pfarre (Sele-Cerkev)** mit nur einer Handvoll Häusern, alter und neuer Kirche, Gasthof und Schule, vielen Bauerngehöften drum herum und dahinter erhebt sich eindrucksvoll das langgestreckte Massiv der *Koschuta* (2136 m). Zell Pfarre ist der Hauptort der Gemeinde **Zell (Sele)**, die sich aus mehreren Weilern im Tal und der Umgebung zusammensetzt. Nicht mal 250 Menschen leben in Zell Pfarre und die meisten sprechen Slowenisch, die Gemeinde hat den mit Abstand höchsten slowenischsprachigen Anteil der Bevölkerung in ganz Kärnten – zuletzt an die 90 %. Fährt man auf der Hauptstraße (eher einem Sträßchen) weiter in östliche Richtung, kommt man über den *Schaida-Sattel* auf 1069 m Höhe mit herrlichem Blick zurück ins Tal (ab hier starten mehrere Wanderungen) und weiter Richtung Bad Eisenkappel (Železna Kapla). Durch Zell-Pfarre hindurch auf gut befahrbarer Schotterstraße (mautpflichtig) Richtung Süden erreicht man das Koschutahaus auf 1280 m, eine der raren Übernachtungsmöglichkeiten der Gegend.

Der Wildensteiner Wasserfall

Übernachten/Essen **Koschutahaus**, Berghütte am Fuß der Koschuta, hier kann man gut essen und auch übernachten: 24 € im Matratzenlager, 27 € im Zimmer, Frühstück inkl., mit Halbpension 37 € bzw. 40 €/Pers. Wanderjause zum Mitnehmen gibt es auch, ebenso Verleih von Klettersteig-Sets und Vermittlung von Bergführern. Einfache, rustikale Unterkunft mit Etagenduschen, beliebt bei Wanderern und v. a. Kletterern, die früh am Morgen den Klettersteig an der Koschuta in Angriff nehmen. Mai bis Okt. geöffnet, im Winter am Wochenende. ✆ 04227-7110, www.koschutahaus.at.

Verbindungen/Maut **Busse** von und nach Ferlach 1x tägl. (an Schultagen 5x), sonntags nicht. Die gut 3 km lange, gut befahrbare Schotterstraße zum Koschutahaus kostet **Maut**: Auto 4 €, Motorrad 2 € (zu zahlen beim Wirt im Koschutahaus).

Wandern/Klettern Vom Schaida-Sattel (Parkplatz) Weg *Nr. 623* über den Simon-Rieger-Stieg auf den Hochobir, leicht, aber lang und fast 1100 Höhenmeter (ca. 3–3:30 Std.), kann auch als Rundwanderung via Eisenkappler Hütte und auf dem Südalpenweg *Nr. 603* am Pistotnikberg zurück zum Schaida-Sattel (ca. 6–6:30 Std.) gegangen werden. Wer es gemütlicher mag: Von Zell Pfarre führt ein schöner Waldwanderweg in ca. 1 Std. zum Koschutahaus. Der *Koschutnikturm*-Klettersteig am Koschuta-Massiv ist renoviert und mit einer Hängebrücke ausgestattet, der Aufstieg für geübte Kletterer machbar; der schwierigste Klettersteig Kärntens ist der *Lärchenturm* weiter westlich: Dieser ist nur besonders erfahrenen Berg- und Klettersteigern vorbehalten.

Von Ferlach ins Jauntal

Auf der B 85 in östliche Richtung verlässt man bald die breite Ebene an der Drau, die Strecke führt in bergiges, einsameres Gebiet mit nur wenigen abgelegenen Dörfern. Zunächst sollte man aber im winzigen **Seidolach** einen Blick auf die eigentümliche Kirche *St. Ägidius* an der Durchgangsstraße werfen: Das Gotteshaus wurde 1496 erstmals erwähnt, Reste eines Freskos sind noch an der Fassade zu sehen. Ganz und gar barock und äußerst prachtvoll zeigt sich dagegen die *Pfarrkirche* von **St. Margareten im Rosental**, benannt nach der Heiligen Margareta von Antiochia (ganztägig geöffnet und durch ein Gitter vom Vorraum aus einsehbar). Der 300-Seelen-Ort selbst – einst wichtiges Zentrum des Fassbinderhandwerks – liegt abgeschieden auf einem Hochplateau am Fuß des Hochobirs, unterhalb bei Trieblach (Treblje) ist die Drau zu einem See gestaut. Nur wenige Kilometer weiter östlich zweigt eine schmale Straße zum **Freibach-Stausee** (3 km) ab, einem glasklaren und besonders bei Tauchern beliebten See mit mehreren Badestellen. Am Ufer zwei

Gasthäuser, ansonsten kaum verbaut, die Straße führt von hier weiter zum Schaida-Sattel und nach Zell-Pfarre (Sele-Cerkev) (→ oben).

Übernachten/Essen Taverne **Nepomuk**, mit wunderschönem Garten, herrlicher Blick auf das Rosental bzw. Jauntal. Innen nur 5 Tische im Gewölbe (immer reservieren, auch für die großzügige Terrasse!), auf den Tisch kommt Regionales und Alpe-Adria, eine kleine und ausgesuchte Karte auch mit Fischgerichten und heimischem Gemüse, Spezialität sind die Flusskrebse, etwas gehobenes Preisniveau. Das winzige Rosenhäusel wurde zum Ferienhaus für 2 Pers. umgebaut (90 €/Nacht, Frühstück 15 €/Pers.). In der Saison mittags ab 12 Uhr durchgehend geöffnet, kein Ruhetag, in der Nebensaison ab 17 Uhr und Mo Ruhetag, Jan./Febr. geschlossen. *Anfahrt*: von Ferlach kommend in St. Margareten links ab (beschildert) und gut 1 km den Berg hinunter Richtung Draubrücke/Trieblach, fast schon unten an der Drau. Trieblach 4, 9173 St. Margareten/Ros., ✆ 04226-22481, www.taverne-nepomuk.com. ■

Der Ort **Gallizien** (ca. 250 Einwohner), schon in der Ebene des westlichen Jauntals gelegen, hat seinen exotischen Namen tatsächlich von der spanischen Provinz: Ortsheiliger dieses Unterkärntner Dorfes ist nämlich der Apostel Jakobus, dessen Grab sich in Santiago de Compostela in Galicien befindet. Aus dem ehemaligen *Gestidorf* machte man im 15. Jh. dann Gallizien, aus Verehrung für Jakob. Selbstredend ist die Pfarrkirche auch nach St. Jakob benannt, erstmals erwähnt wurde sie 1100. Gallizien bzw. der weit außerhalb gelegene *Rutarhof* war auch die Wahlheimat des Malers Werner Berg (→ Werner-Berg-Museum in Bleiberg, S. 364). Touristische Attraktion ist der **Wildensteiner Wasserfall** wenige Kilometer südlich von Gallizien bei Wildenstein.

Wasserfall Von Gallizien gut 2 km in südliche Richtung nach Wildenstein, hier rechts ab und wenige 100 m zum Parkplatz (mit Jausenstation „Zum Wasserfall"). Man sieht den oberen Teil des Wasserfalls schon von hier, zu Fuß sind es 20 Min. in Serpentinen dorthin, die man locker auch in Turnschuhen bewältigen kann. Vom Parkplatz startet aber auch der anspruchsvolle **Wanderweg** über die Eisenkappler Hütte zum Hochobir (5 Std.).

Bad Eisenkappel (Železna Kapla)

ca. 950 Einwohner

Die südlichste Gemeinde Österreichs liegt umgeben von viel Wald und Grün im tief eingeschnittenen Vellachtal am Fuß des mächtigen Hochobir. Das einstige Bergbaudorf ist heute Kur- und Luftkurort.

Die schöne Lage tief drin in den Karawanken und die Auszeichnung als Kurort und Luftkurort lässt auf mehr Tourismus schließen, tatsächlich geht es in Bad Eisenkappel relativ ruhig zu. Freundlich und beschaulich zeigt sich der Hauptplatz des zweisprachigen Ortes (Bad Eisenkappel/Železna Kapla) mit der Pfarrkirche St. Michael, Café, Restaurant und der sehenswerten Galerie Vorspann – trotz der Durchgangsstraße B 82, die von hier in nur 15 km in vielen Serpentinen auf den 1215 m hoch gelegenen Seebergsattel, der Grenze nach Slowenien, führt.

Die sehenswerte spätgotische **Wallfahrtskirche Maria Dorn** mit Fresken aus der Zeit um 1480 befindet sich am nördlichen Ortsrand oberhalb der Straße beim Friedhof. Sie ist die Lieblingskirche der Eisenkappler und soll vor Hochwasser (die es hier an der Vellach schon in verheerender Form gab) schützen, und als sie Ende des 18. Jh. per kaiserlicher Verordnung geschlossen werden sollte, setzten sich die Dorfbewohner erfolgreich zur Wehr – die Kirche blieb. Am südlichen Ortsrand, neben dem Kurzentrum, liegt schließlich noch das ansehnliche barocke *Schloss Hagenegg*, das aber in Privatbesitz und nicht zugänglich ist.

Den Seebergsattel als Handelsweg haben schon die Römer genutzt. Dokumentiert ist eine Siedlung aber erst um 1050, als „villa cappella“, nach dem Vorhandensein einer Kapelle (die „villa“ fiel bald weg, das „Eisen“ kam offiziell erst 1890 hinzu – wegen des Eisenabbaus). Ab wann hier an den Osthängen des Hochobir Erz abgebaut wurde, ist nicht gesichert überliefert, einige Quellen gehen aber bereits vom 12. Jh. aus. Verbrieft ist dagegen eine Hochwasserkatastrophe von 1180. Die sog. „Türkenschanze“, eine Befestigung etwa 500 m nördlich des Ortes an einer Engstelle im Tal, konnte nicht helfen: 1473 wurde das Dorf von den Türken zerstört. Ab etwa 1700 wurde in den Stollen des Hochobirs Erz im großen Stil abgebaut, 1914 hat man das Bergwerk wegen Unrentabilität stillgelegt.

Der Peršmanhof

Ein wunderschöner Ort – und Ort des Grauens gleichermaßen. Wunderschön wegen der herrlichen Lage und Natur in aller Abgeschiedenheit hier in den Karawanken an der Grenze zu Slowenien, Ort des Grauens wegen des Massakers in den letzten Kriegstagen im April 1945. Im Zweiten Weltkrieg war Eisenkappel – und im Besonderen der Peršmanhof einige Kilometer östlich davon – ein wichtiger Stützpunkt der Kärntner Partisanen. Ihre dunkelste Stunde erlebte die Gegend, als am 25. April 1945 die SS und Angehörige des Polizeiregiments 13 auf dem Hof elf Mitglieder der Betreiberfamilie *Sadovnik* sowie einen Neffen und zwei Nichten ermordete: vier Erwachsene, darunter die 77-jährige Altbäuerin, und sieben Kinder im Alter von acht Monaten bis neun Jahren. Drei Kinder überlebten. Die späteren Ermittlungen gegen die Täter wurden eingestellt. Der Peršmanhof beherbergt seit 1982 das **Museum des antifaschistischen Widerstands in Kärnten**. Im Jahr 2013 (Erstausstrahlung) hat sich der ORF des Themas mit einem hervorragenden *Tatort* angenommen, der passende Titel dazu: „Unvergessen“.

Anfahrt: In Bad Eisenkappel am Ortsrand zum Kurzentrum links ab (grünes Schild Peršman-Museum) Richtung Leppen/Lepena und Koprein Petzen/Pod Peco. Der schmalen Straße folgen, es geht in Serpentinen steil hinauf, nach 9,5 km links ab (beschildert) und die letzten paar Hundert Meter auf planierter Waldstraße hinauf. Vom Peršmanhof führt ein Wanderweg zum Luschasattel (Gasthof) und zur Petzen.

Öffnungszeiten: Mai bis Okt. Fr–So und an Feiertagen 10–17 Uhr, Eintritt frei, Spende willkommen. ✆ 04238-25060, www.persman.at.

Information **Tourist-Information** und **Ticket-Büro für die Tropfsteinhöhlen** an der Durchgangsstraße Höhe Hauptplatz im Zentrum. Der Bus zur Tropfsteinhöhle (→ S. 352) fährt ebenfalls hier ab. Tägl. 9–17 Uhr geöffnet. Hauptplatz 7, 9135 Bad Eisenkappel, ✆ 04238-8239, www.bad-eisenkappel.info.

Gegenüber dem Info-Büro befindet sich das **Infozentrum** des Geoparks Karawanken – ideal, um sich die Zeit bis zur Höhlenbesichtigung zu vertreiben. Im Juli/Aug. tägl. ab 13 Uhr geöffnet. Hauptplatz 4.

Kunst **Galerie Vorspann**, wechselnde Ausstellungen, geöffnet Mi, Do und Sa 10–12 und 15–18 Uhr, Fr/So 17–20 Uhr. Neben der Tourist-Information. Hauptplatz 8–9, ✆ 0650-9800400, www.galerievorspann.com.

Kuren Die heilsamen Wasser der Carinthia-Lithion-Quelle kommen im **Kurzentrum Bad Eisenkappel** zur Anwendung, mit Innen- und Außenbad, diverse Therapien und kosmetische Anwendungen, auch Fastenwochen. Angeschlossen ist das ******-Kurhotel** mit 162 Zimmern und 17 Appartements (EZ 95 €, DZ 170 €, jeweils inkl. Frühstück, auch Halb- und Vollpension möglich). Vellach 9, 9135 Bad Eisenkappel, ✆ 04238-90500, www.kurzentrum.com.

Sport **Baden**: beheiztes Freibad oberhalb vom Ort (am nördlichen Ortseingang links den Berg hinauf), mit Café, Mai bis Sept. tägl. 10–19 Uhr geöffnet, mit Café, Eintritt 3,50 €, Kinder 2 €. ✆ 04238-8103.

Fliegenfischen kann man in der Vellach, im Ebriachbach und der Trögerner Klamm, Tageskarte 35 €, auch Kurse, Näheres bei der Tourist-Information oder unter ✆ 04238-8686.

Klettergarten: gegenüber vom Hotel Berghof Brunner (Anfahrt → unten), 100 Routen verschiedener Schwierigkeitsgrade (4a bis 8a), Tageskurs 90 €, Infos unter ✆ 0463-595189, www.highlife.co.at.

Wandern: Die Gegend ist ein Wanderparadies, der Klassiker ist natürlich die Besteigung des Hochobir (→ S. 416), doch in der Umgebung warten noch andere Gipfel (wie z. B. Oistra östlich und Kärntner Storschitz südwestlich), ein besonders lohnendes Wanderziel ist das südlich von Bad Vellach gelegene Naturschutzgebiet Vellacher Kotschna, ein schönes Hochtal, das allerdings nur über einen Grat (gesichert, aber Schwindelfreiheit vonnöten) zu begehen ist. Wanderkarte und Routenvorschläge gibt es bei der Tourist-Information bzw. unter www.bad-eisenkappel.info.

Übernachten **** **Berghof Brunner**, freundliches Hotel am Berg oberhalb von Eisenkappel, mit Restaurant und Terrasse, Klettergarten nebenan, es werden auch geführte Wanderungen angeboten. EZ 63–95 €, DZ 106–130 €, jeweils inkl. Frühstück, mit Halbpension (ab drei Tage Aufenthalt) nur unwesentlich teurer. Ferienwohnung für 1–4 Pers. 80 €, Hund 8 €/Tag. Dez. bis Febr. geschlossen. *Anfahrt*: von Norden kommend bei der Kirche am Ortseingang links den Berg hinauf (ca. 1,5 km). Lobnig 4, 9135 Bad Eisenkappel, ✆ 04238-301, www.berghof-brunner.at.

Verbindungen **Bus**: 6x tägl. mit dem Postbus von und nach Völkermarkt via Gösselsdorf.

Sehenswertes/Umgebung

Eisenkappler Hütte: Zugegeben, die etwa 14 km hier hinauf auf schmalem Asphaltsträßchen ziehen sich ewig, endlos schraubt man sich nach oben, und bei Gegenverkehr kann es schon mal eng werden am Hang. Dafür belohnt die urige Hütte auf 1553 m (Ausgangspunkt für Wanderungen zum Hochobir) mit herrlichem Ausblick von der sonnigen Terrasse davor. Auf den Tisch kommen deftige Brettljausen und auch warmes Essen wie Schweinsbraten mit Knödel. Mai bis Mitte Oktober

Die Eisenkappler Hütte am Hochobir

täglich geöffnet, man kann hier auch im Zimmer/Matratzenlager übernachten (Reservierung unter ✆ 04238-8170 oder 0664-2824203).

Anfahrt: Auf der Straße von Norden kommend, geht es noch vor Bad Eisenkappel rechts ab Richtung Trögerner Klamm, kurz darauf wieder rechts auf unscheinbares Sträßchen mit unscheinbarer Beschilderung. *Achtung*: Für die Straßenmaut müssen Sie 6 € in Münzen dabei haben!

Wanderung 10: Auf den Hochobir → S. 416
Unproblematische Gipfelwanderung mit traumhaften Ausblicken (ca. 6 km hin und zurück, Aufstieg etwa 1:40 Std., mittel).

Obir Tropfsteinhöhlen: Bergleute entdeckten im Jahr 1870 auf über 1000 m Höhe die Höhlen, die es auf etwa 200 Millionen Jahre Erdgeschichte bringen – und es tropft weiter. Der Besucher wird über einen knapp 250 m langen Stollen in den Berg geführt, der anschließende Rundgang ist etwa 800 m lang – vorbei an eindrucksvoll inszenierten Tropfsteingebilden und dem Sintersee „Kleine Grotte", das Ganze mit Musik untermalt, außerdem eine anschauliche Ausstellung zum Thema Bergbau und ein Film. Die gesamte Führung dauert ca. 1:30 Std. *Achtung*: Hier ist es kalt, beständige 8 °C!

Eine Besichtigung startet im Prinzip schon in Bad Eisenkappel am Hauptplatz, hier fährt nämlich der Shuttle-Bus zum Höhleneingang auf 1078 m Höhe ab (Zufahrt für Privatfahrzeuge gesperrt), Dauer mit Hin- und Rückfahrt knapp 3 Std. Mitte April bis Mitte Okt. geöffnet, Mai und 16.–30. Sept. tägl. 11 und 14 Uhr, Juni und 1.–15. Sept. 10, 12 und 14 Uhr, im Juli/Aug. von 10–15 Uhr ständl., ansonsten nur Mo, Mi, Fr und Sa 14 Uhr, So 11 und 14 Uhr (jeweils Abfahrtszeiten am Hauptplatz), im Winter geschlossen. Tickets in der Tourist-Information. Erw. 22 €, Senioren/Stud. 20 €, Kinder 4–15 J. 13 € (unter 4 J. nicht möglich), Familienkarte 52,50 €. Telefonische Reservierung v. a. in der Hochsaison wird empfohlen! Hauptplatz 7, ✆ 04238-8239, www.hoehlen.at.

Trögerner Klamm: Rund 7 km südwestlich von Bad Eisenkappel liegt die durchaus spektakuläre, 3 km lange Trögerner Klamm im gleichnamigen Naturschutzgebiet. Die Straße ist schmal und nur einspurig befahrbar, ein Schild am Eingang schlägt vor, die Klamm zu Fuß zu besuchen (wenig Verkehr, da Sackgasse bzw. ab Ende der Klamm Privatstraße). Keine Gastronomie.

Anfahrt wie zur Eisenkappler Hütte, aber nicht nach rechts den Berg hinauf abbiegen, sondern geradeaus auf der Straße bleiben. Kurz vor der Klamm geht es nach rechts ab auf schöner Strecke über den Schaida-Sattel nach Zell-Pfarre (→ S. 347).

Klopeiner See

Im Sommer ist der Klopeiner See Kärntens Badewanne. Nahezu oval und wohlig warm. Entsprechend reicht ein Badesteg neben dem anderen in den See hinein.

Einen Naturstrand wird man am Klopeiner Seeufer kaum finden, der See ist nahezu rundum badefreizeitlich erschlossen. Mit 1,8 km Länge und gerade einmal 800 m Breite ist der Klopeiner See immerhin noch die Nr. 7 unter den Seen Kärntens, quasi der Kleinste der großen Badeseen – und: er ist der wärmste Badesee Kärntens. Die Temperatur des Seewassers steigt im Sommer bis auf 28 °C! Zwei Faktoren tragen zu den badefreundlichen Temperaturen bei: Einmal wird der See nur wenig durchflossen, ist also auch für einen See ein recht stehendes Gewässer.

Gleichzeitig geben die umliegenden Hügel Windschatten. Geringer Durchfluss und windgeschützte Lage erlauben, dass sich die oberste Wasserschicht (bis 8 m) des bis zu 48 m tiefen Sees im Frühsommer schnell erwärmt. Trotz des geringen Wasseraustausches lässt die Wasserqualität nichts zu wünschen übrig. Allerdings tut die Gemeinde auch etwas dafür, nachdem in den 1980er-Jahren häusliche und landwirtschaftliche Abwässer dem See arg zugesetzt hatten.

Die **Gracarca** (676 m) und der **Georgibergl** (624 m), ein bewaldeter Höhenzug über dem südöstlichen Ufer des Sees, sind die Klopeiner Hausberge. Seit vielen Jahren werden auf der *Gracarca* Ausgrabungen durchgeführt: Auf dem Höhenzug befand sich eine bedeutende Keltensiedlung, so bedeutend, dass Vermutungen laut wurden, es handle sich um die sagenhafte keltische Hauptstadt *Noreia*, ein Beweis blieb bislang aus. Eine Wanderung auf den *Georgibergl* ist für viele Urlauber längst ein fester Bestandteil des Klopeiner Ferienprogramms. Sollten noch Wünsche offen sein: auf dem Gipfel nicht vergessen, das Wunschglöcklein der Georgikirche zu läuten.

Haupt der Gemeinde ist **St. Kanzian**, etwas zurückgesetzt vom See gelegen. Das ganze Nordufer des Sees entlang erstreckt sich eine neu gestaltete, flanierfähige Strandpromenade, hier liegt der namensgebende Ortsteil **Klopein**. Von der Georgikirche abgesehen sollte man keine Sehenswürdigkeiten von Rang erwarten. Dafür findet sich im benachbarten **Stein im Jauntal** ein außergewöhnliches Kunstwerk: der *Kärntner Kreuzweg*. Auf dem Weg hinauf zur Kirche ist jede Station des Kreuzwegs von einem anderen Künstler aus Kärnten gestaltet worden, darunter auch Valentin Oman, Kiki Kogelnik, und Karl Brandstätter. Jede Station, sei sie Gemälde, Zeichnung, Installation oder Skulptur, ist für sich bemerkenswert.

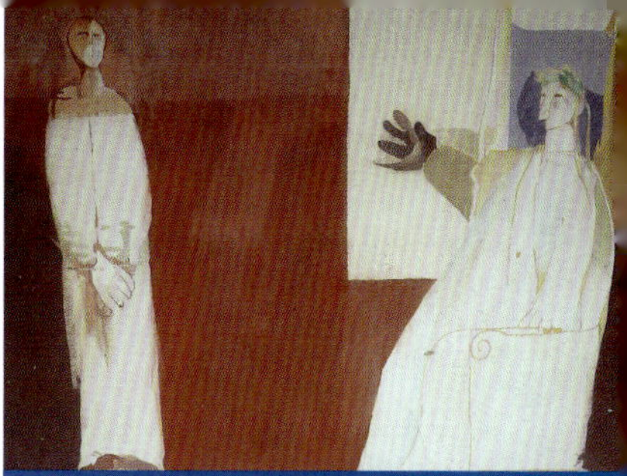

Drei Stationen des Steiner Kreuzwegs: Jesus vor Pilatus (oben), Jesus nimmt das Kreuz (Mitte), die weinenden Frauen (unten)

Gemeinsam aber entwickeln die verschiedenen Herangehensweisen und Blickwinkel auf das 2000 Jahre alte Thema „Passion Christi" eine ungeheure Intensität und beleben den Kreuzweg, das uralte Instrument der Volksfrömmigkeit, auf faszinierende Art neu. Oben auf dem Hügel ist die spätgotische Pfarrkirche von Stein im Jauntal auf ganz traditionelle Weise stimmungsvoll und überaus sehenswert – ganz zu schweigen von dem herrlichen Ausblick über Rosental und Jauntal. Ein weiteres Highlight moderner Kunst – ein Totentanz von Kiki Kogelnik – verbirgt sich passenderweise im Karner. Bekannt ist die Pfarrkirche Stein im Jauntal zudem für das *Striezelwerfen.* Der alte Brauch, am ersten Februarsonntag Brötchen vom Balkon zu werfen, beruht auf mittelalterlicher Armenspeisung.

Südlich des Klopeiner Sees liegen **Turnersee** und **Sablatnigmoor**. Der Turnersee ist in gewisser Weise der kleine, wilde Bruder des Klopeiner Sees. Auch beliebt bei Badefreunden, aber deutlich weniger kultiviert, ein Naturbursche eben. Der Turnersee ist Teil eines Feuchtgebietstreifens, der im Osten als *Naturschutzgebiet Sablatnigmoor* ausgewiesen ist. Das Moor ist ein herrliches Naturparadies, Lebens- und Rückzugsraum für zahlreiche Vögel und seltene Pflanzen. In das Naturschutzgebiet führt ein Moorlehrpfad (herrlicher Blick auf den Hochobir). Auf dem Weg passiert man das *Informations- und Forschungszentrum Tomarkeusche*, in dem eine kleine naturkundliche Ausstellung zu sehen ist. Von der angeschlossenen Aussichtshütte mit Informationstafeln zur Vogel- und Pflanzenwelt und Panoramafenster direkt über dem Wasser kann man eigene Beobachtungen durchführen.

Informations- und Forschungszentrum: Zu den Führungen geöffnet (zuletzt Mai bis Sept. Di 7–9 Uhr, Mi–Fr 8–10 Uhr, Fr auch 18–20 Uhr und Sa 9–11 Uhr). *Anfahrt*: Über den Turnersee, Grabelsdorf oder Eberndorf zum OT Hof, Parken beim Buschenschank Kordesch, dann zu Fuß, ✆ 04236-2497, www.sablatnigmoor.at.

Basis-Infos

Information **Tourismusinformation Klopeiner See**, in Klopein an der Hauptstraße Richtung St. Kanzian, neben der Walderlebniswelt. Freundlich und informiert. Juni bis Aug. 9–19 Uhr, Mai und Sept. Mo–Fr 9–18 Uhr, im Winterhalbjahr Mo–Fr 9–17 Uhr. Schulstr. 10, 9122 St. Kanzian am Klopeiner See, ✆ 04239-222, www.klopeinersee.at.

Aktivitäten **Walderlebniswelt**, großer Abenteuerspielplatz aus Holz mit Aussichtstürmen, Hängebrücken, Schaukeln, Labyrinth, Waldlehrpfad, Baumwipfelpfad, Slackline-Wald und Flying Fox. Ostern bis Okt. tägl. 10–17 Uhr (im Sommer 9–18 Uhr, an den Rändern der Saison nur Sa/So), Eintritt 9,50 € (für alle Besucher ab 3 J.). Schulstr. 8, ✆ 04239-26005, www.walderlebniswelt.at.

Vogelpark Turnersee, in St. Primus (Šentprimož) wohnt in einer Volierensiedlung eine lebendige, bunte Nachbarschaft, hier etwas geschwätzig, dort ein wenig flatterhaft, viele farbenfroh und manche stolz wie ein Pfau. Neben exotischen und farbenprächtigen Sittichen und Papageien gibt es auch Kraniche, Enten und Greife zu sehen. Mitte April bis Sept. 9–18 Uhr, Okt. 10–16 Uhr, Erw. 10 € (erm. 8 €), Kinder 5 € (erm. 4 €), Familienticket 25 €, Futter 1 €. St. Primus 47, ✆ 04239-2707, www.vogelpark.at.

Ausflugsboote **Drauschifffahrt**, Rundfahrten auf der Drau mit der *MS Magdalena*, ab Ableger St. Kanzian, Erw. 11 €, Kinder 5 €, Hunde 2 €, ✆ 0650-5077999, www.drauschifffahrt.at.

Fahrradverleih **Radstadl Puschl**, im OT Seelach (am Westufer des Sees) und in Unterburg (östlich des Sees) an der Durchgangsstraße (Klopeiner Str.), Trekkingrad 17 €/Tag, MTB 20 €/Tag, Kinderrad 13 €/Tag, auch stundenweiser Verleih oder günstige Wochenpauschalen. Funbike 2- bzw. 4-Sitzer 12 € bzw. 18 €/Std. ✆ 04239-2230, www.radlstadl.com.

Sport **Baden**: Ein Dutzend Strandbäder unterstreichen den Ruf des *Klopeiner Sees* als Badesee par excellence. Neben den privaten, oft an Hotels oder Restaurants angeschlossenen (aber dennoch öffentlichen) Strandbädern gibt es auch **Gemeindebä-**

der: An der Promenade das *Gemeindebad Camping Nord* mit Sprungturm und Kinderbecken (Am See X/7, ✆ 0664-80224238) oder auf der anderen Seeseite das *Gemeindebad Süd* (Südpromenade 66, ✆ 0664-80224262). Der Eintritt kommt in der Regel auf 4 €, Kinder 6–14 J. 2 € (ab 15 Uhr 2,50 € bzw. 1,50 €), Liegen/Schirm 2 €/Tag.

Hunde sind übrigens in manchen Bädern erlaubt, allerdings besteht ein seeweites Badeverbot für Hunde.

Schöne Badestellen finden sich auch am südlich gelegenen *Turnersee*, das schöne Gemeindestrandbad ist ausgeschildert (✆ 0699-18795560).

Golf: *Golfpark Klopeiner See*, Swing mit Karawankenblick. Schöne 18-Loch-Anlage (par 72), Greenfee 65 €. Golfschule (z. B. Schnupperkurse, Crashkurs zur Platzreife), Restaurant. Sehr freundlich. April bis Okt. bespielbar. Am Golfpark 7, ✆ 04239-4069790, www.golfklopein.at.

Segeln: *Segelschule Klopeiner See*, Schnupperkurse, Privatkurse, Segelscheine (Stunden hauptsächlich abends), auch Segelbootverleih, am Gemeindestrandbad Nord, Infos unter ✆ 0664-3170555, www.klopeinersee.segelschule-kaernten.at.

Angeln: Geangelt wird vor allem auf Karpfen und Hecht. Die Fischerkarte (24 €/Tag, mit Gästekarte 20 €) gibt es bei der Tourismusinformation.

Veranstaltungen **Striezelwerfen**: Im Wappen der Gemeinde Klopeiner See stehen drei Semmeln. Die auch Striezel genannte Backware gelangte durch die Gräfin Hildegard von Stein ins Wappenschild. Die fromme Frau schenkte im 11. Jh. der Kirche von Stein mehrere Backstuben, mit der Auflage, auch die Armen am Backwerk teilhaben zu lassen. Aus der Armenspeisung entwickelte sich das traditionelle *Striezelwerfen*. Am ersten Sonntag im Febr. werden in Stein im Jauntal Semmeln unters Volk geworfen.

Verbindungen Der **Postbus 5410** fährt Mo–Fr 5x (Sa 3x) nach Völkermarkt.

Übernachten/Essen & Trinken

Hotels **** **Amerika-Holzer**, familiengeführtes Hotel mit mehreren Häusern am Nordufer. Eigener Strandabschnitt mit Badesteg, Saunahaus auf dem See, Wellnessangebot, Sportmöglichkeiten, Restaurant. EZ ab 152 €, DZ ab 248 € inkl. Dreiviertelpension, auch Appartements. Am See XI/4, 9122 St. Kanzian am Klopeiner See, ✆ 04239-2212, www.amerika-holzer.at.

››› Unser Tipp: **Landhaus Klopein**, etwas abseits gelegenes Appartementhaus unter freundlicher Leitung, gemütliche, gut ausgestattete Appartements, im weitläufigen, baumbestandenen Garten stehen auch Bungalows, auf Wunsch Frühstück im schönen Frühstücks-/Aufenthaltsraum (8 €/Pers.). Im Haus gibt es eine Sauna, im Garten ein Volleyballfeld. Zum Landhaus gehört ein eige-

Am Klopeiner See

Sportlich am Klopeiner See

nes Strandbad am Nordostufer des Klopeiner Sees. *Anfahrt*: Von St. Kanzian kommend auf der Hauptstraße Richtung Völkermarkt, am östlichen Rand des kleinen OT Srejach links ab. Mai bis Sept. geöffnet, Appartement je nach Größe 65 € (2 Pers.) bis 94 € (bis 5 Pers.) zuzüglich einmalige Endreinigung (25–30 €). Dorfstr. 25, 9122 St. Kanzian am Klopeiner See/OT Srejach, ✆ 04239-2428, www.landhausklopein.at. «

**** **Strandhotel Klopeinersee**, freundlich geführter Familienbetrieb, ruhig und direkt am See gelegen, eigener Strand mit großer Liegewiese, Sauna im Haus. EZ 88 €, DZ ab 160 € (landseits) bzw. 198 € (Seeblick), mit Halbpension (4-Gänge-Menü). Klopein am See XIII/5, 9122 St. Kanzian, ✆ 04239-2294, www.hotel-klopeinersee.at.

Georgihof, beliebtes Appartementhaus mit Seeblick in Unterburg am Ostufer des Sees, vom See ein Stück zurückgesetzt, sehr großer Garten, Tennisplätze, Fahrräder, Holzkohlengrill. Wohnung 99 €/Tag. Georgibergstr. 31, 9122 Unterburg am Klopeinersee, ✆ 0664-9237755, www.georgihof.at.

Camping Turnersee **Ilsenhof**, zwei nahe beieinander liegende Plätze: der *Panoramacamping* etwas zurückgesetzt und direkt am Nordufer des Turnersees der sehr hübsche, verwinkelte *Terrassencamping* mit herrlichem Panoramablick über den See und auf den Hochobir. Gaststätte, eigenes Strandbad mit Liegewiese und Badesteg. Auch Ferienbungalows. Ab Mai geöffnet. Panoramacamping Erw. 7,70 €, Jugendliche 12–17 J. 6,30 €, Kinder 4–12 J. 4,90 €, Stellplatz 8,10 € (mit Strom 10,60 €), Pkw 4 €, Hunde frei; Terrassencamping Erw. 8,70 €, Jugendliche 12–17 J. 7,30 €, Kinder 4–12 J. 5,90 €, Stellplatz 9,10 € (mit Strom 11,60 €), Hunde 3 €. Obersammelsdorf, 9122 St. Kanzian, ✆ 04239-2285, www.ilsenhof.at.

Breznik, schöner Platz am Westufer des Turnersees, gehört zum Brauhaus in Bleiburg, eigener Seezugang mit Liegewiese und Seeterrasse, parzellierte Stellplätze, teils Schatten, Kinderanimation, Restaurant, Mitte April bis Sept. geöffnet. Erw. 9,20 €, Kinder 4–14 J. 6,30 €, Stellplatz 11,40–14 € (nach Größe und Seenähe), Hunde 3,80 €. Unternarrach 21, 9123 St. Primus, ✆ 04239-2350, www.breznik.at.

Essen & Trinken Rund um den See finden sich zahllose Restaurants und Gaststätten. Vegane Küche gibt es bei **Loving Hut** (auch Pension, DZ mit Seeblick und Frühstück 92 €, tägl. Yoga-Kurs), Anfang Mai bis Mitte Okt., tägl. mittags und abends, Am See XII 7/7a, ✆ 04239-40150, www.lovinghut pension.at.

Gute Pizza und Pasta gibt es bei der **Seerose**, das italienische Restaurant befindet sich im *Strandbad Krainz* am Ostufer (das dazugehörige Hotel soll 2016 als Gesundheitsvorsorge- und Therapiezentrum wiedereröffnen), ganzjährig und tägl. ab 11.30 Uhr geöffnet. Ostuferstr. 22, ✆ 04239-3311257, www.seerose-klopeinersee.at.

Buschenschenken **„Zur Einkehr“ im Keberhof**, gut und sehr beliebt (auch bei Busgruppen) ist der Buschenschank beim Turnersee, ideal für eine üppige Jause oder zünftige Hausmannskost (freitags gab's zuletzt Backhendl). Tische im Hof und mit überdachter Holzterrasse, bekannt auch für seine guten Obstbrände, die man im tollen **Bauernladen** nebenan auch zum Mitnehmen erwerben kann. Di–So 11–22 Uhr. *Anfahrt*: vom Klopeiner See kommend beim Camping Breznik rechts ab und noch 500 m auf schmalem Asphaltsträßchen, in der Nähe des Vogelparks. Vesielach 4, ✆ 0664-2539050.

Völkermarkt

ca. 4600 Einwohner

Auf einem Plateau über der gestauten Drau liegt die alte Herzogsstadt. Das hübsche, kompakte Zentrum erstreckt sich rund um den Hauptplatz.

Seinen Namen erhielt Völkermarkt nicht, wie man meinen mag, von einem wie auch immer gearteten „Markt der Völker", sondern von einem Volker, genauer gesagt einem Händler namens Volko, der Ende des 11. Jh. von einem Spanheimer Grafen damit beauftragt worden war, einen Markt am Fuße der Saualpe und an der Drau zu errichten. Bereits 1252 erhielt der *Volchimercatus* Stadtrecht. Dank der Lage an der Handelsroute Richtung Lavanttal, der Nähe zum Hüttenberger Eisen und einer Draubrücke entwickelte sich Völkermarkt bald zum urbanen Zentrum des Unterkärntner Raums. Münzpräge und Handelsprivilegien unterstützten den Aufstieg. Während der Zeit der Türkeneinfälle schützten starke Befestigungen die Stadt, die heute noch teilweise erhalten sind. Nach dem Ersten Weltkrieg war Völkermarkt ein Brennpunkt des Abwehrkampfes. Das sehenswerte Volksabstimmungsmuseum und der Titel „Stadt der Volksabstimmung" erinnern an diese Zeit.

In der ehemaligen Burg am oberen Ende des Hauptplatzes ist heute das Rathaus untergebracht. Hier ist auch noch ein wuchtiger Rundturm aus dem 16. Jh. erhalten. Den weitläufigen Hauptmarkt flankieren zahlreiche schöne Bürgerhäuser. Die Pestsäule erinnert an das Jahr 1715, dem letzten Pestjahr. Die Stadtkirche wurde Mitte des 13. Jh. errichtet. Von außen recht unscheinbar – sieht man von der „halben" Doppelturmanlage einmal ab, der Südturm fiel 1690 einem Erdbeben zum Opfer – bietet sich innen ein harmonischer Raumeindruck, mit gleichförmigem Netzrippengewölbe im Chor und schmucken Resten von gotischen Wandmalereien. Die Innenausstattung stammt aus dem Barock. Völkermarkt ist auch eine ambitionierte Kunststadt. Mehrere Galerien verteilen sich in der Altstadt, z. B. die Galerie des Kunstvereins *Art 13* im Stadtturm oder die *Galerie Magnet* in der Buchhandlung am Hauptplatz (www.galeriemagnet.com).

Information Büro der Tourismusinformation Völkermarkt, im Rathaus, zur Saison Mo–Fr 8–18 Uhr, Sa 9–12 Uhr, So geschl. Hauptplatz 1, 9100 Völkermarkt, ✆ 04232-257147, www.voelkermarkt.gv.at.

Bootsverleih Fritzl, am Völkermarkter Stausee bei der Brücke, Ruder-/Tret-Boot 6–7 €/Std., Segelboot 12 €/Std., Elektroboot ab 13 €/Std., Motorboot 23 €/Std. ✆ 04232-51255.

Einkaufen Buch Magnet, schöne, kleine Buchhandlung am Hauptplatz, mit Kunstgalerie. Hauptplatz 6, ✆ 04232-24440, www.buchmagnet.at.

Essen & Trinken Zum Goldenen Ochsen, anfangs mag das Wirtshaus wirken wie all die anderen Goldenen Löwen, Kronen, Engel, Pudel oder eben Ochsen, die man auf dem Land und in der Kleinstadt zuhauf findet. Dann die Überraschung: jung, günstig, gesund, nachhaltig, überaus freundlich und vor allem: lecker! Neben bodenständiger Hausmannskost findet sich auf der Karte auch Vollwertküche und Trennkost. In der Küche werden saisonale, regionale und Bio-Produkte verarbeitet. 2-Gang-Mittagsmenü 9 €. Tägl. ganztägig geöffnet, So Ruhetag. Hauptplatz 30, ✆ 04232-37275. ■

Essen & Trinken außerhalb Sicher, herausragende, weit über die Grenzen Kärntens bekannte Fischküche wird in Tainach zubereitet. Laut *Gault-Millau*, der das Restaurant mit drei Hauben bedachte, eine der besten kulinarischen Adressen Kärntens. Hauptgericht (Fisch) 24–35 €, Vorspeisen 12–25 €, das 5-Gänge-Menü kommt auf 95 € (mit Wein 140 €). Auch die Weinbegleitung ist vom Feinsten. Sehr schönes Ambiente, auch außen im hübschen Gastgarten. Aus der eigenen Fischzucht stammt der *Kärntner Kaviar* (Saiblingsrogen, 200-g-Glas 58 €). Di–Sa mittags und abends geöffnet, So/Mo Ruhetag (an Feiertagen geöffnet). *Anfahrt*: Etwa 9 km westlich von Völkermarkt, erst auf die B 70 und nachdem man die Autobahn unterquert hat, links nach Tainach und dann Richtung Drau (im Ort beschildert). Mühlenweg 2, 9121 Tainach, ✆ 04239-2638, www.sicherrestaurant.at.

Verbindungen Bus: Der *Postbus 5368* fährt etwa stündl. nach Klagenfurt und in anderer Richtung sogar halbstündl. bis Griffen (in beide Richtungen Sa 6x und So 1x). Die *Linie 5420* fährt Mo–Fr mind. 4x tägl. nach Bleiburg mit Halt in Eberndorf und Globasnitz. Die *Linie 5410* fährt Mo–Fr 8x, Sa 3x zum Klopeiner See, die *5416* nach Bad Eisenkappel.

Volksabstimmungsmuseum/Stadtmuseum Völkermarkt

Hier das freie junge Bauernpaar, dort die alte Vettel, hier Frieden und Reichtum, dort Armut und Krieg, hier der Himmel, dort die Hölle – „hier und dort" waren beliebig austauschbar. 1920 tobte in Kärnten ein beispielloser Propagandakrieg. Es ging um nicht weniger als um die Zukunft der Einheit Kärntens, über die eine Volksabstimmung in den zweisprachigen Landesteilen entscheiden sollte. Vorausgegangen war der Erste Weltkrieg, der Zusammenbruch des Habsburgerreiches, die Annexionsbestrebungen des neu geschaffenen Staates auf dem Balkan, die Besetzung Unterkärntens, der Abwehrkampf und schließlich ein brüchiger Frieden. Die anstehende Volksabstimmung sollte darüber entscheiden, ob die von Kärntner Slowenen bewohnten Gebiete Unterkärntens zur jungen Republik Österreich oder zum sich formierenden Jugoslawien gehören sollten (ausführlicher zum Abwehrkampf und zur Volksabstimmung → S. 66).

Ausgewogen behandelt die Dokumentation mit Fotos, politischem und militärisch-strategischem Kartenmaterial, Plakaten, Flugblättern, Pressespiegel und Infotafeln diese Entwicklung vom Ende des Krieges bis zur Abstimmung selbst und beleuchtet die geografischen, politischen, kulturellen, sprachlichen und historischen Hintergründe der Einheit. Ein Schwerpunkt liegt auf der Propagandaschlacht zwischen

Das großflächige Volksabstimmungsgemälde

Eigenwerbung und Verunglimpfung. Doch macht die Ausstellung auch deutlich, dass zwischen all den propagandistischen Unwahrheiten und Lügen die Gemeinsamkeiten überwiegen.

Neben der Dokumentation über die Volksabstimmung ist im stattlichen barocken Bürgerhaus auch eine stadtgeschichtliche Ausstellung untergebracht. Zu sehen ist ein buntes Sammelsurium aus archäologischen Funden, Sakralkunst (besonders schön die markanten Heiligen Drei Könige), motivreiche Bienenbretter sowie Möbel, Trachten und Gegenstände aus dem bäuerlichen Alltag.

Mai bis Okt. Di–Fr 10–13 und 14–16 Uhr, Sa 9–12 Uhr, So/Mo und an Feiertagen geschl. Erw. 3 €, Kinder 1 €. Faschinggasse 1, 9100 Völkermarkt, ✆ 04232-257139, www.kulturdreieck-suedkaernten.at.

Eberndorf (Dobrla vas)

ca. 1100 Einwohner

Inmitten der sanfthügeligen Landschaft zwischen Drau und Karawanken liegt Eberndorf mit seiner prächtigen *Stiftsanlage*. Das Kloster wurde 1106 gegründet und entwickelte sich schnell zum religiösen und kulturellen Zentrum des Jauntals. Durch zahlreiche Umbauten entstand eine spätgotische Klosterburg, die wiederum im 17. Jh. von Jesuiten zu der repräsentativen Anlage umgestaltet wurde und damit eines der seltenen barocken Bauwerke in Kärnten darstellt. Die eigentlich dreiflügelige Anlage wird durch das integrierte Kirchenschiff abgeschlossen. Um den ansehnlichen Stiftshof erstrecken sich über drei Geschosse regelmäßige Arkaden. Eine Ansicht der mittelalterlichen Anlage findet man in der Kirche auf dem Stifterbild. Im Inneren der schönen und noch weitgehend spätgotischen *Kirche Maria Himmelfahrt* sticht vor allem das formvollendete Schlingrippengewölbe ins Auge (1506 fertiggestellt). Die Ausstattung bietet einen kleinen Querschnitt durch die Kunstgeschichte: mit der Marienkrönung ein herrliches gotisches *Fresko* im Chor (gilt als Werk der Villacher Schule), ein spätgotisches *Kruzifix* im Triumphbogen, ein frühbarocker *Floriansaltar*, eine hochbarocke *Kanzel*, *Josephs-* und *Hochaltar* aus dem Rokoko. Unter dem erhöhten Altarraum schließlich befindet sich die stimmungsvolle *Krypta*, die man keinesfalls verpassen sollte. Im Kern romanisch wird der Raum von ockerfarbenen Säulen strukturiert, die sich zu einem gotischen Kreuzrippengewölbe zusammenschließen. Ungewöhnlich ist der stattliche, freistehende Kirchturm, der im 15. Jh. als Wehrturm entstanden war.

Das Stift ist heute ein öffentliches Gebäude und beherbergt unter anderem die Gemeindeverwaltung, einen Kindergarten, die Gemeindebücherei etc. Im Sommer wird der Stiftshof zur prächtigen Kulisse für die heiteren **Eberndorfer Sommerspiele**.

Südlich von Eberndorf liegt der **Gösselsdorfer See**. Da er von einem sumpfigen, am Südufer unter Naturschutz stehenden Verlandungsgebiet umgeben wird, ist der idyllische See schwer zugänglich. Dennoch kann im warmen Wasser des Gösselsdorfer Sees dank eines kleinen Strandbades gebadet werden.

Information Tourismusverein Eberndorf, im Stift, April/Okt. Mo–Fr 9–12 Uhr, Mai/Juni/Sept. Mo–Fr 9–12 und 14–16 Uhr, Juli/Aug. Mo–Fr 9–17 Uhr, während der Sommerspiele durchgehend an Spieltagen (Di, Do und Fr) bis 19 Uhr sowie Sa/So 9–12 Uhr. Während der Sommerspiele werden an Spieltagen (Juli/Aug. Di, Do und Fr) auch *Führungen* angeboten, Start vor der Kirche, 19 Uhr, Dauer 1 Std., 1 €. 9141 Eberndorf/Stift, ✆ 42036-2221, www.eberndorf-info.at.

Baden Strandbad Gösselsdorfer See, kleines Seebad mit terrassierter Liegewiese, den Wald im Rücken, Badesteg und Kiosk/Café. Es gibt auch einen Tretbootverleih. Tageskarte 2,70 €, Kinder 1,70 €, ✆ 04236-2168; *Anfahrt*: Von Eberndorf (Dobrla vas) kommend am Ortseingang von Gösselsdorf (Goselna vas) rechts in den östlich gelegenen Teil des Dorfes, dann am Ortsrand links (beschildert) und noch etwa 1 km.

Buschenschenken Tinas Mostschenke, beliebte Buschenschenke oberhalb der Kirche von Gösselsdorf (Goselna vas), schöner Gastgarten mit Seeblick, auch Bauernladen (Speck, Schinken und Salami, Brände und Likör, Honig und Marmeladen, Reindling). Sehr sympathisch. Anfang April bis Anfang Juni und Mitte Juli bis Ende Aug. tägl. ab 16 Uhr sowie Mitte Sept. bis Ende Okt. tägl. ab 16 Uhr geöffnet. Kirchenstr. 12, ✆ 0664-522270.

Camping Sonnencamp, familienfreundlicher Campingplatz in Gösselsdorf (Goselna vas), ein Stück nördlich des Sees, es gibt aber einen Badeteich mit Liegewiese am Campingplatz. Parzellierte Plätze, kein Schatten. Mit Restaurant und Laden. Erw. 8,10 €, Jugendl. 6 €, Kinder 4,70 €, Stellplatz 10,70 €, Hunde 3 €. 9141 Gösselsdorfer See, ✆ 04236-2168, www.goesselsdorfersee.com.

Veranstaltungen Südkärntner Sommerspiele Eberndorf, mit Erfolg hat man sich in Eberndorf auf Komödien spezialisiert. Jedes Jahr kommt im Juli und Aug. eine klassische Komödie zur Aufführung, malerischer Spielort ist der Hof des Stifts, Spieltage sind Di, Do und Fr (20.30 Uhr), Tickets 14–18 €, ✆ 04236-3004, www.sks-eberndorf.at.

Verbindungen Der Postbus 5420 fährt auf der Strecke Völkermarkt–Bleiburg mind. 4x tägl. mit Halt in Eberndorf. Die Linie 5416 fährt Mo–Fr 5x ebenfalls nach Völkermarkt bzw. in anderer Richtung nach Bad Eisenkappel.

Hemmaberg

Der Hemmaberg ist ein heiliger Berg, benannt nach der Heiligen Hemma zu Gurk. Schon für die frühen Christen Kärntens besaß er eine enorme Bedeutung und war wahrscheinlich einer der ersten Wallfahrtsorte überhaupt – heute sind u. a. die Fundamente von fünf frühchristlichen Kirchen zu sehen.

Bereits früher, spätestens zu romano-keltischer Zeit wurde auf dem Hügel am Rand der Karawanken eine Gottheit verehrt. Überliefert ist der Name *Iouenat*. Entsprechend nannten die Römer ihre Siedlung beim heutigen Globasnitz (Globasnica) *Iuenna*. Auch der Name *Junberg*, wie der Hemmaberg bis ins 17. Jh. hieß, geht darauf zurück – und schließlich das *Jauntal*.

Die frühen Christen suchten in den Wirren der Völkerwanderungszeit Zuflucht auf dem 842 m hohen Berg, errichteten auf dem Hochplateau eine befestigte Höhensiedlung und darin, über den Fundamenten des heidnischen Tempels, eine *erste Kirche* (um 400). Um 510 entstanden zwei Doppelkirchen. Die Doppelung erklärt sich mit der einstigen Anwesenheit zweier Gemeinden: Am östlichen Rand entstand ein *katholischer Kirchenkomplex*, eine Saalkirche für den täglichen Gebrauch und daneben eine Gedächtniskirche, in der Märtyrer-Reliquien verehrt wurden. Neben die Apsis dieser Verehrungskirche schmiegt sich eine kleine Grabkapelle, in der die Gebeine der Kirchenstifterinnen ruhen. Von der räumlichen Nähe der eigenen Gebeine zu denen der Märtyrer erhofften sich die Damen eine Art Standortvorteil für das Jüngste Gericht. Vor der Kirche befand sich eine Taufkapelle. Die *zweite Doppelkirche* errichtete sich die Gemeinde der arianischen Christen im Westen. In der Gemeindekirche wurden ebenfalls die Reliquien von Märtyrern verehrt, daneben stand eine große Taufkirche. Die Kirchendichte führte zusammen mit den schmückenden Reliquien (dekorativen Mosaiken) dazu, dass der Hemmaberg bald zu einem beliebten Pilgerziel wurde. Für die Wallfahrer wurde sogar ein Pilgerzentrum errichtet. Heute sind die Grundmauern des doppelten Doppelkirchenkomplexes (samt Urkirche und Pilgerhaus) freigelegt und das Ausgrabungsgelände mit Infotafeln für den Besucher erschlossen. Auch eine noch stehende Kirche gibt es. Die *Wallfahrtskirche St. Hemma* wurde um 1500 erbaut und Ende des 17. Jh. erweitert.

Damit nicht genug der Heiligkeit: Am Hemmaberg verbirgt sich auch eine Grotte, die *Rosaliengrotte*, der eine Heilquelle entspringt, *Hemmaquelle* genannt. Ein felsiger, stufenreichen Weg führt vom Bergplateau hinunter, ein weiterer kommt vom Besucherparkplatz. In die zerklüftete, sagenumwobene Grotte ist eine hölzerne Kapelle eingefügt, in der die Pestheilige Rosalie verehrt wird.

Globasnitz (Globasnica)

ca. 300 Einwohner

Eine bemerkenswerte Ansammlung von bemerkenswert unterschiedlichen Sehenswürdigkeiten versammelt sich in dem kleinen Dorf am Fuße des Hemmabergs. Dass sich in geschichtsträchtiger Umgebung ein *Museum* der hiesigen Fundstücke annimmt, ist vielleicht nicht ungewöhnlich; dass eine sehenswerte alte *Kirche* im Ort steht, ebenso wenig – aber zusammengenommen mit dem Märchenschloss *Elberstein* ... bemerkenswert.

Die Geschichte der **Pfarrkirche Mariä Himmelfahrt** ist typisch für viele Dorfkirchen: im Kern romanisch, gotischer Ausbau mit schlankem Schlingrippengewölbe, barocke Einrichtung. Der Karner ist ein romanischer Rundbau mit angefügter Apsis, die im Innern mit Ornamenten ausgeschmückt ist. Vor dem Eingang steht eine Totenleuchte aus dem 16. Jh.

Das **Archäologische Pilgermuseum** widmet sich vornehmlich der frühchristlichen Monumente auf dem Hemmaberg. Im Erdgeschoss sind u. a. die Funde von einem Friedhof aus der Zeit der Völkerwanderung zu sehen. Höhepunkt der Ausstellung sind sicherlich die kunstvollen, großformatigen Mosaike, die in einer Kirchenruine auf dem Hemmaberg gefunden wurden. Nebenan ist der Altarraum einer weiteren Kirche nachgebaut. Des Weiteren sind ein Modell des Hemmabergs und seiner Kirchen sowie zahlreiche Funde vom frühchristlichen Pilgerheiligtum ausgestellt. Die sehenswerte Ausstellung wird von ausführlichen Infotafeln begleitet.

Mai bis Mitte Okt. Di–So 10–12 und 14–17 Uhr, Führungen auf Anfrage. Erw. 4 €. 9142 Globasnitz, ✆ 04230-20046, www.museum-globasnitz.at.

Ein Schloss wird gebaut – Schloss Elberstein

Ein modernes Märchenschloss und ein Lebensprojekt. *Johann Elbe*, gelernter Tischler aus Globasnitz, hatte einen Traum, er wollte auf dem elterlichen Grundstück ein Schloss bauen. Ein eigenes Schloss, nach eigenen Vorstellungen und mit eigenen Händen. Von der Grundsteinlegung 1976 an, arbeitete er Jahrzehnte an der Verwirklichung seines Traums und schuf ein fantastisches Bauwerk. Kunstvolle Arkaden zieren die reich strukturierte Fassade des Schlosses, dessen Silhouette von schmucken Türmen geprägt wird. Im Inneren überspannt eine Kuppel den repräsentativen Treppenaufgang. Der Detailreichtum ist überwältigend: Allein das Hauptportal ist ein kleines Gesamtkunstwerk aus verziertem Rahmen und mit kunstvollen Schnitzereien versehener Tür samt bleiglasgefasstem Oberlicht. Und wohlgemerkt: Alles, von der Elektrik vielleicht einmal abgesehen, stammt aus der Hand des Schlossherrn: jeder Stein und jede Stukkatur, jede Zinne und jeder Türsturz, jedes Bleiglasfenster, jedes Schnitzwerk, jede Statue, ja sogar die Gemälde. Anfangs belächelt, vielleicht sogar verlacht, zweifelt heute niemand mehr an der Größe dieses Projektes, das längst als Wahrzeichen zu Globasnitz gehört wie der Hemmaberg selbst. Aber abgeschlossen ist der Bau noch lange nicht: Irgendetwas gibt es immer zu bauen.

Schloss Elberstein kann ganzjährig im Rahmen von Führungen besichtigt werden. Voranmeldung unter ✆ 04230-667.

Feistritz ob Bleiburg (Bistrica pri Pliberku) und die Petzen

Das kleine, unspektakuläre Straßendorf, durch das malerisch ein Bach plätschert, liegt am Fuß der **Petzen**. Der mächtige Karawankenbuckel ist ein beliebtes Wander- und Skigebiet. Seine höchsten Gipfel sind der Kordeschkopf (2126 m), der in östlicher Richtung letzte Zweitausender, der Knieps (2110 m) und die Feistritzer Spitze (2113 m). Von der Bergstation der Seilbahn, die auf etwa 1700 m hinaufgondelt, lassen sich nicht nur herrliche Ausblicke über das Jauntal genießen, sondern auch Wanderungen auf die Petzengipfel oder hinab ins Tal unternehmen.

Einstmals wurde auf der Petzen Bleiglanz und Zinkerz abgebaut. In einem Karawankental südlich von Feistritz wurden die Metalle von 1850 bis in die 1930er-Jahre weiterverarbeitet. Einer der hoch aufragenden Schmelzöfen ist im einsamen, waldreichen Tal noch zu sehen. Der Ofen, der im Ort selbst steht, hat mit dem industriellen Bleigießen nichts zu tun, hierbei handelt es sich um einen Kalkofen.

Westlich von Feistritz liegt der örtliche Badesee. Der hübsche kleine **Pirkdorfer See** wird von einem gut organisierten Campingplatz samt Hotel dominiert. Nichtsdestotrotz ist es auch ein öffentliches Strandbad.

Baden Am idyllischen Naturbadesee mit einer sommerlichen Badetemperatur von 28 °C betreibt der Campingplatz auch ein öffentliches **Strandbad**, Tageskarte 2,50 €.

Bergbahnen Die Kabinenbahn fährt im Sommer Anfang Juni bis Anfang Sept. 8.30–17 Uhr (letzte Bergfahrt 16 Uhr). Einfache Fahrt 10 € (hin und zurück 16 €), erm. 8 € (11 €), Kinder 6 € (9 €). Im Winter ist Dez. bis Mitte März Skibetrieb, Tageskarte 29,50 €, Kinder 16 €. Es fahren auch vier Schlepplifte, das Skigebiet beschränkt sich aber weitgehend auf eine blaue und eine rote Abfahrt von der Bergstation ins Tal. Unterort 52, 9143 St. Michael/Bleiburg, www.petzen.net.

Mountainbiking Auf dem 2014 eröffneten **Petzen-Flow-Country-Trail** kommen nicht nur Könner auf ihre Kosten. Über 10 km schlängelt sich der befestigte Weg von der Bergstation über 1000 Höhenmeter ins Tal. Das Konzept des Trails verspricht auch Anfängern Fahrspaß bis hin zum „Flow“, für Fortgeschrittene sind die drei Cross-Country-Strecken (je 4 km) und der Pump- und Dirt-Bereich an der Talstation der Kabinenbahn. Dort auch Fahrradverleih: MTB je nach Modell 40–64 € für einen halben Tag (Kaution 100 €, muss bar hinterlegt werden!), Protektorenset Erw. 25 €. ✆ 04235-2246, www.petzen.net.

Camping **Pirkdorfer See**, Campingplatz, Hotel, Restaurant, Strandbad, der „Pirki“ ist gut organisiert. Die parzellierten Stellplätze erstrecken sich vornehmlich entlang des Ost- und Südufers, kein Schatten. Solide Hotelzimmer, Sportangebot, Laden, freundlicher Service. Der Campingplatz am hübschen Badesee ist sehr beliebt. Erw. 8,10 €, Jugendl. 6 €, Kinder 4,70 €, Stellplatz 10,70 €, Hunde 3 €. Im Hotel: DZ 88 €, Familienzimmer 152 € inkl. Frühstück. 9143 Pirkdorfer See, ✆ 04230-321, www.pirkdorfersee.at.

Bleiburg (Pliberk)

ca. 1350 Einwohner

Der Hauptort des Jauntals begeistert mit seinem besonders schönen, geschlossenen Platz im Zentrum, ein harmonisches Ensemble kleiner Bürgerhäuser, gleich dahinter ragen steil die bewaldeten Hügel auf.

Das Leben der zweisprachigen Gemeinde Bleiburg (Pliberk) spielt sich hier am Platz ab, mit der alten Apotheke am oberen Ende und natürlich dem weit über den Ort hinaus bekannten Werner-Berg-Museum, das heute einen wichtigen kulturellen Anziehungspunkt für ganz Unterkärnten bildet. Neben Werner Berg (der ja eigentlich bei Gallizien gelebt hat) ist es vor allem der Name *Kiki Kogelnik*, den man in punkto Kunst mit Bleiburg in Verbindung bringt. Von ihr stammt der 1994 auf

Kiki Kogelniks Stier

dem Platz aufgestellte *Freyungsbrunnen* mit Stier, den Bleiburg bei seiner größten Tochter anlässlich von 600 Jahren Wiesenmarkt (1393–1993) in Auftrag gegeben hatte. Die Häuser am Platz stammen aus dem 16. bis 18. Jh., die *Pestsäule* aus dem Jahr 1724 wurde zum Dank für die überstandene Pest von 1715 gestiftet (die aber immerhin ein Drittel der Stadtbevölkerung das Leben gekostet hat).

Mit dem Hauptplatz hat man die wichtigste Sehenswürdigkeit Bleiburgs schon gesehen, lohnend könnte aber auch noch ein Abstecher zur spätgotischen *Pfarrkirche St. Peter und Paul* in der Kumeschgasse gleich beim 10.-Oktober-Platz sein: bemerkenswert das gotische Netzrippengewölbe, die Fresken im Chor von 1580 und 1680 und die barocke Ausstattung von Kanzel und Hochaltar (ganztägig geöffnet).

Über dem Ort thront schließlich das wuchtige Renaissanceschloss, das im Jahr 1601 von den Grafen Thurn auf den Fundamenten einer älteren Anlage errichtet wurde. Schloss Bleiburg ist in Privatbesitz und kann nicht besichtigt werden, worauf den verirrten Spaziergänger nicht weniger als vier Schilder hinweisen.

„Great, great, great, great, great …"

Zu unzähligen „Greats" ließ sich einst Andy Warhol in seiner Begeisterung über die Künstlerin Kiki Kogelnik (1935–1997) hinreißen. Kogelniks Elternhaus befindet sich am Hauptplatz in Bleiburg, ihr Großvater war hier Bürgermeister. Mit 19 Jahren ging sie von der Provinz nach Wien an die Hochschule für Angewandte Kunst, 1961 nach New York und wurde – nach eigener Aussage – zur „vielleicht einzigen Pop-Art-Künstlerin Österreichs". Im Laufe ihres Künstlerlebens experimentierte Kogelnik immer mehr mit Materialien, später wurden dann die Masken ihr Markenzeichen, zu sehen u. a. am Brunnen „Der Gesang" in Klagenfurt (→ S. 258) und an den „Venetian Heads" in der Galerie Walker in Weizelsdorf (→ S. 339). Die 1997 in Wien verstorbene Künstlerin ist auf dem Friedhof von Bleiburg bestattet.

Erstmals erwähnt wurde ein Ort hier im Jahr 1228, 1370 bekam er Stadtrechte und mit Verleihung der freien Marktrechte („Freyung") wurde 1393 auch der Wiesenmarkt geboren. Die türkischen Reiter machten 1473 und 1478 auch vor Bleiburg nicht Halt und brannten den Ort nieder, es folgten Heuschreckenplage (1480), Pest (1715) und ein weiterer Stadtbrand (1739). Über die Jahrhunderte wurde in den umliegenden Bergen Blei abgebaut, daher auch der Name.

In den Wirren der letzten Kriegstage im Mai 1945 wurde Bleiburg zum Synonym für Kriegsverbrechen von Titos Befreiungsarmee, begangen an kroatischen und slowenischen Milizen, die an der Seite der deutschen Wehrmacht gekämpft hatten. Die britische Armee, die Südkärnten schon besetzt hatte, hatte kriegsgefangene Slowenen und Kroaten an Titos Armee ausgeliefert und so in den sicheren Tod geschickt: Das *Massaker von Bleiburg* steht beispielhaft für den Rachefeldzug der Jugoslawen an den faschistischen Milizen und den deutschen Besatzern.

Baden Das beheizte **Freibad** von Bleiburg (Pliberk) befindet sich am südlichen Ortsrand, renovierte Anlage von 1929, große Liegewiese, Café/Gaststätte, die man auch ohne Freibad-Eintritt besuchen kann. Mai bis Sept. tägl. 9–20 Uhr geöffnet, Eintritt 3,50 €, Kinder 2,50 €. Bahnhofstr. 29, ✆ 0676-7246753.

Feste & Veranstaltungen Den **Bleiburger Wiesenmarkt** kennt in Kärnten jedes Kind, immer die vier Tage um den 1. Sept. (St. Ägydius) auf dem riesigen Festgelände gleich nördlich des alten Zentrums. Gibt es hier seit 1393 (!), mit angeschlossener Landwirtschaftsausstellung und alljährlich riesigem Rummel.

Kunst Mehrere Galerien im Ort bzw. der Umgebung, z. B. der **Kunsthandel Kraut** im Zentrum (unweit der Kirche), hier können Sie – bei entsprechender Bonität – auch einen echten Werner Berg erwerben, aber auch zahlreiche andere Bilder oder einfach nur die Galerie besuchen: Mo–Fr 10.30–12.30 und 15–18.30 Uhr, Sa 10.30–12.30 Uhr. Postgasse 10, ✆ 04235-2028, www.kunsthandel-kraut.at.

Übernachten/Essen **Altes Brauhaus**, am 10.-Oktober-Platz mittendrin, zentraler geht es nicht, Hotel und uriges Wirtshaus, zwischen den Tischen ein paar Braukessel, es wird hier noch immer selbst gebraut. Günstiges und schmackhaftes Essen (verschiedene Thementage, dann noch günstiger), auch Pizza und später am Abend dann gemütliche Kneipe. Regelmäßig finden hier **Veranstaltungen** (Lesungen, Konzerte, Kabarett etc.) der Kulturinitiative Bleiburg *kib* statt. Tägl. ab 17 Uhr geöffnet. Im gleichen Haus befindet sich auch die St. Louis Bar (nur im Winter am Wochenende geöffnet). Die Zimmer des Hotels sind zwar nicht besonders groß, aber hell, modern und sehr freundlich eingerichtet (mit Internetanschluss) und z. T. nach Künstlern der Region benannt – ein schöner, behaglicher Ort, an dem man es eine Weile aushalten kann. DZ 68–90 € inkl. Frühstück. Ganzjährig geöffnet, eigener Badestrand am Turnersee. 10.-Oktober-Platz 9, 9150 Bleiburg, ✆ 04235-2026, www.brauhaus.breznik.at.

Werner Berg Geniesserei, im Nachbarhaus unterhalb vom Werner-Berg-Museum am Hauptplatz, mit kleiner Terrasse davor. Der richtige Ort, um den Museumsbesuch bei einem leckeren Eis, einem Glas Wein oder einem Cocktail nachwirken zu lassen. Auch Nudeln und Pizza, große Auswahl an Drinks. Di–So 9–24 Uhr, Fr/Sa bis 2 Uhr, Mo geschlossen. 10.-Oktober-Platz 6, ✆ 0650-2200809.

Verbindungen **Bahn**: von ca. 7–20 Uhr etwa alle 2 Std. mit dem Regionalzug via Stein im Jauntal nach Klagenfurt und etwa ebenso oft via St. Paul im Lavanttal, St. Andrä und St. Stefan nach Wolfsberg. Bahnhof unterhalb vom Ort (Bründlweg, Verlängerung des 10.-Oktober-Platzes).

Bus: mind. 4x tägl. mit dem Postbus nach Völkermarkt und Lavamünd, Abfahrt am Bahnhofsvorplatz.

Werner-Berg-Museum: Die Werner-Berg-Galerie (später in Museum umbenannt) gibt es am oberen Ende des 10.-Oktober-Platzes seit 1968. An ihrem Aufbau und der Ausstellungskonzeption war der Künstler selbst maßgeblich beteiligt. Der 1981 verstorbene Werner Berg vermachte der Galerie die bis dato hier ausgestellten Werke. Seither finden – mit einigen Unterbrechungen – im jährlichen Wechsel Ausstellungen mit den Bildern Werner Bergs in Kombination mit Werken ihn thematisch ergänzender Künstler statt. Das großzügige, 1997 aufwendig renovierte und schön hergerichtete Museum erstreckt sich über zwei Stockwerke, der nach hinten angeschlossene Skulpturengarten ist ebenfalls jährlich wechselnden Ausstellungen vorbehalten.

Anfang Mai bis Anfang Nov. Di–So 10–18 Uhr geöffnet, im Winter geschlossen. Eintritt 7 €, Senioren 5,50 €, Studenten 4 €, Kinder 3 €. **Tipp**: Immer sonntags um 11 Uhr findet eine kostenlose Führung statt. Mit Shop – Bücher, Drucke, Postkarten etc. über bzw. von Werner Berg, Kiki Kogelnik u. a. 10.-Oktober-Platz 4, ✆ 04235-211027, www.wernerberg.museum.

Zeugnisse des einfachen Lebens – Werner Bergs Unterkärnten

Seine Bilder geben das einfache Leben der Unterkärntner Bauern wieder, die Menschen beim sonntäglichen Kirchgang ebenso wie bei der Feldarbeit, beim alltäglichen Unterwegssein genauso wie beim alljährlichen Höhepunkt am Bleiburger Wiesenmarkt. Fast immer tragen seine Frauen Kopftücher, die Männer sind nicht selten finstere, oft auch schwermütige Gestalten, immer wieder bilden die winterlichen Vollmondnächte der Unterkärntner Landschaft die Kulisse oder aber die nachts beleuchteten Bauernhöfe – mal heimelig und einladend, mal abweisend und verlassen.

Mit dem Umzug nach Unterkärnten hat sich Werner Berg (1904–1981) seine Vorstellung vom einfachen, ursprünglichen Leben als Künstler *und* Bauer erfüllt. Studiert hatte der am 11. April 1904 in Elberfeld (bei Wuppertal) geborene Berg von 1924 bis 1928 in Wien, zuerst Wirtschaft, dann Malerei an der Wiener Akademie; hier lernte er auch seine spätere Frau „Mauki" (eigentlich Amalie) kennen. 1931 siedelte das Paar mit dem ersten von später fünf Kindern auf den kurz zuvor erworbenen Rutarhof bei Gallizien über, auf ein abgelegenes Gehöft, das bis in die 1960er-Jahre ohne Strom bewirtschaftet werden musste – ein anstrengendes Bauernleben mit zumindest am Anfang seiner künstlerischen Laufbahn nicht enden wollenden existenziellen Sorgen. Dennoch erlebte Werner Berg in den Jahren 1932 bis 1934 eine überaus produktive Schaffensperiode. Auf dem Fahrrad und mit Skizzenblock in der Tasche ging er auf Motivsuche und machte das Skizzierte in seinem neuen Atelier am Rutarhof zu einer Vielzahl von Gemälden und Holzschnitten. Vorbilder waren ihm dabei Edvard Munch und Emil Nolde. Mit Letzterem verband ihn eine kurze Freundschaft, bei der es aber zum Bruch kam. Zum Zerwürfnis kam es 1935 auch zwischen Werner Berg und Herbert Boeckl, dies aber mit der weitreichenden Konsequenz, dass Boeckl dem Künstler auch Jahrzehnte später mehr als ablehnend gegenüberstand und Ausstellungen Bergs in Wien zu verhindern wusste.

Von den Nationalsozialisten wurde Bergs Kunst 1937 als „entartet" bewertet und seine Karriere erstmal auf Eis gelegt. Im Zweiten Weltkrieg war er als Sanitäter und Kriegsmaler überwiegend in Norwegen unterwegs. 1947 erhielt Werner Berg die österreichische Staatsbürgerschaft. Eine zunächst inspirierende, dann zunehmend belastende und unheilvolle Liaison verband ihn Anfang der 1950er-Jahre mit der Dichterin Christine Lavant, unter der auch die Ehe der Bergs litt. Nicht nur diese (Dreier-)Beziehung, auch die ständige wirtschaftliche Not und die Feindseligkeit Boeckls führten zum Zusammenbruch und Suizidversuch Anfang 1955.

Doch noch im selben Jahr ging es für Berg aufwärts, die Portraits „seiner" Unterkärntner Slowenen fanden als Zeitzeugen die Unterstützung der Kärntner Landesregierung. Er verkaufte mehrere Bilder und bald folgten auch größere Einzelausstellungen; allein 1958, in seinem produktivsten Jahr überhaupt, entstanden 60 Bilder. Berg wurde auch zum Chronisten Unterkärntens, zeigte den Wandel der Zeit. An die Stelle des Pferdegespanns auf dem Weg zur Kirche und der friedlich im Gras sitzenden Magd traten später zeitgemäßere Motive: die grellbunten Landmaschinen auf dem Wiesenmarkt oder die Wartenden am Bahnsteig auf dem Weg zur Arbeit in der Fabrik.

Mit dem Tod seiner Frau Mauki im Jahr 1970 ging auf dem Rutarhof eine Ära zu Ende; das Leben auf dem entlegenen Gehöft wurde im Alter und bei nachlassenden Kräften zunehmend zur Belastung für Berg, zumal es allem Anschein nach zu anhaltenden Differenzen bezüglich der Nachfolge am Hof kam. Die letzten Jahre seines Lebens verbrachte Werner Berg überwiegend in seinem Atelierhaus. Hier wurde er am 7. September 1981 vom Briefträger tot aufgefunden.

Literaturtipp: Im Buchladen des Museums wird eine große Auswahl an Publikationen über den Künstler verkauft, die aktuellste ist der 2012 erschienene Bildband „Werner Berg – Wirklichkeit im Bildhaften" von seinem Enkel Harald Scheicher (Hirmer Verlag).

Im Jauntal Richtung Lavamünd

Das östliche Jauntal zwischen Bleiburg und Neuhaus ist südlich der Drau in weiten Teilen eben, dahinter die hoch aufragenden, bewaldeten Hügel. Der Fluss hat sich hier tief unterhalb sein Bett gegraben. Die Gegend ist wenig besiedelt, nur wenige Orte liegen verstreut in der Landschaft. *Aich* (slow. *Dob*) und *Neuhaus* sind die beiden kleinen Dörfer an der Straße, dazwischen ein Kieswerk und das Draukraftwerk bei *Schwabegg* (*Žvabek*) – eine abgelegene Gegend. Umso bemerkenswerter schiebt sich plötzlich bei Neuhaus der blanke Betonriegel des **Museums Liaunig** in die Landschaft: eine hochkarätige Sammlung zeitgenössischer Kunst im tiefsten Unterkärnten. Freunde des besonderen Nervenkitzels können sich von der 96 m hohen **Jauntal-Eisenbahnbrücke** in die Tiefe stürzen (mit Seil versteht sich). Hier im stillen Südosten Kärntens zeigt sich auch der **Drauradweg R 1** von seiner besonders beschaulichen Seite, führt aber auch spektakulär über besagte Jauntalbrücke und die Hängebrücke Santa Lucia bei Neuhaus.

Bungee-Jumping Jauntalbrücke: „Come & fly“ heißt das Motto oder einfach nur „Drei-zwei-eins-Jump!“ und dann gibt es kein Zurück mehr beim tollkühnen Sprung aus 96 m in die grüne Drau – bzw. bis kurz davor (oder auf Wunsch: mit Eintauchen), jedenfalls bis das Gummiseil anzieht. Nur für Mutige und sicherlich eine der spektakulärsten Bungee-Jumping-Locations in Österreich, die einzige in Kärnten. Nur in den Sommermonaten, dann aber an Wochenenden mit entsprechend gutem Wetter im Viertelstundentakt. Für die Stärkung des flauen Magens gibt es einen Kiosk oberhalb bei der Brücke. Ab und zu donnert übrigens auch ein Zug darüber, der die komplette Konstruktion zum lautstarken Erzittern bringt.

Erster Sprung 89 €, Wiederholungssprung 69 €. Im Sommer ist hier die Hölle los, daher unbedingt vorher reservieren! ✆ 04234-222 oder 0676-5185191 oder online unter www.bungy.at.

Anfahrt: Von Bleiburg über die mächtige Jörg-Haider-Brücke Richtung Griffen/Autobahn und gleich nach der Brücke rechts ab Richtung St. Nikolai/Lavamünd, nach wenigen Kilometern rechts ab (kleines grünes Schild) und 600 m auf schmalem Waldweg, dann ist man schon beim Parkplatz mit Bar und ein paar Bierbänken mit Blick auf die Absprungrampe.

Liaunig-Museum: Herbert Liaunig und das Architekturbüro querkraft haben mit diesem bemerkenswerten Museum 2008 einen Aufbewahrungs- und Ausstellungsort für die stetig wachsende Kunstsammlung des Unternehmers geschaffen – und zwar in Form eines Betonriegels hoch über der Drau. 90 % des außergewöhnlichen Gebäudes liegen unter der Erde, so sparte man teure Fassaden und hielt das Budget klein. Der große Ausstellungsraum des Museums ist nur mit Tageslicht beleuchtet, die Terrassen an beiden Enden bieten panoramareiche Aussichten. Nur sieben Jahre nach der Eröffnung wurde das Museum bereits unter Denkmalschutz gestellt. Liaunig, der schon seit den 1970ern Kunst sammelt, wohnt übrigens oberhalb seines Museumsbaus im *Schloss Neuhaus* (ein mächtiger Renaissancebau aus der Zeit um 1500), das immer wieder auch den Rahmen für internationale Kulturveranstaltungen bietet. Im Museum selbst finden jährlich wechselnde, thematisch abgestimmte Ausstellungen statt, bei denen aber immer nur ein Ausschnitt der umfangreichen Sammlung zu sehen ist: hauptsächlich zeitgenössische österreichische Kunst (Malerei, Skulptur, Installation), aber auch ein wenig Internationales. Dem gegenüber stehen in den unterirdischen Räumen die historischen Ausstellungsstücke: durch einen dunklen Gang geht es hinunter zur eindrucksvoll in Szene gesetzten afrikanischen Sammlung „Gold der Akan“ mit über 600 Objekten afrikanischer

Königsschätze. Seit Kurzem wird das Dargebotene außerdem bereichert durch die Ausstellung „Gläser von 1500–1850“ sowie eine Auswahl aus der fast 300 Portraitminiaturen zählenden Sammlung Liaunig. Mit Café und Terrasse am Eingang. Das Museum liegt an der Straße nach Lavamünd und ist nicht zu übersehen!

Museen Liaunig-Museum, Mai bis Okt. Mi–So 10–18 Uhr, Führungen um 11 und 14 Uhr (im Eintrittspreis inbegriffen). Eintritt 14 €, nur Wechselausstellung 5 €. 9155 Neuhaus, ✆ 04356-21115, www.museumliaunig.at.

Essen & Trinken Landgasthof Hafner, vom Museum ca. 2 km Richtung Bleiburg, dann auf der linken Seite, mit einladender überdachter Terrasse und großem Parkplatz davor. Wir probierten den mächtigen und sehr leckeren Kärntner Nudelteller (9 €) mit verschieden gefüllten Nudeln und Salat sowie das Cordon Bleu für 9,50 €. Das 3-gängige Tagesmenü kostet 10 €. Sehr große Portionen, sehr lecker. Das Gasthaus gehört zu den Jauntaler Hadnwirten, probieren Sie hier auch mal Hadnkuchen oder -torte. Mi–So durchgehend geöffnet und warme Küche, Mo/Di Ruhetag. Oberdorf 14, ✆ 04356-2044.

Verbindungen Bus: nur an Schultagen 4x tägl. auf der Strecke Bleiburg–Lavamünd.

Kunströhre in Unterkärnten: Liaunig-Museum

Lavamünd

ca. 350 Einwohner

Hier ist Kärnten am tiefsten, genau genommen 345 m tief, was bei einem Bundesland, das es auf bis zu 3798 m Höhe bringt, durchaus erwähnenswert ist. Bei Lavamünd ganz in der südöstlichsten Ecke Kärntens mündet die Lavant in die Drau, und von hier sind es auf der viel befahrenen Straße durch den Ort nur wenige Kilometer am Fluss entlang nach Dravograd in Slowenien. Der Ort an der Drau, der schon von den Römern besiedelt wurde, war über die Jahrhunderte mehrfach Opfer von den Hochwassern beider Flüsse, zuletzt im November 2012, wobei große Schäden entstanden. Lavamünd liegt nur 4 km östlich vom Liaunig-Museum, über die mächtige Draubrücke und Richtung Lavanttal kommt man linker Hand zu einem besonders schönen *Naturbadesee* am Ufer der Drau, an dessen Strandbad ein einfacher Campingplatz angeschlossen ist.

Badesee/Camping: Geöffnet Mai bis Sept., Badesee: Eintritt 3 €, Kinder 1,50 €. Camping: Erw. 9,30 €, Kinder 4,80 €, Stellplatz 8 €. ✆ 0650-4229, www.badesee-lavamuend.at).

Im Lavanttal ... ... und auf der Saualpe

Lavanttal und Saualpe

Der untere Teil des Lavanttals gilt als „Obstgarten Kärntens", aber auch der Lavanttaler Spargel hat die Gegend berühmt gemacht. In nördliche Richtung verengt sich das Tal zwischen den mächtigen Buckeln von Saualpe und der Koralpe an der Grenze zur Steiermark.

Das breite Tal ganz im Osten Kärntens bietet die idealen klimatischen Bedingungen für die harmonisch in die Landschaft integrierten Streuobstwiesen (Äpfel und Birnen) sowie diverse Obstplantagen und Spargelfelder. Und wo, wenn nicht hier an der Grenze zur Südsteiermark mit ihren erstklassigen Weingebieten, sollte man in Kärnten Wein anbauen? Seit den 1980er-Jahren sind die Kärntner Winzer dabei, die jahrhundertealte Tradition im unteren Lavanttal wiederzubeleben. Heute findet man die Ergebnisse dieser Bemühungen bereits in den Regalen von Vinotheken und Regionalvermarktern. Die überbordenden Schätze der Natur haben dem Lavanttal auch den gerne zitierten Beinamen „Paradies Kärntens" eingebracht. Durchflossen wird das Tal auf über 60 km von der insgesamt nur 71 km langen Lavant, ein eher schmaler Fluss, der sich bei Lavamünd in die Drau ergießt.

Kulturelles Zentrum des Lavanttals ist St. Paul mit dem bedeutenden Benediktinerstift, die größte Stadt ist Wolfsberg und gleichzeitig der wirtschaftliche Ballungsraum. Hier und Richtung Norden hat sich hauptsächlich Holzindustrie angesiedelt. Von den Gruben, in denen über die Jahrhunderte Erz aus den Tiefen der Saualpe gefördert wurde und der Gegend zu Wohlstand verhalf, ist keine mehr offen. Touristisch von Bedeutung sind die Wander- und Skigebiete an Koralpe und Saualpe.

St. Paul im Lavanttal

ca. 1900 Einwohner

Der Ort liegt schön in der Ebene am Zufluss des Granitzbaches in die Lavant und wird von dem mächtigen, oberhalb thronenden Komplex seines Benediktinerstifts beherrscht. Südlich davon erheben sich die dicht bewaldeten St. Pauler Berge mit ihren Wallfahrtskirchen, ein schönes Gebiet zum Spazierengehen mit aussichtsreichen Gipfeln (wenn auch nur gut 800 m hoch gelegen). Der relativ unspektakuläre

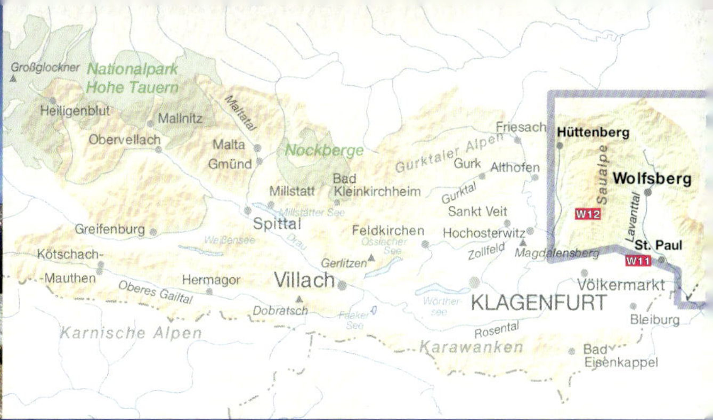

Ort St. Paul wurde im Prinzip an das Kloster angebaut und 1184 erstmals urkundlich als Markt namens *Brugga* erwähnt. 1476 machten die einfallenden Türken den Ort dem Erdboden gleich, konnten das Kloster aber nicht einnehmen. Bekannt ist St. Paul aber nicht nur für sein Stift, sondern auch für das Stiftsgymnasium, das aus einer berühmten, vom Stift unterhaltenen Lateinschule hervorgegangen ist – so mancher spätere „Promi" (der prominenteste vielleicht Paracelsus) drückte hier die Schulbank.

Information **Umgebungskarte** am Parkplatz unterhalb des Stifts.

Baden Auch St. Paul hat sein **Erlebnisschwimmbad**, am südwestlichen Ortsrand (Straße ins Granitztal), mit Rutsche, Schwimmerbecken, Liegewiese, Beachvolleyballfeld, Kiosk. Mai–Sept. tägl. 10–19 Uhr, in der Hochsaison 9–20 Uhr geöffnet, Eintritt 3 €, Kinder 1,50 €, ab nachmittags günstiger. Schwarzviertler Str. 44, ✆ 04357-2484.

Cafés Oberhalb vom Stift befindet sich im Barockgarten im hinteren der beiden Gartenschlösschen (beim Parkplatz) das **Café Belvedere**. Während der Saison Di–So 10–20 Uhr geöffnet.

Essen & Trinken außerhalb **Jausenstation Martiner-Wirth**, urgemütliches Gasthaus im winzigen Dorf St. Martin, Terrasse mit Ausblick, Gemüsegarten vor dem Haus. Gute Hausmannskost und leckere Jausen, nicht teuer. Nur sonn- und feiertags warme Küche (11.30–13 Uhr), abends gibt es kalte Jausen. In Spaziergangsdistanz zu St. Paul (2,3 km, beschildert). Parkplatz vor dem Haus. Di/Mi Ruhetag. St. Martin 5, ✆ 04357-2342.

Jausenstation Buchbauer, liegt auf dem Weg unserer *Wanderung Nr. 11* (genaue Wegbeschreibung → S. 417), ein schöner Spaziergang von etwa 30 Min. Länge ab St. Martin. Einfaches und sehr nettes Lokal, Holzterrasse davor, Jausen, Lavanttaler Apfelsaft und natürlich auch Most. Mo Ruhetag. Schildberg 1, ✆ 04357-2358.

Veranstaltungen **St. Pauler Kultursommer**, Konzerte und Liederabende in der Stiftskirche, gibt es hier schon seit 1979. Ende Mai bis ca. Mitte Aug., Karten 15–25 € (erm. 8–12 €). Hauptstr. 1, ✆ 04357 201921, www.kuso-stpaul.at.

Verbindungen **Bahn**: zwischen 7 und 20 Uhr etwa alle 2 Std. via Stein/Jauntal nach Bleiburg, ebenso oft über St. Andrä nach Wolfsberg. Bahnhof im Zentrum.

Busse fahren am Bahnhofsvorplatz ab, mind. 6x tägl. nach Lavamünd und über St. Andrä mit mehreren Stopps nach Wolfsberg.

Benediktinerstift St. Paul

Das Kloster wurde im Jahr 1091 durch die Spanheimer gegründet. Zuvor hatten die Römer hier in exponierter Lage eine Befestigung errichtet, die später als Burg Lavant bekannt war (und einem ersten Klosterbau weichen musste). Die berühmte

Der Barockgarten, im Hintergrund das Kloster

Klosterkirche des Heiligen Paulus entstand ab etwa 1160 bis Anfang des 13. Jh. 1376 brannte das Stift ab; das heutige Gebäudeensemble mit Stiftsanlage und auf der anderen Straßenseite dem Barockgarten und dem (Heil-)Kräutergarten *Hildegardium* sowie zwei winzigen Gartenschlösschen, der Meierei und der dazugehörigen Kirche entstand im 17. Jh. Abt *Hieronymus Marchstaller*, der hier 1616 bis 1638 das Sagen hatte, und dessen Nach-Nachfolger *Albert Reichart* veranlassten den prachtvollen barocken Ausbau des Klosters, wofür die alte Anlage zum Teil abgerissen, das Mauerwerk aber teilweise auch in den Neubau integriert wurde. Reichart war es auch, der 1683 die bemerkenswerte Deckenausmalung der Bibliothek mit den beiden Hemisphären veranlasste. Letztlich vollendet wurde das Stift aber nicht, Krieg und die damit verbundene Geldnot verhinderten einen komplett geschlossenen Bau wie beim erklärten baulichen Vorbild Escorial in Spanien. 1787 wurde das Stift durch Kaiser *Joseph II.* aufgehoben, 1809 siedelten sich hier neue Mönche aus St. Blasien (Schwarzwald) an, die erfreulicherweise auch ihre gesammelten Kunstschätze mitbrachten. 1991 begann man mit dem Bau eines modernen Museums für diese enorme Sammlung, die St. Paul auch den Beinamen „Schatzhaus Kärntens" einbrachte.

An der Nordseite des Klosters befindet sich der sog. **Kristalldom**, ein Gewölbe aus dem 11. Jh. und somit der älteste Teil der Anlage.

Stiftskirche des Heiligen Paul: Die romanische Stiftskirche in der Mitte der Klosteranlage zählt (zusammen mit Gurk) zu den wichtigsten mittelalterlichen Kirchenbauten Kärntens. Erbaut wurde die Kirche auf den Grundmauern eines älteren Gotteshauses in der zweiten Hälfte des 12. Jh. Der dreischiffigen romanischen Basilika steht eine mächtige Doppelturmanlage vor. Imposant wirkt die Kirche auch wegen des hohen Querhauses, das die niedrigen Seitenschiffe abschließt. An allen drei Ostseiten – des Querhauses und quasi der Rückseite des Langhauses – schmiegen sich gleichförmige Apsiden. Man betritt die Kirche durch das Westportal (um 1260), in dessen spitzem Bogenfeld-Relief Christus als Weltenherrscher thront. Das Südportal ist „quasi-romanisch": Es stammt aus dem 17. Jh., ist aber zum Teil aus romanischen Einzelteilen (der ehemaligen Chortrennwand) zusammengesetzt. In seinem Bogenfeld, das von einem hockenden, wohl heidnischen Männchen und einer fast schon akrobatisch verbogenen Figur getragen wird, ist die Anbetung der Heiligen Drei Könige dargestellt.

Im Inneren ist die romanische Basilika lichtdurchflutet und vermittelt einen schönen Raumeindruck. Die gotischen Gewölbe wurden nach dem Brand von 1367 eingefügt. Die Ausstattung der Stiftskirche ist weitgehend barock. Sehenswert sind unter anderem die kunstvollen und abwechslungsreichen Kapitelle der Säulen, die gotische Rabensteinerkapelle mit den schönen Wandmalereien und die Grabplatten der Spanheimer; vor allem aber: das berühmte Stifterfresko. Es ist eines der Hauptwerke von *Thomas von Villach* und entstand 1493. Zu sehen sind (knieend) die Kirchstifter (wohl Engelbert und seine Gemahlin) und hinter ihnen (stehend) die Heilige Katharina und Ordensgründer Benedikt (mit dem Schweißtuch der Veronica).

Stiftsmuseum: In den Räumlichkeiten im Westflügel des Klosters sind das Museum und die Bibliothek untergebracht. Die enorme Kunstsammlung von St. Paul – eine der bedeutendsten Kunstschätze des Mittelalters überhaupt – wird im Rahmen wechselnder Themenausstellungen jährlich neu arrangiert und mit verschiedensten Exponaten aus dem Archiv ergänzt. Für die Europaausstellung im Jahr 2009 wurde hier umfänglich renoviert. Zum Bestand zählen Ölgemälde unter anderem von Dürer, Rubens, Rembrandt und Da Vinci, eine Grafiksammlung mit über 30.000 Blättern und natürlich die sakralen Schätze wie das Adelheidkreuz aus dem 11./12. Jh., prachtvoll gestaltete Buchdeckel aus dem 13. bis 15. Jh., Kelche, Monstranzen usw. Der Rundgang beginnt im Prinzip im Untergeschoss (Lift) mit der Bibliothek. Hier im historischen Gewölbe in der Schaubibliothek sind ca. 70.000 Bücher untergebracht (über 4000 davon sind Handschriften), darunter das wahrscheinlich älteste Buch Österreichs (der *Ambrosius-Codex* aus der 1. Hälfte des 5. Jh.) und eines der ältesten gedruckten Bücher von Johannes Gutenberg aus der Zeit vor 1450. Über Stiegen hinauf gelangt man dann in die vielen Räume der thematisch wechselnden Ausstellungen. Wer noch einen Blick hinaus in den Hof wirft: Der Paulusbrunnen von 1719 mit dem Namensgeber des Stifts befindet sich vor dem Laubengang des Westflügels.

Anfang Mai bis Ende Okt. Di–So 10–17 Uhr, Mo geschl. Eintritt 9,50 €, Senioren/Stud. 8,50 € bzw. 7,50 €, Kinder 6–16 J. 5 €, unter 6 J. frei, Familienkarte 23 €. ✆ 04357-201910, www.stift-stpaul.at. **Tipp**: Im Shop bei der Kassa kann man die klostereigenen Weine – *Vinum Paulinum* – verkosten und kaufen.

Wanderung 11: Mostwanderung bei St. Paul → S. 417
Gemütliche Rundwanderung im Granitztal (ca. 9 km, ca. 2 Std., leicht).

St. Paul/Umgebung

St. Pauler Berge: Die Hügel südlich des Ortes laden zum Spaziergang mit aussichtsreichen Zielen ein, z. B. dem nahe gelegenen **Johannesberg** mit der gleichnamigen Kirche aus dem 14. Jh. (Umgestaltung im Barock) und Gasthaus (→ unten). Ganz im Südosten liegt der **Josefsberg** als vielleicht unspektakulärstes Ziel mit herrlichem Tiefblick und unweit westlich des Johannesbergs die weithin sichtbare und frei zugängliche **Burgruine Rabenstein** (um 1100 erbaut) auf dem gleichnamigen Hügel, ebenfalls mit herrlichem Tiefblick und Gasthaus unterhalb. Alle drei Hügel kann man auch in einer Wanderung verbinden (alles beschildert).

Anfahrt Vom Parkplatz des Stifts St. Paul sind es auf schmaler Straße 2,7 km bergauf zur Burgruine Rabenstein (beschildert), hier auch Parkplatz. Schon vorher geht es (nach ca. 1,5 km) nach rechts zum Johannesberg (Kirche und Gasthof), auf den Josefsberg muss man das letzte Stück zu Fuß gehen.

Klettern Ca. 70 Routen in verschiedenen Schwierigkeitsgraden in der südöstlichen Wand unterhalb der Burgruine Rabenstein.

Übernachten/Essen Gasthaus Rabensteiner, direkt unterhalb der Burgruine, ein uriges und gemütliches Gasthaus mit mo-

Blick auf das liebliche Lavanttal

dernem Anbau und Wintergarten samt Panoramaterrasse mit Blick auf das untere Lavanttal. Warme Küche nur an Sonn- und Feiertagen, ansonsten Jausen (Brettljause 7 €). Recht komfortable Zimmer (mit Internetanschluss), Übernachtung mit Frühstück 32–36 € pro Pers., Halb- und Vollpension möglich. Mi Ruhetag. Unterhaus 3, 9470 St. Paul, ✆ 04357-2038, www.rabensteiner.at.

Gasthof Johannesmesner, mindestens genauso urig wie obiges Gasthaus, auch hier deftige Jausen (vom eigenen Bauernhof) und eigene Brände. Neben den recht modernen, renovierten Zimmern (EZ 31 €, DZ 54 €, mit Frühstück) sind auch Ferienwohnungen für 2–5 Pers. im Angebot: 45–69 €/Tag. Ganzjährig geöffnet, Di Ruhetag. Johannesberg 2, 9470 St. Paul, ✆ 04357-2300, www.johannesmesner.at.

Zogglhof: Hier – im einstigen Gutshof des Stifts St. Paul – kommen Sie in den Genuss der *„Lavanttaler Mostbarkeiten"*. Genau genommen ist das ein Verein, der sich der Produktion der köstlichen und meist flüssigen, oft auch mehr oder minder alkoholhaltigen Produkte rund um die Lavanttaler (und Granitztaler) Obstherrlichkeit verschrieben hat. Angebaut werden hier an den sanften Hängen des unteren Lavanttals die alten Apfel- und Birnensorten der Region; in den Räumlichkeiten des Zogglhofes werden sie degustiert und verkauft. In einer eigenen Galerie sind außerdem die Jahrgangssieger in Sachen Likör, Brand, Geist, Most und Saft ausgestellt. Das angeschlossene **Lavanttaler Obstbaumuseum** zeigt im hinteren Bereich des Gebäudes und im Dachspeicher Geräte und Techniken der Lavanttaler Obstbauern im Lauf der Jahrhunderte, erläutert alte Apfel- und Birnensorten sowie das bäuerliche Leben mit einer nachgebauten „Stube", ein Bereich ist auch der Imkerei gewidmet.

Von St. Paul kommend (Straße Richtung St. Andrä) kurz nach Ortsende auf der rechten Seite, das rot-weiße Gebäude ist nicht zu übersehen. Hauptsächlich kommt man zum Verkosten und Einkaufen hierher und dabei wird man sehr nett und fachkundig beraten. Telefonische Anmeldung erforderlich, die ist aber auch recht kurzfristig (einen Tag vorher oder am gleichen Tag vormittags möglich), Eintritt Museum 4 €, Führung 6 €. Eine Flasche Apfelsaft gibt es um 2 €, darüber hinaus natürlich Most, Essig aus verschiedenen Obstsorten, Likör und Schnäpse aus dem Lavanttal. Hundsdorf 2, ✆ 04357-3141 oder 0664-3680507, www.mostbarkeiten.at. ■

St. Andrä

ca. 1300 Einwohner

Zwei Kirchen prägen das Ortsbild von St. Andrä in der Ebene zwischen Sau- und Koralpe im unteren Lavanttal: *St. Andreas* im südlichen Teil des Ortes und *Maria Loreto* am nördlichen Ortsrand, beide an der Durchgangsstraße und nicht zu übersehen.

Eine Ansiedlung hier zählt zu den ältesten im Lavanttal und wurde urkundlich bereits im Jahr 860 als „Hof an der Lavant" erwähnt. Da nämlich ging St. Andrä als Schenkung von *Ludwig dem Deutschen* an das Erzbistum Salzburg. Gut hundert Jahre später wurde ein Ort mit Kirche erwähnt (977), im Jahr 1228 wurde hier das Bistum Lavant mit der Kirche St. Andreas gegründet, ab 1339 durfte St. Andrä sich dann Stadt nennen. Bis 1859 residierten hier die mächtigen Fürstbischöfe von Lavant, das Bistum fiel dann an Gurk. Zu sehen sind von einstiger Macht und Pracht noch einige Befestigungsmauern und ein Stadttor sowie die hier angrenzenden Gebäudekomplexe wie das Augustiner-Chorherrenstift mit seinem schönen Arkadenhof (heute Pfarramt von der Pfarrkirche St. Andreas).

Die ältere der beiden Kirchen ist zweifelsohne die Pfarr- und ehemalige Domkirche **St. Andreas**. Erstmals 890 als Kirchenbau erwähnt, erhielt sie ihr heutiges Aussehen im frühen 15. Jh. Der dreischiffigen gotischen Basilika wurden später barocke Elemente hinzugefügt, der Hochaltar entstammt der Zeit um 1900 und ist der Gotik nur nachempfunden (wird nur auf Nachfrage beim Sekretariat der Pfarre geöffnet, ✆ 04358/2232). Die Wallfahrtskirche **Maria Loreto** wurde in den 1680er-Jahren über der Gnadenkapelle der Schwarzen Madonna von 1647 gebaut und zeigt sich durch und durch barock. Im angeschlossenen Gebäudekomplex befand sich bis 1859 ein Dominikanerinnenkloster, heute ist hier eine Berufsschule untergebracht. Im Oktober 2014 wurde Maria Loreto zur *Basilica minor* erhoben. Sie ist neben Maria Luggau (Maria Schnee) im Lesachtal die zweite derart geehrte Kirche in Kärnten, die sich das päpstliche Wappen über das Portal hängen darf (tägl. 8–18 Uhr zugänglich).

Information Tourismusinformation der Stadtgemeinde an der Hauptstraße, Mo–Fr 8–12 Uhr, Fr auch 15–18 Uhr. St. Andrä 210, 9433 St. Andrä, ✆ 04358-271020, www.st-andrae.at.

Einkaufen Immer samstags 8–12 Uhr **Wochenmarkt** am Neuen Platz in St. Andrä. Hausgemachte Nudeln und andere (regionale) Köstlichkeiten sowie kleine Geschenke gibt es direkt an der Hauptstraße in **Hasslers kleiner Nudelfabrik** (Mo–Fr 8–12 Uhr, Mi–Fr auch 15–18 Uhr).

Camping Wer mit dem Wohnmobil unterwegs ist, darf über Nacht auf dem hinteren Parkplatz des Badesees (s. u.) stehen.

Baden/Essen & Trinken Gehört in St. Andrä im Prinzip zusammen, das nach unserer Meinung beste Restaurant befindet sich nämlich direkt am Badesee (und gehört zur Badeanstalt). Stichwort **Baden**: recht kleiner Badesee mit gepflegter Badeanlage (Liegewiese, Badesteg, Sprungtürmchen, Rutsche, Umkleiden, Minigolf), je nach Wetter Mitte Mai bis Sept. ganztägig geöffnet, Eintritt 3 €, 6–18 J. 1,50 €, ab 14 Uhr wird es billiger. Südlich vom Ort geht es ab zum Badesee St. Andrä (beschildert).

››› Unser Tipp: **Café/Restaurant Antora**, schönes Terrassenrestaurant oberhalb vom Badesee, das auch Nicht-Badegästen offensteht. Verschiedene Mittagsmenüs (je 3 Gänge) zu 12,50–18,50 €, sehr gut und für das Gebotene günstig, nachmittags Café, abends etwas schicker und teurer. Mai bis Sept. 9–24 Uhr, Okt bis April 10–14.30 und 17.30–22 Uhr. So abends und Mo geschl. St. Andräer See, St. Jakob 35, ✆ 0664-1172571. ‹‹‹

Verbindungen **Bahn**: von 7–20 Uhr etwa alle 2 Std. nach Wolfsberg und nach St. Paul. Bahnhof im Zentrum. **Busse**: 6x tägl. nach St. Paul und nach Wolfsberg.

Wolfsberg

ca. 25.000 Einwohner

Die drittgrößte Stadt Kärntens führt eher ein Schattendasein, was sicherlich auch an der abseitigen Lage ganz im Nordosten des Bundeslandes liegt. Weithin überragt wird Wolfsberg von seinem Tudorschloss.

Lang war das historische Zentrum in einigen Ecken recht unbelebt, manche Häuser standen leer und nicht überall war es herausgeputzt. Die geplante Generalsanierung der an alter Bausubstanz reichen Oberen Stadt (linkes Flussufer) soll dem nun entgegenwirken – zum Zeitpunkt der letzten Recherche knatterten bereits die Presslufthammer auf dem Hohen Platz. Bis die Altstadt in neuem Glanz erstrahlt, mag es noch etwas dauern. Bis dahin bleibt Wolfsberg immerhin die schöne Lage beidseits des Flusses, zwischen den Ausläufern der Saualpe im Westen und der Koralpe im Osten, sowie der 2013 verliehene Titel „1. Wanderstadt Österreichs".

Wahrscheinlich war die Gegend hier schon in keltischer und römischer Zeit besiedelt. Erstmals erwähnt wurde „Wolfsperch" im Jahr 1007, als es in den Besitz des Bistums Bamberg unter *Kaiser Heinrich II.* kam. Die Burg ist 1178 bezeugt, im Jahr 1331 erhielt der Flecken Stadtrecht. Während man im 14. Jh. noch mit Wein handelte, war bald darauf die Eisenverarbeitung das vorherrschende Gewerbe; gefördert wurde das Erz im oberen Lavanttal. Nach den üblichen Katastrophen ihrer Zeit – Türkeneinfälle um 1475–1480, Pest 1571 und 1713, drei große Stadtbrände im 17. und 18. Jh. – erlebte die Stadt im 18. Jh. noch mal eine Hochzeit in Sachen Eisenverarbeitung. Nach über 750 Jahren war es mit der Herrschaft der Bamberger vorbei, 1759 kaufte Kaiserin *Maria Theresia* deren Gebiete zurück. 1879 wurde Wolfsberg ans Schienennetz angeschlossen, seit 1936 gibt es eine Straßenverbindung nach Graz, seit 1986 die Autobahn.

Im 20. Jh. wurde Wolfsberg mehrfach auch zum „Lagerstandort": Im Ersten Weltkrieg waren hier von 1914 bis 1917 über 7000 meist ukrainische und polnische Flüchtlinge in einem Barackenlager untergebracht, sie waren im Sommer 1914 vor

Christine Lavant (1915–1973)

Armut und Krankheit prägten große Teile des Lebens der Lyrikerin *Christine Lavant* (geborene Thonhauser, verheiratete Habernig, Lavant war ihr Pseudonym), die am 4. Juli 1915 in St. Stefan im Lavanttal als neuntes Kind eines Bergarbeiters und einer Schneiderin geboren wurde. Schon als Säugling und Kleinkind schwerstkrank, verbrachte sie lange Wochen und Monate im Spital; eine normale Schulbildung war kaum möglich, es folgten Depressionen und ein Suizidversuch (1935), danach ein längerer Aufenthalt in einer Klagenfurter Anstalt. 1939 heiratete Christine Lavant den sehr viel älteren Landschaftsmaler Josef Habernig. 1950 lernte sie den Maler Werner Berg kennen, mit dem sie eine vier Jahre andauernde, für beide unglücklich endende Beziehung einging. Aus den 1950er-Jahren stammen ihre bekanntesten Gedichtbände *Die Bettlerschale* (1956) und *Spindel im Mond* (1959), im Jahr 1962 folgte *Der Pfauenschrei.* 1970 erhielt die Lyrikerin den Großen Österreichischen Staatspreis für Literatur. Nach dem Tod ihres Mannes 1964 verschlechterte sich Lavants Gesundheit, nach mehreren längeren Krankenhausaufenthalten starb sie am 7. Juni 1973 in Wolfsberg.

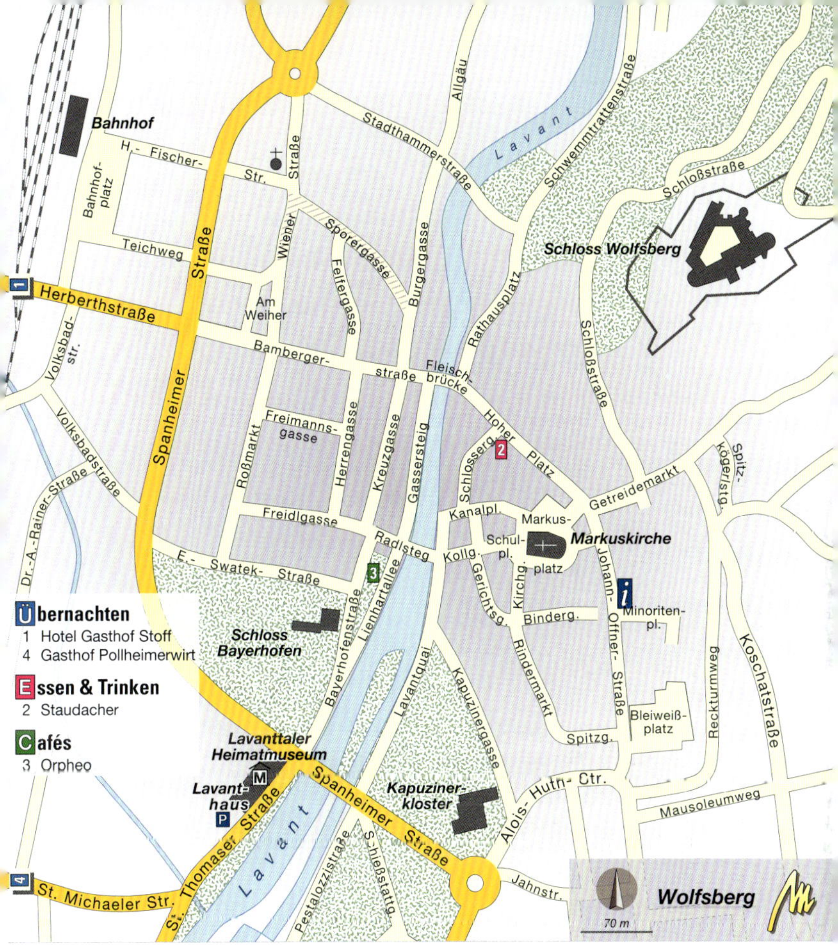

den russischen Truppen geflohen. 1939 bis 1945 befand sich hier ein Kriegsgefangenenlager mit bis zu 8000 Inhaftierten. Von 1945 bis 1948, unter britischer Besatzungshoheit, wurde das Kriegsgefangenenlager dann zum Internierungslager für rund 7000 NS-Funktionäre aus Kärnten und der Steiermark.

Information Regionalmanagement Lavanttal, sehr hilfsbereite und freundliche Info-Stelle für Wolfsberg und das ganze Lavanttal (insbesondere für Tickets und Veranstaltungen), im Zentrum gelegen. Mo–Do 9–12 und 13–17 Uhr, Fr 9–16 Uhr, Sa/So geschl., im Juli/Aug. Mo–Sa 9–18 Uhr, So 9–12 Uhr. Minoritenplatz 1, 9400 Wolfsberg, ✆ 04352-2878, www.region-lavanttal.at.

Tourist-Information, das zweite Infobüro, gleich neben dem Regionalmanagement, große Auswahl an Tourenvorschlägen für Wanderer und Biker. Ähnliche Öffnungszeiten wie obiges (Sa/So allerdings nicht). Minoritenplatz 1, 9400 Wolfsberg, ✆ 04352-3340, www.tourismus-wolfsberg.at.

Parken Am Lavanthaus kann man 3 Std. mit Parkscheibe parken, ansonsten in der Innenstadt (ausreichend Parkplätze) angenehm günstig: 2 Std. kosten 0,50 €.

Sport Golf: 9-Loch-Anlage *Golf Club Wolfsberg*, ca. 3 km westlich von Wolfsberg (unter der Autobahn durch nach St. Michael/Hattendorf), Greenfee 28–45 €.

März bis Okt. geöffnet. Hattendorf 25, ✆ 04352-61688, www.golflust.at.

Ski Alpin: auf der *Koralpe* 29 Pistenkilometer und 6 Lifte auf bis zu 2070 m Höhe, beliebtes Gebiet auch bei Skitourengehern, Tagesskipass 29,50 €, erm. 26 €, Kinder 16,50 €; am *Klippitztörl* 28 km Piste und 6 Lifte (Tagesskipass 31 €, erm. 27 €, Kinder 18 €).

Wandern: an Koralpe und Saualpe zahlreiche markierte (Rund-)Wanderwege und Hütten (→ S. 379). Informationen dazu gibt es in der Tourist-Information und unter www.tourismus-wolfsberg.at.

Essen & Trinken Gasthof Staudacher **2**, in diesem gutbürgerlichen und beliebten Gasthaus ein Stück oberhalb vom Rathaus trifft sich Wolfsberg zur Mittagspause. Günstige Mittagsmenüs. Mo 10–14 Uhr geöffnet, Di–Fr 10–14 und 18–24 Uhr, Sa ab 18 Uhr, So geschl. Hoher Platz 10, ✆ 04352-52595.

Übernachten/Essen außerhalb **** Hotel Gasthof Stoff **1**, ruhig gelegen im knapp 3 km nordwestlich von Wolfsberg gelegenen Ort St. Margarethen. Größerer, kürzlich renovierter Gasthof mit 70 sauberen und gemütlichen Zimmern, Wellnessbereich mit Sauna, Dampfbad und kleinem Hallenbad sowie 3 Tennisplätzen. Reichhaltiges Frühstücksbuffet mit Zutaten aus der Region. DZ mit Frühstück 84 €, EZ 52 €. Weißenbachstr. 30, 9412 St. Margarethen bei Wolfsberg, ✆ 04352-2297, www.hotel-stoff.at.

Gasthaus Pollheimerwirt **4**, bodenständiges und beliebtes Gasthaus am Fuß der Saualpe. Auf den Tisch kommen Backhendl, Schnitzel und Jausen, nicht teuer. Terrasse nach hinten hinaus. Mittags und abends geöffnet, Mo Ruhetag. *Anfahrt*: ca. 4 km von Wolfsberg, unter der Autobahn hindurch Richtung St. Michael, dann weiter Richtung Lading und Pollheim, in Pollheim an der Hauptstraße auf der rechten Seite. Pollheim 4, ✆ 04352-61031.

Cafés/Abends Orpheo **3**, Ende April/Anfang Mai bis Ende Okt. ganztägig und vor allem abends geöffnet, Kaffee, Cocktails und Snacks; Glaskasten mit schöner Terrasse direkt über der Lavant im Trattlpark. Auch Veranstaltungen. Am Trattl, ✆ 0664-4501339.

Verbindungen Bahn: etwa stündl. über St. Stefan, St. Andrä, St. Paul, Bleiburg und Völkermarkt nach Klagenfurt. 2x tägl. fährt der Zug weiter nach Bad St. Leonhard (dorthin häufige Busverbindungen).

Bus: Die Stadtbusse fahren werktags etwa stündl. in die Vororte St. Michael, Hattendorf, St. Margarethen, St. Stefan usw., während der Schulzeit auch 3x tägl. nach Lading. Mit dem Postbus 7x tägl. nach St. Andrä, 4x nach St. Paul und Lavamünd sowie mehrmals tägl. nach Bad St. Leonhard und Reichenfels; der Bus fährt weiter nach Obdach und Judenburg (Steiermark). Busbahnhof vor dem Bahnhof an der Hauptdurchgangsstraße im Zentrum.

Sehenswertes

Am besten beginnt man seinen **Rundgang durch die Altstadt** an der Fleischbrücke – benannt nach dem Fleischmarkt, der hier einst abgehalten wurde – mit der *Nepomukstatue* und dem vergoldeten *Christus* am Kreuz. Sie ist die älteste Verbindungsbrücke zwischen Unterer und Oberer Stadt. Direkt oberhalb davon befindet sich das kaum zu übersehende *Rathaus* von 1889, ein prachtvoller Bau der Neo-Renaissance, der heute die Stadtverwaltung beherbergt. Nur wenige Schritte sind es von hier zum *Hohen Platz* mit seinem harmonischen Ensemble aus Bürgerhäusern des 16./17. Jh. und der *Pestsäule* bzw. *Mariensäule* von 1718. Das *Bamberghaus* am Getreidemarkt (heute Stadtinformation) stammt ursprünglich aus dem 13. Jh. (und beherbergte später auch das Gericht); der ein Stück oberhalb thronende Reckturm ist der einzig noch erhaltene Turm der Wolfsberger Stadtbefestigung. Die *Stadtpfarrkirche St. Markus* (der unscheinbare Seiteneingang ist ganztägig geöffnet) beeindruckt mit dem prächtigen Portal aus ihrer Entstehungszeit im 13. Jh. Später wurde die Kirche erst gotisch, dann barock (Hochaltar mit Markusdarstellung des Barockmalers *Kremser Schmidt*) umgestaltet. Ihr gegenüber befindet sich die unscheinbare kleine *Annakapelle* oder *Bäckerkapelle* von 1497 mit spätgotischem Flügelaltar. Wenige Schritte sind es von hier zum Minoritenplatz, an dem sich ab dem

13. Jh. eine Lateinschule und späteres Kloster der Minoriten befand. Zurück auf der anderen Seite des Flusses fällt an dessen rechtem Ufer *Schloss Bayerhofen* auf: Das älteste Gebäude der Stadt wurde im Jahr 986 erstmals erwähnt, später mehrfach befestigt und umgebaut.

Wolfsberg an der Lavant

Museum im Lavanthaus: Im Erdgeschoss des noch ziemlich neuen Lavanthauses direkt am Fluss (an der B 70-Brücke gleich südlich vom Altstadtzentrum) befindet sich dieses überaus sehenswerte Museum, das umfänglich Aufschluss über quasi jedes wissenswerte Thema zum Lavanttal gibt. Gezeigt werden Funde aus verschiedenen erdgeschichtlichen Phasen und in einer eigenen Abteilung die Mineralien, die der Bergbau hier zutage gebracht hat, außerdem Funde aus der Römerzeit. Weitere Abteilungen erläutern die Geschichte Wolfsbergs und des Lavanttals, Keramiken und Werkzeuge, Trachten und Handwerksgeräte, alte Stadtansichten und Landschaftsansichten des Kärntner Malers *Markus Pernhart*. Eine Abteilung widmet sich *Gerhart Ellert* (1900–1975), der bzw. die hier in einem Eckhaus in der Herrengasse lebte, eigentlich Gertrud Schmirger hieß und hauptsächlich historische Romane schrieb. Mit einer eigenen Abteilung ist natürlich auch *Christine Lavant* (→ oben) bedacht; die Abteilung Film ist *Maximilian Schell* und *Maria Schell* (die ihre letzten Lebensjahre zurückgezogen in Preitenegg Richtung Packsattel verbrachte) gewidmet. Kurzum: Das Museum bietet einen wirklich guten Überblick über das Lavanttal, seine Geschichte und Kultur. Ein Teil des Museums ist jährlich wechselnden Sonderausstellungen vorbehalten.

Mitte April bis Okt. Di–So 10–17 Uhr, Nov. bis Mitte April Di–Do 10–16 Uhr, Fr 10–13 Uhr, Sa–Mo und feiertags geschl. Eintritt 5 €, erm. 4 €, Kinder 6–14 J. 2 €, Familienkarte 10 €. Audioguides erhältlich (1 €/Pers.). Im Museumsshop nebenan wird neben zahlreichen Publikationen über das Lavanttal (sowie von und über Christine Lavant) auch der hier im unteren Teil des Tales angebaute Wein verkauft. St. Michaeler Str. 2, ✆ 04352-537333, www.museum-lavanthaus.at.

Schloss Wolfsberg: Das so unübersehbar über der Stadt thronende Schloss zeigt in seiner heutigen Form den englischen Tudorstil des späten 19. Jh. Bereits unter den Bambergern im 12. Jh. gab es hier an strategisch günstiger Stelle eine Burg. 1846 erwarb der Stahlunternehmer Graf Hugo Henckel von Donnersmarck das Anwesen und ließ es nach damaligem Geschmack umbauen und einen Garten im englischen Stil errichten. Das Schloss beherbergt heute ein Restaurant und befindet sich im Besitz der *Kärntner Montanindustrie GmbH*. Einige Räume des Schlosses können nach telefonischer Anmeldung (✆ 04352-23650) besichtigt werden, man kann hier auch heiraten und/oder im Schlossrestaurant in gehobenem Ambiente essen (Mi–Fr 11–15 und 18–23 Uhr, Sa 11–23 Uhr, So 11–18 Uhr, ✆ 04352-36100, www.schloss-wolfsberg.info). Die Auffahrt zum Schloss ist ab Zentrum beschildert.

Ins obere Lavanttal

Gleich nördlich von Wolfsberg verengt sich das zuvor so weite Lavanttal: An der Straße sind einige Holzbetriebe am Fluss zu sehen, stellenweise ist hier aber gerade mal Platz für Straße, Bahnlinie und den Fluss selbst. Eine mächtige Autobahnbrücke überspannt bei *Twimberg* das Tal, hier rechts hinauf führt die alte Straße über den 1169 m hohen *Packsattel* in die Steiermark nach Graz. Hinter Twimberg weitet sich das Lavanttal nochmal, bevor man kurz vor dem *Obdacher Sattel* Kärnten Richtung Steiermark verlässt.

Bad St. Leonhard

ca. 2000 Einwohner

Der gepflegte Kurort hat ein einladendes historisches Zentrum um den Hauptplatz, dessen Attraktivität die neu gebaute Umgehungsstraße weiter erhöhen dürfte. Nördlich vom Ortskern liegt das Kur- und Gesundheitszentrum mit radioaktiver Schwefelquelle und modernem 120-Zimmer-Kurhotel (✆ 04350-38070, www.badsanktleonhard.at). Die heilsame Wirkung der Quelle soll Anfang des 16. Jh. schon *Paracelsus* bekannt gewesen sein. Das echte Highlight des Ortes liegt aber am südöstlichen Rand von Bad St. Leonhard: Die **Pfarr- und Wallfahrtskirche St. Leonhard** (oder einfach: Leonardikirche) aus der ersten Hälfte des 14. Jh. zählt zu den sehenswertesten frühgotischen Kirchen in ganz Kärnten. Schon das Äußere mit dem zinnenbekränzten Kirchturm sticht ins Auge (man beachte das Südportal auf der Längsseite), innen ist die Kirche mit Sternrippengewölbe und bunten Glasmalereifenstern ausgestattet, einem gotischen Flügelaltar aus dem frühen 16. Jh. und mehreren prachtvollen Barock-Werken – z. B. der Kanzel und dem mächtigen Hochaltar (17./18. Jh.). Die Kirche etwas oberhalb des südlichen Ortsausgangs ist kaum zu übersehen (ganztägig geöffnet, sollte sie verschlossen sein, hängt eine Telefonnummer aus).

Essen & Trinken Trippolt's „Zum Bären", Haute Cuisine im entlegenen Lavanttal: Das Trippolt's am beschaulichen Hauptplatz von Bad St. Leonhard zählt zu den besten Restaurants in Kärnten. Mittags wechselnde Karte, etwas leichter und ein wenig günstiger, die großen Abendmenüs kommen auf 67 € und 89 €, Hauptgerichte à la carte 20–30 €, die Flasche Wein gibt es um 25 €. Angenehmes, schönes Ambiente und für das Gebotene nicht zu teuer. Der Gault Millau prämierte die feine Küche von Josef sen. und Josef jun. Trippolt mit 16 Punkten und zwei Hauben. Di–Sa mittags und abends geöffnet, So/Mo geschl., Reservierung ratsam. Hauptplatz 7, ✆ 04350-2257.

Verbindungen Bahn: 2x tägl. fährt der Zug von Wolfsberg noch weiter nach Bad St. Leonhard, ansonsten mehrmals tägl. mit dem **Bus** nach Wolfsberg und Reichenfels (fährt weiter nach Obdach und Judenburg in der Steiermark).

Reichenfels

ca. 1100 Einwohner

Der kleine Ort ganz im Norden des Lavanttals liegt auf gut 800 m kurz unterhalb der Obdacher Höhe, der Grenze zur Steiermark. Dank seiner Gold- und Silbervorkommen war Reichenfels schon in römischer Zeit, mehr aber noch im Mittelalter wie der Name sagt: „reich". Davon ist heute im Ort nicht mehr allzu viel zu bemerken, der Reichtum zeigt sich eher in der verschwenderisch schönen Natur, die ihn umgibt. Zahlreiche Wanderwege (u. a. ein beschilderter Quellwanderweg, den schon Paracelsus beschritten haben soll) und MTB-Routen umgeben den Ort. Nur wenige Kilometer nördlich, bei Obdach (Steiermark), wartet der 2396 m hohe Zirbitzkogel auf Bezwingung.

Baden Das solarbeheizte **Freibad** von Reichenfels befindet sich nordöstlich des Ortskerns. Schwimmer-, Nichtschwimmer- und Kinderbecken mit toller Rutsche sowie große Liegewiese und Café. Juni bis Aug. tägl. 9–19 Uhr, Eintritt 3 €, Kinder 2 €. St. Peter 85 a, ✆ 0664-9770010.

Übernachten/Essen **Zur alten Mühle**, im Zentrum, ruhige Lage (wie überall im Ort), 23 Zimmer, Sauna, Kneipe und Restaurant mit guter, bodenständiger Kärntner Küche Tägl. außer Mi 11.30–13.30 und 18–21 Uhr geöffnet. DZ mit Frühstück 68 € (EZ 40 €), mit Halbpension 92 € (EZ ca. 46 €). Bamberger Str. 10, 9463 Reichenfels, ✆ 04359-2211, www.hotel-zuraltenmuehle.at.

Verbindungen **Bus**: mehrmals tägl. über Bad St. Leonhard nach Wolfsberg.

Rund um die Saualpe

Am mächtigen Buckel der Saualpe endet das Klagenfurter Becken. Der Höhenzug erstreckt sich vom Klippitztörl bis zum Ladinger Spitz, von dem die sonnenbeschienenen Hänge ins Jauntal abfallen.

Die Saualpe ist ein herrliches Wandergebiet. Rundum erstrecken sich weitläufige dichte Wälder an den Hängen – im Osten zum Lavanttal, im Westen zum Görtschitztal, im Süden zum Jaunfeld – in Talnähe aufgehellt von Lichtungen mit malerischen Bauernhöfen und blühenden Almwiesen. Hat man die Baumgrenze überwunden, öffnet sich die weite, von schartigen Felsen gesprenkelte, subalpine Heidelandschaft. Höchste Erhebung der Saualpe ist mit 2079 m der *Ladinger Spitz*. Die einzige Passstraße über den mächtigen Bergbuckel führt im Norden über das *Klippitztörl*. Die Passstraße beginnt südlich von Bad St. Leonhard – knapp 20 km auf schöner Strecke via den kleinen Weiler Kliening; von der Passhöhe verliert man auf schlecht befahrbarer Straße ziemlich schnell an Höhe und erreicht via Lölling nach etwa 14 km im Görtschitztal die Hauptstraße nach Hüttenberg.

Der auf 1642 m Höhe liegende Pass ist im Sommer Ausgangspunkt für Wanderungen und im Winter Skigebiet. Der breite Bergrücken zieht sich vom Klippitztörl bis zum Ladinger Spitz und weiter über Wolfsberger Hütte zu Speikkogel und kleinem Sauofen, den südlichsten Gipfeln der Saualpe. An den subalpinen Rändern und in den Wäldern verstecken sich viele Hütten; zu den schönsten zählt die *Wolfsberger Hütte* auf 1825 m – allein schon wegen der herrlich panoramareichen, exponierten Lage im Süden der Saualpe, etwa eine Wanderstunde unterhalb des Ladinger Spitz.

Hütten Die Berghütten sind bei entsprechendem Wetter meist schon in den Wochenenden im Mai geöffnet, sicher aber ab Pfingsten. Dann wird auch das Vieh auf die Almen getrieben. Verlässlich bewirtschaftet sind die Hütten Juni bis Ende Sept. Gene-

Ladinger Spitz – am Saualpe-Gipfel angekommen

rell wird auf den Hütten warm gekocht, es gibt aber auch Brettljause etc. In der Regel ein wenig teurer als im Tal.

Die **Wolfsberger Hütte** ist ein großer Feldsteinbau mit rot-weiß gestreiften Fensterläden in aussichtsreicher Lage, eine der bekanntesten Hütten und ein beliebtes Ausflugsziel, auch Übernachtungsmöglichkeiten, ✆ 0676-5837510, www.wolfsberger huette.com. Unterhalb des Ladinger Spitz liegt auch die freundliche **Ladinger Almhütte** am Waldrand, ebenfalls mit Übernachtungsmöglichkeit (✆ 0664-4437386). Auf dem Weg zur Wolfsberger Hütte liegt etwas oberhalb der schmalen Straße die schöne und sympathische **Offner Hütte**, tolle Jause, eigene Landwirtschaft, auch Most, keine Übernachtungsmöglichkeiten, ✆ 04352-61063, www.offnerhuette.at.

Übernachten **Hotel Moselebauer**, ruhig gelegenes, großes Hotel mit großem Angebot: Außenpool und zwei Hallenbäder, drei Saunen (darunter die Zirbensaunahütte) und Dampfbäder, Beauty- und Wellnessangebot, Tennishalle und Klettergarten. Im Haus natürlich auch ein Restaurant. DZ mit Dreiviertelpension 204–240 €. *Anfahrt*: Von Bad St. Leonhard Richtung Klippitztörl, dann oberhalb von Kliening knapp einen Kilometer auf schmalem Asphaltsträßchen hinauf. Kliening 30, 9462 Bad St. Leonhard/Klippitztörl, ✆ 04350-23330, www.moselebauer.at.

Sport **Klettern/Sommerrodelbahn**: An Baum und Fels hangelt sich der *Erlebnisklettergarten* auf dem Klippitztörl entlang (Juli/Aug. tägl. 11–17 Uhr) und vom Gipfel des Hohenwart stürzt sich über 1,4 km eine Sommerrodelbahn hinab (ab Mitte Mai). Infos unter ✆ 04350-8166, www.klippitz.at.

Ski alpin/Schneeschuhwandern: Im kleinen Skigebiet rund um den 1818 m hohen Hohenwart führen sechs Sessel- und Schlepplifte auf die insgesamt 28 Pistenkilometer. Über die nördliche Saualpe führen auch Schneeschuh-Wanderpfade. Außerdem Skiverleih und -schule vor Ort. Infos unter www.klippitz.at.

Wandern: Wenn Juni bis Ende Sept. die Hütten bewirtschaftet sind und das Vieh auf den Almen weidet, ist auch die beste Wanderzeit. Auf der Saualpe kann es ganz schön windig sein, deshalb winddichte Jacke und Mütze mitnehmen, außerdem was zu Trinken. Die Markierungen sind teilweise etwas weit voneinander entfernt, aber man merkt, wenn man vom Weg abgekommen ist. Über den Gipfelgrat der Saualpe führt ein Teil des Lavanttaler Höhenwegs – vom Pass Klippitztörl über den Ladinger Spitz bis hinab ins Jauntal bei Griffen. Der bequemste Einstieg in das Wandergebiet erfolgt auch entweder über den Pass (hier Wanderparkplatz) oder über die Wolfsberger Hütte (Anfahrt über St. Michael und Lading, kleiner Parkplatz ein gutes Stück unterhalb). Von Wolfsberg fährt der Wanderbus (ab Rathaus; zuletzt Juli/Aug. Mo und Di, Abfahrt 8 Uhr, zurück 17 Uhr), weitere Verbindungen bei der Tourist-Information Wolfsberg.

Wanderung 12: Auf der Saualpe – Rundwanderung über den Ladinger Spitz → S. 419
Traumhafte Wanderung über die Heidelandschaft auf der Saualpe (ca. 10 km, ca. 3 Std., leicht).

Griffen

ca. 800 Einwohner

Am Rand des Jaunfelds und zu Füßen der Saualpe liegt Griffen, die Geburtsstadt Peter Handkes. Über dem Ort erhebt sich der Schlossberg, ein an der Südwestflanke schroff abfallender Felssporn, auf dem die Ruine einer Burg thront. Griffen selbst ist ein eher unscheinbares Exemplar unter den Kärntner Dörfern. Entlang der Hauptstraße reihen sich ein paar bunte Häuser aneinander, etwas zurückversetzt steht die Kirche am Fuß des Schlossbergs, am östlichen Ortsausgang erhebt sich ein modernes, unansehnliches Stadttor. Dennoch lohnt ein Besuch des Ortes unbedingt – und das gleich in dreierlei Hinsicht: Farbenprächtig gestaltet sich der Abstieg in die *Tropfsteinhöhle* im Schlossberg und aussichtsreich der Aufstieg zur

Blick auf den Schlossberg von Griffen

Burgruine auf dem Schlossberg. Und ein paar Kilometer außerhalb befindet sich das idyllisch gelegene Stift Griffen mit der *Literaturausstellung* zum Werk *Peter Handkes*.

Schlossberg: Einstmals erhob sich – mutmaßlich majestätisch, will man den alten Stichen Glauben schenken – über dem Schlossberg eine Burg. Wann genau die Gegend um Griffen an das Bistum Bamberg ging, ist unklar, möglicherweise Ende des 11. Jh. Auf den ersten Blick wird ersichtlich, wie günstig die Lage hier ist: Die Burg, die die Bamberger bauen ließen, thronte etwa 130 m über dem Jauntal auf dem Gipfelplateau der markanten, bewaldeten Felsnase, mit herrschaftlichem Überblick über den Handelsweg von Villach und Klagenfurt ins Lavanttal. Im Laufe der Jahrhunderte wurde die Anlage immer mehr zu der Festung ausgebaut, deren Ausmaße die verbliebenen Ruinen erahnen lassen. Zu Füßen der Feste entwickelte sich der Markt Griffen und in Sichtweite die Stiftsanlage. Heute wird ein Aufstieg zu den Ruinen mit einem fantastischen Weitblick über das Jauntal und auf die Karawanken, auf Petzen, Hochobir und bis hinüber zum Hochstuhl belohnt.

Den Aufstieg kann man entweder über insgesamt 182 Stufen auf der Rotarystiege (ca. 15 Min.), auf dem schönen, steilen Natursteig durch den Wald (ohne Stufen, ca. 20 Min.) oder über die Straße (ca. 25 Min. Aufstieg) angehen. Oben befindet sich ein Restaurant/Café.

Tropfsteinhöhle: Im Inneren des steilen Kalkkegels wurde während der letzten Monate des Zweiten Weltkrieges eine Tropfsteinhöhle wiederentdeckt. Das farbenprächtige Tropfsteinensemble aus Stalagmiten und Stalaktiten hat ein wenig gelitten unter den respektlosen Händen von Trophäenjägern und spielenden Kindern. Nichtsdestotrotz ist die Führung durch die bunte Griffener Tropfsteinhöhle einen Abstecher in die Unterwelt wert. In der Höhle wurden die Knochen exotischer, da längst ausgestorbener Fauna gefunden: Riesenhirsch, Wollnashorn oder Höhlenbär. Feuerstellen beweisen die Anwesenheit von Jägern aus den Anfängen der Menschheitsgeschichte. Auch heute noch ist die Höhle Lebensraum – für Hufeisenfledermaus, Höhlenkreuzspinne und Höhlenskorpion. Am Ende der 40-minütigen Führung jagt ein Film in wenigen Minuten durch die Erdgeschichte – vom Urknall bis heute.

Führungen (ab 5 Pers.) Mai bis Sept. tägl. stündl. 9–16 Uhr (Mai, Juni und Sept. nicht um 12 Uhr), im Okt. nur 10, 13, 14 und 15 Uhr, Erw. 8,50 €, Kinder 4–15 J. 4,50 €. Dauer 40 Min., keine Fotos. Warm anziehen: Jahreszeitunabhängig ist die Höhle 8 °C kühl. ✆ 04233-2029, www.tropfsteinhoehle.at.

Stift Griffen: Malerisch liegt Stift Griffen am Talrand, den Rücken zur ansteigenden Saualpe. Gegründet wurde das Kloster 1236 vom Bamberger Bischof *Eckbert*, in kriegerischen Zeiten wurde es zur Wehranlage ausgebaut. Inmitten eines umfriedeten Friedhofs erhebt sich die alte, im Kern romanische Pfarrkirche – mit schlichtem romanischem Portal und Wandmalereien im Triumphbogen sowie einem schönen gotischen Fresko einer Schutzmantelmadonna. Die nebenstehende Stiftskirche ist in den Klosterbau integriert und wirkt dank ihrer Front sehr barock, aber auch sie ist im Kern romanisch. Nicht nur dank seiner Lage ist Stift Griffen ein sehr idyllischer, besinnlicher Ort.

Peter-Handke-Ausstellung: Die Ausstellung im Stift Griffen – seit Bestehen zwar sehenswert für Literaturinteressierte, doch zuletzt ein wenig in die Jahre gekommen – wurde 2012 anlässlich des 70. Geburtstags des bedeutendsten Griffeners renoviert, neu gestaltet und erweitert. Die Ausstellung gewährt mittels Fotos und Briefen, Manuskripten und Notizbüchern, Typoskripten und Büchern einen Einblick in Leben, Arbeiten und Werk des bedeutenden Schriftstellers. Zentrales (Schrift-)Werk der Ausstellung ist *Immer noch Sturm*. Der großartige Roman vereint wiederkehrende Motive aus Handkes Werk: die eigene Identität und Geschichte, die Auseinandersetzung mit Krieg, Widerstand und Frieden. Vor allem hat der Text auch einen direkten Bezug zu Griffen, da er die Geschichte von Handkes Familie während des Zweiten Weltkriegs und damit auch das Schicksal der Kärntner Slowenen während der NS-Herrschaft zwischen Wehrmacht und Partisanenkampf thematisiert. Blickfang der Ausstellung ist eine große Eisenskulptur, eine Art Wortbaum mit Handke-Zitaten über Krieg und Widerstand.

Di–So ganztägig geöffnet. Sollte geschlossen sein, bekommt man den Schlüssel beim Gasthaus Stifterwirt nebenan. *Anfahrt*: von Griffen die Straße Richtung Klagenfurt, dann rechts ab und den Berg hinauf (beschildert), ca. 5 km von Griffen.

Heunburg/Haimburg: Eine weitere Burg auf einem weiteren Felssporn, nur alles etwas kleiner: Über der Ebene erhebt sich wenige Kilometer östlich des Stifts auf einem grünen Felsenhügel die Heunburg über dem kleinen Weiler Haimburg. Im Ort steht die gotische *Pfarrkirche*, in der sich sehenswerte gotische Fresken im Netzrippengewölbe befinden. Die Kirche ist auch im Besitz eines wertvollen Fastentuchs. Die *Huneburch* (die „Hunnenburg“) wurde wahrscheinlich im 11. Jh. erbaut und war Sitz des im Mittelalter bedeutenden Heunburger Grafen. Nachdem die Burg lange dem Verfall preisgegeben war, wurde ihr mittels Schauspiel neues Leben eingehaucht: Heute dienen die alten Gemäuer als stimmungsvoller Spielort für den Theatersommer Heunburg.

Essen & Trinken **Baderwirt**, neben der Kirche am Hauptplatz von Griffen, nicht zu übersehen. In den Sommermonaten mit Cafébetrieb im kleinen Garten nach hinten hinaus (neben Treppenaufstieg zum Schlossberg) und an ein paar Tischen zur Straße, sehr guter Kuchen, wenn auch wenig Auswahl. Kirchplatz, ✆ 04233-2279.

In der Burgruine über Griffen empfängt die bistroartige **Schlossbergschenke** Besucher mit Cafébetrieb und einem Kärntner Tex-Mex-Crossover (Kasnudel 9,20 €, Burger 8,90 €). Terrasse im Burghof. Mai bis Sept. tägl. ganztägig. Schlossberg 1, ✆ 0664-75017253, www.schlossbergschaenke.at.

Gasthaus Stifterwirt, bodenständiger, freundlicher Familienbetrieb im Stift Griffen, vor dem Haus ein paar Bänke im malerischen Hof, Gaststätte und Jausenstation, Brettljause 6,50 €, tägl. ab 14 Uhr geöffnet, So ab Vormittag, Mo geschl., Spielplatz auf grüner Wiese davor. ✆ 04233-2344.

Heunburgtheater Der Weg hinauf ist steil, zuerst Asphalt, dann feiner Schotter. Die unten ausgeschilderten 15 Min. sind aber großzügig bemessen – nun ja, in Abendkleid und Stöckelschuh braucht man sie vielleicht. Zur Spielzeit (Juli/Aug.) mit Gastronomie (an Spieltagen ab 17 Uhr), immer mit herrlicher Aussicht. Auf dem Spielplan stehen neben Theateraufführungen auch Jazzkonzerte und Lesungen. Programm, Infos und Kartenvorbestellungen unter ✆ 0650-7624395, www.heunburgtheater.at.

Verbindungen **Bus**: werktags 4x tägl. von Völkermarkt via Haimburg nach Griffen.

Diex

ca. 400 Einwohner

Was für eine Lage! Auf einer sonnenverwöhnten Hügelkuppe am Südhang der mächtigen Saualpe ist Diex umgeben von blühenden Almwiesen und gesegnet mit einem weiten Blick hinab ins Jauntal und hinüber zum schroffen Gipfelzug der Karawanken. Im uralten Bergbauerndorf, erstmals im 9. Jh. erwähnt, findet sich eine der bemerkenswertesten Wehrkirchen Kärntens. Die im Kern gotische und im Barock um- und ausgebaute Kirche *St. Martin* beeindruckt zum einen durch die imposante Doppelturmanlage, zum anderen durch die Verteidigungsanlage, die sie und den malerischen Kirchfried umschließt: Die hohen Mauer sind von hölzernen Wehrgangaufbauten gekrönt und mit runden Verteidigungstürmen und Tor zusätzlich befestigt. St. Martin wurde während der Zeit der Türkengefahr im 15. Jh. zur wahrlich wehrhaften Kirchenburg ausgebaut. Mit sichtbarem Erfolg, denn eine eindrucksvollere und besser erhaltene ländliche Wehranlage wird man in Kärnten kaum finden.

Übernachten/Essen Petschnighof, sehr freundlich geführtes Familienhotel 2 km östlich von Diex. Im Restaurant großer, heller Gastraum mit riesiger Aussicht und herrlicher Terrasse, leicht gehobenes Preisniveau, Kärntner Küche, verwendet werden regionale Zutaten. Mit eigenem Reiterhof, außerdem Wellness mit Saunen sowie ein panoramareicher Badeteich. DZ mit Halbpension ab 150 €, auch Familienzimmer. 9103 Diex 6, ✆ 04231-25896, www.petschnighof.at.

Messnerwirt, Traditionsgasthaus im Ort, freundlich und bodenständig, schöne Terrasse mit Weitblick, uriger Gastraum, auch Zimmer (DZ ab 56 € mit Frühstück), Mi Ruhetag. 9103 Diex 23, ✆ 04231-25899, www.messnerwirt-diex.com.

Biohotel Jesch, sehr freundliches, abgelegenes Hotel. Die eigene Bio-Landwirtschaft versorgt die Küche mit Fleisch und Gemüse. Helle Zimmer, angenehme Atmosphäre. Hallenbad und Außenpool, Saunen und Dampfbad. EZ 73 €, DZ 146–172 € (je nach Größe, Balkon), inkl. Dreiviertelpension, auch Familienzimmer. Etwa auf halben Weg von der Ebene hinauf nach Diex abbiegen, dann gut 2 km oberhalb der Landstraße (beschildert). Anfang Jan. bis Ostern geschl. Wandelitzen 10, 9103 Diex, ✆ 04232-7196, www.gasthof-jesch.at. ■

Verbindungen Bus: Die *Linie 5430* fährt werktags 5x tägl. von Völkermarkt via Haimburg hinauf nach Diex.

Im unteren Görtschitztal

Bei *Brückl* mündet die Görtschitz in die Gurk. Nach Norden hin erstreckt sich entlang der westlichen Flanke der Saualpe das streckenweise enge Tal, durch das sich die namensgebende *Görtschitz* schlängelt. Einst wurde das Hüttenberger Eisen über die alte Gleisführung der Görtschitztalbahn transportiert, doch ist die „Eisenbahn“ längst stillgelegt. Vor der Dampfmaschine wurde das Hüttendorfer Eisen über die Eisenstraße, die zwischen Hüttenberg und Klein St. Paul das Tal verlässt, zum Umschlagplatz nach Althofen verbracht. Heute geht es ruhig zu im Görtschitztal. Nach dem unscheinbaren Brückl verengt sich das Tal bei *Eberstein*, das von einem mächtigen Schloss überragt wird. Unscheinbar ist auch *Klein St. Paul*, allerdings verbirgt sich hier mit dem „Dorfschmied“ das kulinarische Highlight des Tals. Kurz hinter dem Talausstieg ins Krappfeld Richtung Althofen mündet von der anderen Seite die Klippitztörl-Passstraße aus dem Lavanttal ein. In dem schmalen Seitental entlang der Lölling gibt es im gleichnamigen Weiler eine weitere Landgasthof-Institution (samt Schmiedemuseum). Bekannt ist die Gegend für die Görtschitztaler Milch, die aber zuletzt durch einen Umweltskandal Ende 2014 schwer in Verruf geraten ist: Durch verbrannten Blaukalk in einem Zementwerk des Tals wurde krebserregendes Hexachlorbenzol (HCB) freigesetzt und legte sich hauptsächlich im Weideboden – also dem Futtermittel für die Kühe – ab. Deutlich erhöhte Werte in Milch und Fleisch, aber auch in Fischproben aus der Gurk waren die Folge. Besenders tückisch: HCB setzt sich fest im Boden wie auch im Körper und baut sich nur langsam ab. Trotz runder Tische und Entschädigungen, teilweiser Entwarnung und verschärfter Umweltgesetze: Ausgestanden ist der Skandal noch nicht, und die Hauptleidtragenden sind ausgerechnet die Biobauern des Görtschitztals.

Übernachten/Essen »» Unsere Tipps: **Gasthof zum Dorfschmied**, von außen wie ein unscheinbarer Landgasthof, innen dann haubengekröntes Feinschmeckerlokal, dem der Gault Millau 14 Punkte verlieh. Verfeinerte Kärntner Küche in bester Alpe-Adria-Tradition, Hauptgerichte ab 15 €, es gibt aber auch Nudeln ab 10 €. Kleine, ausgewählte, saisonale Karte. Einige Produkte, z. B. das Rindfleisch, stammen aus der eigenen Bio-Landwirtschaft, im Sommer auch Buschenschank. Berühmt auch für die Obstbrände aus der hauseigenen Brennerei. Das Landhausambiente ist bis ins Detail stilvoll, der Service freundlich. Sicherheitshalber reservieren – und die ungewöhnlichen Öffnungszeiten beachten: Mo–Do mittags und abends (Küche bis 20.30 Uhr), So nur mittags, Fr/Sa geschl. Im Haus stehen 19 Zimmer zur Verfügung, EZ 48 €, DZ 85 €, mit Frühstück. Marktstr. 16, 9373 Klein St. Paul, ✆ 04264-2280, www.zumdorfschmied.at.

Landgasthaus Neugebauer, den traditionsreichen, beliebten Landgasthof steuert man zumeist an, um die Spezialität des Hauses zu genießen: Backhendl. Daneben gibt es aber auch Vegetarisches und Ungeflügeltes aus der gutbürgerlichen Küche sowie saisonale Angebote. Man sitzt gemütlich in der Stube mit Kachelofen, dem holzvertäfelten Gastraum oder auf der schönen, schmalen Terrasse über der gurgelnden Lölling. Im Haus befindet sich auch ein kleines Schmiede- und Schlossereimuseum. Es gibt auch fünf angenehme Zimmer, DZ 90 € mit Frühstück, 118 € mit Halbpension. Sauna, schöner Garten. Ganztägig geöffnet (Küche 11.30–21 Uhr), Mo Ruhetag (Nov. bis Febr. auch Di). Graben 6, 9335 Lölling, ✆ 04263-407, www.landgasthof-neugebauer.at. ««

Hüttenberg

ca. 400 Einwohner

Hier schlägt das eiserne Herz Kärntens. Über Jahrhunderte wurden tiefe Stollen in die Hänge der Saualpe getrieben, um das Metall zu fördern, aus dem Kärntens Wohlstand geschmiedet war: Eisen.

Norisches Eisen – bereits während der Eisenzeit wurde das Metall in der Gegend um Hüttenberg gewonnen und verhüttet. Auf Eisenerz gründete die Macht des keltischen Königreiches Noricum. Mit norischem Stahl stattete die antike Supermacht Rom ihre siegreichen Legionen aus. Berühmt war das Eisen aus dem Inneren der Saualpe für seine Reinheit, laut Ovid sprichwörtlich für seine Härte, bei (Waffen-) Schmieden beliebt für seine Eigenschaft, sich leicht bearbeiten und vor allem gut schärfen zu lassen. Auch im Mittelalter war Hüttenberg sowohl das bedeutendste Eisenerzabbaugebiet im eisenreichen Kärnten als auch ein Zentrum der Eisenproduktion und damit ein enormer wirtschaftlicher Faktor für das Land. Reich machte die Schwerindustrie im Görtschitztal seit jeher auch die Umschlagplätze des Rohstoffs, in der Antike den Magdalensberg und Virunum, im Mittelalter Friesach, und nicht zuletzt den Landesherrn: das Salzburger Bistum. 1908 erlosch im letzten Hochofen Kärntens, *Eduard* in der Heft, das Feuer. 1978 wurde auch der Erzabbau eingestellt.

Der Ort Hüttenberg, erstmals im 13. Jh. namentlich erwähnt, zwängt sich ins enge Tal. Am Hang der Saualpe verteilen sich montangeschichtlich bedeutende Monumente und Siedlungen: z. B. die Heft, mit dem riesigen Eisenhüttenwerk aus dem 19. Jh., die Barbarasiedlung, eine nach dem Ersten Weltkrieg errichtete Knappensiedlung, und natürlich Knappenberg, in dessen Schaubergwerk man heute einen Eindruck von der Schufterei unter Tage erhalten kann. Neben der jahrhundertealten Bergbautradition ist es vor allem eine Person, die Hüttenberg heute prägt:

Heinrich Harrer – Eiger-Nordwand-Bezwinger, Abenteurer, Globetrotter und weltberühmt dank seiner „Sieben Jahre in Tibet“.

Verbindungen **Bus**: Der Postbus, Linien 5394 und 5396, fährt tägl. etwa 5x von Mösel (hier weiter nach St. Veit oder Klagenfurt) hinauf nach Hüttenberg, Sa nur 3x.

Veranstaltungen **Hüttenberger Reiftanz**: alle drei Jahre tanzen die Hüttenberger „Knappen“ am Dreifaltigkeitssonntag (So nach Pfingsten) einen traditionellen, komplizierten Reigen, Infos unter www.reiftanz.at.

Sehenswertes

Heinrich-Harrer-Museum mit Lingkor: Ein Museum wie eine Weltreise über vier Kontinente, in eine Zeit, in der Expeditionen noch das ganz große Abenteuer ohne Navi, GPS oder App waren. Zu sehen sind in den drei Stockwerken des Museums im Zentrum von Hüttenberg an die 5000 Exponate: einige Dokumente aus Kindheit und Jugend Harrers in Hüttenberg, u. a. Zeugnisse, Fotos und seine ersten Bergausrüstungen, mit der er in den Kärntner Bergen unterwegs war, aber auch Caddy und die Schuhe, mit denen Harrer 1958 österreichischer Golfmeister wurde. Der größte Teil der Ausstellung ist den Forschungsreisen gewidmet – stabile Expeditionskisten aus Aluminium und die Packlisten, Briefe aus der Internierung in Indien, Schriften und Gemälde, Gebetsmühlen, Skulpturen und Fotos von den Mönchen, tibetische Puppen und Masken, aber auch Alltagsgegenstände und ein buddhistischer Gebetsraum (vom Dalai Lama persönlich geweiht). Tibet ist der Schwerpunkt des Museums, doch werden auch die Expeditionen Harrers nach Ostafrika, ins Himalayagebiet nach Bhutan und Ladakh, auf die Inselgruppe der Andamanen im Indischen Ozean, nach Borneo und zu den Xingu-Indianern im Amazonasgebiet ausführlich gezeigt. Eigentlich will man sofort selbst eine Alukiste packen und losfahren. Prädikat: unbedingt anschauen!

Tibet in Kärnten: der Linkor (oben), Buddhistischer Gebetsraum im Museum (unten)

Das Leben ein großes Abenteuer – Heinrich Harrer (1912–2006)

Ein vernünftiges Leben des Mittelweges wäre ihm einfach zu langweilig gewesen, schrieb Heinrich Harrer in seiner Autobiografie von 2002 rückblickend auf die vielen Jahrzehnte der großartigen Reisen und Begegnungen, deren herausragendste sicherlich die mit dem *14. Dalai Lama* war – und woraus eine bis zu seinem Tod andauernde Freundschaft entstand.

Geboren wurde Heinrich Harrer am 6. Juli 1912 in Obergossen oberhalb von Hüttenberg. Schon in frühester Jugend bestieg er die Berge seiner Kärntner Heimat, später dann verdiente er sich als Bergführer, Skilehrer und -trainer seinen Lebensunterhalt neben dem Studium in Graz. Seine enorme Fitness und Sportlichkeit ermöglichten ihm die Teilnahme an der Erstbesteigung der Eiger-Nordwand im Sommer 1938, deren aufsehenerregender Erfolg (nach vielen tragischen Unfällen zuvor) ihn wiederum in die Nanga-Parbat-Expeditionsgruppe und 1939 in den Himalaya brachte. Kurz vorher heiratete er Lotte Wegener, die Tochter des berühmten Polarforschers Alfred Wegener. Die Nanga-Parbat-Expedition scheiterte und das Vierer-Team um Peter Aufschnaiter wurde – zwischenzeitlich war der Zweite Weltkrieg ausgebrochen – in einem britischen Lager in Nordindien interniert. Nach mehreren Anläufen gelang die Flucht und ein ungemein strapaziöser und langwieriger Weg führte Harrer und Aufschnaiter aufs Dach der Welt, wo sie die berühmten „Sieben Jahre in Tibet“ verbrachten, die dann aber mit dem Vorrücken der chinesischen Armee im Herbst 1950 endeten. Zurück in Österreich war Harrer berühmt, inzwischen geschieden und Vater seines Sohnes Peter, den er 1952 als Zwölfjährigen erstmals zu Gesicht bekam.

Es folgten viele weitere Expeditionen und Erstbesteigungen, nach Südamerika und oft nach Afrika, außerdem Grönland, Alaska, Neuguinea, Borneo und auf die Andamanen, immer wieder aber zog es Harrer ins Himalaya-Gebiet nach Nepal, Ladakh und vor allem Bhutan. Das geliebte Tibet konnte er nur noch einmal im Jahr 1982 besuchen. Der begeisterte Sportler war auch ein ausgezeichneter Golfer (und österreichischer Golfmeister 1958): Auf dem Golfplatz lernte er 1957 auch seine spätere Frau Carina kennen, mit der er bis zu seinem Tod fast 50 Jahre verheiratet war. Über seine Reisen schrieb Harrer weit über 20 Bücher, deren bekannteste „Die Weiße Spinne. Das große Buch vom Eiger“ (1999), die 2002 erschienene Autobiografie „Mein Leben“ und natürlich der in über 40 Sprachen übersetzte Weltbestseller „Sieben Jahre in Tibet“ von 1952 sind. Mit dem Rummel um die Hollywood-Verfilmung der „Sieben Jahre in Tibet“ 1997 (mit Brad Pitt in der Hauptrolle) bekam Harrer dann auch eine unangenehme Seite des Ruhms zu spüren: Offengelegt wurden seine NSDAP- und SS-Mitgliedschaft, die er selbst später als „ideologischen Irrtum“ in jungen Jahren bezeichnete und mit seinem Ehrgeiz als Bergsteiger begründete. Erspart blieben Harrer die Kriegsjahre in Europa, die er erst in Indien im Lager, dann in Tibet verbrachte.

Der Dalai Lama besuchte seinen Freund 1992 in Hüttenberg im Ferienhaus der Harrers und weihte den buddhistischen Gebetsraum im Heinrich-Harrer-Museum. Für seine Verdienste wurde Harrer u. a. mit dem *Österreichischen Ehrenzeichen für Wissenschaft und Kunst* sowie dem *Großen Bundesverdienstkreuz* ausgezeichnet. Heinrich Harrer starb am 7. Januar 2006 in Friesach.

Gegenüber dem Museum klammert sich der **Lingkor** an den Fels. Der tibetanische Pilgerpfad führt über eine Stiegenanlage mit Wendeltreppe und Hängebrücke hoch hinauf in die steile Felswand. Der Lingkor wurde zu Ehren Heinrich Harrers und des 14. Dalai Lamas errichtet, zum Zeitpunkt der letzten Recherche war er jedoch aufgrund von Felssturzgefahr auf unbestimmte Zeit gesperrt.

Heinrich-Harrer-Museum: Mai bis Okt. tägl. 10–17 Uhr geöffnet. Eintritt mit der *Hüttenberg Card* (in der auch die Museen in Knappenberg enthalten sind) Erw. 14,50 €, erm. 12 €, Kinder 9 €. Infos unter ✆ 04263-8108-30, www.huettenberg.at.

Hüttenberg/Umgebung

Schaubergwerk Knappenberg: Glück auf! In Knappenberg ist ein ehemaliger Stollen, der im 16. Jh. in den Berg getrieben wurde, im Rahmen einer einstündigen Führung zugänglich gemacht worden. 700 m wandert man in den Berg hinein. Unter fachkundiger und sympathischer Leitung werden zahllose Facetten aus der Geschichte des Bergbaus, der Abbau- und Fördertechniken sowie des Arbeitsalltags unter Tage erhellt. Anschaulich erläutert der „Bergführer" den Arbeitsalltag der Steiger und Hauer, die Notwendigkeit ordentlicher Bewetterung oder auch die Gefahren durch z. B. das „Fleischmachen" (wenn der Hunt, also der Förderwagen, aus der Schiene sprang und die Gliedmaßen der Bergmänner zu zerquetschen drohte). Er erzählt von der Verehrung der Heiligen Barbara, der Schutzheiligen des Bergmanns, von Aberglauben, Sagen und Brauchtum genauso wie von halb vergessenen Abbautechniken – wie dem Sprengen ohne Sprengstoff: Indem am Stein ein Feuer entfacht wurde, konnte der erhitzte Stein mit kaltem Wasser aufgesprengt werden.

Über dem Eingang zum Schaubergwerk ist im Haupthaus das **Bergwerksmuseum** untergebracht, in dem u. a. historisches Werkzeug, Grubenlampen, Festtagstracht sowie zahlreiche interessante alte Fotos zu sehen sind. Im ersten Stock erstreckt sich über mehrere Räume eine Mineraliensammlung. Gegenüber findet sich ein kleines, liebvoll gemachtes **Puppenmuseum**, in dem handgemachte Puppen Hüttenberger Alltagsszenen darstellen. Im Hof zwischen Haupthaus und Puppenmuseum gibt es einen schönen *Gastgarten* samt freundlichem Kiosk/Jausenstation und schließlich im Garten nebenan eine schwergewichtige *Gesteinssammlung*.

Bergwerksmuseum: Mai bis Okt. tägl. 10–17 Uhr geöffnet, Führungen durch das Schaubergwerk fanden zuletzt Mai bis Okt. tägl. 11, 14 und 16 Uhr statt. In den Stollen hat es ganzjährig nur 6–7 °C, Pullover und lange Hose nicht vergessen!

Puppenmuseum: Mai bis Okt. tägl. 10–17 Uhr geöffnet. Alle Museen (einschl. Heinrich-Harrer-Museum) sind in der *Hüttenberg Card* enthalten. Erw. 14,50 €, erm. 12 €, Kinder 9 €. Infos unter ✆ 04263-8108-30, www.huettenberg.at

Freilichtmuseum Heft: Die Heft war im 19. Jh. eine der größten Eisenverarbeitungsstätten Europas. In dem Freilichtmuseum sind u. a. mächtige Hochöfen zu sehen. Kontrastreich fügt sich der „Schwebende Stollen", eine Stahl-Glas-Konstruktion des Architekten *Günther Domenig* in die alte Industrielandschaft. Das Eisenhüttenwerk wurde 1908 stillgelegt.

Das Freilichtmuseum ist ganzjährig zugänglich, kein Eintritt.

Wallfahrtskirche Maria Waitschach: Auf 1155 m über dem Görtschitztal ragt die Pfarrkirche *Unsere Liebe Frau* aus dem Wald heraus. Die Wallfahrtskirche wurde Ende des 15. Jh. errichtet. Auffällig ist vor allem das gleichermaßen gedrungene wie elegante Türmchen auf dem Dach mit doppelter Krone unter dem Spitzhelm. Im Inneren der sehenswerten spätgotischen Hallenkirche findet sich u. a. ein mächtiger Hochaltar von 1670.

Auf dem Hochobir

Wanderung 1:	Am Großglockner – von der Kaiser-Franz-Josefs-Höhe nach Heiligenblut	→ S. 394
Wanderung 2	Am Nordufer des Weißensees	→ S. 397
Wanderung 3	In den Nockbergen – Aufstieg auf den Königstuhl	→ S. 399
Wanderung 4	Familienwanderung auf der Turracher Höhe	→ S. 401
Wanderung 5	Zwei-Seen-Wanderung bei Feld am See	→ S. 403
Wanderung 6	Rundwanderung auf der Gerlitzen	→ S. 406

Kleiner Wanderführer

Wanderung 7	Von Hochosterwitz auf den Magdalensberg	→ S. 408
Wanderung 8	Aufstieg aus dem Bärental zur Klagenfurter Hütte	→ S. 411
Wanderung 9	Zwischen Märchenwiese und Meerauge – kleine Rundwanderung im Bodental	→ S. 413
Wanderung 10	Auf den Hochobir	→ S. 416
Wanderung 11	Mostwanderung bei St. Paul	→ S. 417
Wanderung 12	Auf der Saualpe – Rundwanderung über den Ladinger Spitz	→ S. 419

Kleiner Wanderführer Kärnten

Unerschöpflich abwechslungsreich – zwischen Großglockner und Saualpe, Hochobir und Nockbergen findet der Kärnten-Reisende ein fantastisches Wanderrevier. Also die Wanderstiefel geschnürt und rauf auf den Berg!

Die herrlichen Gebirgszüge, die Kärnten einrahmen, erschweren die Routenwahl. Insgesamt sind es etwa 40.000 km bestens markierte Wanderwege: hochalpine Trails durch die grandiose Gebirgswelt – hier und da einschließlich Gletscherblick – und panoramareiche Aufstiege zum Gipfelkreuz; Pfade über üppige Almwiesen und durch dichte Wälder an den Hängen versteckter Täler; Wanderstege durch wildromantische Schluchten und traumhafte Uferwege an malerischen Seen ... Fast überall liegen an den Wegen Berghütten, Jausenstationen und Buschenschanken – oft urgemütlich, meist mit herrlichem Fernblick, immer ideal zum Einkehren.

Zu den Wander-Highlights zählen der Nationalpark Hohe Tauern und der Biosphärenpark Nockberge, wobei Ersterer mit seinen zahlreichen Dreitausendern (und dem höchsten Berg Österreichs) für erfahrene Bergsteiger zweifelsohne die größeren alpinen Herausforderungen bietet. Die sanft geformten „Nocky Mountains" taugen dagegen eher für gemütliche Familienwanderungen – doch auch hier geht es auf fast 2500 m hinauf. Steil und felsig sind die Karawanken, ein herrliches Wandergebiet an der Grenze zu Slowenien, das sich als Bergkette über 100 km ganz im Süden Kärntens erstreckt. Nach Westen gehen die Karawanken in die kaum weniger schroffen Karnischen Alpen über, die wiederum bis ins italienische Friaul reichen. Aufgrund ihrer geologischen Beschaffenheit wurde hier der Geopark Karnische Al-

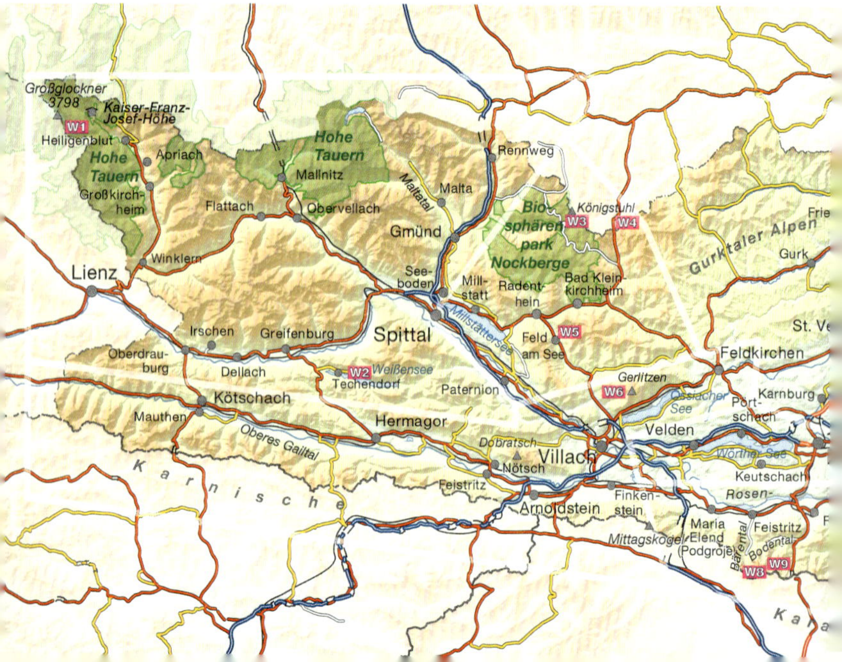

pen eingerichtet, auf dessen fünf verschiedenen Geotrails (Themenwanderwege) nicht nur Hobby-Geologen auf interessante vorzeitliche Spuren stoßen werden.

Die hier ausführlich vorgestellten Wanderungen führen in die Bergwelt der Großglocknergruppe und an das Nordufer des Weißensees, ins Herz der Nockberge und auf die Turracher Höhe, um die Seen im Gegendtal und auf die Gerlitzen, zum Magdalensberg, in die herrliche Bergwelt der Karawanken, zu den Obstbäumen im Lavanttal und schließlich auf die einsame Saualpe.

Fernwanderwege durch Kärnten

Der etwa 150 km lange **Karnische Höhenweg** (auch Teil der acht Länder überschreitenden *Via Alpina*) führt in neun Etappen von Sillian im Hochpustertal zum Nassfeld bei Hermagor, Übernachtung in Selbstversorger-Schutzhütten oder bewirtschafteten Berghütten, nur für geübte und konditionsstarke Bergsteiger! Seine Fortsetzung führt als Teilstrecke des österreichischen **Weitwanderweges 03 (Südalpenweg 03)** von Thörl-Maglern bis Lavamünd durch die Karawanken. Der violette Weg der Via Alpina (genaue Etappen unter www.via-alpina.org) geht schließlich von Lavamünd über Bleiburg und Bad Eisenkappel nach Slowenien.

Jüngste Attraktion der Kärntner Wanderwelt ist der viel beworbene **Alpe-Adria-Trail** von der Franz-Josefs-Höhe am Großglockner nach Muggia bei Triest an der Adria. Die ersten 21 Etappen (knapp 350 km) der insgesamt 43 Etappen führen durch Kärnten, der Weg passiert den Millstätter See und die Nockberge mit Bad Kleinkirchheim, außerdem Ossiacher See und Wörthersee, bevor er südlich von Finkenstein Österreich Richtung Kranjska Gora in Slowenien verlässt. Pro Etappe sind neun bis 22 km zu bewältigen. Genaue Routen unter www.alpe-adria-trail.com.

Wanderpraktisches

Anforderungen: Alle hier beschriebenen Wanderungen stellen keine außergewöhnlichen Anforderungen an den Wanderer. Durchschnittliche Kondition und Trittsicherheit, dazu ein wenig Orientierungssinn genügen, um die (Etappen-)Ziele mühelos zu erreichen. Einzig Wanderung 1 (beim Großglockner) ist ein wenig anspruchsvoller, hier ist aufgrund der Wegbeschaffenheit und der Länge der Wanderung ein Mindestmaß an Wandererfahrung hilfreich, außerdem Trittsicherheit und Schwindelfreiheit (bei der Hängebrücke über den reißenden Gletscherabfluss). Auch um die Steinwand bei Wanderung 2 zu überwinden, ist ein wenig Trittsicherheit und Schwindelfreiheit nützlich.

Wandersaison: Diese Wanderungen sind keine Winterwanderungen! Die Wandersaison in Kärnten beginnt nach der

Unterwegs in den Nockbergen

Schneeschmelze und endet mit dem ersten Schnee. Entsprechend ist die frühe wie die späte Wandersaison auch immer eine Frage der Höhenmeter – und der Großwetterlage! Schneeeinbruch im Mai ist in höheren Lagen nichts Ungewöhnliches. Wohingegen am Zollfeld (Wanderung 7) oder im Lavanttal (Wanderung 11) auch schon mal im März/April gewandert werden kann. Grundsätzlich kann man sich an den Saisonzeiten der Berghütten und Buschenschenken orientieren: Diese öffnen in der Regel im Mai und machen Türen und Fenster im September wieder winterfest.

Über Schneewanderungen, die in Kärnten zuhauf ausgewiesen sind, informieren Sie sich am besten bei den Tourist-Informationsbüros der jeweiligen Wintersportgemeinden.

Wanderkarten: Kärnten ist kartografisch natürlich flächendeckend erfasst. Das Kartenmaterial liefern v. a. die beiden österreichischen Verlage *Kompass* und *freytag & berndt*. Allerdings sollte man einen Blick auf den Maßstab werfen: Zahlreiche Karten sind im Maßstab 1:50.000 gehalten, der nicht immer ausreicht. Hilfreicher sind die Maßstäbe 1:25.000 oder 1:35.000, die aber nicht für alle Regionen vorliegen. Von der Glocknergruppe ist auch eine Karte des Deutschen Alpenvereins erhältlich (1:25.000). Die Karten kosten in der Regel 8–10 €.

Die in diesem Wanderteil enthaltenen Routen sind **GPS-kartiert**. Wer die Tracks und Wegpunkte in sein GPS-Gerät einspeisen will, findet die Daten unter www.michael-mueller-verlag.de/gps. Aber selbstverständlich kann man die hier vorgestellten Wanderungen auch gänzlich ohne elektronische Unterstützung und ohne zusätzliches Kartenmaterial unternehmen – anhand der detaillierten Wanderbeschreibungen und unserer Wanderkarten.

Markierungen: Die Wanderwege sind übrigens fast ausschließlich in den Landesfarben, also rot-weiß-rot markiert, sodass sich eine Markierungsspezifizierung erübrigt. Grundsätzlich aber ist das Wandergebiet Kärnten durchweg gut erschlossen und beschildert. Die Zeitangaben auf den gelben Richtungsweisern sind allerdings teilweise recht sportlich bemessen und sollten – auch um Frustrationen zu vermeiden – nicht zwingend als Vorgabe genommen werden.

Ausrüstung: Für alle Wanderungen gilt: Normale Wanderausrüstung! Ein Steigeisen ist für die hier vorgestellten Wanderungen nicht vonnöten, wohl aber festes Schuhwerk: Wanderstiefel sind empfehlenswert, solide Sportschuhe das Mindeste. Wer Probleme mit den Gelenken hat oder solchen zuvorkommen möchte, sollte über Wanderstöcke nachdenken (helfen auch gegen zu nahe kommende Kühe). Die Sonneneinstrahlung in den Bergen sollte man nicht unterschätzen, auch vorgebräunte Wadln sind in der Mittagssonne auf dem schattenlosen Hochobir schnell verbrannt. Sonnenschutz, einschließlich Kopfbedeckung, ist beim Wandern in den Bergen unbedingt zu empfehlen. Dass man ausreichend Wasser mit sich führen sollte, erklärt sich von selbst. Zwar gibt es auf vielen Almen Brunnen mit köstlichem, eiskaltem Quellwasser, aber eben nicht überall.

Im Notfall

Allgemeine Bergrettung für Österreich ✆ **140**, europaweiter Notruf ✆ **112**.

Sollten Sie kein Netz haben oder aus anderen Gründen nicht telefonieren können, gilt folgendes **Notsignal**: 6-mal pro Minute ein Signal abgeben (z. B. Blinken, Klopfen o. ä.), dann eine Minute warten und das Ganze wiederholen. Als Antwort kommt 3-mal pro Minute ein Antwortsignal. Sie können dann davon ausgehen, dass man Sie suchen wird. Auf den hier vorgestellten Wanderungen wird dieser Fall zwar mit größter Wahrscheinlichkeit nicht eintreten, aber sicher ist sicher.

Wandern mit Kindern: Die hier ausgeführten Wanderungen sind weitgehend mit Kindern (im wanderfähigen Alter) zu meistern. Nur die Wanderungen 1 und 2 sollten sich die Eltern bezüglich Schwierigkeitsgrad und Länge vielleicht einmal durchlesen, bevor es losgeht. Sie wissen selbst am besten, was Sie Ihren Kindern zumuten können und was nicht.

Wandern mit Hund: Auch hier gilt, Sie wissen selbst, wann Ihr Hund noch Spaß hat und wann er streikt. Grundsätzlich ist das Wandern mit Hund in Kärnten kein Problem, und jede hier vorgestellte Wanderung ist auch für Hunde geeignet – nur bei Wanderung 1 muss man vorsichtig sein, zum Beispiel auf der Hängebrücke über den reißenden Gletscherabfluss.

Aufpassen muss man aber bei den **Kühen** auf den Almen. Vor allem wenn Jungtiere dabei sind, können die Kühe Ihren Hund als Bedrohung empfinden und stellen sich bisweilen recht offensiv gegen den Störenfried. Lautes Rufen, zur Not Stockeinsatz hilft in der Regel bei forschen Paarhufern, oftmals ist es auch hilfreich, einen größeren Bogen um die Herde zu laufen. Wir empfehlen Ihrem Hund übrigens die Weißensee-Wanderung (Wanderung 2): Wald, Wiese, Wasser, keine Kühe und endlich mal Auslauf – was will der Hund mehr?

Achtung Maut: Manche Anfahrt ist, wenn nicht über öffentliche Verkehrsmittel bzw. Seilbahn, nur über Mautstraßen möglich (Großglockner, Nockberge, Gerlitzen, Hochobir). Details dazu finden Sie in den jeweiligen Informationen zu den einzelnen Wanderungen. Bei **Bergfahrten** auf schmalen Straßen hat übrigens generell der Bergauffahrende Vorfahrt.

Wanderung 1: Am Großglockner – von der Kaiser-Franz-Josefs-Höhe nach Heiligenblut

(erster Abschnitt des Alpe-Adria-Trails)

Charakteristik: Die erste Teilstrecke des Fernwanderwegs *Alpe-Adria-Trail* führt von der Kaiser-Franz-Josefs-Höhe hinunter nach Heiligenblut. Auch wenn es meist bergab durch die herrliche, im ersten Teil hochalpine Landschaft am Rande des Großglockners geht, sollte man die Etappe nicht unterschätzen. Ein gewisses Maß an Kondition und v. a. Trittsicherheit ist vonnöten. Insgesamt steigt man über 1300 Höhenmeter hinab (bei knapp 300 Höhenmetern Aufstieg). **Länge/Dauer**: ca. 12,5 km; gut 4:30–5 Std. reine Gehzeit. **Start**: auf der Kaiser-Franz-Josefs-Höhe. **Hin und zurück**: mit dem Auto von Heiligenblut aus über die Großglockner Hochalpenstraße (Achtung: Maut, → S. 106, der letzte Bus fährt bereits um 14 Uhr wieder hinauf); besser aber mit dem Wanderbus ab Heiligenblut: Ende Juni bis Mitte Sept. So–Fr 3x tägl. (9.25, 10.30 und 14 Uhr), am Sa nur um 9.25 Uhr, Dauer 30 Min. **Einkehr**: unterwegs nur in der Sattelalmhütte **9** (→ S. 117).

Wegbeschreibung: Am großen, ovalen Platz der **Kaiser-Franz-Josefs-Höhe** **1** auf 2370 m mit dem eigenwillig deplatzierten Boot führt eine Stahltreppe zur Gletscherbahn hinunter. Auf dem Dach der Bergstation – hier Informationstafeln zur Pasterze – geht es rechts zur Gletscherbahn, mit der man sich den mühsamen Abstieg spart (einfach 6 €, Kinder 3,40 €), oder linker Hand auf den Wanderweg, der in steinigen Serpentinen über zahlreiche Stufen steil bergab führt. Nach etwa 15 Min. Abstieg erreicht man die Abzweigung zur **Talstation der Gletscherbahn**, hier links weiter hinab.

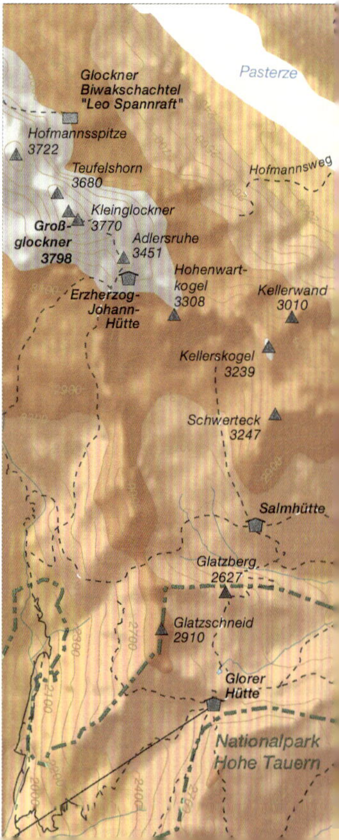

Die historische Gletscherbahn ist übrigens keineswegs zu kurz geraten (oder gar ein Kärntner Schilda-Aufzug), sondern führte, als sie 1963 gebaut wurde, tatsächlich nahe ans „ewige" Eis des Gletschers. Heute schimmert das blaue Eis an der Abbruchkante der Pasterze in weiter Ferne. An der folgenden Abzweigung **2** erreichte man 1980 den Rand des Gletschers. Eindrücklicher als an dieser Stelle kann man die Folgen des Klimawandels kaum erfahren.

Nach weiteren 5 bis 10 Min. kommt man zu einer weiteren **Abzweigung** **2**, die hinab zum (derzeitigen) Fuß der *Pasterze* führt. Auch hier wendet man sich mit dem Blick auf

Großglockner, Gletscher und Sandersee nach links (Beschilderung: *Heiligenblut*, Markierung rot-weiß-rot). Der Wanderweg führt nicht mehr ganz so steil bergab, ist aber hier und da doch recht anspruchsvoll zu gehen, wenn man zum Beispiel schräg abfallende Felsplatten überläuft. Schließlich erreicht man nach etwa 30-minütigem Abstieg den ehemaligen Gletscherboden.

Auf einem Geröllpfad geht man etwas oberhalb des Gletschersees, der bald zum Gebirgsfluss wird, zunächst auf gleichbleibender Höhe entlang, bevor man nach steilem Abstieg – zuletzt durch ein kunstvolles Steinmännchen markiert – das Niveau des Gletscherflusses, der bald wieder zum See wird, erreicht. Auf felsigem Untergrund geht es weiter auf und ab, zwischen zwei Felsen hindurch und dann um den See herum. Langsam ändert sich die Vegetation, die karge Landschaft wird merklich grüner und blumenreicher. Hier und da kreuzen kleine Bäche den steinigen Pfad.

Schließlich hat man nach gut 1 Std. den Wasserfall erreicht, dessen eiskaltes Gletscherwasser talabwärts tost. Über den Wasserfall führen ein steinerner Steg und schließlich eine **Hängebrücke**. Etwa 25 m hinter der Brücke gelangt man an eine **Abzweigung 3**. Die verwitterte Markierung auf einer Felsstufe ist sehr schlecht zu sehen – die Wanderung führt hier geradeaus und hinauf!

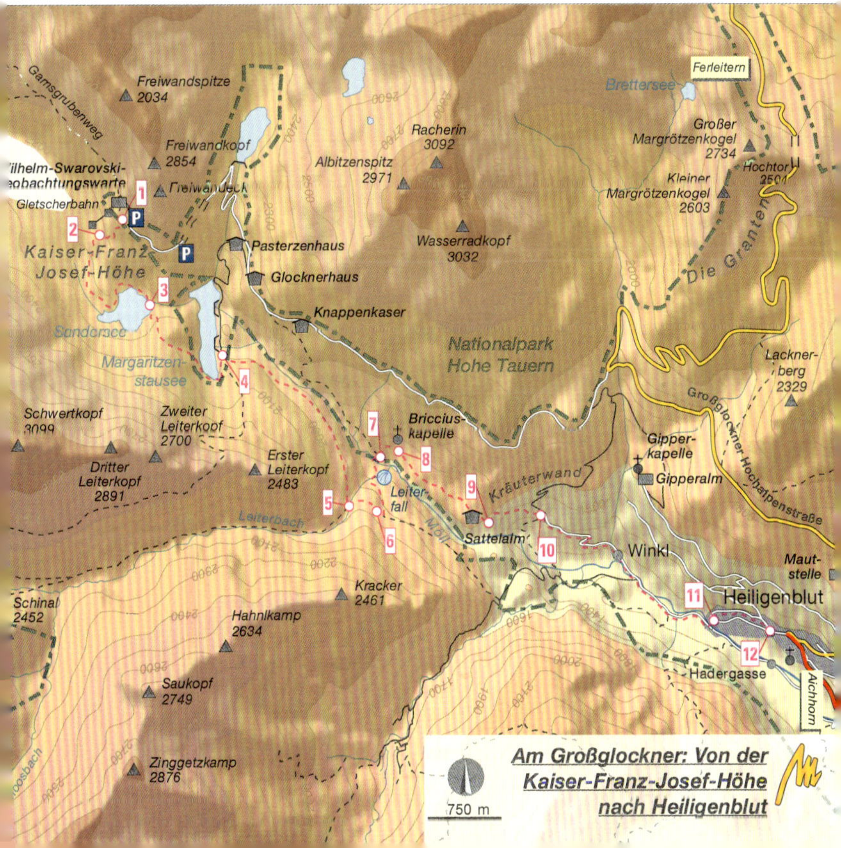

Die Hängebrücke bei **3**

Auf steinigem Pfad geht es über viele Serpentinen und Steinstufen den Hügel hinauf (Markierung wieder besser, rot-weiß-rot) und über den *Elisabethfelsen*, bei dem Sie ein kleiner Steinmännchengarten erwartet. Der Wanderpfad hinab zum See ist gut erkennbar und markiert, führt aber gegen Ende über viele Steinstufen und Bäche. Bald erreicht man den **Stausee** und geht oberhalb des Ufers rechter Hand herum. An einem kanalisierten Zustrom passiert man die Südspitze des Sees. Der Weg wendet sich nach Norden (am einfachsten am Ufer entlang) bis zur Staumauer **4**. Hier folgt man dem Weg linker Hand (nicht die Großglocknerrunde scharf links, sondern Richtung Heiligenblut) bergauf und oberhalb eines steilen Abhangs mit herrlichen Ausblicken entlang.

Ein schöner Wanderweg führt durch Weidegatter und an Weiden entlang wieder bergab. Bald passiert man die Baumgrenze und man wandert im Schatten der ersten Bäume. Auf weichen Wald-/Wiesenwegen geht es am Hang entlang – tief unten rauscht die Möll –, immer wieder auf und ab, teils über hohe Stufen, teils über kleine Bäche (kann hier nach je Jahreszeit recht matschig sein) und durch Weidegatter.

Schließlich folgt der schmale Pfad einem Hangeinschnitt. Am Scheitelpunkt gelangt man zu einer **Wegkreuzung** **5** (u. a. zur Salmhütte), unsere Wanderung führt über die Holzbrücke Richtung Heiligenblut. Auf dem Waldwanderpfad erreicht man bald ein Steinhaus, die zuletzt nicht bewirtschaftete **Trogalm** **6**. Hier, man befindet sich nun auf einer Höhe von etwa 1800 m, führt eine Abzweigung linker Hand hinab. Auf einem schmalen, ausgetretenen Pfad geht es steil bergab, bei einer Holzhütte wird es ein Stück flacher, dann fällt das Gelände wieder steil ab. Links rauscht der *Leiterfall*, und der Pfad führt hart am Hang oberhalb der Schlucht entlang und dann in steilen Kurven hinab.

Schließlich gelangt man dank einer schmalen **Holzbrücke** über den Gebirgsbach und auf die andere Seite der Schlucht. Weiter geht es kurz bergauf und gleich wieder bergab, über eine schlichte, dann eine breitere Holzbrücke, durch ein Weidegatter und nach der Weide bei einem Holzhäuschen zu einer **Kreuzung** **7**. Geradeaus hinab geht es auf einem Feldweg in weitem, rechtem Bogen bis zur kleinen **Briccius-Kapelle** **8**. Nebenan finden sich in der kleinen Schutzhütte Schautafeln zur Briccius-Legende (→ S. 114); vor der Hütte stehen Picknickbänkchen.

Weiter geht es auf dem Feldweg hinab, an einer Weide und einem Hof vorbei und bald darauf inmitten einer malerischen Landschaft zur bewirtschafteten **Sattelalm** **9**, bei der man sich nun wirklich eine mehr oder weniger kurze Einkehr verdient hat. Kurz hinter der Sattelalm erreicht man einen **Skywalk**, der sich wagemutig über das obere Mölltal streckt. In steilen Serpentinen läuft man auf dem Feldweg weiter bergab und durch den Wald, bis man schließlich auf eine Asphaltstraße trifft und vor dem **Kräuterwandstüberl** **10** (zuletzt nicht bewirtschaftet) steht. Auf der schmalen, wenig befahrenen Straße geht es nun an Höfen und Häusern vorbei hinab – die elegante Kirche von Heiligenblut rückt in den Blick –, an der Wolfgangskapelle vorbei (hier auch eine Bushaltestelle) und bis zu einer Kehre **11** am Ortsrand von **Heiligenblut**. Hier geht es am Kärntnerhof links hinauf ins Zentrum des Ortes **12**.

Wanderung 2: Am Nordufer des Weißensees

Charakteristik: traumhaft schöne, weitgehend schattige Wanderung von Techendorf zum Ostufer des Weißensees. Die Wanderung verläuft meist am einsamen Nordufer entlang; sehr schön zu gehen, allerdings erfordert eine kurze Passage an der kleinen Steinwand ein gewisses Maß an Trittsicherheit und Wandererfahrung. **Länge/Dauer**: gut 11 km; etwa 3:30 Std. reine Gehzeit. **Start**: bei der Brücke in Techendorf. **Hin und zurück**: Vom Ostufer geht es zurück mit dem Schiff (Mitte Mai bis Anfang Okt. 4x tägl., Juli/Aug. 5–6x tägl., Erw. 7 €, Kinder 3,50 €, Infos → S. 145). Wer z. B. mit dem Auto von Villach kommt, kann auch am Ostufer parken, zuerst mit dem Schiff nach Techendorf schippern und dann zurückwandern (Anfahrt aus dem Unterdrautal durch das Weißenbachtal; Beschilderung *Weißensee/Ostufer*; Autobahnausfahrt *Paternion/Feistritz*). Man sollte aber nicht zu knapp kalkulieren, vom Parkplatz am Ostufer zum Schiffsanleger Dolomitenblick sind es ein paar Minuten zu Fuß. **Einkehr**: Unterwegs nur am Café des Appartementhauses *Ronacherfels* (nur zur Saison nachmittags Cafébetrieb, → S. 146). **Tipp**: Unterwegs finden sich diverse Uferabschnitte, die sich als Badestellen eignen.

Wegbeschreibung: Ausgangspunkt ist die Abzweigung **1** bei der Brücke in **Techendorf**. Vom Supermarkt aus geht es die Dorfstraße entlang Richtung Neusach (beschildert), also nach Osten. Am Ortsausgang von Techendorf (und dem Ortseingang des Ortsteils Neusach) läuft man auf **asphaltierter Straße** links hinauf **2** (beschildert: Nr. 2). Nach etwa 150 m wird der Weg zu einer Schotterpiste, und kurz darauf gelangt man zu einer neuen **Schranke** **3**. Hier rechts abbiegen auf den Waldweg (Nr. 1; rot-weiß-rot markiert; Beschilderung u. a. *Ronacher Fels*). Der angenehme Wanderweg bleibt nun eine Zeit lang auf gleicher Höhe, Abzweigungen ignorieren und auch bei der nächsten **Kreuzung** **4** geradeaus weiter. Immer wieder bieten sich traumhaft schöne Ausblicke über den See.

Nach etwa 0:40 Std. Gehzeit überqueren wir bei einem kleinen Wasserfall auf einer Holzbrücke einen Gebirgsbach und ignorieren kurz darauf zunächst eine **Abzweigung** **5** rechts hinab und nach wenigen Schritten eine weitere links hinauf. Weiter geradeaus, gelangt man wenige Minuten später an eine weitere **Abzweigung** **6**.

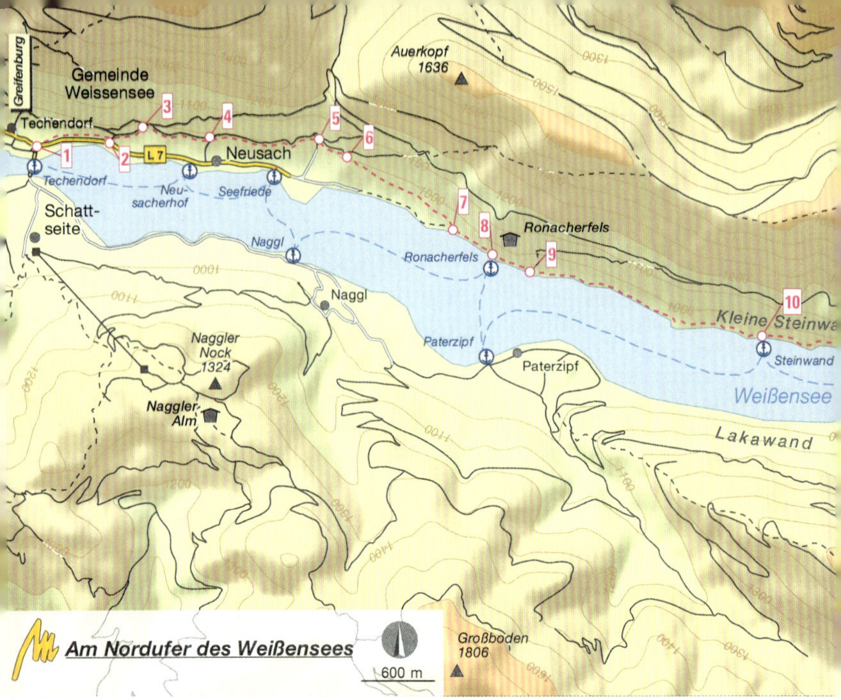

Hier geht es nun auf dem Wanderweg Nr. 1 rechts hinunter (hoch die Nr. 9), Richtung Ronacher Fels (ausgeschildert). Unser schmaler Wanderweg führt sachte bergauf und mündet in einen breiteren Weg (streckenweise auch Schotter), bis er wieder zum schönen Wurzelpfad wird. Wieder kann man eine grandiose Aussicht über den See genießen und hier und da auf hölzernen Bänkchen pausieren.

Schließlich erreicht man – nunmehr wieder hinabgestiegen zum Seeufer – die **Zufahrt 7** zu einem Hotel, hier nach links wenden und auf der Piste bis zum **Café Ronacher 8** weiter. Die Wanderung führt am Hotel vorbei, die folgende Abzweigung **9** linker Hand wird ignoriert.

Es folgt nun der schönste Teil der Wanderung: Auf einem Wanderweg wie aus dem Bilderbuch marschiert man immer am Seeufer entlang. Auf dem Weg passiert man eine Schutzhütte am See und gewinnt dann etwas an Höhe. Bei der nächsten Sitzbank führt rechter Hand ein kurzer Wurzelpfad zu einer weiteren Bank, die malerisch auf einem Felsen über dem See steht (Achtung: steil). Dann führt der Wanderweg wieder hinab zum See und weiter leicht bergauf und bergab, bis man schließlich nach etwa 0:40 Std. (vom Ronacher Fels gerechnet) den **Schiffsanleger Steinwand 10** erreicht.

Nun kommt der spektakuläre Teil der Wanderung (ein Schild weist den Weg für „Geübte“ aus, ein gewisses Maß an **Trittsicherheit** ist in der Tat angebracht): Ein enger Pfad führt in mehrmaligem Auf- und Abstieg am See entlang, oft steil, steinig, mit Wurzeln durchsetzt und über hohe Felsstufen. Hier und da ist der Pfad in der Höhe zwischen Kleiner Steinwand und Weißensee auch kurz ausgesetzt, was ein gewisses Maß an **Schwindelfreiheit** erfordert, aber zu bewältigen ist (und tolle Ausblicke ermöglicht).

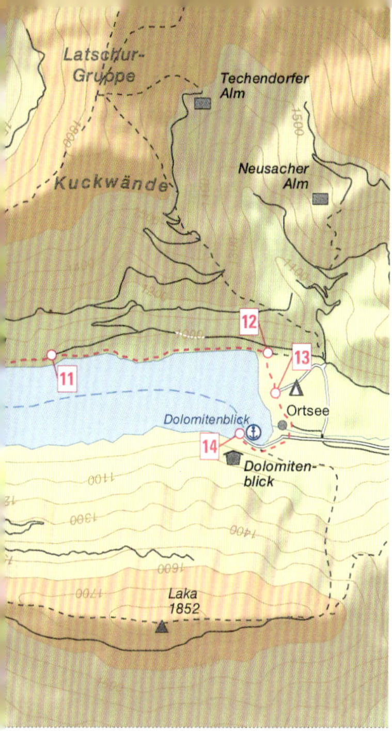

Nach knapp 0:30 Std. ignoriert man eine Abzweigung **11**. Nun fällt der Pfad mehr oder weniger steil ab, bis man wieder das Seeniveau erreicht. Von da an spaziert man wieder auf einem angenehmen Wanderpfad mit Blick auf das nahe Ostufer am glasklaren See entlang. Schließlich erreicht man am Rand der Ostbucht die **Gosariawiese**, eine Lichtung mit Picknickplatz, Bänken, Badestellen und Liegeschaukeln. Der Schiffsanleger befindet sich auf der anderen Seite der Bucht – entsprechend geht es einmal um die Ostbucht herum, zunächst auf einem Schotterweg durch den Wald, aber weiter am Ufer entlang; nach 100 m mündet der Weg in einen **Waldweg 12**, hier rechts (Beschilderung: *Dolomitenblick*). Es geht über eine Wiese, wieder durch ein kurzes Waldstück und am **Campingplatz** (mit Gaststube und kleinem Laden) sowie am **Strandbad 13** vorbei. Schließlich erreicht man nach der Brücke über den Weißenbach die Straße, die halbrechts zur **Schiffsanlegestelle Dolomitenblick 14** führt.

Wanderung 3: In den Nockbergen – Aufstieg auf den Königstuhl

Charakteristik: einfache, aber sehr schöne Bergwanderung in den Nockbergen. Weitreichende Wandererfahrung ist nicht vonnöten, ein wenig Orientierungssinn und rudimentäre Kondition genügen, um in den Genuss einer panoramareichen Gebirgstour zu kommen. **Länge/Dauer**: ca. 8 km; ca. 2:30 Std. **Start**: an der Hütte bei der Eisentalhöhe (→ S. 182). **Hin und zurück**: mit dem Auto über die Nockalmstraße (Maut! → S. 180) bis zur Hütte bei der Eisentalhöhe, hier parken; vom Karlbad am besten zurück mit dem Bus (3x tägl., zuletzt um 10.35, 14.20 und 17.10 Uhr, Fahrtdauer zur Eisentalhöhe nur 6 Min.; weitere Infos → S. 180). Deutlich mehr Parkplätze bei der Eisentalhöhe als beim Karlbad. **Einkehr**: keine Möglichkeit unterwegs; nur am Start und am Ende im Karlbad (→ S. 181).

Wegbeschreibung: Direkt an der Nockalmstraße liegt die **Hütte bei der Eisentalhöhe 1** auf 2041 m. Hier ist der Ausgangspunkt der Wanderung. Auf der anderen Seite der Straße bei den Parkplätzen führt ein Pfad nordostwärts bergauf, Beschilderung *Gr. Königstuhl*. Nach etwa 10 Min. über die Alm erreichen wir die erste **Abzweigung 2**, die hinauf zur Eisentalhöhe auf 2180 m führt. Bei der Abzweigung geht es rechter Hand auf dem Weg Nr. 122 weiter Richtung Großer Königstuhl. Man überquert einen Zaun und hat nun den kommenden Weg samt Gipfel vor Augen. Im weiten Bogen geht es um den Taleinschnitt herum und über den einen oder anderen Gebirgsbach. Ein Stück geht es an einem Zaun entlang, bis bei einem **Weidegatter 3** der Wanderweg kreuzt, der von Karlbad hinauf (wer schon genug hat, kann hier abkürzen) und weiter zur Zechneralm führt.

Nun steigt das Gelände etwas an, es geht über einen steinigen Pfad mit felsigen Stufen hinauf, bis nach etwa 0:15 Std. ein weiteres Gatter und kurz darauf ein **Bachbett** **4** erreicht sind: Geradeaus gelangt man nach etwa 100 m zum Friesenhalssee in einer kleinen Mulde. Die Wanderung aber verläuft rechter Hand weiter und bald wieder durch ein Gatter, ein Stück eben am steilen Hang entlang bis zu einer **Abzweigung** **5** (zum Seenock bzw. über den Rosaninsee zur Dr.-Josef-Mehrl-Hütte). Es geht weiter geradeaus. Nun beginnt der Aufstieg. Ein steiniger Pfad, mit Holzbalken stabilisiert, führt in Serpentinen zum Gipfel des Königstuhls – ein kurzes Stück geht es nahe an einem steilen Abhang entlang, hier Vorsicht mit Kindern!

Oben am **Gipfelkreuz** **6** (das Gipfelbuch befindet sich im unteren Kästchen) eröffnet sich ein fantastischer Rundumblick auf das grandiose Panorama der Nockberge!

Die Wanderung führt rechter Hand auf dem Grat entlang weiter. Der Pfad ist nun nicht immer erkennbar, dennoch kann man sich an Steinhaufen, verwitterten rot-weiß-roten Markierungen und an einem Steinbänkchen orientieren, wenn es über den Karlnock geht. Man passiert wieder ein Gatter, hinter dem der Pfad steil hinabführt. Anfangs geht man auf dem abfallenden Grat ein Stück Richtung Osten, bis der **Wanderweg** (Markierung auf dem Fels beachten!) **7** rechter Hand abzweigt. Nun folgen wir dem steilen, steinigen Pfad in Serpentinen bergab. Unten in der Senke führt der schmale, aber nicht mehr steinige Wanderpfad über eine Weide.

Schließlich erreicht man knapp 0:45 Std. nach dem Gipfel eine Weggabelung mit gelbem **Wegweiser** **8**. Hier rechts abbiegen, Richtung Karlbad. Der Wanderpfad

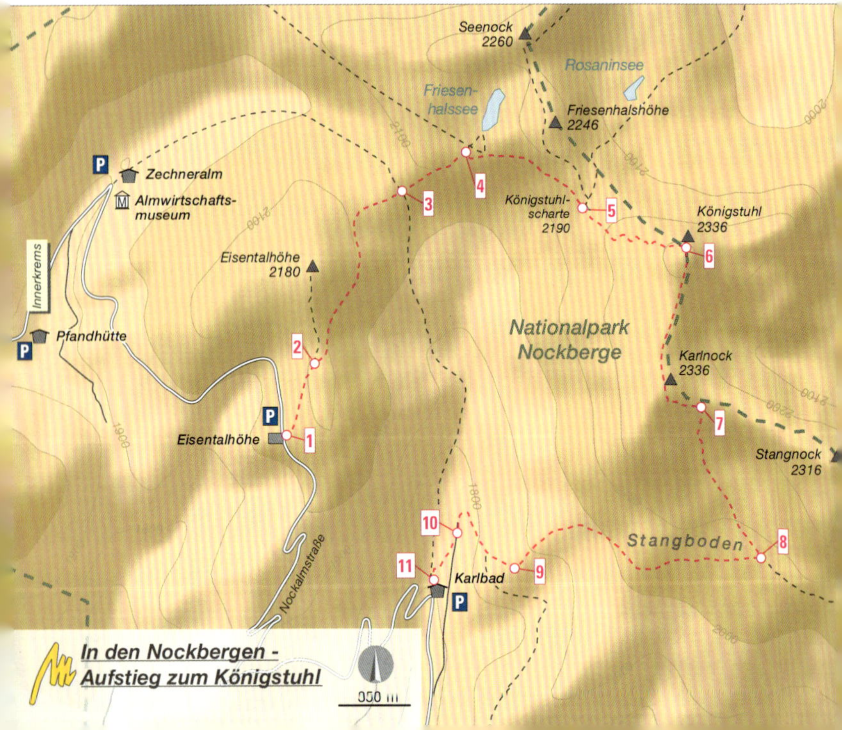

führt nun geradeaus über die Weide und gelangt nach etwa 0:15 Std. an die Kante der Ebene. Weiter geht es am steilen Hang entlang, man passiert die Baumgrenze. Jetzt wird der Wanderpfad wieder steiniger, führt zwischen Lärchen und Felsen hindurch und über plätschernde Gebirgsbäche. Schließlich beschreibt der Pfad eine Linkskurve, bevor er, nach einer leicht abfallenden Wiese, auf einen **Forstweg 9** trifft. Diesen ignorieren und stattdessen auf schmalem Pfad durch ein Waldstück, kurz darauf über eine steile Alm bergab, an einer alten Holzhütte vorbei und dann auf schlechtem Feldweg steil hinab, bis man einen Hof erreicht. Hier auf dem Schotterweg ein Stück talwärts. Nach etwa 20 m hinter dem **Zaun 10** geht es rechts hinab auf den Fußpfad, der hinunter zum **Karlbad 11**, dem Ziel der Wanderung, führt.

Wanderung 4: Familienwanderung auf der Turracher Höhe

Charakteristik: einfache und sehr beliebte Wanderung um die drei Seen auf der Turracher Höhe, die mit wechselnder landschaftlicher Szenerie und interaktiven Stationen zu den Themen „Sinne" und „Natur" viel Abwechslung bietet. Weitgehend auf schönen Waldpfaden und nur kurze steile Anstiege. **Länge/Dauer**: ca. 8 km; ca. 2:30 Std. Da jedoch die vielen Stationen zu Stopps verleiten, sollte man mehr Zeit einplanen. **Start**: beim Parkplatz P1 Panoramabahn/Nocky Flitzer (ausgeschildert). **Hin und zurück**: mit dem Auto von Ebene Reichenau auf der B 95 bis Turracher Höhe. Mit dem Bus zuletzt schlecht zu erreichen (→ S. 183). **Einkehr**: auf der Sonnalm am Schwarzsee (Mo Ruhetag) und im Ort Turracher Höhe.

Wegbeschreibung: Vom **Parkplatz an der Panoramabahn 1** geht es zunächst über die Straße und auf dem Gehsteig nach rechts weiter. Den Abzweig zum Museum Kranzlbinder lässt man links liegen und trifft bald auf die Beschilderung *3-Seen-Runde*, der man nach links auf den Wirtschaftsweg folgt. Hinter einer älteren Feriensiedlung erreicht man die erste Station des „Weges der Sinne", „Erfühle", und etwa 0:20 Std. nach dem Loslaufen den Abzweig zur Station „Erhöre" am **Wasser-Spielplatz 2**. Auf einem Steg überquert man den kleinen Bach, und kann, ganz nach Lust und Laune, im Matsch spielen, auf einer Liege den Blick über den ruhigen Grünsee genießen oder eben den Stimmen der Natur lauschen.

Wieder zurück auf dem Waldweg, geht es vorbei an einer Aussichtsplattform über dem Grünsee und entlang des Ufers zu einer Kreuzung, wo man das Ende des Grünsees mit einer Info-Tafel erreicht. Der Markierung *Weißes T auf rotem Quadrat* folgend, hält man sich weiter geradeaus und geht an der nächsten **Gabelung 3** nach links weiter. An kleinen, privaten Almen und der Station „Erspüre" vorbeiwandernd, gewinnt man langsam an Höhe. An einem **Abzweig 4** folgt man der Beschilderung nach links durch lichten Zirben- und Lärchenwald, der Weg verengt sich zum verwurzelten Pfad. Man passiert die in einen Baumstamm geschnitzte Hand der Station „Ergreife" sowie ein Viehgatter und gelangt zur **Sennerei Katscherhütte 5**.

Die Almwiese querend, geht es leicht bergauf und auf einem Pfad wieder durch lichten Wald. Man passiert recht schnell hintereinander die Station „Erblicke" mit einer Aussichtsbank, ein großes Viehgatter sowie die Stationen „Eratme" und schließlich „Erfinde", hinter der es an der **T-Kreuzung 6** nach rechts geht. Der breite, asphaltierte Weg führt durch eine Feriensiedlung mit Häusern in Blockbauweise stetig bergauf. An einer **Gabelung 7** folgt man der Beschilderung nach rechts, lässt die Häuser hinter sich und erreicht die erste naturkundliche Station zum Thema „Vögel".

Vorbei an einem Brunnen, wandert man nun auf einem breiten, steinigen Pfad weiter, der gesäumt wird von alpinen Zwergstrauchheiden wie Alpenrose und Wacholder. Überragt werden sie von einzelnen knorrigen Zirben, von deren „Einwanderung" aus Sibirien auch die Info-Tafel an der nächsten **Station** **8** berichtet. Von hier erreicht man nach knapp 10 Min. die bewirtschaftete **Sonnalm** **9**, wo man einkehren kann. Von der Terrasse fällt der Blick direkt auf Kornock (2193 m) und Hirschen Kogel (1995 m), an dessen Fuß der Parkplatz der Panoramabahn liegt, Startpunkt der Wanderung.

Der Weg führt von der Sonnalm durch eine Viehschleuse zum Ufer des Schwarzsees und an diesem entlang. Man passiert weitere naturkundliche Stationen und hat noch einmal Gelegenheit, die vielfältige Vegetation mit Rostroter Alpenrose und Sumpfdotterblume zu bewundern. Am Ende des Schwarzsees trifft der Wiesenpfad auf einen breiteren **Schotterweg** **10**, dem man nach rechts folgt. Mit der Station „Mühlstein, Werkzeug des Müllers" wird nun auch Kulturhistorisches thematisiert. Hier führt ein Abstecher nach rechts zum **„Stollen"** **11**, wo eine Tafel über das „schwarze Gold der Turrach", die Kohle, informiert.

Wieder zurück auf dem Schotterweg, wandert man leicht bergauf weiter nach Westen und gelangt bald an eine **Kreuzung** **12**. Um die Wanderung abzukürzen, hält

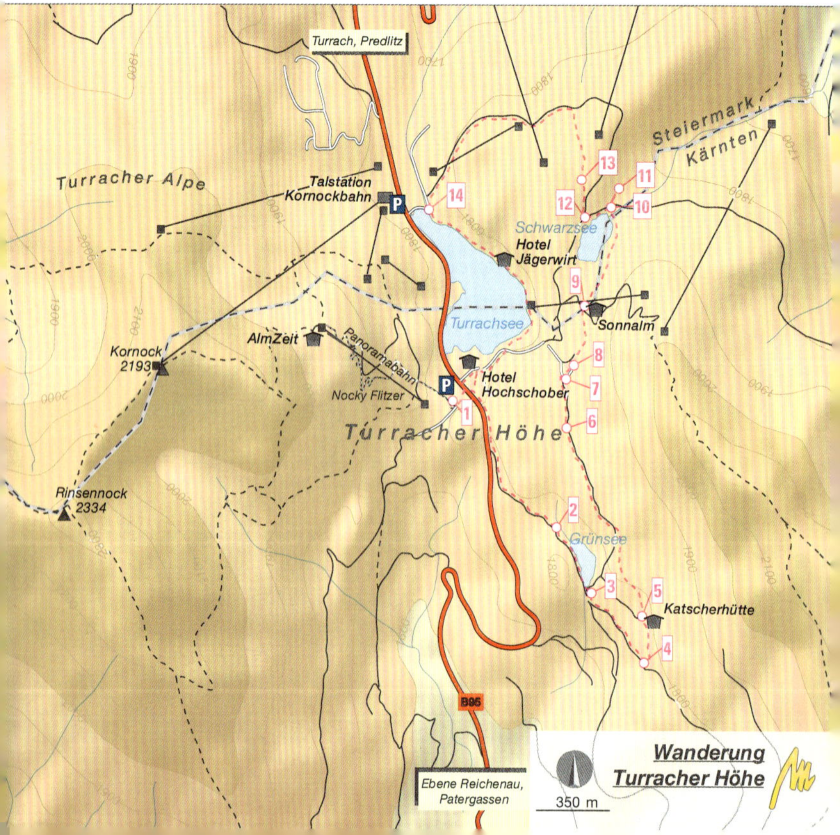

man sich hier links und kommt durch die Blockhaussiedlung hinunter zum Südende des Turracher Sees. Wer die 3-Seen-Runde komplettieren möchte, wandert nach rechts weiter. Es geht kurz bergauf, bevor man einem Abzweig nach links auf einen wurzeligen Pfad und zur Info-Tafel über Moore folgt. Ein langer **Holzsteg 13** führt nun trockenen Fußes über das sumpfige Gelände des Hochmoors hinweg zu einem Wirtschaftsweg, dem man nach links folgt.

Es geht bergab, unter einer Liftanlage hindurch, rechts ins Tal hinunter, wo man schließlich auf den **Turracher See 14** trifft. Mit dem Gewässer zur Rechten geht es am Ufer entlang auf asphaltierter Straße weiter und durch das Gelände des Romantik Seehotels Jägerwirt hindurch. Info-Tafeln informieren über die heimischen Fische und den Turracher See selbst, bevor man ein letztes Mal an einer Kehre kurz bergauf geht. Am Südufer entlang, folgt man der Beschilderung erst nach links und dann geradeaus, vorbei am Hotel Hochschober, zurück zum Ausgangspunkt, dem Parkplatz an der Panoramabahn 1.

Wanderung 5: Zwei-Seen-Wanderung bei Feld am See

Charakteristik: einfache, abwechslungsreiche Wanderung um den Brennsee (Feldsee) und den Afritzer See. Weitgehend auf Wanderpfaden sowie Feld- und Forstwegen, leichte Anstiege, schöne Ausblicke auf die Seen. **Länge/Dauer**: ca. 11,5 km; ca. 3:30 Std. **Start**: auf dem kleinen Kirchplatz in Feld am See. **Einkehr**: in Feld am See und auf halbem Weg bei den Campingplätzen am südlichen Ufer des Afritzer Sees.

Wegbeschreibung: Ausgangspunkt ist der kleine Kirchenvorplatz 1 in **Feld am See** neben dem Hotel Lindenhof und gegenüber dem kleinen Springbrunnen. Vor der Kirche wendet man sich nach links, und nach wenigen Metern biegt man rechts in die Seestraße. Vorbei an Tennisplätzen, Pensionen, Hotels und mehreren Strandbädern erreicht man nach knapp 0:15 Std. den Ortsrand von Feld am See. Hinter dem letzten Haus zweigt man links hinauf in den **Sonnenweg 2** ab. Nun verlässt man das Seeniveau und gewinnt ein wenig an Höhe. Es geht durch Waldstücke und über Weiden, über hölzerne Brücken und Stiegen, die über Weidegatter führen. Rechts unten rückt immer wieder der See in den Blick.

Nach einem Pfad über eine steil abfallende Wiese – wieder öffnet sich ein herrlicher Blick auf den See und zurück auf Feld am See – erreicht man ein **Picknickbänkchen 3**. Hier trifft der Wanderpfad auf einen Schotterweg (Beschilderung: *Sonnenweg*). Wir gehen rechter Hand hinunter, verlassen aber sehr bald bei der ersten Kehre den Schotterweg wieder und gehen geradeaus auf dem Wiesenweg weiter. Nach einem plätschernden Bach und etwa 100 m mündet der Weg beim Ederhof auf ein **Asphaltsträßchen 4**. Auf diesem geht es linker Hand bergauf weiter. Etwas unterhalb des nächsten Hofes zweigen wir rechts auf einen **Wiesenweg 5** ab, der wieder als *Sonnenweg* ausgewiesen ist. Bald geht es durch einen lichten Wald, erneut durch ein Weidegatter und nach einem weiteren Gatter über eine Wiese – und kurz darauf eröffnet sich ein Ausblick auf den Afritzer See.

Schließlich führt der Weg durch einen Hof mit einem orangefarbenen **Haus 6**. Hier geht es geradeaus auf dem Wanderweg weiter, nicht die Asphaltstraße rechts hinunter. Wieder passieren wir ein Gatter und überqueren bald eine **Asphaltstraße 7**. Der steinige Weg, der bergab führt, wird zu einem schmalen, schattigen Wurzelpfad. Im teils sehr steilen Hang kommt man im leichten Auf und Ab immer wieder zu plätschernden Gebirgsbächen, die man über kleine hölzerne Brücken oder mit einem beherzten Schritt überquert. Nach kurzem, steilem Abstieg (Wurzeln dienen als Stufen) mündet unser Wanderweg auf einen Weg **8**. Hier geht es halblinks auf dem steinigen **Feldweg** weiter (Beschilderung: *Sonnenweg*), bis man sich bei einer Holzhütte rechts hinunter wendet (ebenfalls mit *Sonnenweg* beschildert). Nach 30 m trifft der Weg auf einen breiten Waldweg, hier geht es halblinks (erneut beschildert) weiter. Und bald passiert man bei einem hübschen kleinen Wasserfall eine weitere Holzbrücke.

Schließlich tritt man aus dem Wald heraus und wandert zwischen zwei Weiden und oberhalb eines hübschen **Hofes** entlang. Dann führt der Weg weiter durch lichtes Unterholz und wieder über Weiden oberhalb des Afritzer Sees. Nach weiteren zwei Gattern (und dazwischen natürlich Weide) geht es wieder durch Wald. Nach zwei kurzen Anstiegen auf einem schönen Waldwanderweg zweigt schließlich knapp 0:20 Std. nach dem letzten Hof ein schmaler **Pfad 9** rechts ab. Hier verlassen wir den *Sonnenweg* und folgen der Beschilderung *2: Lierzberg, Seeweg* hinunter.

Unten angekommen, überqueren wir die **Landstraße 10**, wenden uns nach links und gehen nach etwa 50 m rechts in den Ortsteil Lierzberg. Zwischen nüchterner Ferienanlage und Spiel- und Sportstätten folgt man bei einem Pflegeheim der Rechtskurve und passiert zwei Campingplätze: zuerst die Alleenzufahrt zum Fischereihof mit Camping *Glinzner* (mit gutem Restaurant), dann in einer Linkskurve den Camping *Bodner* (und dahinter den Camping *Altseewirt*). Hier stehen Wegweiser, unsere Wanderung folgt zunächst der Auszeichnung des Wanderwegs 2: *Seeweg, Feld am See*. Es geht die Asphaltstraße hinauf, bis man nach wenigen Minuten oberhalb des hinteren Campings ein **Eisengeländer 11** erreicht. Hier folgen wir dem **Forstweg** hinunter (Privatgrund, genannte Beschilderung). Nach etwa 300 m zweigt man rechter Hand auf einen **Fußpfad 12** ab (weiterhin beschildert). Dieser malerische Fußpfad führt uns durch eine verwilderte Parklandschaft direkt am Ufer des Afritzer Sees entlang. Hier und da lädt ein Bänkchen zur Pause ein. Bald passiert man eine Holzhütte (obenrum gehen), dann führt wieder ein Waldweg am Ufer des fischreichen Sees entlang.

Nach etwa 0:30 Std. auf diesem herrlichen Wanderpfad erreicht man (nach Gatter, Wiese und Feldweg) das Nordufer des Afritzer Sees. Bei ein paar Privatgrundstücken ignorieren wir den rechter Hand abgehenden **Fußweg 13** und folgen geradeaus von nun an der Wegmarkierung 1: *Feld am See, Rudolf-Greinz-Weg*. Der Feldweg führt leicht bergauf, bis man schließlich das *Hundeparadies Tauchhammer* und dahinter beim *Kohlweißhof* eine **Straße 14** erreicht. Hier geht es links bergauf (genannter Beschilderung folgend) und bei der Weggabelung nach ca. 20 m rechts auf den *Wiesenweg*. Dieser führt eben und dann auch leicht abfallend zwischen teils ungemein idyllischen Höfen hindurch, voraus hat man einen herrlichen Blick auf den Brennsee/Feldsee.

Alle Abzweige werden ignoriert, bei der Kreuzung am *Hubmannhof* geht es geradeaus und bei der folgenden **Weggabelung 15** links hoch. Nach wenigen Metern jedoch biegt man gegenüber dem Haus Wiesenhof 12 und unterhalb des Hauses Wiesenhof 8 von der Asphaltstraße (unbeschildert) rechts auf einen Forstweg ab. Bald überquert man auf einer schlichten Brücke einen Bach und nach weiteren 100 m ein Weidegatter mit der Wanderauszeichnung „1". Den nächsten Abzweig ignorieren und weiter der Beschilderung 1 *Feld am See* folgen. Der breite Forstweg wird zu einem schmalen Wanderweg und erreicht nach etwa 500 m bei einem **Gatter 16** eine Abzweigung hinab nach *Erlach*, diese wird ebenfalls ignoriert, weiter

Jnterweng, Radenthein
Wasserfall
Feld am See
Feldsee (Brennsee)
Hubertus-kapelle
Schwandelwald
Rudolf-Greinz-Weg
Gruber
Erlach
Auer
Orter
B 98
Wiesen
Steierer
Leiter
Wieser Wald
Afritzer See
Burgstaller
Untersee
Lierzberg
Strandbad
Sonnenweg
Scherzboden
Afritz am See
Afritzer Bach
Tobitscher Bach
Gurkerbach
Bärenbach
Treffen, Ossiacher See
Zwei-Seen-Wanderung bei Feld am See
350 m

geht es durch das Gatter auf dem *Rudolf-Greinz-Weg*. Auch die nächste Abzweigung nach Erlach wird ignoriert. Wir wandern weiter auf einem herrlichen Waldpfad zwischen Felsen und Farn und unter hohen Nadelbäumen oberhalb des Brennsees/Feldsees.

Schließlich erreicht man nach etwa 0:20 Std. (seit 16) die **Hubertuskapelle** 17. Wir passieren die Zufahrt der modernen waidmännischen Kapelle, wandern geradeaus auf dem Waldpfad weiter und kommen bei der (zuletzt etwas in die Jahre gekommenen) **Waldarena** 18 heraus. Auf dem Birkenweg geht es hinab und unten rechter Hand über die Landstraße zurück zum Ausgangspunkt 1.

Wanderung 6: Rundwanderung auf der Gerlitzen

Charakteristik: einfache Waldwanderung auf guten Wegen von 1140 m hinauf auf den Gipfel der Gerlitzen (1911 m). **Länge/Dauer**: ca. 10,5 km; etwa 3 Std. reine Gehzeit. **Start**: Parkplatz etwas oberhalb der Kanzelhöhe (beim „Pistenflitzer"). **Hin und zurück**: entweder mit dem Auto über die Mautstraße zur Kanzelhöhe (Abzweigung von der B 98, am nördlichen Ortsrand von Treffen, dann noch 10 km, Mautgebühr 7–8,50 €) oder mit der Kanzelbahn (Infos → S. 237), Talstation in Annenheim am Ossiacher See. **Einkehr**: Mehrere bewirtschaftete Hütten drängen ein gepflegtes Päuschen geradezu auf: Die aussichtsreiche Turnerhütte (→ S. 238), die sympathische Steinwenderhütte (→ S. 238), das Gipfelhaus Gerlitzen (→ S. 238) und nicht zuletzt die malerische Pöllingerhütte (→ S. 238) mit dem hübschen kleinen Alm- und Bergbauernmuseum nebenan (→ S. 237).

Wegbeschreibung: Am Parkplatz 1 bei der „Gokart-Downhill-Bahn" geht es mit Blick auf die Gerlitzen linker Hand nach Nordwesten auf der Asphaltstraße Richtung Turnerhütte. Wir gehen durch den Tunnel und gleich darauf unter dem Sessellift hindurch. Der asphaltierte Weg wird zu einer Forststraße. Es geht leicht bergauf bis zu einer **Weggabelung** 2, hier halblinks Richtung **Turnerhütte** (beschildert), die nach etwa 10 Min. erreicht wird 3. Der Wanderweg führt direkt an der Hütte vorbei, durch den Gastgarten und linker Hand auf schmalem Pfad zwischen niedrigen Nadelbäumen hinab. Unten angekommen, wenden wir uns auf dem Forstweg nach rechts, Richtung Steinwenderhütte („30 min. bis zum Schweinsbratn" verspricht ein Richtungsweiser). Auf dem Forstweg geht es durch den lichten Nadelwald (Abzweigung ignorieren) weitgehend eben und zwischenzeitlich mit Tiefblick auf Villach, bis man nach etwa 0:30 Std. die **Steinwenderhütte** 4 erreicht.

Weitblick von der Gerlitzen

Vor der Hütte zweigt unser Wanderpfad (Nr. 177) hinauf zum Stifterboden ab. Nach etwa 100 m gehen wir nicht nach links (ein gelbes Schild weist zum Stifterboden), sondern geradeaus den steilen Waldpfad hinauf (rot-weiß-rot markiert). Bald ist es nicht mehr so steil, und es geht ein Stück an einem Zaun entlang. Dann muss man über ein altes Gatter klettern und wandert weiter geradeaus, rechter Hand öffnet sich der Blick hinunter auf den Ausgangspunkt.

Nun wird der Weg breiter, und man erreicht bald eine Kehre. Dieser erst halbrechts hinauf folgen, erreichen wir nach 20 m ein gelbes **Wanderschild 5**, hier geradeaus weiter auf breitem Waldweg Richtung Stifterboden.

Bald erreichen wir die **Schlossbauer Alm** mit Holzhäuschen und Brunnen (erstmals rückt der Gipfel der Gerlitzen in den Blick). Nach weiteren 100 m erreichen wir die **Gerlitzenhütte** auf 1580 m (hier wieder über ein Holzgatter). Nach weiteren 100 m geht es bei einer **Abzweigung 6** links hinauf (Stifterboden, beschildert). Jetzt wandern wir ein steiles Stück auf einem Wald- und Wurzelpfad bergauf. Nachdem es wieder flacher wird, erreichen wir schließlich ein Wegkreuz, hier geradeaus kommen wir zur Feriensiedlung Stifterboden. Nach einem Gatter geht es etwa 100 m auf einer Asphaltstraße, der **Gerlitzen Gipfelstraße**, hinauf, dann weiter schräg rechts ab **7** auf einem breiten Wanderpfad (rot-weiß-rot markiert). Die Gerlitzen Gipfelstraße touchieren wir erneut, es geht aber immer geradeaus auf dem Wanderpfad hinauf, bis wir schließlich die Häuser und Liftanlagen des **Gerlitzengipfels 8**, das Gipfelhaus und das grandiose Panorama erreichen.

Anschließend geht es in südlicher Richtung zunächst zur Sternwarte und weiter zum **Englischen Turm 9**, einem runden Backsteinbau mit vielen Antennen. Auch hier hat man einen tollen Blick auf Karawanken, Drau, Rosental und Faaker See, Mittagskogel und Triglav. Links vom Englischen Turm führt der Wanderpfad hinab (Weg Nr. 6, Beschilderung u. a.: *Asiatischer Garten*). Bei einer T-Kreuzung (nach knapp

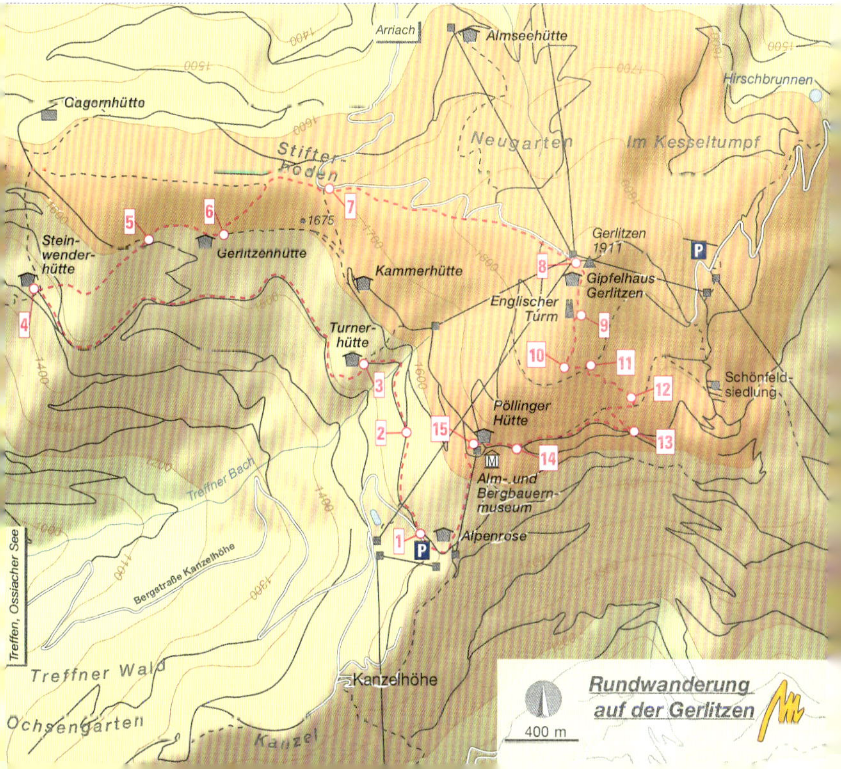

10 Min.) **10** wenden wir uns nach links (Weg Nr. 6, Richtung: *Asiatischer Garten*). Nach wenigen Metern öffnet sich erstmals auch der Tiefblick auf den Ossiacher See.

Bei einer folgenden Kehre **11** (Markierung Nr. 6) geht es in Serpentinen bergab zum **Asiatischen Garten** **12**. Direkt unterhalb des Steingartens laufen wir an einer Abzweigung geradeaus weiter und folgen dem Wanderpfad bergab durch einen lichten Lärchenwald. Nach etwa 0:15 Std. bergab, treffen wir auf einen Forstweg **13**. Hier nehmen wir den Weg rechter Hand. Nur wenig ansteigend geht es jetzt auf schönem Waldweg durch den Nadelwald, dann an mehreren Holzferienhäusern vorbei (bei einer Abzweigung zwischen zwei Häusern rechts halten!), bis unser Wanderweg in einen weiteren Weg **14** einmündet. Hier geradeaus weiter (gelbes Schild *Pöllinger Hütte*).

Nach etwa 10 Min. gelangen wir zur **Pöllinger Hütte** **15**. Von der Holzterrasse vor der gemütlichen Hütte genießt man (abgesehen von der verdienten Jause) wieder einen fantastischen Weitblick auf Mittagskogel und Faaker See. Nebenan kann man auch noch das sehenswerte kleine Alm- und Bergmuseum besuchen. Von der Pöllinger Hütte geht es nun nur noch bergab, über die Lichtung, quasi parallel zum Sessellift, über einen ausgetretenen Pfad die Weide hinunter, bis man das Hotel Alpenrose erreicht. Auf der Straße geht es das letzte Stück zurück zum Parkplatz **1**.

Wanderung 7: Von Hochosterwitz auf den Magdalensberg

Charakteristik: eine schöne, aber auch ein wenig anstrengende Wanderung in weiten Teilen durch Wald sowie über Wiesen. Hinwärts geht es stetig hinauf, als Belohnung lockt das Magdalensberger Gipfelhaus mit einem fantastischen Weitblick und kulinarischen Genüssen. Bergab dann fast ausschließlich durch Wald. **Länge/Dauer**: ca. 12 km; ca. 4 Std. **Start**: bei der Zufahrt zur Burg. **Hin und zurück**: mit dem Pkw zur Burg Hochosterwitz, Parkplatz unten bei der Landstraße. **Einkehr**: Der geografische und kulinarische Höhepunkt (und Halbzeit) ist beim Gipfelhaus Magdalensberg (→ S. 304) erreicht – sehr gute Küche und von der Terrasse eine herrliche Aussicht.

Wegbeschreibung: Ausgangspunkt ist die Zufahrt **1** zur **Burg Hochosterwitz** an der Straße beim Gasthaus Maultasch. Links am Gasthaus vorbei, gehen wir zunächst die Fahrstraße Richtung Burg hinauf. Nach knapp 10 Min. geht man in der **Linkskurve** **2** rechts hinunter in den Feldweg hinein: rechts unterhalb sieht man ein großes Sägewerk und auch die Kirche St. Sebastian hat man schon im Blick; rechts oberhalb sieht man die Kirchturmspitze der Kirche St. Helena und Magdalena auf dem Magdalensberg – unser Ziel.

Das Gehöft oberhalb links liegen lassen. Das riesige – und unter der Woche auch recht laute – Sägewerk liegt jetzt rechts unterhalb von uns. Bald mündet der Weg in einen weiteren Feldweg, dem wir jetzt halbrechts hinunter folgen. Der Feldweg wird zur schmalen Asphaltstraße, auf der wir gleich beim ersten Haus in eine **Kehre** **3** rechts hinuntergehen (Schild *Hochosterwitz-Tour*). Linker Hand sieht man gleich darauf – nach dem Wäldchen – die Kirchturmspitze von St. Sebastian, unserem ersten Etappenziel. Nach rechts bietet sich ein toller Blick auf die Burg, wir überqueren ein modernes Brücklein, dann biegen wir links hinauf in die Asphaltstraße (Schild *Steinbruch*) und können einen kurzen Abstecher zur sehr schönen (aber leider nur zum Gottesdienst geöffneten) Kirche St. Sebastian mit umgebendem Friedhof machen.

Gegenüber dem **Feuerwehrhäuschen** **4** unweit der Kirche beginnt der Wanderweg 171/106 auf den Magdalensberg, in den wir nun einbiegen. Nach wenigen Metern an der Gabelung wandern wir halblinks in den niedrigen Hohlweg. Bei einem Holzkreuz (Beschilderung *Wanderweg 171*) geht es in den Wald hinein. Auf einem alten, tief eingeschnittenen Hohlweg läuft man durch schattigen Wald bergauf, nach etwa 0:15 Std. ab St. Sebastian geht es an einer **Weggabelung** nach links (rot-weiß-rote Markierung auf einem Baum).

Nach wenigen Minuten verlässt man den Wald und überquert eine große, nach links abfallende Wiese, bevor man ein Gehöft erreicht – doch zuvor schon lohnt der herrliche Blick zurück auf die Burg Hochosterwitz. Um das traumhaft gelegene kleine Gehöft mit Scheune gehen wir rechts herum zum **Waldrand** **5** und folgen an diesem entlang der gelben Markierung zum Magdalensberg. Erneut durch einen Hohlweg, dann durch ein Gatter und wieder durch einen Hohlweg erreichen wir eine Wiese. Hier mündet ein größerer **Feldweg** **6** ein, wir gehen geradeaus weiter der gelben Beschilderung *171/Magdalensberg* folgend. Auf diesem Feldweg/Forstweg erreichen wir nun rechter Hand eine Weide, linker Hand erstreckt sich ein

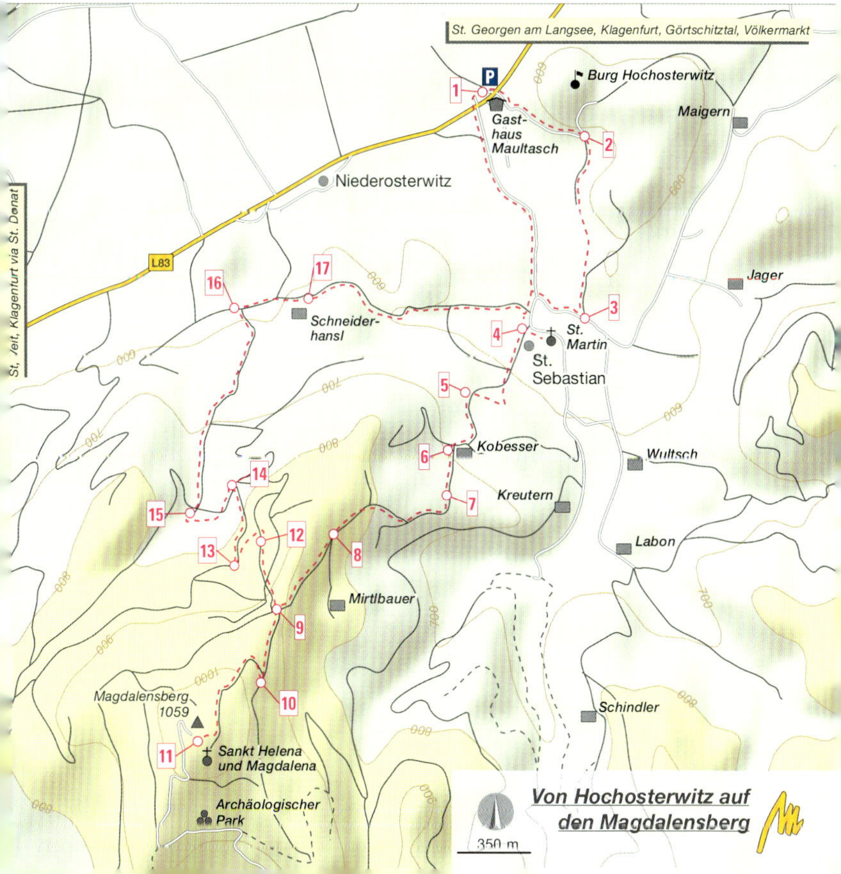

Fast geschafft – der Kirchturm von St. Sebastian auf dem Rückweg

lichter Wald. Noch ein Stück bergauf, laufen wir rechts um einen Unterstand (meist mit wiederkäuenden Kühen darin und davor) herum und geradeaus durch das Gatter (rot-weiß-rote Markierung) und geradeaus den Feldweg hinauf.

An einem **Holzkreuz 7** mit Bänkchen (Markierung: rot-weiß-rot und *Nr. 171*) gehen wir geradeaus auf dem Waldweg weiter, jetzt eine ganze Weile durch lichten Wald. Im Sommer wachsen hier am Wegrand Walderdbeeren und Himbeeren, und danach duftet es dann auch. An einer Weggabelung **8** (Schild *171*) biegen wir halblinks ab (kurz darauf die gelbe Beschilderung) und ignorieren – geradeaus weiter bergauf gehend – die folgende **Abzweigung 9** (dies ist der Abzweig für den späteren Rückweg mit der Markierung *165*).

Nach einem kurzen Stück geht es bei der **Kehre 10** steil rechts hinauf (roter Pfeil am Baum, dann mehrfach rot-weiß-rote Markierung). Das letzte Stück vor dem Gipfel wird noch mal ziemlich steil, man passiert ein weiteres Schild, gleich darauf geht es über einen Zaunüberstieg auf eine Weide. Nach rund 100 m erreicht man einen Feldweg. Hier immer weiter bergauf, sieht man kurz darauf schon die Kirchturmspitze vom Magdalensberg und bald ist das Ziel – Kirche und Gipfelhaus auf dem **Magdalensberg 11** – erreicht (reine Gehzeit hier hinauf: gut 2 Std.).

Zurück geht es zunächst auf gleichem Weg, nach etwa 0:15 Std. bei der bekannten **Abzweigung 9** aber halblinks hinunter in den rot-weiß-rot markierten Wanderweg *Nr. 165*. Auf schmalem, von Farn bestandenem Hohlweg bzw. Pfad eröffnet sich bald der Blick ins Tal. Der Hohlweg/Pfad mündet in einen verwachsenen Waldweg durch lichten Nadelwald, in den wir nach rechts einbiegen (rot-weiß-rot auf Baum). Dann steil bergab, trifft man auf einen ausgewaschenen Forstweg **12**. **Achtung**: Hier nicht abbiegen, sondern geradeaus hinunter auf den niedrigen, schmalen Hohlweg/Wanderpfad (rot-weiß-rote Markierung).

Es folgt ein schöner, hoher Lärchenwald, dann stößt man auf einen **Forstweg 13**, in den wir rechts hinunter einbiegen und dem wir nun ein Stück folgen. An einer **Spitzkehre 14** folgen wir dann dem Forstweg (nicht geradeaus hinauf!). Nach ca. 10 Min. kommt man zu einer **Kreuzung 15**, hier links (gelbes Schild *Lasingerkreuz – Niederosterwitz*) in den Weg mit dem Durchfahrt-verboten-Schild (Privatweg) abbiegen (auch rot-weiß-rote Markierung auf Baum). Diesem Weg folgen wir durch den Wald bergab. Es geht an einer etwas merkwürdigen Tür im Wald mit der Aufschrift *K 1* und dann an einer Lichtung mit zwei Hütten vorbei.

Wir erreichen einen weiteren **Forstweg**, in den wir nach rechts einbiegen. Ein folgender, nach rechts abzweigender Forstweg wird ignoriert und wir gehen geradeaus weiter hinunter (rot-weiß-rote Markierung). Nun kommen wir nach längerer Zeit erstmals aus dem Wald heraus und laufen einige Minuten steil bergab bis zu einer T-Kreuzung mit **Hochsitz 16**.

Hier biegen wir rechts ab und sehen unterhalb die Häuser des „Schneiderhansl". Dann geht es wieder durch den Wald (Schild: *Durchfahrt Niederosterwitz* bei offener Schranke), rechter Hand befindet sich eine Weide, gleich darauf geht es noch mal ein Stück leicht bergauf und durch den Wald. Man kommt zu einem verlassenen Haus mit Scheune **17**, hier links ab in den **Wiesenweg**, an einem alten Zaun und einer Weide entlang, dann durch den Wald. Eine Kreuzung wird überquert, bald darauf kommt man aus dem Wald heraus auf eine Wiese und sieht die Kirchturmspitze von St. Sebastian, auf die man nun auf einem schönen Wiesenweg – links Wald, rechts Felder – zuläuft.

Bei einem **Holzkreuz** tut sich links wieder der Blick auf die Burg Hochosterwitz auf. Jetzt direkt an einem Bauernhof links vorbei und wenige Schritte bergab, stößt man auf die Hauptstraße in **St. Sebastian**, in die man links hinunter einbiegt. Das allerletzte Stück dieser Wanderung verläuft auf der wenig befahrenen Straße zurück zum Ausgangspunkt **1**.

Wanderung 8: Aufstieg aus dem Bärental zur Klagenfurter Hütte

Charakteristik: wunderschöne Bergwanderung entlang des Hochstuhls, höchster Berg der Karawanken. Ein wenig Kondition braucht man schon für den Aufstieg zur Klagenfurter Hütte (und eventuell darüber hinaus), vom Höhenunterschied abgesehen ist die weitgehend schattenreiche Wanderung aber ohne größere Schwierigkeiten zu bewältigen. **Länge/Dauer**: ca. 8 km (hin und zurück); ca. 3 Std. (davon etwa 2 Std. Aufstieg). **Start**: Parkplatz etwas oberhalb der Stouhütte oder bei der Johannsenruhe. **Hin und zurück**: von Feistritz im Rosental ins Bärental, dazu bei der ehemaligen Fabrik der Bären-Batterien in eine schmale Straße hinein (beschildert), etwa 7 km auf dieser Straße durch das enge Tal bis zum Parkplatz unterhalb der Stouhütte. Entweder hier parken oder noch knapp 3 km weiter bis zum Parkplatz bei der Johannsenruhe (danach Schranke). **Einkehr**: Nur in der *Klagenfurter Hütte* (Infos → S. 338), hier auch Übernachtungsmöglichkeit.

Und für alle, die weiter wollen

Von der Klagenfurter Hütte starten weitere Wanderungen: Ein sehr steiler, schweißtreibender Pfad führt hinauf auf den Kosiak (Geißberg) auf 2024 m. Ein weiterer, anspruchsvollerer Weg (nur für Geübte, Trittsicherheit und Schwindelfreiheit erforderlich!) geht über den *Stinzesteig* und die Ogrisalm ins benachbarte Bodental (→ S. 348).

Wegbeschreibung: Ausgangspunkt ist der oben genannte zweite **Parkplatz 1**. Hier geht man jetzt entweder auf der Forststraße oder rechts davon den rot-weiß-rot markierten Pfad *Nr. 603* hinauf. Gleich darauf stößt man (vom Pfad) auf besagte

Forststraße und folgt dieser durch schattigen Wald stetig bergauf. Nach ca. 0:15 Std. erreicht man die **Johannsenruhe** mit prächtigem Blick auf Hochstuhl und Klagenfurter Spitze. Vorbei an einer umzäunten Hütte mit Bienenstöcken folgen wir der Forststraße geradeaus weiter bergauf. An der bald folgenden **Kehre** **2** geht es erst links, dann gleich rechts den schmalen Weg hinauf (Beschilderung: *603 – Klagenfurter Hütte*) und dann bergauf durch den Wald.

Nach ca. 0:20 Std. biegt man nach links in die neue **Fahrstraße** **3** ein; das Hochstuhl-Geröll liegt direkt vor einem. Nach nur etwa 100 m verlassen wir die neue Fahrstraße wieder und folgen rechts hinauf der Abzweigung **4** zur Klagenfurter Hütte (gelbes Schild, Markierung: rot-weiß-rot, *Nr. 603*). Vorbei an der **Wetterlärche** **5**, meistert man nun eine kurze, mit einem Seil gesicherte Passage über Stufen (nicht schwierig), gleich darauf geht es nochmals auf die Fahrstraße und sofort rechts ab (gelbes Schild).

Rund 0:45 Std. nach der Johannsenruhe geht es rechts ab zum *Hochstuhl-Klettersteig* (nur für Geübte), wir aber laufen weiter geradeaus auf dem rot-weiß-rot markierten, steinigen Wanderpfad zur Klagenfurter Hütte und nicht auf der neuen Forststraße. Diese wird an einer **Kehre** überquert, dann geht es durch Wald, nach einer Weile über ein Gatter. Danach wird ein weiteres Mal die Straße gequert. Der Pfad *Nr. 603* führt uns durch lichten Baumbestand weiter bergauf. Es geht erneut durch Wald (etwas spärliche rot-weiß-rote Markierungen auf den Felsen), bevor ein drittes Mal die **Fahrstraße** **6** überquert wird.

Es folgt ein steiler Aufstieg durch den Wald und erneut erreicht man die Forststraße. Dieser folgen wir diesmal hinauf, bevor wir nach ca. 10 Min. links auf den steil bergauf führenden Pfad abbiegen (nur rot-weiß-rote Markierung auf dem Felsen). Es wird dann noch ein letztes Mal die Forststraße gekreuzt, bis man auf selbiger schlussendlich das Ziel, die Klagenfurter Hütte, schon vor Augen hat – und nach wenigen Minuten über die Matschacher Alm mit einigen Hütten und vielen Kühen ist die **Klagenfurter Hütte** **7** erreicht.

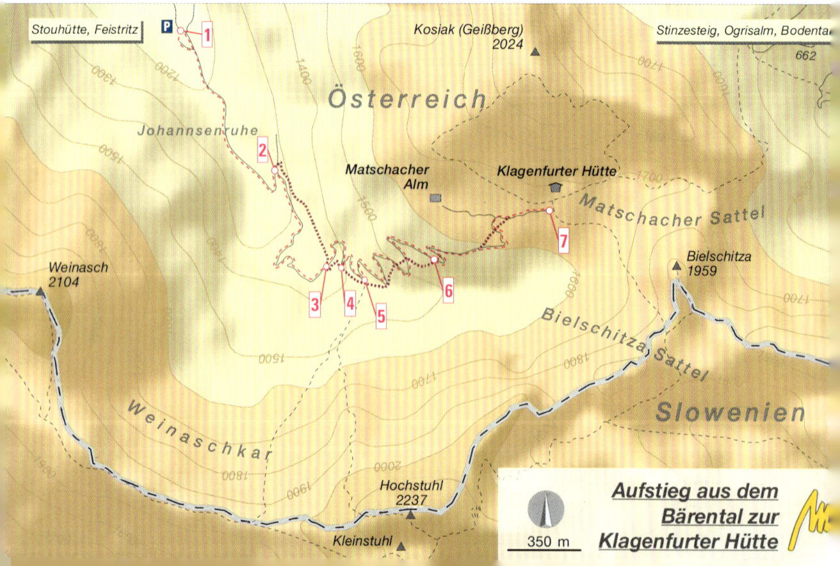

Bei der Klagenfurter Hütte

Wer nach (oder vor) einer Rast noch weiter will, dem sei die **Besteigung des Kosiak** empfohlen. Direkt vor der Hütte, links neben den beiden Kneipp-Bottichen steigt man über das Gatter. Hier beginnt der zunächst etwas spärlich rot-weiß-rot-markierte (und unnummerierte) Wanderpfad. Nach etwa 600 m wendet sich der Pfad nach rechts und führt nun ziemlich steil und immer geradeaus hinauf auf den 2024 m hohen Gipfel (Vorsicht an der Felskante!). Rechter Hand verläuft der Pfad dann weiter, und nach etwa einem Kilometer führt er an einem Wegzweig rechts hinunter zurück zur Klagenfurter Hütte.

Der **Rückweg von der Klagenfurter Hütte** kann – vielleicht etwas gelenkschonender – auf der neuen Fahrstraße erfolgen. Nach exakt 1 Std. lockeren Gehens erreicht man den Ausgangspunkt am Parkplatz **1**.

Wanderung 9: Zwischen Märchenwiese und Meerauge – kleine Rundwanderung im Bodental

Charakteristik: eine schöne und kaum anstrengende Wanderung mit je einem Highlight-Abstecher am Anfang und am Ende der Tour. Traumkulisse ist die Märchenwiese mit der steil aufragenden Wand der Vertatscha direkt dahinter. **Länge/ Dauer**: ca. 8 km; ca. 2:30 Std. **Start**: Gasthof Bodenbauer am (befahrbaren) Ende des Bodentals. **Hin und zurück**: Von Ferlach aus mit dem Pkw auf der B 91 Richtung Loiblpass, ein Stück nach dem Parkplatz *Tscheppaschlucht* geht es rechts ab ins Bodental und nach Windisch-Bleiberg (3 km ab Abzweigung), von Windisch-Bleiberg noch ca. 4 km bis zum befahrbaren Ende des Bodentals. **Einkehr**: Nichts für ungut, aber wer beim *Bodenbauer* (→ S. 347) nicht einkehrt, ist selber schuld.

Wegbeschreibung: Ausgangspunkt ist das Ende der Straße beim **Gasthof Bodenbauer 1** (hier einige Parkplätze an der Straße). Zunächst geht es geradeaus durch den Elektrozaun (wieder schließen) auf den Forstweg, dem man leicht links bergauf folgt (Markierung: rot-weiß-rot, *Nr. 662*). Nach wenigen Minuten kommt eine **Abzweigung 2** nach rechts zum Ogrisbauer, wir aber gehen geradeaus weiter.

Nach einer kurzen Steigung und einer massiven **Eisenschranke** nun halblinks weiter (Beschilderung *Märchenwiese*). Nach rund 0:30 Std. auf dem Forstweg mit moderater Steigung erreicht man die wahrlich fantastische **Märchenwiese 3**, hier gibt es auch eingezäunte Picknickbänke (wegen der freilaufenden Kühe). Die Fotoapparate gezückt! Diesen Blick – die malerische Wiese vor der imposanten Wand der Vertatscha – gibt es nur hier!

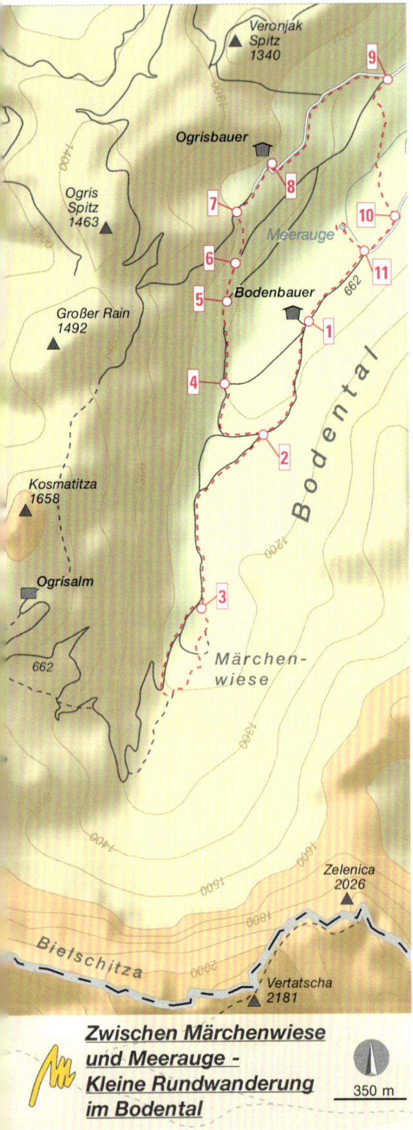

Nach einem mehr oder weniger ausführlichen Spaziergang um die Wiese geht es zunächst auf dem gleichen Weg zurück bis zur **Eisenschranke**. Hier nun links auf den Weg und um eine große, von einem Bretterzaun umgebene Wiese herum (Abzweigung links ignorieren). Bei der nächsten Abzweigung **4** nach rechts (zurück zur Straße), dann weiter geradeaus, an einer umzäunten Wiese entlang, rechts sieht man auch den Bodenbauer-Gasthof. Anschließend durch etwas dichteren Wald und ein kurzes Stück steil bergauf, über ein hölzernes Gatter steigen und weiter bergauf durch lichten Wald.

An der bald folgenden **Weggabelung 5** links hinauf auf den Pfad und der Markierung *10* auf gelbem Grund folgen. An einer abgeholzten Schneise vorbei, dann in etwas schattigeren Wald hinein und weiter auf dem Pfad bergauf. Den **Abzweig** rechts hinab **6** mit der Markierung *9* auf gelbem Grund ignorieren, wir wandern weiter auf der *10* geradeaus bergauf – teilweise etwas zugewachsener Pfad (Achtung, Brennnesseln) –, bis wir nach ca. 0:30 Std. (ab **5**) auf einen breiteren **Weg 7** nach rechts einbiegen, den Ogrisbauer schon vor Augen.

Anmerkung: Nach links hinauf ginge es zur Ogrisalm und weiter zur Klagenfurter Hütte. Diese Tour führt über den „Stinzesteig": Die ausgesetzten Stellen sind mit einem Drahtseil gesichert, die Route erfordert Trittsicherheit und Schwindelfreiheit. Dauer ca. 2 Std.

Weiter geht es durch die Handvoll Häuser des **Hofs Ogrisbauer** hindurch, dann an der **Asphaltstraße 8** rechts hinunter in selbige einbiegen und dieser folgen (Markierung jetzt: rot-weiß-rot, *Nr. 603*). Es geht mit herrlichem Blick auf das Bodental bergab, an einigen Ferienhäuschen vorbei. Durch den Weiler *Schoschelz* und dann beim schönen alten Gehöft mit der Haus-Nr. 187 rechts hinein in den **Wiesenweg** (gegenüber ein Neubau mit der Haus-Nr. 188) – die Beschilderung *8* auf gelbem Grund ist gut versteckt an der Scheune **9** angebracht.

Die berühmte Märchenwiese

Auf dem Wiesenweg hat man wieder die Vertatscha vor Augen. Nach nicht mal 100 m (Wegweiser: *8*) geht es nun links den Wiesenweg hinunter Richtung *Gasthof Bodenbauer*. Bereits am Waldrand gleich wieder die Markierung *8* auf gelbem Grund. An ein paar weiteren (Ferien-)Häusern im Wald vorbei, links unterhalb plätschert ein Bach, den wir auch gleich darauf auf einem Brücklein überqueren. Den nach wenigen Metern rechts abzweigenden Weg ignorieren und geradeaus weiter dem Waldweg *8* folgen, bald wieder mit Blick auf die Vertatscha. Nach wenigen Hundert Metern erreicht man die **Zufahrtsstraße** **10** Richtung Bodenbauer, in die wir nach rechts einbiegen. Nach gut 200 m auf der Straße zweigt rechts ein **Pfad** **11** zum sagenumwobenen Meerauge ab (beschildert): Es geht durch ein unverschlossenes Gatter (Aufschrift: *Meerauge*) und auf einen Holzsteg, auf dem man kurz darauf um das faszinierend türkisgrün leuchtende und geheimnisvoll sprudelnde Meerauge mit seinen Totholzablagerungen in der Mitte herumgehen kann (Näheres → S. 346).

Zurück auf der **Straße** **11** sind es nur noch etwa 400 m zum Ausgangspunkt **1**.

Wandertipp: Auf Stiegen und Leitern durch wilde Schluchten

Ein ganz besonderes Wandererlebnis erwartet Sie in wildromantischen Schluchten: Spektakuläre Stiegen, Treppen, Leitern und Hängebrücken führen durch dramatisch enge Schluchten, klammern sich an steil aufragende Felswände und überspannen tosende Wasserfälle. Die berühmteste Schluchtenwanderung führt unterhalb des Loiblpasses in den Karawanken durch die **Tscheppaschlucht** (→ S. 344). Kaum weniger spektakulär bewandert sich via atemberaubender Stiegenkonstruktion die **Raggaschlucht** (→ S. 122). Ganz in der Nähe steigt bei Obervellach die **Groppensteinschlucht** hinauf zu zwei Wasserfällen, im Anschluss folgt die **Rabischschlucht** (→ S. 124). Ohne Stiegen, aber trotzdem unbedingt einen Ausflug wert, führt bei Hermagor ein schöner Wanderweg durch die **Garnitzenklamm** (→ S. 215).

Die Wanderungen sind (zum Erhalt der Wege) teils gebührenpflichtig und nicht immer geöffnet. Information und detaillierte Beschreibungen der Schluchten und ihrer Wege finden Sie in den jeweiligen Kapiteln.

Wanderung 10: Auf den Hochobir

Charakteristik: Auf der beliebten Gipfelwanderung von der Eisenkappler Hütte auf den Bad Eisenkappler Hausberg, die zwar einfach und ungefährlich ist, sind fast 600 Höhenmeter zu überwinden – etwas Trittsicherheit und Kondition kann da nicht schaden. **Länge/Dauer**: ca. 6 km; ca. 2:50 Std. (Aufstieg etwa 1:40 Std. reine Gehzeit, Abstieg etwa 1:10 Std.) **Start**: Eisenkappler Hütte (hier auch Parkplätze). **Hin und zurück**: noch vor dem Zentrum Bad Eisenkappel rechts ab (beschildert). Zur Mautstraße hinauf auf die Eisenkappler Hütte geht es dann nach wenigen Kilometern rechts ab auf ein unscheinbares Sträßchen mit unscheinbarer Beschilderung. Auf diesem rund 14 km bergauf (die schmale Asphaltstraße ist nur langsam befahrbar). Zwischendurch kommt man zur Mautschranke (6 €). **Einkehr**: nur an der Eisenkappler Hütte.

Hinweis: An der Mautstation steht ein Automat an der Schranke. Die fälligen 6 € muss man **in Münzen** dabei haben, sonst bleibt der Schrankenbaum unten!

Wegbeschreibung: Ausgangspunkt der Wanderung ist die **Eisenkappler Hütte** **1**, hier beginnt der beschilderte Wanderpfad bergauf zum Gipfel des Hochobir – eine viel begangene Strecke. Auf dem Weg befinden sich einige interessante, aufschlussreiche Schautafeln, die die Bergflora gut am Objekt erklären. Es geht zunächst stetig bergauf durch den Wald, teilweise recht steil und über Felsentreppen/Wurzeln, sodass eine gewisse **Trittsicherheit** und **Aufmerksamkeit** schon vonnöten sind.

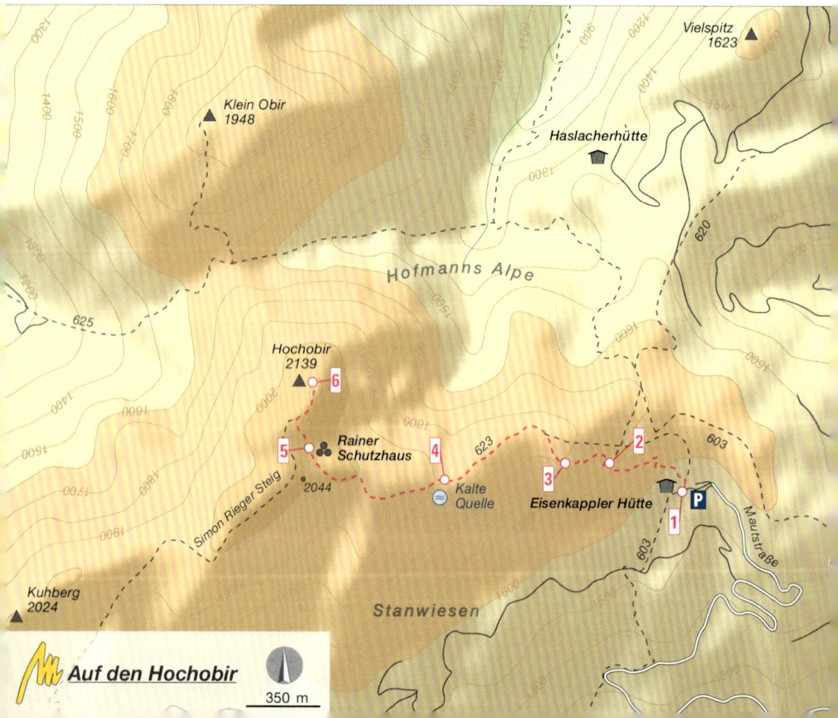

Am Hochobir – Tiefblick ins Rosen- und Jauntal

Nach etwa 0:30 Std. erreicht man eine **Gabelung 2**, an der man nach links abbiegt zum Hochobir. Nach weiteren 0:15 Std. auf dem Hochobir-Wanderweg passiert man einen Wetterschutz-Unterstand und folgt weiter dem Wanderpfad bergauf. Wenige Minuten weiter stößt man auf einen etwas breiteren, steinigen **Weg 3**, hier weiter hinauf, hat man gleich linker Hand das Ziel vor Augen – den Hochobirgipfel. Nun verläuft der Weg nicht mehr im Wald, sondern auf freiem Gelände und nach weiteren 0:15 Std. erreichen wir die **Kalte Quelle 4** auf 1890 m Höhe, links nur wenig unterhalb des Wanderpfads. Ebenfalls in diese Richtung kann man den Tiefblick auf die Eisenkappler Hütte genießen. Nach insgesamt 1:20 Std. kommt man an dem verfallenen **Rainer-Schutzhaus 5** vorbei, rechts ab sind es wenige Meter zu einer Höhle/Unterstand.

Das allerletzte Stück hinauf zum Gipfel führt jetzt – ungefährlich – auf Gras- und Steinpfad zwischen felsigem Gelände hindurch, man steigt über ein Gatter und dann rechts hinauf (links fällt der Blick zwischen Felsen hindurch in die Tiefe auf den türkis schimmernden Freibacher Stausee). Ab hier sind es noch maximal 10 Min. hinauf zum **Gipfelkreuz 6**. Der Abstieg vom Hochobir erfolgt auf gleicher Route wie der Aufstieg.

Wanderung 11: Mostwanderung bei St. Paul

Charakteristik: einfache Rundwanderung im Granitztal, weitgehend auf kaum befahrenen Nebenstraßen. **Länge/Dauer**: knapp 9 km; gut 2 Std. (ohne Einkehr) **Start**: in St. Martin beim Martiner Wirth, hier auch parken. **Hin und zurück**: von St. Paul aus beschildert. **Einkehr**: im Martiner Wirth am Anfang der Wanderung und in der Jausenstation Buchbauer (Mo Ruhetag, → S. 369).

Wegbeschreibung: Los geht's am **Martiner Wirth 1**, links am Haus vorbei und die Straße entlang, ein Wegweiser weist zum Bahnhof, Markierung rot-weiß-rot, Weg

Nr. 335. Nach etwa 100 m läuft man bei einem gelben Haus 2 rechts hinunter. Man spaziert an einigen Häusern sowie Gehegen für glückliche Hühner vorbei, aus dem beschaulichen Dorf hinaus und unter der **Bahnbrücke** 3 hindurch. Auf der anderen Seite der Bahnstrecke wenden wir uns nach links und passieren bald den **Bahnhof Granitztal** – hier lohnt übrigens ein Blick zurück auf das Stift St. Paul.

Beim Mostwandern

Etwa 100 m nach dem Bahnhof kommt man an eine Abzweigung (Schild: *Mostwanderweg 1*), hier mündet am Ende die Wanderung wieder ein, jetzt aber laufen wir geradeaus weiter. Gleich darauf geht es über eine **Bahnbrücke** und auf der schmalen Asphaltstraße leicht bergauf (die nächste Abzweigung ignorieren). Rechts unterhalb verläuft ein kurzes Stück die Bahnlinie, bevor sie in den Langenbergtunnel verschwindet – eine Gedenktafel erinnert an ein Unglück beim Bau des Tunnels in den 1960er-Jahren. Nach einer Rechtskurve erreichen wir ein herrlich gelegenes Gehöft, das vorher schon in den Blick gerückt war: die **Jausenstation Buchbauer**.

Nach einer mostbedingt mehr oder minder ausgedehnten Pause laufen wir auf einem Feldweg bergauf am Schober vorbei und etwas steiler links auf einem Wiesenweg 4 am Waldrand entlang. Von hier eröffnet sich ein herrlicher Blick zurück auf St. Martin, St. Paul und die Koralpe. Oben treffen wir auf eine **Asphaltstraße** 5, in die wir halblinks bergauf einbiegen. Gleich darauf passiert man zwei Bänkchen an

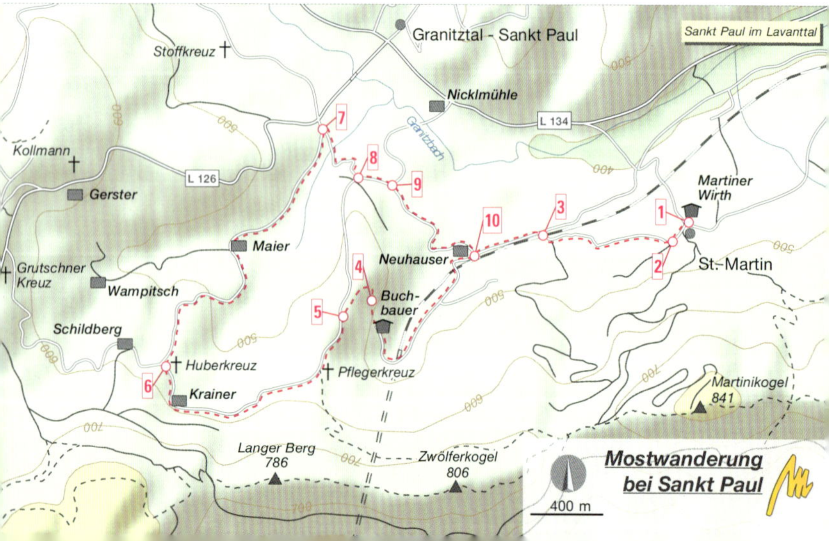

einem Aussichtspunkt mit fantastischem Weitblick. Weiter geht es an zwei Häusern (Abzweige ignorieren) und dem **Pflegerkreuz** vorbei.

Kurz läuft man durch einen lichten Nadelwald, gleich darauf aber wieder aus diesem heraus und zwischen zwei Wiesen entlang. Nachdem wir das **Gehöft Krainer** durchquert haben, gelangen wir bald zu einer Abzweigung **6**. Hier biegen wir rechts ab, Beschilderung: *Mostwanderweg 3*. Das Sträßchen führt nun in Kurven hinab, vorbei an Wiesen, ein paar Häusern und Obstbäumen – die Abzweigung ignorieren. Ein kurzes Stück geht es an einem Bächlein entlang, dann wieder zwischen Wiesen und Obstbäumen entlang.

Bei einer weiteren **Häusergruppe** **7** zweigt unser Weg nach rechts ab (Beschilderung: *Mostwanderweg 3* und *Bahnhof Granitztal*). Es geht nun wieder bergab, bald auf Schotter, über ein Bächlein und wieder hinauf, an einem Schober vorbei und schließlich bei einer **Kreuzung** **8** links hinunter – den Ausgangspunkt St. Martin schon im Blick. An der nächsten Abzweigung **9**, etwa 150 m weiter, halten wir uns rechts. Nach einer Reihe Häuser rechter Hand folgen wir der schmalen Asphaltstraße weiter in einer Linkskurve, passieren den Mostbuschenschank *Neubauer* und erreichen wieder die **Bahngleise** **10**. Linker Hand geht es zum Bahnhof und weiter zurück zum Ausgangspunkt **1**.

Wanderung 12: Auf der Saualpe – Rundwanderung über den Ladinger Spitz

Charakteristik: traumhafte Wanderung über die weite Heidelandschaft auf der Saualpe, herrlicher Weitblick, gute Wanderwege. **Länge/Dauer**: ca. 10 km; ca. 3 Std. **Start**: Abzweigung zur Offnerhütte, hier einige wenige Parkplätze an der Straße, auch Bushaltestelle. **Hin und zurück**: Von *Wolfsberg* aus (am Bahnhof vorbei und unter der Autobahn durch) gelangt man über die westlich gelegenen Dörfer *Hattendorf*, *St. Michael* und *Altendorf* nach *Lading* und weiter hinauf zur Saualpe und besagtem Abzweig zur Offnerhütte (das letzte Stück ab *Gieslhütte* auf planierter Schotterpiste); von Wolfsberg etwa 18 km. Von ca. 10. Juli bis Anfang Sept. fuhr zuletzt der *Postbus* (ab Busbahnhof Wolfsberg) Di und Fr um 8.15 Uhr hinauf zur Offnerhütte, retour um 17 Uhr. **Einkehr**: in besagter *Offnerhütte*, hier endet die Wanderung auch; in der exponierten, aussichtsreichen *Wolfsberger Hütte* unterhalb des Ladinger Spitz; und in der *Ladinger Almhütte*.

Wegbeschreibung: Ausgangspunkt ist die **Abzweigung** **1** von der Straße zur Offnerhütte. Durch das offene Tor geht man zunächst den Weg hinauf zur Offnerhütte. Bereits von hier ist das erste Etappenziel, die exponierte Wolfsberger Hütte zu sehen. Vor dem Tor zur nahen **Offnerhütte** **2** zweigt linker Hand ein Wanderpfad zur Wolfsberger Hütte ab. Der Anstieg erfolgt über offenes Gelände bis zu einer Felsengruppe, davor wird es etwas flacher, die Markierungen auf den Steinen (rot-weiß-rot) sind gut zu erkennen und leiten teils wie Landemarkierungen auf einem Flughafen durch die felsige Heidelandschaft. Hinter einem kleineren Felsen erreicht man eine schwerer zu erkennende Kreuzung **3**, hier halblinks abbiegen. In der Ferne ist die **Wolfsberger Hütte** zu erkennen, die wir nach insgesamt ca. 0:45 Std. erreichen **4**.

Bei dem Wegweiser mit den gelben Schildern geht es weiter Richtung *Ladinger Spitz* (auf dem Wegweiser ausgewiesen, Weg *Nr. 308*). Nach ca. 0:20 Std. übersteigen wir ein Gatter und folgen weiter der gut sichtbaren rot-weiß-roten Markierung bergauf. Etwa 0:35 Std. nach der Wolfsberger Hütte erreichen wir eine **Felsgruppe**,

Karge Landschaft auf der Saualpe

hier links vorbei und weiter an einem Zaun rechter Hand entlang, das Gipfelkreuz schon vor Augen. Bei der folgenden Weggabelung **5** der Markierung *303 A* halbrechts folgen (geradeaus umgeht man den nahen Gipfel). Nach 1 Std. ab der Wolfsberger Hütte ist schließlich das Gipfelkreuz auf dem **Ladinger Spitz** **6** (2079 m) erreicht, der höchsten Erhebung der Saualpe – wie zu erwarten bietet sich hier ein herrliches Rundum-Panorama und ein weiter Blick über den breiten Buckel der Saualpe.

Weiter geht es nun nicht rechts hinunter, sondern geradeaus noch ein Stück auf dem Buckel des Höhenzuges entlang (*Lavanttaler Höhenweg*, Richtung *Klippitztörl*). Es geht steil bergab, bevor der Pfad, der den Gipfel umgeht, von links wieder einmündet **6**. Ein kurzes Stück später – zuvor bergan und an einer Felsgruppe links vorbei – treffen wir beim **Kaiserofen** **7** auf eine Abzweigung vom Höhenweg, der wir scharf rechts folgen (geradeaus ginge es auf den *Gertrusk*, den nächsten Gipfel, dessen Gipfelkreuz bereits zu sehen ist).

Nun führt unser Weg weiter am Hang entlang durch die Heidelandschaft Richtung Osten, tief unten liegen zwei kleine Seen, die Getruskseen, es geht leicht bergab, Markierung *rot-weiß-rot*. Nach gut 0:30 Std. ab der Abzweigung erreicht man ein **Gatter** (Beschilderung *Ladinger Hütte 15 min.*), hier laufen wir zunächst geradeaus weiter, bis wir kurz darauf eine **Abzweigung** **8** erreichen. Geradeaus weiter geht es zur Offnerhütte, wer bei der Ladinger Hütte keinen Zwischenstopp einlegen will, geht einfach hier entlang.

Zur Ladinger Hütte geht es geradeaus hinab (Weg *Nr. 5 a*), kurz darauf erreichen wir erneut eine Abzweigung zur Offnerhütte, diese ebenfalls ignorieren, erreichen wir 5 Min. später die **Ladinger Hütte** **9**. Am einfachsten gelangt man nun zur Offnerhütte, wenn man zurück zur Abzweigung **8** geht und dann auf dem beschilderten Weg nach Süden.

Wer abkürzen will, geht nur ein kurzes Stück zurück. Kurz vor der Hütte haben wir einen Bach überquert, hier führt ein schmaler Pfad bergauf **10**, dem wir folgen. Oberhalb der Hütte (und der Felsen darüber) verliert sich der Pfad. Etwas Orientierungssinn ist nun hilfreich: Hält man sich rechts, immer bergauf und auf einen markanten Felsen zu, erreicht man bald oben genannten Pfad zur Offnerhütte. Der steinige Weg führt weiter leicht bergauf, wir ignorieren die Abzweigung zwischen zwei Felsen **11**, wie auch – auf dem Sattel angekommen – die Abzweigung bei einem Wegweiser. Der Pfad ist als solcher kaum erkennbar, aber auf den Felsen gut markiert (rot-weiß-rot). Rechts sieht man in der Ferne wieder die Wolfsberger Hütte.

Der Weg verläuft nun ein Stück in bzw. neben einer Rinne. Bald geht es hinab in eine Senke und über einen plätschernden Gebirgsbach. Auf der anderen Seite des Baches geht es noch einmal durch ein Gatter und auf angenehmem Pfad weiter. Nach einer niedrigen Kuppe sieht man bereits die Hütte, dann rechts halten. Der gut markierte Weg führt bald steil bergab, bis man auf einen steinigen Weg **12** trifft. Hier rechts hinunter, kurz darauf muss noch ein etwas breiteres Bachbett überquert werden, bevor man über eine Piste und im Schatten von Bäumen die **Offnerhütte** **2** erreicht. Von hier ist es nicht mehr weit bis zum Ausgangspunkt **1**.

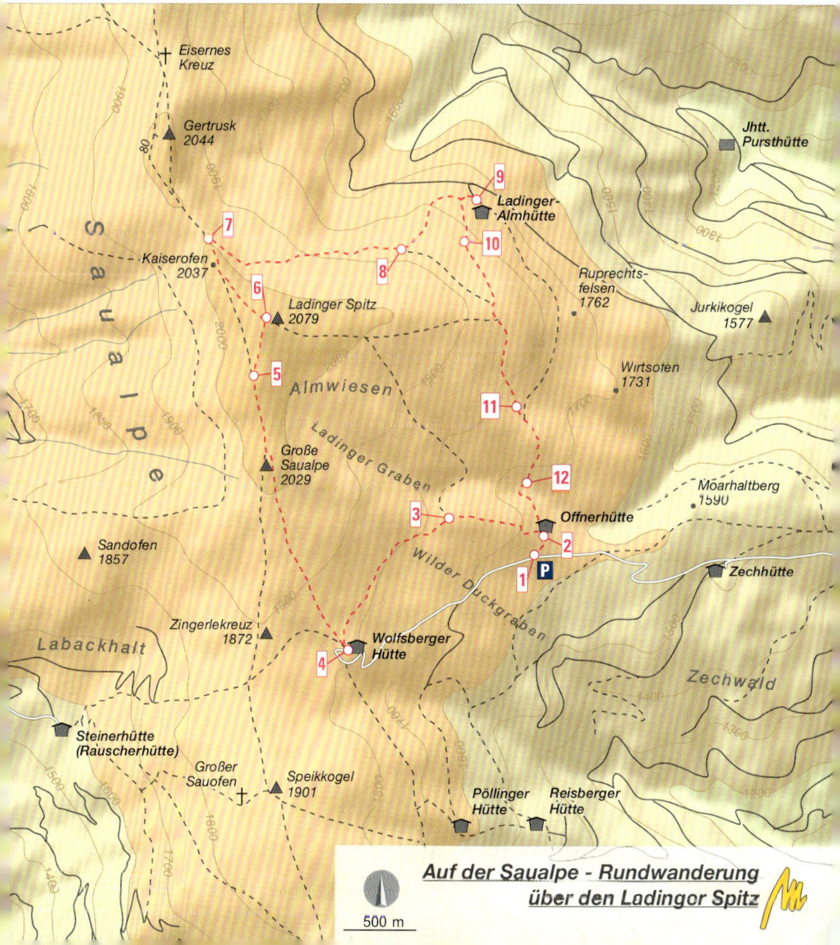

Register

Die (in Klammern gesetzten) Koordinaten verweisen auf die beigefügte Kärnten-Karte.

Abt Hermann 229
Afritz am See (G4) 184
Afritzer See (G4) 404
Aich 366
Albrecht II., Herzog 58, 202
Almstraße Lammersdorfer Hütte 167
Alpe-Adria-Trail 391
Alpen-Adria-Universität 75
Alpenblumen 25
Alpenlachs 23
Alpine Höhenstufe 23
Althofen (K3) 314
Alternative 11-Städte-Tour 39, 145
Ankogelgruppe 18
Annenheim (H4) 236
Anreise 76
Apotheken 79
Apriach (B1) 120
Aquileia 109
Archäologischer Park Magdalensberg 303
Archäologisches Pilgermuseum, Globasnitz 361
Architektur 46
Arnoldstein (G5) 211
Arnulf von Kärnten 53, 54, 278
Arriach (H4) 185
Artmann, H.C. 296
Ärztliche Versorgung 78
Auer von Welsbach, Carl 315
Autovermieter 78

Bachmann, Ingeborg 47
Bad Bleiberg (G5) 60, 87, 199
Bad Eisenkappel (Železna Kapla) (L6) 349
Bad Kleinkirchheim (G3) 87, 175
Bad St. Leonhard (M2) 60, 378
Baden 79
Bamberg 55, 189
Bären 24, 338
Bärenanwalt 24
Bärental (I6) 411, 338
Barrierefrei 80
Bartgeier 119
Baßgeigensee (J4) 290
Baumgartner, Franz 270
Bayerische Landesbank 72
Beach-Volleyball 88
Beachvolleyball Grand Slam 41
Benediktinerstift St. Paul 369
Berg im Drautal (D4) 140
Berg, Werner 270, 286, 365
Bergbahnen 98
Bergbautradition 21
Berghütten 36
Bergsturz am Dobratsch 58
Bernhard von Spanheim 260, 310
Bernhard, Herzog von Kärnten 57, 327
Bernhard, Thomas 296
Bezirke 20
Bier 38
BIOS Nationalparkzentrum, Mallnitz 126
Biosphärenpark Nockberge (F2-G3) 174, 390
Birnbaum (B4) 226
Bistum Bamberg 55, 61, 189
Bistum Salzburg 61
Blei 21
Bleiburg (Pliberk) (M5) 362
| Werner-Berg-Museum 364
Bleiburger Wiesenmarkt 42
Bleistätter Moor 234
Böckstein 76
Bodensdorf (H4) 233
Bodental (Poden) (J6) 346, 413
Boeckl, Herbert 298, 365
Bohr, Peter Ritter von 335
Boleslaus II. 230
Bootsverleih 99
Borreliose 82
Boruth, Karantanenfürst 53
Brahms, Johannes 270, 274
Brauchtum 43
Brettljause 34
Briccius 114
Brückl 383
Bruno von Kärnten (Papst Gregor V.) 55
Bungee Jumping 88
Burg Groppenstein 123
Burg Hochosterwitz (K4) 62, 408, 304
Burg Landskron 62
Burg Sommeregg 161
Burg Taggenbrunn 309
Burgen 46
Burgruine Finkenstein (H5) 209
Burgruine Landskron (H5) 202
Burgruine Leonstein 277
Burgruine Rabenstein 371
Buschenschank 36
BZÖ 72

Caligula 302
Camping 96
Canyoning 88
Carantana, Frühmittelaltermuseum 156
Carinthische Musikakademie 229, 233
Carinthischer Sommer 41, 233
Carnica 22
Carnica-Biene 340
Carnica-Honig 32
Claudius, röm. Kaiser 51
Corvinus, Matthias, ungarischer König 59, 326

Dalai Lama 386
Dellach (am Millstätter See) (F3) 168
Dellach (am Wörtherseee) (I5) 286
Dellach im Drautal (C4) 87, 140
Dellach im Gailtal (C4) 219
Deutsch-Griffen (I3) 322
Diex (L4) 383
Dobratsch (G5) 197
Döbriach (F3) 168
Döllach (B2) 120
Döllach (M3) 120
Dollfuss, Engelbert 68
Dom zu Gurk 319
Dom zu Maria Saal 297
Domenig, Günther 234, 262, 387
Domitian, Herzog 162
Dörfler, Gerhard 70, 72
Drau 19
Drauradweg R 1 98, 366
Dreiländereck 211
Drobollach (H5) 203

Ebene Reichenau (H3) 183
Eberhard II., Bischof 326
Eberndorf (Dobrla vas) (L5) 359

Echter Speik 25, 179
Egelsee (F3) 156
Egg am See (H5) 204
Egger Marterl 204
Einkaufen 80
Eisen 21
Eisenbahn 65
Eisenkappler Hütte (K6) 416, 351
Eisentratten (F2) 137
Eisenzeit 51
Eislaufen 91, 142
Eisstockschießen 91
Elbe, Johann 361
Ellert, Gerhart 377
Energiebedarf 21
Enzenberg, Graf 64
Erdbeben von 1348 58
Ermäßigungen 81
Erzherzog-Johann-Hütte (A1) 103
Essen und Trinken 31
EU-Heimtierausweis 84
Europäische Krankenversicherungskarte EHIC 78

Faak am See (H5) 203
Faaker See (H5) 19, 203
Falkertsee (G3) 178
Fauna 22
Feiertage 82
Feistritz im Rosental (I5/6) 337
Feistritz ob Bleiburg (Bistrica pri Pliberku) (M5) 362
Feistritzer Stausee (I5) 336
Felbertauernstraße 77
Feld am See (G3) 403, 184
Feldkirchen (I4) 238
- Bamberger Amthof 239
- Pfarrkirche Mariä Himmelfahrt 240
- Stadtmuseum 239

Ferdinand I., Kaiser 61, 65
Ferlach (J5) 341
- Büchsenmacher- und Jagdmuseum 342
- Historama 342
- Nostalgiebahn 343

Ferlacher Spitz (H5/6) 207
Fernwanderwege 391
Ferrum Noricum 51, 60, 303
Feste 39
Finkenstein (H5) 208
Firtaler, Bartlmä 224
Fischen 89
FKK 80
Flatschacher See (I4) 240
Flattach (D2) 121
Flattnitzbach-Hochmoor 322
Flattnitzer See 322
Fleißalm (B1) 118
Flora 22
Formosus, Papst 54
Forstsee (I5) 280
Forstsee-Schaukraftwerk 280
Forum Chlagenvurt 57
Franz II. Xaver Altgraf von Salm-Reifferscheidt-Krautheim 109
Franz Joseph I., Kaiser 65
Freibach-Stausee (K5/6) 348
Fresken 44
Friedrich III., Kaiser 59
Friedrich von Villach 189, 222
Friesach (K2) 55, 57, 325
- Burgbau 330
- Friesacher Burghofspiele 40
- Friesacher Fürstentag 327
- Dominikanerkirche St. Nikolaus 331
- Heiligenblutkirche 331
- Petersberg und Peterskirche 329
- St. Bartholomäus 329

Friesacher Fürstentag 327
Friesacher Pfennig 326
Frigga 33
Fromiller, Josef Ferdinand 63, 257, 261, 265
FSME 83
Fuchs, Ernst 261
Fuggerau 211

Gabriel von Salamanca 151
Gail (A4-H5) 19, 210
Gailtal (C4-H5) 210
Gailtaler Alpen 18
Gailtaler Heimatmuseum 215
Gallizien (K5) 349
Gams 24
Gamsgrubenweg 111
Garnitzenklamm (E5) 215
Gartnerkofel (E5) 217
Gebirgskrieg 66
Gegendtal (G2/3) 184
Gegendtaler Passionsspiele 41
Geld 82
Geografie 18, 20
Geologie 21
Geopark Karnische Alpen 21, 391, 210
Georgibergl 353
Georgskirche in Gerlamoos (D3) 139
Geotrail 21
Gerlitzen (H4) 406, 228, 236
Gerlitzen Alpenstraße 233
Gesundheit 82
Gleitschirmfliegen 90
Gletscher 19, 29
Globasnitz (Globasnica) (L5) 361
Glockner 102
Glocknergruppe 18
Glocknerkönig 107
Glockner-Radweg R 8 98
Glödnitztal 322
Gmünd in Kärnten (F2) 45, 127
- Alte Burg 130
- Galerien in Gmünd 130
- Geteilte Kirche 133
- pankratium gmünd 132
- Porschemuseum 132
- Schloss Lodron 131
- Stadtkirche 131

Gnesau (H3) 241
Gold 21
Goldeck (E4) 155
Goldeck Panoramastraße 155
Golf 89
Görtschitz (K1-4) 383
Görtschitztal (K3/4) 383
Gösselsdorf (Goselna vas) (L5) 359
Gösselsdorfer See (L5) 359
Gößfälle (E2) 133
Gößnitzfall 117
Gössnitztal (A/B2) 117
Gracarca 353
Granatium 171
Granattor 167
Green, Julien 261
Gregor V., Papst 55
Greifenburg (D4) 139
Griffen (L/M4) 380
- Peter-Handke-Ausstellung 382
- Schlossberg 381
- Stift Griffen 381
- Tropfsteinhöhle 381

Groppensteinschlucht (D2) 124
Großes Fleißtal (B1) 118
Großglockner (A1) 18, 102, 394
Großglockner Berglauf 41
Großglockner Grand Prix 107
Großglockner Hochalpenstraße (B1) 103
- Bau der Straße 108
- Haus Alpine Naturschau 108
- Passheiligtum Hochtor 108
- Wunderwelt Glocknerwiesen 108

Großkirchheim (B2) 120
GTI-Treffen 40
Gurina 219
Gurk (J3) 19, 319
Gurktal (I3-K2) 241, 318
Gustav Mahler Komponierhäuschen 288
Guttaring (K2) 317

Haderlap, Maja 48, 245
Hadnsterz 34
Hafnersee (I5) 290
Haider, Jörg 70, 338
Haimburg (L4) 382
Handke, Peter 48, 296, 382
Harley-Davidson-Treffen 42
Harrer, Heinrich 386
Heiligenblut (B1) 394, 113
Heiligenbluter Erklärung 104
Heinrich der Zänker 55
Heinrich II. 55, 189
Hemma von Gurk 56, 319
Hemmaberg (L5) 52, 360
Hemma-Pilgerweg 343
Hemmaquelle 360
Hermagor (E5) 215
Herzog Bernhard von Spanheim 243
Herzogstuhl (J4) 55, 301
Herzogtum Baiern 53
Herzogtum Kärnten 55
Heunburg (L4) 382
Himmelberg (I4) 241
Hochalmstraße Malta 134
Hochobir (K6) 416, 349
Hochseilgärten 89
Hochstuhl (I6) 338
Hohe Tauern 18
Hohenheim, Philippus Theophrastus Aureolus Bombastus von 190
Hoke, Giselbert 204, 264
Hollenburg (J5) 340
Hörzendorfer See (J4) 313
Hunde 83
Hüttenberg (K/L2) 60, 384
- Bergwerksmuseum 387
- Freilichtmuseum Heft 387
- Heinrich-Harrer-Museum 385
- Hüttenberger Reiftanz 40
- Lingkor 387
- Puppenmuseum 387
- Schaubergwerk Knappenberg 387
- Wallfahrtskirche Maria Waitschach 387

Hypo Group Alpe Adria 72

Illyrische Provinz 64
Informationen 84
Internet 84, 85
Irschen (C4) 140
Isepp, Sebastian 213
Iuenna 360

Jauntal (K-M5) 332, 360
Jauntal-Eisenbahnbrücke 366
Jause 34
Jausenstation 36
Johannesberg 371
Jonke, Gert 245, 296
Josefsberg 371
Joseph II., Kaiser 63, 370
Juenna 332
Jugendherbergen 95
Jungfernsprung 120
Jüngling vom Magdalensberg 303

Kachlmoor 117
Kaiser Heinrich II. 374
Kaiser, Peter 74
Kaiser-Franz-Josefs-Höhe (B1) 30, 103, 105, 110, 394
Kajak/Kanu 89
Kanaltal 189
Kaning (G3) 172
Kanzianiberg 208
Karantanien 53
Karawanken (G5-M6) 390
Karawankentunnel (H-I6) 341, 336
Karl der Große 53
Karl III., der Dicke 54
Karl VI. (Kaiser) 343
Karlbad (G2) 87, 181
Karlmann 53
Karnburg (J4) 53, 294
Karnische Alpen (A4-G6) 18, 390
Karnischen Radweg R 3 98
Karnischer Höhenweg 391
Kärnten Card 81
Kärnten Ironman Austria 40
Kärntna Låxn 32
Kärntner Abwehrkampf 67
Kärntner Anzug 43
Kärntner Bauernbund 59
Kärntner Biene 22
Kärntner Freilichtmuseum Maria Saal (J4) 299
Kärntner Handwerksmuseum 156
Kärntner Kasnudeln 31, 33, 34
Kärntner Kirchen 46
Kärntner Kreuzweg 353
Kärntner Landsturm 64
Kärntner Partisanen 350
Kärntner Ritschert 33
Kärntner Slowenen 65, 67, 68
Kärntner Verlage 49
Kärntner Wulfenie 25
Kärntnerlied 43
Karolingermuseum 278
Kartenmaterial 85
Katschberg (F1) 137
Keutschacher Moor 290
Keutschacher See (I5) 19, 290
Khevenhüller, Bartlmä 62
Khevenhüller, Christoph 62, 196, 202
Khevenhüller, Georg 62
Khevenhüller, Hans 62, 151
Kinder 86
Kirschentheuer (J5) 340
Klagenfurt (J4/5) 57, 61, 242
- Benediktinerkirche (Marienkirche) 261
- Bergbaumuseum 264
- Botanikzentrum 264
- Domkirche St. Peter und Paul 261
- Ernst-Fuchs-Kapelle 261
- Europapark 266
- Heiligengeistkirche 261
- Kiki-Kogelnik-Brunnen 258
- Koschat-Museum 263
- Krastaler Marmor 266
- Kreuzbergl 264
- Landhaus 256
- Landhaushof 256

- Lendhafen 265
- Lendkanal 265
- Lindwurmbrunnen 258
- MMKK (Museum Moderner Kunst Kärnten) 260
- Robert-Musil-Literatur-Museum 262
- Stadtgalerie 261
- Stadtpfarre St. Egid 261
- Strandbäder 268
- Wappensaal 256
- Wörtherseemandl 258

Klagenfurter Becken 18
Klagenfurter Hütte (I6) 411, 338
Klammer, Franz 175
Klein St. Paul (K/L3) 383
Kleines Fleißtal (B1) 118
Klettern 89
Kletzennudeln 35
Klima 29
Klimawandel 29
Klippitztörl (L2) 376, 379
Klopein (L5) 353
Klopeiner See (L5) 19, 352
Kloster Wernberg (H5) 202
Knappenaufstand 60
Kogelnik, Kiki 354, 362, 363
Kolig, Anton 213, 257
Kolig, Cornelius 214, 258
Kölnbreinspeicher (E1) 134
Komödienspiele Porcia 40
Konfession 20
Königstuhl (G2) 399
Koralmbahn 97
Koralpe (N2-4) 18, 376
Koschat, Thomas 43, 263
Kötschach-Mauthen (C4) 221
Köttmannsdorf (J5) 341
Köttwein 185
Kranzlreiten 40
Krastal 184
Kreditkarte (Verlust) 82
Krumpendorf (J5) 271
Kufenstechen 40
Kulturradweg R 7 98
Kunigunde 55
Kunst 44
Kuren 87
KZ Loibl 343

Laas (C4) 225
Ladinger Spitz (L3) 419, 379
Lakeside Science & Technology Park 75
Lammersdorf (F3) 166
Lammersdorfer Hütte (F3) 166
Lampersberg, Gerhard 296
Landeshauptmann 20
Landschaft 18
Landstände 61
Landtag 65
Langlauf 91
Lavamünd (N4/5) 367
Lavant (M2-N4) 19
Lavant, Christine 48, 296, 374, 377
Lavanthaus 377
Lavantradweg R 10 98
Lavanttal (M2-N4) 18, 368
Lawinenwarndienst 92
Lemisch, Arthur 66
Lesachtal (A-C4) 226
Liaunig, Herbert 366
Liaunig-Museum (M4) 366
Lienz (B3) 77
Lieser (F1-3) 19
Lieserradweg R 9 98
Liesertal (F1-3) 137
Liesing (B4) 226
Lindwurm 259
Lipuš, Florjan 48
Literatur 47
Liutswind 54
Lobisser, Switbert 257
Loiblbach (J5/6) 343, 344
Loibltal (Brodi) (J6) 343
Loibltunnel (J6) 343
Lölling (L2) 383
Loncium, Biermanufaktur 222
Lorenziberg (J3) 294
Luchs 24
Ludwig das Kind 54
Ludwig der Deutsche 53, 373
Lurnfeld (E/F3) 155

Magdalensberg (K4) 51, 408, 294, 302
Mahler, Gustav 270, 288
Mahringer, Anton 213
Maiernigg (J5) 288
Mallnitz (D2) 76, 125
Malta (F2) 133
Maltatal (E1-F2) 133
Malteiner Wasserspiele (E2) 133
Maltschacher See (I4) 240
Mankei 26
Märchenwiese 413, 346
Maria Elend (Podgroje) (I5) 336
Maria Gail (H5) 201
Maria Gail, Pfarr- und Wallfahrtskirche Zu Unserer Lieben Frau 201
Maria Hilf ob Guttaring 317
Maria Luggau (A4) 226
Maria Rain, Wallfahrtskirche 341
Maria Saal (J4) 295
Maria Theresia, Kaiserin 64
Maria Wörth (I5) 287
Marmota marmota 26
Marterl 46
Massaker von Bleiburg 364
Matrei in Osttirol 77
Mautstraßen 96
Mautstrecken 77
Maximilian I., Kaiser 61
Meerauge 413, 19, 346
Mega Dive 227
Meinhardiner 58
Metnitz (J2) 323
Metnitzer Totentanz 323
Metnitztal (I-K2) 318, 323
Metternich, Klemens 65
Mietwagen 96
Millstatt (F3) 162
- Benediktinerstift Millstatt 164
- Stiftskirche 164
- Stiftsmuseum Millstatt 165

Millstätter Almstraße 167
Millstätter Alpe (F3) 158, 167
Millstätter Berg 158
Millstätter See (F3) 19, 158
Millstätter-See-Radweg R 2B 98
Mirnockriesen 184
Mittagskogel (H6) 204, 207
Mittelkärnten 18
Mittelkärntner Blondvieh 22, 32
Mittersill 77
Möderndorf (E5) 215
Modestus, Bischof 53, 296
Möll 19
Möllbrücke (E3) 127
Mölltaler Gletscher (C1) 121
Molzbichl (F3) 156
Montane Höhenstufe 23
Moosburg (I4) 278
Most 38
Mostbarkeiten 372

Mountainbiken 90
Murmeltier 26
Museen 87
Mussen 226

Napoleon Bonaparte 64
Nassfeld (D5) 217
Nationalpark Hohe Tauern (A1-E2) 81, 104, 390
Nationalpark Kärnten Card 81
Nationalparks 21
Natur 21
Naturkatastrophen 58
Neuhaus (M4) 366
Neusach (E4) 143
Nivale Höhenstufe 25
Nockalmstraße (F2-H3) 178
Nockberge (F2-G3) 173, 399
Nordic Walking 90
Noreia 51
Noricum 51, 189, 302
Noricum mediterraneum, Binnennoricum 52, 300
Norisches Eisen 21
Notruf 87
Notrufnummern 77
Nötsch (F5) 213
Nötscher Kreis 213
Nunataks 19

Obdacher Sattel 378
Oberdorf (D4) 143
Oberdrauburg (C4) 140
Oberdrautal (B-E3/4) 138
Obere Glocknerscharte 102
Oberes Gailtal (C4-E5) 210, 219
Oberes Gurktal 241
Oberkärnten 18
Obermillstatt (F3) 166
Obervellach (D2) 123
Obir Tropfsteinhöhlen (K6) 352
Odilo 53
Odo von Paris 54
Offnerhütte 419
Öffnungszeiten 87
Oman, Valentin 261, 302, 336
Ortstafelstreit 70
Ortstafelsturm 70
Ortstaxe 94
Ossiach (H4) 229
Ossiacher See (H/I4) 19, 228
Ossiacher Tauern (H/I4) 228, 231
Ossiachersee-Radweg R 2 98
Ostalpen 18
Österreichischer Staatsvertrag (1955) 69
Ostriach 230
Otto der Fröhliche, Herzog 58
Otto II. 55
Otto III. 55
Outdoorpark Oberdrautal 138
Ozi 229

Packsattel (N2) 378
Pallavicini, Alfred von 109
Pallavicinirinne 109
Paracelsus 190, 369, 378
Paragliding 90
Partisanenkampf 68
Pasterze (A1) 19, 30, 102, 112
Pasterzensage 111
Pater Corbinian 109
Paternion (G4) 157
Pernhart, Markus 377
Peršmanhof 350
Pesenthein (F3) 167
Petzen (M6) 362
Pfahlbausiedlung 290
Pink Lake Festival 41
Pirkdorfer See (M5) 362
Plöckenpass (C5) 224
Pöllatal (F1) 137
Porcia, Familie 154
Pörtschach (I5) 274
Post 88
Potitze 35
Pressegger See (E5) 214
Pyhrnautobahn A 9 76
Pyramidenkogel (I5) 293

Radenthein (G3) 171
Radfahren 89
Radwandern 89
Rafting 90
Raggaschlucht (D2) 122
Rauchen 88
Rauschelesee (J5) 290
Reichenfels (M1) 378
Reich-Ranicki, Marcel 245
Reifnitz (I5) 288
Reindling 35
Reisezeit 29
Reißeckbahn (E2) 127
Reiten 90
Rennweg am Katschberg (F1) 137
Rittersdorf (C4) 140
Rodeln 91
Römermuseum Teurnia 156
Rosaliengrotte (L5) 360
Rosegg (I5) 333
 Keltenwelt Frög 334
 Labyrinth 335
 Schloss Rosegg (Schloss Lukrezia) 335
 Tierpark Rosegg 335
Rosenbach 336
Rosental (I-K5) 332
Roßkofel (D5) 217
Rudolf II., Kaiser 63
Rutarhof 349

Sablatnigmoor (L5) 354
Sachsenburg (E3) 138
Santicum 189
Sattendorf (H4) 236
Sattnitz (I/J5) 242, 340
Saualpe (L2-4) 18, 368, 379, 419
Schell, Maria 377
Schell, Maximilian 377
Schiefling (I5) 286
Schiestlscharte 181
Schifffahrt 99
Schlangen 23
Schlangenbiss 84
Schloss Albeck (I3) 323
Schloss Ebenau (Galerie Walker) (J5) 339
Schloss Elberstein 361
Schloss Wolfsberg 377
Schlösser 46
Schneefink 25
Schneemaus 25
Schütt (Dobratsch) (G5) 210
Schwaigerhütte 166
Schwammerln 34
Seebachtal (D1) 125
Seebergsattel (K6) 349
Seeboden (F3) 159
Seeforelle 23
Seen 19, 23
Segeln 90
Sekirn (J5) 288
Siebenhirter, Johann 162
Silber 21
Sima, Hans 71
Singerberg (J6) 346
Ski alpin 91
Sommerski 90
Sonnenalpe Nassfeld (D5) 217
Sonnleitner, Sissy 221
Souvenirs 80
Spanheimer 56

Speik 25, 179
Spittal an der Drau (F3) 150
- Komödienspiele Porcia 151, 152
- Malbaum 151
- Museum für Volkskultur 151, 154
- Schloss Porcia 151, 154
- Veranstaltungen 152

Sport 88
Sprache 20
St. Andrä (M3) 373
St. Andreas in Thörl-Maglern (F5) 212
St. Daniel (C4) 220
St. Georgen am Längsee (K3) 307
St. Jakob im Rosental (Šentjakob v Rožu) (I5) 336
St. Kanzian 353
St. Leonhard in Zwickenberg 141
St. Lorenzen (B4) 226
St. Margareten im Rosental (K5) 348
St. Martin (M4) 417
St. Oswald (G3) 175
St. Paul im Lavanttal (M4) 368, 417
St. Pauler Berge (M4) 371
St. Primus (Šentprimož) (L5) 354
St. Salvator (J2) 324
St. Stefan (F5) 214
St. Veit an der Glan (J3) 309
St. Veiter Wiesenmarkt 42
St.-Georgs-Ritterorden 162
Stand Up Paddling (SUP) 90
Stanislaus 230
Stein im Jauntal (K5) 353
Steinadler 24
Steinbock 24
Steindorf am Ossiacher See (h4) 233
Steinerner Fischer 259
Steinfeld (D4) 138
Steinhaus 233
Stift Ossiach 229
Stiftskirche Ossiach 230
Stinzesteig 339
Straßburg (J2) 318
Strauchvegetation 23
Striezelwerfen 39
Subalpine Höhenstufe 23
Submontane Höhenstufe 22
Suetschach (I5) 336
Surfen 90
Svatopluk 54

Tabor 205
Tanzenberg (J4) 301
Tassilo III. 53
Tauchen 90
Tauernautobahn A 10 76
Tauerngold 21, 60
Techendorf (D/E4) 397, 143
Telefonieren 93
Telefonnummern 93
Tennis 90
Terra Mystica 200
Teufelsbrücke 344
Teurnia 52, 155
Thermen 87
Thomas von Villach 44, 139, 189, 212, 371
Thörl-Maglern (G5) 212
Tonhof 296
Toteislöcher 19
Tourismus 74
Trachten 43
Treffen (H4) 236
Treffen am Ossiacher See 184
Tribusser, Hans 109
Trieblach (Treblje) (K5) 348
Trigonale – das Festival der alten Musik 42
Trögerner Klamm (Naturschutzgebiet) (K6) 352
Tschaukofall (J6) 344
Tscheppaschlucht (J6) 344
Tschiernock (F3) 160
Tuffbad (B4) 226
Türkeneinfälle 59
Turnersee (L5) 354
Turracher Höhe (H2) 183, 401
Turrini, Peter 48, 296
Twimberg 378

Übernachten 93
Ulrich von Liechtenstein 327
Ulrichsberg (J4) 294
Ulrichsbergs (J4) 295
Umweltschutz 21
Unterdrautal (F3-G4) 157
Unteres Gailtal (E-G5) 210
Unterkärnten 18
Unterwegs in Kärnten 96

Veitsberg (J3) 294
Velden (I5) 281
Vellacher Kotschna, Naturschutzgebiet 351
Veranstaltungen 39
Verditz 187
Versteinerter Baum von Laas 225
Via Julia Augusta 52
Vierbergelauf 40, 294
Vignetten 77
Viktring (J5) 289
Villach (G/H5) 57, 58, 188
- Burg 196
- Villacher Fasching 39
- Kärnten-Relief 197
- Kirche zum Heiligen Kreuz 197
- Nikolaikirche 196
- Pestsäule 195
- Schillerpark 197
- St. Jakob 195
- Stadtmuseum 196
- Therme Warmbad 200
- Villacher Kirchtag 41, 191

Villacher Alpe (G5) 197
Villacher Alpenstraße 198
Villacher Schule, Künstlerwerkstatt 189, 212
Virunum 51, 300
Völkermarkt (L4) 357
Volksabstimmung 67
Volksabstimmungsmuseum, Völkermarkt 358
Volksfeste 43
Vrouwen dienest (Frauendienst) 327

Wagner, Leopold 71
Wallfahrtskirche der Heiligen Helena und Maria Magdalena 303
Wallfahrtskirche Maria Elend 336
Wanderausrüstung 393
Wanderkarten 392
Wandern 90
Wandern mit Hund 393
Wandern mit Kindern 393
Wanderpraktisches 391
Warmbad Villach (G5) 200
Wasserqualität 19
Watzlawick, Paul 190
Wein 38
Weißbriach (D4) 215
Weißensee (D/E4) 19, 142, 397
Weitensfeld (I/J3) 322

Weltcup-Abfahrt Franz Klammer 177
Wiegele, Franz 213
Wildensteiner Wasserfall (K5) 349
Wilhelm, Graf von Friesach 56
Windebensee (G2) 181
Windisch Bleiberg (Slovenj Plajberg) (J6) 346
Windischer Bauernaufstand 61
Winkler, Josef 48
Winklern (B3) 121
Winterflucht 28
Winterschlaf 26, 28
Wintersport 91
Winterwandern 92
Wirth, Albert 104
Wirtschaft 74
Wirtschaftsdaten 20
WLAN 85
Wolf 24
Wolfsberg (M3) 374
Wolfsberger Hütte (L3) 419
World Bodypainting Festival 41
Wörthersee (I/J5) 19, 269
Wörthersee Halbmarathon 41
Wörthersee-Architektur 270
Wörthersee-Radweg R 4 98
Wunderlich, Peter 59
Würm-Glazial 19, 22
Wurzenpass (G5) 210

Zeitgenössische Kunst 45
Zell Pfarre (Sele-Cerkev) (K6) 347
Zoll 99
Zollfeld (K4) 294
Zweite Christianisierung 53
Zweiter Koalitionskrieg 64
Zweiter Weltkrieg 68
Zwentibold 54
Zwickenberg (C3) 141

ISBN 978-3-95654-204-6

 Druck: Westermann, Zwickau.

Fotonachweis Sabine Becht: S. 12/13, 14/15, 20, 31, 32, 32/33, 33, 34, 35, 37 (3x), 40, 45 (2x), 55, 57, 58, 60, 70, 76, 83 (rechts), 87, 89 89 (unten), 95, 99, 100/101, 107, 108, 120, 144 (2x), 149, 158, 161, 162, 170, 180 (2x); 185, 187, 188, 190, 191, 196, 197, 198, 208, 228, 231, 235, 240, 243, 244, 247, 255, 257, 258, 265, 266, 267, 272 (2x), 275, 286, 289, 303, 309, 310, 312 (oben), 346 (oben), 348, 351, 377, 379, 385 (unten), 389, 413, 415 | Burg Friesach Errichtungs-GmbH: S. 331 | Lisa Kügel: S. 74, 172, 204, 259, 260, 262, 263, 268, 279, 281, 282, 293 (2x), 323, 355, 363, 370 | Hans-Peter Siebenhaar: S. 2 | Sven Talaron: S. 3, 12, 14, 15, 16/17, 18, 22, 25 (4x), 27, 28, 37 (3x), 38, 41, 42/43, 44, 45 (2x), 46, 46/47, 47, 48, 50 (2x), 52, 59, 63, 65, 66, 67, 72, 75, 78, 79, 81, 83 (links), 89 (3x), 91 (4x), 97, 102, 103, 104, 105, 110, 112, 116, 122, 126, 131 (2x), 132, 134, 135 (3x), 137, 138, 139, 140, 142/143, 144 (2x), 147, 150/151, 151, 154, 155, 157, 165, 166, 169, 173, 176, 179, 180 (3x), 182/183, 186, 188/189, 194, 195, 199, 201, 203, 207, 211, 212, 216, 217, 219, 221, 225, 227, 229, 232, 237, 242, 250, 264, 269, 271, 277, 278, 280, 285, 287, 288, 298 (2x), 294, 294/295, 297, 299 (4x), 300, 302, 304, 306 (2x), 308, 312 (unten), 314, 316, 319, 321, 324, 325, 329, 330, 332, 332/333, 334, 335, 336, 339, 340, 342 (3x), 345, 346 (unten), 353 (3x), 356, 358, 367, 368, 368/369, 372, 381, 385 (oben), 390/391, 392, 396, 406, 410, 417, 418, 420 |

Malta Hochalmstraße
Berghotel Malta

Malta Hochalmstraße

Über die 14,4 km lange Malta Hochalmstraße
gelangen Sie zu Österreichs höchster Staumauer,
der Kölnbreinsperre mit der Aussichtsplattform „Airwalk“.
Besuchen Sie die Ausstellung VERBUND-Energiewelt Malta
oder erkunden Sie das Innere der Staumauer bei einer Führung.

Berghotel Malta ***

Ein Paradies für alle.
Besucher kommen im Berghotel Malta *** voll auf ihre Kosten.
Nach dem kurvigen Fahrvergnügen bei der Auffahrt erwarten Sie
modernes Ambiente, runderneuerte Zimmer und regionale Küche.
Tourenkarte für Biker erhältlich.

Information Tel.: +43 (0) 50313 - 39130, office@berghotelmalta.at, www.berghotelmalta.at

Öffnungszeiten Anfang Mai – Ende Oktober, täglich von 7.00 – 18.00 Uhr

Informationen
VERBUND Tourismus GmbH
T +43 (0)50313-39363
E tourismus@verbund.com
www.verbund.com/tourismus

Verbund

myclimate
Protect our planet

Klimaschutz geht uns alle an.

Der Michael Müller Verlag verweist in seinen Reiseführern auf Betriebe, die regionale und nachhaltig erzeugte Produkte bevorzugen. Ab Januar 2015 gehen wir noch einen großen Schritt weiter und produzieren unsere Bücher klimaneutral. Dies bedeutet: Alle Treibhausgasemissionen, die bei der Produktion der Bücher entstehen, werden durch die Ausgleichszahlung an ein Klimaprojekt von myclimate kompensiert.

Plan Vivo
Carbon management and rural livelihoods

Der Michael Müller Verlag unterstützt das Projekt »Kommunales Wiederaufforsten in Nicaragua«. Bis Ende 2016 wird der Verlag in einem 7 ha großen Gebiet (entspricht ca. 10 Fußballfeldern) die Wiederaufforstung ermöglichen. Dadurch werden nicht nur dauerhaft über 2.000 t CO_2 gebunden. Vielmehr werden auch die Lebensbedingungen der lokalen Bevölkerung deutlich verbessert.

In diesem Projekt arbeiten kleinbäuerliche Familien zusammen und forsten ungenutzte Teile ihres Landes wieder auf. Eine vergrößerte Waldfläche wird Wasser durch die trockene Jahreszeit speichern und Überschwemmungen in der Regenzeit minimieren. Bodenerosion wird vorgebeugt, die Erde bleibt fruchtbarer. Mehr über das Projekt unter **www.myclimate.org**

myclimate ist einer der weltweit führenden Anbieter im Bereich der freiwilligen CO_2-Kompensation. myclimate Klimaschutzprojekte erfüllen höchste Qualitätsstandards und vermeiden Treibhausgase, indem fossile Treibstoffe durch alternative Energiequellen ersetzt werden. Das Projekt »Kommunales Wiederaufforsten in Nicaragua« ist zertifiziert von Plan Vivo, einer gemeinnützigen Stiftung, die schon seit über 20 Jahren im Bereich Walderhalt und Wiederaufforstung tätig ist und für höchste Qualitätsstandards sorgt.

www.michael-mueller-verlag.de/klima

myclimate
neutral
Drucksache

Großglockner Hochalpenstraße
Großglockner
3798
Kaiser-Franz-Josef-Höhe
Bad Gastein
Heiligenblut
Apriach
Kals am Großglockner
Großkirchheim
Möll
Nationalpark Hohe Tauern
Nationalpark Hohe Tauern
Hochalmspitze
3360
Maltatal
Mallnitz
Reißeck-
Reißeck
2965
Gruppe
Innerfragant
Flattach
Obervellach
Mörtschach
Möll
Stall
Winklern
Lienz
Rangersdorf
Kreuzeck-
Hochkreuz
2709
Gruppe
Salzkofel
2498
Lurnfeld
Lurnfeld
Drau
Irschen
Dellach im Drautal
Greifenburg
Steinfeld
Lind im Drautal
Oberdrauburg
Berg im Drautal
Latschur
2236
Drau
Techendorf
Maria Luggau
Lienzer Dolomiten
Liesing
St. Lorenzen im Lesachtal
Reißkofel
2371
Weißensee
Kötschach-Mauthen
Lesachtal
St. Jakob im Lesachtal
Dellach im Gailtal
Mauthen
Kirchbach
Hermagor
Oberes Gailtal
Gail
Plöckenpass
1357
Nassfeld-Pass
1530
Karnische Alpen
ITALIEN
Gurk
Die Hervorhebungen weisen auf besonders sehenswerte Orte, Naturparks etc. hin.